The History of
Western Philosophy

西方哲学史

第 一 卷
古希腊罗马哲学

冯 俊◎主编

人民出版社

责任编辑:洪　琼
版式设计:顾杰珍

图书在版编目(CIP)数据

西方哲学史(1—5卷)/冯俊 主编. —北京:人民出版社,2020.10
　(2025.3 重印)
ISBN 978 - 7 - 01 - 021140 - 4

Ⅰ.①西…　Ⅱ.①冯…　Ⅲ.①西方哲学-哲学史　Ⅳ.①B5

中国版本图书馆 CIP 数据核字(2019)第 172700 号

西 方 哲 学 史
XIFANG ZHEXUE SHI
(一——五卷)

冯　俊　主编

人民出版社 出版发行
(100706　北京市东城区隆福寺街 99 号)

北京雅昌艺术印刷有限公司印刷　新华书店经销

2020 年 10 月第 1 版　2025 年 3 月北京第 3 次印刷
开本:710 毫米×1000 毫米 1/16　印张:118.75
字数:2000 千字

ISBN 978 - 7 - 01 - 021140 - 4　定价:749.00 元(全五卷)

邮购地址 100706　北京市东城区隆福寺街 99 号
人民东方图书销售中心　电话 (010)65250042　65289539

总 目 录

——— ❦ ———
古希腊罗马哲学编
——— ❦ ———

中世纪哲学编

文艺复兴时期哲学编

经验主义和理性主义哲学编

启蒙哲学编

Contents

Medieval Philosophy

Renaissance Philosophy

Empiricist and Rationalist Philosophy

Classical German Philosophy

(Translated by QIN Yi)

序　言

冯　俊

　　《西方哲学史》这本书中讲的"西方"并不完全是一个地理概念,它并没有包括中国西边的所有地域或国家,它讲述的主要是古代希腊罗马所属或者活动所涉及的疆域,即今天的地中海沿岸、西亚、北非等地区,文艺复兴和近代以来主要是意大利、荷兰、英、德、法等西欧诸国。从文明形态上讲,体现的主要是希腊文明和希伯来文明、阿拉伯文明的交流和融汇。西方哲学是起源于古代希腊的一种爱智慧、尚思辨、运用抽象的逻辑概念追问宇宙、社会和人生奥秘的思维风格和学术传统,从古代希腊罗马、欧洲中世纪到文艺复兴和近代,哲学在继承本体论或形而上学传统的基础上,不断地丰富发展哲学的运思形式,用不同民族国家的语言来书写,体现出不同的思维风格。西方哲学史实际上主要就是欧洲哲学史。

　　德国古典哲学家黑格尔和法国现代哲学家德里达认为中国等其他文明只有思想没有哲学,是因为他们对于哲学作了过于狭隘的定义,其实只不过是没有欧洲哲学那种形态的哲学。按照德国哲学家雅斯贝尔斯在《历史的起源与目标》(1949 年出版)一书中提出的"轴心时代"(Axial Age)理论,"轴心时代"(公元前 8 世纪—前 2 世纪)在希腊产生自己的文明和哲学的同时,古代埃及、巴比伦、印度和中国也独立地产生出自己的文明和哲学,这是人类文明取得重大突破的时期,各个文明都出现了伟大的精神导师——古希腊的苏格拉底、柏拉图、亚里士多德,印度的释迦牟尼,中国的孔子、孟子、老子、庄子等,人们开始用理智的方法、道德的方式来思考这个世界。轴心时代产生的这些文化和精神成果一直延续到今天,对当今社会仍然产生着影响,指导着我们的行为,我们总是能在轴心时代的先哲那里获得精神上的滋养。文明是多元的,哲学也应该是多元的。因为社会历史发展的原因,西方文明逐步成为现代世界占主导地位的文明、强势文明,因此,西方哲学不仅影响现代西方社会的思维方式和意识形态,而且也成为现代世界的强势哲学。其他文明的哲学在西方哲学的冲击和影响下,不得不按照西方哲学的学科形态来重新整理和建构自己的学科体系。

《西方哲学史》中讲到的"史",时代划分与世界史或欧洲史的分期也不完全一致,它更多是按照文化形态和哲学形态来划分的,例如,中世纪哲学起源于古罗马时期的基督教教父哲学的兴起(约公元 2 世纪),体现的是希伯来文明和基督教哲学的兴起,并不是以公元 476 年西罗马帝国的灭亡作为中世纪开始的标志;欧洲近代哲学的"近代"也不是通常所说的从文艺复兴运动到 20 世纪第二次世界大战结束,这里的"近代"只写到 19 世纪上半叶马克思主义哲学诞生之前,《西方哲学史》实际上是马克思主义哲学的"前史"。按照我们的学术体系,我们有"西方哲学史"、"马克思主义哲学发展史",将与马克思同时代及其后的西方哲学划归"现代西方哲学"。这本《西方哲学史》是写给学习过哲学的人看的,在中国,受过中、高等教育的人都学习过马克思主义哲学,马克思主义哲学就是从西方哲学发展而来的,属于西方哲学发展的一支。但是,马克思主义哲学实现了哲学的革命性变革,它与以往的西方哲学又有着很大的区别。学过马克思主义哲学的人并不一定熟悉和了解西方哲学史,而当他们再来看看西方哲学史时,他们会惊诧于马克思之前的哲学在形态上是如此的丰富多彩、在运思方式上是如此的深邃奥妙,他们就会理解,马克思主义哲学来源于一条奔腾不息浩瀚的思想江河,马克思主义哲学之所以伟大是因为它是站在无数哲学巨人的肩膀上前进的,从而对马克思主义哲学的革命性变革的内涵就会有更深的认识。

哲学史的书写常常会碰到的问题就是,书写的重点是落在"哲学"上还是落在"史"上,也就是说写出来的是哲学家写出来的"哲学"的历史,还是历史学家写出来的哲学的"历史"。

哲学这个学科的独特性决定了哲学和哲学史是分不开的,没有离开了哲学史的哲学,也没有离开了哲学的哲学史。哲学绝不会因为时代久远而失去自己的光彩和价值,哲学的问题和洞见具有永恒的价值。两千多年来人类反复地追问和回答着世界是从哪里来的? 还会到哪里去? 人是什么? 人的价值和终极追求是什么? 什么是真善美? 什么是公平和正义? 我们今天读到苏格拉底、柏拉图和亚里士多德、老子和孔子似乎觉得是和这些大师正在进行面对面的思想对话,他们对于宇宙和人生的体悟仍然对我们有启发和指导,今天的哲学研究一点也离不开前人的哲学理想和理论。因为我们哲学观点和立场不同,写出来的哲学史就不同,有什么样的哲学就有什么样的哲学史。而各门科学则有很大的不同,在今天看来,古代科学家们提出的科学理论似乎只是人类幼年时期的一些幼稚有趣的猜想,早已过时和被淘汰了,与今天的科学相差十万八千里,它们只有历史的价值,我们今天科学家研究的成败并不取决于科学史。同时,书写哲学史的人一定是从事哲学研究的哲学家,而书写科学史的人未必是从事科学研究的科学家,写艺术史的人也未必是画家或表演艺术家。

哲学史就是哲学,最有代表性的观点是黑格尔的哲学史观。黑格尔批评了一种"浅薄的哲学史",即把历史上的哲学体系之间的关系看成完全是外在的、偶然的,是没有内在联系的。它们是"一堆在时间中产生和表现出来的哲学意见的罗列和陈述"、"僵死材料的堆积"、"人们所犯错误的展览"。一部哲学史变成了一个"死人的王国"。黑格尔从客观唯心主义的观点出发,认为哲学的唯一对象是理念,理念的特性决定了由它派生和反映它的哲学以及哲学史的性质。理念是具体的、丰富的,是多样性的统一;理念是发展的,是可以自身展开和深化的,可以从潜在向现实转化的。理念的发展越是往后,它的内容就表现得越丰富、深刻、具体、明确,理念的发展过程就是从潜在转化为现实的过程。黑格尔认为,理念发展有两种不同表现方式:一种是逻辑的方式,即理念在纯粹概念中的发展,或者说理念作为纯粹概念在逻辑中的发展;另一种是历史的方式,即理念体现在历史中,也就是在哲学史中的发展。理念发展的这两种方式的关系是,"历史上的那些哲学系统的次序,与理念里的那些概念规定的逻辑推演的次序是相同的"①。这就是说,哲学史上各种哲学体系的历史连贯性与逻辑体系中各个范畴的逻辑连贯性,基本上是一致的,逻辑的推演过程与哲学史的发展顺序是一致的,这就是历史和逻辑一致的原则。黑格尔在他的哲学体系中,把逻辑范畴的发展顺序和哲学史上各个哲学体系出现的顺序做了基本上两相对应的安排,早期的哲学体系和后来的哲学体系的关系,大体上相当于前阶段的逻辑理念与后阶段的逻辑理念的关系。这样,哲学史上不同哲学体系之间的关系问题就解决了,哲学史上同时出现的不同哲学体系之间的内在必然关系在于它们每一个都是全体的一个有机成分,它们以这种有机的关系结合在一起,构成了作为多样性统一体的哲学全体。哲学史上先后出现的不同哲学体系之间的内在必然联系在于它们每一个都依次是一个辩证否定的环节,构成了哲学史按照圆圈式运动向前运动的发展中的系统。黑格尔以一种唯心主义的方式揭示出哲学史是一个由纷繁复杂的哲学体系构成的客观的、有必然性的、合乎规律的辩证发展过程。他提出的历史和逻辑的相一致的原则是他辩证法的"合理内核"。但是,黑格尔的哲学史观除了是以客观唯心主义为基础之外,把历史上不同哲学体系之间的关系都看作是必然的,否定了偶然性,否定了每一个哲学家的个性,陷入了一种历史"决定论"。他将自己的哲学看作是包容以往所有哲学体系于一身的、无所不包的大全,哲学史发展到他这里就到了顶峰再也不发展了,因此,黑格尔的哲学史观最终是形而上学的。

---

① 黑格尔:《哲学史讲演录》,第 1 卷,商务印书馆 1981 年出版,第 34 页。

　　20世纪下半叶以来,对于哲学和哲学史的关系以及如何书写哲学史又产生了分析史观和语境史观的争论。① 分析史观主张,哲学史上的文本具有可分析性,虽然哲学和哲学史都是以哲学问题和哲学论证为核心,以解决问题为目的,哲学史的研究可以为哲学研究提供一定意义上的背景、案例和训练,帮助提高哲学分析能力,历史上某位哲学家对哲学主题的论述,可以给我们有某种教益,但哲学和哲学史应该分开,作为哲学研究必须是独立于哲学史来进行的;而语境史观认为,哲学史具有自身的独立价值,离开了哲学的历史性、对哲学的历史性理解,我们就无法处理关于哲学自身性质的哲学问题。如果我们想以真正历史的精神书写哲学史,就必须把我们研究的文本置于思想语境当中,使我们能够理解作者写作这些文本时实际上在做什么,我们应该考察政治和意识形态的、文化史、科技史、艺术史的各种语境。同样,在20世纪下半叶,在欧洲大陆的后结构主义或后现代主义的哲学家们主张一种历史虚无主义,认为"作者已死",历史上哲学文本的意义取决于读者对它的理解和阐发,总在不断地"延异"和"散播",我们无法进行语境的还原。无论哪种新论,其实都不外乎是古今之争、是"六经注我"还是"我注六经"。

　　编写哲学史,我们一方面要通过梳理无数哲学体系、哲学理论、哲学问题、哲学命题的发展线索,总结思维规律,促进今天的哲学研究和哲学论证,为发展当今的哲学服务;同时,我们还要将每一个哲学家、每一个哲学体系放到他们的时代、环境、背景或语境中,要考察作为时代精神精华的哲学和这个时代的政治、经济、文化、社会、科技、宗教、艺术等诸多语境的关系,还要考察一个哲学家的哲学与他的成长环境、所受教育以及特殊的人生境遇之间的关系。我们既要考察一般性和规律性,也要考察特殊性和个性;既要看到必然和内在的联系,也要看到偶然和外在的关系;既要做哲学的考察,也要做历史的考察。

---

　　①　韩东晖:《哲学史研究中的分析史观与语境史观》,《中国社会科学》2011年第1期。

在西学东渐的历史进程中,西方哲学传播到中国来已有百余年的历史,从新中国70年的学术发展来看,由中国人翻译、西方人编纂的《西方哲学史》的多卷本最早有1957年北京大学哲学系翻译,苏联专家敦尼克、约夫楚克、凯德洛夫、米丁、特拉赫坦贝尔等主编的《哲学史(上册)》和格·米·萨坡什尼柯夫的讲稿《哲学史(下册)》,但这套书是内部印行,没有公开出版。改革开放后,出版有葛力先生翻译、梯利著的《西方哲学史》两卷本(商务印书馆1979年版,1995年增补修订版);贺麟、王太庆等翻译,黑格尔著的《哲学史讲演录》四卷本(商务印书馆1981年版);何兆武、李约瑟翻译,罗素著的《西方哲学史》两卷本(1982年版);罗达仁翻译,文德尔班著的《哲学史教程》两卷本(商务印书馆1987年版);冯俊等翻译的《劳特利奇哲学史》十卷本(中国人民大学出版社2003—2016年出版);周晓亮翻译、托马斯·鲍德温著的《剑桥哲学史(1870—1945)》两卷本(中国社会科学出版社2011年版)。有代表性的单卷本哲学史有童世骏等翻译,G.希尔贝克、N.伊耶著的《西方哲学史——从古希腊到20世纪》(上海译文出版社2004年版);洪汉鼎等翻译,D.J.奥康诺主编的《批评的西方哲学史》(东方出版社2005年版);韩东晖翻译,安东尼·肯尼著的《牛津西方哲学史》(中国人民大学出版社2006年版);冯俊等翻译,安东尼·肯尼著的《牛津西方哲学简史》(河北人民出版社2012年版)等。

新中国70年,由中国人自己编写的西方哲学史有代表性的单卷本最早是由北京大学洪潜、任华、汪子嵩、张世英、陈修斋、朱伯昆等人编写的《哲学史简编》(人民出版社1957年版),以此为基础由汪子嵩、张世英、任华改写的《欧洲哲学史简编》(人民出版社1972年版),后有武汉大学陈修斋、杨祖陶著的《欧洲哲学史》(湖北人民出版社1983年、1986年修订版)、复旦大学全增嘏主编的《西方哲学史》上下册(上海人民出版社版1985年版),中国人民大学苗力田、李毓章主编的《西方哲学史新编》(人民出版社1990年版、2015年修订版),还有北京大学朱德生和李真、中国

人民大学李志逵、南开大学冒从虎、北京师范大学于凤梧等人主编的西方
哲学史。21世纪以来有赵敦华著的《西方哲学简史》（北京大学出版社
2001年版），张志伟主编的《西方哲学史》（中国人民大学出版社2002年
版，2010年第2版），邓晓芒、赵林著的《西方哲学史》（高等教育出版社
2005年版）。大部头多卷本哲学史主要有两套：一套是叶秀山、王树人主
编的八卷本的《西方哲学史》（凤凰出版集团、江苏人民出版社2005年
版），另一套是刘放桐、俞吾金主编的十卷本的《西方哲学通史》（人民出
版社2008年版）。中国人自己编写《西方哲学史》从最初受苏联日丹诺
夫哲学史定义的影响，将哲学史看作是唯物主义和唯心主义斗争史，到解
放思想、实事求是、克服"左"的思想在西方哲学领域的影响，逐步做到既
能坚持用马克思主义的立场、观点、方法来指导西方哲学史的研究，又能
坚持哲学史研究的学术客观性和严肃性。中国人编写的西方哲学史体现
了中国学者对西方哲学的独特视角和不同的理解，在中西文化的"视界
融合"中拓展了西方哲学的意蕴和内涵。

　　与前面两套多卷本哲学史相比，我们这套五卷本的哲学史也有自身
的特点，前述两套哲学史更像专深的研究专著，我们更偏重于写哲学史，
与大学里所开设课程的划分相一致，我们只限于写马克思主义哲学之前
的西方哲学，没有包含19世纪中后期到20世纪的"现代西方哲学"。这
套《西方哲学史》在2500多年的西方哲学的发展长河中，选取了那些最
为重要的哲学家，对他们的主要著作、主要学说或主要观点、提出的重要
哲学问题或哲学命题，结合他（它）们所处时代的语境进行解读，尝试结
合他（它）们与同时代其他哲学的关系、对后续哲学的影响、与当今哲学
研究和哲学论证之间的关系，来评价他们的思想价值、总结哲学思维的
规律。

　　全书分为六编：第一编　古希腊罗马哲学，第二编　中世纪哲学，第
三编　文艺复兴时期哲学，第四编　经验主义和理性主义哲学，第五编
启蒙哲学，第六编　德国古典哲学，每一编前面有主编写的"引言"。中

世纪哲学和文艺复兴哲学两编合为一卷,其他每编单独成卷,全书共分
5 卷。

本书可以作为博士生、硕士生深入学习西方哲学史的重要参考书,也
可以作为哲学爱好者深入学习西方哲学的必读书。

2019 年 10 月于北京

主编和作者简介

主编简介：

　　冯俊，男，1958 年生，湖北省英山县人。哲学博士，教授、博士生导师，享受国务院政府特殊津贴专家。中国人民大学首批二级教授（2007 年），同济大学人文学院特聘教授，清华大学马克思主义学院卓越访问教授、习近平新时代中国特色社会主义思想研究院学术委员。曾为英国牛津大学哲学院高级访问学者。曾先后担任中国人民大学副校长兼哲学院院长，中国浦东干部学院常务副院长，中央党史研究室副主任，中央党史和文献研究院院务委员（副部长级），第十二届全国政协委员。研究领域为西方哲学、中国特色社会主义理论、中共党史党建等。先后兼任的学术职务主要有教育部哲学教学指导委员会副主任委员，中华全国外国哲学史学会理事长，中国自然辩证法研究会副会长，上海市社会科学联合会副主席，中国中共党史学会常务副会长，中国现代外国哲学学会法国哲学专业委员会主任，等等。有《开启理性之门——笛卡尔哲学研究》、《法国近代哲学史》、《后现代主义哲学讲演录》、《学习新思想》等专著、文集、教材 10 余部，翻译和主持翻译《法国哲学史》、《劳特利奇哲学史》（10 卷本）等 10 余部，主编丛书文集 90 余本，在国内外报刊发表文章近 300 篇。获北京市、上海市哲学社会科学优秀成果一等奖 2 项,其他省部级科研奖多项。

作者简介:(以书中撰写章节出现先后为序)

姚介厚,1940 年出生,浙江杭州人。1965 年 9 月复旦大学哲学系毕业,研究生学历。中国社会科学院哲学所研究员,曾任中国现代外国哲学学会理事长、中国外国哲学史学会常务理事、国际哲学团体联合会指导委员会委员。2006 年被授予中国社会科学院荣誉学部委员称号。学术研究领域为古代希腊罗马哲学、当代欧美哲学,西欧文明、西方文明理论。独著有:《当代美国哲学》、《柏拉图的〈国家篇〉导读》、多卷本《西方哲学史》(第 2 卷《古代希腊与罗马哲学》)。合著有:《十八世纪法国启蒙运动)、《希腊哲学史》(第 1—3 卷)、《西欧文明》、《当代世界思潮》。在《哲学研究》、《国外社会科学》、《现代外国哲学》等刊物上发表多篇中外文学术论文与译文。

林美茂,男,1962 年初生于福建福清,日本归国哲学博士(PH.D.),中国人民大学哲学院教授、博士生导师。研究领域:柏拉图哲学、日本哲学、公共哲学等。日本东京大学访问学者、爱知大学客座研究员、国际基督教大学研究员、中华日本哲学会副会长等。已出版学术专著《灵肉之境——柏拉图哲学人论思想研究》、《哲学与激情》、《公共哲学序说》等,合著《西方伦理思想史》、《現代に挑む哲学》、《東アジア世界の「知」と学問》等,编著《日本哲学与思想研究》,译著《欧美的公与私》(与徐滔合译)等,业余创作诗歌,笔名:灵焚。出版诗歌作品集《情人》、《灵焚的散文诗》、《女神》等。

余纪元,男,1964 年生,浙江诸暨人,哲学博士,美国布法罗大学哲学系教授,中国人民大学哲学院讲座教授,山东大学兼职博士生导师。1994—1997 年任英国牛津大学 Wolfson 学院及中国研究所研究员,

2003—2004 任美国国家人文科学中心研究员。曾获布法罗州立大学教育优秀奖、杰出学者奖。著有《亚里士多德的〈形而上学〉中存在的结构》、《〈理想国〉演讲录》、《德性之镜——孔子与亚里士多德的伦理学》等,合著有《西方哲学大辞典》等。2016 年 11 月,病逝于美国。

章雪富,博士,浙江大学教授,主要从事希腊哲学和基督教研究,曾为美国罗耀拉大学、英国牛津大学、中国香港浸会大学访问学者。出版著作有《基督教的柏拉图主义》、《希腊哲学的 Being 和早期基督教的上帝观》、《斐洛思想导论》(两卷本)、《早期基督教的自我观念》、《斯多亚主义》(两卷本)等作品,主编(含合作主编):"希腊化和早期中世纪经典集成"、"历史与思想译丛"、"基督教历史与思想译丛"、"两希文明哲学经典译丛"和"基督教经典译丛"等。

王晓朝,中山大学哲学系(珠海)讲座教授,中国宗教学会副会长。曾任清华大学哲学系教授,清华大学道德与宗教研究院副院长,浙江大学哲学系教授。已出版和发表著译《希腊宗教概论》、《基督教与帝国文化》、《神秘与理性的交融》、《罗马帝国文化转型论》、《教父学研究》、《传统道德向现代道德的转型》、《希腊哲学简史》、《跨文化视野下的希腊形上学反思》、《柏拉图全集》、《西塞罗全集》、《上帝之城》等 30 余种,论文230 余篇。在研国家社会科学基金重大项目"古希腊哲学术语数据库建设"(15ZDB025)。

段德智,武汉大学二级教授。先后兼任武汉大学学术委员会委员,中华全国外国哲学史学会常务理事,中国宗教学会理事,湖北省宗教研究会副会长,北京大学外国哲学基地(外国哲学所)兼职教授与学术委员,清华大学道德与宗教研究中心研究员。享受国务院颁发的政府特殊津贴。主要著作有:《死亡哲学》、《莱布尼茨》(陈修斋、段德智著)、《宗教概论》、《宗教与社会》、《西方死亡哲学》、《主体生成论》、《宗教学》、《莱布尼茨哲学研究》和《新中国宗教工作史》等。主要译著有:《非理性的人》、《英国哲学史》、《哲学辞典》、《对莱布尼茨哲学的批评性解释》、《〈中庸〉洞见》、《论存在者与本质》、《神学大全》第一集和《反异教大全》等。

梁中和,四川大学哲学系副教授,中国人民大学哲学博士;研究方向和兴趣:古希腊哲学(柏拉图和柏拉图主义)、文艺复兴哲学(近代人文主义与宗教)。已经出版专著 2 部、译著 6 部,主编丛书 4 套,发表论文 20 多篇,主持国家项目、教育部项目多项。全国优秀博士论文奖获得者,入选首批四川省"天府万人计划"社科菁英。兼任四川省哲学学会副秘书长、清华大学道德与宗教研究院特聘研究员、《古希腊罗马哲学研究》编委、国际柏拉图协会(IPS)会员、美洲文艺复兴研究会(RSA)会员,在成都主持"望江柏拉图学园"(开放性公益读书班)。

李秋零,哲学博士,现任中国人民大学哲学院教授、博士生导师。主要研究领域为西方中世纪哲学、德国古典哲学、基督教思想等。著有《上帝·宇宙·人》、《德国哲人视野中的历史》、《神光沐浴下的文化再生》等专著和《康德论人性根本恶及人的改恶向善》、《康德论哲学与神学的关系》、《中世纪神秘主义神学的难题与出路》等论文若干;译有《康德著作全集》、《康德书信百封》、《基督教哲学》、《从黑格尔到尼采》、《神学与哲学》等。

孟根龙,男,1963 年生,河南省襄城县人。1986 年毕业于四川大学哲学系,获哲学学士学位。1989 年毕业于南京大学哲学系,获哲学硕士学位。1996 年毕业于中国人民大学哲学系,获哲学博士学位。2007 年在北京大学马克思主义学院访修。2001 年、2006 年入选北京市"新世纪社科理论人才百人工程",2006 年入选北京市中青年骨干教师。出版著作10 多部(含译著和合著),在国内外刊物发表论文数十篇,其中 4 篇被人大复印资料《马克思主义》、《外国哲学》全文转载,主持教育部人文社会科学研究课题及首都大学生思想政治教育课题等多项。曾任北京第二外国语学院教材委员会委员、法政学院副院长、政治理论教研室主任。现任国外马克思主义研究中心主任。

鲍建竹,男,1977 年生,江苏泰州人,上海大学哲学系副教授,中国人民大学哲学博士,加拿大不列颠哥伦比亚大学(UBC)访问学者。主要研究领域为法国哲学和类比计算理论研究。出版专著《作为社会技艺的语言:布尔迪厄社会语言学研究》1 部,参与译著《劳特利奇哲学史》。在《光明日报(理论版)》、《自然辩证法研究》等报刊发表论文数篇。主持上海市哲学社会科学一般项目 1 项,参与国家哲学社会科学基金项目1 项。

孙向晨,复旦大学哲学学院教授。主要研究以列维纳斯哲学为代表的现代法国哲学,以霍布斯、洛克、卢梭、黑格尔等人为代表的近代哲学,近年来致力于中国传统思想现代转型的研究。主要成果:《十七世纪形而上学》(合著,2006 年)、《面对他者:莱维纳斯哲学思想研究》(2008年)、《论家:个体与亲亲》(2019 年)等。主要学术兼职:《通识教育评论》(联合主编),复旦通识丛书主编,国际哲学团体联合会(Fisp)指导委员会委员,世界汉学大会理事会理事,中华外国哲学史学会副理事长,法国哲学专业委员会副会长等。

高新民,1957 年 3 月生,湖北武汉新洲人,华中师范大学二级教授,博士生导师,享受国务院"政府特殊津贴"。主要研究领域为西方哲学史、宗教哲学、心灵哲学和人生哲学。已在《中国社会科学》、《哲学研究》《自然辩证法通讯》等杂志发表论文 200 余篇。在商务印书馆等出版译著 7 部,在中国社会科学出版社等出版专著 12 部。其中《现代西方心灵哲学》一书获"金岳霖学术奖"、"湖北省社会科学优秀成果一等奖"。

曾晓平,1965 年生,1985、1992、1995 年于武汉大学获哲学学士、硕士和博士,1995 年起在武汉大学哲学系从事西方哲学教学与研究,2001 年评聘为副教授,2006 年评聘为教授。其主要研究方向是早期现代西方哲学和德国古典哲学,重点在于休谟哲学和康德哲学,主要学术成果有译著《道德原则研究》和《宗教的自然史》等。

韩东晖,哲学博士,中国延安干部学院副院长、教授,中国人民大学哲学院博士生导师,兼任中华外国哲学史学会常务理事。曾任中国人民大学哲学院党委书记兼常务副院长、人事处处长兼人才办主任。研究领域为近代哲学、分析哲学及规范性问题研究。著有《天人之境——斯宾诺莎道德形而上学研究》等著作,在《中国社会科学》《哲学研究》等杂志发表多篇论文。曾入选教育部新世纪优秀人才支持计划、北京市"四个一批"、"百人工程"等人才项目。曾获教育部人文社会科学优秀成果奖、北京市哲学社会科学优秀成果奖、霍英东教育基金会青年教师基金、宝钢教育基金会优秀教师奖、高等教育国家级教学成果奖等。

丁耘,1969 年生,哲学博士,复旦大学哲学学院教授,博士生导师,复旦大学思想史研究中心主任,中国现象学专业委员会委员兼副秘书长,任《思想史研究》《思想与社会》《开放时代》编辑委员。主要研究兴趣为中西思想史、德国哲学、古希腊哲学与中西比较哲学。已出版专著《道体学引论》(2019)《中道之国》(2015)《儒家与启蒙》(2011)《十七世纪形而上学》(合著,2005)等。译有马丁·海德格尔《现象学之基本问题》(2008 初版、2018 修订版)等。主编《思想史是什么》(2006 年)《五四运动与现代中国》（2009 年）等。在《中国社会科学》、《哲学研究》等刊物发表论文 20 余篇，另有译文多种。2009 年获"上海市优秀青年教师"称号。

周晓亮，1949 年生，籍贯江西。1975 年毕业于复旦大学哲学系。1981 年毕业于中国社会科学院研究生院。曾任中国社会科学院哲学研究所科研处处长、现代外国哲学研究室主任、西方哲学史研究室主任、《哲学动态》主编、《世界哲学》主编。研究员、博士生导师。主要研究领域是 16—18 世纪西方哲学、现象学、心灵哲学。著有《休谟哲学研究》、《〈人性论〉导读》、《莫尔》、《笛卡儿》、《斯宾诺莎》等。主编《西方哲学史（学术版）》多卷本第四卷。译著有《人类理智研究》、《道德原理研究》等。

高宣扬，华裔法籍哲学家、社会学家兼艺术评论家，国务院外国专家局特聘"海外名师"，法国巴黎第一大学哲学博士。2010 年 8 月至今为上海交通大学精裕讲席教授，人文社科资深教授，现任上海交通大学欧洲文化高等研究院院长，同时担任巴黎欧亚研究院"生命艺术现象学研究中心"主任。1983 年，应时任巴黎国际哲学研究院院长德里达的聘请，任教与研究于法国巴黎国际哲学研究院；1984—1988 年，任法国国家科学研究中心政治哲学研究所研究员兼巴黎第十大学教授。著有《后现代：思想与艺术的悖论》、《对话》(*Le Dialogue*，与法国科学院院士程抱一合著)、《当代政治哲学》（两卷本）、《德国哲学通史》（三卷本）、《萨特的密码》等 35 部专著，以及大量中外文学术论文。

张志伟，男，1956 年生，北京人，中国人民大学哲学院教授，哲学博士，博士生导师，哲学院学术委员会主任，曾任哲学院常务副院长等职，享受国务院政府特殊津贴专家，人大首批杰出学者特聘教授，兼任中华全国外国哲学史学会理事长、北京市哲学学会副会长。研究方向为西方哲学，主要代表作:《康德的道德世界观》《形而上学的历史演变》(主编)、《西方哲学史》(主编)、《西方哲学十五讲》等。

李毓章，1937年生，中国人民大学哲学系退休教授。1956年秋进入北京大学哲学系学习。先后参加或主持了《欧洲哲学史》《欧洲哲学史讲座》《西方哲学史新编》《西方哲学史新编(修订本)》的编写工作。著有:《德国古典哲学》(合著，北京出版社1978年出版)、《人:宗教的太阳——费尔巴哈宗教哲学研究》(台湾远流出版公司1995年出版)等;发表学术论文30余篇。

目　录

（第一卷）

古希腊罗马哲学编

古希腊罗马哲学编

1
引 言

姚介厚　冯　俊

　　古希腊罗马哲学是西方哲学之源,是激发西方文化活力的智慧火种,
奠定了西方哲学与文化的传统,深刻影响着西方哲学的演进。西方哲学
有 2500 余年的历史,其中,古希腊罗马哲学从公元前 6 世纪初早期希腊
哲学诞生,至公元 529 年东罗马帝国皇帝查士丁尼关闭雅典的柏拉图学
园标志古希腊罗马哲学的终结,长达 1100 余年。它涵盖的地域不限于希
腊、罗马本土,而是涉及欧亚非三洲、遍及整个地中海域,对西欧古典文
明、犹太文明、基督教文明与伊斯兰文明进程都有深远影响。它有三个演
进阶段:孕育于远古爱琴文明、兴起于希腊古典文明趋盛时期的早期希腊
哲学;希腊古典文明由盛趋衰时期的希腊古典哲学;希腊化文明和罗马文
明时代的晚期希腊与罗马哲学。它那丰富多样、富有活力、博大精深的思
想内容,在古代世界文明中灿烂夺目,是全人类的珍贵文化宝藏。它蕴含
或萌生了之后多种西方哲学思想雏形,马克思、恩格斯很注重对西方哲学
与文化的总结与反思,他们的不少论著中就有许多对希腊罗马哲学的论
评与吸取。

　　远古希腊的爱琴文明是希腊民族与希腊哲学和文化的摇篮。西欧古
典文明发轫于希腊。黑格尔说:到希腊人那里,我们就仿佛置身于自己的

"精神"家园。①

西欧自有人类活动起,历经了 30 多万年的旧石器时代与新石器时代,首先步入文明社会的是爱琴海地区。它包括希腊半岛、爱琴海诸岛和小亚细亚西岸,②扼欧亚非三洲交通之要冲,有温和的地中海气候,便于和近东先进文明建立联系。约公元前 3000 年后,这南部地中海地区已先后完成三次社会大分工,即农业和畜牧业分工,手工业从农业中分离出来,商业出现。生产力发展已能提供超过维持劳动力自身消费的剩余,出现了私有财产制。如恩格斯所说:"尽管听起来是多么矛盾和离奇——在当时条件下,采用奴隶制是一个巨大进步";"只有奴隶制才使农业和工业之间的更大规模的分工成为可能,从而为古代文化的繁荣,即为希腊文化创造了条件。没有奴隶制,就没有希腊国家,就没有希腊的艺术和科学"。③ 它标志人类跨入文明时代。爱琴海域的克里特岛和希腊的小亚细亚、本土,率先分别于公元前 20 世纪和前 15 世纪左右,进入奴隶制的文明社会,早期希腊哲学也渊源于爱琴文明的演进之中。

克里特岛横列在北非和希腊之间,公元前 3000 年已向青铜文化过渡,出现私有制,公元前 20 世纪已合并奴隶制小国,建立以克诺索斯为首都的统一王朝,从约公元前 20 世纪至前 15 世纪末有最早兴盛的克里特文明和繁荣的米诺斯文化。公元前 1400 年左右,迈锡尼人④征服克里特岛,取代并部分接续了它的文明。他们已使用希腊语(阿卡亚方言为主),建立贵族奴隶制王朝,迈锡尼文明范围遍及希腊本土和爱琴海地区。公元前 1250 年以后,迈锡尼和与之交往密切的埃及、赫梯,都处于盛

① 黑格尔:《历史哲学》,王造时译,上海:上海世纪出版集团、上海书店出版社 2006 年版,第 209 页。
② 小亚细亚属于现在的土耳其,古代称安那托利亚(Anatolia),腓尼基人开始将它叫"亚细亚",意思为"东方",其希腊文的意思是"太阳升起的地方",后来此名扩展指谓所有东方的亚洲,原来安那托利亚地区及附近诸岛就被称为"小亚细亚"。
③ 《马克思恩格斯选集》第 3 卷,北京:人民出版社 1995 年版,第 561 页。
④ 迈锡尼在希腊半岛的伯罗奔尼撒东北部,居民是公元前 2000 年左右部落大迁移中从巴尔干北部南下的印欧语族阿卡亚人。

极而衰。约在公元前 1200 年至前 1170 年间,爆发了荷马史诗《伊利昂记》所写的特洛伊战争。① 这是希腊本土部族首次集成一体的军事行动,但还算不得联合成希腊民族。战争的历史后果是两败俱伤,特洛伊城毁灭了,迈锡尼文明也因内乱衰亡。希腊北部半农半牧原始部族的多立斯人乘虚而入,摧毁希腊本土城镇,破坏手工业与商业,文化也凋败衰落,从公元前 11 世纪初至前 9 世纪,爱琴文明进入一个历史曲折的所谓黑暗时期,又称荷马时代。传说中的盲诗人荷马(Homer)正是在公元前 9 世纪融合历史与神话传说创作了史诗《伊利昂记》《奥德修纪》,描写迈锡尼文明末期特洛伊战争的故事,其实也反映他所处时期的社会环境与生活方式。此时奴隶制国家虽倒退为氏族部落组织的军事民主制,但历史曲折中又孕育着进向新文明的重要因素:多立斯人南下带来冶铁术与铁器使用,使以后希腊城邦奴隶制得以在较高的生产力起点上充分发展;军事民主制的部落组织已有氏族贵族的议事会、民众大会和军事首长["巴赛勒斯"(Bassileus),即部族之"王"]等三个权力建制,这是向希腊城邦国家过渡的政治建制雏形;结束了早期希腊部落经常大迁徙的动荡历史,从部落向民族过渡,形成了伊奥尼亚人、埃俄利亚人和多立斯人三个希腊民族,他们在稳定居住区融合成较稳固的共同体,后来就转变为城邦。

公元前 8、前 7 世纪的古朴时代,实为希腊城邦文明兴起的重要时期。公元前 8 世纪中叶从小亚细亚到希腊半岛已星罗棋布地建立了 408 座城邦。荷马时代已有的铁器生产力和小型奴隶制经济稳定结合,军事民主制则演变为城邦政治建制,这些重要历史因素都使希腊城邦没有神

① 特洛伊别名伊利昂,处在小亚东北赫勒斯滂海峡和爱琴海连接之处,是逆流北入马尔马拉海和黑海的唯一通道,海峡水流湍猛、风急浪高,航行至此只能从陆上拖运船只、驮运货物,所收税金与运费就是重要财源,加之特洛伊土地肥沃,农牧工商业皆很发达,很是富裕。传说的战争起因是迈锡尼王阿伽门农因其弟斯巴达王门涅劳斯之妻海伦被特洛伊王子帕里斯诱拐,遂率希腊诸部族联军围攻十年而陷落特洛伊城。其实,发动这次战争的真正目的是掠夺该地财富,占有扼据航运要冲的财源。

授统一专制王权,而有别于一些东方文明的政制。诸城邦各自独立,是多中心的,但互相之间又有密切的经济联系和民族文化的同一性。各城邦的人已经都自称"希腊人",①区别于"异族人"(barbarians,蛮族人)。当时已通过改造腓尼基文的字母形成统一使用的希腊文字;首届奥林匹克运动会于公元前776年举行,各城邦有共同的节庆和纪年;社会制度、风俗习惯、宗教信仰、文化传统也有一致性。希腊城邦的奴隶制是小规模、分散型的,因而更需要加强各城邦之间、同外部世界之间的工商贸易,也有得天独厚的航海条件,因而得以发展商品经济,使希腊人有较为开阔的视野、活跃的心智,并能较快较多地吸纳早已丰富的东方文明成果,来创造自身的新文化。同时,从公元前8世纪初起,经历了200多年的殖民运动,希腊人扬帆远渡、开拓疆域,展开了希腊世界向四面八方扩展而趋于丰满的壮观画面,在比希腊本土远为广大的地中海域共建殖民城邦140多座,造就一个海陆交错、东西方联结的古地中海最大的贸易圈和经济圈,远超过爱琴文明的原有规模,并促成了早期希腊文明和近东先进文明(埃及、巴比伦文明等)的跨文化交往频繁,给希腊带来更多的东方文明成果,这也是早期希腊哲学与文化生成的重要动因。爱琴文明历经1500年漫长之途,至公元前6世纪初,终于迎来了光辉灿烂的希腊古典文明,孕育着的早期希腊哲学也随之脱胎而出。

追溯早期希腊哲学的起源,它在荷马时代与初兴城邦文明的古朴时代早有孕育。神话与宗教已蕴涵原始的哲学思想,科学思想的萌发及对它的升华又是产生哲学思想的直接前提。爱琴文明、希腊古典文明并非孤立、封闭地生成、进展,而是在和早已发展了的近东文明的交往中发展的。希腊罗马哲学始终和东方文化有密切关系,吸取东方文明成果一直是它产生与演进的重要因素。西亚即伊朗高原以西、阿拉伯半岛至小亚细亚半岛地带,希腊人后来称为美索不达米亚(Mesopotamia,原意为两河

---

① "希腊人"取自传说中伊奥尼亚、埃俄利亚和多立斯三族始祖的共同之父希伦(Hellen)之名。

之间的地方,通称两河流域),是人类最早进入文明的地区之一。最早有约公元前 2900 年至前 2000 年的苏美尔(Sumer)文明,经历了奴隶制王朝的兴衰;接着兴起了悠久的巴比伦(Babylon)文明,约在公元前 1894 年至公元前 539 年,经历了古巴比伦、亚述帝国和新巴比伦的不同历史时期的奴隶制帝国;并穿插有赫梯帝国与腓尼基小国及其文化。两河流域的文明创造了灿烂的西亚古代文化,尤其在天文学与数学方面成就突出。巴比伦的神话杰作《伊奴玛·伊立希》(Enuma Elis)内容丰富,以神话形式表现了古代巴比伦人的宇宙论思想,在迈锡尼时代或殖民时代就已传入希腊。埃及文明更为古老,公元前 4000 年左右就形成,从公元前 27 世纪上半叶形成统一的埃及帝国至公元前 11 世纪,经历了古王国、中王国、新王国、后期埃及的 31 个王朝。由于尼罗河每年泛滥需要重新界定土地边界,埃及人很早研究、发展了作为测地学的几何学,在金字塔与神庙建筑艺术、浮雕与绘画、临床医药、多种体裁的文学等方面都有丰富成就。古埃及的宗教有不少演变,后形成了以太阳神阿蒙为主神的多神教。公元前 6 世纪米利都的历史纪事家赫卡泰厄斯(Hecataeus)所写《谱系志》、《大地巡游记》及继后希罗多德的《历史》,都记述了早期希腊人特别是小亚细亚与南意大利殖民城邦的先民,和西亚、埃及有悠久、频繁的经济与文化交往。早期希腊哲学的起源就得益于交往中吸收西亚和埃及的科学与宗教思想。

　　希腊神话与宗教是希腊哲学产生与演变的重要文化因素。希罗多德说:"可以说,几乎所有神的名字都是从埃及传入希腊的。我的研究证明,它们完全是起源于异邦人那里的,而我个人的意见则是,较大的一部分是起源于埃及的。"[①]赫西奥德(Hesiod)将奥林帕斯教诸神谱系化的《神谱》,就受西亚诸神谱系的影响。《剑桥古代史》在"近东对希腊的影响"一节中,专门列举了希腊神谱中来自埃及、赫梯、腓尼基、吕底亚、米

---

① 希罗多德:《历史》上册,王以铸译,北京:商务印书馆 1985 年版,第 133 页。

底亚的神的名称,认为《神谱》和巴比伦的神话著作《伊奴玛·伊立希》有特殊的联系,在想象宇宙起源于混沌、区分天地等内容上很相似,后者可能是在迈锡尼时代或小亚细亚西岸殖民时代就已传入希腊的。① 公元前6世纪已在希腊流行的新宗教奥菲斯教(Orphic),崇拜狄奥尼索斯神(Dionysus,收获之神与酒神),它的神话孕育着宇宙起源的猜测和宗教伦理思想,是早期希腊哲学的重要思想渊源之一。它的灵魂轮回转世(三千年一大轮回)和净化说等教义也源自埃及的宗教神话。希罗多德说:"在埃及,人们相信地下世界的统治者是戴美特尔和狄奥尼索斯。此外,埃及人还是第一个教给人们说,人类的灵魂是不朽的",肉体死去后,人的灵魂就经过海、陆、空三界的一切生物中轮回后,再次投生人体,"在整个的一次循环要在三千年中间完成。早先和后来的一些希腊人也采用过这个说法,就好像是他们自己想出来的一样"。② 希腊宗教对西亚与埃及的宗教也有较大超越,它和哲学思想交互影响,逐渐以哲学外衣形成理性一神的思想,而东方除希腊化时代才西渐的犹太教是一神教外,大都一直是人格化的多神教。

早期希腊哲学的雏形更早孕育于希腊神话中。马克思指出:希腊神话"是用想象和借助想象以征服自然力,支配自然力,把自然力加以形象化",是"通过人民的幻想用一种不自觉的艺术方式加工过的自然和社会形式本身"。③ 瑰丽多彩、意韵深远的希腊神话既是古希腊宗教思想的主要组成部分,也在形象地解释世界中孕育着哲学思想。关于奥林帕斯山上诸神的神话,早在荷马之前的希腊就已有所形成,迈锡尼文明时期的线形文字B,已有奥林帕斯的主要神明的名字。荷马整理的两部伟大史诗即《伊利昂记》与《奥德修记》将当时流传的各种神话与英雄传说集中成

---

① *The Cambridge Ancient History*,volume3,part3,Cambridge,Cambridge University Press,1982,pp.29-31.(《剑桥古代史》第3卷第3分册,剑桥:剑桥大学出版社1982年版,第29—31页。)

② 希罗多德:《历史》上册,王以铸译,北京:商务印书馆1985年版,第165页。

③ 《马克思恩格斯选集》第2卷,北京:人民出版社1995年版,第29页。

完整形式,成为爱琴文明中卓越的精神文化成就。恩格斯说:荷马的史诗以及全部神话——这就是希腊人由野蛮时代带入文明时代的主要遗产。约公元前8世纪出生于中希腊的农民家庭的民间诗人赫西奥德撰写的《神谱》,则将奥林帕斯诸神,梳理成一个有起源、更替与传续的完整谱系。随着统一希腊民族形成并进向城邦文明,奥林帕斯教成为全希腊的宗教。马克思说"希腊人崇拜奥林波斯众神,这是'崇拜'他们自己的民族,他们的'国家'"。① 公元前6世纪希腊流行的奥菲斯教和斐瑞居德(Pherecydes)教,②也含有猜测宇宙起源、天体生成与论灵魂等内容。希腊神话已孕育着哲学思想,是早期希腊哲学发生的中介,这已一般为现代西方希腊哲学史家承认。③

希腊神话蕴含着原始哲学思想,可概述为四点。

第一,世界万物的本原。希腊神话将自然力人格化即神化,探究自然世界发生的"最初的实在",认为世界万物包括神都是产生出来的,不是亘古不变的永恒存在。荷马将海洋之神俄刻阿诺(Oceanus)看作世界开初之神明,说他"流出了全部江河,全部海洋和一切溪泉",是一切有生命

---

① 《马克思恩格斯全集》第1卷,北京:人民出版社1956年版,第22页。

② 奥菲斯教崇拜的狄奥尼索斯主神在希腊早已有之,这种崇拜后来经过奥菲斯(Orpheus)的改革演变为奥菲斯教。据说他写的陈述教义的《圣书》是在公元前6世纪出现的。这种宗教最初在色雷斯北部流行,后来扩展到南意大利、小亚细亚与希腊本土。它崇奉的狄奥尼索斯是收获之神,又是酒神,每年收获季节,希腊人庆祝酒神狄奥尼索斯的行动是狂热的。他也是一种非理性的自由与狂放的象征。尼采在《希腊悲剧的诞生》一书中,以他和太阳神阿波罗作为古希腊的自由浪漫主义和理性主义这两种艺术与文化精神的象征。斐瑞居德是锡罗斯的宗教家,大体和泰勒斯同时代,也有人将他列为"七贤"之一,有人说他懂得天文星相。亚里士多德在《形而上学》中讲到他是神话诗人时,说他"并不是完全使用神话语言的"。(1091b8—9)他写的圣书已失落,从现存的残篇看有较多直接探索宇宙起源和天体生成的内容。在第尔斯—克兰茨编纂的斐瑞居德残篇中,就有:"斐瑞居德像泰勒斯一样,认为水是本原,不过他叫它'混沌'(Chaos),可能是从赫西奥德那里借用来的"。(DK7B1a)他的宗教思想较为混杂,既有奥菲斯教的成分,也有对赫西奥德的《神谱》的修正。

③ 详见姚介厚:《古代希腊与罗马哲学》(多卷本《西方哲学史》第2卷),南京:江苏人民出版社2005年版,第44—45页。

的东西赖以生长的神。① 柏拉图解释荷马的"意思是说万物都是变动之流的产物",并说赫西奥德与奥菲斯都说过类似的话。② 亚里士多德则点出了这种神话会升华为水是万物的本原的哲学思想,使泰勒斯以理性思维方式提出"第一因"。③ 远古希腊人看到白天的万物从黑夜中出现,将黑夜之神尼克斯(Nyx)即混沌也看作万物的始源;他们直觉到万物在时间中产生与消亡,又将时间之神克罗诺斯(Chronus)视为万物的根源,最高主神宙斯也是他的产物。

第二,宇宙的起源与演化。希腊神话叙述的神的谱系,实质上也是古希腊人猜想的宇宙的谱系,以神话形式对宇宙的生成与演化作了素朴猜测,甚至有对自然现象总体作理性解释的萌芽,和早期希腊哲学的宇宙论相似。赫西奥德的《神谱》就描述"最先产生的确实是卡俄斯(混沌),其次便产生该亚—宽广的大地",混沌还产生出黑夜之神和白天之神,大地女神又产生出天神乌兰诺斯,他们俩交合又产生了海洋之神等诸多代表闪电、雷霆等等自然界事物的神明。④ 荷马在《伊利昂记》中记载:天穹是钵形的固态半球,它覆盖着圆盘状的大地。在天和地之间的空间的最低部位,包括云层在内,到处充满了气或湿气,较高的部位则充满了以太。这和早期希腊哲学关于天体和大地的构造的解释也相似。奥菲斯教解释

---

① 荷马:《伊利昂记》第 8 卷第 607 行,第 21 卷第 194—200 行,第 14 卷第 201、246、302 行。可参看陈中梅的中译本:《伊利亚特》,广州:花城出版社 1994 年版。

② 柏拉图:《泰阿泰德篇》152E;《克拉底鲁篇》402B。所引柏拉图著作均见 Plato, *The Collected Dialogues of Plato*, *Including the Letters*, edited by H. Hamilton & H. Cairns, Princeton, Princeton University Press, 1973.(柏拉图:《柏拉图对话全集,附信札》,H. 汉密尔顿、H.凯恩斯编,普林斯顿:普林斯顿大学出版社 1973 年重印本。)

③ 亚里士多德:《形而上学》983b20—984a3。所引亚里士多德著作均见 Aristotle, *The Complete Works of Aristotle*, (The Revised Oxford Translation), edited by J. Barnes, 2 vols, Princeton, Princeton University Press, 1984. [亚里士多德:《亚里士多德全集》(牛津版英译修订本),J.巴恩斯主编,两卷本,普林斯顿,普林斯顿大学出版社 1984 年版。]

④ 赫西奥德:《神谱》,第 115—145 行。见赫西奥德:《工作与时日神谱》,张作明、蒋平译,北京:商务印书馆 1997 年重印本。

天体构造则认为"气和黑夜是本原","它们互相结合生出'蛋',其他事物都由此产生"。①

第三,灵魂观念。荷马史诗中说到灵魂和肉体可分离,且是不幸,阿卡亚人最勇猛的首领阿喀琉斯(Achilleus)死后其灵魂虽统率地府众鬼魂,也不如"活在世上作人家的奴隶"。② 奥菲斯教则认为灵魂并非荷马设想的仅是人自身苍白、不幸的双重化,而是沦落尘世、几世事物中轮回转生的精灵(daemon),它离开肉体才呈现真正本性。古希腊人使用的"灵魂"(psyche)一词有双重含义:一是和肉体相对立、可分离、给肉体以生命的"非实体性的影像",后来在希腊哲学中发展为不朽的精神实体;二是指生命与呼吸,指人的感觉、情感、理智等意识活动及其主体,后来早期希腊哲学研究这种意义的灵魂,发展为认识论学说。

第四,粗朴的历史观念与伦理观念。荷马史诗中表现了对神的虔敬和神人皆不可违背的"命运"的观念,"命运"支配人事、历史,直到埃斯库罗斯时还是希腊悲剧的中心主题;史诗中表现英雄时代的部族伦理如部族的正义、英勇、友爱等,后来演变为早期城邦社会关于正义、勇敢、友爱、节制等传统美德。特别要说,处于希腊城邦文明初兴之时的赫西奥德,是希腊有自觉的文明思想与历史意识的第一人。他的讽喻诗《工作与时日》在古代西方首次提出了一种人类文明的演变观,从纵向历时态的维度将人类文明史看作一个分不同阶段形态之整体来进行反思,将人类文明演变看作进化中交织着和谐与争斗的"不和"、善与恶、正义与强权等矛盾的曲折历程。他描述主神克洛诺斯、宙斯相继塑创、埋落黄金种族、白银种族、青铜种族、英雄种族直至当时生活着的黑铁种族,借以象征性

---

① DK3B5。这是第尔斯和 W. 克兰茨辑《苏格拉底以前学派残篇》的编号,A 栏为古代他人转述,B 栏为哲学家本人的残篇。见 H.Diels und Kranz, *Die Fragmente der Vorsokratiker*, Griechisch und Deutsch, Berlin, Weidmann, 1974. (H. 第尔斯和 W. 克兰茨:《苏格拉底以前学派残篇》,希德对照本,柏林:魏德曼出版社 1974 年重印本。)下同。

② 荷马:《奥德修记》,杨宪益译,上海:上海译文出版社 1979 年版,第 144 页。

地喻指人类已经历五个时代。这大体和远古以来希腊文明演进的历史事实相吻合。当代英国哲学家波普尔(K.Popper)称他是"第一个希腊人，提出一种比较明确的历史决定论的学说"。① 从人类控制外在世界能力来理解他的论说,这实为进化的历史观,并察识进化中又注定伴随着"潘多拉之盒"撒出的不幸、争斗与恶,正义与非正义的伦理问题日益凸显。他已揭示他所处文明时代中一切矛盾的关键是正义问题,将那个时代发生的种种不幸、灾难、战争、罪恶都归结为根源于一个伦理性的对立:代表不正义的暴力和正义的冲突。他尖锐批判一些城邦掌权者信奉暴力、强权即正义,认为这是颠倒黑白、完全错误的正义观。他已开始摆脱神权正义观,倡导作为人自身的行为规范的正义观即勤劳致富的工作伦理,以一种平民小农乐观视野最早阐发了期盼早期希腊城邦和谐发展的文明观,最早阐发了文明的深层核心要素伦理观念。② 他所论述的正义与非正义、善与恶、幸福等基本伦理范畴,都是后来希腊哲学与伦理思想要深入探究的。

哲学与科学思想融为一体,两者同步发生,相辅相生、互动互渗是早期希腊哲学的一个显著特征。许多希腊先哲都游学西亚、埃及,学习两地的科学成果,最早发展起数学、天文学思想,并凭借理性自然观将东方实用型的科学思想发展到理论的高度,更升华为探求自然本原的哲学。希罗多德说埃及为了划分土地才"第一次有了量地法,而希腊人又从那里学到了它。不过波洛斯(日钟)、格诺门(日晷)以及一日之分成十二部分,这却是希腊人从巴比伦人那里学来的"。③ 几何学在埃及是经验事实描述的测地术,数学史家 T.L.希思说最早从埃及引进几何学的泰勒斯,建

---

① K.R.Popper, *The Open Society and Its Enemies*, *Volume* 1, Princeton, Princeton University Press, 1966, p, 11.(波普尔:《开放社会及其敌人》第 1 卷,普林斯顿:普林斯顿大学出版社 1966 年版,第 11 页。)

② 参阅姚介厚的《早期希腊文明思想的萌发》一文中"赫西俄德的素朴文明演变观"部分,载于《中国社会科学院研究生院学报》2008 年第 1 期。

③ 希罗多德:《历史》上册,王以铸译,北京:商务印书馆 1985 年版,第 155 页。

立 5 条几何定理，使它"开始成为建立在普遍性命题之上的一门演绎科学"。① 泰勒斯成功地预言了公元前 585 年 5 月 28 日的日食，大约也是由于他已获悉巴比伦人关于日食在 223 个朔望月周期中重复出现的知识。早期希腊哲学家从泰勒斯到德谟克里特的科学与宇宙论思想，大都曾得益于东方的科学思想。当然，他们对这种局限于实用需要与经验描述的科学思想有超越与创新，在经验观察与理论思维相结合中，注重对自然的基本原理研究，开创了我们如今所说的基础科学研究，进而引发求知自然总体"原因"的哲学思维飞跃。早期希腊哲人大多是最早杰出的科学思想家，他们吸收与发展埃及、巴比伦的天文、数学思想，凭借经验直观的观察与理性的逻辑思维，对自然现象作出许多科学的说明。这种科学思想促使已有孕育的对世界本源与宇宙生成的原始哲学思维，摆脱了宗教、神话中将自然力量人格化的拟人观，升华出哲学范畴的理论思维，标志着哲学思想和宗教、神话分离开来。哲学的希腊文原意就是"爱智"（philosophia），希腊人所以成为"哲学"的民族，就因为他们是爱智者，不停留、局限于自然表面现象的简单解释和功利性的实用技术层面，而是穷根究底，进而深入探究宇宙万物的根源与普遍本性，逐步形成一种科学理性的传统；这反过来又促使希腊早期的科学思想逐步深化，甚至达到其科学内涵令近现代科学也十分惊讶的深度。

早期希腊的自然哲学重在对自然事物之本性的哲学探究。早期希腊哲学和自然科学思想水乳交融，古代希腊人所理解的"自然"并不限于今人说的自然界，"自然"的希腊文"fusis"，本是指呈现、生成的意思。希腊早期哲学家的著作往往题名为《论自然》，他们所说的"自然"是指世界或宇宙全体，包括其变化、生成的本性，所以后来亚里士多德也将"自然"定

---

① H.L.Heath, *A History of Greek Mathematics*, 2vols, vol.1, Oxford, Clarendon Press, 1921, p.126.（T.L.希思：《希腊数学史》，两卷本，第 1 卷，牛津：克拉伦登出版社 1921 年版，第 128 页。）

义为"运动和变化的本原"。① 他们认为所研究的"自然"涵括宇宙的一切事物,包括人自身及其活动与行为,所探究得出的自然的"本原"或原理适用于解释自然界和人世的万事万物。他们的哲学中也包含了不少对人自身的本性与活动的思考,至今还留下不少关于社会政治、伦理道德和审美文化的哲理性片断格言。但也当看到希腊哲学的最早发生受文化知识条件制约。早期希腊哲学家首先直面、诧异的是气象万千、奥秘无穷的自然界的现象事物,当时自然科学思想较早产生与进展,使他们探究世界与宇宙的本性首要地着重于从自然界展开;当时关于人自身及其活动的人文社会知识还很肤浅、有限,所以,说早期希腊哲学主要是自然哲学并不错,但不应忽略它已蕴涵、萌发的人文精神内容。

科学与哲学启蒙思想的清风首先在小亚细亚和南意大利的殖民城邦生起,而后在以雅典为中心的希腊本土吹开文化领域的百花。早期希腊哲学有多源性和多元性,有其一个半世纪的演进线索。它于公元前6世纪初至前5世纪初叶先在小亚细亚和南意大利两个殖民城邦地区兴起,分别形成伊奥尼亚哲学传统和南意大利哲学传统,前者包括泰勒斯创立的米利都学派和赫拉克里特的哲学,后者包括毕泰戈拉学派和爱利亚学派。公元前5世纪中叶哲学的重心转移到以雅典为中心的希腊本土,综合上述两种哲学传统,进入深化发展阶段。从恩培多克勒、阿那克萨戈拉的哲学到希腊本土有所改造地复兴伊奥尼亚哲学的思潮(阿凯劳斯、第欧根尼和希波克拉底的学说),直至德谟克利特的原子论哲学,都已是对前一阶段两种哲学传统的综合与超越,而非两者的折中。

随着希腊古典文明的演变,早期希腊哲学经历了伊奥尼亚哲学、南意大利哲学和公元前5世纪中叶的自然哲学等三个逐步深化发展的三个理论形态,有其思想演进的内在逻辑。早期希腊哲学逐步深化发展的内在逻辑,表现在它关注研究的6个主要问题上。

---

① 　亚里士多德:《物理学》200b12。

其一,中心主题是世界的本原,即世界与宇宙的始基、根源或本性。伊奥尼亚自然哲学家注重经验观察与科学思维,已直观地认识到自然的无限多样性统一于某种具体物质,整个世界呈现为永恒运动变化、不断生灭的画面;赫拉克利特作为古代素朴辩证法思想家的杰出代表,则已深刻指出支配这种世界运动变化的是"对立的斗争与统一"的逻各斯。南意大利哲学家注重形而上的抽象思辨,将世界的本原归结为某种确定的数理结构或"存在"原理。公元前 5 世纪中叶的自然哲学家将上述两种本原说结合起来,深入到探究微观粒子的物质结构层次探究自然的本原,提出四元素说、种子说直至原子论这种高度抽象而深刻精致物质结构假说。

其二,宇宙论。伊奥尼亚哲学家对宇宙与天体只有极其素朴的直观与幼稚的猜测,后形成两种关于宇宙生成或结构的假说,一种是有限宇宙与天体结构说,另一种是无限宇宙漩涡运动起源说。

其三,灵魂、人的认识与思维问题。它虽尚未充分展开,但也占有重要地位。从物活论的灵魂说,到大体区分感性认识与理性认识并初论两者关系,进而注重从生理机制角度研究认识的起源与认知形式,形成主客体粒子相互作用的反映论,如四元素粒子同类相知的流射说,种子异类相知说,原子影像论等。对理性思维形式的研究都还薄弱。但毕泰戈拉学派和德谟克利特已在局部范围涉及普遍定义的问题。他们的科学与哲学思想和爱利亚学派的理智思辨、主观辩证法,都在积累逻辑思想。上述都为希腊古典哲学理性主义的灵魂说、认识论及创建逻辑学做了必要的准备。

其四,自然科学思想的萌发与进展是早期希腊自然哲学的有机构成部分。它也表现为不断深化的过程。从对自然的零散的直观或幼稚猜测,到探究自然的结构、成因和发展规律,从早先简单的观察经验到公元前 5 世纪中后叶已有简单实验与动物解剖的科学手段,到百科全书式的德谟克利特那里甚至已出现知识系统化的端倪。早期希腊哲人们开阔地探究从算术几何、天文气象、地理水文、物质结构到动物起源、生理与医学等领域,都取得开创性的重要成就。

其五,宗教神学在早期希腊哲学中的地位与作用,是值得重视的复杂问题。一方面,对希腊传统的奥林帕斯教,伊奥尼亚哲学家们实际上通过自己素朴唯物主义的科学探索,将它废置一边;德谟克利特的原子论更将诸神归结为虚幻的"影像",得出无神论结论;南意大利的哲学家们对这种神人同形同性的多神教也展开了批判,开始提出理性一神论。另一方面,奥菲斯教渗入早期希腊哲学,主要是毕泰戈拉学派和恩培多克勒的学说,有深远影响。策勒尔认为至公元前6世纪,希腊人再也不满足于传统的宗教,奥菲斯教"这种新宗教有助于动摇旧事物的权威","它已予思想一种新的动力","在希腊人中间引起活跃的哲学思考"。[①] 实际上,在学理上对希腊哲学有深刻影响的不是希腊传统宗教,而是奥菲斯教的教义。它在早期希腊哲学中已扎根,之后通过柏拉图哲学与新柏拉图主义,而和基督教神学有所衔接。

其六,早期希腊哲学家也已力图从自身哲学原则的高度,去反思社会政治、伦理道德乃至审美的现象,显露出希腊人文精神的曙光。希腊古典哲学中业已成熟、深化的人文精神对它有历史的承续性,也应重视了解与研究。

智者派和苏格拉底开启了研究人与社会的人文主义启蒙。智者派将哲学的重心转向研究人与社会的人文主义启蒙中起有积极历史作用,又宣扬感觉相对主义与强权即正义、弱肉强食为自然法则,败坏社会道德风气,玩弄反逻辑的诡辩术。智者派主要研讨四个哲学论题:以人为中心的存在论;"自然"论和"约定"论之争;社会进化和人神关系的思想;相对主义道德价值观和情感道德论。这也体现在智者派的两位代表普罗泰戈拉和高尔吉亚的哲学思想中。苏格拉底则建立一种理性主义的人的哲学,奠立希腊古典哲学的主流精神,成为将希腊古典哲学推向全盛高峰的开

---

① 策勒尔:《古希腊哲学史纲》,翁绍军译,济南:山东人民出版社1992年版,第18页。

路人。他在批判智者派中完成的哲学变革,不仅将他自己注重研究的伦理确立在理性的坚实基石上,而且为希腊古典哲学开辟了新的研究领域与发展方向,使它得以根据理性主义的哲学原则,深入考察自然和社会存在的整体和各部分,进入体系化的全盛阶段。苏格拉底的哲学启导了他的两代门生柏拉图、亚里士多德各自发展出理性主义的哲学与知识体系。而他身后的三个小苏格拉底学派即麦加拉学派、昔尼克学派、居勒尼学派各具理论特色,各有代代传人,延伸入希腊化时代,对晚期希腊与罗马哲学有一定影响。

柏拉图通过梳理、阐释、发展苏格拉底哲学而建构起古希腊哲学的第一座高峰。柏拉图哲学以苏格拉底哲学为出发点,柏拉图吸收了前苏格拉底哲学的核心思想,在完善苏格拉底哲学问题的基础上形成自己哲学思想的建构历程。

第一,柏拉图发展完善了灵魂思想。柏拉图认为人的存在是灵魂与肉体的结合状态,灵魂是一种永恒不死的存在,在进入人的肉体之后被分为"理智"、"激情"、"欲望"三个部分。各个部分有着不同的德性,理智部分以"智慧"、激情部分以"勇敢"、欲望部分以"节制"为德性。三个部分各司其职,形成有序的统治与被统治的和谐关系,灵魂中"正义"的德性才能产生。因此,"灵魂三分说"与智慧、勇敢、节制、正义之四种德性("四元德")密切相关,而正义的人一定是内在的灵魂处于和谐状态的人。

第二,柏拉图的"回忆说"从苏格拉底的"自知其无知"与"助产说"发展而来。在"回忆说"中柏拉图指出,灵魂在与肉体结合成为人之前已经拥有知识,所以人的这种"无知"只是处于一种"忘却"的认识状态,学习与探索都是对于曾经拥有知识的"回忆"。"善"在柏拉图哲学中既是伦理学概念,又是存在论概念。这就是苏格拉底的探索以"善美"为终极对象,以"善生"为人生最高目标的原因所在。

第三,柏拉图哲学分析指出,哲人通过"哲学问答法"孜孜不倦探索

"本真存在"。哲人对于本真存在的认识与把握,其最高境界是进入"观照"本真的状态。然而,由于人的灵魂被囚禁在肉体之中,只能对"逻各斯"层面上浮现出来的"本真"似像,即倒影般的存在进行间接的"观照本真",所以,即使触及"本真存在"也不能完全把握本真。因此,哲人永远只是一个"爱智者"而不可能成为"有智者"。

第四,柏拉图认为,政治的灵魂是"正义",其目标就是实现全社会构成人员每一个人都能"幸福"。而要达到这一点,只有让哲学与政治结合,实行"优秀者支配制"或"贤者统治",即"哲人王"统治制度。柏拉图通过"理想国"的宏大构想展开了其哲学思想与政治理想的全面阐述。

亚里士多德是古希腊哲学的集大成者。亚里士多德说:"不论现在还是过去,人们只是由于诧异才开始研究哲学";"只是在几乎所有的生活必需品和供消遣的用品有了保证的时候,人们才开始寻求这类知识"。① 闲暇与求知是希腊哲学产生的必要社会条件与动因。希腊古典文明造就的奴隶制商品经济的发展,为已在社会自由民中分化出来的文化人士探求无功利性的哲学,提供了"闲暇"的保证;它促使希腊神话与宗教中已有孕育的哲学思想脱胎而出,独立形成一种涵括当时全部知识的自由的学问。

对各类知识进行分类,对哲学所爱的智慧进行界定,是由亚里士多德开始的。他把知识分成三大类,即理论科学、实践科学与创制科学。理论科学追求的是理解,旨在理解实在世界的各个方面及各种现象;实践哲学着眼于行为;而创制科学是为了作品或产品。除了这些现存的各学科的主要著作外,还有研究为一切科学所使用而又不归属于它们中某一部门的重要的方法与推理著作,后人把这些著作归在一起总称为《工具论》,我们今天可以称之为逻辑学(形式逻辑)和科学方法论。

第一哲学或形而上学是亚里士多德哲学的主体部分。他明确指出,

———————

① 亚里士多德:《形而上学》982b10—15。

形而上学或他正在寻求的最高智慧是关于 to on hei on（Being as Being,作为"是"的"是",或作为存在的存在）。"作为是的是"（或作为存在的存在）不是一个独立事物,该术语中的"作为"（hei,或者"qua"）是指这门科学探究"是"（存在）的方式,数学把事物"作为"数来研究;物理学研究"作为"运动物的事物,形而上学研究"是"（存在）,而且就把"是"（存在）作为"是"（存在）（being as being）来研究。亚里士多德就宣称"有一门谈论是（存在）之为是（存在）的科学"。这门科学的实质核心就是"是"（存在）的"集中关联结构"（pros hen）。"在许多意义上一物可以被称为'是（存在）',但是它们都关联于一个中心点,一个明确的事物。"①是（存在）以许多方式被述说,然而却都 pros hen,即都"指向"或者"关联于"一个中心点,也就是本是（本体）。

亚里士多德对"是"（存在）的划分是通过对范畴的划分进行的,而他对范畴的划分则是通过对语言中句子结构的分析而进行的。范畴种类"它们在数目上是十个:'是什么'［本是］、质、量、联系、地点、时间、姿势、状态、主动、被动。"亚里士多德从语言结构得出范畴分类,又从后者推出"是"（存在）的分类。亚里士多德试图以主谓项关系的结构为基础来展示实在的基本要素,通过本是（本体）与其他九个范畴的关系来揭示一般与个别或普遍与特殊、主体与属性的关系。亚里士多德用质料因、形式因、动力因、目的因这"四因"和潜能与现实对于此前希腊哲学关于世界的构成要素、存在与本质、自然事物的生成变化的各种观点进行了一次理论的综合和提升。

亚里士多德是德性伦理学的奠基人,对 20 世纪下半叶西方德性伦理学的复兴产生了深远的影响。亚里士多德在他的伦理学的开篇说:对人类整体生活而言,存在一个最高的目的,这个最高目的就是人类的善。亚里士多德对于伦理德性和实践智慧的探讨,就是要告诉回答应该做一个

---

① 亚里士多德:《形而上学》1003a33—34。

具有什么德性的人、什么是幸福？在亚里士多德看来，理论智慧高于实践智慧，理论理性高于实践理性，理论理性体现自身德性的活动是思辨或沉思，因此，亚里士多德得出结论，认为首要的幸福是一种思辨的生活，或者幸福即沉思。

亚里士多德从德性伦理学走向德性政治学。一个好的社会必须是能够提供良法和善治的社会。这个社会提供的良法规定什么是有德的行为，给人们提供德性的规范，并为导向德性的实践设立标准。为了培养善的品格，我们都必须具有理想的政治体系，它是一个依照德性并能最好地推进人性实现的政治体系。人是政治动物，是城邦而非家庭才使我们能更好地完成我们作为政治动物的功能。城邦的存在不仅为了人们的生存，而且也是为了活得好或者幸福。人若趋于完善就是最优良的动物，而一旦脱离了法律和公正就会变成最恶劣的动物。为了使人生而有之的社会本性得以完善，一个人就必须成为一个政治社会的一员，一个人的社会本性只能在一个社群里得以实现。政治学研究政体与法律的一项不可或缺的任务是要确定出能最好推进人的社会本性实现的最好政体。所有最佳政体的共同点是由具有完全德性之人来统治。亚里士多德期望的既不是人治，也不是法治，而是"德性之治"。

亚里士多德的著作因转移到东方而得以保存和传播。亚里士多德的哲学深刻影响了阿拉伯哲学，法拉比、阿维森纳和阿威罗伊都是亚里士多德著作的"伟大注释者"、研究者和传播者。从12世纪开始，亚里士多德的著作又通过不同渠道重新传回欧洲并在欧洲广泛传播。从12世纪末开始，亚里士多德哲学成为经院哲学中占主导地位的哲学。

希腊化和罗马时期哲学的转向与回归。希腊化和罗马时期哲学是指从公元前322年亚里士多德去世到公元529年雅典的学园被罗马下令关闭这一时期的哲学，贯穿了希腊化时代和罗马帝国时代两个历史时期。希腊化时代一般是指公元前323年亚历山大去世到公元前30年罗马征服埃及这一时间段的历史，这一时期地中海东部地区原有文明区域的语言、文字、风俗、政治制度等逐渐受希腊文明的影响而形成新的文明特点，19 世纪 30 年代以后西方史学界称这一时期为"希腊化时代"。在意大利，原城邦小国罗马逐渐强盛后，于公元前 196 年征服了马其顿，公元前 146 年统治了希腊，公元前 30 年征服了埃及，公元前 27 年，军事强人屋大维战胜了政敌，夺取了国家最高权力，被元老院授予"奥古斯都"称号，罗马历史也就以此为标志进入了帝国时代。公元 395 年，罗马帝国分裂为两大部分：以罗马城为都城的"西罗马帝国"和以君士坦丁堡为都城的"东罗马帝国"。公元 476 年，西罗马帝国灭亡，标志着欧洲古代历史的终结。这两个历史时期是欧洲古代历史的终结和中世纪历史的开启时期，既是希腊文明世界化的时期，也是基督教产生、兴盛和发展的时期。这个时期的哲学是希腊哲学的延续，有四个主要的哲学派别，它们是斯多亚学派、伊壁鸠鲁学派、怀疑论学派和新柏拉图主义。

　　苏格拉底、柏拉图和亚里士多德活跃的时期是希腊哲学的古典时期，即希腊哲学的鼎盛和繁荣时期。从智者时代和苏格拉底开始，希腊哲学已经经历了它的第一次转向即由自然哲学转向人的哲学，希腊化哲学则可以视为希腊哲学的第二次转向，这次转向从表现形式上看似乎是希腊哲学重回自然哲学时代，然而"复兴"不等于"重复"，希腊化自然哲学的关注点与古典希腊自然哲学存在根本差别。例如，斯多亚学派和伊壁鸠鲁学派分别复兴了古典希腊哲学的元素学说和原子学说，斯多亚学派的"元素学说"有继承古典希腊自然哲学赫拉克利特哲学之处，然而它的"生机论"和"宇宙循环论"显然有别于古典希腊哲学以"复合"和"分解"为主调的物理观念；伊壁鸠鲁学派的原子学说的"多重世界"和"原子偏斜运动"的观念与德谟克利特的古典原子论有较大的差别。古典希腊的自然哲学家们主要是科学家，他们探究自然多出于科学认知的兴趣，从泰勒斯、恩培多克勒、留基伯到阿那克萨哥拉均是如此。然而，希腊化自然哲学本质上却是伦理学。斯多亚学派和伊壁鸠鲁学派是透过自然哲学去探讨伦理学。在罗马帝国后期，由于社会的动荡，人们普遍怀着恐惧、不安和疑虑,对现实世界心存厌恶而又无可奈何,在这种纷乱的世界中,哲学将寻求生活的安宁、心灵的平静和灵魂的无纷扰作为理想境界。

新柏拉图主义是罗马帝国时期非常重要的哲学流派,它以柏拉图哲学为其思想来源,但它又是一种新的哲学,新柏拉图主义的三本体思想,已经越出了柏拉图所谓的理念论或理型论学说;它对于恶、灵魂、数和"是"等范畴的解释,都比柏拉图哲学更具综合性。新柏拉图主义的创立者普罗提诺以灵魂论为其哲学体系的核心,新柏拉图主义是古代晚期最后一个伟大的希腊哲学学派,它的创始人普罗提诺则被誉为亚里士多德和奥古斯丁之间最伟大的哲学家,他的哲学影响了基督教的希腊和拉丁传统,进而影响了中世纪哲学。

古希腊罗马哲学是西方哲学的思想源头,泰勒斯、赫拉克利特、毕达哥拉斯、巴门尼德、德谟克利特、苏格拉底、亚里士多德、柏拉图等这些光辉的名字与中国先秦时期的孔子、孟子、老子、庄子、墨子、荀子、韩非子等诸子百家一样被后世所铭记,这是一个人类智慧的闪光时期,被20世纪德国哲学家雅斯贝斯称作是"轴心时代"。在早期自然哲学中体现出朴素唯物主义和原始的辩证法,从总体上把握世界本原、物质存在及其运动规律,在这一点上与中国古代思维方式有共同之处。但是,古希腊罗马哲学爱智慧、重理性、尚思辨,具有高度的抽象思辨能力,对于存在与本体的审视,对于一和多、生成与流变等问题的思考又是中国古代思维方式所不及的,中国哲学的本体论或形而上学的色彩不浓。苏格拉底对于真善美和正义等概念本质内涵的追寻,柏拉图对于理念与现实之间、理念与理念之间关系的思考,亚里士多德对于范畴之间的关系、本体与属性的关系、主词与谓词之间的关系的探讨,使得希腊哲学的本体论达到非常高的理论高度。古希腊罗马哲学讨论的对象、运思的方法对此后两千年直至今天西方哲学的发展都产生了深刻的影响。

2

伊奥尼亚哲学

姚 介 厚

> 这个有秩序的宇宙(科斯摩斯)对万物都是相同的,它既不是神也不是人所创造的,它过去、现在和将来永远是一团永恒的活火,按一定尺度燃烧,按一定尺度熄灭。
>
> ——赫拉克利特(DK22B30)

———————————— ❧ ————————————

　　早期希腊哲学首先产生于公元前 6 世纪小亚细亚西部伊奥尼亚地区的殖民城邦,是由于此地区当时有学术师承与文化交往的开放性。伊奥尼亚哲学包括米利都学派三代传人和赫拉克利特的学说,他们相继不断深化地探究了世界统一于某种能动的物质性本原。西方第一位哲学家泰勒斯也是最早的科学思想家,在数学与天文学领域卓有成就。他主张水是本原,首示"本原"中心主题,并提出水成宇宙说,标志摆脱神话宇宙观,开创了科学的哲学思想发展。他说万物皆有灵魂的"物活论"是在对物质与精神尚无分化认识之时认为万物内蕴生命力与活力。阿那克西曼德进而提出本原是"阿派朗",主张万物统一于这种无定形的基质,并用冷热、干湿这些物态性的"对立"解释万物的生成与变易,提出一种"分离"说的宇宙演化学,并且最早提出西方天文学史上的地心说,最早萌发素朴的生物进化思想。阿那克西美尼主张气为本原说,综合了数量、空间的无定形性和质上的确定性,认为气内蕴、固有的冷热、干湿等对立是万物的内在动因,气的稀散、浓聚造就万物生自气、复归于气,能更好地解释宇宙图景与各种自然现象,成为米利都哲学的完成形态。赫拉克利特对自然、社会与人生皆有深睿直觉与深刻思辨。他主张万物皆流变,火为本原,火有其上升之路和下降之路,造就万物生灭;他的逻各斯学说已深入探究普遍必然性和变化规律,包括对立的斗争与统一这最普遍的规律;他开始探讨认识论问题,区别感性认识和理性认识;他并运用他的逻各斯学说探究社会、政治法律、宗教、伦理道德问题,可谓最早研究"人的哲学",最早展现一种人文精神。他首次明白表述出素朴的唯物辩证法世界观,在哲学史上有深远影响。

在此,我们要特别注意把握下述四点:

第一,伊奥尼亚哲学都主张世界万物统一于某种能动的物质性本原,逐步完成展现素朴辩证法的世界图景。而在本原说与相关的宇宙演化说方面,从米利都学派三代传人到赫拉克利特,有不断深化的思想发展线索。四种学说既有思想承继的前后关联,又各有理论的创新,直至赫拉克利特深刻、明确地提出素朴的唯物辩证法世界观。

第二,对阿那克西曼德说的阿派朗,应根据当时科学思想认识的条件,正确地将它理解为一种宏观物质形态的本原,即"无定形"的源初基质。既不应将它拔高为高度抽象的"普遍物质"概念,也不应将它曲解为"无限的精神",不应将它通过分离其"对立"成分演化万物的必然性说成是一种支配宇宙的精神力量。

第三,不能将阿那克西美尼的气本原说误解为从阿派朗本原说倒退回泰勒斯的水本原说的水平,实质上,它综合数量、空间的无定形性、无限性和质上的确定性,将其固有的"对立"成分归结为演化宇宙万物的动因,用气的稀散、浓聚阐释万物生自气、复归于气,表明它是对阿派朗本原说的继承、发展与超越,是米利都哲学本原说的完成形态。它对后来的早期希腊自然哲学深有影响。

第四,注重深入理解赫拉克利特的火本原说和逻各斯说(包括对立的斗争与统一这最普遍的逻各斯)的深刻的辩证法思想,以及它对后世哲学的深远影响。对他说的逻各斯的多重含义、对立统一的辩证关系、灵魂与认识说,要有准确、全面的把握。也要注意理解他已运用自己的哲学原则探讨了当时的社会政治、法律、宗教、道德与审美问题,他并非反民主的保守派,而是主张以法治革新城邦社会秩序的贤明哲人。

米利都学派和赫拉克利特;本原;水成宇宙;物活论;阿派朗;对立;"分离"说的宇宙演化学;气本原;稀散与浓聚;火本原,逻各斯;对立的斗争与统一;灵魂;感觉经验和理性认识;法治与自然法;泛神论;素朴的唯物辩证法世界观。

伊奥尼亚是小亚细亚西部濒海地区(现属土耳其),早就有不少希腊殖民城邦。早期希腊哲学最初在这一地区发生,并播向南意大利的殖民城邦,带动那里形成自有特色的哲学传统。公元前6世纪,两个殖民城邦地区经济富裕,处于地中海贸易圈的要冲地位而工商贸易发达,不像希腊本土当时还较落后、还有顽强的氏族贵族势力与旧宗教传统的控制,政治与思想自由空间相对较大;那里欧亚民族杂居,和北非、西亚两河流域的经济与文化交往也更直接、活跃,能更快、更多地吸收埃及、巴比伦的科学与文化。伊奥尼亚较早兴起哲学的地方有米利都、萨摩斯、爱菲斯等较强盛的著名城邦。伊奥尼亚的哲学很早就传播到南意大利的克罗同、塔壬同、爱利亚及西西里岛的叙拉古、阿克拉伽等名城。从伊奥尼亚哲学可见

希腊早期哲学产生后就有其文化传承与传递方式的两个特点：一是它是哲学家个人的自由精神活动，不受城邦政治统治与传统宗教权威制约，有哲学家们个人的师承关系，形成学派、盟会或学园等民间团体，以保有历史的持续性。二是由于地中海域诸多城邦不闭关自守，而有频繁、密切的交往，希腊早期哲学有开放性，既指和近东文化的开阔交往，也指每种学说都不固守在一个小圈子，而能较快地流布到东、西部诸殖民城邦、北部的色雷斯与希腊本土。这种持续师承与开阔、迅速传递的特点，使希腊早期哲学家之间就有密切的思想交往，在活跃的争论中激发活力，形成各有特色的持久哲学传统。

伊奥尼亚哲学有米利都学派三位哲人的学说和赫拉克利特的哲学，它们在探究早期希腊哲学的主题上，既有一脉相承的气质，又各具特质，表现这一哲学传统有思想深化发展的过程。

一、米利都学派

希腊哲学最早在米利都（Miletos，现在土耳其境内，仍用原名）诞生，是由于当时它有得天独厚的历史文化条件。它地处弥安德河入海口附近的有利位置，早在克里特文明时代就已在此地建城，考古发掘表明爱琴文明就是经过这里逐渐传播到伊奥尼亚地区的，米利都素有历史文化的积累，体现了爱琴文明向早期伊奥尼亚文明转变的连续性。① 在塞拉绪布罗（Thrasyboulos）僭主统治之时（公元前 610 年左右），米利都达到前所未有的繁荣状态。这位贤明的僭主和强邻吕底亚成功地建立了结盟关系，后吕底亚王克娄苏（Croesus）发动战争征服爱菲斯等城邦，米利都虽名义上受吕底亚统治，并不完全臣属，而保持相对独立性，这有利于米利都的

---

① See J.Burnet, *Early Greek Philosophy*, New York, The World Publishing Company, Reprinted 1967, p.39.（参阅伯奈特：《早期希腊哲学》，纽约：世界出版公司 1967 年重印本，第 39 页。）后引此书均见此版本。

社会稳定与科学文化发展。当时吕底亚的首都撒尔迪斯(Sardeis)是小亚繁盛的经济文化中心,希罗多德说:"当时正好生活在希腊的一切贤者都得以相继来到了富强如日中天的撒尔迪斯,而其中就有雅典人梭伦"。① 曾随从克娄苏的泰勒斯就和来游历的梭伦会晤过。公元前547年吕底亚被波斯战败,克娄苏被波斯俘虏,米利都等伊奥尼亚城邦便被波斯统治。而约半个世纪中,波斯帝国对异邦的文化政策相对较宽容,没有阻碍伊奥尼亚的科学文化的进展。公元前494年波斯帝国攻陷米利都并残酷屠城,这成为希波战争的导火线,米利都也就衰落了。米利都哲学繁荣时期正是处于它先后受吕底亚与波斯统治、但平和安定之时。

泰勒斯、阿那克西曼德和阿那克西美尼三代传人是希腊最早的哲学家,被称为米利都学派。

1. 泰勒斯

泰勒斯(Thales,约公元前624—前547)是米利都学派的创始人。亚里士多德就已指出,泰勒斯是主张质料性本原"这一派哲学的创始人",并且记述了他关于水是本原的一些见解。② 在亚里士多德看来,泰勒斯最早提出本原观念就堪称哲学创始人。他是西方第一位哲学家。

泰勒斯兼有欧亚血统。③ 他的生卒年代也无可靠记载,只能根据他曾预言公元前585年5月28日的日食,以那年作为他的鼎盛年,并据拉

---

① 希罗多德:《历史》,王以铸译,北京:商务印书馆1985年版,第13页。
② 亚里士多德:《形而上学》983b20—984a5。
③ 希罗多德说他是"一个米利都人,又和腓尼基人有血统关系"。见希罗多德:《历史》,王以铸译,北京:商务印书馆1985年版,第85页。第欧根尼·拉尔修记述他属于来自希腊、曾参与向伊奥尼亚殖民运动的卡德摩斯的"高贵家族",母亲是"腓尼基人塞琉斯的后裔"。见 Diogenes Laertius, *Lives of Eminent Philosophers*, translated by R.D.Hicks, The Loeb Classical Library, Cambridge Mass. Harvard University Press, Reprinted 1972, vol.1,2.(第欧根尼·拉尔修:《著名哲学家的生平和学说》,两卷本,R.D.希克斯英译,洛布古典丛书,美国马萨诸塞州剑桥:哈佛大学出版社1972年重印本,第1卷第22节。下引此书均见此版本。)

尔修说他活了78岁或90岁,推算他约生于公元前624年,当生活在公元前7世纪后三分之一至前6世纪前半叶,正当塞拉绪布罗僭主和吕底亚王克娄苏先后统治的米利都兴盛时期,他高年时则随从克娄苏参与抗击波斯入侵的战争。

泰勒斯是兼从政治与科学活动的"贤人"。柏拉图称他和雅典的梭伦等名人被誉为"七贤"。① 他是一位在经济事务、政治活动与科学领域中有开阔才智的多面手。普卢塔克说当时"从事流动商业甚至是光荣的事业","贤人泰勒斯和数学家希波克拉底都曾经作为商人进行过旅行"。② 经商是泰勒斯到处游历、获取知识的手段。古代编纂家认为埃及几何学引入希腊归功于泰勒斯;他也熟悉巴比伦的天文与数学思想。他在冬天靠观察星辰预测来年油橄榄将大获丰收,便将自己有限的资金租用了开俄斯和米利都的所有榨油设备,次年大丰收时收高价榨油,获得大量金钱。"他向世人表明:哲学家只要愿意是容易致富的,只是他们的抱负并不在此。"③泰勒斯富有政治智慧,活跃于当时政治生活,是统治者的智囊人物。他和雅典的政治改革家梭伦有密切的友谊。④ 他曾随从吕底亚国王克娄苏出战波斯国王居鲁士,设法挖新月形深沟使哈吕斯河分流,军队便可以徒步过河。⑤ 当波斯征服吕底亚后,他采取坚决反抗波斯入侵的态度,劝告伊奥尼亚人"建立一个共同的政府,并以提奥斯作为这个

① 柏拉图:《普罗塔戈拉篇》343A。
② 普卢塔克:《梭伦传》,第2节,见 Plutarch, *The Parallel Lives*, traslated by B.Perrin and others, The Loeb Classical Library, Cambridge, Mass.Harvard University Press, reprinted 1982.(普卢塔克:《希腊罗马名人传》,B.佩林等英译,洛布古典丛书,美国马萨诸塞州剑桥,哈佛大学出版社,1982年重印本。下引此书均见此版本。)
③ 亚里士多德:《政治学》1259a8—18。
④ 梭伦完成政治改革后因雅典局势不安要外出时,他给梭伦写信:"要是你离开雅典,我看最好是定居到米利都来,这是雅典的殖民地,到这里你不会遇到危险",并说要是讨厌僭主统治的话,"你至少也可以来这里享受朋友的友谊"。见第欧根尼·拉尔修:《著名哲学家的生平和学说》第1卷第44节。
⑤ 希罗多德:《历史》上册,王以铸译,北京:商务印书馆1985年版,第38页。

政府的所在地(因为它在伊奥尼亚的中心)"。① 这是约半个世纪后希腊人大联合抗击波斯入侵的先声。在"七贤"中,泰勒斯是唯一的追求科学智慧的学者,是最早的科学思想家,主要在数学与天文学领域取得了杰出成就。冈珀茨(T.Gomperz)说他把埃及人的测量土地的方法"上升成为建立在一般原理上的演绎的几何科学",最早提出了 5 条几何定理。② 他又善于将几何学原理运用于航海的实用技术。泰勒斯的天文学活动与成就在当时更闻名。柏拉图记载过一件趣事:"泰勒斯仰观星空竟失足掉落井里",伶俐的色雷斯女奴嘲笑"他只热衷于认识天上发生的事情,却看不到在脚下发生的是什么"。③ 在长期的观察经验中,他屡有天体运行与天文现象的发现:第一个测定太阳从冬至点到夏至点运行的历程,第一个测量了小熊座诸星,制作了日晷,预言了公元前585 年的日食,等等。④

泰勒斯提出水是本原,开创早期希腊哲学,首示"本原"这中心主题。亚里士多德说:"在第一批哲学家中间,大多数认为质料性的本原是所有事物的唯一本原。所有事物都由它构成,它们最初从它产生,最后又消解为它(本体常存不变,只是变换它的属性),他们说,这就是元素和事物的本原。""这一派哲学的创始人泰勒斯说,水是本原(由于这个理由,他宣

---

① 希罗多德:《历史》上册,王以铸译,北京:商务印书馆 1985 年版,第 85 页。

② T.Gomperz, *The Greek Thinkers*：*A History of Ancient Philosophy*, vol.1, translated from German edition by L.Magnus, London, John Murray, reproted 1969, p.47.(冈珀茨:《希腊思想家》第 1 卷,马格努斯英译自德文版,伦敦:约翰·莫莱出版社,1969 年重印本,第 47 页。)泰勒斯提出的 5 条几何定理为:圆周被直径等分;等腰三角形的两底角相等;两直线相交时对顶角相等;如两个三角形的一边和两邻角彼此相应和相等,则这两个三角形全等;内切半圆形的三角形是直角三角形。现在看来这些不过是初中学生就学的平面几何的基本定理,但在 2500 多年前尚无任何科学理论之时,泰勒斯率先以科学理性思维形成这些开创科学理论的普遍性命题,那是非常了不起的。

③ 柏拉图:《泰阿泰德篇》174A。

④ 详参阅姚介厚:《古代希腊与罗马哲学》(多卷本《西方哲学史》第 2 卷)上册,南京:江苏人民出版社 2005 年版,第 87—89 页。

称大地浮在水上)。"①"本原"是希腊哲学中提出的第一个哲学范畴,它的希腊文 arche 的原意是开始、发端、起源。泰勒斯提出哲学基本命题"水是本原",其含义就是水为一切事物的根源,万物最初从水产生,最后又消解为水。先前的希腊神话将世界事物的根源都归结为神,泰勒斯首次用一种具体的自然物质本身来解释世界万物的根源,作为"意识形态上的梭伦","他宣布了古代神话宇宙观的结束,开始了真正科学的哲学思想的发展阶段"。② 伊奥尼亚与整个希腊世界处在地中海域,受浩渺海洋包围,其生产与生活和水紧密联系一起。远古希腊人以神话方式表达对自然的看法,就把水奉为神圣之本。但泰勒斯提出水是本原的哲学命题,并非从神话中承袭过来,而是出于观察经验与科学的理性思维。罗斑指出:他的本原论和神话的创世说在方法上根本不同,塞奥弗拉斯特"把他的方法确定为一种归纳法,是从感觉中所得的事实,上升为普遍的命题"。③ 关于为什么水是万物本原,有两种皆有合理性的解释。一种是生物意义的解释。亚里士多德推测:"他得到这个观念也许是由于看到所有事物的滋养物是潮湿的,而且热本身是从湿气中产生出来并依靠它得以保持活力","所有事物的种子都具有潮湿的性质",而"水是潮湿事物的性质的来源"。④ 另一种则是天文、气象意义的解释。艾修斯解说:"太

① 亚里士多德:《形而上学》983b6—22。在理解亚里士多德转述泰勒斯的基本命题中,有两点需澄清:第一,本原是个历史性范畴,随着希腊哲学史的演进,本原不断丰富、更新其含义。亚里士多德在《形而上学》第一卷第三、四章中,将伊奥尼亚哲学家和到原子论为止的公元前 5 世纪中、后叶的自然哲学家,都归类为用质料因(物质性元素)来说明世界的本原。就他们都是素朴唯物论者而言,这是合理的。但亚里士多德用自己的本体("基质")不变、只是变换属性的观点,来解释早期伊奥尼亚哲学的本原,不确切。后者的水、气、火等本原自身都是能动、可变的,并没有本体不变、只有属性变换的思想。第二,他用元素来解释早期伊奥尼亚哲学的本原也不确切,元素是物质世界结构的基本成分与要素,恩培多克勒才开始形成"元素"范畴,这是公元前 5 世纪中后叶的自然哲学家的本原论。
② 叶秀山:《前苏格拉底哲学研究》,北京:人民出版社 1983 年版,第 42 页。
③ [法]莱昂·罗斑(Leon Robine):《希腊思想和科学精神的起源》,陈修斋译,段德智修订,桂林:广西师范大学出版社 2003 年版,第 39 页。
④ 亚里士多德:《形而上学》983b22—27。

阳的火和星辰本身,以及整个宇宙,都是由水蒸发出来的湿气滋养的"。①
公元 1 世纪时《荷马问题》的作者赫拉克里德(Heraclides)更具体地作这
样的解说:"所以挑选水这种天然湿润的本体,因为它是最容易形成不同
事物的,它容易经受各种不同的变化。水蒸发的部分就成为气,其中最精
致的部分燃起来就成为以太,当水变得坚实时就成为粘泥,再变为土。所
以,泰勒斯声称四元素之一的水作为原因,是最有活动力的"。② 这种从
宏观上解释水能生成宇宙与世界万物的缘由,很可能都是泰勒斯本人的
理解。

　　泰勒斯提出水是本原,就是以一种自发的素朴唯物论观点,在特殊的
物质中寻求世界的统一性。黑格尔说这作为哲学开端的水其实是"一种
单纯的普遍性或一般的流动的东西",泰勒斯的哲学是"把自然概括为单
纯感性的实体"。③ 伊奥尼亚哲学家们都将世界的本原归结为某种特殊
的物质,尚不可能形成普遍的物质概念,也还不能像公元前 5 世纪中后叶
的自然哲学家们在"存在"的抽象高度形成较有普遍性层次的物质粒子
概念,还难以科学地细致解释唯一的水如何生成宇宙与世界万物。策勒
指出:至于事物如何从水产生的问题,"极其可能的是,泰勒斯从未考虑
过这个问题,他自己只是满足于这种不确定的观念,认为事物来自水或是
从水产生的"。④ 米利都学派的两位传人和赫拉克利特,在特殊物质的本

---

　　① 艾修斯:《哲学家意见集成》第 1 卷第 3 章第 1 节,转引自汪子嵩等:《希腊哲学史》
　　　 第 1 卷,北京:人民出版社 1997 年版,第 161 页。
　　② H.Diels und Kranz, *Die Fragmente der Vorsokratiker*, Griechisch und Deutsch, Berlin,
　　　 Weidmann,1974,DK11A22.([德]第尔斯、克兰茨编:《苏格拉底以前哲学家残篇》,
　　　 希德对照本,柏林:魏德曼出版社 1974 年重印本,DK11A22。)后引此书均为此
　　　 版本。
　　③ [德]黑格尔(Friedrich Hegel):《哲学史讲演录》第 1 卷,贺麟、王太庆译,北京:三联
　　　 书店 1959 年版,第 184、192 页。
　　④ E.Zeller, *A history of Greek Philosophy : from the Earliest Period to the Time of Socrates*,
　　　 vol.1,transrated from German edition by S.F.Alleyne, London, Longmans Green & Co.
　　　 1881,p.224.([德]策勒:《苏格拉底以前的学派》第 1 卷,S.F.奥列尼英译自德文版,
　　　 伦敦:朗格曼斯·格林出版公司 1881 年版,第 224 页。)

原如何生成宇宙万物与万物复归于特殊物质的本原问题上,才进一步作出哲学的解释。

古代解释宇宙的形成和构造的学说被称为宇宙论,泰勒斯突破神创宇宙观,开启了自然哲学的宇宙论研究。泰勒斯从水是本原出发,认为宇宙与天体由水生成,主张一种水成论的宇宙观,整个宇宙包括太阳与星辰都靠水蒸发的湿气来滋养,包括人类生活的大地。大地浮在水上,依托水而存在。亚里士多德记述泰勒斯"说大地浮在水上","大地被假定为静止的";又说"阿那克西美尼、阿那克萨戈拉和德谟克利特提出大地是扁平的,以此作为它保持静止的原因",有些学者由此推测泰勒斯也很可能认为大地像扁平的盘状物。① 罗马时代斯多亚派哲学家塞内卡保留了塞奥弗拉斯特的有关记载:"因为他(泰勒斯)讲过,大地是由水支撑的,它像一只船那样漂浮在水上;当讲到地震时,他认为地震实际上是随着水的运动而起的摆动。"②这种猜测看来幼稚,当时却突破地震为神谴征兆的观念,是一种进向科学说明的自然哲学解释。

泰勒斯认为,灵魂是一种引起运动的能力,万物皆有灵魂。亚里士多德记述:"根据有关泰勒斯的记载来判断,他似乎认为灵魂(psyche)是一种引起运动的能力。他说过磁石有灵魂,因为它吸动了铁"。③ 第欧根尼·拉尔修也记载:"亚里士多德和希庇亚斯说,他(泰勒斯)认为即使是

---

① 亚里士多德:《论天》294a28—32、294b14—15。如伯奈特就推测泰勒斯也很可能认为大地像扁平的盘状物,并认为除阿那克西曼德外,"这种看法,是直到德谟克利特以前所有伊奥尼亚学派的、区别于意大利学派的宇宙论的特征"。南意大利的自然哲学家包括毕泰戈拉学派、爱利亚学派以及西西里的恩培多克勒,认为大地是球形的。见伯奈特:《希腊哲学:第一部分,从泰勒斯到柏拉图》,伦敦:麦克米兰出版公司1928年重印本,第20页。

② Seneca.*Seneca Naturales Quaestiones*,translated by Thomas Corcoran,The Loeb Classical Library,Cambridge Mass.Harvard University Press,1972.vol.3,chapter 14.(塞涅卡:《塞涅卡论自然问题》第3卷第14章,见托马斯·科尔克兰英译本,洛布古典丛书,美国马萨诸塞州剑桥:哈佛大学出版社1972年版。)

③ 亚里士多德:《论灵魂》405a19—20。

无生命的事物也有灵魂,他用琥珀和磁石来证明这一点"。① 在阿那克萨戈拉提出"努斯"范畴之前,泰勒斯等哲学家都还没有物质与精神概念的分化认识。泰勒斯这里说的灵魂不是指一种精神性的实体,而是指和呼吸、血液流动联系在一起的一种生命力与活动的能力。一般称泰勒斯的万物皆有灵魂说是一种"物活论",那也不能理解为万物皆有精神意识,而只能理解为万物皆有活力。黑格尔确切地指出:泰勒斯说的"灵魂则是磁石的这种运动,是和物质本性等同的"。② 和万物皆有灵魂联系在一起,泰勒斯又认为万物充满神灵。亚里士多德记述:可能是由于认为"灵魂是掺和在整个宇宙之中的","泰勒斯得出万物充满神灵这样的看法"。③ 既然泰勒斯说的灵魂是指生命力与活力,他说的万物中充满的神灵也不是指人格化的、数目有限的诸神,更不可能是指塞诺芬尼才开始提出的单一的理性神。他说的神灵也无非是指宇宙万物中内蕴的生命力与活力,这种内蕴的力量使宇宙的万物得以活动和有生命,是神圣的。伯奈特认为,泰勒斯很可能也"称水是一种神灵,但不会含有任何确定的宗教信仰的意思"。④ 然而,泰勒斯对灵魂、神灵这种万物中内蕴的生命力与

---

① 第欧根尼·拉尔修:《著名哲学家的生平和学说》第1卷第24节。

② [德]黑格尔(Friedrich Hegel):《哲学史讲演录》第1卷,贺麟、王太庆译,北京:三联书店1959年版,第191页。

③ 亚里士多德:《论灵魂》411a7—17。

④ [英]伯奈特:《早期希腊哲学》,纽约:世界出版公司1967年重印本,第39页。古代就有编纂家与哲学家将泰勒斯的灵魂与神灵曲解为精神性实体与神。艾修斯就用斯多亚学派的"世界灵魂"来解释泰勒斯的灵魂学说。伯奈特在此书第49页还批评说,"艾修斯甚为热衷地将世界灵魂的学说赋予泰勒斯,并用斯多亚学派的术语来表达它,将世界理智和神等同起来";他还批评罗马时代的哲学家西塞罗将这种曲解了的"世界理智"进一步"扭曲为柏拉图的'创造者'(Demiourgos),说泰勒斯主张神的心智从水中造就万物"。基尔克也指出:"和这种见解一样的许多可以辨别出来的虚构,都是那些不审慎的编纂家和传记作者们归诸泰勒斯的。"见G.S.基尔克,J.E.拉文:《苏格拉底以前的哲学家:附有原始文本资料选编的批判史》,剑桥:剑桥大学出版社1978年重印本,第96页。虽然泰勒斯作为希腊哲学的最初先驱,其论断有思想朦胧之处而易被误解,但那些非历史的唯心主义与神创论的曲解,还是不难辨识的。

活力毕竟还没有明晰的认识,有分化理解为物质性动因和精神性动因的可能,所以恩格斯说在泰勒斯那里"已经有了后来分裂的种子"。① 而杨适先生认为这里已有"素朴唯心主义的萌芽","这是唯心主义地解释动因的最初表现",②这个论评也未必切合泰勒斯的灵魂与神灵说的原意。

2. 阿那克西曼德

阿那克西曼德(Anaximander,约公元前610—前546)是米利都学派第二代传人,是伊奥尼亚哲学中承前启后的重要哲学家。他将探究"本原"问题引向深入,提出"阿派朗"范畴,之后才导出米利都学派较盛行的以"气"为本原的学说;他最早论述"对立",是赫拉克利特建立对立统一学说的先声,并影响早期希腊的许多自然哲学;他根据"对立"事物从阿派朗中分离的原理,较为系统地论述了永恒运动的无限宇宙的形成与构造,并且在天文、地理与生物起源等方面萌发了许多科学思想,对后来的宇宙论与科学思想也颇有影响。

阿那克西曼德是米利都本地人,是泰勒斯的年轻而志同道合的朋友与学术继承人。他的大体生卒年推算自第欧根尼·拉尔修记载阿波罗多洛在其《编年史》中所说,"阿那克西曼德在第五十八届奥林匹亚赛会的第二年,是六十四岁,以后不久就死了"。③ 他约小于泰勒斯15至20岁左右,相差一代。

阿那克西曼德也曾和泰勒斯一样积极参与城邦公共政治活动,据公元2世纪罗马修辞学家埃利安(Aelian)在《杂史》中记载,他率领米利都的一支远征队,到黑海边的阿波洛尼亚建立了一个殖民城邦。后人曾在米利都发掘出一座当时建立、底部刻有阿那克西曼德名字的雕像,可能是他的同胞为纪念他对兴建殖民城邦这类公共事务作出卓杰

---

① 《马克思恩格斯全集》第20卷,北京:人民出版社1971年版,第525页。
② 杨适:《哲学的童年》,北京:中国社会科学出版社1987年版,第86页。
③ 第欧根尼·拉尔修:《著名哲学家的生平和学说》第2卷第1—2节。

贡献而树立的。① 但他主要是已有不少著述的杰出科学思想家,毕生从事大量科学活动,有两个方面:一是他游历小亚细亚、希腊本土与黑海沿岸等地区,考察各地的地理概况与民情风貌,所写的《大地描述》可能记述了他考察所知的地理、居民、种族与民俗等。最著称于科学史的,是他绘制了第一张当时希腊人所知世界的地图。希腊化时期著名地理学家斯特拉波(Strabo)认为地理学堪称哲学的研究,记述亚历山大里亚图书馆馆长、地理学家埃拉托色尼(Erastosthenes)说过,阿那克西曼德“是第一个发表了大地的地图的人”。② 希罗多德嘲笑当时不多的人无任何根据就画可笑的世界地图,“把世界画得像圆规画的那么圆,而四周则环绕着俄刻阿诺(海洋)的水流,同时他们把亚细亚和欧罗巴画得一样大小”。③阿那克西曼德绘制地图则是严谨的,通过实地考察写了《大地描述》,以此为根据绘制当时希腊人所知世界的地图,且没有自称画的是世界地图。耶格尔称道他“绘制了第一张世界地图和创立了科学的地理学”;冈珀茨赞誉他是“科学地理学之父”。④ 二是他较多地从事天文、气象的观察活动并发明相关仪器。“他第一个发明了日晷指时针,给它安装在拉栖代蒙(斯巴达)的日晷上,用以测定冬至夏至和昼夜的平分点;他还造了一个计时器。他又是第一个画出陆地和海洋轮廓的人,并且造了天球。”⑤他造的天球有可能是他观测的天体的模型。日晷本是希腊人从巴比伦学

① [英]伯奈特:《早期希腊哲学》,第 52 页;W.K.C.Guthrie, *A History of Philosophy*, Vol. 1.Cambridge, Cambridge University Press, 1971, p.75.([英]格思里:《希腊哲学史》第 1 卷,剑桥:剑桥大学出版社 1971 年版,第 75 页。后引此书均见此版本。)

② [德]第尔斯、克兰茨编:《苏格拉底以前哲学家残篇》,希德对照本,柏林:魏德曼出版社 1974 年重印本,DK12A6。

③ 希罗多德:《历史》上册,王以铸译,北京:商务印书馆 1985 年版,第 279 页。

④ W.Jaeger, *Paedia*; *The Ideals of Greek Culture*, Volume 1, London, Oxford University PressReprinted 1980, p.157.([德]耶格尔:《潘迪亚:希腊文化的理想》第 1 卷,伦敦:牛津大学出版社 1980 年重印本,第 157 页。)后引此书均见此版本。[德]冈珀茨:《希腊思想家:古代哲学史》第 1 卷,马格纳斯英译,伦敦:约翰·莫莱出版社 1969 年重印本,第 50 页。

⑤ 第欧根尼·拉尔修:《著名哲学家的生平和学说》,第 2 卷第 1 节。

来,他加以改进和推广应用。阿那克西曼德写有多种著作,第欧根尼·拉尔修说公元 2 世纪还保存。约公元 1000 年所编的拜占庭辞书《苏达》(Suda)记载了他的著作目录,有《论自然》、《大地描述》、《恒星》、《天球》及其他几种,这很可能依据亚历山大里亚图书馆所存的著作目录。他的著述一改用韵文表达神话的文体,用散文自由畅达地论述深刻哲理,建树伊奥尼亚哲学的文风;南意大利的哲学家们较多固守传统文体,用优雅甚至华美的韵文来写哲理诗。

他的自然哲学思想主要有三方面。

第一,"阿派朗"本原说。

阿那克西曼德提出本原是"阿派朗",主要史料见诸辛普里丘据说是根据塞奥弗拉斯特的《论自然哲学家的意见》的记载:

> 他(阿那克西曼德)说一切存在物的本原和元素是阿派朗,他是第一个提出这个本原的名称的。他说本原既不是水,也不是任何别的被称为元素的东西,而是某种本性是无限的东西,从其中产生出所有的天以及一切世界。"各种存在物由它而产生,毁灭后又复归于它,都是按照必然性而产生的,它们按照时间的程序,为其不正义受到惩罚并且相互补偿"。① 这是他用带有诗意的话说出来的。显然,他是由于观察到四种元素的相互转化,因而想到不以其中某一元素,而以这些元素以外的某种东西为基质才合适。他不认为元素的变化为'产生',而认为是永恒运动所造成的对立的分离才是"产生"。②

"阿派朗"的希腊文 apeiron 的原意是无限制、无界限、无规定、无定形的意思。英文有各种译法:infinite、unlimited、boundless、indeterminate

---

① ［德］第尔斯、克兰茨编:《苏格拉底以前哲学家残篇》,DK12B1。
② 辛普里丘:《〈物理学〉注释》第 24 页第 13 行起,转引自汪子嵩等:《希腊哲学史》第 1 卷,北京:人民出版社 1988 年版,第 187 页。

等,中文旧译为"无限",不完全合乎阿那克西曼德用此词的本来意思。根据他的本来含义,可将它译为"无定形",理解为无定形的基质。将他的阿派朗放到米利都学派寻求万物本原的自然的认识进程中去,就能得到这种比较确切的解释。泰勒斯和他都还没有恩培多克勒才开始有的元素观念,最多只有对水、火、土、气等宏观物质形态的一般观念。伯奈特认为阿那克西曼德的阿派朗是从泰勒斯的思想中"自然地发展起来的",是为解决以水为本原不足以说明其他各种物质形态及其所具有的"对立"东西的生成与毁灭问题而提出的。这种见解是合理的。① 泰勒斯只说到水是冷与湿的,水蒸气的精致部分能生成热的以太与太阳、星辰的火,水坚硬则变成土。这种解释毕竟牵强,不合常识。很难具体理解冷与湿的水怎么会突然变成性质相反的东西,变成热与干的火、热与湿的气、冷与干的土呢? 很难用某种有具体形态的物质来解释物质世界多样性的统一。阿那克西曼德认为作为宏观物质形态的本原是一种"无定形"的基质即阿派朗,它没有确定形态却潜蕴着上述"对立"的东西,所以能在"分离"出"对立"的东西中生成万物。由于米利都学派当时还不可能形成一种高度抽象的"普遍物质"概念,也还没有深入到自然物质的微观粒子结构去探究自然的本原,阿那克西曼德的阿派朗其实是提出了本原应是一种无定形的原初基质,它仍是一种具体的、混沌性的质料,但潜蕴着能生成各种事物的物态性成分。当时还没有形成本体与属性、元素、性质等范畴,只是从宏观的物态即物质形态的变动来理解与解释万物的生成与变易,冷热、干湿这些"对立"还没有被归纳为"性质"范畴,而是被理解为导致不同事物生成与变易的"物态"性成分,可从原初的阿派朗中"分离"出这些"对立",从而生成万物。就阿派朗作为原初混沌的无定形基质还不是某种具体事物而言,它在"质"上是不确定的、无规定性的;但就它也是一种潜蕴着物态性成分的具体物质本原而言,它在"质"上又是确定而有规定性的。它在空间的量、运

---

① [英]伯奈特:《早期希腊哲学》,纽约:世界出版公司1967年版,第53—54页。

动与时间上,也是无限的,有"无限"这种本性,没有开端与终结,永恒运动无止境,造成万物生灭不息,生成无数个世界。

对阿那克西曼德的阿派朗,国内外学界有两种歧见,可澄清。

一种是将它理解为某种抽象、普遍、精神性的"无限"。黑格尔就认为阿那克西曼德将本原规定为"无限"是一大进步,是理性将物质的各种规定性都抽象掉后得到的作为理性对象的"普遍物质","我们可以把它当作思想看待"。① 19 世纪德国学者劳特(Röth)在其所著《西方哲学史》中将阿派朗解释成具有理智、意识本性的"无限的精神",策勒就批评这是曲解古人,因为阿那克萨戈拉才第一个明确地提出精神性的本原"努斯"。② 英国剑桥大学的哲学史家马尔康姆·肖费尔德(Marcolm Schofield)认为:阿派朗即这种"无限",是"超越者(the beyond)","定位于我们的时间和空间的经验之外","无限伸展在它所包围的宇宙之外",很难说它是"另一种物质";阿那克西曼德提出它出于这一推论:"没有安排秩序的理智,就没有宇宙的理智"。③ 这也是将阿派朗心智化、神化了,说成为阿那克萨戈拉的"努斯"之雏形。叶秀山先生指出,如将阿派朗当作"近代哲学的'无限'解",那么阿那克西曼德就要成为米利都学派'超时代'的'天才'",阿派朗应译为"无定形",是一种始基物体的属性,"这个概念是承上启下、合乎历史的和思想的发展规律的",它也可能只是对泰勒斯的水为始基的理由作出哲学上的说明。④

---

① [德]黑格尔:《哲学史讲演录》第 1 卷,贺麟、王太庆译,北京:三联书店 1959 年版,第 195 页。

② E.Zeller, *A History of Greek Philosophy: from the Earliest Period to the Time of Socrates*, vol.1, translated from German edition by S.F. Alleyne, London, Longmans Green & Co., 1881, p.249, note 3.([德]策勒:《苏格拉底以前的学派》第 1 卷, S.F.奥列尼英译自德文版,伦敦:朗格曼斯·格林出版公司 1881 年版,第 249 页注 3。)

③ [英]马尔康姆·肖费尔德:《伊奥尼亚学派》,见泰勒主编:《劳特利奇哲学史》第 1卷"从开端到柏拉图",韩东辉、聂敏里、冯俊、程鑫译,北京:中国人民大学出版社 2003 年版,第 66—67 页。

④ 叶秀山:《前苏格拉底哲学研究》,北京:人民出版社 1982 年版,第 48—54 页。

另一种歧见是依据阿那克西曼德说到阿派朗演化万物的必然性时提及"它们按照时间的程序,为其不正义受到惩罚并且相互补偿",认为阿派朗是一种支配宇宙的精神力量。耶格尔就说,这里所讲的"不正义"、"惩罚"、"补偿"是道德律而非物理上的自然律,永恒正义的力量统治、支配着整个宇宙,这是"对宇宙的精神发现",象征早期希腊哲学对希腊文化的影响,表明神学和自然哲学"一起发生作用"。① 其实,阿那克西曼德认为阿派朗的运动变化具有各种存在物产生于它、毁灭后又复归于它的必然性,是深化米利都学派的本原论,提出了本原生成与变易万物有表现在时间进程中的必然规律这一深刻思想。所谓各种存在物会在时间程序中因其不正义受到惩罚与相互补偿,只是借用了"不正义"等行为性术语,说明事物的消长盈亏有其按时间运作的必然性。伯奈特解释"不正义"只是指冷热、干湿等对立中一种成分过度了,就会使存在物受损,而后在相互补偿中恢复常态的平衡。② 杨适教授则根据英国古代哲学史家汤姆逊说对"不正义"的"报偿"原出于部落的意识形态,认为阿那克西曼德的此说体现了当时新旧事物冲突、交替的辩证法思想和巨大的历史感,他的哲学是"那个时代的精神的一种缩影或一面镜子"。③ 这不失为一种推测,但缺乏直接或间接的资料佐证。

第二,"对立"与"分离"说的宇宙论。

在阿那克西曼德看来,"对立"是冷热、干湿等造就具体事物的基本物态成分,阿派朗潜蕴着无限多的这种"对立",也就包含着生成无限多样事物的可能性。他最早形成"对立"范畴,有重要影响,但还只是就他的本原论的角度,用"对立"范畴来指谓冷热、干湿等基本物态成分,尚未上升为一种事物变化、发展的普遍法则。罗斯说他已"认为对立——热

---

① [德]耶格尔:《潘迪亚:希腊文化的理想》,第 1 卷,伦敦:牛津大学出版社 1980 年版,第 160—161 页;耶格尔:《早期希腊哲学家的神学》,牛津:克拉伦登出版社 1947 年版,第 34—36 页。
② [英]伯奈特:《早期希腊哲学》,纽约:世界出版公司 1967 年重印本,第 54 页。
③ 杨适:《哲学的童年》,北京:中国社会科学出版社 1987 年版,第 91—93 页。

和冷、干和湿——的斗争构成世界"，①这种说法就把他拔高成最早发现辩证法规律的哲人。他的"对立"思想对提出对立的斗争和统一普遍法则的赫拉克利特会有影响，但他当时还不可能达到后者的认识高度。

阿那克西曼德的宇宙论思想比泰勒斯精致、丰富，冈珀茨称他是"宇宙演化学的始祖"。②他提出一种"分离"说的宇宙论：永恒运动的、无限的阿派朗将其潜蕴的无限的"对立"（冷热、干湿）分离出来，就形成宇宙、万物和无数个世界。"他说，宇宙产生时，热和冷的胚芽从永恒的本体中分离出来；从这种胚芽中生长出一团火球，围绕着包围大地的空气，就像树皮围绕着树木一样。当这个火球破裂和断离开来成为几个环形物时，日、月星辰就产生了。"③这里说的热和冷的胚芽，就是从阿派朗中分离出来的"对立"即热与冷的原始物态成分，它们生长出火球而成环绕大地的日月星辰。格思里认为这里说的"胚芽"是和奥菲斯教关于宇宙从"世界卵"演化出来的说法相联系而解释宇宙的形成。④这种见解并不切实，从史料来看，他的宇宙论和整个伊奥尼亚哲学传统，并无奥菲斯教义的思想痕迹。

关于他的宇宙生成论，有两个问题须澄清。

一个问题是阿派朗以什么样的运动分离出"对立"而生成万物又使万物复归于它？一些西方学者认为是漩涡运动。因为阿那克西曼德认为大地在这个宇宙世界的中心，而漩涡运动使大地集结于中心位置。罗斑就认为"这种运动似乎是一种对立事物的分离与结合的过程，它的原始形式应当是一种混沌的漩涡运动"；⑤冈珀茨、汤姆逊更认为阿那克西曼

① W.D.Ross, *Aristotle's Physics: A Revised Text with Introduction and Commentary*, .Oxford, Clarendon Press, 1936, p.549.（罗斯：《亚里士多德〈物理学〉：附有引论和注释校订本》，牛津：克拉伦登出版社 1936 年版，第 549 页。）
② ［德］冈珀茨：《希腊思想家：古代哲学史》第 1 卷，马格纳斯英译，伦敦：约翰·莫莱出版社 1969 年重印本，第 337 页。
③ ［德］第尔斯、克兰茨编：《苏格拉底以前哲学家残篇》，DK12B1。
④ ［英］格思里：《希腊哲学史》第 1 卷，剑桥：剑桥大学出版社 1971 年版，第 90—91 页。
⑤ ［法］莱昂·罗斑：《希腊思想和科学精神的起源》，陈修斋译，段德智修订，桂林：广西师范大学出版社 2003 年版，第 42 页。

德主张漩涡运动说是康德、拉普拉斯的太阳系起源星云假说的最早先驱。① 然而,说阿那克西曼德已提出宇宙的漩涡运动起源学说,并无确实的史料佐证,而且,在后继者阿那克西美尼的通过稀散与浓聚气生成宇宙的学说中,也了无承袭的痕迹。有史料记载的首次提出宇宙的漩涡运动起源学说的哲学家是阿那克萨戈拉,而堪称康德、拉普拉斯的星云起源学说的先驱的,是德谟克利特的原子漩涡运动生成宇宙的学说。

另一个问题是,阿那克西曼德认为阿派朗是永恒运动且无限的,造就的宇宙有无数个世界,其含义如何理解?西方哲学史家中有两种理解:策勒、康福德与格思里认为,"无数个世界"只是指人所在的世界既无开始又无终结,是无限系列的连续的世界;②伯奈特则认为阿派朗无限,尽管每个世界可灭,仍有"无数个世界"在空间上同时存在。③ 这两种说法各持一端,根据对古代资料分析,其实可综合此两种解释。艾修斯记载他说"存在物的本原是阿派朗,因为万物都从它产生,而又消灭复归于它;因此有无数个世界连续地从它们的本原中产生,又消灭复归于它们的本原"。④ 这里无数个世界是指阿派朗生成世界是生成、毁灭的无限循环系列。而辛普里丘另有记载,说阿那克西曼德和原子论者等"主张世界在数目上无限的人","认为无限数目的世界在无限的时间中产生和消灭,其中有些在产生中,同时有些却在消灭着"。⑤ 这里是说宇宙中同时并存着无数个世界,而它们各自生灭的时间并不同步。阿那克西曼德说的无数个世界既指时间上的无限连续相继,也指它们在无限空间上的同时并

---

① [德]冈珀茨:《希腊思想家:古代哲学史》第 1 卷,马格纳斯英译,伦敦:约翰·莫莱出版社 1969 年重印本,第 53 页;[英]汤姆逊:《古代哲学家》,何子恒译,北京:三联书店 1963 年版,第 174—175 页。

② 策勒:《苏格拉底以前的哲学家》第 1 卷,第 265 页;康福德:《鉴别原理》,第 179 页;格思里:《希腊哲学史》第 1 卷,第 111 页。

③ [英]伯奈特:《早期希腊哲学》,纽约:世界出版公司 1967 年重印本,第 58—59 页。

④ [德]第尔斯、克兰茨编:《苏格拉底以前哲学家残篇》,DK12A14。

⑤ 同上书,DK12A17。

存。他的这种思想后来对阿那克萨戈拉、德谟克利特以至伊壁鸠鲁的宇宙论都有深远影响。

第三，天文气象思想和生物进化思想的萌芽。

阿那克西曼德对天体的构造与排列，还只能凭当时简单观察作想象色彩甚浓的猜测。他说"太阳位于全宇宙最高处，太阳的后面跟着月亮，下面是恒星和行星"。他描述太阳和月亮分别是大地的 28 倍、19 倍，都像车轮状的圆环，边缘凹而充满火因而自身都有光，在运转中表现出种种变像。而月亮的轮子边缘的开口关闭就造成月食。他又设想星辰自身本也是一些被气包裹着的火圈，但有管状通气的开口之洞，便能显出不甚明亮的星辰。现在看来这些见解是空想性的幼稚猜测，但在当时是最早摆脱神话宇宙观、凭观察事实来对天体作的一种科学解释。亚里士多德的吕克昂学园中著名天文学家欧德谟斯(Eudemus)在其《天文学史》中还说，阿那克西曼德"是第一个讨论各个行星的大小和距离的"，"那时是以日、月蚀作为认识的出发点加以估算的"。[①] 毕泰戈拉学派最早确定天体结构与行星序列，而阿那克西曼德最早估算行星的距离也不无可能，而要猜测行星的大小就没有设想的根据了。

可能由于在地平面极目观察各方向连成圆周形，阿那克西曼德认为"大地好像一块柱子的础石"，是扁的圆柱体，深度是宽度的三分之一；它有两个彼此相反的表面，人们只是住在其中的一个表面上；[②]它不是浮在水上，而是悬在空中，处在中心，和天穹的各端距离相等，不朝任何方向运动，必然保持静止不动。[③] 这是西方天文学史上最早的地心说。

阿那克西曼德根据经验观察事实，开始解释风雨雷电等自然现象，虽很粗糙，但已是一种比泰勒斯有较多进展的科学思想。他说："风是空气

①　[德]第尔斯、克兰茨编：《苏格拉底以前哲学家残篇》，DK12A8，DK12A21、DK12A22，DK12A11，DK12A19。

②　同上书，DK12A25，DK12A11。

③　亚里士多德：《论天》295b10—16；伯奈特：《早期希腊哲学》，第 64—65 页所引残篇。

的流动,因为空气的最轻和最湿的部分被太阳所晒而膨胀起来";"雨是由太阳从地上蒸发起来的气产生的";风又造成雷电:被关在密云中的风冲出来,"于是撕破云层而发出声响,而裂口的扩大则点亮了黑夜","雷是彼此撞击的云的闹声"。① 可以说,他开创了气象学的研究。

阿那克西曼德在西方科学思想史上又最早提出了关于动物与人类起源的论述,已有粗朴的生物进化思想萌芽。可能因为观察到昆虫等小动物从温湿的腐烂物中滋生,他认为"最初的动物是在潮湿的东西中产生的,并且有一层硬皮包裹着",它们长大,爬到干燥的岸上,硬包破裂,就作为另一种生物活下去。② 这大约是观察卵生动物的产生与成长所得出的见解。他认为人肯定是由另外一种动物变来的,理由是人生出时不能很快给自己觅食,要有很长的哺乳期,要是他起初就是这样就不能存留下来。这有适者生存的思想萌芽。他说人就是"从鱼产生的",并粗朴地描述了从鱼变人的过程:"从热的水和土中产生出鱼或非常像鱼的生物;从这些生物中长出人来,从胚芽到青春期一直还保留着原来的形式,直到最后,像鱼一样的生物破裂了,已经能够喂养自己的男人和女人生长出来了。"③人的胚胎像幼鱼形可能启发了这种从鱼到人的猜测。其描述虽然过于简单化,但在公元前6世纪就有这种生物进化思想的萌芽,确实令人惊叹这位杰出自然哲学家超前的科学思想。

3. 阿那克西美尼

阿那克西美尼(Anaximenes,约前586—前525)是米利都学派的第三代传人,米利都哲学的最后完成者。他提出气为本原,较好地说明了多样性的物质世界统一于一种具体物质形态的规定性,并结合比他的前辈精

---

① [德]第尔斯、克兰茨编:《苏格拉底以前哲学家残篇》,DK12A24,DK12A11,DK12A23。
② 同上书,DK12A30。
③ 同上书,DK12A11、DK12A30。

细的经验观察阐发宇宙论、解释自然现象,已非单凭猜测或想象,有实证科学思想萌发。他的哲学对开创南意大利哲学的毕泰戈拉、公元前 5 世纪中后叶希腊本土复兴伊奥尼亚自然哲学、各种在探究微观物质粒子中寻求世界本原的自然哲学,都有重要影响。

第欧根尼·拉尔修记述:"根据阿波罗多洛的说法,他主要活动在撒尔迪斯陷落的时候,死于第 63 届奥林匹亚赛会"。① 波斯国王居鲁士攻陷吕底亚的首都撒尔迪斯是在公元前 546/545 年,可以此作为他的鼎盛年,上推 40 年即公元前 586/585 年作为他的生年,而他死于第 63 届奥林匹亚赛会当在公元前 526/525 年。他出生于泰勒斯的鼎盛期,比阿那克西曼德年轻 20 多岁,而在他的鼎盛期他的老师已垂垂老矣,师祖泰勒斯则离世了。关于阿那克西美尼的政治与学术活动,留下的记载极少。他一生主要致力于研究自然,但也关注城邦国家存亡的大事,因为城邦的毁灭也意味着学术自由的丧失。他和比他年轻 10 余岁的萨摩斯(邻近米利都的海岛)人毕泰戈拉有私交,曾写信祝贺后者平安地离开僭主统治下的萨摩斯,到达南意大利的克罗顿,受到当地人的欢迎。他还说:除了波斯外,强迫米利都纳贡的又一强邻"米底亚的国王就是另一个令我们害怕的人";他坚定地声称"伊奥尼亚人为了保卫共同的自由,就要和米底亚作战,这样我们也就不再希望平安了。当遭到毁灭或奴役的威胁时,阿那克西美尼如何能再继续研究天呢?"② 在外患紧逼之际,他是一位坚决捍卫本邦独立与自由的爱国志士。第欧根尼·拉尔修记载塞奥弗拉斯特的著作目录中有一卷《论阿那克西美尼的著作》,但他写的一些著作,只留存为数较少的残篇,主要出自塞奥弗拉斯特的记载,后来编纂家的转述也源出于它。第欧根尼·拉尔修还说"他是用简明而纯朴的伊奥尼亚方言写作的"。③ 他用此文体,能深入浅出、更见成效地宣扬他所完成的米利都哲学。

---

① 第欧根尼·拉尔修:《著名哲学家的生平和学说》,第 2 卷第 3 节。
② 同上书,第 2 卷第 5 节。
③ 同上书,第 5 卷第 42 节、第 2 卷第 3 节。

阿那克西美尼提出气为万物本原的学说。亚里士多德早就记述："阿那克西美尼和(阿波罗尼亚的)第欧根尼认为气先于水,是一切简单物体中最基本的。"①辛普里丘记述："米利都人阿那克西美尼是阿那克西曼德的学生,也像他一样认为自然的基质是'一',是无限的;但是他不像阿那克西曼德那样说它是无定的,而认为它就是气。"②还有一则希波吕托的记述:"阿那克西美尼认为本原是无限的气。一切生成的东西,已经是或者将要是的东西,还有神和神圣的东西,以及其他由它产生的东西,都是由它而成为存在的。气的形式是这样的:当它均匀地分布时,它是不可见的,但是,冷、热、湿和运动,却使它显露出来了。它总是在运动中,不然,如果没有运动,变化的事物也就不能变化了。"③

根据上述残篇,可看出阿那克西美尼的气为本原说,有三点超越阿那克西曼德的阿派朗说之思想特征。第一,在探求统一自然万物的基质即本原上,综合了数量、空间的无定形性(无限性)和质上的确定性,是对阿那克西曼德的阿派朗本原说的继承、发展与超越,是米利都哲学本原说的完成形态。阿那克西曼德未阐明阿派朗是什么基质、确定其质的规定性,只能描述它在数量上无限、在空间上无定形,潜藏着可分离出无穷的冷热干湿等物态成分以生成万物。这不是高度抽象的思辨,而是出于想象性的推断。阿那克西美尼的气是从阿派朗合乎内在逻辑地发展而来的,它和阿派朗一样数量上无限、空间上无定形,但气作为一种自然的基本物质又有质的规定性,用以解释自然万物统一于某种具体物质形态,比水与阿派朗更合理恰当、更合乎科学经验的观察。将这种气为本原说看作从阿派朗本原说倒退回泰勒斯的水本原说的水平,是一种误解。"气"这种无定形的基质也还不是当时尚未认知的有形态的"空气",恩培多克勒才首次发现空气和虚无的空间不同,而是一种特殊、有形的精微粒子。第二,

---

①　亚里士多德:《形而上学》984a5—7。
②　[德]第尔斯、克兰茨编:《苏格拉底以前哲学家残篇》,DK13A5。
③　同上书,DK13A7。

无限的气永恒运动变化,其内在动因是气内蕴、固有的冷热、干湿等对立物态成分。阿派朗只是将潜藏的冷热、干湿等物态成分"分离"出来,再由它们生成万物,它们是被分离的对象而不是分离的动力,阿派朗自行分离的动因并未被阐明。阿那克西美尼则已明确地说明气内在固有的冷热、干湿等对立成分是其动因,造成了气的运动,从而生成宇宙、促成万物生灭。第三,气为本原说比阿派朗说能更好地用一种确定的物质本原解释万物的起源与复归、宇宙论乃至生命与灵魂,使米利都哲学完成一种首尾一以贯之的哲学理论系统。气的稀散、浓聚造成万物生自气、复归于气。伯奈特论评:"气的稀散与浓聚的引入是一种突出的进展。事实上,它使米利都学派的宇宙论首次一以贯之起来;既然一种理论将一切事物说明为一种简单物体的形式,它就必定要将一切差异看作此量的差异",就是将一切事物的多样性归结为气在空间中分布量的差异。以本原的气解释生命与灵魂,也可摆脱物活论,比较合乎观察经验地说明阿派朗说难以具体解释的生命与灵魂。这对公元前5世纪中叶的自然哲学注重从气或其他粒子本原探究认知的生理基础,有一定影响。

阿那克西美尼论述气稀散与浓聚而生成宇宙论,并据以解释自然现象。他已指明气变生万物的动力是它内在固有的冷热的对立,其主要环节是冷热所造成的气的稀散与浓聚。冷热是对立的物态成分,稀散与浓聚则是气在空间中的分布形态,它内蕴着空间量的规定性。他指出:"气在种类上是不定(阿派朗)的,以其所具有的性质而定。万物都由气的凝聚或稀散而产生。运动是永恒存在的"。而"使物质集合与凝聚的是冷,使它稀散和松弛的则是热"。他描述:"它(气)由于变得更加浓厚或稀薄,就有不同的外观,当它消解得更加稀薄时,变为火;当它变得浓厚时,就变成风,然后是可以看到的云。当它更浓厚时,就产生水;再浓厚时就成为土,最浓厚时就成为石头。而结论是,产生影响最大的是热和冷这一对对立"。①

---

① [德]第尔斯、克兰茨编:《苏格拉底以前哲学家残篇》,DK13A6,DK13B1,DK13A7。

由上可知,气虽然是一种无定形的单一本原,但它自身在性质上又有多样性,因而有多种类的气,由此也造就万物在质上的多样性;而他将万物中一些基本的质的差异,归结为气的稀散与浓聚程度,即气在空间中分布的密集度这种有所量化的物态的差异,火、气、风、云、水、土、石就是由气的密集度逐渐递增而变生的一些基本物质,从而成就万物。这里也暗示着同一种物质的空间量(气在空间中分布形态这种特殊物态)的差异可演生质上不同的诸多事物,已有朦胧的"量"规定"质"的思想萌芽。

但他还没有自觉地形成作为自然哲学范畴的"数量",米利都哲学的特点还是"无定形性",还没有自觉、精细地从量和空间几何结构方面去探究本原和物质的粒子结构。现代英国分析派的希腊哲学史家巴恩斯认为:就将形式和数联系起来而言,"阿那克西美尼是毕泰戈拉学派的先驱",其"宇宙演化论认为相对的密度是各种质料的本质特征","现在,对我们来说,密度是一种量的概念,是可以用数量的大小来检验的。因此,阿那克西美尼的自然哲学,基本上是一种量的学说,它暗示着一种包含科学的真正本质的原理,即认为质能够还原为量。"[1]这种观点几乎将阿那克西美尼说成是毕泰戈拉的先师了,是一种以今解古的拔高。阿那克西美尼的气稀散与浓聚说朦胧地暗示着一种空间量的观念,还有他的气的宇宙生成论,对他的朋友、从萨摩斯西游的毕泰戈拉可能有所启发性的影响,但并不成为后者的直接思想渊源。

阿那克西美尼主张气由冷、热驱动,变得稀散与浓聚,形成了火、水、土等基本质料,从而生成了宇宙。"他说,当气浓缩时,最初生成的是大地(土),它是扁平的,因而为气所支撑。至于太阳、月亮和其他星辰,都是从地产生的。所以他认为太阳也是土,只是由于它的迅速运动才获得

---

[1] J.Barnes, *The Presocratic philosophers*, vol.1London, Routledge Press, 1979, p.45.(巴恩斯:《苏格拉底以前的哲学家》第 1 卷,伦敦:劳特利奇出版社 1979 年版,第 45 页。)

最大的热量。"①他主张"大地是扁平的,并且浮在气上"。② 他主张日月星辰不是神,而和大地一样是土,这在当时是以科学精神对宗教、神话宇宙观的大胆突破。他认为日月星辰是和大地具有同质的土,只是迅速的运动使它们获得高热而有火,更是卓见。艾修斯也有相似的记载:"阿那克西美尼说,天体的性质象火一样,其中也包含一些具有土的性质的物体,它们都为同一运动所牵引。"③阿那克西美尼当时似乎还不可能有物体高速运动会生热、冒火的科学知识,但当时希腊人从观察流星、陨石中也可能会有星体在运动中发生火光的粗朴认识。他也可以用他的气的学说来解释太阳等星体在迅速运动中使星体表面的气释放热而使气更加稀散成火,并且使星体表面的土也稀散成气、更加稀散成火。

阿那克西美尼已有大地为中心、日月星辰围绕大地在轨道上运动的思想,这种天体运行的宇宙结构图景,比阿那克西曼德认为大地是扁圆柱、日月星辰是一些通气口喷火的无序的环状物,要合理。"他说天体并不是像有些人猜想的,是在大地下面运动的,而是围绕大地,正像毡帽绕着我们头上转动;而太阳并不是隐藏到大地下面,而是被大地的较高部分挡住了,那里离我们很远"。④ 他认为大地是扁平的,所以星体围绕大地作半圆形运动,设想黑夜时太阳并非运行到大地下面,而是被极向的高地挡住了阳光。天体为什么能在固定的轨道上环绕大地运行? 他用宇宙中充满的气来解释。他说:"各个天体是被凝聚的、有抵抗力的气推动到轨道上循环的。"⑤他是古希腊第一位论述天体按照圆形轨道作有规则运行的科学思想家,他的素朴而有真知的宇宙图景说,对毕泰戈拉学派的"科斯摩斯"说即宇宙结构论,对后来希腊哲学的种种天体运行结构论,有开

---

① ［德］第尔斯、克兰茨编:《苏格拉底以前哲学家残篇》,DK13A6。

② 同上书,DK13A7。

③ 同上书,DK13A14。

④ 同上书,DK13A7。

⑤ 艾修斯:《哲学家意见集成》第 2 卷第 23 章第 1 节,转引自格思里:《希腊哲学史》第 1 卷,剑桥:剑桥大学出版社 1971 年版,第 136 页。

创性影响。

阿那克西美尼以气本原说来解释各种天文气象的原因,也比较合理、更符合经验的观察。他解释地震:"当大地湿透或干竭的时候,它就裂开了,大块土地落下来就发生地震。所以地震总是出现在干旱或暴雨季节。"①他解释雷电:风撕破云层产生雷鸣,裂口扩大点亮黑夜就是闪电,就像在海上"当桨划破水面的时候,便产生了反光。"他解释云、雨、雹、雪、虹的成因:"当气更加浓厚起来的时候,便产生云;再进一步凝聚时,便下雨了;雨在下降时冻结起来,便是冰雹;雨水里结合了部分气时,便下雪了。""当太阳光照在极浓厚的云上时,便发生虹。云总是暗的,因为光照在上面时不能穿过它。"②这里已有光线在云上这些折射而散出七色的光学思想萌芽。他根据自己的本原说较科学地解释自然现象的原因,这种基本思路是被后来的一些自然哲学家所沿用与发展的。

阿那克西美尼将米利都哲学与科学思想作为一个理论整体发展到最高点。他的学说对后来早期希腊自然哲学,有比阿那克西曼德更重大的影响。毕泰戈拉学派的"数"的原理可能受他的"气"蕴涵的空间量的思想启发,其宇宙论吸取了他的气成宇宙论与天体按轨道运行思想。公元前5世纪中叶希腊本土复兴伊奥尼亚哲学的思潮,主要是复兴他的哲学,阿波罗尼亚的第欧根尼更是直接继承与发展了他的气本原论。恩培多克勒、阿那克萨戈拉和原子论学派也吸取了不少他的自然哲学与科学思想,进而探究微观物质粒子的本原和更为精致地提出宇宙论的假说。

二、赫拉克利特

赫拉克利特(Heraclitos,约前544—前480)虽略晚于毕泰戈拉与爱

---

① 亚里士多德:《气象学》365b6—12。
② [德]第尔斯、克兰茨编:《苏格拉底以前哲学家残篇》,DK13A17,DK13A18。

利亚学派的先驱塞诺芬尼,但他的哲学承续、发展了米利都哲学,可见伊奥尼亚哲学的连续演进。他接受了米利都哲学家们在经验观察中形成的科学思想,在这方面虽无较大的新建树,但他对自然、社会与人生有深睿直觉与深刻思辨。他提出火本原说和关于对立的斗争与统一的逻各斯学说,确立了一种古代辩证法的世界观,将早期伊奥尼亚哲学推到一个新的巅峰。他最早研究"人的哲学",运用他的普遍哲学原则来探究社会、政治法律与宗教问题,最早展现一种人文精神。他的学说对早期希腊哲学、希腊古典哲学和晚期希腊哲学的演变有深远的持续影响;而在近代,黑格尔承认其辩证法受他的思想启迪,说"没有一个赫拉克利特的命题,我没有纳入我的逻辑学中"。① 马克思主义经典作家高度评价他是辩证法的奠基人,马克思说"在古代哲学家中,我认为他仅次于亚里士多德"。② 他留存的残篇有隐喻风格,比较晦涩,后来斯多亚学派推崇他的哲学又夹入斯多亚色彩的解释,后世学者就有歧义的理解,甚至将它曲解成唯心辩证法的"绝对哲学"或"神秘主义"。1858 年德国工人运动中的机会主义者拉萨尔写了一部《爱菲斯的晦涩哲人赫拉克利特的哲学》,马克思讥讽它是"非常无聊的作品",像小学生的作业,牵强附会地将这位杰出的古代辩证法家弄成黑格尔式的绝对唯心论者;③英国的批判理性主义哲学家波普(K.R.Popper)虽肯定赫拉克利特是"具有非凡能力和创造性的思想家",说他的许多思想"已通过柏拉图的中介",成为西方"哲学传统主体的组成部分",但一向对柏拉图、黑格尔反感的波普尔又称他的哲学起到"反理性主义和神秘主义的作用",通过黑格尔起着反动作用。④ 所以,正

---

① ［德］黑格尔:《哲学史讲演录》第 1 卷,贺麟、王太庆译,北京:三联书店 1959 年版,第 295 页。

② 《马克思恩格斯全集》第 29 卷,北京:人民出版社 1972 年版,第 527 页。

③ 同上书,第 262 页。

④ K.R.Popper, *The Open Society and Its Enemies*, Volume 1, Princeton, Princeton University Press, 1966, p.17, 15.（波普:《开放社会及其敌人》第 1 卷,普林斯顿:普林斯顿大学出版社 1966 年版,第 17、15 页。）

本清源,准确理解赫拉克利特的思想本义、确切评价他在哲学史中的历史地位,很有必要。

1. 爱菲斯的晦涩哲人

爱菲斯(Ephesos,又译伊菲索)是伊奥尼亚地区仅次于米利都的繁荣的港口城邦,即现今土耳其西部最大港口伊兹密尔附近。公元前8世纪中叶起工商、贸易发达,曾是希腊世界供应奴隶的最大市场。公元前6世纪中叶吕底亚王克娄苏征服爱菲斯,但它像米利都一样享有相对独立性。公元前546年波斯帝国征服吕底亚,爱菲斯处于波斯四代国王统治下,赫拉克利特主要生活在波斯国王大流士一世统治时期(公元前522—前486年),他的中、晚年伊奥尼亚已爆发反抗波斯的斗争,希波战争壮烈展开,他去世时希波战争行将结束。

第欧根尼·拉尔修记载赫拉克利特是爱菲斯本地人,鼎盛年约在第69届奥林匹亚赛会(公元前504—前501年),活了60岁。① 由此推算,他约生于公元前544年,亡于公元前480年。他出身高贵,据说是爱菲斯奠立人安德罗克罗王族的后裔,本应是王位继承人,但他襟怀宽宏,将王位让给他的弟弟。② 他放弃王位大约是因他更愿追求智慧与"逻各斯"的事业。但他并非退居林泉、不问时事的隐士或学究,而是非常关注反抗波斯民族斗争和城邦立法改革的志士。大流士邀请他去波斯讲授希腊文化,他断然拒绝。③ 公元前500年米利都发生反波斯的暴动,得到小亚细亚和希腊本土诸邦的支持,引发了希波战争。赫拉克利特支持他的同胞反抗波斯统治,指出他们抵抗的关键是必须暂时牺牲奢侈的生活方式;他

---

① 第欧根尼·拉尔修:《著名哲学家的生平和学说》,第9卷第1、3—4节。
② 同上书,第9卷第6节。
③ 第欧根尼·拉尔修记录了他和大流士的通信,大流士热情邀请艰深著作《论自然》的作者去波斯讲授希腊文化,赫拉克利特拒绝,说世人皆热衷名利,他视荣耀为畏途,他唯求满足自己心灵平静,所以不能去波斯。见第欧根尼·拉尔修:《著名哲学家的生平和学说》,第9卷第13—14节。

并颂扬当时倡言建立统一的伊奥尼亚城邦以抵抗波斯入侵的希腊"七贤"之一彼亚斯,说他"比别人有更高的逻各斯"。① 爱菲斯长期来内部政治斗争复杂。雅典母邦早先派民主派的显贵公民阿里司塔库(Aristarchus)来帮助爱菲斯恢复原来仿效梭伦民主政制所建立的法律;后又由赫谟多洛继续从事这项立法改革工作。据说爱菲斯内部又发生了所谓"民主运动",竟将赫谟多洛驱逐出城邦。② 赫拉克利特则是他的好友,政见志同道合,那些主张放逐赫谟多洛的爱菲斯人是立法上守旧的成年人,赫拉克利特愤然猛烈抨击他们:"如果将爱菲斯的成年人都吊死,把他们的城邦让给未成年的少年去管理,那就对了,因为他们放逐了赫谟多洛——他们中间最优秀的人。"③有些哲学史家如策勒根据他出身王族、为赫谟多洛鸣不平而疾呼激烈言辞,就说他是坚决站在保守贵族立场上反对"民主派"。④ 其实,这种论评并不可靠。当时小亚细亚诸城邦的政制情况和党派斗争很复杂,"民主派"也有假的。诸城邦大多实行温和的僭主政制,不少早期僭主政制倾向民主改革与立法,雅典也有庇西特拉图僭主继承、发展梭伦民主改革。赫拉克利特支持赫谟多洛帮助的立法,无疑是倾向梭伦、庇西特拉图式的进步立法改革。

一些哲学史著作还因认定赫拉克利特是保守贵族派并有愤世嫉俗言论,说他是蔑视人民群众与人类的傲才。这个看法也不确切。这位支持立法改革的失意哲人发表一些激烈言论,有三种情况:一是不满本城邦的政治现实,所以将人们的意见称为"儿戏",说人们不懂得怎样

---

① [德]第尔斯、克兰茨编:《苏格拉底以前哲学家残篇》,DK22A36,DK22B39。
② 赫谟多洛后久远行到罗马,帮助罗马正在开启、有进步意义的立法工作。不少记载说他参与了罗马共和时代最早的立法即"十二表法"的制定,有的还说罗马人为他立了纪念碑,到公元1世纪老普林尼在世时还竖立着。见[德]冈珀茨:《希腊思想家:古代哲学史》第14卷,L.马格纳斯英译自德文版,伦敦:约翰·莫莱出版社1969年重印本,第62页。
③ 第欧根尼·拉尔修:《著名哲学家的生平和学说》第9卷第2节。
④ [德]策勒:《苏格拉底以前的学派》第2卷,S.F.奥列尼英译自德文版,伦敦:朗格曼斯·格林出版公司1881年版,第4页注。

听话与说话；①他呼吁人们为法律而战斗，但断然拒绝替已在坏政制支配下的爱菲斯立法。二是他确有"精英"主导社会历史的思想，如说"一个如果是最优秀的人，在我看来就抵得上一万人"，②但不能要求他应有"群众创造历史"观，当时他主张优秀的人而非神主宰历史，就是历史观念的进步。三是他强调要运用深刻的智慧，探究、把握"逻各斯"即有普遍意义的哲理，立足于新的思想高度反传统，批判并未进入这种哲理境界的同时代思想家。他反对神话世界观，有泛神论倾向，因而说"应该把荷马从赛会中驱逐出去，并且加以鞭笞"；他强调"博学并不能使人智慧"，认为史学家赫卡泰乌、哲学家塞诺芬尼与毕泰戈拉都没有达到真正的智慧，而只是"博闻强记"甚至是"抄袭行为"。③

赫拉克利特和爱菲斯的时政格格不入，就离群索居、隐迹山林，和孩子们玩骰子虽可自娱，日子却过得很艰苦，有时靠吃树皮草根为生，终于因此得水肿病，在公元前 480 年左右去世，时年约 60 岁。

第欧根尼·拉尔修记载赫拉克利特有流传下来的著作为"一组连续性的论文《论自然》，它分三篇论述，第一篇论宇宙，第二篇论政治，第三篇论神学"。④ 说他已将自己的著作分成这三部分，很可疑，如伯奈特指出："这不是赫拉克利特自己的分类；我们可推断在斯多亚派的注释家们形成他们手头的版本时，他的著作才自然地分成那三部分"。⑤ 古代的后人就评述赫拉克利特的文风晦涩。其实，他往往用预言、隐喻、警句、格言来表述哲理的一种方式，借用感性的语言来表达他的深刻哲学思想，其思想脉络与哲学范畴是明晰的，不妨碍人们把握其要义。第欧根尼·拉尔修说"他叙述的简练而丰富是无与伦比的"，苏格拉底称赞赫拉克利特的

① ［德］第尔斯、克兰茨编：《苏格拉底以前哲学家残篇》，DK22B70、19。
② 同上书，DK22B49。
③ 同上书，DK22B42、40、129。
④ 第欧根尼·拉尔修：《著名哲学家的生平和学说》第 9 卷第 6 节。
⑤ ［英］伯奈特：《早期希腊哲学》，纽约：世界出版公司 1967 年重印本，第 132 页。

论述是"优美的",读者"需要像一个潜水探宝者那样去寻根究底"。①

从柏拉图、亚里士多德、塞奥弗拉斯特到斯多亚学派、第欧根尼·拉尔修、古代怀疑论学派直至早期基督教神学家的著作中保存了较多的赫拉克利特残篇或有关资料。第尔斯、克兰茨编的《苏格拉底以前学派残篇》汇集思想残篇 130 余则,最后 10 则疑伪,编辑序列不易见其思想脉络。伯奈特在《早期希腊哲学》中批评第尔斯未按残篇的思想内容编排而显得支离破碎,他按思想线索重新整理、编排并英译赫拉克利特残篇 130 则。20 世纪后半叶西方学者整理、研究赫拉克利特残篇的名著有两部:一是基尔克(G. S. Kirk)的《赫拉克利特宇宙论残篇——附有引论和评释》(*Heraclitu's*：*The Cosmic Fragment—Edited with an Introduction and Commentary*)(1954 年),实际上是研究了表现赫拉克利特的主要自然哲学思想的 48 则残篇,将残篇出处的前后文也列出,并作了许多校勘与注释,研究相当深入、细致。二是卡恩(C. H. Kahn)的《赫拉克利特的艺术和思想:附有翻译和评释的残篇》(*The Art and Thought of Heraclitus*：*An Edition of the Fragments with Translation and Commentary*)(1979 年),根据思想内容重新整理安排残篇的序列,又在重新翻译中较明晰表达原来语言的意蕴,并作了详细注释,对学者深入研究也很有帮助。

2. 永恒活火和万物皆流

赫拉克利特主张宇宙是一团永恒的活火,火为本原,是万物变化生灭的活力之源,使万物皆流,无物常驻,将伊奥尼亚哲学推进到一种新境界,展示了一幅较完整的朴素辩证法的世界图景。

亚里士多德提到以质料因为本原的有米利都学派的水、气,紧接着就最早说及赫拉克利特的火:"墨塔蓬通的希巴索和爱菲斯的赫拉克利特则认为

---

① 第欧根尼·拉尔修:《著名哲学家的生平和学说》第 9 卷第 7 节、第 2 卷第 22 节。

本原是火"。① 而最精彩、集中地表述他的火为本原思想的一则残篇为:

> 这个有秩序的宇宙(科斯摩斯)对万物都是相同的,它既不是神
> 也不是人所创造的,它过去、现在和将来永远是一团永恒的活火,按
> 一定尺度燃烧,按一定尺度熄灭。②

他明确宣称,内蕴动力的活火这种物质是永恒运动变化的世界万物
的本原,是它而非任何神或人自然地生成宇宙并使之有秩序。所谓燃烧
与熄灭的"尺度"也就是世界变化、事物生灭的度衡、规则,宇宙秩序就是
一种火与万物相生相灭、有规度的动态秩序,而非无序杂乱的静态事物。
这是他坚持、发展伊奥尼亚传统的科学理性与辩证法思想的哲学纲领。
基尔克称它是"一个庄严的、精心构设的、惊动人心的宣言"。③ 在古希腊
人看来,火不只是一种燃烧现象,它本身就是一种有燃烧与熄灭的特殊物
质,即使到近代,有些化学家还认为火的燃烧是由于有"燃素"的东西存
在。赫拉克利特主张火为本原,因为富有热力、总是活跃的火既是有特殊
形态变化的宏观物质,也是有内在动力的运动过程,是能动的本原和运动
的内力的统一。黑格尔评述:"赫拉克利特不能说本质[本原]是气或水
之类的东西;因为它们自身(这是首要的)不是过程,而火是过程。因此
他将火认作最初的本质[本原]。"④对这种与动力(能量)内在统一的卓

① 亚里士多德:《形而上学》984a7—8。墨塔蓬通的希巴索(Hippasus of Metapontium)生
活年代在赫拉克利特形成自己的学说之后,他只是作为一个折中的哲学家企图糅合
毕泰戈拉学派和赫拉克利特的思想;他主张宇宙运转、变化按一定周期,也和赫拉克
利特的宇宙论相似。是早期毕泰戈拉派中吸取赫拉克利特思想的一个"异端"。
② [德]第尔斯、克兰茨编:《苏格拉底以前哲学家残篇》,DK22B30。
③ G. S. Kirk, *Heraclitu's: The Cosmic Fragment—Edited with an Introduction and
Commentary*, Cambridge, Cambridge University Press, Reprinted 1978, p.311.(基尔克:
《赫拉克利特宇宙论残篇——附有引论和评释》,剑桥:剑桥大学出版社 1979 年重
印本,第 311 页)。
④ [德]黑格尔:《哲学史讲演录》第 1 卷,贺麟、王太庆译,北京:三联书店 1959 年版,
第 305 页。

识,现代量子力学中哥本哈根学派的代表人物海森堡(Werner Heisenberg)给予高度评价:赫拉克利特的火"既是物质,又是一种动力。在这里我们可以看到,现代物理学在某些方面非常接近赫拉克利特的学说。如果我们用'能量'一词来替换'火'一词,我们差不多就能用我们现在的观点一字不差地来重述他的命题。"①

赫拉克利特描述火本原的威力:"雷霆[火]驾御万物","火遇到万物,便审判和制服它们"。他形容火和万物相互转化:"万物都换成火,火也换成万物,正象货物换成黄金,黄金换成货物一样。"②他袭用了阿那克西美尼的"稀散与浓聚"这种物态变化的说法,并将米利都学派的水或气本原包容在火生万物的中介层次,来说明火成宇宙的生灭:"火是本原要素,万物都由火的转化形成,或者是由稀散形成,或者是由浓聚形成";③"万物都从火产生,又都消灭而复归为火。当火熄灭时,宇宙间的万物就形成了。最初,火的最浓厚部分浓缩起来成为土;然后,土被火熔解成为水,水蒸发时又产生气。整个宇宙和万物后来在一场宇宙大火中被火烧毁。"④火浓烈燃烧出灰土,并能将矿土熔解成水样的液体,又能将水蒸发成气,这是符合古人经验观察的常识的。这里说的稀薄与浓聚是所有自然物质发生转化的必然途径。在火的往复转化序列中水特别重要:他说"火的转化是:首先成为海","火凭借着安排万物的逻各斯和神,通过气成为水,水作为形成宇宙过程的胚胎,他称为海,从海生出地[土]和天以及一切被它包围的东西"。⑤ 水是略低于火的"次本原",可见他接受伊奥尼亚哲学祖师泰勒斯的水成宇宙论之影响。

---

① [德]海森伯(即海森堡):《物理学和哲学:现代科学中的革命》,范岱年译,北京:商务印书馆1981年版,第28页。

② [德]第尔斯、克兰茨编:《苏格拉底以前哲学家残篇》,DK22B64、B66、B90。

③ 第欧根尼·拉尔修:《著名哲学家的生平和学说》,第9卷第8节。

④ 艾修斯:《哲学家意见集成》第1卷第3章第11节,转引自汪子嵩等:《希腊哲学史》第1卷,北京:人民出版社1988年版,第429页。

⑤ 基尔克:《赫拉克利特宇宙论残篇——附有引论和评释》,剑桥:剑桥大学出版社1979年重印本,第325页。

火转化为其他宏观自然物质不是纷乱、任意的,"他认为宇宙的转化是按照不可避免的必然性,是有一定的秩序和确定的周期的。"①这就是他说的"上升之路"和"下降之路":

> 火浓缩成为湿气,湿气凝聚成为水,水又凝结成为土。这个过程他叫做下降之路。反过来,土又熔解成为水,从水形成其余的一切。他几乎将每一事物的产生都归于海的蒸气。这个过程就是上升之路。从土也像从海一样可以产生蒸气。而从海产生的蒸气是光亮的、纯洁的,从土产生的蒸气则是黑暗的。火是由光亮的蒸气哺育的,湿的东西由别的蒸气哺育。②

由土到水、到光亮的(热湿)气、到火的转化顺序是上升之路;由火到(热湿的)气、到水、到土的转化顺序则是下降之路。正向火转化或背向火转化是区别上升之路和下降之路的标志;上升之路和下降之路构成了一个首尾联结的循环。赫拉克利特将每一事物产生的直接中介都归于海的蒸气,又可见他颇受泰勒斯、阿那克西美尼的本原论的影响。

赫拉克利特用生动的比喻,表达世界万物永恒运动变化:"人不能两次踏进同一条河流","踏进同一条河流的人,遇到的是不同的水流"。③柏拉图也转述:"据说赫拉克利特说过:万物都在运动中,没有静止的东西;他将它们比作河流,说过你不能两次踏进同一条河流中去。"④赫拉克利特将运动变化看作一切事物的基本规定,进而说:"我们踏进又不踏进同一条河流,我们存在又不存在。"⑤他的"万物皆流、无物常驻"的辩证法思想包含相对论因素,而他的学派之后人克拉底鲁(Cratynus)将这种

---

① [德]第尔斯、克兰茨编:《苏格拉底以前哲学家残篇》,DK22A5。
② 第欧根尼·拉尔修:《著名哲学家的生平和学说》,第 9 卷第 9 节。
③ [德]第尔斯、克兰茨编:《苏格拉底以前哲学家残篇》,DK22B91、B12。
④ 柏拉图:《克拉底鲁篇》,402A。
⑤ [德]第尔斯、克兰茨编:《苏格拉底以前哲学家残篇》,DK22B49a。

因素夸大成相对主义:"他最终认为人根本不能说什么,而只能简单地动动他的手指;他批评赫拉克利特所说的人不能两次踏进同一条河流,因为他认为即使踏进一次也不可能。"①赫拉克利特虽主张万物都在运动变化中、没有静止的东西,但他仍认为变动中有相对稳定性、质的规定性,他的本原论中火与水、气、土转化的上升之路与下降之路的每个环节,都是一种特定的宏观物质,有质的规定,其他事物也是同样,他并强调是可以通过智慧与思想来认知、把握它们的。而克拉底鲁的相对主义已走到不可知论的极端,并不代表赫拉克利特的思想。

亚里士多德在《形而上学》第四卷论述不矛盾律的逻辑与存在的公理时,则批评说:"我们不能相信同一事物既存在又不存在,有人认为这是赫拉克利特说的。"②其实,爱利亚学派的巴门尼德提出"存在"哲学时早就批评了主张"存在又不存在"的人,也是针对赫拉克利特的思想的。但赫拉克利特论述"存在和不存在"和巴门尼德最早对"存在"范畴作思辨论证,颇为不同:一是他说的"存在"的内涵只是"有",是独立于精神意识的客观实在,巴门尼德的"存在"则兼有"是"、"有"、"真"三重含义,兼容实在与思想;二是他说的"存在"既有相对稳定性、又有不断的动变性,和"不存在"是对立的统一;巴门尼德的"存在"则被规定为绝对不动变的绝对本质与思想。这两种存在观是对立的,表现了早期希腊哲学家中对世界本质的两种不同的基本看法。

赫拉克利特的火成宇宙观用于论天体、气象方面,因他惯于思辨、颇少实证经验,很少有创新之见,主要承袭了米利都学派的有关幼稚猜测,甚至有他更幼稚的臆测。如说:天体是许多"凹面向着我们、其中聚集着明亮热气而形成火焰"的"小窝",太阳最热最明亮,它和月亮的"小窝向上反转时,就发生日蚀和月蚀"。月亮的盈亏也是月亮的小窝"逐渐翻转造成的"。"日和夜、月、季、年、雨、风等等"的不同气象,"都是由不同的

---

① 亚里士多德:《形而上学》1010a10—14。
② 亚里士多德:《形而上学》1005b23—25。

热气造成的"。① "太阳只有人的脚那么大小"②。他的长处还是对自然哲学范畴的思索,他最早对"时间"范畴作哲学思考,说时间"是有秩序的运动,是有尺度、限度和周期的。太阳是这些周期的监视者和保卫者,它建立、规定和揭示出变动和带来一切季节"。③ 他已经认为时间就是运动的秩序,这在当时是一种卓见;而他说时间的尺度与周期以太阳为坐标,这和当时希腊奉行的太阳历是一致的。

3. 逻各斯和对立的斗争与和谐

赫拉克利特超越米利都学派和同时代哲人,成为古希腊素朴辩证法的杰出代表,又在于他提出逻各斯学说,确认事物运动变化依循普遍规律与必然法则,其中最根本的是对立的斗争与统一的普遍法则;而他强调逻各斯必须通过思想、理智把握,开始将人的认识区分为感性认识和理性认识。

逻各斯学说是赫拉克利特哲学的中心思想。他认为在万事万物的运动变化中逻各斯"常在","万物都是按照这个逻各斯产生的",可"根据事物的本性将它们加以区别",他已用来解释万物怎样发生,而人们并不能把握逻各斯的这种新的深刻含义。④ 逻各斯(logos)在早期希腊用词中有宽泛的多义性,格思里归纳出直至公元前5世纪在各类著述中逻各斯有10种含义,认为赫拉克利特说的逻各斯"既是支配宇宙的普遍原则,也是指人的思想",首要地"有物质性的力量体现"。⑤ 基尔克主要从语言上

---

① 第欧根尼·拉尔修:《著名哲学家的生平和学说》,第9卷第9—11节。
② [德]第尔斯、克兰茨编:《苏格拉底以前哲学家残篇》,DK22B3。
③ 同上书,DK22B100。
④ 同上书,DK22B1。
⑤ 格思里:《希腊哲学史》第1卷,剑桥:剑桥大学出版社1971年版,第420—428页。格思里归纳出逻各斯的10种含义为:任何说或写的内容;有关评价的,如名誉、名声;思考、思想;从所说、写的引申为缘由、理性或论证;事物的真理;尺度;对应关系或比例;一般的原则或规律,原子论学派已阐发了相近的此种含义;理性的力量;定义或公式,此种含义在早期希腊哲学已有萌发,到公元前4世纪才较流行。

考证,认为赫拉克利特的逻各斯的含义是事物尺度、比例、公式,而尺度(metron)概念来自伦理思想,是当时流行的观念。① 这两种理解其实一致。黑格尔认为赫拉克利特的逻各斯就是理性的规律。② 赫拉克利特当时虽还未形成规律范畴,但根据他的本原论,他说的逻各斯实质上是用"尺度"、支配事物发生、"共同的"、"必然"等用语,指谓普遍原则或法则,含有规律性的意义。他说的尺度虽也包括了比例的意思,但应更开阔地理解为一种"度",一种必然的规定;他只是原则上直觉到逻各斯也含有数量关系的意义,并不是取自毕泰戈拉学派。他多处论说逻各斯,有四重意义。第一,它是人们必须共同理解(不是私自理解)与遵从的,③即具有普遍性意义。第二,它是一种支配万物运动、变化、生灭的普遍的必然法则。宇宙的本原活火按一定的尺度燃烧与熄灭,火转化为万物的上升之路和下降之路,都是具有普遍必然性的逻各斯,逻各斯也被喻为"道路",并也体现为统一和有运行秩序的宇宙即"科斯摩斯"。④ 第三,逻各斯体现在自然、人与社会的各领域的,包括灵魂与法律,是普遍中见特殊。他说:"灵魂有它自己的逻各斯,它自行增长";他更将社会的逻各斯看作一个神圣的、自然的法律,说"所有人类的法律都是有一个神圣的法律所哺育的",强调人类的人为法律都应根据它制订,城邦才能有正确、出色的治理。⑤ 此说已萌发"自然法"思想,后来希腊化与罗马时代的斯多亚学派将它发展为世界主义的"共同法"和作为一切人为法根据的自然法。第四,逻各斯主要靠思想把握。他强调:"健全的思想(sophronein)是最

① 基尔克:《赫拉克利特哲学中的自然的变化》,转引自叶秀山:《前苏格拉底哲学研究》,北京:人民出版社1986年版,第106页。
② [德]黑格尔:《哲学史讲演录》第1卷,贺麟、王太庆译,北京:三联书店1959年版,第312—313页。
③ 他说:"所以必须遵从那共同的东西。虽然逻各斯是共同的,但大多数人还是按他们私自的理解那样活着。"见[德]第尔斯、克兰茨编:《苏格拉底以前哲学家残篇》,DK22B2。
④ [德]第尔斯、克兰茨编:《苏格拉底以前哲学家残篇》,DK22B71、89。
⑤ 同上书,DK22B115、114。

优越、最智慧的,它能说出真理并按真理行事,按照事物的本性(自然)认识它们。"而要有健全的思想又首先要"认识自己":"人人都能认识自己并有健全的思想。"①这就是认识主体逻各斯和客体逻各斯的一致性。

赫拉克利特说:"命运就是必然性","命运的实质即是贯穿宇宙物体的逻各斯"。② 他用逻各斯突破、改造了古希腊传统的神控"命运"观。他首先较系统论述了逻各斯学说,可以说是后来西方哲学理性主义(包括科学理性与理性的人文精神)传统的主旋律,成为西方哲学体现的一个重要思想特征。当代后结构主义哲学家德里达(Jacques Derrida)批判西方传统哲学是逻各斯中心主义,固然出于他的解构论哲学成见,但确也触及西方哲学传统的要旨,而逻各斯中心最早自觉地表现在赫拉克利特哲学中。

赫拉克利特认为万物运动变化中最为"共同"(普遍)、根本的逻各斯是对立的斗争与和谐,最早素朴而深刻地论述了我们如今说的辩证法的核心。他用"弓与琴"解释对立的统一。强调人们都要"听从逻各斯",批评忽视逻各斯的人:"他们不了解不同的东西是自身统一的,相反的力量(palintonos)造成和谐,像弓与琴一样。"他又说:"互相排斥的东西结合在一起,从不同的音调产生最美的旋律。"③弓弦与琴弦绷紧形成对立的张力,才能奏出有和谐的音调,不同的音调才能演奏成交响、和谐的优美乐曲。叶秀山将"相反的力量"阐释为"二力背反",是颇为形象而中肯的。④ 一切事物都是对立统一的结合体。他说:"结合物既是整体又不是整体,既是一致又有不同,既是和谐又不和谐;从一切产生一,从一产生一切。"⑤

他从三方面揭示了对立统一的辩证关系。第一,对立双方互相依存、

---

① [德]第尔斯、克兰茨编:《苏格拉底以前哲学家残篇》,DK22B112、116。
② 同上书,DK22A8。
③ 同上书,DK22B51、8。
④ 叶秀山:《前苏格拉底哲学研究》,北京:人民出版社1983年版,第116—117页。
⑤ [德]第尔斯、克兰茨编:《苏格拉底以前哲学家残篇》,DK22B10。

结成统一体。他用实例形象地说明直和曲统一于一种工具的转动中："漂洗铺里称作'螺旋器'的工具的转动既是直的又是曲的,因为它既向上又作环形运动;他说,这两者是同一的。"①统一体的对立双方相反相成:"如果[恐惧、罪恶、刑罚等]不存在,他们就不知道正义的名字";"疾病使健康成为愉快和好的,饥饿使饱足成为愉快和好的,疲劳使休息成为愉快和好的"。② 第二,对立双方互相排斥的斗争是事物产生的根本动因。他从城邦奴隶制社会内部斗争、希腊和波斯帝国的长期动荡的战争中,深刻地总结出一则名言:"战争是万物之父,又是万物之王,它使一些人成为神,一些人成为人;使一些人成为奴隶,一些人成为自由人。"③这是对当时奴隶制城邦内外部斗争造成阶级与贵贱分化的极好写照。他强调:"应当知道,战争是普遍的,正义就是斗争,万物都是由斗争和必然性产生的。"④统一体的和谐其实来自对立双方互相排斥这种比战争更广义的斗争,它不是早期毕泰戈拉学派主张的静态或循环式的和谐,而是动态、生长式的和谐。第三,对立双方的同一又在于它们能互相渗透、互相转化,是动态的同一。他举例说,"不朽的是有死的,有死的是不朽的;这个死那个生,那个生这个死。"这里既说及泛神论意义的神和人(英雄)有不朽与有死的相互渗透,也说及生命传代中的通过生死转化得以传承生命的关系。人的生命活动中都随时随处可见对立的相互渗透与转化:"在我们身上,生和死、醒和睡、少和老都是同一的,因为这个变那个,那个又再变成这个。"米利都哲学已有论及的"对立"即对立的物态成分,也被他提到对立统一的高度,指出它们是可互相转化的:"冷变热,热变冷,湿变干,干变湿"。⑤

---

① 基尔克:《赫拉克利特宇宙论残篇——附有引论和评释》,剑桥:剑桥大学出版社1979年重印本,第97页。
② [德]第尔斯、克兰茨编:《苏格拉底以前哲学家残篇》,DK22B23、111。
③ 同上书,DK22B53。
④ 同上书,DK22B80。
⑤ 同上书,DK22B62、88、126。

他的辩证法强调对立的相互渗透与转化,包含着哲学上的相对论因素,但他主张事物是相对性与确定性的统一,并非克拉底鲁的否认可言说真理的相对主义,也不是后来智者派主张的感觉相对主义。如他说:"海水既是最清洁又是最肮脏的;对于鱼,它是能喝的和有益的;对于人,它是不能喝的和有害的。"海水既清洁又肮脏是就相对不同对象仍确定意义而言的。再如他说:"最美丽的猴子和人类相比,也是丑的。"①猴子的既美又丑、美丑同一,其实是相对于猴子和人类的不同对象仍有确定的审美标准而言,并没有将美与丑混为一谈。柏拉图认为主张"人是万物的尺度"的普罗泰戈拉的感觉相对主义,其背后的"秘密真理"就是赫拉克利特主张万物流动变易而有相对性的学说。② 他将赫拉克利特的学说曲解成智者派的感觉相对主义的支柱没有道理,也不符合希腊哲学史的思想传承关系和演进的内在逻辑。

4. 灵魂和初步区分感性认识与理性认识

赫拉克利特在希腊哲学史上最早关注、探讨人的认识问题,西方的认识论研究肇始于他,虽然他的探究尚属初步、很粗略。

认识的主体是人的灵魂。他用火本原来解释灵魂的本性、差异与转化,对阿那克西美尼较简单地说灵魂是气或呼气,也是既有吸收也有较多进展。他认为灵魂的本性就是火本原所表现的热气,它也在不断运动,才能认识不断运动的事物。他论述灵魂的本性是火,又有两个新发挥:第一,他用火生干燥的热气和水生的湿气区别灵魂认知能力的优劣:"闪闪发光的是干燥的灵魂,它是最智慧、最优秀的";"对灵魂来说,变湿会愉快,但也就死亡"。③ 干燥的灵魂最具有火本原的禀性,就最智慧;湿凉固然会使灵魂舒适,但会失落火本原的智慧禀性,导致灵魂意识沦落甚至死

---

① [德]第尔斯、克兰茨编:《苏格拉底以前哲学家残篇》,DK22B61、82。
② 柏拉图:《泰阿泰德篇》151D—153C。
③ [德]第尔斯、克兰茨编:《苏格拉底以前哲学家残篇》,DK22B118、77。

亡。他举例说:"当人喝醉的时候,会被未成年人打倒,而不知所措,因为他的灵魂有水。"①这个说法看来幼稚,在当时却已开始表现出企图从灵魂的生理基础来说明意识状况,后来正是公元前5世纪中叶希腊自然哲学家研究认识的重要思想特征。第二,他用火转化为它物的上生之路与下降之路解释灵魂的生死转化,用以改造奥菲斯教的灵魂轮回说:"灵魂的死亡就变成水,水死亡就变成土;而水是从土产生出来的,灵魂是从水产生出来的。"克莱门特在记述这则残篇前引用了奥菲斯的相似的话。② 这表明赫拉克利特对兴起不久的奥菲斯教义在词语上有所吸取。这和他将火与逻各斯说为神,用泛神论取代奥菲斯教也是一致的。

他已大体将人的认识进程区分为感觉经验和理性认识(思想、智慧)这两个阶段或形式。他重视感觉经验,将它看作认识真理的前提。他说:"人们不懂得怎样去听,也就不懂得怎样说话。"他指出视觉在认识中的作用比听觉显得更重要:"眼睛是比耳朵更可靠的见证。"他讲故事来喻说缺乏感知就会缺乏理智的推断力:荷马虽是最智慧的人,一个孩子刚杀死虱子抓在手中,问他"什么东西是我们看到了、抓住了但又可将它放掉的?"而荷马因失明无法猜中此谜语,竟在郁闷中去世。③ 他表示:"凡是能够看到、听到,以及从经验中学习到的东西,都是我所喜爱的。"他又认为就认识逻各斯的真理而言,理解、思想、智慧这种理智认识是更重要的。他指出:"如果没有理解,即使他们听见了,也像聋子一样。关于他们有谚语为证:虽在场却不在场。"他称说把握逻各斯的智慧、思想是最优秀的认识能力:"智慧只在于一件事,就是认识那驾驭并贯穿一切的逻各

① [德]第尔斯、克兰茨编:《苏格拉底以前哲学家残篇》,DK22B17。
② 同上书,DK22B16;基尔克:《赫拉克利特宇宙论残篇——附有引论和评释》,剑桥:剑桥大学出版社1979年重印本,第97、381页。[德]第尔斯、克兰茨编:《苏格拉底以前哲学家残篇》,DK22B19、101a、56;卡恩:《赫拉克利特的艺术和思想:附有英译和评释》,剑桥:剑桥大学出版社1983年重印本,第39页。
③ [德]第尔斯、克兰茨编:《苏格拉底以前哲学家残篇》,DK22B19、19、41、112、107。

斯。""健全的思想是最优越最智慧的:它能说出真理并按真理行事,按照事物的本性(自然)认识它们。"在他看来,如果缺乏理性、不懂逻各斯,就是野蛮人的灵魂,而没有理性指引的感觉是愚蠢的:"眼睛和耳朵对于人们乃是坏的见证,如果他们有着野蛮人的灵魂的话。"①而关于这两种认识形式的关系,他无疑是更看重把握逻各斯的理性认识的。古代塞克斯都·恩披里柯(Sextus Empiricus)记载:"赫拉克利特还设想过,为了获得真理的知识,人具备两种器官,即感觉和理性。他和前面提到过的自然哲学家们[指德谟克利特和恩培多克勒等]一样认为,这些器官中的感觉是不可靠的,只有理性才是标准。"②他作为认识研究的开始者,达到的状况就是开始区别了两种认识形式,既肯定感性认识是认识真理的必要前提,更重视思想与智慧在把握逻各斯即事物的本质与真理中的主要作用。

5. 社会与法律、宗教与神

赫拉克利特超越米利都哲学的又一大进展,是最早根据他的哲学原则论述人和社会问题、宗教与神等精神文化问题。耶格尔称他是"第一个研究人的哲学家",认为他的哲学应是包含宇宙学、神学和人学三部分,而人学是他的哲学的核心。但从他当时的认识与社会条件看,他还不可能像智者派与苏格拉底那样建立一种以人为中心的哲学。③ 我们只能根据他留存不多的有关人、神和社会的残篇来论述:他坚持将他的普遍哲学原则也贯彻到社会、人生与精神文化领域,用对立统一的观点观察城邦社会的构成与动因,主张用"法治"来维系城邦的稳定秩序和革新社会;他以火本原论改造当时的奥菲斯教,主张一种特殊的泛神论;他论及道德

---

① 塞克斯都·恩披里柯:《反逻辑学家》第 1 卷第 126,见塞克斯都·恩披里柯:《塞克斯都·恩披里柯文集》,4 卷本,R.G.伯里等英译,洛布古典丛书,美国马萨诸塞州剑桥:哈佛大学出版社 1976 年版。以下所引此书均为此版本。
② 耶格尔:《潘迪亚:希腊文化的理想》第 1 卷,伦敦:牛津大学出版社 1980 年重印本,第 181 页。
③ [德]第尔斯、克兰茨编:《苏格拉底以前哲学家残篇》,DK22B10。

品质与审美思想的一些格言,开始萌发了一种人文精神。

赫拉克利特主张以法治求城邦秩序稳定与革新。他心目中的城邦社会和其他万物一样,也是不断处在流动、变易之中,城邦内部与城邦之间的对立的斗争是其动因,造成城邦社会的动态的结构,由对立的社会成分结合成多样的统一体。希波战争前后希腊本土和小亚细亚的奴隶制城邦社会在剧烈的动荡与大规模的战争中造就曲折、复杂的历史,这使他坚信"战争是普遍的,正义就是斗争",社会也是"由斗争和必然性产生的",并指出正是战争使城邦社会分化为奴隶和自由民。他看出城邦社会也"既是整体又不是整体,既是一致又有不同,既是和谐又不和谐"的。良好的城邦社会秩序靠制订良好的法律来维系与保障。希腊城邦社会从氏族贵族制向民主制或温和僭主制的变革中,立法是改革者的主要武器,如梭伦的改革,而保守的贵族派往往是固守不成文的旧习或神学的信条来抵制改革。就此历史背景而言,赫拉克利特主张法治,强调法律在城邦至高无上,而不是服从任何个人或神的意旨,这表明他是站在城邦社会改革的进步方面。他反对违背法律的暴行,说"消灭暴行急于扑灭火灾",号召"人民应当为法律而战,像为自己的城垣而战一样"。法律是多样的,但不能是任意的,他声言"法律也要服从唯一的意志",①这不是要法律服从任何个人的意志,而是指各种法律都应当根据、服从唯一的神圣之法——逻各斯,法中之法、作为法律的普遍逻各斯之法,那就是他的思想中已萌发的自然法。

对于赫拉克利特的社会政治观,西方的学者们有很不相同的见解。英国的波普认为他的社会思想是对当时正在进行的社会变革的典型的反动,说他持有"保守的反民主的观点",他号召"为法律而战"不过是"为他的城邦的古老法律而战"。② 他的看法没有史实根据。当时爱菲斯城邦

---

① [德]第尔斯、克兰茨编:《苏格拉底以前哲学家残篇》,DK22B43、DK22B44。
② 波普尔:《开放社会及其敌人》第 1 卷,普林斯顿:普林斯顿大学出版社 1966 年版,第 11—13 页。

的所谓"民主派"很可能是公元前499—前494年伊奥尼亚人起义失败后由波斯帝国扶持的政权,并非希腊独立城邦的真正意义上的民主制,它驱逐了赫拉克利特支持的秉持梭伦民主派精神在爱菲斯进行立法改革的赫谟多洛,而赫拉克利特号召"为法律而战",是指赫谟多洛制订的进步的法律,不会是氏族贵族固守旧习与宗教信条的不成文法。卡恩从当时希腊立法改革"的意识形态背景"作深刻分析,回顾了此前梭伦描述雅典政治危机的诗句,由于没有法律给公众带来普遍危害,只有法律才能治愈这些祸害;他认为赫拉克利特的哲学包括社会与法律观,是将"梭伦的政治学说和梭伦自己的开明领导的实践推广成为一种普遍统一的原则。"①这种见解有根据、颇合理,论评切实。

伊奥尼亚的理性主义的自然哲学是对希腊传统的人格化多神宗教的有力挑战。米利都学派的自然哲学是和传统宗教对立的,但没有公开、正面批评传统宗教而是以自己的本原论、宇宙论冲破传统宗教的神创世论。赫拉克利特是主张一种特殊的泛神论来批判传统多神教,较之同时代的塞诺芬尼倡言理性一神来批判多神教更为激进。反对一切偶像崇拜,批评向奥林帕斯诸神的祈祷:"他们向神的塑像祈祷,好像他们能听见似的,其实他们听不见,也不能给予回报,正像不能提出要求一样。"他对奥菲斯教的血祭的净化仪式也给予猛烈批判:"人们将为祭神而宰杀的动物的血涂在身上来使自己纯洁是徒然的,正像一个人掉进泥坑却想用污泥来洗净自己一样。任何人看到他这样做,都会将他看成疯子。"②他已阐明宇宙是永恒的活火,不是神创造的。但他的残篇中多处说到"神",那是指宇宙的火本原和作为宇宙万物运动变化法则的逻各斯,它们对世界万物有着驾驭、统制力,所以被他称为神,而把握这种逻各斯的智慧也就被他看作获得神性。神就体现在万千的自然与社会事物中:"神是日

---

① 卡恩:《赫拉克利特的艺术和思想:附有残篇的英译和评释》,剑桥:剑桥大学出版社1983年重印本,第179—180页。
② [德]第尔斯、克兰茨编:《苏格拉底以前哲学家残篇》,DK22B128、DK22B15。

又是夜,是冬又是夏,是战争又是和平,是饱足又是饥饿,它像火一样变化
着,当火和各种香料混合时,便按照那一种香料的气味而命名。"①这里的
"香料"是一种诗意的说法,是指明暗、冷热、干湿等物态和斗争与和谐、
满足与缺乏等态势,火具有那些物态或态势,便被命名为日夜、冬夏、战争
与和平、饱与饥。客观自然的逻各斯是神性的"智慧",人的理智把握它
是人的智慧,后者自然不及前者。所以他说"人类的本性没有智慧,只有
神的本性才有",②又认为,在神看来人是幼稚的,就像在成人看来儿童是
幼稚的那样。神即活火千变万化的逻各斯造就了一切真善美的事物,和
这种泛神论意义的智慧相比,人当然还很幼稚,要好好学习、理解与把握
神的智慧即逻各斯,使人自身也获有神性。罗素(Bertrand Russell)认为
赫拉克利特"有他自己的宗教","他或许会是一位宗教家";③耶格尔认
为:在赫拉克利特身上出现一种新的更崇高的宗教,说他"把奥菲斯教提
到一个更高的水平。……公元前 6 世纪的宇宙学和宗教之间的冲突,就
在赫拉克利特的统一中得到解决。"④这两种说法都不确切。赫拉克利特
批判一切传统宗教深刻敏锐,用泛神论取代奥菲斯教,而非别创新宗教。
后来斯多亚学派对他的泛神论思想有所吸取,但又将他说的逻各斯与
"神性"的智慧曲解为世界理性,并容纳了希腊与罗马的传统多神教,那
已不是赫拉克利特思想的本义了。

　　赫拉克利特留下零星的道德与审美的格言,从中可见他的学说比米
利都的自然哲学的又一进展是观察、研究了人的精神生活,萌发了一种人
文精神。他的道德与审美价值有客观、终极的标准,那就是逻各斯即神,

---

①　[德]第尔斯、克兰茨编:《苏格拉底以前哲学家残篇》,DK22B67。
②　同上书,DK22B67。
③　罗素:《西方哲学史》上卷,何兆武、李约瑟译,北京:商务印书馆 1963 年版,第 70—
　　71 页。
④　耶格尔:《潘迪亚:希腊文化的理想》第 1 卷,伦敦:牛津大学出版社 1980 年重印本,
　　第 184 页;[德]第尔斯、克兰茨编:《苏格拉底以前哲学家残篇》,DK22B13、9、4、24、
　　136、134、135、131、4。

他说:"对于神,一切都是美的、善的和公正的;而人却认为有一些东西不公正,另一些东西公正。"但道德价值又有相对性,不同的主体有不同的价值标准,他用动物的感受来喻说这个道理:"猪在污泥中比在清洁的水中更为高兴","驴子宁愿要草料而不要黄金"。他已提出道德生活的目的是幸福,并倾向理性的道德生活的,不欣赏那种唯求满足欲望的快乐主义道德,所以他说:"如果幸福在于肉体的快感,那么就应当说,牛找到草料吃时是幸福的。"在涉及个人的道德品质与道德评价时,他出于一种爱城邦国家的精神,崇扬为邦国捐躯的志士:"神和人都崇敬在战争中阵亡的人。""战死的灵魂比染病而死的灵魂纯洁。"他看出教育对人的发展至关重要:"教育是有教养的人的第二个太阳。"他谆谆告诫人们要有一些良好的道德品质:"获得好名誉的捷径是做好人。""自满是进步的退步。"强调生命的价值要靠人自己把握,比喻说:"生命的时间就像是儿童玩棋,王权是掌握在儿童手里的。"①

赫拉克利特的哲学在哲学史上有着深远的影响。他的"万物皆流皆变"的宇宙观与辩证法思想和大体同时的爱利亚学派静态的"存在"论哲学鲜明对立,都深刻影响了公元前5世纪中叶的自然哲学柏拉图的理念论哲学。希腊化时期的斯多亚学派以吸取他的火本原论、逻各斯学说和泛神论为特色。黑格尔吸取他的辩证法思想,并认为他的哲学标志着他的逻辑学中绝对理念的"变"的环节。恩格斯在论述现代唯物辩证法的理论渊源时指出:原始的、素朴的但实质上是正确的世界观,是由赫拉克利特第一次明白表述出来的。

小　结

从以上所论伊奥尼亚哲学可见,早期希腊哲学开端就摆脱了用超自

---

① 《马克思恩格斯全集》第20卷,北京:人民出版社1971年版,第23页。

然力量解释世界的神话世界观,在探究世界万物统一于某种物质性本原与相关的宇宙演化问题中,宣示了浓烈的科学理性精神与素朴的辩证法思想。用某种具体物质说明世界的统一性固然有其当时难以避免的局限性,但伊奥尼亚哲学家们将世界万物看作相互联系、变化发展的整体,就客观世界本身寻求多中之一,提出并探讨了西方哲学史上的第一个重要哲学范畴即本原,对整个早期希腊哲学以及后来的发展有启导性意义。从阿派朗和气本原内涵"对立"到逻各斯学说又表现了早期希腊哲学起始就有素朴辩证法思想不断深化的发展,直到赫拉克利特已深刻地探索到现象背后作为辩证法核心的最普遍的规律对立的斗争与统一。而他又最早提出、探讨了认识论问题,萌发人文精神论述社会与文化问题,用泛神论改造传统希腊多神教。所以,伊奥尼亚哲学的丰富内涵,为之后希腊哲学的发展提供了一系列重要主题和开阔前景。它对另一支南意大利哲学有所思想影响,但在基本理论上却各有特征,表现了早期希腊哲学的多元性。它和爱利亚学派主张宇宙的本性是静止不动的"存在"论哲学明显对立,两者都深深影响了公元前 5 世纪中后叶的希腊自然哲学。

拓 展 阅 读

一、必读书目

1. G.S.Kirk, *Heraclitus : The Cosmic Fragment—Edited with an Introduction and Commentary*, Cambridge, Cambridge University Press, Reprinted 1978.

2. C.H.Kahn, *The Art and Thought of Heraclitus : An Edition of the Fragments with Translation and Commentary*, Cambridge, Cambridge University Press, reprinted, 1983.

3. 马尔康姆·肖费尔德:《伊奥尼亚学派》,见泰勒主编:《劳特利奇哲学史》第 1 卷"从开端到柏拉图",韩东晖、聂敏里、冯俊、程鑫译,北京:中国人民大学出版社 2003 年版。

二、参考书目

1. W.Jaeger, *Paedia : The Ideals of Greek Culture*, Volume 1, London, Oxford University Press Reprinted 1980.

2. J. Barnes, *Early Greek Philosophy*, Middlesex England, New York, Penguin Books Ltd., 1987.

3. D.Couprie, R.Hahn, and G.Naddaf, *Anaximander in context : new studies in the origins of Greek philosophy*, Albany : State University of New York Press, 2003.

4. 汪子嵩等:《希腊哲学史》第 1 卷(第一、三编),北京:人民出版社 1988 年版。

3

南意大利哲学

姚 介 厚

> 只有哲学家才寻求真理。①
> ——西方哲学史上第一个使用"哲学"一词并称
> 自己是"哲学家(爱智者)"的毕泰戈拉

———————— ❧ ————————

　　南意大利哲学包括毕泰戈拉及其前期学派和爱利亚学派。和伊奥尼亚哲学探求某种物质性本原明显不同,南意大利哲学以理性的逻辑思维将本原理解为世界内在固有的原理,认为它决定了世界万物的本性和宇宙的秩序,并有兼融科学与宗教的特性,开始萌发理性神思想。毕泰戈拉及其前期学派在数学、天文学等方面卓有成就;主张数是万物的本原即原理,从数量关系与空间的几何形式结构去说明事物的普遍本性与万物的生成与规定;首先提出一种关于天体和谐有序运行的有限宇宙结构模型说,有深远影响;还意图用他们的哲学与科学思想改良奥菲斯教义,使其向理智化、伦理化的理性神学提升。此派的三位传人

————————————————

① 第欧根尼·拉尔修:《著名哲学家的生平和学说》,第8卷第8节。

阿尔克迈恩、菲罗劳斯、阿尔基塔在哲学与科学上也各有突出成就。爱利亚学派的先驱塞诺芬尼批判拟人化的希腊传统多神教,倡言"一"就是神,实为带有泛神论色彩的理性神,是通过理智的抽象将宇宙存在全体的本性看作"一"。此学派奠立人巴门尼德提出"存在"论哲学,最早用"存在"(Being)这一抽象而有普遍本质意义的哲学范畴,来深入规定世界整体的原理,并强调了理性思维在把握真理中的重要意义,在西方哲学史上有重要意义。芝诺提出一系列著名的悖论,否定存在是多与运动,捍卫爱利亚学派的哲学,结论虽错误,但它是以一种运用逻辑论证的主观辩证法揭示了客观世界和思想的矛盾,在辩证法、逻辑与数学的思想史上都有重要意义。此学派末期的麦里梭面对外部新学说的挑战,吸收伊奥尼亚的某些哲学思想修正巴门尼德的"存在"论。南意大利哲学是早期希腊哲学的重要环节,对公元前 5 世纪后叶的自然哲学、柏拉图哲学有重要影响。

我们应注重理解、思考下述五点:

第一,南意大利哲学和伊奥尼亚哲学有某些思想联系,又有明显差异。要把握南意大利哲学的总体理论特征,理解它在早期希腊哲学中是一个重要环节,对之后的希腊哲学演进有深刻影响。

第二,注意理解毕泰戈拉盟会是兼有科学、宗教与政治性质的社团,它在科学上有重大成就,并意图用其科学与哲学思想、特定的伦理与道德精神改良、革新奥菲斯教义,开始萌发理性神学思想。要从当时的历史文化背景认识这种科学与宗教、理智与信仰的奇特关系。

第三,正确理解前期毕泰戈拉学派主张的作为世界万物原理的"数",它不是作为抽象思维的精神性本原,而是实在事物中作为数量关系与空间形式结构结合的几何数,所以不能简单化地将它说成是唯心论的肇始,而应全面评价它在当时哲学进展中的合理性、局限性和神秘性。注意把握前期毕泰戈拉学派提出的和谐有限的宇宙结构与有秩序的天体运行说,理解它在西方科学史与哲学史上有重要地位、深远影响。

第四,准确、全面地理解巴门尼德首先提出的"存在"范畴和他阐述的"存在"论哲学、思维和存在的关系、真理之路与意见之路,正确评价他的哲学思想在希腊哲学思想发展中的地位与影响。

第五,理解芝诺的 5 个悖论旨在捍卫爱利亚哲学,但有深刻的运用归谬法和提出近似二律背反命题的逻辑论证意义,有以主观辩证法揭示客观世界存在的多种矛盾的哲学意义,在哲学思想史和数学思想史上都颇有意义。

毕泰戈拉学派和爱利亚学派;奥菲斯教;原理;数;对立;和谐有限的宇宙论;理性一神;存在;真理之路和意见之路;芝诺悖论;主观辩证法。

约从公元前 6 世纪中叶至前 5 世纪中叶,和处于东部小亚细亚殖民城邦的伊奥尼亚传统相对应,在西部南意大利大希腊的殖民城邦创始了另一种哲学传统,注重以理性的逻辑思维去把握万物与宇宙的内在本性或本质,有毕泰戈拉学派和爱利亚学派。他们理解的本原已不是万物生于斯、复归于斯的某种具体物质,不是本原通过物态变化演生万物,而是事物与世界内在固有的一种原理(principle,或译原则,但译成原理更切合其哲学意义),由它决定世界万物的存在和宇宙的秩序。他们的哲学较有理论思辨的深刻性,又有兼融科学与宗教双重特性,或有改革奥菲斯教色彩,或已开始提出理性一神思想。南意大利哲学也是早期希腊哲学的重要环节,它对紧接着的公元前 5 世纪中叶的自然哲学、后来的柏拉图哲学以至晚期希腊和罗马哲学,也有重要影响。

一、毕泰戈拉及前期毕泰戈拉学派

毕泰戈拉开启了早期希腊哲学的南意大利传统,他和他的学派在西方科学思想史和哲学史上都占有很重要的地位。这个学派在数学、天体学上有重大创新研究成果,将希腊早期科学思想推进到一种较高的抽象的逻辑思维水平,主张数为万物本原(原理),万物和世界内在固有的、体现空间几何形式结构的数,决定、支配了万物的运变、规定性和世界的结构与秩序,并力图用这种数的哲学来解释伦理与社会生活。毕泰戈拉及其学派又蒙在一种神秘的宗教迷雾中,他们的科学与哲学思想和有所改造的奥菲斯教教义交织在一起,意图用他们的哲学与科学思想来赋予奥菲斯教教义理性的成分,开始将它往理性神学方向提升。毕泰戈拉学派在希腊罗马哲学中可谓存在时间最长的一个哲学流派,从公元前6世纪后叶直至公元3世纪的古罗马时期,几乎长达800年之久。大体可分前期和后期两个时期:前期是从公元前6世纪后叶到公元前4世纪前半叶,贯穿希腊古典文明时期,直到柏拉图时期,大体围绕毕泰戈拉学说特别是其科学含义方面演进;后期是在希腊化文明和罗马文明时期,先在亚历山大里亚和柏拉图学园派内部生存,后在公元1世纪兴起新毕泰戈拉学派,最后融入新柏拉图主义,其特征是和东方各种宗教思想混合,强化了神秘主义内涵。本章只论述毕泰戈拉及其前期学派。由于这一学派因有神秘性和直接资料甚少,毕泰戈拉学派和其学派的学说界限不分明,学派内部的思想差异也很多,所以历来哲学史家都觉得对他们的研究很复杂,有难度。但对这一学派的基本哲学理论及其历史价值可以作出明确论评,并在某些问题上可努力作出合理的新解释。

研究毕泰戈拉学派的一个难点在于辨识、掌握史料。毕泰戈拉没有留下任何著作或其残篇。现仅存的出于前期毕泰戈拉学派的直接资料,只是菲罗劳斯和柏拉图时期的阿尔基塔的一些有争议的残篇。柏拉图在

《斐多篇》记述了前期毕泰戈拉学派的思想。亚里士多德在《形而上学》、《物理学》、《论天》、《论灵魂》等著作中,多处论述毕泰戈拉学派(没有将它和毕泰戈拉区分开来)的学说,英国著名的希腊哲学史家罗斯已将它们辑录在一起。[①] 此外,柏拉图的弟子赫拉克里德(Heraclides of Pontus)和亚里士多德的弟子阿里斯多克森(Aristoxenus)、狄凯亚尔库(Dicaearchus)是和前期毕泰戈拉学派有交往、本人从事科学探讨的学者,他们的一些留存的残篇有较可靠的价值。从公元 1 世纪的西塞罗时期起,随着新毕泰戈拉主义兴盛并和当时的其他学派混合,新柏拉图主义者和怀疑论者提供了大量毕泰戈拉及其学派的资料,波菲利(Porphyry)写的毕泰戈拉传记只存一些片段,他的弟子扬布利柯(Iamblichus)写的毕泰戈拉传记倒完整地保留下来了,但包含了许多神化毕泰戈拉的传说与奇迹,以及和当时一些学说混杂的神秘主义内容;新柏拉图学派的普洛克罗写的欧几里得的《几何原本》注释,对研究毕泰戈拉学派的数学成就较有价值。怀疑论学派的塞克斯都·恩披里柯的《皮罗主义纲要》、《反数理学家》都有较多关于毕泰戈拉及其学派的记述,但也有许多和后期新毕泰戈拉派、其他学派搅混在一起的内容。策勒对后期的资料基本上不予重视与采信。格思里在《希腊哲学史》第 1 卷中,对有关毕泰戈拉学派的资料作了一个扼要的考释,颇有参考与研究价值。西方学者较新的研究毕泰戈拉学派的著作有:戈尔曼(P.Gorman)的《毕泰戈拉传》(*Pythagoras:A Life*);金斯勒(Peter Kingsley)的《神秘与巫术:恩培多克勒和毕泰戈拉学派的传统》(*Mystery,and Magic:Empedocles and Pythagorean Tradition*);卡恩(Charles H.Kahn)的《毕泰戈拉和毕泰戈拉学派简史》(*Pythagoras and the Pythagoreans:A Brief History*)等。

---

① *Works of Aristotle*, edited by W. D. Ross, vol. 12, Fragments, London, Oxford University Press,1952,pp.134-138.(罗斯主编:《亚里士多德著作集》第 12 卷《残篇选辑》,伦敦:牛津大学出版社 1952 年版,第 134—136 页。)

1. 毕泰戈拉其人及其盟会

毕泰戈拉(Pythagoras,约公元前570—前500)出生于小亚细亚的殖民城邦萨摩斯岛,鼎盛年在公元前532—前529年。他青少年时就热衷于研习科学与宗教。当时风行的米利都学派的思想对他有影响,波菲利记载他直接听过阿那克西曼德的讲演,耶格尔据此认为他们两人在关注自然事物的量的规定性上有相似之处。[1] 他从学于锡罗斯岛著名的宗教家斐瑞居德,后者创立的独特的斐瑞居德教,既有奥菲斯教成分,也以修正赫西奥德《神谱》方式探索宇宙起源和天体生成,其教义是宗教和原始科学思想的混杂体,这影响了毕泰戈拉治学与从教结合的特色。他"起初勤奋地探讨数学和算术,后来也并不贬除斐瑞居德宣扬的奇迹"。[2] 师生情谊深厚,斐瑞居德病危、去世,毕泰戈拉专从外地赶来护理、营葬。[3]他曾游历埃及,回萨摩斯后(当是40岁左右的中年期),"发现他的母邦正处在波吕克拉底的僭主统治下,他就航行到意大利的克罗顿去了",[4]克罗顿是希腊的阿卡亚人在意大利南端建立的殖民城邦,当时比希腊本土发达,但因被邻邦洛克里战败,毕泰戈拉到来时正处于沦弱之势。他组建了毕泰戈拉盟会这个兼有科学、宗教与政治色彩的社团,既崇奉并改进奥菲斯教义,又从事科学研究,集宗教社团和科学共同体为一体。核心门徒有数百人,迅速扩大势力。传教为主的门徒被称为"信条派"(Acousmatics),接受并研究科学思想为主的门徒被称为"数理学派"(Mathematicians)。[5] 毕泰戈拉和他的门徒们在政治上也很有作为,为南

---

[1] 耶格尔:《潘迪亚:希腊文化的理想》第1卷,伦敦:牛津大学出版社1980年重印本,第162页。

[2] 亚里士多德的《残篇》,Fr.186,1510a39。

[3] 第欧根尼·拉尔修:《著名哲学家的生平和学说》,第8卷第116—118节。

[4] 同上书,第8卷第3节。

[5] 基尔克、拉文:《苏格拉底以前的哲学家:附有原始文本资料选编的批判史》,剑桥:剑桥大学出版社1978年重印本,第227页。

意大利的各希腊殖民城邦立法,"出色地治理着城邦,把他们的政制搞成真正的贤人政治"。① 他们在克罗顿等许多城邦掌权达 20 年之久,影响遍及南意大利,直至后来也受毕泰戈拉思想影响的恩培多克勒所在的西西里岛。汤姆逊和格思里都根据赛尔特曼(C.T.Seltman)考据当时在克罗顿等城邦有不同于其他希腊城邦的特殊货币,它可能是毕泰戈拉雕刻、盟会掌权者发行的,由此推测毕泰戈拉及其盟会代表新兴工商阶级、促进国际市场的商品经济发展。② 此说还缺乏充分的根据。但他们既然能稳定、持久地统治这些城邦并使它们富盛,必定是凭借立法与宗教伦理的纽带,建立了一种有利于当时当地社会秩序稳定、促进经济发展的制度。约在公元前 500 年左右,毕泰戈拉盟会遭到第一次沉重打击,库隆(Cylon)代表的上层贵族和尼农(Ninon)代表的下层民众这两股势力推翻了毕泰戈拉及其盟会在各城邦的统治。毕泰戈拉也在这场政治动乱中死去。③毕泰戈拉盟会与学派继续在南意大利存在,约公元前 460 年左右反毕泰戈拉派的运动蔓延整个南意大利,给了这个学派第二次毁灭性打击,一批学派的成员避居希腊本土,在底比斯和佛利岛建立新的中心,第二、三代的主要代表菲罗劳斯和阿尔基塔等人对希腊的古典哲学包括柏拉图的学说发生影响。

毕泰戈拉盟会在科学史上卓有成就。它是西方历史上最早的一个有严密组织的科学共同体,又是一个严格而自有教义特色的宗教社团,表现了科学和宗教的某种奇特的幻想的联系。它的基本科学特征是在尚未建立逻辑学的背景下,已运用缜密的理性分析确定数学的概念与命题,运用

① 第欧根尼·拉尔修:《著名哲学家的生平和学说》,第 8 卷第 3 节。
② 汤姆逊:《古代哲学家》,何子恒译,北京:三联书店 1963 年版,第 282—285 页;格思里:《希腊哲学史》第 1 卷,剑桥:剑桥大学出版社 1971 年版,第 176—178 页。
③ 关于他的死亡,第欧根尼·拉尔修记载了一些不同的说法:或说是他在其门徒、著名运动员与政治家米罗家里被人放火烧死了;或说他逃到一块豆子地前,因不愿违背自己的戒律穿过此地而被割断喉管;或说他是逃亡到墨塔蓬通避居在摩西神庙 40 天以后饿死的。见第欧根尼·拉尔修:《著名哲学家的生平和学说》,第 8 卷第 39、40 节。

严密的演绎方法证明了一些几何定理,并试图将这种数理方法运用于天文学与谐音学,在数学、天文学等方面取得多种开创性成就,在科学史上有深远影响。从主要以零散经验观察为根据的科学思想转为一种自觉逻辑思维的证明科学发展方向,就希腊科学思想史本身的演进而言,这是一个关键性的转折。在毕泰戈拉学派那里,"数为宇宙本原或原理"是数学的哲学基础,而算术与几何内在融贯的数学也为哲学提供了本原论证明。他们在数和几何密切结合的研究中取得三方面创造性成果:第一,他们将自然数区分为奇数、偶数、素数、完全数、平方数、三角数和五角数等,各予探究。无理数的发现尤其是毕泰戈拉学派的重大成就,也是数学史上的一个里程碑。① 这也反映出直觉和经验不一定靠得住,而推理证明才可靠,从此希腊数学家更注重从"自明的"公理出发,经过演绎推理建立几何学体系,直到欧几里得综合成一个较完善的公理化系统。第二,在几何学方面,毕泰戈拉学派更有超凡成就。他们证明了泰勒斯提出的"三角形的三内角之和等于两直角"和"内接半圆的角为直角"的论断,并推证了多边形内角和的定理;研究了黄金分割;发现了正五角形和相似多边形的做法;研究了多种正面立方体。最为著名的是他们发现与证明了直角三角形的"勾股定理",即直角三角形的斜边的平方等于其他二边的平方的和,据说毕泰戈拉曾为发现这条定理举行百牛祭祀的大庆。② 第三,毕泰戈拉学派将其数为本原的哲学和数学理论用于研究天体和音乐,提出

---

① 毕泰戈拉学派的数学原本是包括所有的整数和分数的有理数系统,其中的两个任何数及其体现的几何形式都应是可通约的。毕泰戈拉学派的成员在研究正方形时,发现对角线和边长的比例(根号 2)是一个无限不循环的小数,这就意味着存在不可通约的线段,即没有公共的量度单位的线段,直线上也就存在不对应于任何有理数的点。这样他们的比例理论及其推论将不得不被全部推翻。"逻辑上的矛盾"是如此之大,以致有一段时间毕泰戈拉学派竭力将此事保密,不准对外泄露,据说,学派的骨干成员希帕索由于泄露了这个秘密而被罚扔入大海。后来将这个新发现的数称为"无理数"。所谓"无理"实为"不可通约"之意。无理数的发现对毕泰戈拉学派而言是一次数学危机,实际上是一次数学思想的革命,它扩大了数域,推进了算术与几何的发展。

② 第欧根尼·拉尔修:《著名哲学家的生平和学说》,第 8 卷第 12 节。

了开创性的有限宇宙结构模型论和谐音学,深远地影响了希腊以至近代西欧的天文学与宇宙论。哥白尼赞同毕泰戈拉学派的主张,在《天体运行论》中主张用简明的几何图像表示宇宙结构和天体运行规律;推进哥白尼学说的开普勒也深受毕泰戈拉的宇宙结构论的影响,以数学的和谐性去探索宇宙。

毕泰戈拉盟会对奥菲斯教作理智性的宗教改良。此盟会无疑是一个带有神秘色彩的宗教社团,主要崇扬奥菲斯教,也混合斐瑞居德教的思想,将科学与宗教、理智与信仰奇妙地结合在一起。它有严格戒律,如禁止杀生、禁用有生命物血祭、不在日光下谈论毕泰戈拉学派的事情、禁吃活的东西、禁食豆子等等禁忌或规矩,①这和奥菲斯教往昔以血祭狂热崇拜狄奥尼修斯等教仪、教戒不同,后人将他们奉为素食主义的始祖。希腊人崇奉奥林帕斯诸神的传统宗教带有露骨的神人同形同性色彩。后来兴起崇拜狄奥尼索斯(酒神与收获之神)是对希腊传统宗教的一种突破与革新,它通过肉体上的迷醉和精神上的狂喜引至人和神直接沟通。它发展为奥菲斯教义已添上了灵魂不朽与轮回说、灵魂净化说和禁欲主义,把粗糙的交感通神的原始仪式提高到具有一定的精神价值。这种教义在公元前6世纪后切合希腊人提升人自身价值的社会心理,奥菲斯教也就盛行。毕泰戈拉盟会则对奥菲斯教又作了改良与革新。奥菲斯教崇拜的狄奥尼索斯是狂放粗犷的酒神与收获之神,毕泰戈拉盟会则崇拜庄重优雅的希腊文化保护神阿波罗,甚至毕泰戈拉本人也曾被克罗顿等城邦神化为降世的阿波罗。更重要的是他们已试图使这种宗教向理智化、伦理化提升,将宗教、科学与哲理、社会伦理结为一体。这主要表现在两方面:

第一,在奥菲斯教义中纳入哲理性内容。哲学与科学既和教义融通,也成为灵魂净化的最重要的手段。据记载,西方历史上,"第一个使用哲学这个词并称自己是哲学家(爱智者)的是毕泰戈拉;他又说只有神是智

---

① 详见基尔克、拉文:《苏格拉底以前的哲学家:附有原始文本资料选编的批判史》,剑桥:剑桥大学出版社1978年版,第226—227页。

慧的",他并说"只有哲学家才寻求真理"。① 他的数为本原(原理)的哲学这种最高智慧,就是他的奥菲斯教的应有之义,是神的智慧,也是人的灵魂净化的最高境界。净化不再只是净水洗身、不杀生、不血祭之类的教仪教规,而是提升到灵魂理智化的高度。伯奈特评述在他看来,"一切中最伟大的净化是科学,唯有献身于这种事业的人,亦即真正的哲学家,才能使自己有效地摆脱'投生之轮回'。"②亚里士多德的学生阿里斯多克森说"毕泰戈拉学派凭借医学净化身体,凭借音乐净化灵魂"。③

第二,在奥菲斯教中注入盟会特定的伦理与道德精神。盟会自有"毕泰戈拉楷模"式的"生活方式"。④ 根据毕泰戈拉学派的神学思想,普天之下的人皆是神的财产、神所牧的羊群。⑤ 这蕴涵着人在神面前平等的思想。而他们的灵魂轮回转世说又意味着凡有生命物皆有亲缘关系,人对他人与一切生命物皆应有同情心。扬布里柯记载盟会内部实行"财产共有",连科学与数学的成果都是共有的;男女平等,妇女也可参加盟会,他记述的盟会成员的名单上就有不少女性的名字,⑥这在当时是绝无仅有的。这种"生活方式"对后来柏拉图在《国家篇》中设计理想国的统治集团内部实行财产共有、男女平等,可能也会有所启迪。道德修养是灵魂避免玷污、获得净化的最可靠手段;因此盟会对成员的内心修养和行为规范有严格的训练与要求,如每日必须作一次严格的自我反省,要尊神、服从神意并坚守岗位,对朋友忠实,热心帮助他人,生活俭朴、节制使用财

---

① 第欧根尼·拉尔修:《著名哲学家的生平和学说》第 1 卷第 12 节、第 8 卷第 8 节。

② [英]伯奈特:《早期希腊哲学》,纽约:世界出版公司 1967 年重印本,第 98 页。

③ 基尔克、拉文:《苏格拉底以前的哲学家:附有原始文本资料选编的批判史》,剑桥:剑桥大学出版社 1978 年版,第 229 页。

④ 柏拉图:《国家篇》600B。

⑤ 柏拉图:《斐多篇》62B。这里表达的这种毕泰戈拉学派的观点不仅是菲罗劳斯的思想,也是更老的毕泰戈拉学派的思想。

⑥ Iamblichus, *On the Pythagorean way of life*(*De vita Pythagorica*) ,translated by John Dillon,Jackson Hershbell,sec.29-30.(扬布里柯:《毕泰戈拉传》,J.狄龙、J.赫尔斯贝尔英译,亚特兰大:学者出版社 1991 年版,第 29—30 节。)

物,做错事、坏事要知耻,不发虚誓、伪誓而要言必信、行必果,严格保守盟会的秘密,等等。盟会奉行的这类道德生活原则大为增强它的凝聚力,使它在南意大利得以迅速扩大势力。

毕泰戈拉盟会使宗教理智化还是初步而粗糙的,它并未使奥菲斯教摆脱人格化的多神教,但是在西方,理智的哲学思辨和宗教神学的结合,正是始于毕泰戈拉及其盟会,他们肇始的这种思想倾向,对爱利亚学派、恩培多克勒、柏拉图以至新柏拉图主义与基督教哲学与神学,有深远影响。

2. 数是万物的本原即原理

"数是万物的本原",这是毕泰戈拉学派的哲学纲领。这种"本原"已有"原理"的含义,是从数量关系与空间的几何形式结构去把握事物本身内在的本性,用以解释万物的生成与规定、灵魂、宇宙的"和谐",乃至社会生活的基本价值。它是伊奥尼亚自然哲学和爱利亚学派的存在论思辨性哲学的一个中间环节。对这种哲学理论要切实作具体分析,不能简单地冠以"唯心论"或"唯物论"的结论。

毕泰戈拉学派研究数学将算术与几何紧密结合一起,他们说的数,不是纯概念的数或数目,而是事物的数量关系和空间几何形式结构内在地关联一起的数,是一种图形数、几何数。他们将这种数升华为万物的本原,一种哲学原理,也就是将这种他们用理智的思维所认识的事物的量和几何形式结构的规定,看作宇宙万物的本性。亚里士多德说毕泰戈拉学派"认识到数学的原理就是所有事物的原理,因为就这些原理而言,数在本性上是最首要在先的,而在数中他们似乎看到了许多数和存在与生成事物的相似处","因此,所有其他事物看来在其整个本性上是以数为模型的"。这种作为本原的数就存在于事物中,是表现在事物的形式结构中的一种数量关系,不是和事物分离的抽象概念或精神实体。所以亚里士多德明确地在几处指出:毕泰戈拉学派说的数"不是分离(存在)的,而可感觉的本体是由它形成的。因为他们由数构造出整个宇宙,这数只是并非由抽象单位构成的;他们设定这些单位是有空间幅度的”;又说毕泰戈拉学派主张“数学的对象不分离存在”是“无可非议的”,因为“这些思想家显然也认为数是既作为事物质料的原理,也是作为形成事物的规定与状态的原理”,①亚里士多德还比较毕泰戈拉学派和伊奥尼亚哲人、恩培多克勒、阿那克萨戈拉的自然哲学,说既不同,又有共同之处,都讨论和解释“关于自然的所有一切,关于天的形成,以及他们观察到的天体的部分、属性和作用等现象”,“都认为‘实在’就是一切可感知的事物”,论评毕泰戈拉学派所提出的原因与原理“足以解释更高一级的实在”。② 由上述可知,来自萨摩斯的毕泰戈拉及其学派和伊奥尼亚自然哲学传统有一定的思想联系,两者都从可感知的自然事物中寻求本原,并用自然的本原或原理去解释实在的一切事物。阿那克西美尼论稀散与浓聚中蕴涵的量的规定性的思想可能给毕泰戈拉有所启发,而毕泰戈拉学派超越了阿那克西曼德的“无定形”本原,强调了用数学与哲学的理智才能把握的“有定形”即数与相关的空间形式结构的规定,才是事物的本性与原理,这和赫拉克利特说的逻各斯表现为“比例”也一致。

　　一般认为数是量的抽象,它如何能作为一种本原生成自然事物呢?其实,毕泰戈拉学派说的数不是纯数目,而是图形数、几何数,是有几何形式的数,它是事物所由产生与存在的一种本质规定。一是点,二是线,三是面,四是立体,它们可生成事物而是事物的本性。亚里士多德说他们“看到点是线的极限,线是面的极限,面是体的极限,所以认为这类东西必然是实在的”,又说他们“认为物体的界限,如面、线、点和单位,是本体,它们比体和有形物体更是本体”。③ 塞克斯都·恩披里柯说对之有动态的解释:“点流动时产生线,线流动时成为平面,平面向深度运动时就

① 亚里士多德:《形而上学》985b23—986a5、1080b17—20、1090a20—24;986a15—17。
② 亚里士多德:《形而上学》989b30—990a7。
③ 亚里士多德:《形而上学》1090b5—7、1028b16—18。

产生三度的立体"。① 毕泰戈拉学派是要从数量关系与形式结构角度探究事物的内在本质,亚里士多德说他们"开始就本质的问题作陈述与定义,但处理得太简单了。因为他们下的定义是表面的",②就是说还在数量(它只是本体的一种属性)的局部范围来寻求事物的本质,不能确切地给事物的本体作定义。亚里士多德并批评他们的数本原论不能解释自然事物运动变化、生成毁灭的原因。③ 黑格尔论评毕泰戈拉学派"在将宇宙解释为数的尝试里,发现了到形而上学[哲学]的第一步",说他们处在伊奥尼亚哲学家和爱利亚哲学家之间,其哲学原则"形成了实在论哲学向理智哲学的过渡","在感官事物与超感官事物之间,仿佛构成一座桥梁"。④ 这论评有合理性。

前期毕泰戈拉学派的数本原论也有神秘成分。他们用数来解释人世命运、生活价值,就很牵强附会,再附会于他们的灵魂轮回转世说,就难免通往宗教神秘主义,这也是前期的信条派和后期的新毕泰戈拉主义最为强调与鼓吹的。他们认用数的标准为尺度来评判生活事务和社会价值,如认为"债款、证据、选票、契约、时间、周期等都是和数结合在一起的",⑤对这些事务做到"胸中有数",也不错,但"他们将理性(这是他们给灵魂的称呼)和本体与'一'等同起来",又将"一"等同于阿波罗神;他们认为"相互义务和相等性是正义的特性",它存在于"四"这个数中;"他们说婚姻是'五'这个数";"他们说'七'这个数是机会",也是"雅典娜

① 塞克斯都·恩披里柯:《反数理学家》276—282 节,见塞克斯都·恩披里柯:《塞克斯都·恩披里柯文集》第 3 卷,R.G.伯里等英译,洛布古典丛书,美国马萨诸塞州剑桥:哈佛大学出版社 1976 年重印本。
② 亚里士多德:《形而上学》987a20—25。
③ 亚里士多德:《形而上学》990a10—13。
④ [德]黑格尔:《哲学史讲演录》第 1 卷,贺麟、王太庆译,北京:三联书店 1959 年版,第 217—218、230 页。
⑤ 塞克斯都·恩披里柯:《反数理学家》,第 6 卷第 105—106 节,见塞克斯都·恩披里柯:《塞克斯都·恩披里柯文集》第 3 卷,R.G.伯里等英译,洛布古典丛书,美国马萨诸塞州剑桥:哈佛大学出版社 1976 年重印本。

女神",等等①。由于这种对数的神秘解释以及它和宗教的幻想联系,前期毕泰戈拉学派数本原说也包含着和实在事物分离成为精神实体而通向唯心论的因素。

根据以数为本原的总原理,毕泰戈拉学派的成员还从自然与人世的事物中,概括出十种对立,称它们也是本原(原理),这可以说是希腊哲学史上第一次较规整地提出了对立的范畴表。亚里士多德记述:这个学派中的另一些人说有十对本原,并且将它们排成两行:

有限　奇　一　右　雄　静　直　明　善　正方
无限　偶　多　左　雌　动　曲　暗　恶　长方

他还说后来的此学派成员阿尔克迈翁也相似地认为"相反"是事物的本原,只是随意列举"白和黑、甜和苦、善和恶、大和小"等相反的东西。② 毕泰戈拉学派提出的十种对立是数为本原的具体化,是涵盖自然与人世生活的较开阔的概括。这里,最基本的对立是"有限"和"无限",它们并不是后来哲学说的时间与空间量度的有限与无限,而是指"有限定(有定形)"和"无限定(无定形)",就是在数量与形式结构上有没有规定、尺度、确定性等,这是在考究数本原构成万事万物中最根本的关键所在。排在"有限"一行的对立面"有定形"的,有肯定价值的;排在"无限"一行的对立面则是"无定形"的,只有被动、消极甚至负面价值的。叶秀山先生将毕泰戈拉学派肯定的"有定形"和阿那克西曼德的"无定形"比较,深刻指出:"毕达哥拉斯学派(至少是早期的)可以称作为'反无定形性学派'。正是在这个意义上,我们也可以说,毕达哥拉斯学派是'反伊

---

① 转引自汪子嵩等:《希腊哲学史》第 1 卷,北京:人民出版社,1997 年重印本,第 285—289 页。

② 亚里士多德:《形而上学》986a22—b4。

奥尼亚学派'"。① 毕泰戈拉学派虽然也确认自然物体的运动变化,但不追究其动因,十种对立只是对自然与人世生活现象的僵直的普遍概括,对立面之间缺乏相互依存与转化的辩证联系,并非动因,缺乏赫拉克利特的"对立的斗争与统一"的深刻的辩证法精神。但它们在希腊哲学史上也还有理论价值。一是这最早的对立范畴表已提出了有限和无限、一和多、静和动这些有深刻哲学意义的重要的对立范畴,后来的希腊许多哲学从爱利亚学派到后期柏拉图的哲学与宇宙论,都围绕这些对立范畴展开不同的学说,并深化对它们的论述。二是列入善和恶的对立范畴,有伦理价值的意义,表明毕泰戈拉学派已力图用他们的本原论解释伦理生活,而"善和恶"的伦理范畴也已体现本体论的意义。

3. 和谐有限的宇宙论

毕泰戈拉学派从数本原论出发,研究全部宇宙和天体运行结构,认为宇宙和天体也是在空间上有限定的,有和谐的秩序,开启了一种后来在希腊直到中世纪一直占主导地位的有限宇宙结构模型说。

据说毕泰戈拉有一次在铁匠铺从打铁发出的谐音中得到启发,便比较不同重量的铁锤打铁时发出不同谐音,又用琴弦做试验,测出不同弦的长度和音程的比率关系,八音程为 2∶1,五音程为 3∶2,四音程为 4∶3。② 毕泰戈拉本人及其学派根据这种音程的比率关系,对谐音学作了开创性的研究,并形成"和谐"(harmonia)这个重要的范畴。此词的原意是将不同的东西美好地连接、调和在一起,音乐将不同的音调优美地结合一起而成有审美意义的谐音;推广成一种哲理范畴,和谐就是一定的数的比率关系,如他们发现的"黄金分割线段"能产生审美效果,和谐也是绘画、

① 叶秀山:《前苏格拉底哲学研究》,北京:人民出版社 1982 年版,第 71 页。
② 详见塞克斯多·恩披里柯:《皮罗主义纲要》第 3 卷第 16、155 节;《反数理学家》第 4 卷第 6—7 节、第 7 卷第 95 节,见《塞克斯都·恩披里柯文集》第 1、4 卷,R.G.伯里等英译,洛布古典丛书,美国马萨诸塞州剑桥:哈佛大学出版社 1976 年版。

雕塑、建筑等艺术在形式结构中体现的美。和谐不仅是万物有善的限定性的原理,也是这个学派的审美与伦理价值观念。

他们将这种根据数学比率的和谐与谐音观念运用于推设有限的宇宙模型,提出一种有天籁(天体的谐音)的天体运行结构说。"科斯摩斯"(cosmos)的希腊文的原意是"秩序"。据记载,毕泰戈拉"第一个将天(乌刺诺斯)称为'科斯摩斯',并且说地球是圆形的",①他说的"科斯摩斯"已是指有秩序的宇宙。他并不研讨宇宙如何出于某种物质本原而生成与演化,而是注重研究宇宙的动态形式结构,径直认为宇宙是一个有限(既指空间上有限,也指形式结构上有限定、有定形)、有序的和谐整体,天穹是圆形的,分布在特定位置上的各种天体在限定的圆形轨道上运行。这种有限有序、和谐协调的宇宙模型说在当时的天文思想上也是一大创新与突破。阿那克西曼德已猜测天穹围绕北极星旋转,可见的天的穹窿是一个完整的球体的一半,扁平圆筒状的地球就处在中心,而他主张世界(宇宙)是无限的、无定形的,没有固定的秩序与结构。和以上的宇宙观念相比,毕泰戈拉学派根据数学比率的推断,提出的有限和谐的宇宙模型与天体运行结构论,自然要科学得多,已较接近后来直到近代的天体运行模型。毕泰戈拉学派认为,天空中各种天体由于自身大小、相互距离与运动速度不同,就会产生不同的音调,合成和谐的音乐,即天体的谐音。这种巨大的声音为什么人们竟听不到呢? 他们解释说是人们从出生起就在耳朵里充塞这种声音,以至"和静而无声分辨不清",就像铁匠习惯于打铁声,就听而不闻了。② 由天体运动而推断必定存在着极为优美的天体谐音这种宇宙音乐,这种新颖、奇妙的科学想象力至今令人赞叹。

毕泰戈拉学派将他们主张的有限、有序的和谐宇宙模型,描述为一种十个天体围绕同心圆中心(中心火)在圆周轨道上运行的动态的天体系统。艾修斯记载菲罗劳斯所表述的这种天体运行的结构:处于宇宙中央的是全

① 第欧根尼·拉尔修:《著名哲学家的生平和学说》,第 8 卷第 48—49 节。
② 亚里士多德:《论天》290b12—30。

部天体的"火炉"、"支持者和尺度",即"中心火";有十个神圣天体"按照自然的秩序"由近及远依次排列、围绕中心火旋转:对地,地球,月球,太阳;再后面是五个行星,即金星,水星,火星,木星,土星;最后是恒星天(群)。月球以内是"环绕地球的乌剌诺斯"即天,它"是变化和生成的发源地"。恒星天外"环绕天体的最高领域"是"奥林帕斯"(Olympus),"那里的要素成分的纯度是最纯的"。在这可见的宇宙外缘还有一些边缘火团"在极高的地方环绕着宇宙",星光可能就是从它获得的。而在最远的更外面,是"无限的嘘气"或称"普纽玛"。① 这是希腊科学思想史上第一次描绘的有确定轨道的天体运行系统,有较高的科学价值。它记述的地球、月球、太阳、五个行星和恒星天的序列,大体符合当时人的天文观测,有科学根据,是当时天文观测经验的一种概括。这个宇宙模型中也有为了满足十这个"数"的完善性而牵强附会的虚构,那就是他们凭空在地球和中心火之间纳入一个并无任何观察根据的"对地"。他们解释人所以看不到"对地",是因为"地球在运行中和'对地'保持相反的位置"。②

在这个天体系统中,有三点和早先的希腊自然哲学家的一般见解不同,值得重视。第一,认为大地是球形的,并不处于宇宙的中心。这在古代希腊是独具慧眼的卓识。早先的伊奥尼亚自然哲学家都凭简单的直观,推测大地是扁平的或呈圆柱形。亚里士多德接受约 200 年前毕泰戈拉学派提出的大地为球形这一观点,并且为之辩护。③ 古代希腊直到文艺复兴时代前,哲学家和人们一般都认为人居住的神圣天体地球处于宇宙的中心。而毕泰戈拉学派在公元前 500 多年就已独特地指出地球并不处在宇宙的

---

① 艾修斯:《哲学家意见集成》,第 2 卷第 2 章第 7 节、第 3 卷第 11 章第 3 节,见[德]第尔斯、克兰茨编:《苏格拉底以前哲学家残篇》,DK44A16、DK44A17。

② 艾修斯:《哲学家意见集成》,第 2 卷第 2 章第 7 节,见[德]第尔斯、克兰茨编:《苏格拉底以前哲学家残篇》,DK44A17。

③ 详见亚里士多德:《论天》293b34—294a12。反对者说如果大地为球形,日落时可见大地的边缘线应是曲线而非所见的直线。亚里士多德说他们忽视了太阳和地球的距离极大,以致可见的曲线显得成为直线,因此不应该"怀疑大地是球形的"。

中心,它只是诸多天体中的一个,每天由西向东绕着中心火环行,只是由于中间隔着和地球同步运行的"对地",人们才看不到中心火。① 亚里士多德是坚持地心说的,但也客观地记述了毕泰戈拉学派认为地球不是宇宙中心的观点能更好地解释一些天文现象,如月食比日食更频繁,是因为运行的其他天体更容易挡住它从中心火反射的光。② 第二,提出中心火,犹如比太阳更高的又一"太阳"。中心火说虽然还不是日心说,但它否定了大地为宇宙中心的传统观点,不是太阳、胜似太阳的"中心火"说,比较容易启导出太阳中心说来。第三,提出在宇宙最外缘有最纯要素成分的"无限的嘘气",也称"普纽玛",即无定形的气。这里仍可见他们受阿那克西美尼的气本原论的影响,不过已不再把气放在本原的地位。晚期希腊罗马的新毕泰戈拉主义和斯多亚学派将这种"普纽玛"说成是一种世界灵魂的精神性的神秘东西,那不是前期毕泰戈拉学派的本义。

毕泰戈拉学派的天文学思想中还有一些有科学性或科学想象力的猜测,如认为:"月球的光是从太阳得到的";③"月食是由于干扰,有时是地球的插入,有时是'对地'的插入",④遮住了月球的光;"月球的外观和地球一样",月球上也有"有生命的动物和植物⋯⋯在月球上动物的力气要比地球上大15倍",⑤按照如今的科学看来,月球的引力小于地球的引力,宇航员在月球上自可举起比在地球能举起的远为沉重的物体。

毕泰戈拉学派宇宙论在古代希腊罗马以至近代有深远影响,在科学思想史上有独特的重要历史地位。它从天体谐音、数学比率和几何结构形式解释宇宙是一个和谐的动态整体,已有数理天文学思想萌芽。公元

① 亚里士多德:《论天》第2卷第13章对此有详述。
② 亚里士多德:《论天》293b16—33。
③ 第欧根尼·拉尔修:《著名哲学家的生平和学说》,第8卷第27节。
④ 罗斯(W.D.Ross)主编:《亚里士多德著作集》第12卷《残篇选辑》,伦敦:牛津大学出版社1952年版,第146页。
⑤ 艾修斯:《哲学家意见集成》第2卷第30章第1节,见[德]第尔斯、克兰茨编:《苏格拉底以前哲学家残篇》,DK44A20。

前4世纪数学与天文学已得到发展,柏拉图在《国家篇》中呼吁重视研究当时城邦轻视的新兴学科立体几何,赞同毕泰戈拉的主张即谐音学和天文学是有内在联系的"兄弟学科",倡导"应该像研究几何学那样来研究天文学",①实际上他已敏锐地在启导研究数理天文学(运用几何学来研究天文学)。柏拉图学园中的一些学者则更精密地发展了毕泰戈拉学派有限宇宙模型,形成了以地球为中心的天球层模型假说。杰出的数学家、天文学家欧多克索(Eudoxos of Cnidos,约公元前408—前355年)在《现象》一书中构建27个同心天球层;他的学生卡利普(Callipus of Cyzicos)进而提出34个天球层的模型;亚里士多德则提出56个天球层的模型,希腊化时代的杰出天文学家、数学家希帕库(Hipparchos)则大为发展、更新了毕泰戈拉学派的有限宇宙模型,用数理方法创立本轮—均轮的天球体系,直至罗马时代托勒密集大成,建立更为精致的本轮—均轮的天球体系。以上发展虽都主张地心说,但是它们结合了天文观测和数理研究,在当时是难能可贵的假说,是科学理性的重大进步。毕泰戈拉学派的有限宇宙模型对现代宇宙论也不无借鉴意义,爱因斯坦就主张一种在膨胀着的有限无界的宇宙模型。毕泰戈拉学派的有限宇宙论在2500多年以前就提出中心火、反对地心说,更是可贵的思想,对于后来先后产生革命性的日心说有重要影响。地心说主导西方的宇宙论和天体学说长达1800多年,直到1543年哥白尼临死前发表《论天球的旋转》才被推翻。他自称是从阅读有关毕泰戈拉学派的著作而得到启发的。②

4. 前期毕泰戈拉学派的三位哲人

前期毕泰戈拉学派一直活动到公元前4世纪的柏拉图时代,近200年间,有诸多思想演变,内部学说错杂纷陈,和其他的哲学流派也有不同的交融。在其数理派中,对希腊古典文明时代的科学与哲学较有影响的

---

① 柏拉图:《国家篇》528B—C、530B—D。
② [英]伯奈特:《早期希腊哲学》,纽约:世界出版公司1967年重印本,第299页。

有三位,简述如下。

第一位是阿尔克迈恩(Alcmaeon)。他是克罗顿人,他盛年时毕泰戈拉已垂垂老矣,约生活于公元前6世纪末至前5世纪初。他是毕泰戈拉的另一名学生,主要撰写医学著作,但也一再接触自然哲学,如他说,"大多数人类的事情是成对进行的";"他也主张灵魂不朽,它像太阳一样在持续运动中"。① 克罗顿以医药著称,是南意大利医派的渊源地。他是一位著名医生兼哲学家,和毕泰戈拉的数的思辨不同,其思想有注重"经验"的特色。他在医学经验和人世生活经验中并不将"对立"限于十种抽象的对立,而是就经验观察所至进行概括。"他说大多数有关人的事情都是成对的,只是他不像毕泰戈拉学派那样明确规定相反的东西,而是随意列举,如白和黑、甜和苦、善和恶、大和小。"②他的灵魂不朽说已淡化了奥菲斯教的神秘色彩,认为灵魂是一种永恒自身运动的东西,"他说,灵魂是不朽的,因为它和'不朽的东西'相似,而它所以具有不朽性,就是由于灵魂不停歇地运动着;一切'神圣的东西',月球、太阳、行星,以及整个天体,都是处在持续的运动中的。"③早先自然哲学家的物活论思想也都认为灵魂的本性是生命与运动。阿尔克迈恩的一大贡献是在医学研究中最早从事初步的动物解剖,发现了视觉神经,提出了大脑是感觉和理智的中枢。塞奥弗拉斯特在其《论感觉》中记述:他用"异类相知"来解释感觉(这和后来的阿那克萨戈拉的思想相似);他说人和动物的区别在于"只有人能理解,别的[动物]仅有感觉而不能理解"。他分别研究各种感觉:听觉是"声音在耳腔中发生,气发生回声";味觉是"由于舌头的多孔而敏感的构造,它接受并传送各种味道";视觉是由于"眼球通过它周含的水看东西",眼球中包含火,受到刺激后在闪闪发光中"能反射映象"。他又认为"所有这些感觉都以某种方式和大脑联结,因此,要是大脑受到扰乱

---

① 第欧根尼·拉尔修:《著名哲学家的生平和学说》,第8卷第83节。
② 亚里士多德:《形而上学》986a31—b2。
③ 亚里士多德:《论灵魂》405a29—34。

或变化,这些感觉就都不起作用,因为它阻塞了感觉发生的通道"。① 他可以说是最早开启了研究感知认识的生理机制,认识到大脑是各种感觉的中枢,指出了感觉和思想(理解)的区别,这在当时难能可贵,是公元前5世纪中叶自然哲学家发展此类研究之先驱。

阿尔克迈恩在医学研究中最早引入解剖手段,主张"保持健康要使各种(对立的)性能平衡,湿和干,冷和热,苦和甜,等等,一旦其中的一方占到优势,就产生疾病,因为任何一方占优势就是破坏。疾病的发生直接由于冷或热的过度,间接则由于营养的过量和不足"。② 他的医药思想和当时在小亚受伊奥尼亚自然哲学影响的克尼杜医派的思想相似,用冷与热、湿与干等对立性质的平衡或破坏,来解释人体的健康或疾病。它对公元前5世纪后半叶希腊的两大平行发展的医学学派,即恩培多克勒所完善发展的南意大利医派和希波克拉底发展解剖术与有机体平衡论的科斯医派,都有不同的影响。

第二位是菲罗劳斯(Philolaus),约生于公元前474年,活动于公元前5世纪后半叶至前4世纪初叶,略年长于德谟克里特。他原本生活于克罗顿等南意大利城邦,后由于南意反毕泰戈拉盟会的政治动乱,移居到希腊本土的底比斯,从事研究与教学。他学识广博,对数学、天文学、谐音学、医学、生理等都有开阔的研究与成就,是那个时期毕泰戈拉学派中数理派的最重要的代表。③ 他对毕泰戈拉学派思想的独特贡献在于,他论

---

① 转引自[英]格思里:《希腊哲学史》第1卷,剑桥:剑桥大学出版社1971年版,第347页。

② 艾修斯:《哲学家意见集成》,第5卷第30章第1节,转引自格思里:《希腊哲学史》第1卷,剑桥:剑桥大学出版社1971年版,第313页。

③ 在第尔斯辑录的毕泰戈拉学派的残篇中,指名归于他的见解有许多则。他将构成天体的元素归结为不同的几何形式结构:土为立方体,火为四面体,气为八面体,水为二十面体等。这和柏拉图在《蒂迈欧篇》中用本性为几何形式的元素来构造宇宙万物的论说是一致的。还有传说,柏拉图在往访西西里的叙拉古宫廷期间,"曾花了40个银币从菲罗劳斯的亲属那里买到他的著作,《蒂迈欧篇》是从它改写过来的。"见欧欧根尼·拉尔修:《著名哲学家的生平和学说》,第8卷第85节。他也细致研究了无理数并涉及芝诺的悖论所引发的"极限"难题的探讨。

述了数的规定性和人的认知的关系,最早表现了一种有粗朴理性思辨色彩的认识论研究。他论述数本原不仅作为认识对象的事物以有限定的规定性,而且给作为认识主体的人的灵魂以指导性的规定和能力,使认识成为可能:"'数'的本性是认识的原因,对于费解与未知的事物,数能给每个人指导",因为任何事物正是有数及其本质,才能被认识,"正是'数'使万物通过感性知觉和灵魂相适应,使它们成为可以认识的,并且可以彼此比较的";数赋予事物的可认识的本性和赋予灵魂的认知能力,在各认识领域都有普遍的意义与价值,"在一切人类的活动和语言中到处发生作用,并且贯穿于一切技艺作品和音乐之中"①。他又论述数的逻各斯是判断真理和谬误的认识标准:他"认为逻各斯是认识的标准",这是指"由各种科学得到的逻各斯";他说"要精通万物的本性,此外[灵魂]还要具有某种[和外物的本性]类似的本性,因为本性是同类相知的"。② 他说的各种科学中的逻各斯即科学的对象事物的本性,就是指数的逻各斯,这是认识的目的与标准。所谓"同类相知",就是指灵魂的本性有和对象事物同类的数的逻各斯,才能正确认识事物,这和后来恩培多克勒认为认识主客体的同类元素粒子在流射中发生同类相知,并非同义,但也可能对后者有启发。数的逻各斯也就是真理,是事物和灵魂的本性的一种有限定性的理智规定,而谬误是违背数的逻各斯,是一种无限定、无知、不合理性。菲罗劳斯突出了理性认识在把握事物的本质(数的逻各斯)中的重要作用,这对西方科学史与哲学史的科学理性传统的进展,有积极意义。

　　第三位是阿尔基塔(Archytas),生活于公元前 4 世纪前半叶,既是杰出的数学家,也是当时南意大利的著名政治家、军事家。他将塔壬同城邦治理得甚为繁荣稳定,苏格拉底被处死后,28 岁的柏拉图于公元

①　[德]第尔斯、克兰茨编:《苏格拉底以前哲学家残篇》,DK44B11。
②　塞克斯都·恩披里柯:《反数理学家》,第 7 卷第 92 节,见《塞克斯都·恩披里柯文集》第 2 卷,R.G.伯里等英译,洛布古典丛书,美国马萨诸塞州剑桥:哈佛大学出版社 1976 年重印本。

前 399 年离开雅典、外出游历东西部各地长达 12 年之久,他往访塔壬同,结识阿尔基塔,结下了深厚持久的友谊。① 毕泰戈拉学派的数为本原的哲学,很可能是当时通过阿尔基塔对柏拉图的哲学发生影响的。阿尔基塔推行促使城邦强盛、秩序稳定而无社会的大分化与冲突的温和政治,其政绩很受人们爱戴,必定也给柏拉图留下深刻印象,格思里认为,阿尔基塔在塔壬同推行的政治制度,给他的《国家篇》提供了中心论旨。②

阿尔基塔的独特贡献有四方面。其一,他注重算术研究,说"算术是远远高于一切科学的,特别是高于几何学,因为算术能够清晰地处理它所要处理的任何问题,如果问题是涉及'形式'(eidos)(即数本原)的,算术也能探讨形式"。他的算术研究的"数"既仍是一种图形数、几何数,但又是更为抽象的纯粹数;他说的"形式"和柏拉图的"理念"(或译形式、相、理型等)用的都是"eidos"这个原意为"观看"的词,两者赋予的含义固然有重大差异,但他说的"数"的"形式"和柏拉图的数理理念,也有由此达彼的思想联系。其二是他已生活于爱利亚学派之后,对"存在"自有看法,认为它有全体和个别之分,将它们都看作是运动的,并在球面几何学的研究中,突破了有限宇宙模型,探究了宇宙空间的无限性(不是无限定、无定形的含义)。他提问:"要是我达到了(宇宙的)外面,就是达到了恒星天的外面,我能否将我的手或手杖再向外伸展出去?"他认为:"要是回答说不能再向外伸展出去的话,那在任何情况下总是荒谬的;因此不管在各个层次越出物体或空间,总必然会伸展得无限"。③ 在他之前,爱利

---

① 公元前 367 年,柏拉图以 60 岁高龄的白首壮心,应邀第二次往访叙拉古宫廷,僭主狄奥尼修斯二世因和柏拉图的密友狄翁发生尖锐矛盾,将柏拉图也软禁在城堡里,是阿尔基塔写信给狄奥尼修斯二世敦促他允许了柏拉图返回雅典。公元前 362 年柏拉图第三次往访叙拉古宫廷,他和狄奥尼修斯二世意见相左,又被赶出城堡、处境艰险,阿尔基塔接到他的修书,即派外交使节去交涉,帮助柏拉图于公元前 360 年返回雅典。所以,这位政治家、哲学家正直仗义、很重友情。

② [英]格思里:《希腊哲学史》第 1 卷,剑桥:剑桥大学出版社 1971 年版,第 333 页。

③ [德]第尔斯、克兰茨编:《苏格拉底以前哲学家残篇》,DK47A24。

亚学派的麦利梭已论证了存在是无限的,但他的存在是静止不动的,阿尔基塔所说的则是运动变化着的无限的宇宙。其三,注重将数学原理运用于制作机械的实践,这种将数学理论和制作机械结合研究的传统,后来在希腊化时期被阿基米德的数学和力学研究所发展。而近 400 年之前的阿尔基塔,"是第一个将数学原理运用于制作为机械的人;他又是第一个将机械运动应用于几何作图的人。"①普鲁塔克记述他和同时代的欧多克索是"著名的受珍视的机械技能的首创人。他们用机械工具巧妙地说明几何学的真理",如关于"给定两线求其比列中项","这两位数学家在解决这个问题时都借助于仪器,使其适用于他们需要的某些曲线和线段"。② 总之,阿尔基塔应用几何学原理既研究制作机械,又制作作图仪器(可能类似如今圆规之类)来帮助几何学的研究,这在希腊的科学研究中开创了新风气,后来在希腊化时期的科学创新中得到大发扬。其四,阿尔基塔更将数的逻各斯运用于城邦的治理,协调社会权益的分配,控制公民冲突,建立相对公平的城邦社会秩序。他认为:"一旦发现了正确的计数标准,就能控制公民的冲突并促进协调。因为那里达到这一点,就不会有过分的权益,平等就占居统治地位。正是这个[正确的计数标准]给我们带来了契约,穷人从有财产的人那里得到东西,富人给穷人东西,彼此公平对待,相互信任。"③"分配正义"对一个国家的稳定与发展是至关重要的,后来柏拉图与亚里士多德都很重视这点。阿尔基塔早就说的"正确的计数标准",实际上就是权力与财富分配的合适比例,通过实现某种分配的公平与正义,达到城邦的稳定与繁荣。这也是阿尔基塔在塔壬同成功治理城邦国家的经验,可给后人以启迪。

---

① 第欧根尼·拉尔修:《著名哲学家的生平和学说》,第 8 卷第 79—83 节。

② 转引自克莱因(M.Kline):《古今数学史》第 1 册,张理京、张锦炎译,上海:上海科学技术出版社 1979 年版,第 53 页。

③ [德]第尔斯、克兰茨编:《苏格拉底以前哲学家残篇》,DK47B3。

二、爱利亚学派

爱利亚学派在希腊哲学的发展中是一个重要的转折点,它以理智的思辨探求宇宙万物的原理,将早期希腊的自然哲学引向存在论的范畴建构,提供了一种纯粹逻辑分析的思辨理性,它是后来希腊所谓"第一哲学"以纯粹理性探索"存在"全体的本质的逻辑起点。爱利亚(Elea)是南意大利的一个城邦,是这个学派的主要活动的中心地并以此被命名。此学派有大体一贯的思想承续联系,不像毕泰戈拉学派那样结成一个既是科学共同体,又是宗教社团的盟会。它从公元前6世纪中叶发端到公元前5世纪,一直延续了100多年。其间,此学派思想先驱塞诺芬尼批判传统的拟人化多神教、首创理性一神论;巴门尼德建立思辨的存在哲学,成为爱利亚学派的奠基人和核心代表;芝诺提出蕴涵主观辩证法的悖论,捍卫、发展巴门尼德的存在论;麦里梭则在此学派处衰之时,在回应其他学派的挑战中修正存在论。此学派的"存在"论被公元前5世纪后半叶的希腊自然哲学家吸收与综合,成为他们深入探究物质粒子结构性本原的哲学根据;它所倡导的以纯粹理性探求事物与世界的本质、建构哲学范畴的方式,对柏拉图的哲学尤其有重要影响。

1. 游吟诗人和爱利亚哲学先驱塞诺芬尼

塞诺芬尼(Xenophanes,约公元前570—前470)原本出生于小亚细亚伊奥尼亚的殖民城邦科罗封,现代西方学者多将他的生卒年代考订在公元前570—前470年左右。[①] 他年轻时阿那克西曼德已年迈,他比毕泰戈拉年轻些,比赫拉克利特年长。他毕生是一位游吟诗人,为平民和贵族的宴会吟诵荷马、赫西奥德的神话史诗和自己创作的诗篇,在当时也算属于

---

① ［英］格思里:《希腊哲学史》第1卷,剑桥:剑桥大学出版社1971年版,第363页。

受人尊敬的知识阶层。就在吟诵中反思神话，为他批判传统宗教立下思想根基。他是富有深刻哲学智慧的诗人，写了不少哲理诗，以诗言思，后来这也成了南意大利的巴门尼德和恩培多克勒写作的独特风格。他长期漂泊漫游，到过希腊的许多地方，既在小亚细亚写过科罗封的建城诗，熟悉伊奥尼亚的自然哲学；更长期活动在南意大利，写过建立爱利亚殖民城邦的诗，还可能在当地有过教学活动。据说他是巴门尼德的老师，但没有确凿的史料佐证。① 他写的哲理诗中，至今留下了 118 行的残篇诗，被第尔斯辑成 41 则残篇（B 类），52 则后人论述的资料（A 类）。对于塞诺芬尼是否属于爱利亚学派，现代西方学者中有分歧意见，或认为他属于伊奥尼亚思想家，或认为他是爱利亚学派的奠基人。② 塞诺芬尼是爱利亚学派的思想先驱，并不依据他必定在爱利亚建立了学派或和巴门尼德有直接的师承关系，而是根据他的哲理思想在学脉上是该学派的先导。伊奥尼亚哲学和南意大利哲学虽对立，又有思想交往联系。塞诺芬尼的残篇中也有一些对自然的经验观察的科学思索成果和相关的自然哲学见解，甚至有最早的对地层与古生物化石的考察，从而推断海洋和陆地的变迁，这表明他曾生活在小亚细亚，也受有伊奥尼亚自然哲学的思想影响。但是从哲学思想的总体特征而言，他已从伊奥尼亚的自然哲学过渡到一种理性神论和新的思辨哲学。叶秀山先生认为，伊奥尼亚的自然哲学虽是唯物主义的，但还没有直接批判、改造当时占统治地位的宗教观点，塞诺芬尼则另辟新路，首先从批判、否定传统宗教入手，创新哲学，实际上也是

① 亚里士多德只是根据传说记述"巴门尼德据说是他的学生"。见亚里士多德：《形而上学》986b21—22。辛普里丘更只是依据此传说转述"塞诺芬尼是巴门尼德的老师"。见［德］第尔斯、克兰茨编：《苏格拉底以前哲学家残篇》，DK21A31。

② 伯奈特认为他 92 岁时还在过流浪生活，很难说"他定居在爱利亚并在那里建立了一个学派"。见［英］伯奈特：《早期希腊哲学》，第 115 页。格思里和基尔克、拉文等人也持相似意见，将他和赫拉克利特、毕泰戈拉并列论述，或放在伊奥尼亚思想家行列。策勒则认为爱利亚学派经过了三代，历时一个世纪，塞诺芬尼主要通过论神的问题阐发自己的思想，是这个学派的奠基人。见［英］伯奈特：《苏格拉底以前的哲学家》，第 555 页。

升华了伊奥尼亚哲学。① 这种论评着眼于早期希腊哲学演进的内在逻辑,是确实、深刻的。

塞诺芬尼是一位崇尚理智与智慧、关注城邦治理与精神文化大业的游吟诗人。他说的智慧有开阔的含义,包括理性、技艺和美德。他批判"过度奢侈"、"极度虚荣"的贵族生活追求虚幻的荣誉,说"城邦却并不因此而治理得更好","这并不能使城邦的库藏充盈"。他指出希腊传统宗教包括泰坦、巨人之类的旧神系和宙斯为最高主宰的奥林帕斯新神系,"是先辈们的虚构"。他也说"唯有崇敬神才是善行",②但他要倡导的是一种新的理性之神。他有反传统、反贵族的倾向,所以耶格尔说他的有关残篇反映了"旧贵族的涵养和新的哲学人物的不可避免的冲突"。③

希腊传统宗教包括奥林帕斯神系的宗教和后来产生的奥菲斯教,都是源自远古时代流传下来的拟人化的神话与多神教。它将种种自然力量与社会力量幻化为人格化的多神,神人同形同性,并且表现了原初社会的杂婚制、群婚制和原始的习惯,缺乏后来改善了的道德观念。塞诺芬尼从理性与道德的高度,批判集中反映在荷马史诗和赫西奥德的《神谱》中的拟人化多神观念,主要有四方面。(1)批判它赋予神以人的形象,认为这些神是人按照自己的形象塑造或想象出来的。他说:"凡人们以为诸神是诞生出来的,穿着衣服,并且有同他们一样的容貌和声音。"人神同形,各地人们所造之神也就和各地的人形那样不同:"埃塞俄比亚人说他们的神的皮肤是黑的,鼻子是扁的;色雷斯人说他们的神是蓝眼睛、红头发的。"他以讽刺的口吻揭示这种人造神的秘诀:假如牛、马和狮子都能像人一样画画和塑像,"它们就会各自照着自己的模样,马画出或塑成马形

---

①　叶秀山:《前苏格拉底哲学研究》,北京:人民出版社1982年版,第125页。

②　[德]第尔斯、克兰茨编:《苏格拉底以前哲学家残篇》,DK21B1、DK21B2、DK21B3。

③　耶格尔:《潘迪亚:希腊文化的理想》第1卷,伦敦:牛津大学出版社1980年重印本,第171、230—234页。

的神像,狮子画出或塑成狮子样的神像。"①(2)批判它将诸神描绘成可以是不道德的,实际上是将人间的反道德行为赋予虚构的诸神。他指责:"荷马和赫西俄德将人间的无耻丑行都加在诸神身上:偷盗、奸淫、彼此欺诈。"他批评自己的同行:"他们[游吟诗人]讲了有关神的各种可能发生的邪恶故事:偷盗、奸淫、彼此欺诈。"②(3)批判它虚构诸神之间有等级统治关系。他指出:"在他们[诸神]之间不存在统治关系;认为诸神中有一个统治者,那是渎神。无论在哪方面,诸神都不欠缺任何东西"。③(4)借助伊奥尼亚自然哲学的科学思想来批判将自然力量神化为拟人神。在荷马史诗中伊里斯是彩虹女神,她腾云驾雾去传达宙斯的旨意。塞诺芬尼却说:"所谓伊里斯不过是一团云,看起来是紫的、鲜红的和黄绿色的。"他还解释所谓天空中神奇的"爱尔谟圣火",不过是"由于浮云的运动而发出的闪光"。④ 塞诺芬尼对传统宗教的拟人多神观念的批判,后来也被苏格拉底和柏拉图所承袭与发挥。柏拉图的早期对话《欧绪弗洛篇》中的苏格拉底、柏拉图的《国家篇》第 2 卷,尖锐辛辣地抨击希腊传统多神教中诸神自身的生活行为充满非理性的混乱,力图使宗教理性化、道德化。

塞诺芬尼倡言"一"就是神,那是带有泛神论色彩的理性神。这个神是非人格化的不动变的整体,以其思想支配宇宙万物。这主要表现在他的四则残篇中:"有一个神,它是神和人中间最伟大的;它无论在形体上或心灵上都不像凡人。""神永远在同一个地方,根本不动,一会儿在这里、一会儿在那里对他是不相宜的。""神是作为一个整体在看,在知,在听。";"神用不着费力气,而是以他的心灵和思想使万物活动。"⑤他还认

---

① [德]第尔斯、克兰茨编:《苏格拉底以前哲学家残篇》,DK21B14、DK21B16、DK21B15。
② 同上书,DK21B11、DK21B 12。
③ 同上书,DK21A32。
④ 同上书,DK21B32、A39。
⑤ 同上书,DK21B23、26、24、25。

为"神的本体是球形的,无论哪一方面都不像人。……他是心灵和思想的总体,他是不朽的。"①他最早提出了一种和希腊传统宗教中拟人化的神完全不同的理性神观念。他心目中的理性神有这样一些特点:神自身没有人那样的形体与器官,却能知悉一切;神不动变、无生灭,却能使万物运动;神是单一、不可分割的全体,所谓"球形"是用来表征神的完善性;神自身的本性就是心灵与思想,以心灵与思想支配宇宙万物。这种非人格的理性神,自然不应是膜拜与祭祀的偶像,也非人可感知,他说从来没有任何人"认识神和我所说的一切事物的真理……一切只是意见而已",②神只能通过人的理智去把握,他说的"一"是神,就是通过理智的抽象将宇宙存在全体的本性看作"一",有泛神论色彩的理性一神含义。古代希腊罗马从原始粗俗的拟人化多神教演进至有理性与伦理内涵的一神教,经历了一个十分漫长而曲折的过程,从塞诺芬尼开启理性一神思想,到苏格拉底引进理性的"新神"、柏拉图的最高理念之神、亚里士多德的最高的善,直至斯多亚学派的宇宙理性之神和新柏拉图主义的"太一",都是循着这个一神理性化与伦理化方向演变的。塞诺芬尼"凝视整个太空,说'一'是存在的,'一'就是神",这个"一"与"神",也就是宇宙全体的本性,后来就被发展为巴门尼德说的"存在"范畴。所以从策勒到格思里的西方学者大多认为塞诺芬尼是泛神论者。也有学者反对,如弗兰克尔指出:他的神不动,又描述宇宙是运动的,二者无法统一。③ 其实,确切地说,他刚开始萌发理性一神思想,还受伊奥尼亚自然哲学的思想影响,是带有泛神论色彩的理性一神论者。他确认宇宙的本性或本质是不动变的"一"即神,理性一神支配、体现着运动变化、多样化的现象世界,就像巴门尼德说的真理之路和意见之路所认识的"存在"和现象,就他自己的立论而言并不矛盾。

---

① 第欧根尼·拉尔修:《著名哲学家的生平和学说》,第 9 卷第 19 节。
② [德]第尔斯、克兰茨编:《苏格拉底以前哲学家残篇》,DK21B34。
③ 格思里:《希腊哲学史》第 1 卷,剑桥:剑桥大学出版社 1971 年版,第 381—382 页。

他从宇宙全体的本性是不动变的"一"出发,认为"世界不是产生出来的,而是永恒的,不可毁灭的"。但是对于运动变化着的自然现象,他就和伊奥尼亚的自然哲学相似地作了素朴经验观察的科学解释。如他在观察天体中强调"太阳由炽热的火云组成","星辰是从火云生出来的,它们一到白天就熄灭,晚上又重新燃烧,就像炭一样"。他的独特之见是认为一切生物包括人都是从土生出来的,提出土与水是生物的本原:"一切(生命物)都从土中生,一切最后又都复归于土";"一切生成与生长的东西都是水和土";"我们都是从土和水中生出来的"。① 他的一个科学卓见是最早根据观察到的化石,对海洋与陆地的变迁提出了深刻的见识,在地质思想史上可以说是独步最先的。②

2.爱利亚学派奠基人巴门尼德

巴门尼德提出"存在"论哲学,最早用"存在"(Being)这一抽象而有普遍本质意义的哲学范畴,来深入规定世界全体的原理,并强调了理性思维在认识真理中的重要意义。这对伊奥尼亚注重从经验直观中探求万物本原、对毕泰戈拉学派从数量和空间形式结构层面探究万物的原理,都是一种哲学思维上的超越。他的思想促使在他之后的早期希腊的自然哲学去深化探究宇宙万物的内在本性,而且,对希腊古典哲学特别是柏拉图与亚里士多德构建哲学体系有重要意义。

巴门尼德(Parmenides)是爱利亚(Elea)本地人。它是南意大利康帕

---

① [德]第尔斯、克兰茨编:《苏格拉底以前哲学家残篇》,DK21A37、32、38,DK21B27、29、33。

② 他认为海水退缩形成大地,因海水侵袭、雨水冲刷,"随着时间的推移,大地不断受到侵蚀,渐渐归入大海"。(DK21A32)他的证据就是在各处发现的化石:"在陆地和高山上发现了贝壳,在叙拉古的采石场发现了鱼和海草的痕迹,在帕罗斯岛的石头深层发现了月桂树叶,在马耳他岛发现了压扁的海生生物";在海陆循环变迁中,它们本来被稀泥覆盖,稀泥干透就形成了这些遗骸;他说当全部大陆都复归大海,"全人类就毁灭了。然后又开始新的大地生成,所有的世界就是这样形成的。"(DK21A33)

尼亚的一个中等城邦,西临大海,东依高山,农耕土地少,当地人主要从事海上贸易,和各地交往频繁,见多识广,文化水平也比较高,逐成为南意大利的一个哲学中心。巴门尼德的生年难以确定,①约生活于公元前6世纪后期至公元前5世纪中叶,在赫拉克利特、毕泰戈拉之后,在恩培多克勒等公元前5世纪后期的自然哲学家和苏格拉底之前。他出身富豪之家,必定有良好的文化教养,"曾以立法者的身份为他的母邦立过法"。毕泰戈拉学派当时在南意大利影响甚大,他和一位毕泰戈拉学派成员阿美尼亚(Amenias)交往甚密,有师友关系,"阿美尼亚贫穷但颇有声望。巴门尼德宁愿追随他。阿美尼亚逝世时,出身豪门富家的巴门尼德还为他建立祭堂。引导巴门尼德走向沉思生活的,与其说是塞诺芬尼,还不如说是阿美尼亚"。② 巴门尼德流传的残篇出于他的一部用六韵步写的诗篇《论自然》,诗句华美而寓深刻的哲理,在希腊诗史中也堪称一流。它曾流传了近一千年,公元6世纪的辛普里丘还因其稀罕与珍贵想将它收为注释亚里士多德著作的附录。但是这部诗篇现仅存残篇25则(19则被认为可靠)。残篇仍表现原诗篇的结构:完整的"序诗";约保存十分之九的"真理之路";约保存十分之一的"意见之路"。诗篇的后两个正文部分,阐发了他的学说的两个部分:存在与真理;现象与意见。

在"序诗"中,巴门尼德以典美的诗句描述智慧之马驱车载他离开黑暗、走进光明、通达女神之门。女神亲切欢迎这位"年轻人",说"引你走

---

① 第欧根尼·拉尔修记述巴门尼德的"鼎盛年约在第69届奥林匹亚赛会时",即公元前504—前501年,按此推算他的生年当在公元前540年左右。见第欧根尼·拉尔修:《著名哲学家的生平和学说》第9卷第21、23节。柏拉图在《巴门尼德篇》(127A—C)、《智者篇》(217C)、《泰阿泰德篇》(183E)中叙述白发皤皤、已届65岁高龄的巴门尼德和正当青年的苏格拉底会晤讨论哲学问题,苏格拉底约公元前400或前399年70岁时被处死是确定的,如真有此会晤,时间当在公元前450—前445年左右,推算巴门尼德当生于约公元前515—510年。

② 第欧根尼·拉尔修:《著名哲学家的生平和学说》,第9卷第21节。

上这条路的不是厄运,而是公平和正义","走上这条路你就可以学到一切东西,既有不可动摇的圆满的真理,又有不包含真实信念的凡人的意见"。① 显然,他自称他的哲学是通达坚实、圆满的真理之路,同时也包含着常识的意见。女神开宗明义告诉他:"只有两种探究之路可考虑。一种就是存在,存在不可能不存在,这是真理之路。另一种就是非存在,非存在必定要不存在,我告诉你,那是一条没人能完全学到真知之路。因为你不能对非存在有知识——那是不可能的——,也不能言说它;因为能被思想的和能存在的是同样的东西。"②这就是巴门尼德的基本哲学纲领。

自巴门尼德提出"存在"(Being)范畴后,历来众多哲学家都使用这个范畴,不断赋予此范畴切合他们自身哲学的意义。中文应如何确切翻译它,是相当复杂的问题,既涉及理解此术语的希腊文原意和中文翻译的"信、达、雅",也涉及对此术语的哲学与逻辑意义的理解与解释。"存在"一词在希腊文中原为"是"动词(verb to be)的不同形态,此动词不定式 einai 相当于 to be;第一人称单数为 eimi,相当于 I am 中的 am;第三人称单数为 esti,相当于 it is 中的 is;其中性分词 on、阴性分词 ousa 用作动名词都只能英译为 being,ousa 后有本质的意义,在亚里士多德那里则被用来表述十范畴之首的"本体"。巴门尼德残篇中的"存在"是分别用这个动词的不定式、第三人称单数和分词用作动名词来表述的。③ 此"是"动词和转化的动名词兼有"是"、"在"、"有"、"真"之意义。国外的卡恩等人对此词的翻译与理解有专门讨论和不同见解。国内哲学界围绕"Being"译为"存在"或"是"的问题,有多人参与的热烈讨论,有各

---

① [德]第尔斯、克兰茨编:《苏格拉底以前哲学家残篇》,DK28B1。
② 参考伯奈特的译文中译,见[英]伯奈特:《早期希腊哲学》,纽约:世界出版公司1967 年重印本,第 173 页。并见[德]第尔斯、克兰茨编:《苏格拉底以前哲学家残篇》,DK28B2。
③ 关于"存在"一词在巴门尼德残篇的希腊文中的使用,参见汪子嵩等:《希腊哲学史》第 1 卷,北京:人民出版社 1997 年版,第 594—599 页(陈村富所写)。

种见解。① 这场讨论确有重要意义，不仅是字面翻译问题，更涉及对巴门尼德和西方哲学史中的这个基本范畴的意义的全面、准确的理解，可使人们纠正过去将它的原来意义狭隘地理解为只是独立于思维、和思维对立的客观事物所"在"，不至于对西方哲学史中用的这个范畴理解片面甚至误解、曲解。但中外文名词的指称和意义、能指和所指常有不完全对应的情况，蒯因甚至根据不同语言的相对性提出语言译不准原则。② 中文中确实难以找到一个合适的词来概括"是"、"在"、"有"、"真"意义，来完全、准确地表达 being。汉语中无"是"的动名词，如果新设"是"为动名词而在句子中又经常用系词"是"，就会大量出现是"是"的情况，既不顺畅，又易造成意义表述与理解上的混乱。而且，改译此词牵动理解与翻译西方哲学史的全局，各时代、各流派、各哲学家的学说赋予这个基本范畴的意义也很不相同，甚为复杂。在上述讨论尚无一致结论的情况下，仍用"存在"的译名为宜。历史上，自佛经中译以来，每种外来范畴的中文译名多少都改造或修正了对应中文名词的传统含义。本书这里所用的"存在"也已不再依据传统的中文含义，只是狭隘地理解为独立于思维、和思维对立的所"在"的客观事物，而是赋予它更为开阔的新的内涵和外延，用更新意义的方式来重新使用这个译名。它的内涵更丰富，综合地兼有"是"、"在"、"有"、和逻辑意义上的"真"的意义，在不同的语境可着重于

---

① 关于这场讨论中各家的论述，可见清华大学哲学系、中华全国外国哲学史学会（宋继杰）主编：《BEING 与西方哲学传统》（上下卷），石家庄：河北大学出版社 2002 年版。陈康先生早就在《〈巴门尼德篇〉译注》中主张将它译为"是"，汪子嵩、王太庆先生也著文主张用"是"来译"Being"或根据语境分别译为"存在"与"是"。讨论中大体有三种意见：第一种认为"存在"往往只被理解为和思维对立的客观、具体的事物，不能完全准确表达希腊文、英文的此词由"是"动词和转化为动名词所有的"是"、"在"、"有"、"真"的含义，因而主张将从巴门尼德到海德格尔的全部西方哲学中的"Being"都改译为"是"。第二种主张在希腊哲学和之后西方哲学演进中，根据不同的哲学学说或上下文的语境，来分别定用"是"或"在"或"有"来表述。第三种认为中文中难以找到一个合适的词来全面对应希腊文中的 einai 及其不同的式以及英文中的 Being，所以仍沿用旧译"存在"为宜。
② 姚介厚：《当代美国哲学》，三联书店（香港）有限公司 1996 年版，第 26—27 页。

其中一个或部分的意义;它的外延也是最广的,不只是指独立于思维的物质性东西,而是包括有、在、可用"是"表述而又在哲学与逻辑意义上为"真"的一切东西,既指物质性的东西,也可指一切精神性、思想性乃至逻辑意义的东西。

巴门尼德用"存在"概括世界全体的普遍、必然的本质和统一的原理,将塞诺芬尼的"一"在哲学意义上作了展开的阐发。它有三重含义。

(1)它是全体的"一",不动变、不生灭,是永恒的、连续不可分的整体:"存在不是过去的存在,也不是将来的存在,因为它一直是现在这样,作为单一的、连续的整体而存在","存在是不生不灭;存在是完整的、单一的、不动的、没有终结的","存在还是不可分的,因为它是完全一样的,它不会这里多些,那里少些,因而妨碍存在联系在一起,毋宁说存在是充满的、连续的,存在和存在是紧紧相连的"。一种普遍的必然性将"存在"这种世界的本性联结为有限定性、齐一性:"存在被强有力地锁在有限定的范围内,……存在自身静止在同一个地方,永远停留在那里,因为强大的必然性将它牢牢地锁在有限定的范围内,使它在各个方向都一样"。①

(2)唯有存在可被思想、被表述,关于存在的思想才是真理:"所谓思想就是关于存在的思想,因为你决不可能找到一种不表述存在的思想。……凡人们在他们的语言中加以固定的,自以为真的东西不过是空洞的名称,如生成与毁灭、存在又不存在、位置的改变、色彩的变化等。"②

(3)巴门尼德还不能像后来的柏拉图、亚里士多德那样用完全高度抽象的语言来界定、表述"存在"的哲学意义,他就和毕泰戈拉学派用几何数、图形数表述宇宙万物的原理相仿,将"存在"这世界的完善的本性,带上形体性,描述为一种有限定的球体:"由于有一个最边远的界限,存在在各个方向都是限定的,很像一个滚圆的球体,从中心到任何一个方向

---

① [德]第尔斯、克兰茨编:《苏格拉底以前哲学家残篇》,DK28B8。

② 同上。

都相等……存在是完全不受侵犯的,因为它在各个方向都和自己相等"。① 这种"存在"球体的表述,既相仿于毕泰戈拉学派设想"科斯摩斯"是有限、完善的球体,也是喻说世界的普遍本性是不变、齐一、完善的。因此亚里士多德说他和麦里梭在探求自然的本性上虽然否认生灭与运动,"但还只是关于可感知事物的本体的存在形式的思想"。②

伯奈特认为,巴门尼德的存在论肯定了有限定、不动变、圆球形、有形体的连续体这种"自在之物",所以他并不是如一些人说的是"唯心主义之父",相反,是"唯物主义之父",后来的唯物主义学说如恩培多克勒的"元素"、阿那克萨戈拉的"种子"、留基波与德谟克利特的"原子",都是"依据他的实在观的"。③ 此说有一定的道理。当时物质与精神范畴还没有明确地分化确立,巴门尼德并没有将存在等同于思想或其他精神性实体,公元前5世纪后半叶的自然哲学家正是吸取了他否定无中生有的存在观,并将他的不动变、有形体、全体齐一的"存在"打个粉碎,变为运动变化的多元微粒子存在,从而深入探究物质粒子结构的本原。但伯奈特将他誉为"唯物主义"之父也是拔高了,他片面强调只有思想才能把握作为世界普遍本性的不动变的存在,也潜存着后来经由苏格拉底的"普遍性定义"通达柏拉图的和具体事物分离的"理念"的可能性。

巴门尼德强调只有通过思想(努斯)才能把握关于存在的真理。他说:"要用你的心灵(努斯)牢牢注视那遥远的东西,好似近在眼前";他认为思想是人的心灵器官的一种理解能力,"人类的心灵(努斯)也是这样{有理解能力},因为进行思想的理解能力是每个人、也是所有人都一样的器官的本性"。④ 他已将思想和感觉明确区分开来,认为感觉不能获得关于存在的真理,只能获得关于变动不居的现象世界的意见。过去曾将

---

① [德]第尔斯、克兰茨编:《苏格拉底以前哲学家残篇》,DK28B8。
② 亚里士多德:《论天》298b21。
③ [英]伯奈特:《早期希腊哲学》,纽约:世界出版公司1967年重印本,第182页。
④ [德]第尔斯、克兰茨编:《苏格拉底以前哲学家残篇》,DK28B4、16。

他的一则残篇译为"思想和存在是同一的",黑格尔又对此命题作了客观唯心论的解释,于是就判定他的存在论是唯心主义学说。策勒、伯奈特、康福德到格思里都根据希腊文上下文和该句的准确意义,将它译为"能被思想的和能存在的是同一的"。① 其含义就是存在是思想的对象,思想把握的是作为世界本性的存在。这里,并无将存在等同于思想之意。思想把握存在,是通达真理之路。"真理"的希腊文 aletheia 的原意为"自然"的显现、揭蔽,后来海德格尔据其基本的本体论将它解释为"在"的解蔽;而巴门尼德是首次将"真理"解说为思想(理性)揭示、发现存在。

毕泰戈拉学派已运用了数学的逻辑论证的方法,巴门尼德论述存在与真理之路,则已在哲学思维的更高层面上运用了逻辑推理的论证方法。他将存在的本质世界和非存在的现象世界对立起来,用较严格的、逻辑性强、思路层次清晰的哲学论证,指出对后者的认识不可靠,只能走认识存在的真理之路;而对存在的特征的界说也有严密论证。这种哲学上的逻辑论证方法后被他的学生芝诺发展为一种有更强逻辑性的论辩方法,一种主观辩证法。当时还未产生亚里士多德的逻辑学,从巴门尼德的论证中可看到哲学思维中逻辑思想在积累、生长,从而哲学思维也提高到新的层次。

巴门尼德说的非存在是变动生灭的现象世界,意见之路就是凭感知与常识性的看法认知非存在的现象世界,它是一种没有把握世界存在原理的认识。他的学说中也包容了这种认识,但认为将它看作关于世界本性的真理,就是一种谬误。他首次表现了将世界二重化、将认识区分为真理与意见两段的初步思想,后来柏拉图将它发展为现象世界和理念世界的二重化、将认识划分为意见和知识两大阶段。"意见"一词的希腊文 doxa 的词源意是希望、期待,后来衍变为意见、看法、判断、见解等。从

---

① 汪子嵩等:《希腊哲学史》第 1 卷,人民出版社 1997 年版,第 636—638 页(陈村富所写);格思里:《希腊哲学史》第 2 卷,剑桥:剑桥大学出版社 1974 年版,第 14 页;[德]第尔斯、克兰茨编:《苏格拉底以前哲学家残篇》,DK28B16。

塞诺芬尼、巴门尼德起成为一个表达认识阶段或认识形式的范畴,指对事物表面现象的感知认识、常识性见解或尚未达到把握事物本质(知识)的认知。巴门尼德残篇中有11则专论"意见之路"。他虽然将伊奥尼亚自然哲学、毕泰戈拉学派关于自然现象的学说,都批评为只是"意见",但认为这些意见也是值得了解的。他描述了人们习惯于将明和暗、稀散和浓聚、火和土等对立看作事物生灭的主要原理,然后说:这种"对世界秩序的看法是表面的、肤浅的。我将它统统告诉你,这样任何一种凡人的看法就不能胜过你了。"①他在不动变存在的"一"之外,也承认有变动生灭现象的"多"要认识。亚里士多德说"他不得不根据观察到的事实,在承认存在着逻各斯{定义}的'一'的同时,又根据感觉,承认存在着'多'"。②

他和当时的自然哲学家一样有宇宙论见解。他将光明和黑暗列为自然现象、动变生灭的基本对立,"万物都被称为'光明'和'黑暗',根据其中这一个或那一个的力量给每一类事物命名"。由这基本对立而有火(以太)和土、热和冷、稀散和浓聚、轻和重、雄和雌、左和右等等对立,他认为根据这些对立的作用,可解释大地、太阳、月亮、星辰的生成和作用,"你还可以认识周围的天空是从那里生出来的,以及必然性如何强制它限定在星辰之中"。他描述的宇宙结构大体是吸收、修改了毕泰戈拉学派的有限定的圆环形结构,补充了一些伊奥尼亚宇宙论的见解:他说宇宙是"有许多环形的带,一个绕在另一个上面",那是"由稀散东西组成的带"和"由浓厚东西组成的带"叠加而成的,以太在所有一切之上,下面是人们称为"天"的部分,"太阳和银河圈是火的呼气,月亮是由土和火混合而成",而在宇宙的"混合带的最中心的是运动和变化的本原和原因",他称之为"驾驭一切的女神和钥匙掌握者,'正义'和'必然'"。这是对毕泰戈拉学派和伊奥尼亚哲学的宇宙论思想并不高明的糅合。南意大利有医学传统,巴门尼德用对立性质的"比例"解释某些生理现象,说"当女人

① [德]第尔斯、克兰茨编:《苏格拉底以前哲学家残篇》,DK28B8。
② 亚里士多德:《形而上学》986b31—34。

和男人将'爱'的种子混合在一起,由不同血液组成的在血中的雏形(胎儿)的力量,只要能保持合适的比例,便可以形成构造完善的身体"。① 这对后来恩培多克勒用元素比例来解释生物构造和生理现象会有影响。

3. 芝诺的悖论

芝诺作为古希腊论辩术的创始者,提出一系列著名的悖论,捍卫爱利亚派学派的哲学。不能将他的悖论简单地看作诡辩,其目的虽是要否定"多"与运动变化为世界本性,反证"一"即不动、连续的存在才是世界的原理,但它实际上是以一种运用逻辑论证的主观辩证法揭示了客观世界和思想的矛盾,在辩证法与逻辑思想史上都有重要意义,对当时数学的发展也起有促进作用。

芝诺(Zeno)是爱利亚本地人,其鼎盛年在第79届奥林匹亚赛会即公元前464—前461年,生年应在公元前504—前500年。他身材魁伟,是"巴门尼德的学生和亲密朋友","在哲学上和政治上都是一个出色的人",性格刚强,忠于信念,为捍卫信奉的学说写下"充满智慧"的著作。他并从事"推翻僭主"的政治活动,要"谋杀暴君,拯救爱利亚人",暴君将他"抛进了石臼"捣碎而死无全尸,惨烈地死于政治斗争,他德高望重而死于非命,激使"这个城邦的公民们后来起来将这个僭主打死了",②据说他写过4种著作,可靠的一部是《反诘或辩驳》。③ 这部论辩性著作的主要特色是:从对方所主张的前提出发推论出两个自相矛盾(包括和常识

---

① 上述依次见[德]第尔斯、克兰茨编:《苏格拉底以前哲学家残篇》,DK28B9、10,DK28A37,DK28B10。

② 第欧根尼·拉尔修:《著名哲学家的生平和学说》第9卷第25、16、28、29节。

③ 10世纪拜占庭的辞书《苏达》说他写过4种著作即《辩驳》、《反哲学家》、《论自然》和一部考察恩培多克勒的著作(见DK29A2),并不可靠,格思里认为前三种实际上是亚历山大里亚时期赋予同一著作的不同名称,至于第四种则更为可疑;而且辛普里丘也只提到一部著作,大约是公元前460年左右写的。(见格思里:《希腊哲学史》第2卷,第81页)普洛克罗说这部著作的名称是Epicheiremata,就是《反诘或辩驳》。(见DK29A5)

矛盾)的结论,由此证明它的前提是虚假的,后来的逻辑学称之为归谬法(反证法)。芝诺的归谬论证推出了两个近似二律背反的命题,目的虽不是要都肯定它们,其哲学上的客观效果却有主观辩证法的意义,就是在论辩的思想中揭示了客观事物自身存在的矛盾。芝诺本人的著作残篇只留下四则,古代后人转述或介绍的残篇则有三十则。其中,他以一种看来是严格的逻辑论证的方法,提出了1个驳斥"多"的悖论和4个驳斥"运动"的悖论。

(1)否定"多"的悖论。他师从巴门尼德,主张作为世界全体本性的存在是"一",他驳斥的"多"是主张作为世界本性的"存在"是"多"(既指本原意义的多元,也指空间组成部分的多),并不是驳斥承认现象世界的多样。此悖论说,如果肯定存在是多,那么它就会既是无限大,又是无限小。第一,在空间形式构成上,"如果存在是多,它就必须每一个部分都有一定的大小和厚度,而且与别的部分有一定的距离。对于处在这一部分前面的那个部分,也可以说这样的话。那个部分自然也会有大小,也会有另外一个部分在它前面",这样可无穷推扩。如果承认每个"前面的部分"都有大小,在无穷推扩中就会达到无限大;如果否认"每个部分"有大小,现存和所推扩的部分都是零,无论怎样无穷推扩也是无限小而几近于零。所以,"如果存在为多,那末它必然同时既是小的又是大的:小会小到没有,大会大到无穷"。第二,再从数量关系看,如果事物的存在是多,就会得出它的数量既有限又无限的相反结论。正题为:"如果事物[的存在]是多数的,那就必须与实际所在的事物正好相等,既不多也不少。可是如果有像这样多的事物,事物(在数量上)就是有限的了。"而反题也能推出:"如果事物[的存在]是多数的,存在的东西(在数量上)就是无限的。因为在各个个别事物之间永远有一些别的事物,而在这些事物之间又有别的事物。所以它们[在数量上]是无限的了。"①芝诺的这个悖论

———————

① [德]第尔斯、克兰茨编:《苏格拉底以前哲学家残篇》,DK29B1。

驳斥"多",矛头既指向伊奥尼亚哲学,更直接地指向当时盛行在南意大利的毕泰戈拉学派的基本观点,也就是以数本原来解释由"一"生"多",由几何数、图形数和(部分构成整体的)空间几何形式结构来解释宇宙的本性或原理。

(2)二分法(dichotomy)的悖论。其"第一个论证是说,运动不存在,因为一个运动的物体在达到目的地以前必须先达到全路程的一半"①。另一种表述是:"有许多论证是同流行的意见相反的,例如芝诺说,运动是不可能的,你不可能越过运动场(stadium)。"②Stadium 即古希腊运动会的竞技场,其跑道长度一般定为 600 希腊尺,折合 606.75 英尺。芝诺向常识挑战,说运动员不可能穿过跑道、到达终点,因为要达到终点,首先要到达全程的一半,即 1/2,为此又必须先超过这一半中的一半,即 1/4,依此类推,要先越过 1/8,1/16,1/32……1/n,这是无穷的,因此根本不可能越过。这个悖论和中国古代哲学中"一尺之捶,日取其半,万世不竭"③含义相似,中国的论辩者惠施和希腊的芝诺都从时空的有限中看到可分割的无限性,但惠施的目的是论述相对主义,事物的不确定性,芝诺的目的则是为了否定运动,以一种静态的无限微分将存在固定为完全静止不动变的。亚里士多德对此悖论从两方面批驳:一是指出有限的时间与空间都能无限分割。"芝诺的论证是错误地认为不可能在有限的时间内越过无限的点",虽然事物"不能在有限的时间内同数量上无限的东西相接触,但却能同可分性意义上无限的东西相接触。因为在可分性意义上讲,时间本身也是无限地可分的。"二是指出芝诺片面地以间断性取代连续性:"在将连续的距离分为两半时,将一点当作两点了,使它成为一个起点和一个终点;……如果以这种方法来分,无论是距离或是运动就都不是

①　亚里士多德:《物理学》239b11—14;[德]第尔斯、克兰茨编:《苏格拉底以前哲学家残篇》,DK29A25。
②　亚里士多德:《论题篇》160b7—8。
③　《庄子·杂篇·天下第三十三》。

连续的了。"①事物的运动总是在时间与空间中进行的,时间与空间本来就是运动存在的形式。芝诺的悖论客观上揭示了运动中时间与空间在量度上有限与无限(可分)、连续性与间断性的矛盾。他的其他三个关于运动的悖论的实质也是类似的。

(3)阿喀琉斯(Achilles)追不上乌龟的悖论。阿喀琉斯(Achilles)在荷马史诗中是全希腊跑得最快的健将、攻打特洛伊的英雄。芝诺却说他追不上爬得极慢的乌龟:"最快的永远赶不上最慢的,因为追赶者必须首先跑到被追赶者起跑的出发点,因此最慢者必然永远领先。"②阿喀琉斯赶不上同他赛跑的乌龟,因为他在赶上乌龟以前,必须首先到达乌龟出发点,而他到达这一点时,乌龟已经又爬了一段,由此无穷地逼近也最终赶不上乌龟。这个悖论客观上也揭示了时空的有限性与无限可分性、连续性与间断性这两种矛盾,但否定了矛盾的统一性。论证的目的更明显地是指:如果说"作为世界本性的存在是运动的"这个原理是真的,就会得出跑步健将阿喀琉斯赶不上乌龟的荒谬结论;但是实际上当然不会有这种情况,所以思辨的理性所把握的世界本性即存在,是没有运动的。

(4)飞矢不动的悖论。疾飞的箭就其无限分割的瞬间而言实际上是静止不动的,"如果某物处于和它自有的量度相等的空间里,它就是静止的;而运动着的物体在每一瞬间中(都占据这样一个空间),因此,飞矢不动。"亚里士多德批评:"这个说法是错的,因为时间不是由不可分割的'瞬间'组成,正如别的量度也都不是由不可分割的部分组成一样。"③这个悖论的实质是将运动经历的时间无限微分为不连续、不可超越的静态'瞬间',以此论证就世界本性的存在而言,运动是表面假象,运动不过是无数静止的画面拼接而成,就像如今动态的电影放映连接的静态胶片

---

① 亚里士多德:《物理学》233aI—28、263a23—27。

② 亚里士多德:《物理学》239b 14—18;[德]第尔斯、克兰茨编:《苏格拉底以前哲学家残篇》,DK29A26。

③ 亚里士多德:《物理学》239b5—9。

一样。

（5）运动场的悖论。这是关于运动场上两排物体的论证："每排由大小相等、数目相同的物体组成，各以相同速度按相反方向通过跑道，其中一排从终点开始排到中间，另一排从中间排到起点。他［芝诺］认为，这里包含一个结论：一半时间等于一倍时间"。亚里士多德批评："这个论证的错误在于，它假定一个物体经历另一个以同等速度运动的物体所用的时间，和经历同样大小的静止的物体所处的时间是相等的。"①此悖论涉及运动中时间的相对性问题。芝诺将运动物体相对于按相反方向同样运动的物体作为参照系的时间，和该物体相对于静止物体作为参照系的时间混为一谈，为的是否认作为世界本性的存在是运动的：如果承认运动的真实性，就会得出一半时间和其一倍时间相等的荒谬结论来。

芝诺的悖论在哲学与科学思想史上有特殊的历史意义与价值。他首创一种主观辩证法，客观上揭示了在时空中运动事物所固有的内在矛盾。黑格尔高度评价"他是爱利亚学派的大师"，"他是辩证法的创始者"，并说芝诺的辩证法"曾经掌握了我们的空间和时间观念所包含的诸规定"，把它们"提到意识前面，并且在意识里揭露出它们的矛盾。康德的'理性矛盾'［即二律背反］比起芝诺这里所业已完成的并没有超出多远"。②他创始的是逻辑论证的主观辩证法，在悖论这种思想矛盾中折射出客观事物的普遍性矛盾，包括"一"与"多"，运动是在同一瞬间物体既在这个地点而同时又不在这个地点，事物量度的有限性与可分割的无限性，时间与空间以及相关的运动历程的连续性与间断性，等等。这有助于哲学思维深入把握事物的普遍本质与内在矛盾。后来的苏格拉底的对话辩证法、麦加拉学派的悖论、后期柏拉图研究对立的范畴、晚期希腊罗马怀疑论学派一些有二律背反意义的"式"，都是各有不同方式、各有其自身目

①　亚里士多德：《物理学》239b33—240a18。
②　［德］黑格尔：《哲学史讲演录》第1卷，贺麟、王太庆译，北京：三联书店1959年版，第272、293页。

的与结论,吸收、发展了这种主观辩证法,当然,芝诺揭露了运动和时空的本质的矛盾,但是没有能将对立的双方统一起来,终究还是停留黑格尔所说的爱利亚学派固有的"形而上学的抽象论证","沉没在理智[知性思维]同一性的深渊里"。① 芝诺悖论运用形式上严格的逻辑论证方法,标志着希腊逻辑思想日益趋向成熟,也促进了后人的逻辑思想进展(如智者的论辩术和苏格拉底的对话辩证法中的逻辑分析思想),这就为亚里士多德建立形式逻辑这门思维科学提供了重要的思想积累;一些晚期希腊与罗马的哲学家与逻辑学家致力于从逻辑上剖析芝诺悖论的难题,也有助于逻辑思想的发展。芝诺悖论对希腊以至近代数学思想的发展也有开创性的启迪意义。希腊数学思想发展,除了从泰勒斯、毕泰戈拉学派的几何学思想一直到欧几里得的《几何原本》这条线索外,另一条线索是关于无限小、极限的探讨。芝诺悖论的难题最早在这方面向希腊数学家提出了挑战,启发他们去研究有关无限小、极限以及求和过程的各种数学概念,并努力创新这方面的数学方法,如安提丰(Antiphon)和欧多克索创立了穷竭法,直到近代西欧数学家发明了微积分,完善地在数学中引入了变量,从数学上解决了运动与时空中的有限与无限可分、连续性与间断性的对立统一。

在芝诺之后,已生活于公元前5世纪后半叶的麦里梭(Melissus,鼎盛年约为公元前444—前441年),是爱利亚学派末期的代表。当时小亚细亚与希腊本土兴起复兴伊奥尼亚自然哲学的思潮,而南意大利的恩培多克勒也已综合伊奥尼亚和南意大利的哲学传统,将抽象的"存在"碎变为四元素和"爱"与"恨"两动力提出物质粒子结构的本原论和宇宙演化观。面对这些学说的挑战,麦里梭一方面固守与阐发巴门尼德的基本原理,另一方面,这位本来就是小亚细亚萨摩斯的本地人与名将、巴门尼德的学生,吸收伊奥尼亚的某些哲学思想来修正巴门尼德的"存在"论。主要在

① [德]黑格尔:《哲学史讲演录》第1卷,贺麟、王太庆译,北京:三联书店1959年版,第276页。

三方面提供了新的论证。第一,他主张存在是无限的,而不是有限的。他说的无限仍是无限制、无限定的意思,已有时间上无开端与终结的意思,认为这样才能论证"存在"的真理。第二,他主张存在是无形体的。巴门尼德还形象地说存在是球形的以表述其有限性与完善性,这是因为他的存在还是一个对世界普遍本质的既空泛又不能摆脱具象思维的规定。麦里梭将世界的无限的普遍本质作出更高度的抽象,认为存在必然是"一",就必然没有形体。第三,存在是不带任何情感色彩的理性神。他认为"一"或整体就是神,唯有神是永恒的、无限的,理性才能把握的宇宙秩序,就是没有拟人化情感色彩的理性神。他和塞诺芬尼一样,主张带有泛神论色彩的理性一神论。①

小　　结

本章概论了前期毕泰戈拉学派和爱利亚学派主要代表人物的基本学说,从中可见早期希腊哲学初始阶段的另一支传统南意大利哲学有其特殊的理论气质与贡献,表现在四个方面。一是以理智的思辨与逻辑论证探究世界万物的普遍本性即原理,得出抽象程度较高的本原性哲学范畴。二是首先形成一种有限、有秩序、有确定结构与天体运行轨道的宇宙论。三是强调了理智的思想与逻辑思维在科学认知世界与把握哲学真理中的重要作用。四是宗教开始成为哲学研究的一个主题,摆脱了神话世界观的哲学开始影响、批判希腊传统的多神教,开始萌发理性神思想。这些对后世古希腊哲学的进展都深有影响。而伊奥尼亚哲学和南意大利哲学这两支对峙的哲学传统又得到会通与综合,这就直接引生了公元前 5 世纪后半叶早期希腊自然哲学的深化发展。

---

① 关于麦里梭的哲学思想与史料,详见姚介厚:《古代希腊与罗马哲学》上册(多卷本《西方哲学史》第 2 卷),南京:江苏人民出版社 2005 年版,第 227—232 页。

拓 展 阅 读

一、必读书目

1. C. H. Kahn, *Pythagoras and the Pythagoreans*：*A Brief History*, New York, Hackett Publishing Compaby, 2001.

2. K.Bormann, *Parmenides*, Hamburg, Felix Meiner Verlag, 1971.

3. 姚介厚：《古代希腊与罗马哲学》（上册的第三、四章）（多卷本《西方哲学史》第 2 卷），南京：江苏人民出版社 2005 年版。

二、参考书目

1. W.K.C.Guthrie, *Orphseus and Greek Religion*, Princeton, Princeton University Press, 1993.

2. P.Gorman, *Pythagoras*：*A Life*, London, Routledge Press, 1979.

3. Peter Kingsley, *Mystery*, *and Magic*：*Empedocles and Pythagorean Tradition*, Oxford, Clarendon Press, 1997.

4. F.M.Cornford, ：*Plato and Parmenides*, London, K.Paul, Trench, Trubner & co. ltd, Reprinted 1951.

5. A.Grunbaum, *Modern Science and Zeno's Paradox*, London, George Allen and Unwin Ltd., 1967.

6. C.H.Kahn, *The Verb "to be" in Ancient Greek*, Dordrecht, Holland, D.Reidel-Publishing Company, 1973.

4

公元前 5 世纪后半叶的自然哲学家

姚 介 厚

坚定不移的智慧是最可宝贵的,胜过其他一切。

——德谟克利特(DK68B297)

公元前 5 世纪后半叶的自然哲学家们综合伊奥尼亚和南意大利两大哲学传统而有理论升华,促使早期希腊自然哲学多有新进展。他们深入探索物质结构,提出"元素"、"种子"、"原子"等新的本原论和宇宙演化论,多有开阔、深入的科学思想成就,开始有了对物质和精神分化的认识,开始重视研究认识论、形成素朴的反映论,较多关注人、社会和宗教问题,增进了人文精神。这一时期的自然哲学承先启后,是向希腊古典哲学过渡的重要环节。西西里岛的恩培多克勒提出微粒子结构的"四根"(四元素)说、"爱"和"争"两动因说和宇宙循环演化论,研究感知认识的生理基础、论述"同类相知"的"流射说",他的净化说与历史循环论也有理性神思想。雅典启蒙哲学家阿那克萨戈拉以彻底的多元论修正和革新伊奥尼亚哲学,提出"种子"和"努斯"的二元论哲学、漩涡运动的宇宙生成说和异类相知的认识论,他将伊奥尼亚的哲学和科学思想传播到希腊本土,促成复兴并革新伊奥尼亚哲学的思潮。德谟克利特的原子论哲学实现了对早期希腊各派自然哲学的大综合,建立起西方哲学史上第一个较为完备的唯物论哲学体系和科学的物质结构假说。他论述了宇宙的本原是原子和虚空,以原子漩涡运动的必然性阐明无限世界的生成和宇宙演化的总画面,以影像说论述灵魂的感知与理智,批判宗教迷信,鲜明表现了无神论思想,并已注重观察与研究各种社会问题,提出自己的社会进化与社会伦理思想。它的原子论哲学的传承与发展经历了曲折的历史命运,在西方哲学与科学发展史上产生深远的历史影响。

我们应注重理解、把握以下五点:

第一,公元前 5 世纪后半叶的自然哲学产生的历史与科学文化条件,它如何在综合、改造伊奥尼亚和南意大利两大哲学传统中将早期希腊哲学推进到一个新阶段,它在总体上有哪些新的哲学理论特征,如何在向希腊古典哲学过渡中起到承前启后的作用。

第二,恩培多克勒主张的四根说最早提出了关于物质结构的元素理论,开启了当时近半个世纪希腊自然哲学的基本方向,也是早先的"本原"范畴向后来的"本体"范畴过渡的一个重要中介环节。这种新本原观,也是首创的物理学意义上的微观粒子结构说。它强调物质的有定形与数量比例,有粒子化、孔道结构和数量比例三个特点。对他提出的"爱"和"争"这两种动力因、宇宙循环演化论和在生命科学思想上的重要贡献,均应有全面、准确的理解。

第三,阿那克萨戈拉的种子和努斯作为物质性本原与精神性的本原各有的内涵特征;他提出理智的精神实体努斯有其缘由,在他的哲学中起有特定的、有限的作用;这种对物质与精神范畴的分化认识在希腊哲学史演进中有一定的意义。

第四,在和早先各派哲学的本原说的比较中,深化理解德谟克利特的关于原子与虚空的学说是通过综合、改造前者提出的崭新的本原说与科学的物质结构假说,是人类认识史上的一次飞跃。深入理解他的关于原子漩涡运动的必然性造成无数世界生灭的宇宙演化说,它相似于近代笛卡尔、拉普拉斯、康德的天体起源说,难能可贵。并注重理解他的影像说在推进早期希腊哲学的认识论研究、宣扬科学无神论思想上的作用与意义。

第五,注意理解德谟克利特已较多论述社会进化和社会伦理,有其历史背景,他已经敏锐地反思当时社会政治体制的矛盾与问题,并主张通过调整社会伦理与个人道德价值来修缮社会体制,防止社会危机。这预兆了希腊古典哲学的人文转折,在政治思想史与伦理思想史上有独步先驱的意义。

四根;爱与争;同类相知的流射说;种子;努斯;异类相知;原子与虚空;必然性;原子漩涡运动的宇宙演化论;影像说;社会进化与社会伦理思想

公元前 5 世纪后半叶哲学中心从伊奥尼亚与南意大利渐而转移至希腊本土,这一时期早期希腊哲学的进展和希腊古典文明由盛趋衰时期的希腊古典哲学相衔接并有所交叉。它的主要哲学家是恩培多克勒、阿那克萨戈拉和德谟克利特。

希腊古典文明自希波战争后进入全盛时期。建立了比较成熟的民主政制的雅典,已成为希腊的政治与学术文化中心。各地希腊城邦大都有相对稳定地繁荣发展的局面。南意大利的城邦在哲学与文化上仍然演进其传统。希波战争时期米利都等繁华城邦被焚为焦土,伊奥尼亚地区的学术文化趋于低落,一些学术精英(包括阿那克萨戈拉、留基伯等人)辗转流徙,移住正在崛起的雅典,遂促使东学西渐,播种出雅典黄金时代的灿烂文化。雅典式的民主制为科学与自然哲学思想的发展奠立了社会基础,而民主制也需要以科学启蒙为时代特征的自然哲学作为破除传统迷信、开发民智、进行政治斗争的必要思想武器,这和它需要当时兴起的智者运动的人文启蒙,是相辅相成的。这一时期出现了一批专门研究自然现象的科学家,许多领域的科学思想都有重要进展。① 经验观察依然是认识自然的主要手段,但比前一世纪要精细、准确多了;甚至还有解剖手段和简单的类似力学实验的方法。科学思想的发展表明这一时期希腊人认识自然的能力在提高和深入,并被自然哲学吸收与概括,促使它深入物质结构探索自然本原,提出"元素"、"种子"、"原子"等新的本原论。这一时期的自然哲学承先启后,相当重要,没有这一时期科学思想和自然哲学的进步,就不可能有后来亚里士多德在科学和哲学思想上的集大成。

这一时期的自然哲学有以下 5 个主要思想特点。第一,从探索物质结构这一新途径来解决万物的本原问题,综合伊奥尼亚和南意大利两大哲学传统而有理论升华。过去有的西方哲学史家视之为对两大哲学传统采取折中主义,那是误解。它致力于克服伊奥尼亚和南意大利的两种"一元论"的对立,在本原探究上经过"多元论"最后达到一元和多元的统

---

① 如:在数学方面,几何学与数的研究都大有深化,开俄斯人希波克拉底在雅典以教授数学为业,已研究了"化圆为方"和六次幂方问题,他编写了几何学要义,科学史家法灵顿曾评述:"他的要义为欧几里得的杰作铺平了道路。"(见 Benjamin Farrinton, *Greek Science*, Vol. 1, Middlesex England, Penguin Books Ltd., 1953, pp. 101–102.法灵顿:《希腊科学》第 1 卷,英国米德塞斯:企鹅丛书出版公司 1953 年版,第 101—102 页)天文与气象的研究也趋精细,天文学家、数学家俄诺庇得(Oenopides)和麦同(Meton)已编制了较为精确的太阳历法。对许多天文、气象和地理的自然现象的成因,诸如星体轨道、日食月食、银河、彗星、风雨雷电、海洋、地震以及尼罗河水泛滥原因等,都能作出比较合理的说明。物理学思想勃发和自然哲学融为一体,对物质微粒子结构作了有深远影响的探索,并涉及力、速度、轻重、光速、光的反射等一些基本物理范畴。对动物尝试分类,并萌发了素朴的动物进化思想,在生育、胚胎方面甚至有遗传思想的最早萌芽。而注重研究生理和医学,是这一时期自然科学思想的重要特点。这表明,人已有较高能力来认识与改善自身的生存和健康条件。这一阶段的自然哲学家几乎都在生命科学领域作过探索,有所贡献。

一。第二,在阐述物质粒子的基本特性、描述自然总画面和宇宙演化方面,发扬了伊奥尼亚哲学的素朴辩证法光彩,但也有所消退,带上机械性。第三,开始以日渐明朗的方式有了对物质和精神分化的认识。第四,开始重视研究认识问题,力图将比较粗浅的认识论思想和本原论贯通起来,形成素朴的反映论。第五,更多地关注人和社会问题,增进着人文精神。

一、恩培多克勒

　　恩培多克勒是公元前 5 世纪后半叶挑头的自然哲学家。他既是民主派政治家、知识开阔的杰出科学思想家,又是神秘的宗教先知,双重人格奇妙地融为一体。他既较多地接受南意大利哲学传统的影响,又将伊奥尼亚哲学的单一的物质本原率先改造为微粒子结构的四元素说,并率先研究了世界变化生灭的动因,提出“爱”和“争”两动因说和宇宙循环演化论;他率先研究感知认识的物质与生理基础,论述了“同类相知”的“流射说”;他宣扬的奥菲斯教义已明显表现理性一神思想,并用来阐释净化说与历史循环论,这和毕泰戈拉学派改良奥菲斯教义、爱利亚学派主张理性一神,都既有思想联系,又有新的阐发。

　　1.西西里岛的传奇哲学家

　　恩培多克勒(Empedocles,约公元前 492—前 432 年)出生于西西里岛南部的阿克拉伽(Acragas)。它原是希腊本土阿卡亚人在公元前 582 年建立的殖民城邦,约有 20 万人口,规模宏伟,实力雄厚,在此岛仅次于叙拉古。它是岛上的农业和海外贸易中心,也是著名的文化古城。它依山傍水,景色宜人,登临它那巍峨的卫城,俯瞰河海,六座庄严的奥菲斯教大神庙屹然耸立。恩培多克勒在这里度过风茂年华,其鼎盛年为公元前 444—前 441 年左右。他出身于显贵世家,父亲麦同是城邦政治生活中活跃的奴隶主民主派。他年少时希波战争正在进行,公元前 488 年至前

472 年,阿克拉伽在能干的僭主塞隆统治下,同叙拉古结成联盟,击败和波斯人勾结的迦太基人之入侵,西西里岛获得相对安定的局面,经济繁荣,塞隆热心扶植科学文化事业,①阿克拉伽处在全盛时代。社会历史与文化背景造就了这位有非凡魅力的传奇哲学家。奴隶制工商业的繁荣,为萌发和传播科学思想提供了良好条件,促使他孜孜探索自然的奥秘;美丽的景色和浓郁的人文氛围使他撰写哲学诗篇文采焕发,洋溢着热爱自然与人的激情;而奥菲斯教的宗教生活在这里起着重要作用,又使他成为神奇的"先知"和"布道者"。他有着政治家、哲学家、科学家、宗教先知融为一体的奇妙人格。

在古希腊的哲学家中,以民主派政治领袖身份活跃在政治舞台上的,唯有恩培多克勒。塞隆去世后,其子塞拉绪代乌继任僭主,很不争气,很快就使阿克拉伽陷入同叙拉古的灾难性战争;城邦内部贵族派和民主派势力的斗争也尖锐化。麦同和恩培多克勒父子领导民众推翻僭主政权,建立了民主制政权,成为深得公众爱戴的民主政体领导人。在建立和维护民主制的活动中,恩培多克勒显示出敏锐果断的政治才干。政变后,为了粉碎贵族派势力,他立即采取措施,"解散了已建立三年之久的千人团,以证明他不仅是富人,而且是拥护群众的事业的"。② 他说服阿克拉伽人结束派系纷争,培植政治平等,反对个人专权,禁绝个人高踞公众之上。他的医务同行阿克隆要为他死去的父亲建立一座显耀的纪念碑,他下令禁止,斥问道:"难道要把伟大的城邦压在碑脚下面?"③他倡导清廉,反对奢侈,赈济贫寒,还施舍钱财为贫困少女作嫁资。他的施政赢得公众爱戴,享有很高的声誉。而当城邦公众出于崇敬他的功绩,"要授予他王位时,他拒绝接受,因为他宁愿过一种俭约的生活",因此,"亚里士多德

---

① 塞隆的宫殿里会集了医生、诗人、建筑师等知识界人士,著名的诗人品达(Pindarus)就在他的庇护下,写下很多优雅的颂诗,诗中也渲染了奥菲斯教的灵魂轮回转世思想。

② 第欧根尼·拉尔修:《著名哲学家的生平和学说》,第 8 卷第 66 节。

③ 同上书,第 8 卷第 64 节。

称他为自由之冠,他讨厌任何种类的统制。"①然而,政敌们怨惧他的政治
措施和对公众的影响,乘他离开城邦往访奥林匹亚时,发动政变阻止他回
国。恩培多克勒从此流落异乡,据说去了伯罗奔尼撒,后来可能就死在那
里。他深蕴哲学睿智、倾心救治民众的民主派政治家高大形象,在历史上
一直受到赞颂。②

恩培多克勒是当时杰出的科学思想家,又是蒙着神圣面纱的宗教先
知与布道者。他在所写的宗教布道诗篇《净化篇》的开场中,声称"我是
一位不朽之神,而非凡人",描述他漫行在繁荣的城邦中,人们向他致敬,
给他"戴上绶带和花环",说无数的人群追随他,或祈问求福之道,或讨求
神谕,或求医治病。③ 关于他的神奇本领,有种种传说:说他是"挡风者",
将驴皮袋挂在树上就削弱了损害农作物的地中海季风;说他将昏迷多日
的妇女治醒过来,有起死回生之术,等等。甚至关于他的死也附会了种种
离奇的传说:有的说他跳进埃特纳(Etna)火山口而成为神;有的说他在
深夜救活了一位妇女以后,突然天空中有高声呼唤他,他就升天不见
了。④ 恩培多克勒勇于探索自然,具有先进的技艺,又热心为民造福,自
然容易被当时缺乏科学知识的民众视为降临凡世之神。据记载,当时塞
利努斯的居民由于河道污染、瘟疫传播而大量死亡,恩培多克勒来考察
后,指导人们疏通河道,净化河水,消灭了瘟疫,人们在河岸宴饮庆祝,将
他当作神崇拜。他实质上是一位信赖经验观察并有深刻理论思维的科学
家,又认真地用宗教和巫术的方式从事科学和医疗实践。所以科斯医派

---

① 第欧根尼·拉尔修:《著名哲学家的生平和学说》第 8 卷第 63 节。
② 据说后来在阿克拉伽和罗马共和国的元老院前,都建立过他的雕像。19 世纪意大
利的民族英雄加里波的和玛志尼的部属,都崇奉他为民主政治的先驱,向他呈献花
环。恩培多克勒的一生富有传奇色彩,19 世纪德国诗人荷尔德林(Höldelin)和英
国诗人阿诺德(Mathew Arnold)都撰写过这位古代政治家、哲学家与医学家的诗剧。
直到 20 世纪 50 年代,还有描写他的戏剧在一些国家上演。
③ [德]第尔斯、克兰茨编:《苏格拉底以前哲学家残篇》,DK31B112。
④ 第欧根尼·拉尔修:《著名哲学家的生平和学说》第 8 卷第 70 节。

的创立人希波克拉底(Hippocrates)猛烈抨击他的南意大利医派是"挡风者和街头占卜人",是借助"净化和符咒"的迷信活动来治病。

哲学思想的双重师承关系使恩培多克勒得以综合、升华在先的两大哲学传统。他和芝诺"是巴门尼德的差不多同时的学生",他也"钦佩塞诺芬尼,实际上他和后者一起生活过"。① 他后来又从学毕泰戈拉学派,在自己的诗篇里崇敬地说:"在他们中间生活着一位富有超人知识的人,他[毕泰戈拉]真正拥有最伟大的智慧财富。"②据记载,"阿尔基达玛在他的论文《物理学》中"说恩培多克勒也是阿那克萨戈拉的学生。③ 恩培多克勒有深厚的南意大利哲学传统的思想烙印,而对伊奥尼亚的自然哲学思想也有吸取与发展。

恩培多克勒写了两部主要著作《论自然》和《净化篇》,留存它们的一些残篇。前者论述自然哲学,有残篇 111 则;后者阐发宗教思想,有残篇 42 则。共计残篇 153 则,均用韵文形式写成,共约 450 行。据说这两部诗原来总计约 5000 行;《论自然》分两卷,有 2000 多行。④ 在早期希腊哲学家中,他的残篇算是留存较多的,加上亚里士多德和塞奥弗拉斯特等人的著作中记载了不少他的哲学思想,《希波克拉底文集》中转述了他的医学思想,可供研究的资料较为丰富。上述两部著作的残篇都由第尔斯、克兰茨收辑,伯奈特在《早期希腊哲学》一书中另有英译。美国列昂奈达(W.E.Leonard)于 1908 年以韵文形式英译全部残篇出版,书名《恩培多克勒》,保留原诗的文采风格,但其内容和伯奈特的译文出入不多。富有诗人天赋的恩培多克勒还写过颂诗、关于希波战争的诗和一些悲剧,可惜都没有流传下来。他又是一位杰出的修辞学家。据记载,"亚里士多德在《智者篇》中称恩培多克勒是修辞学的创始人,正如芝诺是辩证法的创始

① 第欧根尼·拉尔修:《著名哲学家的生平和学说》,第 8 卷第 56 节。
② [德]第尔斯、克兰茨编:《苏格拉底以前哲学家残篇》,DK31B129。
③ 第欧根尼·拉尔修:《著名哲学家的生平和学说》,第 8 卷第 56 节。
④ 同上书,第 8 卷第 77 节。

人一样"①。他在古希腊修辞学的创立和发展上有重要贡献,西西里著名的修辞家如科拉克斯、提西亚斯以及智者高尔吉亚,都是他的学生。

　　2.四根说和"爱"与"争"两动力

　　恩培多克勒的四根(四元素)和"爱"与"争"两动力的基本学说,是一种新的本原论。它将本原的探讨引向物质微粒子结构和动因问题,以此解释万物的动变生灭与宇宙演化,而动因问题又潜蕴着物质和精神分化的可能性。他的学说在公元前 5 世纪后半叶深化发展自然哲学中,迈出了开创性的第一步。

　　恩培多克勒主张结合观察自然的经验和对世界全体的理智思索,沟通自然的本质构成和现象世界,来认识世界的本原。在《论自然》中,他开宗明义指出认识自然的正确途径:"你要用各种官能去观察,看看每一件事物用什么方式才是明白的",不要低估"各种感官的可靠性";他又指出"散布在人们肢体上的感官是局促的",不要将感知的局部当作"发现了全体"。② 他正是循着结合感知与理智的认识"正路",提出了"四根"说的新本原论。他用神喻诗句指出:

　　　　一切事物有四种"根":照耀万物的宙斯,哺育万物的赫拉,以及埃多涅乌(Aidoneus)和涅司蒂(Nes—tis),他们让自己的泪水成为变灭的事物的生命泉源。③

　　他用希腊神话中的四位神分别喻指水、火、气、土四种根。在他的《论自然》残篇中,直接使用"四根"一词的就只有这一处。他没有使用"本原"这个范畴,而代之以四"根",有深化"本原"的新含义。当时希腊

---

① 第欧根尼·拉尔修:《著名哲学家的生平和学说》,第 8 卷第 57、58、77 节。
② [德]第尔斯、克兰茨编:《苏格拉底以前哲学家残篇》,DK31B2。
③ 同上书,DK31B6。

人看到植物都从根生长出来,此词也被借用来表示基础、根源的意思。亚里士多德指出"恩培多克勒说它[本原]是四种元素",①首先将四根说成是四种元素,以后古代注释家们都将四根作为四元素来阐释。

恩培多克勒主张四根自身永恒不变,只是由于它们的相互结合和分解,造成世界万物循环性的产生和毁灭。四根造就宇宙的一切:"从这些东西[元素]中产生一切过去、现在和将来存在的事物;树木、男人、女人、兽类、鸟类、水生的鱼,甚至连长寿的最尊贵的神也是这样产生的。因为只有这些东西[元素]互相穿插,由于它们混合变化的不同,成为不同的事物。"②四根是世界的终极存在,它们构成一切,连神也不例外。四根的结合与分解造成事物的生成与消灭,造成"一"与"多"在运动变化中的统一。"生灭的事物的生成是双重的,它们的消灭也是双重的。当一切结合在一起时,'一'被生成了,又被破坏了;而在分解时,别的东西又生成了,又解体了。……所以,就'一'从多中产生又立即分解为多说,它们是生成而不是不变的,可是就它们永不停止连续变换场所说,它们在这种循环中又是始终不变的。"③就是说,事物的生与灭,同时是四种根各自的分解与聚合,"一"与"多"、结合与分解是相对并存的,四根自身的全体则永不变。他提出四根或四元素,并不是只将早先哲学已涉及的水、火、气、土这四种本原简单地综合、拼凑在一起。就根源意义说,四"根"已是将物质结构的四大基本元素作为万物内在构成的本原。他已不再止于考究单一物质本原的物态变化上,而是开始深入物质内部构造的堂奥,最早提出了关于物质结构的元素理论,并用物质元素结合与分离的构造活动,来深入解释事物生成和毁灭,而四大基本元素在质上不可变,它们作为永恒存在的全体也没有生成和毁灭。这开启了当时近半个世纪希腊自然哲学的基本方向,也是早先的"本原"范畴向后来的"本体"范畴过渡的一个重要

---

① [德]第尔斯、克兰茨编:《苏格拉底以前哲学家残篇》,DK31B21。
② 同上。
③ 同上书,DK31B17。

中介环节。

恩培多克勒的四根说是综合、改造了爱利亚学派哲学和伊奥尼亚哲学。他的哲学基本前提接受了巴门尼德的主要哲学范畴和命题,强调无中不能生有、有也不会化为无:"从根本不存在的东西中产生出东西来是不可思议的,而存在的东西会消灭,也是不可能的";"[四根]不是产生出来的";"全体中没有任何部分是虚空,也没有过剩的。既然全体中没有任何部分是虚空,怎么能进入任何东西呢?"①四根自身就是无生灭的"存在"全体。巴门尼德关于存在不能从非存在产生、也不能变为非存在的思想,以及全体不生不灭,没有虚空等基本思想,他都吸收过来并加以改造。他将巴门尼德的抽象空泛、浑然一体的"存在",打碎成为四元素的微粒子,用它们的结合和分离形成万物的生灭变易,肯定了被巴门尼德贬抑的"意见世界"的真实性。他最早提出一种四元素、有定形的微观物质结构性本原论,是对伊奥尼亚哲学的单一物质无定形本原论的根本改造。但他对后者也有吸取。他论述四元素各自的特性,也从冷热、干湿、明暗等物态性质方面加以描述,如气是流动透明的,水是黑暗寒冷的,土是坚硬沉重的,火是明亮灼热的。他虽然说四根是相等的,实际上又将四元素分为处于相反关系的两组,"以火作为一种,而以和它相对立的——土、气、水——作为另一种",②突出了火的地位和能动作用,在论述宇宙演化和生命起源时都突出了火聚合各元素的重要作用。③ 他无疑也吸收了赫拉克利特与毕泰戈拉学派强调火在宇宙生成中有显要作用的观点。

四元素说是哲学上的新本原观,也是首创的物理学意义上的微观粒

---

① [德]第尔斯、克兰茨编:《苏格拉底以前哲学家残篇》,DK31B11、DK31B 12,DK31B7、DK31B13、DK31B 14。

② 亚里士多德:《形而上学》985a33—b2。

③ 如他论述天体形成:整个天穹不仅形成火半球,还由于火对气的凝烤作用,形成另一个和火半球相对立的透明的气半球;(DK31A51)他又认为在太古时代,整个大地下面燃烧着火,人的产生也是由于火对土和水的作用,使元素聚合的结果。(DK31B52、62)

子结构说。它强调物质的有定形与数量比例,有粒子化、孔道结构和数量比例三个特点。(1)四元素是粒子化了的,这些微小的物质粒子是构造物质的基本单元。亚里士多德记述:"在那些主张和恩培多克勒同样学说的人看来,什么是事物生成的方式呢? 他们认为是组合,就像用砖和石砌成墙一样。他说,这种'组合'就是用元素组成,这些元素是不变的,只是以它们的细小粒子形态紧紧排列结合起来。肌肉和其他一切事物都是这样由元素组合成的。"①(2)微粒元素组合万物,具有特定孔道结构。元素粒子结合构成物体,包含着无数微小的"孔道",不同物体所含孔道的大小不同;和另一物体的孔道相吻合的粒子,就可以进入那个物体,否则就不能。所以他说:"水与酒可以和在一起,水与油却不能融合。"②亚里士多德说后来"将这种理论最系统、一贯地应用到一切物体的,是留基伯和德谟克利特,他们自然将这种学说作为他们首先的出发点。"③这种孔道结构说在恩培多克勒论同类相知的流射说中也得到重要应用和发挥。(3)物体的元素结构有一定的数量比例。由于四种元素粒子数量上的不同比例,造成万物在性质和形态上的千差万异。"肌肉的形成是由于四种元素等量地混合,神经由火、土和双倍的水结合而成……骨头是由两份水、两份土和四份火混合成的。"恩培多克勒比喻说,就像画家混合多、少不同不比例的各种颜料,能"画出酷肖各种事物的形相,画出树木、男人和女人,兽类和鸟类,以及养在水里的鱼,甚至还有永生的最尊贵的神。"④恩培多克勒的物质粒子结构学说注重南意大利哲学强调本原有定形的传统,吸收了毕泰戈拉学派的数与几何形式结构的思想,开启了探讨物质构造中量和空间形式结构的规定性。他的四元素说,在自然科学史

① 亚里士多德:《论生灭》334a26—31。
② [德]第尔斯、克兰茨编:《苏格拉底以前哲学家残篇》,DK31B91。
③ 亚里士多德:《论生灭》324b34—325a3。留基伯和德谟克利特的原子论哲学主张原子在虚空中以一定的形状、次序和位置结合成万物,就是具有更严格的几何形状的孔道结构。
④ [德]第尔斯、克兰茨编:《苏格拉底以前哲学家残篇》,DK31A78,DK31B23。

上,可以说是物理学上的基本粒子和化学上的元素概念的最初萌芽。

四种基本元素自身不变动、无生灭,它们结合和分离的动因究竟何在? 恩培多克勒提出一对外在的对立动力因:"爱"(philotes)和"争"(neikos,或译为'憎'、'恨')。爱是一种结合的力量,争是分离的力量:"在一个时候,万物在'爱'中结合为一;在另一个时候,个别事物又在'争'的冲突中分离。""这一对力量万古长存。"①他认为从日月星辰、大地海洋到植物动物、人的四肢身骸的万物,都是由爱和争这两种力量在四种元素间发生作用的结果,爱和争这两种对立的动力此起彼伏,轮流消长,使四种基本元素不断结合又不断分离,因而万物就处于经常的生灭变易之中。在早期希腊哲学家中,恩培多克勒第一个从自然本原以外去寻找运动的原因,是受爱利亚学派哲学影响的结果。但亚里士多德指出:恩培多克勒是第一个"假定不是一种动力因,而是两种不同的相反的原因"②。万物的生灭变易是两种对立力量作用的结果,这仍然有赫拉克利特关于对立统一的素朴辩证法的印迹。而且,爱和争的作用是双重的辩证关系:爱将不同的元素和不同的物体吸引、结合在一起,同时也就是将本来聚集在一起的相同的元素分离开来了;而争将某一结合物体中的不同元素分解开来,同时也就是将同类元素吸引、聚集在一起了。这就是说,爱在结合时产生了(另一些事物的)分离,争在分离时产生了(另一些事物的)结合。结合和分离是对立的统一。爱的结合作用的结果不是同类元素相聚,而是将不同类的元素聚结在一起,使异类相聚;争将结合物分离,则使同类元素相聚。黑格尔称赞这种认为"没有分离的联合与没有联合的分离是不存在的"的深刻思想是"综合"观念,是对"赫拉克利特的思辨理念"的"一种补充","至今还有影响"。③ 当代科学史家萨姆伯

---

① [德]第尔斯、克兰茨编:《苏格拉底以前哲学家残篇》,DK31B17、16。

② 亚里士多德:《形而上学》985a29—30。

③ 黑格尔:《哲学史讲演录》第 1 卷,贺麟、王太庆译,三联书店 1959 年版,第 323、326—327 页。

斯基(S.Sambursky)也指出这种影响:"近代物理学家们对恩培多克勒凭直觉提出吸引力和排斥力同时存在感到惊讶",而现代物理学也确认"宇宙中起作用的排斥力,通过银河系的衰变,导致宇宙的膨胀",在原子物理中正负电荷"同极相斥,异极相吸","也不能免除排斥力和吸引力的假定。"①

外在于四元素的"爱"和"争",究竟是物质性的动因还是精神性的动因? 恩培多克勒自己的说明是宽泛含混的:既说"在这[四根]之外还有毁灭性的'争',它在各处都有相等的份量;在它们中间还有'爱',它的长度和宽度都是相等的",它们似乎是有形体的东西;又说"我们认识爱是植根于人的形体之中,它使人们有友爱的思想,并从事协调的工作,因此人们称她为喜乐之神或爱神阿佛洛狄忒",它们又仿佛是一种精神性的力量。他还在论同类相知时说"我们是用土来看土,用水来看水,用气来看明亮的气,用火来看毁灭性的火;用爱来看爱,用剧烈难忍的争来看争"。② 认识的客体和主体都有四元素、爱和争。亚里士多德则认为"爱是善(好)的事物的原因,而争则是坏的事物的原因。因此,恩培多克勒是第一个提出了恶和善是本原"。③ 20 世纪的西方学者有三种见解:(1)伯奈特和贝利(C.Bailey),认为爱和争完全"是一种有形体的物理力量",而借用带心理色彩的语言来表述,并不能证明爱和争是精神性的;(2)克莱芙(F.M.Cleve)认为恩培多克勒宗教情绪强烈,爱和争完全是一种精神性力量,表现了"情感是一切运动的终极动力",就像阿那克萨戈拉将"努斯"看成终极动力一样;(3)格思里认为爱和争既是一种非人格、不神秘的"机械力量",也带有人格色彩,因此"争论爱和争的作用是物理

---

① [以色列]S.Sambursky,*The Physical World of Greeks*,translated from the Hebrew by M. Dagut,London Routledge and Paul,1956,p.19.(萨姆伯斯基:《希腊人的物理世界》,M.达格特英译自希伯来文,伦敦:洛特里奇—保罗出版社 1956 年版,第 19 页。)
② [德]第尔斯、克兰茨编:《苏格拉底以前哲学家残篇》,DK31B17、109。
③ 亚里士多德:《形而上学》985a4—10。

的还是心理的没有意义,因为这两者都是"。① 其实,恩培多克勒本人既是科学家又是宗教的先知。在科学和自然哲学方面,爱和争主要表现为物理的力量,但表述也染有人格和情感色彩;而在宗教思想中,它们就完全是精神性力量。他自己还没有明确地将精神和物质区别开来,也还没有意识到这种区别的必要,爱和争带着明显的二重性,潜存物质性动因和精神性动因分化认识的可能性。

3. 宇宙循环演化论和天体与生命科学思想

恩培多克勒根据四元素和爱与争两动因论述的宇宙论和科学思想自有特色,含有不少超前卓见,在医学上更是自成一派,有深久影响。

恩培多克勒认为,宇宙是个球体(这点是接受了巴门尼德的观点),永远处于周期性的循环演化之中。四种元素是它的基本质料,爱和争则是演化的动力。"爱和争依次占优势地位:爱将一切东西结合成为一,破坏了争所创生的宇宙,并使之成为球体,而争又一次将元素分离,创生出如今那样的世界。"②爱和争这两种对立的力量轮流占据主导地位,使每个循环周期经历四个不同的演化阶段。第一阶段,爱的力量占主导、支配地位。宇宙是一个各方面相等、滚圆的混沌球体,叫神圣的"斯弗拉"(Sphere)。爱处在球体中心,它的力量统治整个宇宙,将一切东西都混合在一起,形成一种旋涡运动,争的力量只能潜处在球体外层最边缘。宇宙中一切都绝对地混合,没有任何区别、纷争和冲突,处于和谐状态中。第

---

① ［英］伯奈特:《早期希腊哲学》,纽约:世界出版公司 1967 年重印本,第 232 页;C. Baily, *The Greek Atomists and Epicurus*, Oxford, Clarendon Press, 1928, p.31.(贝利:《希腊原子论者和伊壁鸠鲁》,牛津:克拉伦登出版社 1928 年版,第 31 页。)F. M. Cleve, *The Giants of Pre-Sophistic Greek Philosophy*, Hague, Holland, Martinus Nijhoff, 1969., pp. 352-354.(［美］克莱芙:《智者以前希腊哲学的巨人》,荷兰海牙:马丁努斯·尼霍夫出版社 1969 年版,第 352—354 页。)［英］格思里:《希腊哲学史》第 2 卷,剑桥:剑桥大学出版社 1974 年版,第 156—157 页。

② 辛普里丘:《〈论天〉注释》第 293 页第 13 行起,转引自汪子嵩等:《希腊哲学史》第 1 卷,人民出版社 1997 年版,第 834 页。

二阶段,争的力量崛起。争从外层边缘侵入球体,将爱的力量向球体中心压迫,同爱发生冲突,吸引和排斥力量的相反作用,产生回旋式运动,造成各元素从绝对混合中分化,形成天地、日月、星辰和江河大海等等,化生出世界万物。亚里士多德记述他认为"目前的世界秩序处于争的力量占优势的状态,正如过去它在爱的支配之下"。[①] 他在《净化篇》中也强调人类所生活的尘世是代表"恶"的争在起很大作用的时期。第三阶段,争的力量达到高峰,占据绝对的主导和优势地位。争的力量扩展到整个球体,将爱压缩到球体的中心点。由元素结合成的一切物体都解体了,各种元素相互处于绝对分离状态,每一种元素自己聚集在一起。宇宙中各种结合物体不复存在。只有四种元素各自的集合体。第四阶段,爱的力量重新崛起。爱的力量又从中心点扩张开来,将争的力量向球体的外层边缘驱压,各种不同的元素又重新结合起来,形成另一个自然和生命世界。直到爱的力量又逐渐达到顶峰,使各种元素又绝对地混合在一起,回复到最初的绝对和谐、混沌的斯弗拉,再开始下一个周期。

恩培多克勒的宇宙循环演化论根据他的本原论推想出来,但也包含着吸引力和排斥力在宇宙演化中有重要作用的合理思想。他描写宇宙演化时使用一些神秘词句,如说爱和争有"严密的誓约",后来被打破了,这和他在《净化篇》中的有关说法相似,潜藏宗教意义,也为《净化篇》中灵魂轮回的历程,提供了自然躯壳或居留场所。

恩培多克勒的天体学说虽还有一些猜想和虚构的成分,比他以前的自然哲学家有较多科学的进展。他描述:宇宙最初的那个"斯弗拉"中首先分离出来气与火,在火凝烤下,天穹形成两个明暗不同、都有可透明性的火半球和气半球。处于天体中心的地球在不断旋转中,依次面对这两个半球,便成为日和夜。太阳、星辰包括恒星、行星是火元素的构合体,"月亮本身不发光,它从太阳那里得到光"。整个天穹的结构形状北高南

---

① 亚里士多德:《论生灭》334a6—8。

低,高度小于宽度,"因而宇宙像一个横放的蛋"①。这种看法同中国汉朝张衡提出的浑天说很相似,在古代天文学史上是一种比较合理的天体结构学说。他开始探索天体运行的轨道问题,认为由于争的力量,整个天体发生剧烈的漩涡运动,带动太阳、大地及一切星辰都各自在一定的轨道上旋转。"因为比较大的和重的物体总是在漩涡的中心运动的",所以"大地聚集在中心"。② 他最早用漩涡运动说明宇宙起源与天体运行轨道。在阐释天体演化和气象、地理等自然现象时,都强调了火元素所起的重要作用。火形成天穹半球,并且凝烤出气半球;火是日月星辰的构成要素;火将水中的气蒸发出来,行风布雨;火在地底炙烤,使大地内部的土变成坚硬的岩石,这是最早的"火成岩"的地质假说;火还给大地带来生命,在生物起源、胚胎成形中,火都起重要的作用。凡此种种都可以看出他受赫拉克利特的思想的影响,但他的解说更为具体、科学,显示了这一时期希腊科学思想的发展。他已认识到日食的成因:"当太阳经过月亮上面时,[月亮]遮住了它[太阳]的光,而在大地上投下一个和面色苍白的月亮一样大的黑影。"他更有卓杰的科学想象力,认为由火粒子构成的光线由太阳传播到大地,要经历一段运行的时间。亚里士多德虽然承认光线是存在物,但批评说:"恩培多克勒错误地说光线是在运行着的,或者说光线从大地到外层之间要经过一定的时间;我们观察不到它的运动",他反驳说"大地从极东到极西的距离那么大,怎么还会观察不到呢?"③ 而一则历史资料记载:"恩培多克勒说,光线是一种流射体,它从光源放射出来,先

---

① 艾修斯:《哲学家意见集成》,第 2 卷第 13 章第 2 节,转引自[英]格思里:《希腊哲学史》第 1 卷,剑桥:剑桥大学出版社 1971 年版,第 156—157 页。又见[德]第尔斯、克兰茨编:《苏格拉底以前哲学家残篇》,DK31A30、58、50。

② 亚里士多德:《论天》295a11—23。亚里士多德这里还记述他解释:"天体的运动是一种快速的运动,所以能防止大地的[离开中心的]运动;正像水在杯里,就像杯子作快速圆周运动时,里面的水总是贴着杯的铜壁,但却能防止水按其本性要作的下坠运动"。他还不可能形成向心力和离心力的概念;但他以观察水的旋转运动这种力学现象来说明天体运动有稳定的轨道和序列,却不失为一种科学的猜测。

③ 亚里士多德:《论灵魂》418b20—27。

穿过大地和天空之间这个区域,然后才到我们这里,但是我们意识不到这种运动,因为它的速度太快。"①他认为光线以高速度运行,它的传播要有时间。这一天才猜测为近代物理学所证实。关于光的电磁理论和量子理论都证实光是一种射流(也是波,波粒二象性);从伽利略到丹麦天文学家鲁以麦(Roemer)都论证光的运行有一定的高速度。19世纪的物理学家马赫高度评价了恩培多克勒的猜测,认为:"倒是亚里士多德没有从自然事实中学到东西。"②

恩培多克勒更重要的贡献是在生命科学领域。他在生命体的起源与构成、动物进化、生理和医学等方面,都作了大量的考察和研究,提出了不少比较科学的推测和创见,所取得的成果,在那时的自然哲学家中,只有稍后于他的希波克拉底堪与伦比。他认为一切生命体都是在宇宙演化的一定阶段,在爱和争的力量作用下,由四种元素结合产生的。他当然还不知道从无机物向生命体的转化需要经历漫长复杂的过程,他的合理见解在于认识到生命体由无机的物质元素产生,它同整个自然界在物质构成上是统一的,并不存在不可逾越的鸿沟。他论述最初产生形形色色甚至很怪异的动物,用朴素的适者生存、自然淘汰法则解释动物进化过程:"许多动物体是由肢体合适地结合起来的,所以能确保它们的生存,这些动物就保存下来了,因为它们的各部分能互相切合需要。牙齿能撕咬和咀嚼食物,胃能消化,肝又将它们变为血液。人的头和人的身躯相遇,就可以确保整个人体的存活。而那些人头牛身的动物是不适合生存的,就逐渐消亡。所以那些构造不合适的动物,都要灭亡。"③恩培多克勒是南

① [德]第尔斯、克兰茨编:《苏格拉底以前哲学家残篇》,DK31A57。

② 转引自 B.A.G.Fuller, *History of Greek Philosophy.Thales to Democritus*, New York, Henry Holt and Company, 1923, p.378.(福莱:《希腊哲学史,泰勒斯至德谟克利特》,纽约:亨利·霍尔特出版公司 1923 年版,第 378 页。)

③ [德]第尔斯、克兰茨编:《苏格拉底以前哲学家残篇》,DK31A70,DK31B57—61。辛普里丘:《〈物理学〉注释》第 371 页第 33 行起,转引自格思里:《希腊哲学史》第 2 卷,剑桥:剑桥大学出版社 1974 年版,第 204 页。

意大利医学学派的奠立人。他既有丰富的医疗实践,更以元素论哲学概括经验,形成了较为完整的南意大利医派的医学理论,还培育了鲍萨尼阿、狄奥克勒(Diocles)和腓力司通(Philiston)等杰出的医生,使南意大利医派在古代希腊自树一帜,成为古代希腊最重要的医学学派之一。他的医学思想只保存在《希波克拉底文集》的有关转述中,其基本要义是整体论的辩证论治。他主张:人和自然、人体构成的各元素及其性质都是有机联系的整体,人必须在饮食、劳作、体育等同自然环境发生交涉的活动中,使各元素及其冷热、干湿的对立性质在体内得到平衡,如果某种元素或性质过多或匮乏便会致病。医生治病不能头疼医头、脚疼医脚,而应在这种有机整体的相互联系和制约中去诊断病因,提出克服不平衡的合适的治疗措施。他的医学理论同中国古代医学讲"阴阳五行"和辩证论治的理论原则,颇为相似。此医派直到罗马时代仍有生命力。古希腊罗马医学集大成者伽伦(C.Galen,又译盖仑)说:当时希腊三大医派有相互激烈竞争又相互吸收的"高尚的争辩","科斯派幸而有最多、最出色的开业医生,克尼杜派紧紧追赶,而南意大利派同样有不少功绩。"①

4.同类相知的流射说

阿尔克迈翁对眼、耳、舌等感官的结构作了初步解剖,研究它们在感知活动中的生理功能,恩培多克勒吸取其研究成果,在元素论哲学的基础上加以发展,形成同类相知的流射说。他有一种素朴的"粒子放射"的见识,认为任何物体都有连续不断、细微不可见的元素粒子放射出来。他这样"思索物质:'要知道从一切生成的事物里都发生流射'。不仅动物、植物、大地和海,而且石头、铜和铁都不断放射出许多流;因为任何事物都是由于这种无休止射流的不断运动,而损耗和

---

① [德]第尔斯、克兰茨编:《苏格拉底以前哲学家残篇》,DK31A3。

消亡的。"①这有点近乎现代的基本粒子辐射观的粗糙思想萌芽。他的同类相知的流射说，又是和他的元素的"孔道结构"与同类相聚学说相一致的。感觉是物质的元素粒子在流射中通过孔道互相作用的结果。而客观对象的流射粒子进入感官，应是和成分相同的元素的构成部分相遇，进入合适的孔道，才能形成种种感觉。主张感觉是由一些各自和一种感官相适合[的射流]产生的。所以一种感官不能认识另一种感官的对象，就因为某些感官的孔道对感觉对象是太宽了，另一些又太窄了，因而有些[对象的粒子]可以没有接触就穿过孔道，另一些却根本不能通过。②

　　他根据这种同类相知的流射说，具体研究了各种感知认识形式。他解释："听觉是由外面的声音产生的，声音在耳内振动空气便形成听觉"；"嗅觉是由呼吸作用来的，因此，嗅觉最灵敏的人的气息运动最强烈，而大量的气息来自最细和最轻的物体"；至于触觉和味觉，他原则上说也是"由于和孔道相适应而产生的"。在人的感官与感觉中眼睛与视觉最为重要，他的研究也最细致。"他[恩培多克勒]试图说明视觉的本性。他说眼睛内部是火，火的周围是土和气，由于眼睛结构精细，所以火能够像灯笼里的光一样通过土和气。火与水的孔道是交替排列的。通过火的孔道我们看到光亮的对象，通过水的孔道则看到暗黑的对象。每一类对象都同一种孔道相适合，各种颜色都是由流射带入眼睛的。"他对眼睛内部的网状结构已经作了初步观察和解剖，并用粒子流射进入眼内的不同孔道说明产生不同颜色的视觉。他将眼睛比喻为镜子，认为视觉形象"是由于对象的流射凝聚在镜子的表面上，并且被镜内排出的火凝定下来造成的。"③这是西方哲学史上最早表述的镜式的素朴反映论。

---

① 普卢塔克：《自然问题》第 19 章 916D，转引自基尔克、拉文：《苏格拉底以前的哲学家》，剑桥：剑桥大学出版社 1978 年版，第 343 页。并见[德]第尔斯、克兰茨编：《苏格拉底以前哲学家残篇》，DK31B89。

② [德]第尔斯、克兰茨编：《苏格拉底以前哲学家残篇》，DK31BA86。

③ 同上书，DK31A86、DK31A88。

他显然也认识到感觉和理智的区别,在《论自然》开篇就强调感官只能考察事物的个别部分,只有心灵才能认识全体,但理智必须通过感官的渠道。但他当时毕竟还不能对理性思维作出具体、深入的研究,于是在解释知识与思想中表现出生理科学家和宗教思想家的矛盾情结。一方面,他认为思想与知识状况也取决于身体的生理基础,他说"人的知识随身体的改变而改变,人的智慧因身体滋养而日增","他们的体质怎样改变,心灵中的思想也发生怎样的改变";①另一方面,他又主张一种万物有灵论,强调理性贯通于万物之中。他说:"命运的意志使万物皆有理智","一切事物都有意识,都赋有自己的一份思想"。② 这种主张不同于伊奥尼亚哲学中的物活论,而表现出将理智夸大为无处不在的某种精神实体的倾向,这和他在《净化篇》中的灵魂轮回学说与理性一神思想是相呼应的。

5.《净化篇》中的宗教与哲学思想

"净化"(katharsis,purification)一词的原意是清除罪恶。它本来是奥菲斯教的一种重要教仪,采取献祭、祛邪、戒欲以及用清水净身等仪式,来净洗依附于肉体的灵魂所带有的前世原罪。恩培多克勒写了《净化篇》(现存残篇 40 则),主要论述灵魂轮回、人神关系以及人的宗教道德生活。不应将它简单地理解为一种奥菲斯教的布道,它也含有新的宗教与哲学意义:将毕泰戈拉学派已有修正的奥菲斯教教义,包括萌发的知识净化思想,用爱利亚学派的理性一神思想加以改造,将净化提升到理智与道德的高度,并对现实尘世的苦难表现出某种人文关怀,憧憬在人世建立和平、幸福的理想天国。它同《论自然》的本原论、宇宙循环演化说与认识思想有虚构、松散的思想联系。

他以爱与争的动因论述灵魂轮回说。他讲的"灵魂"没有用 psyche

---

① 亚里士多德:《形而上学》1009b12—21。
② [德]第尔斯、克兰茨编:《苏格拉底以前哲学家残篇》,DK31B103、DK31B 110。

这个词,而是用 daimon,它有"个别的神"和"灵魂"的意思,也可译为"精灵"(daemon,divine spirit)。它们本来住在诸神的幸福乐园里,同诸神共享至福。然而,"一个精灵如果罪恶地用血污染了自己的肢体,并且发了错误的誓言去追随'争',就要过长时期的罪孽深重的生活,被从幸福乐园里放逐出三万个季节,去过各种有生灭形式的生活,从这一种变为另一种"。这种灵魂轮回转世说同他的本原论、宇宙论相联系,"爱"是善的目的,"争"是堕落动因,灵魂轮回要通过四元素,物质元素与宇宙演化为灵魂的轮回转世提供了场所。灵魂在轮回中可轮番地寄托在自然界的各种植物和动物之中,如雄伟的动物包括最值得灵魂寄托的黄褐色的狮子,树木包括令人赏心悦目的叶簇的月桂。恩培多克勒现身说法,说他自己因为相信"争","从那光荣之乡,从那至高的福境,我堕落在这大地,徘徊在芸芸众生之中","我曾经生为男孩、女孩、树木、鸟,以及不会说话的海里的鱼。"①

在《论自然》中,爱和争是使事物结合和分离的吸引和排斥力量;在《净化篇》中,爱和争是作为代表善和恶两种伦理价值的势力,可以使灵魂从善而升华或使灵魂作恶而获罪,是两种对立的精神原则。在他看来,如今灵魂所寄托的凡间现实世界,处于"争"的巨大影响之下,争在人类的凡世生活中是造成种种纷乱、战争、灾难和死亡的恶的根源。他以阴郁的笔调向听众们描述,人们生活的尘世存在着种种对立,"有着血污的争斗和慈善的和谐,公道和邪恶,兴盛和凝滞,可爱的确实的真理和黑发②的变易无常,生和灭,睡和醒,动和静,加冕的帝王和群氓贱民,安宁和喧嚣",等等。人们生活在一个充满纷争、不幸、灾难和哀怨的悲惨世界。他哀叹:"这个悲哀的大地,总是伴随着死亡、神谴和给人厄难的征伐;炙人的瘟疫、腐烂和洪水于黑暗中在草地上泛滥。"与此鲜明地对照,他描

---

① [德]第尔斯、克兰茨编:《苏格拉底以前哲学家残篇》,DK31B115、119、117。
② 这里恩培多克勒借用荷马《伊利昂纪》中的词句,描写这些对立,"黑发"比喻不确定性、变动不居。

述并憧憬着灵魂未获罪、被放逐前同神生活的至善世界,它不是宙斯统制的奥林帕斯天国,而是他向往的以爱神阿佛洛狄忒为权威的和谐天堂:那里,诸神(他也称之为"精灵")和人们一起过着宁和的生活,"只有爱神才是女皇。他们将神圣的礼物献给她,为她描绘肖像;种种香膏和纯净的没药脂,甜醇的乳香,芳香扑鼻,棕色的蜂蜜作为奠酒洒在地上"。① 这个幸福乐园,显然不同于希腊传统多神教所崇奉的,存在着争斗、奸诈、嫉妒、仇杀和血祭的诸神世界,它由爱的原则所主导,四季如春,树木常青,没有战争和痛苦,只有相亲相爱的和平与欢乐。公元前 5 世纪初以来,希腊经历社会动乱,民众饱尝战争与疾病的灾祸。恩培多克勒描述这样一个和谐的乐园,是以宗教形式表达他的政治理想和人民对和平生活的向往。

人是灵魂轮回的最高形式,人必须通过净化手段,洗涤罪恶,才能使灵魂返回到和诸神同在的极乐至境。恩培多克勒说了三种净化手段,表现了他依据自己的哲学改造奥菲斯教义的思想特色。(1)禁忌吃肉和吃豆类、月桂,借此抨击希腊传统多神教。他和毕泰戈拉一样是素食主义者,而且因为月桂树叶是灵魂在植物中寄托的最高形式,豆类同人的生命有亲缘关系,所以他也告诫"绝对戒食月桂树叶","切莫去触动豆类"。动物的躯体中寄藏着同人的灵魂有亲缘关系的灵魂,吃肉无异是一种吃亲骨肉的极大罪恶。他猛烈抨击当时传统多神教盛行血祭仪式,谴责这是亲骨肉"互相吞噬":"父亲举起他自己的已经变换形态的儿子,口中念着祷词屠杀了他……准备了罪恶的祭宴。而儿子呢,他们也以同样的方式攫住他的父亲,或者儿童攫住他们的母亲,撕毁双亲的生命,吃着亲属们的肉。"②(2)"戒绝邪恶"。和毕泰戈拉学派的有关思想比,道德净化被提到更要紧的地位。他强调在社会生活中

---

① 　[德]第尔斯、克兰茨编:《苏格拉底以前哲学家残篇》,DK31BI22、123,DK31B126,DK31B128。

② 　同上书,DK31B140、141,DK31B136、137。

不可作恶,并警告说:"你们是被邪恶弄得心神狂乱了,你们那负荷着罪孽的灵魂将不能忍受。"①灵魂在邪恶的重压下是不能解脱的。在他看来道德上的邪恶也是争所引起的,他主张用爱的伦理联结人们和社会,过和善、恬静的生活。(3)最重要的是知识净化。毕泰戈拉学派已暗示沉思与获求知识是净化灵魂的重要途径,恩培多克勒更有具体、明确的发挥。他认为人和乐园中诸神并无截然区别,只是知识的高低不同,他说诸神就是"那些获得丰富的神圣知识的人;而那些可怜的不幸的芸芸众生,在他们心里只有对于诸神的模糊、朦胧的意见。"灵魂要获救,要返璞归真,就必须向诸神看齐,靠理智去获得丰富的知识,包括自然、宗教和道德的知识,这样才能跻身到神的行列中去。他说这种知识渊博、与神齐等的先知在凡世已经有了:"他们出现在芸芸众生之中,作为占卜预言家、诗人、医生和王族",②也包括他自己。这种知识净化说将理智和知识成分吸纳入宗教思想中,促使拟人化多神教向理性一神过渡。

恩培多克勒保留了早期希腊神话和宗教中的人格化的多神,只是将他们降到了次等神的地位。他说诸神(Gods 即精灵,用复数名词)同人相似,也由四元素结合而成,也有生有死,只是寿命比人长,是"获得丰富的神圣知识的人",即灵魂净化的人。而在这诸神之上,恩培多克勒提出一个更高级的神(God,用单数名词),说他根本不具形体,"要我们将这个神置于我们眼前,或者用我们的手去把握他,那是不可能的,那样做只是人心通常的信仰途径。"他是最高级的、神圣的、非人格的理性神:"在他的躯体上并没有人的头,没有两肢从他的双肩迸生出来,他没有脚,也没有反应灵敏的膝盖,也没有毛茸茸的部分;他只是一个神圣的不能言状的心灵,以敏捷的思想闪耀在整个世界中。"③这样的"一神"没有形体、只有

---

① [德]第尔斯、克兰茨编:《苏格拉底以前哲学家残篇》,DK31B144、145。
② 同上书,DK31B132、147。
③ 同上书,DK31B21、132,DK31B133,DK31B134。

智慧,同塞诺芬尼的那个"全视、全知、全听"的非人格的理性神相似,而且更加明确地将他的本性表述为心灵与思想。从哲理上从传统的拟人化多神教向理性一神论过渡,正是那个时代哲学的一个特征,一直进展到苏格拉底、柏拉图和亚里士多德。

三、阿那克萨戈拉和复兴伊奥尼亚哲学的思潮

在公元前 5 世纪中叶雅典正处于民主制兴盛时期,同意大利的恩培多克勒遥相呼应,阿那克萨戈拉孜孜从事哲学启蒙,首先将伊奥尼亚的自然哲学带到希腊本土,为伯里克利时代兴盛的希腊古典文明灌注科学精神,促使希腊哲学的中心转向希腊本土。他也综合伊奥尼亚哲学和南意大利哲学,探求物质粒子结构的本原,但和恩培多克勒不同,他更偏重以彻底的多元论修正和革新伊奥尼亚哲学,提出"种子"和"努斯"的二元论哲学,使物质和心智范畴的分化认识明朗化。他在宇宙论和科学思想上也别具一格、多有卓见。他在希腊本土兴起了一股复兴伊奥尼亚自然哲学的思潮。他的哲学是早期希腊哲学向希腊古典哲学过渡的重要环节。

1. 雅典的启蒙哲学家

阿那克萨戈拉(Anaxagoras,约公元前 500—前 428 年)原本是小亚细亚的希腊殖民城邦克拉佐门尼人,它位于士麦那海湾边,是爱菲斯和科罗封城的北边不远的一座美丽而繁荣的城邦。据记载,"他生于第七十届奥林匹亚赛会[公元前 500—前 497 年],死于第八十八届奥林匹亚赛会的第一年[前 428 年]",活了 72 岁,去世之年正值柏拉图诞生,伯罗奔尼撒战争已打响两年。[①] 他出身富贵门第,年少时即好学深思,追求自然知

---

① 第欧根尼·拉尔修:《著名哲学家的生平和学说》,第 2 卷第 6—7 节。

识,漠视金钱,将继承的遗产分赠亲属,自己孜孜于哲学与科学研究。他20岁时波斯王薛西斯渡海入侵,希波战争激烈进行,他以某种方式西行来到雅,①定居雅典30年,从事自然哲学的研究和教授,创立学说,未直接从政;但他通过传播科学思想,作为良师益友对伯里克利起重要影响,有力地促进了雅典的思想启蒙,对民主制黄金时代的科学昌盛和文化繁荣作出开创性的重要贡献。

当时,雅典城邦中奴隶主民主派和贵族寡头之间的斗争很激烈,而思想文化领域还比小亚细亚与南意大利殖民城邦远为保守落后,笼罩着宗教迷信的浓雾,科学思想尚未发蒙。伯里克利要确立和壮大民主制,开创一代新风,就必须倡导思想启蒙,扫除为贵族寡头势力张目的旧传统。阿那克萨戈拉带来的伊奥尼亚哲学和科学知识,对雅典正是一股新鲜空气,他自己建立的哲学更是一种严谨的闪发科学理性光辉的崭新学说,颇受伯里克利的重视。在后者执政前后,阿那克萨戈拉一直是他客厅中过从甚密的师友。阿那克萨戈拉教给伯里克利丰富的自然科学知识和清明的理智,这对于一个民主派政治家是极为需要的。后来柏拉图评述:"一切杰出的才能都需要讨论和高度思索有关自然的真理,因为只有这样才能产生崇高的思想和完善的本领。而这点,我以为正是伯里克利从和阿那克萨戈拉交往中得到,增补了他的自然天赋。"②普卢塔克也记述"他从向阿那克萨戈拉学习中获益甚大,他敬服他的老师的雄辩和丰富多彩的哲学……这种哲学充实了伯里克利的天赋才智,他利用学习自然哲学得到的成果,使他的演说变得庄严,远远超过了

① 伯奈特推断:伊奥尼亚反抗失败以后,克拉佐门尼归属波斯帝国,阿那克萨戈拉可能作为被波斯军队征募人员,随军去雅典;所以后来他受审时,被控为"medism"(私通波斯者)。(见其所著:《早期希腊哲学》,第254页)弗里曼(K.Freeman)不同意这种说法,认为阿那克萨戈拉是举家避难,逃亡到雅典去的。(见其所著:《苏格拉底以前的哲学家:第尔斯的〈苏格拉底以前学派残篇〉导读》,第2版,牛津:布莱克韦尔出版社1959年版,第262页)无论哪种情况,指控他私通波斯都是别有用心制造的冤案。

② 柏拉图:《斐德罗篇》270A。

其他演说家";①并指出这种科学理性成为他破除迷信、反击贵族寡头派的有力思想武器,"他懂得如何克服那些由于不同的天体现象在人们中产生的恐怖和迷信","在人们中培植一种由理性展示和维护的清醒的心智"。② 据说有一次伯里克利即将出征时发生了日食,将士们惊慌失措,他很冷静地要大家用衣袖挡着半眼看,说明日食不过是太阳的部分被遮住了。再如阿那克萨戈拉揭穿过利用谶纬迷信的政治斗争手段:伯里克利同他的政敌修昔底德角逐权力方酣时,敌对派中有人从农庄里带来一个长着独角的公羊头,占卜者拉姆朋对人扬言坚实独角崛生公羊前额正中,昭示"全部权力当授予发现这个祥瑞之物的一派";阿那克萨戈拉当众解剖公羊头,指出"它只是因为颅内不充实而收缩成椭圆形,才崛生出独角。观者对阿那克萨戈拉深表赞佩③。他的自然哲学思想广泛传播,对当时雅典思想文化的启蒙有重要影响。他的学生、著名悲剧作家欧里庇得斯在他的一些剧本中鲜明地表现了他的自然哲学与科学思想,如说太阳是炽热的石头或"金色的泥团",声称"我们通过显现出来的事物判断不可见的东西"等,几乎是照搬阿那克萨戈拉的原话。

雅典的贵族寡头派势力利用宗教迷信发动了对民主派的反扑,竟没法颁布一条法规:凡是不信神存在、宣扬天体现象新学说的人都得受公审。他们选择阿那克萨戈拉开刀,控告他的主要罪状有两点,一是他宣传"太阳是炽烧的石头";二是攻击他"私通波斯人"。他原本要被处死刑,只是由于伯里克利大力营救才逃出雅典。祸不单行,他身陷囹圄时又遭丧子之痛,在坎坷乖塞的命运面前,他竟是那样沉静,置生死于度外;听到要被判死刑时他说"自然早就判处我的审判官们和我都是要死的";听到

---

① 普卢塔克:《希腊罗马名人传》,B.佩林等英译,洛布古典丛书,美国马萨诸塞州剑桥:哈佛大学出版社 1982 年版,《伯里克利传》第 8 节。
② 同上书,《伯里克利传》第 6 节。
③ 同上。

爱子夭亡时他说"我早就知道我的孩子们生来就是要死的。"①公元前450 年他被判放逐,回到故地伊奥尼亚的兰普萨库斯(Lampsacus),执教授徒。他在当地备受尊敬,享有很高的声望。临终时,执政官员问他有何遗愿,他说只希望以后每年在他逝世的那个月份,有孩子们的假日,后来当地长久保持了这个规定。当地公众隆重为他下葬,竖立祭碑,碑上铭刻:"探究天体真理的阿那克萨戈拉安息于此。"②

哲学史家们一般公认阿那克萨戈拉的学说主要渊源于伊奥尼亚哲学,但他对爱利亚学派包括巴门尼德以及和他同时代的芝诺的学说,必定是熟悉的,并和恩培多克勒相似,对这两个哲学传统有所综合。但恩培多克勒偏重南意大利讲"有定形"的思想传统,注重数量比例和孔道结构,并有科学和宗教思想的二重性;阿那克萨戈拉则强调物质本原在质上的无限多样性和连续性、融合性,仍然表现了伊奥尼亚哲学的"无定形"特色,且不见宗教气息,洋溢着强烈的科学理性精神。

第欧根尼·拉尔修将他列入"只写过一部著作的学者",并且赞扬他的著作"有着引人入胜而格调庄重的风格"。③ 此著作也题名为《论自然》。它在苏格拉底在世时还很流行,在当时雅典市场花一个塔壬同即可买到。④ 公元6 世纪辛普里丘注释亚里士多德的自然哲学著作时引述了它的一些原文,就是现存的阿那克残篇 22 则,后湮没千余年,直到 17 世纪时由珂德华兹(Cudworth)重新发现,后来由第尔斯辑入苏格拉底以前哲学家的残篇中,数量虽不多,却是可靠的。亚里士多德、塞奥弗拉斯特和辛普里丘等人的著作中转述了不少阿那克萨戈拉的思想。当代西方学者吉尔琛生(D.E.Gershenson)和格林贝格(D.A.Greenberg)所著《阿那克萨戈拉和物理学的诞生》一书(1962 年),正文探讨深入而多有新意,

---

① 第欧根尼·拉尔修:《著名哲学家的生平和学说》,第 2 卷第 13 节。
② 同上书,第 2 卷第 14 节。
③ 同上书,第 2 卷第 6 节。
④ 柏拉图:《申辩篇》26D。

并汇集了大量古今有关阿那克萨戈拉的各种资料,较有参考价值。

2. 种子和努斯

阿那克萨戈拉的本原论是种子和努斯的两元论。他和恩培多克勒都用多元的物质本原来改造巴门尼德的"存在",用粒子化的物质结构来革新和发展伊奥尼亚哲学的本原论,以此来阐明自然的本原和现象的统一。但他提出别具一格的物质结构说——种子论,将物质本原的多元论推到极点,把无限多样的自然物质分析为既是无限多样,又是无限微小的粒子——种子,用这种无限多元的本原径直说明自然界的无限多样性。他探究自然的动因,不同于恩培多克勒的爱与争的物质与精神的双重性,他提出了"努斯"即心灵这个哲学范畴,在西方哲学史上,第一个明确地将"努斯"视为理性的精神实体,使哲学对物质与精神范畴的分化认识进一步明朗化,对苏格拉底注重心智研究有启发。

阿那克萨戈拉接受了巴门尼德关于"存在不能从非存在产生、也不能变为非存在"的原理作为他的推论前提。他"认为存在不能从非存在产生",①说"事物的全体是既不能增多也不能减少,因为多于全体是不可能的,它们始终如一"②。但他认为存在有动变,生成与毁灭是粒子的混合与分离。他秉承伊奥尼亚传统,将存在的原理用于对自然与日常生活的经验观察:人吃面包和水等食物,为何能长出头发、血管、肌肉、筋腱、神经、骨头等? 它们不能生自非存在。他回答:"在我们所摄取的营养物中,包含有一切东西;还应当承认,每一事物都是从已经存在的事物中生长出来的。在营养物中必定已经有产生血、肌肉、骨头等东西的部分。这些部分是只有理性才能认知的。"③就是说,只有理性才能把握营养物中本来就有人身体中各种东西的极为细微的粒子。

---

① 亚里士多德:《物理学》187a27—33。
② [德]第尔斯、克兰茨编:《苏格拉底以前哲学家残篇》,DK59B5。
③ 同上书,DK59B10,DK59A46。

他将这种无限微小、和现成事物同类的粒子推广到整个宇宙,就提出他的种子本原说。宇宙最初就是无限小的种子绝对混合,他的《论自然》开篇就说:"最初万物都在一起,数目上无限多,体积上无限小。因为小才能是无限的。一切都在一起,由于它们微小,所以不能分离区别开来。气和以太也是无限的,在整个混合中,由于它们在数目上和大小上都是最重要的,所以优于一切。"①宇宙最初就是这些微小粒子的绝对混合,万物无区别,只因气和以太占优势而表现出来。他概括种子说:"在每一个复合体中,包含着一切种类的许多东西,万物的种子(spermata,seeds)。它们具有各种性状、颜色和气味。"②在他看来,宇宙中无限多样的、生灭变易的自然事物,包括水、火、土、气,以至动物植物,其本原就是无限多的种子,它们才是永恒的存在。种子不生不灭,具体事物的种种生灭变化只是种子的混合和分离。

他的种子说有四个特点:(1)种子无穷异质、无限多元、无定形。他和阿那克西曼德、阿那克西美尼一样,认为宇宙开始是无限的混沌。他说的"混沌"中万物的种子都凝聚在一起,没有分化,一切都不定形,没有显示出各自的特性来。他和阿那克西曼德都用了"阿派朗"术语,但意义不同,后者指单一的物质本原,没有任何质的规定性;而他说的阿派朗却指无限多元的种子在质上有无限多的潜在的规定性,后来分化为万物的无限多元的种子,它们在宇宙开初的混沌中早就永恒存在。(2)种子和物体的无限可分割性。芝诺的悖论已涉及事物是否无限可分问题。阿那克萨戈拉针锋相对说:"在小的东西中没有最小的东西,总是还有更小的东西;因为存在不能分割成为非存在"。③ 种子本身就是物体分割的一个"微分",但它并非不可再分割的基本粒子,而可无限再分割,分割得再小,仍然是种子。它不会被分割到零,也不会是一种数学上抽象的、不可

① ［德］第尔斯、克兰茨编:《苏格拉底以前哲学家残篇》,DK59B1。
② 同上书,DK59B4。
③ 同上书,DK59B3。

再分割的几何点。这萌含了后来数学上的"微分"观念,是比恩培多克勒的四元素说更为深入地探索物质的微观结构。(3)种子包含万物的成分。任何微小的种子中都包含所有万物的成分,因此,"所有一切东西都在每一件事物之中。要将它们分离开来是不可能的。一切事物都含有每一事物的成分。"①种子可无限分割,又包含万物的一切成分,所以种子本身就是间断性和连续性、"一"和"多"的统一体。万物之间都以极细微的成分互相包含、互相弥渗。种子和宇宙万物就都是互相紧密联系、具有连续性的统一体。他说:"我们的统一的宇宙中所有的事物并不是彼此割裂的,不是可以用斧头将它们彼此割裂——热从冷、冷从热——开来的。"②他将整个宇宙看成是一个普遍联系的整体,这里闪烁着朴素辩证法的光彩。种子包含万物的成分,但和宇宙开初混沌的绝对混合已不同。一物根据"优势原则"而有区别它物的质的规定性。亚里士多德记述:他认为,"每一事物由于在混合中所含的最占优势的成分而被命名","任何事物都不是纯粹的白或黑或甜,也没有纯粹的肉和骨,事物的性质是按照它包含最多的成分决定的"。③(4)种子既是形成物体的"同类部分"(或"同素体",homoiomereia),也使事物动变中有对立的转化。"对立物互相产生这个事实,使他们[阿那克萨戈拉学派]得出结论,认为这一个必然已经存在于另一个之中";④"阿那克萨戈拉反对说雪只是白的。他论证说:雪是凝冻的水,而水是黑的,由此可知雪也是黑的。"⑤水变成雪、黑变成白,是对立的一面早已存在于对立的另一面之中。这种对立的转化,是

① [德]第尔斯、克兰茨编:《苏格拉底以前哲学家残篇》,DK59B6。
② 同上书,DK59B8。
③ 亚里士多德:《物理学》187b1—6。
④ 亚里士多德:《物理学》187a33—34。
⑤ 塞克斯都·恩披里柯:《皮罗主义纲要》第 1 卷第 13 章第 33 节。见 Sextus Empiricus, *Sextus Empiricus*, vol.1, translated by R.G.Bury and others, The Loeb Classical Library, Cambridge Mass, Harvard University Press, 1979.(塞克斯都·恩披里柯:《塞克斯都·恩披里柯文集》第 1 卷,R.G.伯里等英译,洛布古典丛书,美国马萨诸塞州剑桥,哈佛大学出版社 1976 年版。)

指原来已经存在于同类部分中的异质成分从对立中分离出来,自相聚合,占有优势,造成水转化为雪,黑转化为白,这种转化已具有机械性。这种对立不是事物生灭的内在动因,因此他必须从种子和万物的外部去设置动因即"努斯"。

"努斯"(nous)本来是希腊语中的常用字,相当于中文的"心"、"心灵"(mind),泛指感觉、思想、理智、意志等精神活动以及这些活动的主体。阿那克萨戈拉在希腊哲学中首次明确地提出"努斯"这一理智性的精神实体作为万物的本原。种子和努斯就构成他的二元论倾向哲学的两根平行的支柱,物质和精神两大哲学范畴的分化认识才明朗起来。黑格尔赞道:"这里有一道光芒开始放射出来(诚然它还是很微弱的):努斯被认为是本原。"①

他论述努斯最集中的残篇第十二,全文引述如下:

别的事物都分有每个事物的部分,只有努斯是无限的,它不是和别的事物相混,而是自己单独存在的。因为如果它不是这样,而是和别的事物相混合,它就要分有一切事物;正如我以前说过的,每一事物都含有一切事物的部分;和它[努斯]相混的东西就会妨碍它,使它不能象在独立存在的情况下那样支配事物。因为它是万物中最精最纯的,它有关于一切事物的所有知况,具有最大的能力。努斯能支配一切有灵魂的事物,不论大的或小的。努斯也支配整个漩涡运动,使它在最初开始旋转。它从一个小范围内开始旋转,现在已经扩展到较大的范围,还要越转越大。一切混合的东西,分离开和相区别的东西,都被努斯所认知。所有一切过去存在的东西,一切过去存在而现在已不存在的东西,以及一切现在存在和将来要存在的东西,都由努斯安排有序;包括漩涡运动以及由此分离开的星辰、太阳、月亮、气

---

① [德]黑格尔:《哲学史讲演录》第1卷,贺麟、王太庆译,北京:三联书店1959年版,第342—343页。

和以太。正是漩涡运动造成了分离,将稀的和浓的、热的和冷的、明的和暗的、干的和湿的分离开来。在众多事物中都包含有众多的成分,但是,除了努斯以外,没有任何事物能同其他事物完全分离、区别开。努斯不论大小,都是一样的,而其他任何事物却都不是一样的,每个单纯的物体都以它现在和过去包含最多的成分而显示出来。①

由上可见,努斯作为和种子与万物相对的精神性的本原,有四个特征:(1)万物无限多元、异质;努斯虽然也是无限的,却是单纯、单一、自身同质的。(2)万物是不能完全分开、互相渗透的混合体;努斯是同万物完全分开、不相混合的独立存在的单纯体。(3)万物不能自动,它们只能由努斯启动与安排而运动;努斯却是能动的动因,它不但启动宇宙的漩涡运动,而且支配和安排万物,形成有秩序的(善的和美的)宇宙。(4)万物和种子不具有任何精神性的功能,不能认识事物的本性;努斯则具有认知全部事物的本性、决定宇宙事物的能力。

阿那克萨戈拉要在物质的种子以外,再设置一个精神本原努斯其原因或理论根源有三:(1)物质和运动分开,努斯充当动力因。改造巴门尼德的存在而成的四元素和种子的本性看成是僵滞、静止的。恩培多克勒以外在的爱和争作为动因;阿那克萨戈拉的努斯则进一步变成物质以外的理性动力。(2)灵魂的理智功能被外化为努斯即心智这种精神本原。他说的努斯比灵魂的含义缩小。努斯是最高级的灵魂即理智、理性。希腊文中原本泛指一切精神活动的努斯,他已限定为专指高级的精神活动、能力即理智与理性了。后来从柏拉图、亚里士多德到黑格尔等哲学家都是在这个意义上使用努斯这个词。(3)努斯是安排宇宙合理秩序的原因,已有某种目的论思想因素。恩培多克勒将"爱"和"争"同"善"和"恶"结合起来,就开始含有目的论意义,但还并不明显。阿那克萨戈拉

① [德]第尔斯、克兰茨编:《苏格拉底以前哲学家残篇》,DK59B12。

的努斯—理性才明显地有了目的论意义,它将宇宙安排为最善最美的秩序,也是万物所要达到的最后目的的原因。

对努斯学说在阿那克萨戈拉的全部哲学中所占的地位和作用,应有恰当的评价。他的哲学有二元论倾向,推进对物质与精神分化的哲学认识有积极意义,他的思想说中科学理性精神占有主导地位。耶格尔认为"努斯即神的本质"、"即纯粹理性,作为造物主的心灵活动"。① 这种见解将努斯说夸大、曲解为宗教神学。其实,阿那克萨戈拉的科学理性精神限制了努斯的作用:一是在宇宙演化中努斯只是最初启动之动因,被限制于"第一推动力"的作用,这同近代哲学中的非人格的自然神论有某种相似之处。二是在阿那克萨戈拉的认识论中,并没有因努斯而形成先验论,他仍还偏重对感知认识及其生理基础的探讨,表现为一种素朴的反映论。亚里士多德论评他的努斯的作用是有限的:"阿那克萨戈拉以努斯作为创造世界的机括,但他只是在无法说明某些事物的必然原因是什么时,才拉进了努斯,而在其他一切场合,他总是用别的原因来说明事件。"②他毕竟是有浓郁科学理性精神的启蒙哲学家。

3. 漩涡运动生成宇宙论和科学思想

阿那克萨戈拉认为宇宙生成、万物产生,是在努斯启动下,进行剧烈的漩涡运动所产生分离作用的过程。他描述:宇宙处于原始混沌时,无限的种子绝对混合一起,一切个别事物都未分化出来,全体处于静止状态,这就是阿派朗(无定形)。混沌中气和以太最占优势。③ "气"非空气,而是无数冷、湿、暗的种子集合群;"以太"是火,也非燃烧的火,而是无数热、干、明的种子集合群。两大性质相反的种子群,潜存着后来分离出

① Werner Jaeger,*The Theology of the Early Greek Philosophers*,Oxford,Clarendon Press,1947,pp.163-164.(耶格尔:《早期希腊哲学家的神学》,牛津:克拉伦登出版社1947年版,第163—164页。)
② 亚里士多德:《论天》27b24—25。
③ 见［德］第尔斯、克兰茨编:《苏格拉底以前哲学家残篇》,DK59B1。

的全部自然事物。是努斯启动了宇宙混沌,形成漩涡运动,首先从一个小点开始,越来越扩大,有了越来越大的分离力量,就好像人用棍子搅动水,从一点开始引起全部水的旋转运动。努斯给了第一转动力,就给了万物持久不衰、日益强烈的永动力和自然安排;而努斯自身却和万物分离、缩回自在,无须再有作为;万物就能在越来越加快的漩涡运动中,按照一定的自然法则彼此分离开来,形成宇宙秩序和无数个别事物。①

他又描述自然界形成过程:气和以太从周围物质中分离出来,它们在数量上是无限的。这两大冷、湿、暗和热、干、明的种子群,在漩涡运动中造成宇宙万物的首次大分离,分别形成天和地。继续的分离生成天地万物,但此分离并非绝对的,每一个种子仍包含一切事物的成分,只是由于分离作用,使它内部的某些优势成分显示出来,才具有某种质的规定性,而万物之间互相包容和渗透的状态却并没有改变。所以他说:除了努斯以外,没有一个事物能和其他一切事物绝对分开。② 他的一次性分离式漩涡运动,是分离中有聚合,即分离出来的同类种子结合成各个物体。虽然他设置了努斯的精神性第一推动力,但他的漩涡运动说仍包含较多科学内容,同宗教思想无任何牵连。

和伊奥尼亚自然哲学相比,他对自然观察更为精细,并有种子论和宇宙漩涡运动生成说为理论基础,所以他的科学思想较为开阔、深入,更增科学理性,特别表现在推进物理学思想萌发和天体科学思想方面。

他的种子论在物理学上也是别具一格的物质结构论。种子无限可分,他将"微分"思想和微观结构引入物理领域,认为物质结构可无限分割,粒子间又可互相渗透和包含,是间断性(粒子性)和连续性的统一。这是对物质基本粒子结构的朴素、辩证的猜测。他对物体运动的许多不同形式以及一些力学现象(压力、向心力等)作了初步考察,描述了漩涡运动、垂直下落运动、速度和力的关系等,萌发了力学思想。如他认为正

---

①　[德]第尔斯、克兰茨编:《苏格拉底以前哲学家残篇》,DK59B12。

②　同上书,DK59B2,DK59B13。

是漩涡运动的速度造成种子的分离力,"这些质料旋转时,被力量和速度所分离。速度造成了力量。它们的速度同现今人类世界中任何事物的速度都不同,而是要快过许多倍。"①

他的天体学说和天文气象思想也比早先自然哲学更有科学性。他认为,"太阳、月亮和星辰是炽烧的石块,它们似乎是由于以太的旋转运动而[从大地]卷上去的。"被希腊宗教奉为神明的日月星辰,原来不过是和大地同样的物质构成的。这在当时确实是一种振聋发聩的无神论启蒙科学思想,因此他被雅典政敌控告为不敬神,几乎被处死。他设想无限的种子在漩涡运动的分离作用下,可以形成无数个类似人类所生存的世界,有相似的物质构成、自然规律、自然秩序,有同样的"太阳、月亮和其他星辰",同样由种子形成"人和别的有生命的动物",同样"建立城市,耕种土地"。② 这种富有科学想象力的假设至今仍引人思索,当代科学家们仍在探究宇宙中是否还存在有生命和人的其他天体。他从天体的物理运动和自然法则阐释日月星辰和雷电冰雹等的成因。公元前468或前467年,一块巨大的陨石坠落在希腊的爱戈斯波大摩(Aigospotamoi)附近,人们惊惧地以为是天谴之兆。他解释了陨石的成因:每颗星辰是重的炽热石头,"由于以太的阻力和摩擦而发光","在这种阻力中作圆周式的拖动,并被整个漩涡运动吃力地拉绷得紧紧的",而如这"嵌在天空中的物体撼动了,其中一块会被撕裂开,往下甩,掉落下来",就是陨石。③ 他说整个天体从东往西作旋转运动,推断在浩瀚的太空中,还存在许多我们看不到的天体。"银河是那些星群的

① [德]第尔斯、克兰茨编:《苏格拉底以前哲学家残篇》,DK59B9。
② 辛普里丘:《〈物理学〉注释》第35页第3行起。
③ 第欧根尼·拉尔修:《著名哲学家的生平和学说》第2卷第12节;[德]第尔斯、克兰茨编:《苏格拉底以前哲学家残篇》,DK59A12。罗马的老普林尼(Pliny)在其名著《自然史》中记述"这块石头有一辆货车大小,棕色的。一颗彗星在那儿夜也闪耀着",并说阿那克萨戈拉曾"预言某天将有一块石头从太阳坠落下来",(DK59A11)陨石确实很大,说他能预言其落地时间,当然是夸大的,现代天文学家还做不到这一点。

光",阳光淹没群星之光,太阳落在大地下方"被大地挡住了,这些星群的光就显露出来,成为银河"①。他从天体运行轨道正确说明了月食与日食的成因:"月食是由于大地遮断了太阳照到月亮上的光";"日食发生在新月时,那时月亮遮蔽了太阳照射到大地上的光",而所遮蔽的圆锥形阴影有多大,蚀面就有多大。② 闪电是云块互相撞击时发生的火光,引起的爆响就是打雷。冰雹的成因是云块被热气推升到很高的空中,高处不胜寒,云中水气凝结成冰掉落下来,所以冰雹常发生在夏季。③ 他说"我们将太阳光在云里的反射叫作虹",④表明他已认识光线折射现象。他还认为事物的颜色有黑色和白色两个极端,其他颜色是依次排列在黑白之间的连续带。这是最早的色谱观念。阿那克萨戈拉研究了各种自然现象的物理成因,促进了物理学与天体科学思想萌发,在亚里士多德以前,他在这方面的研究与贡献较为突出。

此外,他对生物与生理也有研究。他和恩培多克勒相似认为"生物最初是在湿、热和土中产生的,后来就一代一代自行繁殖了"。⑤ 而关于生命起源,他认为生命的种子亘古存在,说"空气中包含了一切种子,它们随着雨水冲落下来,产生了植物"。⑥ 这是最早的生命外空飞来说。他认为"人是动物中最聪明的,原因在于他有双手"。⑦ 他猜测到人有双手才使人增长理智能力,这是卓见。他赞同阿尔克迈翁的观点,认为脑是感知的中枢器官,因而在胚胎发育中脑最先形成。总体看,他在生命科学领域取得的研究成果,比恩培多克勒逊色。

---

① 亚里士多德:《气象学》345a25—29。
② [德]第尔斯、克兰茨编:《苏格拉底以前哲学家残篇》,DK59A42。
③ 亚里士多德:《气象学》369b14、348a14—25。
④ [德]第尔斯、克兰茨编:《苏格拉底以前哲学家残篇》,DK59B19。
⑤ 第欧根尼·拉尔修:《著名哲学家的生平和学说》,第 2 卷第 9 节。
⑥ [德]第尔斯、克兰茨编:《苏格拉底以前哲学家残篇》,DK59A113。
⑦ 亚里士多德:《论动物的结构》687a7—5。

4. 异类相知

阿那克萨戈拉自己著作的留存残篇中论认识问题的很少,塞奥弗拉斯特的《论感觉》中保留了较多转述的资料。他和恩培多克勒相似,主要从主客体物质粒子的物理作用与生理机制角度,考察人的认识形式,主要是感知认识。他没有具体研究人的理智认识,虽然他认为人的灵魂分有努斯,但他在论认识时几乎不提努斯了,没有将努斯学说贯彻在认识论思想中,而只提出一种异类相知的素朴反映论。

他和恩培多克勒都认为感觉的原因是客观物体对人的感官的发生作用,但后者强调这种作用必须是元素粒子流射同感官的孔道结构吻合,因而主张同类相知;而他根据种子论强调异质成分互相包含,主张物体同感官所含成分必须相异,才能发生物理作用,刺激感官,产生感觉。他主张"异类相知,因为相同的是不会被相同的所作用的……如果一个事物和我们一样热或冷,和它接触时我们是不会感到热或冷的,我们也不能用相同的去认知甜或苦;我们只能用热认知冷,用咸认知淡,用苦认知甜,按照各相反的程度去感知它们"。① 异类相知,就是感觉器官和客观对象在发生物理的相互作用时,相反相成地感知到外物的性质。这是一种素朴反映论。他分别研究了每一种感觉,特别是最重要的视觉,将形成视觉的原理直接比喻为镜子中的映象:"视觉是由于入射光线在瞳孔中造成的映象。然而,一个物体不能反映在和它同色的镜子里,只能反映在异色的镜子里。极大多数的动物有着和它在白天所见颜色不同的眼睛,但某些动物有和夜色不同的眼睛,所以这些动物在夜间的视力好。……视力映象在白天发生,因为光线对映象是必需的。"② 他对眼睛这一感觉器官的生理结构和生理机制缺乏具体说明;但他指出光线在形成视觉中的重要作用,那是合理的。他将眼睛同物体的颜色相异看成是形成视觉的必要条

---

① ［德］第尔斯、克兰茨编:《苏格拉底以前哲学家残篇》,DK59A92。
② 同上。

件,并以此解释大多数动物白天视力好、少数动物夜间视力好,这当然是并不科学的猜测。他认为嗅觉是呼吸了细微的东西而形成的;空气振动形成的声音通过耳、脑周围骨部的空穴传导到脑部,就形成听觉。①

他也指出感官的认识能力有局限:"由于我们的感官的无力,我们不能判断真理。"他原则上强调要靠理性认识才能把握不可感知的事物的真理,特别是极为细微并不可见的种子:"食物中便已含有血液、神经、骨骼等等的原始成分,这些成分只能被理性所认识"。② 他崇尚科学理智,并认为感觉和理性认识是沟通、联系的:"可见的东西是不可见的东西的一种显示。"③通过感知事物的现象,理智才能把握不可见的种子的本性。但他对人的理性认识包括其过程与形式缺乏具体研究,这是由于当时认识论的研究才起步、逻辑思想无足够积累而尚未形成学科,对人的理性认识较充分展开研究要到希腊古典哲学之时。然而,他是倡导科学理性的启蒙思想家,充分肯定理智在人的全部活动中的重要作用,他强调正是理性使人成为人,成为能征服自然、高于动物、驾驭动物的人:"(我们在体力和敏捷上不如动物,)但是我们有经验、记忆、智慧和技巧,能够使用它们(以收集动物的产物)。"④他所崇扬的理性,正是人在实际经验活动中培育起来的高级认识能力,并不是先验地分有努斯而得到的。

阿那克萨戈拉将伊奥尼亚的哲学和科学思想传播到希腊本土的雅典,并且创建了自己的崭新学说,对古希腊的科学和文明作出过重要的贡献。从他开始,希腊本土才有自己的哲学;随后,古希腊哲学的中心转向雅典,并逐步走向系统化的全盛时代。他本人虽然因政治迫害而被逐出

---

① 塞奥弗拉斯特:《论感觉》第 3 卷第 1 章第 27 节,见[德]第尔斯、克兰茨编:《苏格拉底以前哲学家残篇》,DK59A92。
② 艾修斯:《哲学家意见集成》第 1 卷第 3 章,转引自[德]第尔斯、克兰茨编:《苏格拉底以前哲学家残篇》,DK59A46。
③ [德]第尔斯、克兰茨编:《苏格拉底以前哲学家残篇》,DK59B21,DK59A46,DK59B21a。
④ 同上书,DK59B21b。

雅典,但他留下的思想种子却在雅典和希腊本土生根开花,当时在希腊本土一批年轻的自然哲学家兴起一股复兴并革新伊奥尼亚哲学的思潮,促进了当时自然哲学与科学思想欣欣向荣。他的学生阿凯劳斯(Archelaus)主张"气"的一元论,并在雅典建立科学团体,努力宣扬阿那克萨戈拉的自然哲学和科学思想,并注意研究伦理问题,成为青年苏格拉底的老师。阿波洛尼亚的第欧根尼(Diogenes of Apollonia)则以粒子化的本原革新"气"一元论。西方医学的鼻祖希波克拉底(Hippocrates)也是在这种科学精神熏陶下成长的,创立科斯(Cos)医派,并形成和此派医学理论紧密联结的、独特的自然哲学思想。①

三、留基伯和德谟克利特

早期希腊哲学从泰勒斯开始,经历了近两个世纪的发展,在公元前5世纪后半叶至公元前4世纪初,达到一个光辉的顶峰,那就是留基伯开创、德谟克利特确立的原子论哲学。它实现了对早期希腊各派自然哲学的大综合,标志早期希腊自然哲学终结,进向体系化的希腊古典哲学。它建立起西方哲学史上第一个较为完备的唯物论哲学体系和科学的物质结构假说,对西方哲学和科学的历史发展,都起了深远的影响。亚里士多德赞扬说:"在我们的先驱者中","可以说,没有一个人曾经深入事物的表面或透彻地考察过这些问题。只有德谟克利特,看来不仅细致地思考所有这些问题,而且从开始起就以他的方法表现卓越。"②现代著名哲学史家文德尔班认为,在古希腊哲学的启蒙时期,从具体知识"进向形而上学",形成综合性体系,"这方面的成就应归功于三位追求知识的伟大人

① 限于篇幅,关于上述复兴并革新伊奥尼亚哲学思潮的三位自然哲学家的学说,从略。可详见姚介厚:《古代希腊与罗马哲学》(多卷本《西方哲学史》第2卷),南京:江苏人民出版社2005年版,第302—330页。

② 亚里士多德:《论生灭》315a34—b2。

物,他们造就了古代思想中最有价值的发展,他们就是德谟克利特、柏拉图和亚里士多德";他们都具有"体系化的特点","提炼、深化了典型的三种不同的世界观",形成三足鼎立的局面。① 当代著名的希腊哲学专家基尔克、拉文认为:原子论是"在柏拉图以前希腊哲学所达到的最高峰",综合与升华了早期希腊的各种哲学,"本质上是一种崭新的概念",直到晚期希腊与罗马,"还通过伊壁鸠鲁和卢克莱修,一直在希腊思想中成为重要部分",更还"刺激了现代原子学说——它的真实的性质和动机都是很突出的——的发展。"②

1. 原子论创始者留基伯和百科全书式学者德谟克利特

留基伯(Leucippus)的生平资料留存极少,只有第欧根尼·拉尔修的两句话记述:"留基伯出生于爱利亚,有人说他出生于阿布德拉,也有人说他出生于米利都。他是芝诺的学生。"③他的生卒年代已无从查考,推算他的鼎盛年约在公元前 423 年左右。④ 有些学者认为或许他本来是米利都人,希波战争中迁居爱利亚,后来他又去阿布德拉,成为德谟克利特的老师,师生二人自树高帜,建立了原子论的阿布德拉学派。其理论方向和恩培多克勒、阿那克萨戈拉一致,即打碎、改造爱利亚学派的不动变的唯一"存在",循着探索物质结构的途径,去认识物质内部不变的本原,但更好地解决"一"与"多"的矛盾,沟通自然本原和现象世界。留基伯写有

---

① W.Windelband,*A History of Philosophy*,*Greek · Roman · Medieval*,New York,Harper & Row Publishers,Reprinted 1958,pp.99-100.(文德尔班:《哲学史第 1 卷:希腊、罗马和中世纪哲学》,纽约:哈珀—罗出版社,1958 年重印本,第 99—100 页。)

② 基尔克、拉文《苏格拉底以前的哲学家:附有原始文本资料选编的批判史》,剑桥:剑桥大学出版社 1978 年重印本,第 426 页。

③ 第欧根尼·拉尔修:《著名哲学家的生平和学说》,第 9 卷第 30 节。

④ 他必定比巴门尼德年轻,年长于公元前 460 年左右出生的德谟克利特。阿波洛尼亚的第欧根尼曾从他那里吸取"虚空"概念,而在公元前 423 年上演的阿里斯托芬的喜剧《云》嘲讽了第欧根尼的赋有理智的"气"本原观,由此推算留基伯的鼎盛年约在公元前 423 年左右。

建立原子论基本理论框架的论著《大宇宙系统》，①应是师生合作的共同成果。留基伯还写过一篇论文《论心灵》，亦已佚失，只保存了留基伯的唯一的一则原著残篇："没有任何事情是随便发生的，每一件事都有理由，并且是遵循必然性的。"②由于留存的留基伯原著的残篇只有一则，古代转述他的思想的第二手资料大都将他和德谟克利特并提，所以很难截然将师生两人的思想区分开来。从第欧根尼·拉尔修对留基伯基本观点的单独记载看③，他作为原子论创始人，已提出原子和虚空这对本原范畴，用以说明世界的生灭成毁；已初步论述了原子漩涡运动的宇宙论，并据以说明一些天体现象；在西方哲学史上第一个明确提出必然性范畴。原子论的系统理论是德谟克利特充实、发展与完成的。

德谟克利特(Democritus)"是阿布德拉本地人"，"他自己在《小宇宙系统》中说，当阿那克萨戈拉是老年人时，他还是一个青年，他比阿那克萨戈拉小四十岁"，"他被公认为苏格拉底的同时代人。"④据此推算他约生于公元前 460 年，他去世的年代无可靠记载，说他活了 90 岁、95 岁、100 岁、109 岁等的都有，他必是高寿者。他的故乡阿布德拉(Abdera)是公元前 6 世纪中叶就建立的一个殖民城邦，位于希腊本土东北端的色雷斯地区，处在从希腊本土到东部小亚细亚的中间要冲地段，当时以经济繁盛、文化发达著称，和雅典在学术文化上有密切的关系。他的童年时期正值希波战争结束，战争也使色雷斯地区成为东西方文化交会之处，而战后的伯里克利文明经济繁荣、政治革新、文化昌盛，德谟克利特显然感受了这种时代精神。

---

① 塞奥弗拉斯特说他写过一部《大宇宙系统》，见［德］第尔斯、克兰茨编：《苏格拉底以前哲学家残篇》，DK68A33。第欧根尼·拉尔修所载公元 1 世纪学者塞拉绪罗(Thrasyllus)编辑的德谟克利特的著作目录中，有这部著作，并注明"塞奥弗拉斯特将它归于留基伯"。见第欧根尼·拉尔修：《著名哲学家的生平和学说》第 9 卷第 46 节。

② ［德］第尔斯、克兰茨编：《苏格拉底以前哲学家残篇》，DK67B2。

③ 第欧根尼·拉尔修：《著名哲学家的生平和学说》，第 9 卷第 30—34 节。

④ 同上书，第 9 卷第 34、41—42 节。

德谟克利特的父亲在阿布德拉富有资产、地位颇高,希波战争中,波斯王薛西斯率军经过色雷斯,受到他的父亲的款待,因而给他家留下一些有学问的人,这些东方的高级知识分子就成了德谟克利特的启蒙老师:"他是[波斯的]玛伽僧侣和迦勒底星相家的学生","当他还是孩子时,就从这些人学习神学和天文学。"①他从小就了解东方的宗教文化与科学思想,并培养了追求知识的终生旨趣。他冷漠财富,专注于学问,并且不满足于已有的书本知识,决意走向广阔世界,去获取生动丰富的科学知识。据说在分遗产时,他只要了最少的一份财产,一百塔壬同,全都花费在游历上。他南赴埃及向祭司学习几何学,直达埃塞俄比亚,东去波斯结识星相家,越过红海,甚至到印度和裸形智者有所交往。他自称:"在我的同辈人中,我漫游了大地的绝大部分,探索了最遥远的东西,我看见了最多的地方和国家,我听见了最多的有学问的人的讲演;而在勾画几何图形并加以证明方面,没有人超过我,就是埃及的所谓土地测量员也未能超过我。"②这种游学是他的广博知识的重要来源之一。远游归来,他已一贫如洗,只能靠兄弟达玛苏斯帮助维系生活。但他凭借科学知识料事如神,在当地很有名气。他毕生从事哲学与各种科学研究,据说,希波克拉底曾去拜访他,他正坐在一棵大树下,四周堆着正在解剖的动物躯体。③ 他热诚拥护奴隶主民主制,但没有任何他从事政治活动的记载;苏联的《哲学史》说他"积极从事政治斗争",④但没有提供任何资料和事实根据,不足采信。他访问过雅典,那时苏格拉底已名噪一时,而他在雅典还默默无闻。但在他的母邦阿布德拉,他的学说已为他确立了不朽的名誉。秉性谦逊善良、毕生献身于科学真理的德谟克利特,认为死亡不过是灵魂原子同身体相分

① 第欧根尼·拉尔修:《著名哲学家的生平和学说》,第 9 卷第 34 节。
② 欧塞比乌:《福音初阶》第 10 卷,第 472 页;转引自《马克思恩格斯全集》第 40 卷,北京:人民出版社 1982 年版,第 251 页。
③ 格思里:《希腊哲学史》第 2 卷,剑桥:剑桥大学出版社 1969 年版,第 465、468 页。
④ 敦尼克等人主编:《哲学史》第 1 卷,中央马列著作编译局译,北京:三联书店 1962 年版,第 103 页。

离,是符合自然法则的。他活到罕见的高寿,从容安详地离开人世。

马克思、恩格斯赞扬德谟克利特是"经验的自然科学家和希腊人中第一个百科全书式的学者"①。他研究、积累的丰富的自然哲学、数学、经验科学知识和人文、社会知识,正是他建立原子论哲学的重要基础。自从伊奥尼亚的科学文明传入希腊本土后,自然哲学与科学思想在深化发展;而在伯里克利时代,历史、修辞学、戏剧、建筑、雕塑、绘画等人文社会知识也有长足发展。德谟克利特考察过天文气象,编过历法,探索过尼罗河泛滥的原因,研究过圆锥切割定理等高深数学问题,探讨海盐成因、地理与地震、光线辐射、动物生理、胚胎成形、植物生长、医疗摄生和社会伦理、政治、审美、修辞学与语言,等等,差不多涉及当时人类知识的每一个领域。渊博的学术素养是他将哲学思想推向系统化的重要条件。他有良好的哲学师承与训练。据记载,他曾就学于阿那克萨戈拉,受教于毕泰戈拉学派的成员,并和菲罗劳斯在一起过,研究过爱利亚学派。② 他继承、发展伊奥尼亚自然哲学传统,吸收、改造南意大利传统的哲学思想,更深入研究物质内部的粒子结构本原,提出了深刻的原子论哲学与科学假说。

德谟克利特的思想在当时已经广泛流传,并因其广博的知识、深刻的思想而颇有影响。③ 他写了大量著作,卷本之多、内容之广,同时代人;无与伦比。他的百科全书式的著作,可以和后来亚里士多德的著作并称。

---

① 《马克思恩格斯全集》第 3 卷,北京:人民出版社 1960 年版,第 251 页。

② 第欧根尼·拉尔修:《著名哲学家的生平和学说》,第 9 卷第 34—35、38 节。

③ 据第欧根尼·拉尔修记载,阿里司托森在他的《历史实录》说,"柏拉图想把他所能收集到的德谟克利特的著作全都烧掉",但是两位毕泰戈拉学派的成员劝阻了他,"说这样做是无用的,因为这些著作已经广泛传播了";而柏拉图在著作中"几乎提到了所有早期的哲学家,却没有一处提到德谟克利特,甚至在那正应该反对他的地方也不提,显然因为他知道他所遇到的是所有哲学家中最强有力的巨人。"见《著名哲学家的生平和学说》,第 9 卷第 40 节。这段过去常被引用来说明哲学史上唯物主义和唯心主义两军对战的记载,其实是很可疑的。柏拉图也是大思想家,他虽然不会赞同德谟克利特的哲学,还不至于愚蠢到想出焚书即可战胜论敌的点子来。他晚期讨论宇宙论的著作《蒂迈欧篇》中,讲到世界物体由有几何形状本性的四元素构成,这实际上综合吸收了毕泰戈拉学派、恩培多克勒和德谟克利特的思想。

公元 1 世纪的塞拉绪罗曾按照编排柏拉图著作的同样方式,编纂了德谟克利特的著作,现在仅存一个目录。① 目录分列伦理学、物理学、数学、文学和音乐、技术等 5 大栏,按四部(篇)一组编排,有 13 组,再加上未列入 5 大栏的著作两组 18 篇,总计 15 组 70 部(篇)。从这些书的题目可以看出,他论述了哲学、物理、数学、天文、地理、逻辑、心理、动植物、医学、摄生、社会伦理、政治、历史、诗、音乐、绘画、语言、农业耕作乃至军事等各方面的问题,几乎探索了当时自然和人文、社会知识的一切领域。可惜德谟克利特的原著基本上没有保存下来,有关自然哲学的原著连第一手的残篇也没有了,这真是哲学史上的一大不幸。幸亏亚里士多德很重视研究德谟克利特,他的著作中有大量有关德谟克利特的论述,他的弟子塞奥弗拉斯特的《论感觉》中保留了一些有关德谟克利特的认识论的思想材料,塞克斯都·恩披里柯、辛普里丘等人也提供了一些转述的残篇。从现存的第二手转述的残篇看,他的著作目录中物理学一栏内 16 部(篇)作品很重要,论述了原子论的自然本原说、宇宙论和认识论思想,其中又以居首的著作《大宇宙系统》和《小宇宙系统》最重要,是他的自然哲学的代表作。现存的阐释各种自然现象的第二手残篇,大约都出自数学栏内的天文、地理著作,以及一组 9 篇关于研究天文、气象、动植物等各种"自然原因"的著作。作为德谟克利特的原著残篇留存下来的,只有 216 条引起争议的道德格言,虽对它们的真实性有所争议而无定论,仍可据以论述德谟克利特的社会政治和伦理思想。②

---

① 目录见第欧根尼·拉尔修:《著名哲学家的生平和学说》,第 9 卷第 46—49 节。

② 216 条引起争议的道德格言中,130 条是公元 6 世纪斯托拜乌辑录的,另外 86 条,是在 17 世纪才首次发表的,据说是根据一个题为《哲学家德谟克利特的黄金格言》的稿本。一些学者对全部道德格言的残篇发生怀疑,主要理由是从柏拉图、亚里士多德以后的 700 年中无人提到过有关内容。在考订中也有不同看法:罗斯完全否定全部道德格言的可靠性;策勒则认为斯托拜乌所辑的那部分是取自早先已有的原著。笔者认为,从版本出现的年代看,《黄金格言》那部分令人怀疑,但至今学者也提不出确凿的论据推翻它,所以只能同意格思里的意见,对它的真伪暂且存疑,不作绝对的肯定或否定。参阅格思里:《希腊哲学史》第 2 卷,剑桥:剑桥大学出版社 1969 年版,第 490 页。

2. 原子与虚空

宇宙的本原是原子和虚空。原子是充实的"存在",虚空是为原子提供运动场所的"非存在"。亚里士多德记述留基伯和德谟克利特主张"[万物的]元素是充实和虚空,前者被叫作'存在',后者是'非存在'。存在是充实的、坚固的,非存在则是虚空的(因而他们说,'存在'并不比'非存在'更是实在,因为充实并不比虚空更为实在)"。① 提出原子与虚空这两种新的本原,统一存在与非存在,主张自身有差异的原子在虚空中结合与分离,造成宇宙和万物的动变与生灭,这是一种崭新的自然模型、科学的物质结构假说,是人类认识史上的一次飞跃。

原子(atomos, atom)是指"不可分割"的东西。德谟克利特说的原子是指最微小的、不可再分割的物质微粒,它又是坚实的、充满的、内部没有空隙的东西。他将原子比作"在空气中游动的细微尘粒,我们从透过窗户的光线中可以看到它们。"② 这只是比喻其微小,不可再分割的原子其实是更微小、不可见的。"虚空"(kenos, empty)并不是指空气,当时希腊人已经知道气体也是存在物,虚空乃是完全空虚无物的空间,它只是为原子提供运动的场所。原子与虚空学说将本原与现象、存在与非存在、一与多、间断性与连续性统一,是综合先前自然哲学的理论升华。

原子论者论述原子有三个基本特征。

第一,原子非常微小、不可感知、内部绝对充实而无空隙,因而又是坚不可入、不可分割的基本粒子,数目无限多的构造物体的基本单元。德谟克利特认为原子"是如此之小,以至是我们的感官所不能把握的,但是它们具有各种形式、形状和大小的差异",它们"通过聚合产生能被视觉或

---

① 亚里士多德:《形而上学》985b4—13。
② 亚里士多德:《论灵魂》404a3—4。

别的感觉所感知的事物。"①原子是将巴门尼德的"存在"碎成为无限多的、微小的"存在",它自身不可分割,而由原子组成的复合物体却是可分割的,这解开了爱利亚哲学关于"一"和"多"、可分与不可分、连续性和间断性、本原与现象的死结。而关于物质基本粒子是否无限可分的问题,现代物理学虽已深入到量子与夸克层次,仍是一个尚未完全解决的问题。

第二,原子都同质,但在形状、大小和排列上有差异,造成它们组成的事物有质的多样性。四元素说和种子说都是不同元素粒子本原异质的多元论,而原子尽管数量无限多,自身性质是同一的。两位原子论者说:"它们[原子]在形状上彼此不同,但它们的性质是相同的,就像从一块金子剥离的许多金屑。"②原子论将四元素和种子的异质性抽象掉,成为有普遍性的同质本原,上升到一元与多元统一,是早期希腊自然哲学关于物质结构理论的最高的科学抽象。原子的形状大小多种多样,因而造成各种不同的性质。比如,火的原子细小、圆形,平滑,因而它的性质活泼、易动、明亮;而土的原子较大而粗糙形,所以它的性质厚实、凝重、灰暗。事物性质的不同则归因于原子组合的形状、次序和位置的差异。两位原子论者说:"存在只在'状态'、'接触'和'方向'上有不同;而状态就是形状,互相接触就是次序,方向就是位置;如 A 和 N 是在状态上不同,AN 和 NA 是在次序上不同,H 和 口 是在位置上不同。"③他们认为多样性和事物的生灭变易现象主要是由于原子形状"在数目上也是无限多"造成的,就像"悲剧和喜剧都是由同样的字母组成的。"④这种原子与事物的几何形式结构与数量关系决定事物的质的思想,吸取、改造了毕泰戈拉学派的思想。如马克思指出的,德谟克利特主要着眼于原子的形状,重量与体积还

---

① 辛普里丘的《〈论天〉注释》所引亚里士多德的《论德谟克利特》之残篇,见[德]第尔斯、克兰茨编:《苏格拉底以前哲学家残篇》,DK68A37。
② 亚里士多德:《论天》275b34—276a2。
③ 亚里士多德:《形而上学》985a16—19。
④ 亚里士多德:《论生灭》315b9—16o。

只是原子的"一个偶然的规定",不是其本质特性。①

第三,原子内部充实,没有虚空,所以其内部永无动变;但每个原子作为整体又是能动的,永恒运动,在虚空中结合和分离,造成自然界具体事物的生成和消亡。亚里士多德批评原子论者没有说明世界运动的原因、"最初的动者"。② 其实,原子论比恩培多克勒、阿那克萨戈拉高明,在高深层次上继承与发展了早期伊奥尼亚自然哲学的传统,认为物质原子本身就是能动的,不需要从原子以外去寻求动因。格思里指出:"在拒绝需要运动的第一推动者这点上,留基伯和德谟克利特比亚里士多德更加接近自从伽利略和笛卡儿以来的欧洲科学家的流行观点。"③ 不过,原子论者认为原子自身内部无变动、生灭,无性质变化与相互转化,它们只是在虚空中作位移运动,聚集或者分散,是凌乱、偶然的机械运动,没有运动变化的质的多样性,更不可能从中探求从低级运动层次发展到高级运动层

---

① 马克思在他的博士论文《德谟克利特的自然哲学与伊壁鸠鲁的自然哲学的差别》中,对此专门作了考察,并得出结论说:"德谟克利特只是从原子特性与现象世界的差别的形成的关系上来考察原子的特性的,而不是从原子本身来考察的",因而他"并没有把重量当作原子的一种本质特性提出来。在他看来,重量是不言而喻的东西,因为一切物体都是有重量的",而且"体积也不是什么基本的质。它乃是原子在具有外形时即已具备了的一个偶然的规定"。德谟克利特最注重的是"形状的差别",因为"除了外形的差别外,形状、位置、次序之中再也不包含任何东西了"。比较而言,"体积、形状、重量在伊壁鸠鲁那里是相提并论的,所以它们的差别就是原子本身所具有的差别"。见《马克思恩格斯全集》第40卷,北京:人民出版社1982年版,第220—221页。有的哲学史著作将马克思所说的德谟克利特和伊壁鸠鲁原子论的不同,简单地归结为:德谟克利特认为原子没有重量上的不同,伊壁鸠鲁则指出了原子有重量的不同。这是一种误解。马克思并没有否认德谟克利特可能承认原子在重量上也有不同,但认为他用原子的外在形状(即几何形式)说明事物的性质与现象的多样性,体积、重量也有不同,但都是附属于形状的"偶然的规定性",并不是原子的本质特性。而到希腊化时代的伊壁鸠鲁,经过希腊古典时期哲学与物理学思想的进展,已深入研究原子自身内在的质的规定性,将原子的体积、形状、重量三者结合起来考察,它们都不是原子的"偶然的规定性",而是原子的本质特性。所以恩格斯说伊壁鸠鲁"已经按照自己的方式知道原子量和原子体积了"。见《马克思恩格斯全集》第20卷,北京:人民出版社1971年版,第384页。

② 亚里士多德:《形而上学》1071b31—34;《论天》300b 12—17。

③ 格思里:《希腊哲学史》第2卷,剑桥:剑桥大学出版社1969年版,第399页。

次的规律。

原子论者提出"虚空"作为自然的另一本原,是在西方哲学史上首次明确提出"空间"概念。爱利亚学派否认运动与虚空,"存在"无虚空,所以无运动。原子论者受到爱利亚学派的反面启发:"他们认为虚空就其作为运动发生的场所的意义上说,乃是运动的条件;这就是有些人所说的空间那种东西。"①"非存在"就是虚空,不是绝对的无,只是相对于完全充实的原子(即"存在")而言,它空无一物,才是"非存在"。所以,虚空也是一种客观的实在,是自然万物运变与构造的本原。虚空是运动的场所,好比容器那样的性质。"有虚空,酒才能注入桶中,生命体才能吸收营养,灰堆才能吸收像空的容器同样多的水"。② 亚里士多德说:"主张虚空存在的理论就包括位置[空间]的存在,因为人可以将虚空定义为抽掉物体以后的位置[空间]。"③虚空,就是抽掉物体以后的空间。他又说,那些主张事物是由于虚空而运动的人,"他们用虚空说明的是位移运动"。④ 原子组合成物体中,虚空也造成原子和原子之间的"空隙",这使原子的结合具有不同的几何形式结构,从而造成事物具有不同的性质。原子结合的次序和位置都在一定的虚空中形成;而一些物体的性质不同,就是由于它们内部原子之间的空隙不同。如海绵和铜的比重不同,是由于它们内部原子之间的空隙很不一样。空间是物质存在和运动的形式,亚里士多德在《物理学》第 4 卷第 8、9 章中论证过:同物体分离的虚空是不存在的。现代科学也已证明,自然界没有脱离物质的绝对真空。原子论者在当时提出"虚空"范畴,已颇相似于近代牛顿提出的绝对空间,在当时有积极的哲学与科学意义。他们认为原子和虚空是万物的二大本原,既将空间和物质区别开来,又在某种程度上也揭示了空间同物质运动

---

① 亚里士多德:《物理学》214a24—25。
② 亚里士多德:《物理学》213b5—23。
③ 亚里士多德:《物理学》208b24—26。
④ 亚里士多德:《物理学》265b27。

的必然联系。赫拉克利特的存在和非存在的对立统一,在他们那里发展成为原子和虚空在运动中的对立统一。原子论者的虚空和运动的学说,虽然已表现出机械性,但也包含着自发的辩证法成分。

马克思、恩格斯高度评价德谟克利特的原子论在科学上是一种"物理假设,用以解释事实的辅助工具。"①它在当时还缺乏实验科学的验证,只是一种假说,但它已不像早先自然哲学家那样,只满足于对自然的直观,而已是一种立足于当时经验科学知识的科学的抽象。这种科学的物质结构假说,对西方近代唯物论哲学和科学的兴起与发展,包括著名科学家道尔顿建立近代的原子论和牛顿的"绝对空间"说,都有重大影响。

3. 必然性和宇宙演化论、科学思想

留基伯留存唯一的关于事物"遵循必然性"的残篇,缺乏对之阐释。德谟克利特则在古希腊哲学史上首次阐述了"必然性"(ananke, necessity),并用以论述宇宙演化与自然现象,使它成为原子论哲学体系的重要哲学范畴。他说的必然性是指事物的产生都有一定的因果关系。"一切事物都是根据必然性发生的,漩涡运动是产生一切事物的原因,他称之为必然性。"认识这种自然的作用,可"使灵魂继续处于安静和强有力的状态,不受恐惧、迷信以及其他情绪的困扰"。这正鲜明地表现了他对自然的科学理性态度。他有一句名言:"宁愿找到一个因果的说明,而不愿获得波斯的王位。"②他说的必然性首要是宇宙演化的法则,也指事物现象的原因,排除了任何目的论意义。所以,亚里士多德论评:"德谟克利特无视目的因[终极因],将自然界的一切作用归结为必然性。"③德谟克利特写过一系列自然科学的著作,都题为关于某种现象的"原因",亦即探究其必然的因果关系,如:《天体现象的原因》、《大地表面的原

---

①　《马克思恩格斯全集》第 3 卷,北京:人民出版社 1973 年版,第 146 页。

②　[德]第尔斯、克兰茨编:《苏格拉底以前哲学家残篇》,DK68Bll8。

③　亚里士多德:《动物的生成》789b2—4。

因》、《声音的原因》、《种子、植物和果实的原因》、《动物的原因》等。① 这表明他旨在探究自然现象的必然性,已大为深化了科学思想。

德谟克利特首次提出必然性就是因果关系,还不能分清必然的原因和偶然的原因,没有理解必然和偶然的对立统一,将一切现象都归诸必然。亚里士多德批评他的学派"竟怀疑它们[偶然性和自发性]是否实在。他们说没有什么事情是偶然发生的,我们说是偶然或自动发生的事情,都是有一定原因的。"②德谟克利特自己举例说:某些看来是偶然的事件,像种橄榄时挖地发现了宝藏,秃鹰从高空猛扑乌龟而碰破了脑袋等,都有必然的原因。③ 这样否定自然事件中有偶然性,表明他对因果必然联系的理解有机械的片面性。但是,他排除任何神学意义的目的论,启导人们去认识物质世界本身固有的客观原因,富有科学精神。罗素论评:"原子论乃是严格的决定论者,他们相信万物都是依照自然律而发生的","原子论者要比批评他们的人更科学得多";"原子论者问的是机械论的问题,而且做出了机械论的答案。可是他们的后人,直到文艺复兴时代为止,都是对于目的论的问题更感兴趣,于是就把科学引进了死胡同。"④

德谟克利特以原子漩涡运动的必然性,阐述世界的生成和宇宙演化的总貌。艾修斯记载说:"[关于必然性]德谟克利特认为就是指原子的运动、抵抗力和撞击力。"⑤无数的自由原子在广阔无垠的虚空中,向不同方向作看来是凌乱的运动,就像现代物理学的气体分子运动理论所描述

---

① 第欧根尼·拉尔修:《著名哲学家的生平和学说》第 9 卷第 47 节。

② 亚里士多德:《物理学》195b36—196a5。

③ [德]第尔斯、克兰茨编:《苏格拉底以前哲学家残篇》DK68A6;参阅格思里:《希腊哲学史》第 2 卷,剑桥:剑桥大学出版社 1969 年版,第 418 页。

④ [英]罗素:《西方哲学史》《西方哲学史及其与从古代到现代的政治、社会情况的联系》上卷,何兆武、李约瑟译,北京:商务印书馆,1963 年版,第 98—100 页。

⑤ 艾修斯:《哲学家意见集成》第 1 卷 6 第 26 章第 2 节;见基尔克、拉文:《苏格拉底以前的哲学家:附有原始文本资料选编的批判史》,剑桥,剑桥大学出版社 1978 年重印本,第 413 页。

的那样。原子在互相撞击的作用力下,自然地形成一种漩涡运动。其中,有两条必然的物理法则起着作用。第一条法则是同类相聚。同类原子或具有同一性质的事物本身彼此发生趋同的物理作用。原子在漩涡运动的分离作用下,形状大小相同的原子结合起来,形成水、火、土、气等元素物质;进而结合成为万物。同类相聚是自然界的普遍法则。① 第二条法则是原子及其结合物在漩涡运动中造成轻重有别的运动方向。当时的自然哲学家还不懂得牛顿发现的万有引力原理,不会用它解释重力的实质。德谟克利特说的原子的轻重和原子的形状大小紧密关联。他说:"每个不可分的物体〔原子〕越大,它就越重"。② 塞奥弗拉斯特记述:"德谟克利特用大小区别轻重",又认为"在复合物体中,包含更多虚空的越轻,包含少的越重"。③ 德谟克利特认为原子在无限的宇宙中作漩涡运动时,有的形状小的原子从中心向外圈边线运动,就是轻的;有的形状大的原子从外圈向中心运动,就是重的。重原子趋向运动中心,轻原子则飞向漩涡的外层。漩涡运动中造成的轻重区别,不仅取决于原子的大小,就原子结合的物体说,也取决于原子与原子间包含虚空的多少,所以由原子结合成的物体有的大而轻,有的小而重。

德谟克利特描述人类所处的世界是这样生成的:各种形状、无限数目的原子在无限的虚空中运动,互相作用,形成一种漩涡运动,在彼此冲撞中同类相聚,并造成轻重有别的不同运动方向。轻的物体像筛扬似的被抛向外层虚空,其余较重的物体就纠集着陷向漩涡中心,因为运动的合力,紧密地结合成最初的一团球形,它像一层壳,逐渐厚固,形成处于漩涡

---

① 他解释此普遍法则:"生物同类相聚,如鸽和鸽、鹤和鹤,别的动物世界也如此。还有非动物世界,人们可以在筛种子和沙滩上的石子中看到,在前者,由于筛子的旋转,豆和豆、大麦和大麦、小麦和小麦〔合在一起〕;在后者,由于波浪的运动,卵石和卵石一起,圆石和圆石,别的事物也同样,好像有一种吸引力将它们合在一起。"〔德〕第尔斯、克兰茨编:《苏格拉底以前哲学家残篇》,DK68B164。
② 亚里士多德:《论生灭》326a9—10。
③ 塞奥弗拉斯特:《论感觉》第 61—62 节,见〔德〕第尔斯、克兰茨编:《苏格拉底以前哲学家残篇》,DK68A135。

中心的大地。抛向外层的物体也不断有自由原子和新的物体附着上去，分别形成一团团紧密的物体。它们最初是潮湿泥泞的，后来逐渐干了。它们的基质构成同大地一样，都是原子的结合物；只是它们处在漩涡外层，运动速度快，所以燃烧而明亮发光。月亮、太阳和各种星辰就是这样形成的。它们各自运行的轨道同漩涡中心大地的距离不等，因而速度也不等。我们人类所处的这个世界体系，就是这种井然有序的原子运动的大漩涡之一，是原子自身运动的必然结果。他的这种天体系统理论是一种地心说，不像后来亚里士多德和托勒密的地心说那样精致，但它认为整个天体系统都是物质原子自身运动所生成，有必然的因果联系，无须神的第一推动力，不给神以任何容身之地。

他又认为：宇宙在时间空间上都是无限的，像人类所处的原子漩涡运动所生成的世界，在宇宙中有无数个。无数个世界产生了，又分解还原为无限多的原子。他具体描述无数个世界有生有灭、无限多样："有无数个大小不同的世界。在有些世界中既无太阳，也无月亮；在另一些世界中，太阳和月亮比我们这个世界中的太阳和月亮要大；而另一些世界中不只有一个太阳和月亮。这些世界距离不等，某一个方向大些，另一个方向小些。一些世界正处在鼎盛时期，另一些世界在衰落之中。这里的世界产生了，那里的世界毁灭了，它们是因彼此冲撞而毁灭的。某些世界没有动物、植物，也没有水。"①这真是卓杰的科学推断，和当今的宇宙观与天体科学很为接近。他还认为，一个世界衰亡，或者是由于它达到鼎盛期后，不能再从外层虚空补充新原子，它逐渐自行消解为互相分离的自由原子；或者是由于一个世界在运行中被另一个世界碰击而并合了，但它的原子构成的本质不变，"并合"不过是原子的更大聚集。总之，无限的宇宙中有无数个世界在生灭不息。它们生长于原子漩涡运动，衰变为自由原子；自由原子在另一个时刻又会结合成另一个世界。它们的运动生灭都有必

---

① ［德］第尔斯、克兰茨编：《苏格拉底以前哲学家残篇》，DK68A40。

然性。一切世界、一切事物都会消亡,但运动的原子永恒不灭。这就是他描述的宇宙演化总画面。

17 世纪笛卡尔提出太阳系起源于以太漩涡运动,被誉为近代科学史上探究天体起源的一次勇敢尝试。18 世纪拉普拉斯提出太阳系起源于白热气体漩涡运动,大胆摒弃了上帝这个假设。而康德冲破形而上学缺口的星云假说,主张太阳系起源于物质微粒的凝聚和漩涡运动,认为无限的宇宙中有无数个太阳系不断生灭成毁,就像神话中的"火凤凰",不断"自焚",又"从它的灰烬中恢复青春得到重生"。[①] 这些近代的科学假说,在天体力学内容和科学论证方面,当然胜于德谟克利特的宇宙演化论,但它们的某本观点却很相似。而德谟克利特的假说提出于两千多年以前,确实难能可贵。

德谟克利特用原子论哲学探讨各类自然现象的原因,写过许多著作,从残存的第二手资料中,仍可察知他在科学探讨上富有创新精神。希腊化时期的著名数学家、力学家阿基米德(Archimedes)称赞"德谟克利特确实对圆锥体和角锥体的定理有不小的贡献",[②]他也是探究当时刚萌发的立体几何学的先驱(柏拉图在《国家篇》中很重视并倡导这门前沿学科)。他在天体运行轨道方面纠正经验观察的误解:留基伯因袭阿那克西曼德的看法,认为太阳炽热最明亮,运行速度最快,处在离大地最远的外层轨道上,其次才是恒星、行星,月亮最靠近大地。德谟克利特认为:不能只凭天体的可见亮度判断其运行速度和轨道远近;天体越近漩涡中心大地,受旋转力影响越小,速度越慢;反之则速度越快。他指出,恒星离大地最远,看起来似乎不动,其实运行速度最快,其次才是太阳、月亮。他专门写过《论行星》

---

① [德]康德:《宇宙发展史概论》,上海外国自然科学哲学著作编译组译,上海:上海人民出版社 1972 年版,第 154—156 页。

② 转引自格思里:《希腊哲学史》第 2 卷,剑桥:剑桥大学出版社 1969 年版,第 488 页。阿基米德还说明:"这些定理即:一个圆锥体是一个底面和高与之相同的圆柱体的三分之一,角锥体是一个底面和高与之相同的角柱体的三分之一,而他是首先没有留下证明而陈述这些几何定理的"。后来柏拉图学园的欧多克索进而作出证明。

著作,指出行星很多,不少行星尚未被人发现。① 他对生物、生理作过许多研究,用原子论的观点解释动植物营养、繁殖问题,认为精子和卵子间并不均衡地结合,是人的生命体繁殖的原因,胎儿的性别取决于父方或母方的种子在结合体中谁占优势。② 这是最早的基因遗传学思想萌芽。

4. 影像说

德谟克利特论述灵魂也是原子,人的感知是认识对象与认识主体的原子相互作用形成的影像,并且局部涉及研究理性思维形式问题。他在原子论基础上,统一身体与灵魂、灵魂与努斯、感知与理性。

他认为,身体和灵魂的本原是同一的,都是原子,不过灵魂是一种精致的、圆形的原子。"太阳和月亮是由光滑、圆形的原子聚合成的,灵魂也是这样,它就是努斯。"③他将灵魂"说成是火,因为火是诸元素中最精致的,也是最接近于不是具体的东西,再说,就其最基本的意义上,火既是被推动的同时又是产生一切别的事物的运动的";他并认为"灵魂和努斯是同一个东西"。④ 他将阿那克萨戈拉的精神性实体"努斯"还原为物质性的原子,克服其二元论倾向的内在矛盾,在原子论的高度上回复到唯物论的一元论。他认为灵魂原子到处存在:"一切事物都分有灵魂",甚至"在石头中也有一种灵魂"。⑤ 但他并不是回复到传统的"物活论",而是强调灵魂的原子很精细、最活动,可以无孔不入;自由游离的灵魂原子并不会使石头活起来,灵魂的原子必须和身体的原子构成组合体,才是活的人体生命。"身体和心灵的原初物体是一个对一个地彼此叠置着,互相交错而编成我们肢体的组织",在身体中灵魂的原子形状小、数目也较

---

① ［德］第尔斯、克兰茨编:《苏格拉底以前哲学家残篇》,DK68A92。
② 同上书,DK68A143。
③ 第欧根尼·拉尔修:《著名哲学家的生平和学说》第 9 卷第 44 节。
④ 亚里士多德:《论灵魂》405a4—13。
⑤ ［德］第尔斯、克兰茨编:《苏格拉底以前哲学家残篇》,DK68All7。

少,稀疏地散布全身。① 这种细小而能动的原子给身体以活力,是身体运动的原因。灵魂即生命,人体通过呼吸不断对灵魂原子吐故纳新,维持生命。在他看来,由原子组成的"灵魂是会死亡的,随着肉体解体。"②死亡不过是灵魂原子同身体分离,人们不应害怕死亡,不必因宗教迷信所渲染的死后的惩罚而感到恐惧。

德谟克利特认为,灵魂具有感觉和理智这两种功能:遍布全身的灵魂原子具有能感觉的功能,而灵魂中有一个特殊部分努斯,是思想的器官。关于这个思想中枢,或说他主张"灵魂有两个部分,理性[努斯]位于心,非理性部分弥散于全身;或说德谟克利特主张理性在于脑。"③从他的生理学思想倾向于阿尔克迈翁和希波克拉底的观点来看,应是属于后者。

他主张一切认识都发源于外界物体对身体的作用,刺激了身体中的灵魂原子,各种感觉认识对象和感官的粒子流的相互接触的作用。④ 他根据认识对象与主体的原子流的双向作用,发展恩培多克勒的流射说,提出了更为精致的影像说。他首要论述视觉是一种"影像"(eidolon, image),是眼睛和对象都发出原子射流,相互作用,产生了视觉影像:"视觉影像并不是直接产生在瞳孔上的,而是在眼睛和视觉对象之间的空气

①　卢克莱修:《物性论》,方书春译,商务印书馆 1999 年版,第 149 页。
②　[德]第尔斯、克兰茨编:《苏格拉底以前哲学家残篇》,DK68A109。
③　同上书,DK68A105。
④　亚里上多德批评他和大多数自然哲学家"将所有感觉的对象都当作触觉的对象。若真是如此,显然每一别的感觉都只是触觉的一种样式了",说他们"对感性知觉的处理是不合理的"。见亚里士多德:《论感觉》442a30—b4。这种批评并不合适。恩培多克勒和德谟克利特是将一切感觉归结为认识对象和感官的粒子流的相互接触的作用,这不是作为感觉形式之一的狭义的触觉,而是那种双向粒子流接触作用形成一切形式的感觉,这可以说是广义的触觉。当代西方学者弗朗克·考斯专门论述了这种广义的触觉,认为古代希腊思想家包括恩培多克勒、柏拉图直到希腊化时期的希巴库斯、欧几里得的《光学》,大都"描绘对存在的首要通途的感觉,首要的是一种接触的方式",将感知归结为一种"触觉经验";他并说亚里士多德自己实际上也是将视觉归结为"作为运动的一种接触"。见弗朗克·考斯:《希腊的政治经验观》,姚介厚译,《第欧根尼》(国际哲学与人文科学理事会季刊)中文版第 36 期,2002 年 11 月。

被压缩,被看到的对象和看的人打上了印记,因为任何事物总经常产生一种流射。"①他相信,"从事物流射出来的一定的影像同流射影像的事物[视觉对象]是相似的。这种影像进入注视者眼内,视觉就是这样产生的。"②视觉影像要以空气为媒介,来形成和传递,因而会造成影像的减弱甚至变形。他曾设想,"要是眼睛和对象之间只有虚空,我们就能清晰地看到天穹里的一只蚂蚁。"③他进而论述其他各种感觉也是双向原子流相互作用所产生的印象。如声音是密集的空气流动中大量粒子进入耳朵的孔道,以很强的力量扩散到全身,形成听觉。④ 味觉和触觉是各种不同形状的原子刺激舌头和身体的结果。他将各种感官得到的印象,都称为"影像",认为它们是全部认识的来源。

影像说有两个新进展,推进了早期希腊哲学的认识论思想。

第一,重视研究认识中的主体因素及其造成感觉的相对性。德谟克利特认为,像颜色、冷热、甜苦这类感觉内容,是在主客体相互作用中才表现出来的性质,因主观条件而变易的,有相对性,它们都是"习惯俗成的","是根据身体和事物的状况而变易的,是身体和事物相接触或相抵御的一种反应。"而"真实存在的是原子和虚空"。⑤ 过去有人将这些感觉性质的"习惯俗成"解释成为"主观上约定",是一种误解。黑格尔就因此批评德谟克利特"为坏的唯心论打开了大门",⑥他将这种感觉的相对性说成是近似贝克莱的主观唯心论观点,那是不确切的。德谟克利特论述感觉的相对性,是在西方哲学史上最早区别物体的第一性质和第二性质。客观物体由原子和虚空组成,又有各种不同的形状大小的原子及其

---

① [德]第尔斯、克兰茨编:《苏格拉底以前哲学家残篇》,DK68A135。
② 同上书,DK68A29。
③ 亚里士多德:《论灵魂》419a15—17。
④ [德]第尔斯、克兰茨编:《苏格拉底以前哲学家残篇》,DK68A29。
⑤ 同上书,DK68A11。
⑥ [德]黑格尔:《哲学史讲演录》第 1 卷,贺麟、王太庆译,三联书店 1959 年版,第341 页。

位置、次序,这是物体固有的第一性质;而冷热、颜色、味道等等可感性质是物体和感官作用造成的第二性质,它不是主体感官任意自生的,归根结底,是由物体作用于感官所派生的性质。如他认为:不同的食物原子形状和身体状况也造就了甜、辣、辛辣、苦、咸等不同的味觉;颜色的感觉取决于对象表面原子的形状、位置以及它们相距的空间,其中白、黑、红、绿是四种基本色,其他颜色是它们的混合。① 他论述两种可感性质的联系,从现代物理学的有关内容看,也是合理的。一定的颜色是一定波长的光线作用于感官而呈现出来的,声波频率同音度的关系,分子运动同冷热温度的关系,也是相似的,其中感官正常与否的状况也会影响对第二性质的感知。他强调研究认识也应注意研究认识主体的因素,这不同于智者派的感觉相对主义,对促进认识论思想的发展有积极意义。近代的伽利略、笛卡尔和波义耳在这方面都发挥了德谟克利特的这种观点,直到洛克比较系统地建立了关于第一性质和第二性质的学说。

第二,明确区别感性认识和理智认识,并局部涉及研究理性思维的逻辑形式。他在一部题为《论逻辑或规则》的著作中,区别了"暧昧认识"和"真理认识",前者指感知,后者指理智。感知认识是暧昧的,因为它只停留于事物的现象,并受认识主体因素的影响,有相对性。理智则能认识事物内部的本性——原子和虚空,比感知优越。他说:"当暧昧认识在最最微小的领域内,不能再看,不能再听,不能再嗅,不能再尝,不能再触摸,而知识的探求又要求精确时,真理认识就参加进来了,它具有一种更精致的工具"。② 这种工具就是概念和思想。他又认为感觉和理智的关系并非截然割裂,感觉给理智提供影像原料,理智则能纠正错误的感觉,理智优于感觉,又必须以感觉为基础。他生动描述了感觉和理智的辩证关系:他

---

① [德]第尔斯、克兰茨编:《苏格拉底以前哲学家残篇》,DK68A135。

② 塞克斯都·恩披里柯:《反数理家》第7卷第139节,见 Sextus Empiricus, *Sextus Empiricus*, vol.3, translated by R.G.Bury and others, The Loeb Classical Library, Cambridge Mass.Harvard University Press, 1979.(《塞克斯都·恩披里柯文集》,第3卷,R.G.伯里等英译,洛布古典丛书,美国马萨诸塞州剑桥:哈佛大学出版社1976年版。)

说了一些感觉是"习惯俗成"的，"从而抑低了现象的地位以后，又让感官以下面的语言来反对理性：'可怜的理性，你从我们这里取得证据又要推翻我们？你的胜利同时也就是你的失败！'"①他主张有三种真理标准："现象是了解可见事物的标准"；"概念是研究的标准"；"情感是取舍事物的标准"。② 他还不可能展开深入研究理性思维的逻辑形式，但已开始从逻辑上认识到概念这种思维形式对认识事物本质的重要作用。逻辑学的创立人亚里士多德指出："我们的先驱者都不懂得这种[下定义——逻各斯的]研究方法"，"首先接触到这点的是德谟克利特，但他也还远远没有将它当作自然科学的必然的方法来采用它，他只是不知不觉地被事实强迫而提出了它"：③"自然哲学家德谟克利特只是在小范围内接触到这个[普遍定义的]问题，他以某种方式定义了热和冷。"④他还没有系统研究逻辑学。苏联的一部《哲学史》断言"德谟克利特是归纳逻辑的奠基人"，⑤这并无资料根据，也不合乎逻辑思想史的实际。

德谟克利特有时强调人感知认识事物的现象有相对性，要认识事物的内在本性很难，因此，他是否认为人能把握真理，他是否有怀疑论倾向，对这个问题从古至今的学者有不同的看法。⑥ 其实，德谟克利特说过不

---

① 伽伦(Galen)：《医学经验》残篇第 1259 页第 8 行起；转引自格思里：《希腊哲学史》第 2 卷，剑桥：剑桥大学出版社 1969 年版，第 460 页。

② 塞克斯都·思披里柯：《反数理学家》第 8 卷第 307 节、第 7 卷第 140 节，第 3 卷，R. G.伯里等英译，洛布古典丛书，美国马萨诸塞州剑桥：哈佛大学出版社 1976 年版。

③ 亚里士多德：《论动物的部分》642a25—28。

④ 亚里士多德：《形而上学》1078b19—21。

⑤ 敦尼克主编《哲学史》中译本第 1 卷，第 101 页。

⑥ 如：亚里士多德既指出德谟克利特认为人认识的现象就是真实的，但也说他认为人的感觉印象中"或者是没有真理，或者是对于我们，至少真理是不清楚的"。见亚里士多德：《论灵魂》404a28，《形而上学》1009b7—12。古代怀疑论学派的塞克斯都·恩披里柯记述："他[德谟克利特]在《论形式》中说，人必须懂得这个原则：'他离实在很远'，要认识每一事物的实在本性是不可能的。"见塞克斯都·恩披里柯：《反数理学家》，第 7 卷第 369 节。第欧根尼·拉尔修记述他说过，"关于真理我们什么也不知道，因为真理隐藏在深渊中。"见第欧根尼·拉尔修：《著名哲学家的生平和学说》，第 9 卷第 72 节。现代学者对德谟克利特的怀疑论思想问题多有不同见解。

少"人离实在很远"之类的话，那是强调感知现象不等于认识了真理，还要更深入认识原子和虚空，才能把握事物的本性。他建立原子论哲学，敲开了物质结构的大门，也还远未达到全部真理，这正表现了他的严肃的科学态度。由于他强调现象的相对性和真理难知，表述不尽恰当，因而被怀疑论者误解与利用；后来他的某些弟子正是循着这个方向，加以夸大，真正走向怀疑论。

他坚持唯物论的可知论，也表现在：坚持从自然本身说明自然，用原子和虚空排除了神在自然界的地位，用影像说批判神秘的宗教迷信，在早期希腊哲学家中，他是态度最鲜明的彻底的无神论者。在他看来，天空中的太阳、月亮等天体，不过是像大地一样的物块，只因为充溢了火原子使它们炽亮，因此，当时的宗教把它们幻化为主宰人世的神来盲目膜拜是很可笑的。他讥嘲"一些有教养的人，向着我们希腊人现在叫做天空的地方伸起他们的双手，说：'宙斯深察万物，他洞悉一切，他赐福万物，享受万物，他是万物之王'"。① 他认为这是愚昧的举动，人应当靠认识自然来为自己造福。他指出，人们所以会造神、拜神，其根源是对自然现象的无知和恐惧："古代人们看到天空中发生的事情，像雷电、霹雳、天体会合、日蚀、月蚀，等，就畏惧诸神了，相信他们是这些事情的原因。"②他用影像说解释某些所谓神显示的"奇迹"、"神兆"，认为它们不过是一些难以说明的自然现象，其实都是人的灵魂感觉到的一些"偶像"，就是特殊的"影像"："古代人感受到它们的影像，就想象有一种神，其实除了这些影像外，并没有享有不死的本性的神。"③所谓"神"实际上只是原子射流造成的自然现象。

---

① ［德］第尔斯、克兰茨编：《苏格拉底以前哲学家残篇》，DK68B30。

② 同上书，DK68A75。

③ 塞克斯都・恩披里柯：《反数理学家》第 9 卷第 19 节，见 Sextus Empiricus, *Sextus Empiricus*, vol.3, translated by R.G.Bury and others.The Loeb Classical Library, Cambridge Mass.Harvard University Press, , 1979.（《塞克斯都・恩披里柯文集》，第 3 卷，R.G.伯里等英译，洛布古典丛书，美国马萨诸塞州剑桥：哈佛大学出版社 1976 年版。）

5. 社会进化和社会伦理思想

德谟克利特生活在希腊古典文明鼎盛而开始趋衰的时代,既感受当时人文主义启蒙思潮,又目睹城邦奴隶制的各种社会矛盾日益显露。他的深睿卓见也表现在:他注重观察与研究各种社会问题,提出自己的社会伦理与道德思想,意图化解、平和那些社会矛盾。留传与近代重新发现的德谟克利特的残篇,表现了他的社会进化和社会伦理与道德思想。他将人和宏观世界——"大宇宙"相比,说:"人是一个小宇宙。"①在研究人和社会的"小宇宙"中,他的哲学焕发鲜明的人文精神。

希腊传统宗教将社会起源和人世生活说成都是受神控制的。德谟克利特最早主张一种素朴的社会进化思想,否定神创社会或神主宰社会生活,认为人是自然的产物,人自己逐渐创造出社会文明。他描述,远古人类像动物那样过着衣食匮乏的群居生活,是双手和智慧引导他们从蒙昧走向文明。技艺和文化不是神赐予的,而是人类经验的结晶。他说:"在许多重要的事情上,我们是动物的学生:从蜘蛛学会纺织和缝纫,从燕子学会造房子,从天鹅和夜莺等鸣鸟学会唱歌,都是模仿它们的。"②他思察到文化艺术是随着人类物质生活条件的改善而发展起来的,指出"音乐是相当年轻的艺术,原因就在于它不是由需要产生的,而是生活已经富裕后的产物。"③

他自己虽不是政治活动家,但非常关注社会政治,他的社会伦理就包含着政治体制伦理思想的萌发。他无疑维护奴隶制,说"应当像使用我们身体的一个部分一样地使用奴隶,让每一个[奴隶]完成他的任务",认为"统治天然是属于强者的"。但他是奴隶主民主制的坚定拥护者,说

① [德]第尔斯、克兰茨编:《苏格拉底以前哲学家残篇》,DK68B34。
② 同上书,DK68B154。
③ 菲罗德谟:《论音乐》第 4 卷第 31 章,转引自格思里:《希腊哲学史》第 2 卷,剑桥:剑桥大学出版社 1969 年版,第 474 页。

"在民主制度下贫穷也比在专制制度下享受所谓幸福好,正像自由比受
奴役好"①。他的大半生处在一个奴隶主民主制从极盛开始走向衰落的
时代。由于奴隶制本身的内在矛盾激化,奴隶主民主制的社会基础在瓦
解,财富积累和集中于少数人手中,大批自由公民贫困化,变成穷光蛋。
苏联的一本哲学辞典将他誉为"古代民主政体的代表",这并无事实根
据。德谟克利特的那些格言,对民主制没有振奋人心的赞颂,不少论述都
是在旁敲侧击社会生活中的灰暗面,字里行间透露出他对民主制下潜伏
危机的不安。他已经敏锐地从社会伦理角度反思当时社会政治体制的矛
盾与问题,并主张通过调整社会伦理与个人道德价值来修缮社会体制,防
止社会危机。他比柏拉图更早涉及社会体制伦理的研究,这在政治思想
史与伦理思想史上是独步先驱的。

　　他深刻地审察到贫富两极分化这种不公平,是造成当时社会与思想
动荡的重要原因。他说:"赤贫和豪富动辄变换位置,是造成灵魂巨大困
扰的原因。灵魂被大的分歧所震动,是不稳定也不愉快的。"他的道德残
篇多处反对财产兼并和贫富分化。他指责有些人"为孩子们聚敛太多的
财富,只是一种借口,用以掩饰自己的贪欲"。他斥责守财奴"贪得无厌
会使自己失其所有,像伊索寓言中[贪婪]的狗那样"。这种贪婪聚敛财
富是不公正的恶,他指出,侵占别人的财产是最坏的占有,"正像毒瘤是
最坏的疾病一样"。他从道德上告诫说这种作恶不得善果:"守财奴的没
有教养的子女,就像在刀尖上跳来跳去的人那样。如果他们落下来时没
有把脚落在该落的地方,就完蛋了。"②

　　德谟克利特提出,要改善当时的社会体制,实现社会公平,维护民主
政制,必须限制财富的积聚和兼并,克服因贫富过于悬殊造成的"不幸"
和"危机"。他说"我的意见是,在一切事物中,均等是好的,过分和不足

① [德]第尔斯、克兰茨编:《苏格拉底以前哲学家残篇》,DK68B270,DK68B267,
　　DK68B251。
② 同上书,DK68B191,DK68B222,DK68B224,DK68B281,DK68B228。

是不好的"，他早于亚里士多德就已有"中道"的伦理原则。他主张在自由民中扩大"中产阶层"，主张"应该只安排一个中等的财富，奋斗的目标只能以一个人的需要为标准来衡量"。他试图激发富人的恻隐之情与道德同情心，要富人们多想想"生活贫困的人的痛苦"，有所收敛而不陷于"贪得无厌"。他甚至梦想，"如果有钱人能够借钱给穷人，给他们帮助，给他们利益，结果就会有同情、友爱和互助，公民间的和谐，以及许多别的人们能够数得出来的好处。"①他希望通过调整社会伦理价值与激发道德情感，就能克服贫富悬殊、两极分化，使民主制能够稳定下来，这种政治伦理设想是美好的，但在当时并不现实可行。

他对当时衰变的民主制中法制败坏、官吏腐败，造成政治生活的纷扰和动荡，表现出明显的不安，主张通过改善社会体制，使它确立在正义与公道的伦理基础上，来解决这些重大问题。他抨击现行的体制不能防止官吏蜕化变质："在现行的宪章制度下，没有方法可以防止官吏做坏事，即使他们本来是好的。因为他是为自己而不像是为了别人，所以在不同的环境下他会表现为同样的人。"②他已经看出，权力会毁坏人，当时在衰变中的民主制的一些法律，实际上只是使那些拥有权力的人可以为所欲为。他主张要从伦理上改善社会政治，他大声疾呼："应该将国家［城邦］的事务摆在最重要的位置上，要好好管理；人们不应该为反对公道的事而争执不休，也不应该获得违反公共利益的权力。治理得好的国家是最大的庇护所，可以包容一切；它安全了，一切就都安全，它毁灭了，一切也都毁灭"。他呼吁大家都要秉执公道、以国家公共利益的大局为重，才不致成为覆巢之卵。他对改善社会体制提出两条原则：第一，健全法制，要制订于民有利的好的法律："法律意在使人民生活有利；它应该能做到这一点，因为人民自己希望得到好处；这表现于那些服从法律并以之作为自己

---

① ［德］第尔斯、克兰茨编：《苏格拉底以前哲学家残篇》，DK68B102，DK68B285，DK68B191，DK68B255。

② 同上书，DK68B266。

特有的美德的人"。第二,崇扬正义,扬善惩恶,从社会道德价值上引导人们做正义的人:"正义就是去做他应该做的事;不正义就是没有做到他应该做的,并且将它置之一边。""人必须尽自己的最大努力去处分那做了坏事的人,不应该忽视它。这样做就是正义和善,忽视它便是不正义和恶。"①

他在个人道德价值与道德修养方面,强调精神宁静、适当节制和追求理智与知识。理智的、完善的灵魂以宁和的生活为幸福。他说:"对人来说,最好的方式是使他的生活尽可能地快乐,尽可能地减少痛苦。而这点,如果人是在要毁灭的事物[名利]中寻求幸福,是不可能达到的。""人们只有通过有节制的享受和生活上的宁静和谐,才能得到快乐。"他主张节制过度的欲望,但他不是禁欲主义者。他说:"一生没有宴饮,就像长途跋涉而没有旅店一样。"他反对放纵无节制的情欲,说它们在我们的内心中"是各种疾病的仓库,会带来许多痛苦的可能性。"相反,"在灵魂中的理性,却是习惯于从自身获得幸福。"他主张理性高于情欲,理性节制情欲,幸福源自理性,这和柏拉图的道德思想是一致的。他已显露理性主义的道德价值,强调只有追求知识才是最高尚的道德修养:"坚定不移的智慧是最可宝贵的,胜过其他一切。""对善的无知就是犯错误的原因。"②他本人言行一致,他淡泊名利、不从政,以追求知识为人生目的与最大幸福,孜孜不倦地将自己的一生奉献给人类的哲学和科学事业。

6. 原子论的历史传承与影响

留基伯和德谟克利特的原子论哲学,集早期希腊自然哲学的大成,在

---

① [德]第尔斯、克兰茨编:《苏格拉底以前哲学家残篇》,DK68B252,DK68B248,DK68B256,DK68B261。
② 同上书,DK68B189,DK68B191,DK68B230,DK68B149,DK68B146,DK68B216,DK68B83。

西方哲学与科学发展史上产生深远的历史影响,而它的传承与发展也经历了曲折的历史命运。

德谟克利特的原子论在当时还只是一个天才的假设,缺乏实验科学的验证。他提出原子论哲学之时,智者运动已经勃兴,思想界研究的重心已开始从自然界转向人和社会。柏拉图未明确论评原子论哲学,但在他的《蒂迈欧篇》的宇宙创生论中,论述不同几何形状的元素粒子如何构成万物,也有原子论哲学影响的痕迹。亚里士多德论评原子论哲学最为详细,原子论哲学对于亚里士多德建立自己的自然哲学很有启发和影响,策勒说德谟克利特是亚里士多德的"直接前驱"。

公元前 4 世纪,德谟克利特的亲授弟子开俄斯岛的梅特罗多洛(Metrodorus of Chios)撰写了《论自然》,阐发他的老师的关于原子和虚空以及宇宙演化的学说,但是,他强调人只能感知变易无常的现象,否定知识的可能性,已有怀疑论倾向。到他的学生阿布德拉的阿那克萨库(Anaxarchus of Abdera),怀疑论色彩更趋浓重,他将实在看成是一个色彩变幻、难以认知的万花筒。而他的学生皮罗(Pyrrho),就是希腊化时期怀疑论哲学的创立人。皮罗的学生提奥斯的瑙西芬尼(Nausihhanes of Teos)的学说,时而追随德谟克利特,主张科学家应当尊重事实的知识,时而又响应皮罗的怀疑论。所以,领略德谟克利特学说真谛的伊壁鸠鲁,讥嘲他是优柔寡断的"水母"。①

希腊化时代的伊壁鸠鲁和罗马的卢克莱修真正继承与发展了德谟克利特的原子论哲学。伊壁鸠鲁尽管自诩独创性,但正如古代学者赫尔米波(Hermippus)所说,正是德克利特的著作使他成为原子论哲学的弘扬者。② 卢克莱修的著作《物性论》系统阐发并为后世保存了丰富的原子论学说。罗马时期的斐德罗(Phaedrus)、菲罗德谟(Philodemos)和琉善

---

① 弗里曼:《苏格拉底以前哲学家的辅助读物》,美国马萨诸塞州剑桥:哈佛大学出版社 1978 年版,第 335—336 页。

② 同上书,第 294 页。

(Lucian)也传播原子论,反对宗教迷信。

在漫长的中世纪,原子论及其科学精神,并没有被基督教的长期思想统制所窒息致死。到中世纪鼎盛期,随着西欧一些学者发掘和翻译介绍古代希腊文化典籍,德谟克利特的原子论重露头角,成为基督教内部异端思想家反对正统经院神学的思想武器。在文艺复兴时期,原子论哲学俨然复苏,成为一股冲击经院哲学的亚里士多德主义和天主教神学的思潮。科学殉道者布鲁诺(G.Bruno)崇敬德谟克利特,从他的学说中吸取思想营养。从物理学角度重新论述原子论,首先得力于伟大的科学家伽利略,他在科学观察和实验中接受了德谟克利特的学说,并且开始将古代原子论引上经受物理学验证的轨道。

在近代西方哲学中,原子论成为奠立机械唯物论的一块基石,成为先进思想家反对宗教神学和唯心论的锐利武器。霍布斯(T.Hobbes)把伽利略的动力学和原子学说结合,发展成为一种机械唯物论的哲学,并且提出了激进的无神论思想。伽森狄更阐发古代原子论的科学精神,大力批判经院哲学和当时的"形而上学"。不久,科学巨人牛顿实现了物理学上的伟大综合。他的存在于绝对时间与绝对空间中的宇宙体系,是由坚实不可分割的物质原子按照严格的力学规律构成的;他的严谨论述,使原子论获得科学上的正宗地位,也增强了他的哲学影响。英国科学史家丹皮尔将牛顿和古代创建原子论的伟人相提并论,说牛顿"像古代的德谟克利特一样,他真可算是人类中杰出的天才"①。

原子论通过笛卡尔、伽森狄和牛顿的宣扬,进入 18 世纪法国启蒙运动,成为这场伟大的思想变革运动的重要内容。伏尔泰(Voltaire)在《哲学辞典》中用原子和虚空给物质下定义,拉美特利依据原子运动撰写心灵的自然史,狄德罗(D.Diderot)赋予物质微粒运动以"自因",霍尔巴赫(B.d'Holbach)的庞大的自然体系完全是由物质"分子"构成的。古代原

---

① 丹皮尔(W.C.Dampier):《科学史及其与科学和宗教的关系》,李珩译,北京:商务印书馆 1973 年版,第 240—242 页。

子论的科学理性,在法国启蒙思想家那里得到充分发挥,起了猛烈扫荡宗教神学的作用。

马克思在青年时代写的博士论文,研究了德谟克利特和伊壁鸠鲁的自然哲学间的区别,当时论文还没有摆脱黑格尔哲学的影响,然而,他的研究成果颇为深刻、很有价值,并且表明马克思在完成他的世界观的转变以前,就已经重视对古代原子论哲学的研究。

原子论对近代科学的物质结构学说和基础自然科学理论的发展有显著影响。伽利略、笛卡尔和牛顿已经在物理学上为物质的原子结构做了定性工作;牛顿甚至指出,"光的结构基本上是原子的",提出了光的微粒说。17 世纪的波义耳(R.Boyle)采纳了原子论,抛弃了"四元素"的陈旧概念,提出了新的"化学元素"概念;它被 18 世纪法国的拉瓦锡所接受与发展,奠定了近代实验化学的基础。19 世纪的道尔顿(J.Dalton)终于以精确的定量分析,建立了系统的关于物质结构的原子说。门捷列耶夫的化学元素周期表又按照原子量的顺序,科学地揭示了原子所构成的元素家族的谱系。德谟克利特的原子论假说经过了2300 多年,终于发展成为一种确凿验证的科学理论,充分显示了它的科学价值。

现代物理学的发展,从卢瑟福(E.Rutherford)提出原子自身结构的模型,到高能加速器击碎了"坚实、不可分割"的原子,人类正在不断深入地打开原子内部的秘密,原子并不是物质结构的最基本的粒子。现代物理学对物质结构深层次的认识,对宏观宇宙的认识,远远超过了古代和近代的原子论。但是,德谟克利特所涉及的一些自然哲学意义上的重要问题,可以说至今仍由科学家在探讨,从而拓展科学前进的道路。例如,早期希腊哲学争论有关自然本原、物质结构和宇宙论的一些问题(数、元素、种子、原子、宇宙结构、时空有限或无限等);对物质微粒可否进行无限分割,在各种基本粒子里能否更深层次找到最基本的共同的"基质"、求得"一"与"多"的统一;等等。当代物理学家在量子物理学与天体物理学领域内仍在讨论这些古老的问题；他们对"规范场"、"夸克禁闭"、"宇宙大爆炸和宇宙的时空"等等的探索，仍旧含有古老的自然哲学意义。

小　结

本章论述了公元前5世纪后半叶希腊自然哲学的三位代表恩培多克勒、阿那克萨戈拉和德谟克利特的学说，从中可见，随着科学探究与社会文明的进展，这一时期的哲学确实综合、改造了伊奥尼亚和南意大利两大哲学传统，推进了哲学与科学思想，是早期希腊哲学发展到最后的新阶段，有表明科学理性与人文精神在增进的许多新内涵。在深入探究物质粒子结构和物质与精神的分化认识中，形成了各种科学内涵增强的新本原观；据此阐释的一些宇宙生成与演化学说也更为精致而闪发素朴辩证法的光彩；有了较多立足于精细观察和数理分析的科学发现与假说；开展了对认识论的初步研究；针对社会现实问题，开展了社会伦理与政治问题的研究。以往有些西方哲学史家将这一时期的哲学贬低为拼凑伊奥尼亚和南意大利哲学的折中主义，显然不妥。公元前5世纪后半叶的希腊自然哲学，对近代西方哲学与科学的发展有重要影响。而它作为早期希腊哲学的完成形态，直接为继踵而来的希腊古典哲学作了理论准备。

拓 展 阅 读

一、必读书目

1.汪子嵩等：《希腊哲学史》第1卷（第五编），北京：人民出版社1988年版。

2.姚介厚：《古代希腊与罗马哲学》上册（第五、六、七章）（多卷本《西方哲学史》第2卷），南京：江苏人民出版社2005年版。

3.马克思的博士论文《德谟克利特的自然哲学与伊壁鸠鲁的自然哲学的差别》，见《马克思恩格斯全集》第20卷，北京：人民出版社1982年版。

二、参考书目

1. *The Fragments of Empedocles*, edited and translated by W.E.Leonard, Wisconsin, Open Court Publishing.Co.1908.

2. D. O'Brien, *Empedocles's Cosmic Cycle*, Cambridge, CambridgeUniversity Press, 1969.

3. S.Trepanie, *Empedocles: An Interpretation*, NewYork, Routledge, 2004.

4. D.E.Gershenson & D.A.Greenberg, *Anaxagoras and the Berth of Physics*, New York, Blaisdell Pub.*Co*, 1962.

5. F.M.Cleve, *The Philosophy of Anaxagoras: An Attempt at Reconstruction*, New York, King's Crown Press, 1949.

6. A.T.Cole, *Democritus and the source of Greek Anthropology*, American Philosophical Association, 1967.

7. L.L.Whyte, *Essay on Atomism: From Democritus to* 1960, Middletown, Conn., Wesleyan University Press, 1961.

5

智者运动和苏格拉底、小苏格拉底学派

姚 介 厚

认识你自己。

——苏格拉底所引德尔斐神庙墙上铭刻的箴言

———————————※———————————

　　智者派有两重性:他们在使哲学的重心转向研究人与社会的人文主义启蒙中起积极历史作用,又宣扬感觉相对主义与强权即正义、弱肉强食为自然法则,败坏社会道德风气,玩弄反逻辑的诡辩术。智者派主要研讨四个哲学论题:以人为中心的存在论;"自然"论和"约定"论之争;社会进化和人神关系的思想;相对主义道德价值观和情感道德论。这也体现在智者派的两位代表普罗泰戈拉和高尔吉亚的哲学思想中。苏格拉底则建立一种理性主义的人的哲学,奠立希腊古典哲学的主流精神,成为将希腊古典哲学推向全盛高峰的开路人。他在实践活动中肩负"牛虻"使命和被审判、处死的悲剧命运有其深刻的意义。他在批判智者派中完成的哲学变革,不仅将他自己注重研究的伦理确立在理性的坚实基石上,而且为希腊古典哲学开辟了新的研究领域与发展方向,使它得以根据理性主义的哲学原则,深入考察自然和社会存在的整体和各部分,进入体系化的全盛阶段。这又具体表现在他的理性主义哲学原理(包括普遍性定义、论善和知识论)和对话辩证法中,也具体表现在他阐发的理性主义道德哲学和他倡导道德振邦与贤人政制的政治理想中。苏格拉底的哲学启导了他的两代门生柏拉图、亚里士多德各自发展出理性主义的哲学与知识体系。而他身后的三个小苏格拉底学派即麦加拉学派、昔尼克学派、居勒尼学派各具理论特色,各有代代传人,延伸入希腊化时代,对晚期希腊与罗马哲学有一定影响。

我们应注意理解、思考以下五点。

第一,早期希腊哲学和智者运动与苏格拉底开启的希腊古典哲学既有理论联系,又有研究重心转移的转折,要从希腊城邦文明的演进和哲学思想演变的内在逻辑方面,全面理解这两大阶段哲学的关系。

第二,从存在论与人的哲学、方法论、道德论、社会观与政治伦理观等方面,深入理解智者运动及其代表人物的思想在哲学理论和当时城邦社会进程中起积极与消极作用的两重性,以及苏格拉底开展批判智者的必要性、合理性。

第三,希腊哲学史研究中的所谓"苏格拉底问题"有两方面:一是苏格拉底被审判、处死的原因与意义;二是在哲学思想与著述文本上苏格拉底和柏拉图的关系。两者都关涉研究、评价苏格拉底的全局。

第四,苏格拉底不仅是道德哲学家与实践者,而且在当时完成哲学转变和奠定西方理性主义哲学传统上,都起有重大的哲学变革作用,对此应有全面认识和评价。

第五,对苏格拉底的丰富的哲学贡献(特别是旨在建立人的哲学、普遍性定义、对话辩证法、知识论、理性神思想、道德哲学与政治思想)及某些不足之处,要联系整个希腊古典哲学进程和亚里士多德的有关论述,深入理解、准确评价。

> 人文主义启蒙；人与存在；"自然"论和"约定"论；相对主义感觉论；情感道德论；苏格拉底问题；理性主义；普遍性定义；善；美德；知识；对话辩证法；道德振邦；贤人政制；小苏格拉底学派

从公元前461年雅典帝国的伯里克利黄金时代，到公元前323年马其顿王亚历山大征服希腊后又挥师东征开辟希腊化时代，希腊古典文明由极盛而趋衰亡，在这约140年间，以雅典为中心，演进了希腊古典哲学。它概括与升华当时希腊古典文明中科学与人文社会知识整体性推进的巨大文化成就，全面深刻地反思科学、文化与社会的进程，使希腊哲学跃向一个以研究人与社会为中心的新阶段，特别是柏拉图和亚里士多德的哲学，标志它已完成一种哲学的体系化。它对后世西方文明的演进和西方哲学的发展都有至为深远的影响。

伯里克利自公元前461年成为雅典民主派的领袖，后又连续担任雅典首席执政官，到他公元前429年染瘟疫去世，这32年是以雅典为中心的希腊古典文明极盛时期。他推进民主政制改革，繁荣城邦奴隶制经济，大力扶持学术与文化艺术的发展，将文化精英荟萃的雅典变成"全希腊人的学校"，希腊世界的文化中心。如亲历这黄金时期的苏格拉底后来说："雅典属于最伟大的城邦，是以智慧和强盛闻名于世的。"①公元前431年至前404年的伯罗奔尼撒战争将雅典帝国推向没落，标志希腊古典文明由全盛趋向衰落。这场因雅典和斯巴达争霸而爆发的27年残酷战争，造成全希腊的大动乱，激化了全希腊城邦的各种内外矛盾，严重破

---

① 修昔底德：《伯罗奔尼撒战争史》上册，谢德风译，北京：商务印书馆1997年版，第1卷第9章；柏拉图：《申辩篇》29D。

坏经济,民生颠沛困苦,交织党派斗争的政局极为动荡,社会道德秩序与精神生活陷入混乱与危机。公元前405年斯巴达军在赫勒斯旁海峡的伊哥斯波塔米(羊河)最终摧毁雅典的军力,雅典只得投降而不复有昔日辉煌,而斯巴达实行封闭落后、耕战合一、靠掳掠外邦人作奴隶的军营式经济和军事集权的贵族寡头统治的政治制度,"一旦获得了霸权,他们便衰落了,因为他们根本不懂得和平时期的生计,他们不会从事高于战争的其他事业"。① 希腊古典文明衰落的根本的原因在于,希腊城邦奴隶制的内在矛盾在城邦间长期大战中激化,毁坏了希腊古典文明的经济与政治结构,民主制政治丧失了原有的社会基础,也蜕化变质了。小国寡民、分散自治的城邦奴隶制已走到历史尽头,社会基本矛盾的运动必然走向帝国型统一集权的大规模奴隶制,而希腊本土的城邦已无力完成这一历史转变,只待外部征服力量将它们带入一个新时代。希腊古典哲学就是在上述社会历史背景中产生与演进的。智者运动和苏格拉底是其开端。伯里克利的民主制黄金时代学术文化欣欣向荣,促使它得以突破早期希腊自然哲学的眼界,摆脱神权观念的束缚,兴起智者派开启的人文启蒙运动;惨烈的伯罗奔尼撒战争和战后的城邦危机,又更促使希腊哲学"从天上走向人间",使苏格拉底关注研究人和社会,从哲学的高度思索社会现实,探究克服这种危机的理论方略。象征智慧的猫头鹰夜间才起飞。战后的希腊城邦社会虽危机四伏,但哲学和科学文化仍在大步进展,哲学更要反思、总结整个希腊古典文明,批判地综合先前的一切哲学,将科学理性与人文精神提升到新境界,所以希腊古典哲学的全盛,苏格拉底、柏拉图、亚里士多德三代是哲学体系化的大师,都是出现在希腊城邦文明趋衰时期。

从早期希腊自然哲学转向希腊古典哲学的标志,首先是兴起智者(sophists)运动,这是西方最早的人文主义启蒙思潮。智者派有两重性。

---

① 亚里士多德:《政治学》1271b3—6。

他们起过人文启蒙的积极历史作用，其哲学思想已破除神主宰人的传统观念，认识到人是社会生活的主人，甚至已提出素朴的社会进化思想。但他们又宣扬感觉相对主义，一些智者还论证幸福就是实现自我欲望的快乐、强权即正义、弱肉强食为自然法则等情感主义的社会伦理原则和霸权政治原则，被从事侵伐争霸的城邦统治者所奉行，败坏了社会道德风气，有些后期智者则将论辩术玩弄成为反逻辑的诡辩术。苏格拉底等三代师生都着力在理论上批判智者，拨乱反正。苏格拉底第一个将哲学从天空召唤下来，使它立足于城邦，研究生活、善和恶，建立一种人的哲学和理性主义的道德哲学；他发展了一种逻辑分析的对话辩证法，这是奠立西方分析理性传统的重要环节。他的哲学变革深化并融合了希腊古典文明中的科学理性和人文精神，奠立起希腊古典哲学的主流精神，旨在建树有客观确定性的理性认识和有普遍规范性的道德价值，实现道德振邦。苏格拉底的哲学启导了他的两代门生，柏拉图得以构建精致的理念论哲学体系，亚里士多德更发展出全面总结希腊古典文明的百科全书式的哲学与知识体系。在苏格拉底身后，他的一些弟子从不同角度发挥、修改他的学说，衍生出三个小苏格拉底学派，表现了在那个城邦危机时代哲学与伦理思想复杂多样的局面，它们对晚期希腊与罗马哲学有一定影响。

一、智者运动

从公元前5世纪中叶起的半个多世纪，在以雅典为中心的希腊各地城邦，出现了一批"智者"掀起的思想运动，它不仅有其哲学思想，也涉及语言学、论辩术、修辞学、政治、伦理、宗教、文学艺术、史学等许多领域。这股思潮较庞杂，不是一个严整的学派，但有大体可循索、自身也是演变的哲学思路。前期的智者运动顺应民主制时代的潮流，提出关于人类社会、人的本性、人的价值、人神关系、个人和城邦关系以及道德评价等等问题的一系列新观念，提高了公民的文化素质，促进文化繁盛，在现实生活中产生了广泛的影响;它促使希腊哲学开始将人和社会作为研究的重头内容,吸纳了较浓烈的人文精神,可以说对希腊古典哲学起有一种"催生剂"的作用。但智者运动本来就包含着感觉相对主义、伦理价值相对主义等消极思想内涵,随着民主制趋向衰落,后来的智者将其吹胀、泛滥,使其成为社会政治与道德秩序混乱的一种思想根源。而苏格拉底、柏拉图、亚里士多德正都是在批判智者运动的负面思想中,将希腊古典哲学推向全盛的高峰。无论就正负面意义而言,智者运动都是开启希腊古典哲学的重要环节。

1. 智者运动的兴衰演变、哲学论题、历史地位和研究资料

"智者"(sophistes)一词的希腊文原意是"有智慧的人"、"聪明有才能之人",哲学家即"爱智者"也是从此词扩展而来。希腊早先"智者"一词是用得相当宽泛的。公元前 5 世纪中叶兴起智者运动,智者有了特定含义,专指起初以普罗泰戈拉为代表的一批收费授徒、传授论辩术、演说与诉讼技巧、修辞知识和治理城邦知识的职业教师,他们是第一批职业的教育家,兼而从法、从政。他们在希腊各城邦巡回施教,游历各地,有些声誉日隆、颇负盛名的智者还充任外交使节。古希腊的教育大体有三种地区类型:第一种类型是斯巴达,重在进行严格的体育和战争训练,将青少年培养成没有个性和灵魂的战争工具,不欢迎智者。第二种类型是帖撒利农牧区,本是文化蛮荒地,统治者为改变粗俗、闭塞境况,让子女受教育改善文化水平,重金礼聘一些智者去做文化拓荒。第三种类型就是雅典,教育最发达与规范,是智者活动的中心。在伯里克利时代,雅典民主政治迫切需要演说、论辩、修辞、诉讼与从政的能力,要求一种研讨型的高等教育,探究与传播语言、政治、伦理等方面的人文社会知识,智者运动应运而生,智者们就是当时研究型的高等教师。

前期智者运动的兴起,正是雅典民主制的精神产儿。凡雅典城邦自由公民,人人都参与政事,发表自己的意见;法律不再由神意所定,不再只

是习惯法，而有成文法，人人得以在法庭上亲自辩护；生动活泼的政治局面也带来思想文化上百花齐放、百家争鸣的盛况。智者运动兴盛，正是反映了雅典民主制激发的那种意气风发的精神面貌，如叶秀山教授所述：普罗泰戈拉的名言"人是万物的尺度"，被黑格尔赞为"伟大的命题"，把当时希腊自由民的精神面貌作了精辟的哲学概括，虽然是个人主义的、相对主义的，最终会导致怀疑主义，但在当时却曾经是自信的、积极的精神写照。① 智者运动兴盛期涌现了普罗泰戈拉、高尔吉亚、普罗狄科、希庇亚等富有才智的名士，对推进当时的文化启蒙起了重要作用。从柏拉图的《普罗泰戈拉篇》等对话可见，苏格拉底和柏拉图虽在学理上严肃批判他们的观点，但对普罗泰戈拉、普罗狄科等文化启蒙的引导者，是相当尊重的。

公元前 5 世纪末到前 4 世纪时，在希腊和雅典社会曾盛极一时的智者运动明显地衰落了。这和雅典在伯罗奔尼撒战争中惨败、民主制蜕变是密切相关的。这时出现的较年轻一代的智者如塞拉西马柯（Thrasymachus）、克里底亚（Critias）、欧绪德谟（Euthydemus）等人所宣扬的言论，已丧失了早期智者的学术严肃性和文化启蒙的意义。他们将智者的智术完全当作赚钱的工具，将论辩技艺变成玩弄诡辩的游戏。② 智者运动中的感觉相对主义理论原则的消极面，在民主制衰变、希腊城邦互相讨伐、争霸争利的社会情势下，得到恶性发展。智者的理论和实践活动的恶劣表现与后果有三：一是为当时在希腊世界（包括南意大利和西西里）中实行"民主制"的城邦普遍出现的煽动民众的蛊惑家（Demagogus）提供思想工具，用所谓"强的论证"煽惑群众，达到个人的目的获取自己的私利，并加

---

① 叶秀山：《前苏格拉底哲学研究》，北京：人民出版社 1982 年版，第 308 页。
② 如柏拉图在《欧绪德谟篇》中揭露欧绪德谟兄弟俩收集了大量智者的著作，潜心研究和模仿，一心想出人头地，出入于市场和议事会等引人注目的场所；可是又高傲自大，生怕别人知道他们是学习了老一代智者的著作，总是装腔作势，好像无师自通，天降大任于斯人也。他们的论辩术已不是针对严肃的论题，毫无正确的思维形式，而蜕变为一种任意玩弄概念游戏、逻辑上极为荒唐的诡辩。

速了法律与真正的城邦民主生活准则的瓦解。二是宣扬"正义就是强者的利益"、弱肉强食的歪理,为当时希腊城邦间的侵占伐掠、军事征讨提供理论依据,对全希腊的政治秩序混乱起了推波助澜的恶劣作用。三是以相对主义的情感道德论,宣扬幸福与德性就是满足个人欲望的快乐,搅乱了社会伦理与道德价值的准则,对当时希腊社会道德风气的败坏负有一定责任。当然终极的根源还在于希腊城邦奴隶制和雅典民主制的衰败,造成了智者运动中消极方面的恶性膨胀,并使这盛极一时的思想运动自杀性瓦解。

智者们在内容宽泛的论辩与研究中,实际上探讨了不少哲学问题,表现了有着两重性的哲学思想。研讨的哲学论题主要有以下四个:

第一,以人为中心的存在论。早期希腊哲学的自然本原论,到巴门尼德后都已提到自然的"存在"这一哲学原理的高度来探究,但"人"还只是自然的一小从属部分,并不处于存在的中心部位,对人的探究也很有限。智者的领袖普罗泰戈拉则一反早期自然哲学的传统,强调人才是万物的尺度,是存在的事物存在的尺度,也是不存在的事物不存在的尺度。这就开启了哲学的重心从自然向人转移,揭示了在自然与社会人生中,神并不是人的统治者、支配者和裁决者,人才是存在的中心,是规范自身、决定自身命运的主人。但智者的人没有严整的理性规范,是建立在感觉论知识观的基础上的,个人对事物现象的感觉与体验成了衡量存在的尺度,这就滑向一种个体主义、感觉论相对主义,而更极端的(如高尔吉亚)在全盘否定早期希腊哲学的存在原理中走向虚无主义、怀疑主义。

第二,"自然"论(physis)和"约定"(nomos)论之争。它始于探讨语言是自然生成的还是约定俗成的,后发展为有广泛内容的哲理之争,涉及自然和社会的区别、人和社会的本性、法律和伦理规范的本性等重要问题。约定论主张人生和社会、城邦国家不是自然生成的,不是神所先天决定的,而是后于自然人为地形成的,城邦的一切政治法律体制和伦理道德规范(不成文法)都是约定俗成的,有某种契约性,因而对已不适应现实生活的传统的城邦体制与法律、惯俗(伦理规范),人们有权、有理由作出变更。自然论则认为社会生活的一切皆应符合人和社会的自然本性,政治、法律和习俗规范都应有益于社会的自然本性即正义,有益于改善人性,因此对那些成为这种"自然"本性的桎梏的法律和习俗,对那些不符合城邦正义和公民的自然要求而任意制定的法律,都可以更改。由此看来,自然论和约定论两派虽观点不一,但在城邦民主制兴盛时代,都为改革、变更陈旧的传统体制与规范提出了理论依据,都有积极的意义。但自然论和约定论也都蕴涵着消极面,它们后来在民主制蜕变、城邦间征伐争霸中恶性膨胀,也都可成为迎合统治者意志的理论依据。有的约定论者主张原本是人为的法律可随执政人(包括民主派蛊惑家)的意志不断修改、随意解释;自然论者则宣扬强者统治弱者是普遍的自然法则的,就是正义。①

第三,关于社会进化和人神关系的思想。智者运动萌发了社会进化思想与历史进步观念,这也是民主制的一种理论根据,并为希腊古典哲学深入、细致地研究城邦与社会的演进,开了先声。但它毕竟还是很素朴的猜测,缺乏对城邦社会构成与演变的分析与论证,因而并不能形成一种理性指导的社会历史观,也不能抑制智者运动自身的社会相对主义、强权正义观的恶性膨胀。智者们还依据素朴的社会进化观,进而破除神主宰人的宗教观念,提出了怀疑神存在的疑神论思想,也突出地表现了人文启蒙精神。

第四,相对主义道德价值观和情感道德论。德性、美德的希腊文arete,原意泛指一切事物的优良特性、品性与功能,后来逐渐具有伦理意义,指人的优良道德品性,有所谓希腊传统的四主德:节制、勇敢、友爱、正

---

① 如有一个运用这种智者的正义观的实例:雅典征服、蹂躏弥罗斯岛前,雅典代表对弥罗斯岛代表扬言:"正义的标准是以同等的强迫力量为基础的","强者能够做他们有力量做的一切,弱者却只能接受他们必须接受的一切"。见修昔底德:《伯罗奔尼撒战争史》下册,谢德风译,北京:商务印书馆1997年版,第417页。

义,它们都是神赋予的。智者运动则强调这些德性是人自身具有的,靠人自身的感知与体验来评判正当与否、善与恶;而且美德是可教的,靠人自身能传授,这无疑有破除陈旧的氏族贵族道德的积极意义,并使智者有"智术之师"和"道德之师"的双重形象。但他们在伦理道德领域也贯彻一种感觉论相对主义,认为道德价值完全是不确定的,没有普遍的标准,人的幸福和善恶是由快乐与痛苦等情感所支配、来评判的。因此,智者运动最终不能为城邦民主制确立稳定规范的社会道德秩序,反而搅乱、败坏了社会道德风气。

此外,智者运动对语言学、论辩术和修辞学做了大量开创性的研讨和传授工作,使它们成为专门的学问,或有学科的雏形,并在普及传授中起有文化启蒙的积极作用。而且,他们的研讨中也萌发了语言哲学思想,增积了正反面的逻辑思想,这对希腊古典哲学中逻辑思想的大发展,直至创建系统的逻辑学,都有重要意义。

智者的学说促成了希腊哲学的重大转折,就是突破早期希腊以探究自然本原和宇宙生成论为主要内容的自然哲学,开阔了以研究人和社会为中心的新的哲学领域。没有智者也就没有后来希腊古典哲学的鼎盛,智者运动在哲学史上的积极作用与应有地位,是不应抹杀的。苏格拉底和柏拉图对智者的批判是严肃的,也有过分严厉之处,甚至刻意作了许多贬低、讽刺、漫画式的描述。① 柏拉图等人的看法在当时并没有在社会舆论中起主导性影响,同时代的伊索克拉底曾为智者作过辩护,社会生活的发展需要有一批专门传授演讲、诉讼、修辞等的教师,这类人物在晚期希腊和罗马世界仍相当活跃,也还被称为"智者"。曾任叙利亚王朝女皇教师的菲洛斯特拉图(Philostratus,公元 170—249 年)写了《智者的生平》一

---

① 如柏拉图在《智者篇》中为智者下定义,说他们是受雇于富豪子弟的教师,贩卖德行知识的零售商,是在论辩中赚钱的人(221C—226A);最后甚至说智者是只会模仿、自己没有知识却又装作有知识的骗子,是在大庭广众中发表长篇大论的蛊惑家等等(265A—268D)。

书,介绍公元前 5 世纪直到公元前 3 世纪时代的智者。但是柏拉图后来的权威影响越来越高,智者的名声也愈益低下,被长期视为一批卖弄伪智术赚钱、混淆黑白、颠倒是非的江湖骗子、诡辩家,智者派也就被理解、翻译为"诡辩派"。这是非历史主义的、片面的评价。黑格尔在近代第一个全面、深刻理解智者思想、对其历史地给予合理评价:"我们现在要进一步从它的积极的方面,严格地说,即是从科学的方面,来考察智者们在希腊究竟占据什么地位。"①现代西方学者对智者运动的研究在不断深入。

  智者本人的原著绝大部分已经佚失,现存资料残篇散见于古代学者的著作中,第尔斯—克兰茨所辑《苏格拉底以前的哲学家》编目 80—90 为智者的资料。希腊古典文明时代留存的资料,最主要的还是柏拉图的一些的对话篇。② 它们往往以反面角色智者的名字命名,都涉及智者提出的问题或所批判的智者的思想,虽不免带有浓厚的主观成见,毕竟为后人保留了和智者同时代人所记述的最详细具体的资料。色诺芬的《回忆录》也提供了一些有关智者的思想和行为的资料。亚里士多德的著作《论题篇》、《辨谬篇》、《修辞学》以及《形而上学》、《物理学》、《尼各马可伦理学》等都有关于智者的论述;其伪作《论麦里梭、色诺芬和高尔吉亚》也是当时某人表达看法中保留了智者的见解,仍有参考价值。在希腊化和罗马时代,公元 2 至 3 世纪的菲洛特拉图所著《智者的生平》,③是至今还完整保存的古代专门记述智者的著作,收入《洛布古典丛书》,英译者

---

① [德]黑格尔:《哲学史讲演录》第 2 卷,贺麟、王太庆译,北京:商务印书馆 1960 年版,第 7 页。

② 它们主要有《普罗泰戈拉篇》、《高尔吉亚篇》、《大希庇亚篇》、《小希庇亚篇》、《克拉底鲁篇》、《欧绪德谟篇》《美诺篇》、《斐德罗篇》、《智者篇》、《泰阿泰德篇》等。

③ 菲洛特拉图是爱琴海大岛利姆诺人,他的家族两代数人都像智者那样从事教授修辞、文法和论辩。他生于公元 170 年,曾在雅典就学于新柏拉图主义者普洛克罗和希波德洛姆、安提珀特等人,在爱菲索就学于米来安努,并从后者那里知道历代智者们(广义的智者)的许多生平活动。约公元 202 年他经叙利亚王朝的宠臣安提珀特的推荐,结识了爱好哲学的女王朱丽亚·达姆娜,并跟随她游历历来智者活动的中心地,后在雅典写了《智者的生平》一书,全文保存至今,对研究智者代表人物思想及智者运动演变情况颇有价值。

作了许多注释。普卢塔克的《希腊罗马名人传》和《道德论集》、西塞罗的演讲和书信、塞克斯都·恩披里柯的著作,也都有一些涉及智者的资料。近现代西方学者专门关于智者的资料编纂和注释,当首推翁特斯泰纳(M.Unterseiner)的《智者,证言和残篇》(1949—1967 年佛罗伦萨出版,4卷)它包括导言、原文、意大利译文和注释,以第尔斯—克兰茨所编资料为主,增加了不少新材料和注释,援引了古代有关资料并且订正了第尔斯的一些错误,很有学术价值。

近代西方对智者作出有价值的研究是从黑格尔和格罗特(G.Grote)开始的,当代西方学者作了大量研究,有 200 多种。[①] 格罗特的《希腊史》第八卷和《剑桥古代史》第五卷都有较详致的论述。除了关于希腊哲学史的多种著作皆有论述外,专门研究智者、值得参考的重要著作有四种:(1)翁特斯泰纳(M.Untersteiner):《智者》两卷本,1948 年米兰出版。这是作者在编纂四卷本《智者,证言和残篇》的基础上所写的研究论著,分别论述各个智者的主要思想,1954 年由弗里曼译为英文,一卷,牛津版。(2)柯费尔德(G.B.Kerferd):《智者运动》,1981 年剑桥出版,已有中译本。(3)兰肯(H.D.Rankin):《智者、苏格拉底和昔尼克学派》,1983 年新泽西出版。(4)伽色达诺(G.A.Casetano):《智者学说中的自然和人的理论》,1971 年那不勒斯出版。

2. 普罗泰戈拉

普罗泰戈拉是智者运动的奠基人,前期智者运动的最负盛望的领袖。他的学说富有人文启蒙精神,强调人为万物之中心,主张素朴的社会进化观,大胆提出疑神论,并为智者运动确立了感觉论和情感道德相对主义的哲学主调。

---

① 1985 年意大利那普勒斯出版的《哲学史研究》第 6 期发表克拉辛(C.J.Classen)编辑的《智者书目》,它收集了各种语种的原始资料、注释以及近现代学者的研究著作和论文目录。

普罗泰戈拉(Protagoras)出生于阿布德拉,生活年代约为公元前480—前410年左右。① 他30岁开始从事智者职业,长达约40年,主要活动在雅典。在民主制黄金时代,他正值风华正茂的盛年,和伯里克利结为挚友。公元前444年雅典在西西里的图里建立殖民城邦,普罗泰戈拉帮助起草了此城邦的法律。柏拉图在《国家篇》中说他和普罗狄科等智者"以私人教学使他的同时代人深信,人们如果不受智者的教育,就不能管好家务治好国家;他们靠这种智慧赢得了深深的热爱"。② 柏拉图的《普罗泰戈拉篇》生动描述了伯里克利时代末期希腊知识界的一次"群英会",年事已高的普罗泰戈拉享有盛誉,众多后学才俊追随、簇拥着他,躬逢此盛会的年轻苏格拉底赞颂他是"我们活着的人中最有智慧的"。③ 他死于伯罗奔尼撒战争末期四百寡头执政的雅典政治动荡之际。或说他被雅典人指控亵渎神,并将他逐出雅典,他在航海途中不幸被淹死。④ 他写过《论真理》、《论神》和《论相反论证》等不少著作,已全部佚失,现仅存极少残篇。第尔斯和克兰茨在《苏格拉底以前哲学家残篇》第三篇"前期智者"第八十章(即编号DK80)中收集了后人记述有关普罗泰戈拉的材料(即A类)13条,他的学说残篇(即B类)12条,还有供参考的C类五条。

普罗泰戈拉的哲学思想有四要点。

第一,他的名言"人是万物的尺度"。这是他的哲学的核心命题。柏拉图的《泰阿泰德篇》记述他说过:"人是万物的尺度,是存在者如何存在的尺度,也是非存在者如何不存在的尺度。"⑤普罗泰戈拉时代还没有明

① 他在公元前444年协助伯里克利为雅典殖民城邦图里制定法律,此为他的鼎盛年;在柏拉图《美诺篇》中苏格拉底说"普罗泰戈拉活了将近70岁,他做了40年智者获得好声誉,一直保持到现在";(91E)第欧根尼·拉尔修的《著名哲学家的生平和学说》第9卷第56节说他活了将近90岁。故可推测他的生活年代约为公元前490—前420(或前400年)左右。
② 柏拉图:《国家篇》600C。
③ 见柏拉图:《普罗泰戈拉篇》309D。
④ 第欧根尼·拉尔修:《著名哲学家的生平和学说》,第9卷第54—55节。
⑤ 柏拉图的《泰阿泰德篇》152A。

确区分种、属和个体,他说的"人",应是泛指个体人和群体人,是活生生的感性的人,在感知活动中认识、体验存在的人,而不是抽象的理性人;他说的"存在"与"非存在"则包含了全部自然与社会及其历史中的变动生灭;他说的"尺度"则是权衡运作与判认标准。这个命题突出了人是社会存在与历史演变的中心主体,有激进的反传统意义。当时保守的贵族派政治势力和旧传统习惯,总是抬出神主宰一切来反对变革;希腊世界也普遍将神看作是人世主宰者和善与恶、正义与不正义的裁判者。此命题高扬了民主制时代人文启蒙的伟大主旋律:神不是人的统治者、支配者和裁决者;人才是社会历史的中心主体,是历史性存在的创造者、认识者和裁判者;人为自己制定习俗、法律、伦理规范和城邦生活准则来规范、约束自己;人又是主动的,人皆有资格发表意见,可以贬褒、修订、革新这些准则。这样,以往一切准则和教义都得在有自我意识初步觉醒的希腊人面前,重新接受审查,辨明自己存在的合理性。所以黑格尔说他提出"伟大的命题",是"一位深刻的彻底的思想家"。①

但普罗泰戈拉的此核心命题建立在主体感觉与感性体验的基础之上,会滑向感觉论相对主义。它会导致否定客观真理,主张公说公有理、婆说婆有理,对立说法可同真。"普罗泰戈拉第一个说,'关于万物都有两个相互对立的说法'。"就是说,对一切正题都可提出反题:"希腊人说,普罗泰戈拉提出的原则是对一切说法提出相对立的说法。"②这种正反题都成立的主张,并不是芝诺式的悖论,不是客观上揭露事物矛盾的主观辩证法,也不似康德的二律背反,而是强调感觉的相对性,认为一切感觉都是真的,基于感觉的一切说法也都可成立。亚里士多德批判这种感觉论相对主义时说:"如果所有的意见和表象都是真的,那么所有的陈述必定同时既是真的又是假的;因为许多人所持的信念是互相冲突的,他们都以

---

① 黑格尔:《哲学史讲演录》第 2 卷,贺麟、王太庆等译,北京:三联书店 1957 年版,第27 页。

② [德]第尔斯、克兰茨编:《苏格拉底以前哲学家残篇》,DK80B6a,DK80A20。

为与己不同的意见是错的。这样同一事物必然成为既是(存在)又不是(不存在)了。"①由此可见它蕴含着后来智者颠倒黑白、混淆是非、随心所欲、为我所用的危险性。普罗泰戈拉自己将这种主张运用到论辩术与修辞学中,就强调论辩术是变弱的论证为强的论证的技艺。亚里士多德强调修辞学和论辩术的灵魂是逻辑论证,所以他批评道:"这就是'使弱的道理变强'。人们很正当地对普罗泰戈拉表示不满,因为这是错误的,是不正确的,只是表面上像是正确,其中只有修辞和论辩的技巧"。② 用这种眼界去观察复杂的社会问题,更会从一己或一集团的私利出发,只顾眼前实惠,将事实和利益、真理和价值对立起来,抹杀对象固有的本质规定性以及善恶、好坏、是非的界限,在论辩、伦理、政治等问题上,得出专横、谬误的论断来,这也正是后来智者运动流弊的哲学根源。

第二,假托神话方式,提出人类自身从原始野蛮状态向城邦的文明社会进化的思想。这保存在柏拉图的《普罗泰戈拉篇》中(全文见 320C—322D)。其概要内容有以下三点:

(1)人从动物中分化出来,依靠拥有的技艺,从野蛮向文明进化。故事说诸神撮合火和土创造了一切生物,包括野兽和人,又让普罗米修斯和厄庇墨透斯兄弟俩去"装备它们,给不同类型的生物分配独特的能力",厄庇墨透斯装配了所有动物,唯独没有装备人,普罗米修斯就偷取赫费司图和雅典娜的制造技艺的才能和火给人类,"因为如果没有火,人类就不可能保持和使用任何技艺,这样人获得了维持生活所必需的智慧",于是,"人依靠已拥有的技艺,不久就发明了有音节的名称和语言,制造了房屋、衣服、鞋子和卧具,并且从地里获得食物"。这里,吸取了早期自然哲学的成果,将人和野兽看作都是生物的物种,都是由不同的元素混合而成的,人和兽有共同的自然渊源和本性,都有谋生存、吃食物、求繁殖的本性。正是人掌握"火"的自然力和拥有劳作的技艺,并在人际交流中产生

---

① 亚里士多德:《形而上学》1009a8—11。
② [德]第尔斯、克兰茨编:《苏格拉底以前哲学家残篇》,DK80A21。

思维的语言,才有人兽相别,人进向文明。

（2）人类社会形成和城邦文明起源。故事说:"人最初是分散居住各自获取养生资料的,他们没有 polis（城堡）,所以他们遭到野兽的袭击,因为他们在各个方面都不如野兽强大。他们的制造技艺虽然足以取得生活资源,却不足以战胜野兽"。"由于防卫自己的需要使他们聚集在一起,建立了 polis。但当他们聚集在一起的时候,由于缺乏政治的技艺又互相残杀起来,再次陷入分裂和毁灭之中。宙斯担心人类会因此覆灭,所以派赫耳墨斯（守护神）给人类送来 aido（相互尊重）和 dike（正义）,以便给城邦带来秩序以及友好合作的纽带。"由此可见,普罗泰戈拉认为,人从分散的个体变为群居,结成城邦这个共同体,是为了免受野兽侵害与自保而建立的;而城邦社会秩序是为了免除人与人之间的互相残杀、彼此侵犯形成的,是建立在相互尊重和正义的伦理原则上的,这才可能有城邦成员的团结和友爱。"正义"本是希腊传统的四种主要德性之一,"相互尊重"则是在人文启蒙运动中提出的新德性,两者都被提升为确立城邦社会秩序的伦理原则。这里建立城邦秩序的原则名为神授,实为按城邦的"自然"本性而"约定"地确立的。后来西方近代启蒙思想家关于人类为"自保"从"自然状态"向文明社会转变的思想,可以说最早渊源于这种城邦起源说。

（3）城邦文明的本性应是在伦理原则和法面前人人平等。故事说:赫耳墨斯问宙斯要按什么方式给人类分配"正义"和"相互尊重"的性能,"是像分配制造技艺那样只分给少数人,让一个灵巧的人拥有充分的医术或别的技艺去为众多不灵巧的人服务呢,还是应将相互尊重和正义分给所有的人?"宙斯回答说:"分给所有的人,让他们每人都有一份,如果像制造技艺一样仅仅少数人拥有这种德性（arete）,城邦就决不可能存在。而且你还要遵照我的命令立一条法令:凡是没有能力获得这种德性（arete）的人,就像是长在城邦上的毒瘤,一律予以处死。"这里强调了"正义"和"相互尊重"的伦理原则,而且必须人人皆分有这些德性、皆遵从这伦理原则,这是城邦存在的基本前提。按照古代希腊传统,arete 是少数优秀的人才拥有的,最优秀、最有力量的少数人就是贵族,他们理应统治城邦。普罗泰戈拉却提出相反的原则,正义和相互尊重是人皆天赋所有的伦理德性与政治智慧,不是少数人垄断的,人皆有权可以通过教育和训练来实现这种性能;人人都得服从正义和相互尊重的伦理原则和据以制定的法,丧失德性、违背伦理与法的人就不得在城邦社会生存。这就从根本上否定了贵族制,从城邦起源角度为雅典民主制提供了理论论证。后来18世纪法国启蒙学者提出天赋人权说,普罗泰戈拉的天赋伦理德性说也蕴涵着人人权利平等的思想萌芽。

第三,疑神论思想。第欧根尼·拉尔修列举的普罗泰戈拉著作中有《论神》,并记述"普罗泰戈拉当众宣读的著作的第一部分就是论神"。[①]现仅留存一个残篇。意大利著名学者翁特斯泰纳将残篇连同出处即欧塞比乌的转述用意大利文译出:"普罗泰戈拉曾经是德谟克利特的门徒,他得到无神论的称号。据说在他的论文《论神》中确实说过:'关于神,我不能体验(感受)到他们是这个样子存在,抑或不是这个样子存在,我也不能体验到他们的外貌究竟代表什么意思。妨碍我们体验的困难很多:不仅是不可能有关于神的亲自感受,而且人生是短暂的。'"[②]普罗泰戈拉怀疑神存在与否,和他基于感觉论的"人是万物的尺度"的中心命题是一致的,既然只有短暂人生的人感知、体验不到神的真实形象,不能知道神是如何存在或不存在的,就只好将神的问题悬置起来。他悬置了神,在现实生活中就突出了人,实际上强调了人不应被那说不明道不白的神所支配与主宰,人应是生活的中心主体,完全可以自决一切事物。这种疑神论已切近无神论,和德谟克利特的无神论思想异曲同工,后者出于伊奥尼亚的科学理性传统,前者则体现人文启蒙精神。

第四,美德可教和情感道德论。在柏拉图的《普罗泰戈拉篇》中,苏

---

① 第欧根尼·拉尔修:《著名哲学家的生平和学说》第9卷第54节。
② 两段中译文均采用陈村富教授的翻译,见汪子嵩等:《希腊哲学史》第2卷,第194、189—190页。

格拉底称和他对话的大师是"我们这一代中最智慧的人"。在严肃讨论道德的教育与本性问题中,普罗泰戈拉从他的感觉论相对主义和道德与法的约定论的视角,阐述了他的美德可教主张和情感道德论。认为美德不是自然天生(physis)、自发产生的,是依凭人潜有的性能而人为规范约定的(nomos),因而它是可教的,使人能遵从城邦的道德与法的规范,并能合理地调整生活、陶冶自制与和谐的性格。① 可见他很重视教育的社会功能,认为它应是全社会的事业,并且将道德教育看作政治技艺的有机组成部分,使人能遵从人为规范、约定而成的法律与道德秩序。他主张人皆应、皆能受教育、树美德,有强调教育平等的民主思想。苏格拉底和他一样也主张美德可教,只是两者对美德可教的理由和教育内容的看法很为歧义。普罗泰戈拉认为美德只要凭借人为规范就可从人的潜在性能中启导出来,而道德和法律秩序都是约定的,不同的城邦就可以有不同的道德和法律,道德及其教育也就没有绝对的标准,它们是相对的。苏格拉底则认为美德出自人共有的理智本性,是一种知识,知识必然是可教的,道德应有共同、客观、绝对的价值标准。因而,更深层次的歧异,又在于他们对道德的内在本性的不同看法。

苏格拉底主张美德是知识,道德根源于人的理智,因而有普遍、绝对的价值准则。普罗泰戈拉则反对将美德完全等同于知识与理智,认为美德主要是人的感受、体验所造就的一种情感。如他认为自信作为一种能力(dynamis)既来自技艺(知识),也来自狂热和激情等情感,勇敢则是灵魂的天赋性能。他主张情感性的道德是相对的,善恶好坏的标准在于个人对快乐和痛苦的感受和体验,虽然有些快乐是恶,有些痛苦是善,还有些快乐和痛苦是非善非恶的,但总的说凡快乐的事情是善,痛苦的事情是恶,快乐和善是同一的。② 个人情感可因人因事而异,闪移不定,情感道德论会走向道德相对主义,强调道德价值的不确定性,否认普遍的价值标

---

① 柏拉图:《普罗泰戈拉篇》323C—326E。
② 柏拉图:《普罗泰戈拉篇》350D—351E。

准。所以智者运动虽也讲有人文精神的道德教育,但无助于维系民主制时代一个长期稳定的社会道德秩序,甚至助长了败坏的道德风气。但普罗泰戈拉首次将人的情感纳入道德考察的视野,也有价值,后来亚里士多德就批评苏格拉底只将道德归结为知识与理性并不全面,道德也有情感的内涵,他的伦理学说中也较重视对道德情感的分析。

3. 高尔吉亚

高尔吉亚(Gorgias)也是前期智者运动的主要代表。他是当时修辞学和论辩术的大师,他的焕发文采与论证力的演说颇有反传统精神;在哲学上,他以怀疑论式的思辨论证否定爱利亚学派传统的"存在"论,实际上是从否定、摧毁当时希腊自然哲学的一个核心范畴,从反面来张扬智者运动以感性的人为中心的相对主义。

高尔吉亚出生在西西里东部的林地尼,普卢塔克在《演说家传》中说他比生于公元前480年的智者安提丰(Antiphon)年轻些,和普罗泰戈拉是同时代的人。据记载他享有高寿,活了109岁,苏格拉底被处死时他还在世。他是修辞学创始人、哲学家恩培多克勒的学生,拥有神奇医术的"恩培多克勒表现他的法术时,高尔吉亚也在场"。[1] 他向老师学过修辞学,大约还跟他学过医学和自然哲学,对南意大利的哲学传统必定是熟悉的。他在修辞学和论辩演说方面才华卓杰,在全希腊有很高的声望。[2] 他作为外交使节和演说家游访希腊各地,活动地域很广阔。他去过雅典多次,曾应邀在雅典发表关于阵亡将士的演说。雅典的大演说家伊索克

① [德]第尔斯、克兰茨编:《苏格拉底以前哲学家残篇》,DK82A6;第欧根尼·拉尔修:《著名哲学家的生平和学说》,第8卷第58—59页。
② 如公元前427年林地尼和叙拉古发生争执,林地尼同盟派以高尔吉亚为首席特使的代表团去雅典请求派舰队援助,他在雅典发表的演说使公民大会耸然震动,民众和官员们都折服于他的理智和政治才能,他并在辩论中击败了著名的修辞学教本作者、颇有名望的忒西亚斯的反对意见,雅典人决定和林地尼结盟并派舰队支持。见[德]第尔斯、克兰茨编:《苏格拉底以前哲学家残篇》,DK82A4、7。

拉底是高尔吉亚的学生,他将自己的许多演说成就归功于高尔吉亚。据菲洛特拉图等人记述:伯里克利及其情妇阿丝帕细娅、克里底亚、修昔底德、阿尔基比亚德都仰慕高尔吉亚;柏拉图和欧里庇得斯的朋友阿伽松甚至还模拟高尔吉亚的用语和修辞风格。① 从伯罗奔尼撒战争以来,希腊诸城邦之间的战争和纷争连续不断,他在泛希腊的奥林匹克赛会上则发表重要演说,号召希腊各邦协调统一,表现了他的政治卓识。他的后半生大多是在帖撒利地区的拉利萨城度过的,统治该地区的阿琉亚达家族重视文化,用重金聘请高尔吉亚传授修辞、演说和辩论的技艺,他确实帮助当地有效提高了文化水平。在柏拉图《美诺篇》中苏格拉底说:"曾经有一个时期帖撒利人以他们的富有和骑术闻名于全希腊,现在如果我没弄错的话,他们还以智慧闻名于希腊","这是高尔吉亚的功绩"。② 由此也可见,前期智者运动在推进希腊文化事业上确实有贡献。

高尔吉亚的著作大多已经佚失,只有《海伦赞》和《帕拉梅德斯辩护词》两篇论辩演说基本上完整地保存下来,他的重要哲学著作《论存在或论自然》,在塞克斯都·恩披里柯的著作中也大段摘录了,第尔斯编为其残篇第三(DK82B3)。此外还保留了一些零星的演说片段。在智者中他的残篇算是保留得最多的。前两篇演说表现了他的反传统伦理成见的精神,运用了多种逻辑论证方式,颇有"说服论证"的力度,而且语言严密,大量运用了对比、排比、比喻和声韵的技巧,确实是修辞范文。《论存在或论自然》的残篇,以严密的推理,按照爱利亚学派的思辨方式,推论出和爱利亚学派完全相反的结论,它历来被认为是代表了高尔吉亚本人的哲学思想。

塞克斯都·恩披里柯将高尔吉亚和普罗泰戈拉的思想都列为对传统的存在与真理标准观的否定性论证。他正是在转述了普罗泰戈拉的中心命题以后接着说:"林地尼的高尔吉亚属于放弃标准的同党,虽然他不采

---

① [德]第尔斯、克兰茨编:《苏格拉底以前哲学家残篇》,DK82A1,DK84A9。
② 柏拉图:《美诺篇》70A—C。

取普罗泰戈拉的方法。他在名为《论存在或论自然》的著作中力图建立三个相互关联的命题:第一,无物存在;第二,即使存在某物,人们也不可能把握;第三,即使把握了,人们也无法加以表述,告诉别人"。他接着详细介绍了这三个命题。① 由此可推测,普罗泰戈拉和高尔吉亚的哲学思想倾向是一致的,前者着眼于从正面"立"人才是存在和非存在的尺度,后者着眼于用紧密的"反证法"破爱利亚传统的存在与真理观,旨在肯定感性的人才是判断万物的唯一尺度。爱利亚学派是用抽象思辨方法来论述存在与思维同一的真理观的,高尔吉亚的三个命题的论证,正是"以子之矛,攻子之盾",用同样的抽象思辨的方法,攻破爱利亚学派的哲学原理。

第一个命题:无物存在。

他讲的"无物存在"的"物",同普罗泰戈拉说"存在物"中的"物",用的是同一个字 chremata,泛指一切东西、属性、性质或者是某种真相,它已是不可能用巴门尼德的抽象的"存在"来规定的了。他论证这个命题如下:"如果有某物,那么它或者存在,或者非存在,或者是既存在又非存在。"但这三种情况都不可能:(1)"首先非存在并不存在,因为如果非存在存在,那么它必定是同时既存在又不存在。就它被认作非存在而言,它是不存在的;但既然它是非存在,那么它又是存在的。"总之,说某物是非存在就会陷入"非存在拥有存在这一属性"或"存在也就拥有非存在这一属性"这种"荒谬的"自相矛盾。(2)"再者,存在也是不存在的",即说某物存在也是不可能的,"因为如果有存在,那么它或者是永恒的,或者是生成的,或者既是永恒又是生成的",他则证明三者都不可能:A."一切生成的东西都有某种开端",而"如果存在是永恒的","它就没有开端",

---

① 塞克斯都·恩披里柯:《反逻辑学家》,第 1 卷第 65—87 节。它们和归于亚里士多德名下的伪作《论麦里梭、塞诺芬尼、高尔吉亚》(979all—980b21)的内容基本一致;伊索克拉底也提到这三个命题,赞扬高尔吉亚很有勇气,竟敢说"无物存在"(DK82BI)。所以以此为高尔吉亚的原著残篇当是可靠的。后文所引此残篇均见[德]第尔斯、克兰茨编:《苏格拉底以前哲学家残篇》,DK82B3。

"它就是无限"，而"如果是无限，它就不在任何地方"，因为"如果它在某处"，它所处的地方被它物包容，或被存在自身包容，那么它"不再是无限了"。总之，如果说某物存在是永恒的，就会推出某物不存在的自相矛盾的结论："如果存在是永恒的，它就是无限的；如果是无限的，它就是没有处所的；如果是没有处所的，它就是不存在的。所以如果存在是永恒的，它就根本不存在。"B."存在也不可能是生成的。"因为如果是生成的，那么它或者是生于存在，或者是生于非存在，但是两者都不可能。要是存在生于存在，它就是已经存在的，就不是生成的；要是它生于非存在，也不可能，因为凡生成的东西必定是分有真实的存在，非存在不可能生成任何东西，所以存在不是生成的。3. 既然上述两种情况不可能，某物存在"是既永恒又生成的"也就不成立，"因为二者是互相排斥的"。C. 如果说某物存在，"它不是一就是多"，两者都不可能，"因为如果存在是一，那么它或者是可分割的数量，或者是连续的，或者是可度量的大小"，或者是"有长度、宽度和高度"的"物体"，它就是"可分割的"，也就不是"一"了；存在也不可能是"多"，"因为多是一的总和；如果取消了一，多也就随之荡然无存了"。总而言之，如果说某物存在，就会推出存在是不存在、存在和非存在同一的荒谬结果，一系列反证后，"没有别的选择可供思考，那么显然是无物存在"。

从上述第一个命题的论证可看出两点：一是爱利亚学派只凭借思辨论证万物的本质只有一个抽象的"存在"，"非存在"是不可能的；高尔吉亚则用类似的思辨方法，以一系列反证，推出这种"存在"原理不成立，会陷入既存在又不存在、存在和非存在搅混一起的自相矛盾。二是他的论证包含着类似芝诺悖论的主观辩证法思想因素，因为在这种思辨论证的思想矛盾中，触及客观事物的矛盾，如存在与非存在、连续与间断、一与多、无限与有限、永恒和生成等对立统一，而高尔吉亚是将这些客观的矛盾绝对对立起来，用来批判爱利亚学派的"存在"论会导致荒谬的思想上的自相矛盾。

第二个命题："即使有某物存在也是不可认识的，人们无法思想的"。

他的论证似乎是一种奇怪的逻辑："如果被思想的东西是不存在的，那么存在就不能被思想"，就是说，他从人们能思想有些"不存在的东西"如"一个飞人或一辆在海上行驶的四轮马车"，推出结论："所以被思想的东西是不存在的"。从形式逻辑的三段论来看，这无疑是从特称命题的前提，推出全称命题的结论，是不成立的。但高尔吉亚的论证用意在于反对爱利亚学派的"存在和思维同一"观，即能被思维的才是存在。所以他又作反论证："如果被思想的东西是存在的，那么非存在的东西就不能被思想，因为相反的东西的属性是相反的。因此如果'被思想'是存在的属性，'不能被思想'显然就是非存在的属性。然而这是荒谬的，因为斯基拉(Scylla)和希马依拉(Chimaera)①以及许多不存在的东西都被想到了。因此存在是不能被思想的。"在他看来，一切可知的东西，都是相对感觉的现象，而不是爱利亚学派所主张的以能"被思想"作为唯一判定标准的"存在"，所以他进而论述："正如被看见的东西被称为真正可见的东西，那仅仅是对视觉而言；被听见的东西被称为真正可听的东西，也仅仅是对听觉而言"；②而"不同的对象应由自身特殊的感官来判断，不能由别的感官来判定"，视觉对象不能因不能被听见就判定它不存在，听觉对象也不能因不能被看见而被抹杀。而如果将思想当作一个特殊器官，"被思想的东西也该由特有的标准来判定"，来相信他思想中的"海上行驶的四轮马车"确实存在，"这就是荒谬的"。总之，这一切论证都表明："存在是不能被思想、被设想的。"

---

① Scylla 是西西里岛一块大岩石的名称，石洞里住着 Cratais 的女儿也叫 Scylla，长得像狗有十二条腿，六个头，三排利齿，是很凶猛的妖怪；Chimaera 是传说中小亚细亚西岸 Lycia 的吐火猛兽，狮头、羊身、龙尾，也是制造大灾难的怪物。

② 此段英译文为："正如所见到的东西之所以被称为可见的，是因为它们确实被看见了；所听到的东西被称为可听的，是因为它事实上被听见了。"这里采用陈村富教授中译翁特斯泰纳的意大利译文，见汪子嵩等：《希腊哲学史》第 2 卷，人民出版社 1993 年版，第 270 页。

透过他有逻辑跳跃的反论证,可看出他的中心意思有两点:一是认为人们能设想不存在的东西,所以批判巴门尼德用能被思想来规定抽象的"存在",由此又推出不能被思想的就是非存在,都是荒谬的。这种只能被思想的存在其实是不能被认识的。二是认为感觉才是判断万物现象的尺度,真实的东西只是可感觉的东西,感觉才是人们的信念真实与否的唯一标准,而思想也并不是一种特殊的感觉,并不能作为存在和非存在的标准。他的见解其实和普罗泰戈拉的感觉论相对主义是一致的。

第三个命题:存在"即使被人们认识了也无法告诉别人"。

他的论证有三点:(1)"如果存在的东西是在人以外的存在物,即视、听或其他感官的对象,可见的东西是由视觉来把握,可听的东西是由听觉来把握,而不是相反";而"我们用来传达的手段是 logos(语言),但 logos 并不是真实存在的东西,因此我们告诉别人的仅仅是 logos,而不是真实的存在","外在于人的存在也不会变成我们的语言(logos)","既然语言不是存在的东西,它就不可能明白无误地传递给别人"。(2)再则,如果说"语言是由从外在对象即可感觉的东西所激起的印象中产生的,由于香味,我们产生了表达这种味道的语言;由于颜色的显现就产生了表达颜色的语言。高尔吉亚说,倘若如此,那就不是语言表现外在的对象,而是外在的对象表现了语言"。(3)"还有,语言的存在方式也不可能像可见或可听的东西那样","可见的物体同可说的词大不相同,因为可见物是由某种感官感知的,而语言是由另一种手段感知的,所以语言不能够表现大多数存在的东西,正像这些存在的东西自身不能表现彼此不同的性质一样"。

高尔吉亚的这个命题论证的要义是:语言既然不是外在于人的真实存在,它就不能表述存在物,也不能作为对存在物的认识传达给他人;存在物只能相对于感觉存在,只能被感觉把握,语言和感觉是异质的,因此它也不能表达与传递感觉和相关的外在对象,反倒是语言要靠感觉外在对象来表现;语言本身不过是一种特殊的可感知的东西(如有可听的声音或可看的符号形象），但和日常的感觉不同，这种特殊手段的对语言的感知，并不能表述、传达存在物和人的感觉、体验。他在这里突出、夸大了对语言这种符号工具对存在事物和感知认识的异质性，当然也否定了它可以是表述、传达思想的一种载体。他的立足点仍还是感觉论的相对主义。但他从否定方面也促使人们思考语言这人所特有的符号手段和存在及认识的关系，后来的苏格拉底、柏拉图和亚里士多德分别从不同的角度对之都有深入的哲学探究。

对于高尔吉亚的上述三命题论证的作品，古代学者并不将它看作只是宣扬演说和论辩技巧的修辞习作，而看作是代表他的观点的严肃之作，这从伪托亚里士多德之作《论麦里梭、塞诺芬尼、高尔吉亚》对它的认真论评也可见。现代则有些西方学者认为它仅是修辞习作，①格思里认为它是"讽刺作品"，但这是用讽刺破坏巴门尼德的严肃性，目的是反对爱利亚学派的哲学原理。② 这已被多数学者所肯定。在智者活动时期，爱利亚学派所引起的关于存在、思想和语言的关系问题引人热烈讨论，普罗泰戈拉从正面论述了智者运动的主流思想，即人是存在和非存在的尺度，以感觉论相对主义和爱利亚哲学传统对立；高尔吉亚则用巴门尼德式的思辨论证，去摧毁巴门尼德的"存在"哲学，是从反面捍卫智者运动的主流思想即感觉论相对主义。它不是后来的怀疑论哲学，更不是一种虚无主义，因为高尔吉亚并没有否定感知的东西可以是真实的，外在于人的东西是可被感知的，实质上仍是坚持人是万物的尺度。高尔吉亚论述三命题，作为希腊哲学史演进的一个环节，也是有历史意义的。他实质上触及或提出了一些重要哲学范畴的关系问题，包括存在与非存在、思想与感

---

① 如弗里曼说高尔吉亚"写这篇著作很可能是为了练习而没有任何严肃的目的，换言之只不过为了证明他能够随心所欲地写出任何风格的著作"，其理由是"柏拉图在任何地方都没有涉及高尔吉亚的虚无主义的观点，他只把高尔吉亚看作是一个纯粹的修辞学家，而不是一个哲学家"。见弗里曼（K.Freeman）：《苏格拉底以前哲学家的辅助读物》，美国马萨诸塞州剑桥：哈佛大学出版社 1978 年版，第 362 页。

② 格思里：《希腊哲学史》第 3 卷，剑桥：剑桥大学出版社 1969 年版，第 193—194 页。

知、语言与认知、语言的指称与意义等，都是后来的希腊古典哲学深化探究的，如后期柏拉图在《巴门尼德篇》和《智者篇》中就论述了存在与非存在、一和多、动和静等的辩证关系。

高尔吉亚的另外两篇论辩杰作《海伦赞》和《帕拉梅德斯辩护词》，则鲜明地表现了他的反传统的人文精神与强韧的逻辑论证力。

传说中美女海伦是宙斯和斯巴达王后的女儿，青年时被雅典英雄提秀斯（Theseus）带到阿提卡，后被她的兄弟救出，出嫁后又迷上了特洛伊王子帕里斯（Paris）（又名亚历山大），被带到特洛伊，于是希腊诸王联合出兵攻打特洛伊城，她就成了著名的特洛伊之战的诱因与罪魁祸首，她的情欲一直被谴责。《海伦赞》则反传统成见，以华美的文字、铿锵有力的说理，从道德上为海伦辩护：神从三方面迫使海伦就范，即爱的冲动、语言的诱惑和暴力的强制，她不是施害者，而是受害者，不应被谴责，而应受同情。而且"爱"这种欲求是人皆不可避免的自然本性，并不是反道德、不正当的，高尔吉亚说："如果亚历山大（即帕里斯）的身体进入海伦的眼睛而引起心灵的爱的欲望和冲突，又有什么奇怪呢？""为什么卑贱的人就要躲避、放弃这种能力呢？"①这里可见前期智者有着自然人性思想的萌发。

帕拉梅德斯是攻打特洛伊城的英雄，也是对希腊文化有贡献的贤者，他被奥德修诬陷私通特洛伊王而被处死。针对这一冤案，高尔吉亚写了文理并茂的《帕拉梅德斯辩护词》，让冤主当庭作无懈可击的自我辩护。他连续多次使用反证法（即如今说的归谬法），为了证明某事不存在，先假设某事存在，由此推出矛盾（与情理不合），从而达到否定某事存在的目的。假设帕拉梅德斯出卖祖国、要实现这种叛卖、有什么动机，但它们所必需的种种条件和动因经分析都是不可能的，帕拉梅德斯就说"出卖希腊这件事，即使我能够，我也不愿意；即使我愿意，我也不能够"，因而

---

① ［德］第尔斯、克兰茨编：《苏格拉底以前哲学家残篇》，DK82B11。

这件事根本不存在。他最后并激昂地断言："这些指控全无任何可靠的证据"，"如果你们非法地处死我，那么一切都会昭然若揭。我会看到，全希腊都知道你们的劣行"，"你们会使天下都相信你们处死了一个和你们共事的人、对你们有功的人、对希腊有贡献的人"。这篇辩护词和后来的苏格拉底的"申辩词"有同等的逻辑论证力度和磅礴大气。高尔吉亚不仅熟练运用逻辑论证方法，而且强调"证据"是以逻辑论证判断有无事实的重要根据："没有发生的事无论如何是不能有证据的，而发生了的事，不仅不能没有证据，而且很容易有证据，甚至必然有证据。"①由此可见，智者运动特别是前期智者的论辩术与修辞学，并非皆是语言与文字游戏甚或诡辩，也在增进许多正面的逻辑思想积累，这也是后来逻辑学创立的思想渊源之一。

智者运动从前期到后期演变，还有其他一些著名代表，在柏拉图的对话篇和其他古代文献中有简要记述。他们的思想倾向的变化和雅典民主制的兴衰有密切联系。普罗泰戈拉的学生、杰出的修辞学家普罗狄科（Prodicus）从语言层面深入研究"正名"和"词义辨析"，可以说是西方最早涉及指称和意义的研究；他比普罗泰戈拉的疑神论更彻底，以一种深刻的历史意识，从人和社会进化中神的观念的产生根源，明确阐发无神论思想。自然论民主派智者希庇亚（Hippias）和安提丰（Antiphon）都萌发自然人性思想，特别是安提丰，主张自然律令高于人为法律，正义的法律应根据"自然"的律令而形成，已有自然法思想，他并认为人皆生而自然本性平等，这是自然律令的基本规定。雅典民主制衰落后智者运动走向乖变的末流，柏拉图的《国家篇》和《高尔吉亚篇》中记述的塞拉西马柯（Thrasymacus）和卡利克勒（Callicles），鼓吹强权即正义，正义就是强者对弱者的统治和强者的利益，不受限制地满足自己的欲望就是美德与幸福。这种宣扬恃强凌弱、肉强食的原始"生存竞争"观念和个人欲望支配一切

---

① 以上引文均用叶秀山教授的中译文，见叶秀山：《前苏格拉底哲学研究》，北京：人民出版社1982年版，第337—338、365页。

的情感道德观,正是迎合当时动乱中强邦奉行霸权主义、仗势蹂躏弱邦的政治需要。智者运动的末流还表现在他们将本来有语言学和逻辑意义的论辩术,变成了完全是玩弄语言游戏、反逻辑的诡辩,柏拉图的《欧绪德谟篇》记述的欧绪德谟和狄奥尼索多洛两兄弟最为典型。①

总之,智者运动后已走向反面,在哲学、政治、伦理道德与修辞论辩上都已尽失人文启蒙精神,而为当时城邦社会秩序与道德风气败坏起思想上推波助澜作用。苏格拉底和柏拉图在批判智者中推进希腊古典哲学,是必然又必要的。

二、苏 格 拉 底

苏格拉底是将希腊古典哲学推向全盛高峰的开路人。他奠立的理性主义传统成为西方哲学和科学的主流,一直影响着西方文明进程。他在西方思想史上的地位可以和中国思想史中的孔子相比。他像孔子一样"述而不作",后人只能主要通过他的弟子们记述他的言行的思想资料来了解和研究他,而有些史料着重描写苏格拉底的坚贞崇高的品行和道德修养。于是以往一些哲学史家往往只是将他描述为一位忠于使命的道德实践家,忽略深入全面地考察他在哲学创新上的重要贡献。他的政治态度和受审被处死,也使他历来被蒙上纷争之雾。苏联的一部《哲学史》更将他论判为"反动的奴隶主贵族思想家",说他是"一群青年贵族以及这些贵族在政治上的同道者所组成的哲学小集团的领袖",他的哲学是"借用唯心主义来论证贵族的道德理论"。② 在当代西方学者中也还有类似见解。我们应切实根据史料,汲取国内外学术界

① 关于上述智者的主要思想,可参阅姚介厚:《古代希腊与罗马哲学》(多卷本《西方哲学史》第 2 卷),南京:江苏人民出版社 2005 年版,第 434—445 页。

② 敦尼克等主编:《哲学史》第 1 卷上册,中央马列著作编译局译,北京:三联书店 1962 年版,第 106 页。

的合理研究成果,将苏格拉底放到他所处的那个历史时代,实事求是地
还他的历史角色和哲学思想的本来面目。苏格拉底是在希腊古典文明
由盛趋衰、城邦奴隶制面临变革的历史转折时期,体现时代精神,倡导
哲学变革,奠立理性主义传统,以图改革希腊社会、重新振兴城邦的贤
哲。他的哲学变革,不只使希腊思想演进从自然哲学转向人间伦理道
德,更在于他将哲学的主题转向人自身,在人的本性中激扬出一种深蕴
逻辑力量的理性精神,其意义不限于史新道德价值,更在于促使希腊哲
学进入结合科学理性与人文精神的体系化新阶段,从而深刻地影响了
西方的哲学传统与文明进程。

1.“牛虻”使命与悲剧命运

苏格拉底(Socrates,公元前 469—前 399 年)是“雕刻匠索佛隆尼司
库和产婆菲娜瑞特的儿子;他是雅典阿罗卑克胞区的一位公民”①。他出
身于普通的自由民之家。子承父业大约是当时希腊的习俗,传说苏格拉
底的父亲让他年少时从学雕刻,他掌握了精湛的技艺;他的母亲的专长则
可能启发了他后来将他的对话辩证法比喻为“助产术”。他年轻时正当
伯里克利的黄金盛世,在浓厚的文化气氛中接受良好的教育,获得丰富开
阔的知识。他年少时曾向伯里克利的老师达蒙学过音乐,修习过几何、算
术和天文等学科,17 岁时“成为自然哲学家阿凯劳斯的弟子”,师生过从
甚密,他 29 岁时“同阿凯劳斯一起离开雅典去过萨摩斯”,参加对此叛乱
之岛的军事封锁。② 阿凯劳斯是阿那克萨戈拉的学生,并已开始注重伦
理研究,对苏格拉底早年思想及其转变,无疑有重要影响。苏格拉底青壮
年时同当时雅典的学者名流已有较多交往,崭露他的杰出才智,声誉渐
起。他同伯里克利的情妇、文化沙龙的主持人阿丝帕希娅有不少接触,后
来对她屡有赞扬。智者运动当时在希腊盛极一时,苏格拉底和当时智者

---

① 第欧根尼·拉尔修:《著名哲学家的生平和学说》,第 2 卷第 18、44 节。
② 同上书,第 2 卷第 19、23 节。

的一些重要代表都有交往,老年普罗泰戈拉和他论辩最后说:"在你的同龄人中,我确实从未遇见过像你这样令我称羡的人,现在我说,你如将成为我们当今领头的哲学家之一,我决不惊讶。"①他在中年时周围已经聚集起一批雅典和来自外邦的追随者,喜剧家阿里斯托芬(Aristophanes)在公元前423年上演的《云》剧中,被漫画化的苏格拉底已俨然是"思想所"的首脑,热慕的求知者接踵而来,这具有一定的真实性。

苏格拉底的后半生几乎都是在长达27年的伯罗奔尼撒战争中度过的,这场大战对苏格拉底的思想历程有重要影响。苏格拉底作为忠于雅典城邦的公民直接参加过三次军事行动。② 这场持久的大战使全希腊的政治秩序陷入极度混乱,霸主们公然宣扬血和火的杀伐,弱肉强食就是"正义"和"公道";各城邦内部民主派和贵族派的政治势力互施阴谋残酷杀戮,是当时遍及希腊的政治行为。社会政治动乱又使得希腊精神世界发生极大的混乱与危机:人性普遍堕落,生活行为准则乖变;狂热的野心和贪婪的私欲成为合理的动机和判断美德的标准,是非颠倒,黑白混淆。柏拉图后说:希腊人的传统道德"以惊人的速度崩析堕落"。③ 苏格拉底敏锐地透察到战争已给雅典带来深刻危机。他从精神道德和社会政治方面作深刻反思,认为整个危机是道德和人性堕落、社会政治秩序混乱造成的,拯救城邦社会的根本出路在于改善灵魂和人的本性,由此才能实现重振道德、改善政治以复兴雅典以至全希腊的宏图。他自称"牛虻",承担起哲学救世的历史使命。

他的"牛虻"使命集中地表述在柏拉图的《申辩篇》中他对雅典人的自白:"我是神特意赐给本邦的一只牛虻,雅典像一匹硕大又喂养得很好

---

① 柏拉图:《普罗泰戈拉篇》361E。
② 第一次是参加直接导致大战爆发的波提狄亚战争(公元前431—前430年);第二次是在公元前424年参加雅典已呈败势的德立安战争;第三次参加的是公元前422年在色雷斯的安菲波利战争。参阅修昔底德:《伯罗奔尼撒战争史》上册,谢德风译,北京:商务印书馆1997年版,第154、320—329页;柏拉图:《会饮篇》219E—220E。
③ 柏拉图:《第七封信》325D。

的马,日趋懒怠,需要刺激。神让我到这里来履行牛虻的职责,整天到处叮着你们,激励、劝说、批评每一个人。"①他借"神的命令"为自己设定的哲学使命,就是在雅典城内到处找人谈话,讨论问题,启迪理智,引导人们追求智慧和道德的善,改善灵魂,从而拨乱反正,批判愚昧、私欲、不义和邪恶,以振奋城邦社会。他的使命和哲学实践并不是一种迂腐的道学箴劝,而是一种对时代的哲学反思,对支配当时希腊社会生活的一些原则观念的深刻批判。他的哲学思想就是在他的论辩与教诲的实践活动中阐发的。他的活动深入到雅典民间日常生活之中,教诲的对象有阿尔基比亚德(Alcibiades)等在政治上崭露头角的人物,有一批莘莘学子,也有雕刻匠、画师乃至妓女等;他不仅讨论道德修养问题,也讨论政治、法律、宗教、理财、修辞和技艺等,涉及社会生活各个方面。强烈的使命感驱使他摩顶放踵、坚持不懈地进行启迪心智的活动,这样的哲学家在西方思想史中是少见的。

他的实践哲学使命的活动有现实的政治目的,表现为以下四点:(1)热爱母邦,反思雅典衰落的根源,力图奋发图强。他说"决不可以为雅典人已经病入膏肓不可救药了",战争中城邦经济崩溃,大批自由民原可依赖帝国的殷厚收入过闲散的寄生生活,不屑从事贱业与奴隶为伍,他引用赫西奥德的诗句"做工不是耻辱,闲懒才是耻辱",告诫自由民要劳动谋生。他针对雅典经济的致命弱点,提出要重视农业,主张"耕作是百工之祖"。② 从《高尔吉亚篇》等可见,他对当时的强权政治、民主政制下党派政客操纵弄权都有种种尖锐批判。他将雅典没落的根源归结为精神道德的危机,但和经济与政治危机联系分析。(2)从哲学高度着重讨论伦理问题,谋求改善灵魂即人的全部思维方式,重建道德价值。(3)针砭时政,着意培育俊才,意图振邦兴国。他

---

① 柏拉图:《申辩篇》30D—31A。
② 色诺芬:《回忆录》,见色诺芬:《回忆苏格拉底》,吴永泉译,北京:商务印书馆 2001年版,第 19 页。

遵奉雅典民主制的法律,既抨击贵族寡头统治和阴谋篡权的僭主统治,也反对政客利用民主制度操纵弄权。他认为治理城邦是"最伟大的工作",必须培植一批富有知识,精娴治国才能的专家来复兴雅典,强调统治者就像船上的舵手、军队中的将领,如果没有驾驭的知识,"只会给那些他所不愿毁灭的人带来毁灭,同时使他自己蒙受羞辱和痛苦",①所以当务之急是要选拔有专门知识和德行的统治人才。(4)他教育的对象以青年居多,想用他的哲学塑造年轻一代,以寄托他的理想。他在雅典的街头巷尾、竞技场所谈论时,周围常簇拥许多青年子弟,教育青年如何培养他们的美德常是他的谈话主题。老年苏格拉底意识到青年对城邦前途至关重要。他的弟子中涌现一批学术英才,除柏拉图、色诺芬(Xenophon)外,还有后来成为小苏格拉底学派三家的主要代表。他为希腊的学术文化培养了一批俊才。

公元前404年雅典战败投降斯巴达后,斯巴达在雅典扶持克里底亚等三十僭主政权实行残暴的恐怖统治,杀害了许多人,苏格拉底直言指责这种行径,曾被当局剥夺了施教和议政的权利。一年以后民主派推翻三十僭主,恢复雅典民主制,当局却在公元前399年审判、处死了坚决拒绝和三十僭主同流合污的苏格拉底。历来史家对这一西方思想史上的重大冤案与悲剧见解纷纭、莫衷一是,争议在于两个问题:一是控告和处死苏格拉底的真实原因究竟何在;二是如何理解苏格拉之死的意义。这实质上涉及如何评价苏格拉底的政治态度和哲学思想。

根据苏格拉底被控处死的最早原始资料,②指控他的罪状有两条:败

① 色诺芬:《回忆录》,见色诺芬:《回忆苏格拉底》,吴永泉译,北京:商务印书馆2001年版,第39页。

② 关于苏格拉底被控处死的最早原始资料,保存下来的只有两种:一是柏拉图对话中记述苏格拉底受审、囚狱和临刑的《申辩篇》、《克里托篇》和《斐多篇》、《欧绪弗洛篇》。二是色诺芬的《回忆录》第一卷和《苏格拉底在法官前的申辩》。这一重大案件在苏格拉底死后仍很有争议,当时有一个名叫波吕克拉底的人散发了一本继续攻击苏格拉底的小册子,宣传判他死罪理所应当。柏拉图和色诺芬的记述是为了回击波吕克拉底的攻击。

坏青年,引进新神。① 柏拉图的《申辩篇》是苏格拉底在法庭受审时当众发表的一篇真切动人,富有哲理性的演说词。他答辩公众舆论对他的偏见和非议,指出支持控告的更可怕的舆论偏见,将他说成是"能以虚弱无理的诡辩击败强有力的论辩"的"智者",曲解成阿那克萨戈拉式的自然哲学家,是"一个无神论者"。② 他郑重剖明:他并非不尊重自然知识,但确实无意深入研讨它。以不信神或渎神被判罪在雅典是屡见不鲜的。他申述:他也不是高尔吉亚、普罗狄科、希庇亚那样的收费教学的智者,他的声誉只不过出于他有一种"人的智慧",这种智慧就是"自知我无知"。他驳斥指控他的两条罪状,就自己的使命和活动作了长篇剖白,否定那些政治性诬蔑:他是神赐给雅典的牛虻,雅典人伤害他就是伤害他们自己。③由上可知,当时审判他的一个重要根由在于苏格拉底的哲学活动及其社会影响,撼动了当时的一些政治信条和传统道德观念。他对当时民主制的抽签选举办法和当权者不满,确实有所批评,但并不从根本上反对民主制,而是意图通过选贤任能来改善它,其实他对贵族寡头制和僭主制则是从根本上反对的。他的学生中有克里底亚和阿尔基比亚德这两个野心勃勃的人,只是蓄意株连的口实,指控人将他同这两个雅典的公敌牵扯在一起,容易煽动公众情绪,给人们一种苏格拉底和雅典民主制为敌的假象。苏格拉底启迪青年知识才是美德,比传统伦常关系更为重要,动摇了子女必须服从父母的传统伦理准则。苏格拉底实质上主张理性神,批判传统的拟人化的多神,限制神的权能范围,强调人自身的主观能动性,这在当时也会遭受谴责。不敬城邦诸神而引进奇怪的新神,这在当时雅典可是

---

① 柏拉图《申辩篇》24B 记述:"苏格拉底犯有败坏青年之罪,犯有信奉他自己捏造的神而不信奉城邦公认的神之罪。"色诺芬记述:"苏格拉底的违法在于他不尊敬城邦信奉的诸神,还引进了新的神;他的违法还在于他败坏青年。"色诺芬:《回忆录》,见色诺芬:《回忆苏格拉底》,吴永泉译,北京:商务印书馆 2001 年版,第 1 页。
② 柏拉图:《申辩篇》18A—C。
③ 柏拉图:《申辩篇》19B—C、20C、21D、29D—31C。

一条有政治性的严重罪状。① 控告者最后要求将苏格拉底判处死刑,根据当时雅典法律,法庭允许被判罪的人请求宽恕、以流放代替死刑,这样也就达到将当权者憎恶的"牛虻"逐出雅典的目的。但苏格拉底恪守他的哲学使命和原则,不仅在法庭上严正地为自己辩护,而且继续针砭雅典时弊;在宣判他死刑后又表示绝不为老妻和幼子而请求宽恕,因为这样做等于承认自己有罪。他视死如归,无所畏惧,认为死亡不过是让自己的灵魂返回应去的安息处所。在等待行刑的时日里,他的朋友和学生劝说并设法帮助他越狱逃亡,他坚决拒绝。他终于饮鸩就刑,终结这一悲剧命运。

苏格拉底被审判处死了,历来往往有人认为这是雅典人犯糊涂、做了大逆不道之事,一位圣贤君子连三十僭主都不敢向他下毒手,而民主制政权恢复后居然以"莫须有"的罪名诬陷他致死。现当代西方学者对这场悲剧仍有论争,实质上是对苏格拉底的政治态度有种种分歧意见,其中有两种截然相反的见解。一种意见认为,苏格拉底主张建立贵族政权,是图谋推翻民主制的鼓动者,这是他被处死的真实原因。美国学者克鲁斯特(A.H.Chroust)根据一些间接转述材料作考证,企图重新构现公元前393年波吕克拉底的《对苏格拉底的控诉》这本小册子的主要内容,认为它"直接指控苏格拉底公开反对雅典民主制的活动",苏格拉底被控处死,"首要的是雅典贵族寡头制和民主制长期严酷斗争中的一个事件。"② 另外两位美国学者温斯派尔(A.D.Winspear)和雪伏尔贝格(T.Silverberg)认

---

① 这在当时会使人将它同阿尔基比亚德的案件联想到一起。公元前415年阿尔基比亚德统率雅典大军远征西西里时,雅典城中发生了一起"神秘祭祀"大案:一个夜间雅典的神庙和私人住宅入口处的许多赫耳墨斯神像的面部被毁坏了;告密者向当局举报一些年轻人在私人住宅从事异教的神秘祭祀庆祝,阿尔基比亚德也在内。一些觊觎政权的人夸大其事,称它是为推翻民主政治、建立寡头政权策划的阴谋,当政者逮捕了许多显要公民,雅典气氛极为恐怖;被捕者被迫诬攀他人,许多人被处死,当政者下令召回已向叙拉古进军的阿尔基比亚德受审,促使他叛逃斯巴达。

② A.H.Chroust, *Socrates*, *Man and Myth*, Indianna, University of Notre Dame Press, 1957, pp.170~171、183.([美]A.H.克鲁斯特:《苏格拉底,人和神话》,印第安纳、鹿特丹大学出版社1957年版,第170—171、183页。)

为苏格拉底本来出身贫寒,同民主派在政治和思想上都有紧密联系,并且献身自然哲学、唯物论和怀疑论哲学;但他后来同富豪贵族颇多交往,变得保守了,他所引进的新神乃是"毕泰戈拉盟会的神秘神灵,是一种国际性的军事保护神",他从事"一种反对雅典民主制的阴谋,对整个民主制生活方式作思想攻击"。① 美国左派老报人、学者斯东(I.F.Stone)1989 年以 80 岁高龄出版的绝作《苏格拉底的审判》,也认为苏格拉底被处死是由于他坚持反民主制的立场。② 另一种见解则认为,苏格拉底是一位拥护民主制和自由思想的哲学家。当代英国著名哲学家波普尔认为《申辩篇》和《克里托篇》表现了苏格拉底的临终意愿,他"不仅能为命运、名誉及另一些高贵事物而死,也能为思想自由和自我尊严献身"。他认为后来的柏拉图正如其舅父克里底亚的作为那样背叛了苏格拉底,私自给苏格拉底塞进毕泰戈拉派的东西,强加给他集权主义观念;苏格拉底是热爱自由的民主派、人道主义者,而"柏拉图的政治主张纯粹是集权主义和反人道主义的,他根本不是苏格拉底的继承人。"③

　　上述两种见解各走极端,不是对苏格拉底的政治态度的确切评价。克鲁斯特虽对许多史料做了勾微索隐的整理工作,但波吕克拉底的小册子毕竟已经佚失,难以还原它的本来内容,他本人的攻击目的也可疑,不能据以证明苏格拉底要颠覆民主制政权。温斯派尔和雪伏尔贝格则主要根据苏格拉底从学弟子的出身和他们后来的政治倾向,去论证老师转向贵族寡头派,更是简单化、无说服力;当时毕泰戈拉派思想在流行,他们崇奉的奥菲斯教义在雅典一直允许传扬,说他因传播毕泰戈拉盟会崇奉的神灵而获谴

① A.D.Winspear &T.Silverberg, *Who Is Socrates?*, Indiana, University of Notre Dame Press, 1939, pp.76,84.([美]A.D.温斯派尔、T.雪伏尔贝格:《苏格拉底是谁?》,印第安纳、鹿特丹大学出版社 1939 年版,第 76、84 页。)

② [美]斯东:《苏格拉底的审判》,董乐山译,北京:三联书店 1998 年版。

③ K.R.Popper, *The Open Society and Its Enemies*, Volume 1, Princeton, Princeton University Press, 1966, pp.194,195,88.([英]波普尔:《开放社会及其敌人》第 1 卷,普林斯顿:普林斯顿大学出版社 1966 年版,第 194、195、88 页。)

判罪,更是不可能的。波普尔说苏格拉底和柏拉图两人的政治思想有区别,但无视师生两人思想的承继性,且柏拉图不是主张现代所谓的极权统治,而是发展他的先师的贤人政制思想,具体设计出《国家篇》中相对集权的贤人政制;波普尔从自由主义政治哲学观念出发,一味扬苏格拉底而贬柏拉图,将苏格拉底美化成现代意义的自由派思想家,无视他对当时蜕变的民主制有批评,对柏拉图全盘否定,对师生二人都不是客观论评。

　　苏格拉底被审判处死表现了一种历史必然性。他的哲学实践活动及其造成的社会影响,是同当时雅典的政治统治及其精神支柱即传统的政治、宗教、道德观念相冲突的,这是在历史转折中城邦奴隶主内部有远见卓识的思想家,同缺乏自我危机意识的统治集团之间的冲突。黑格尔以深刻的历史洞察力指出:"他的遭遇并非只是他本人的个人浪漫遭遇,而是雅典的悲剧、希腊的悲剧,它不过是借此事件,借苏格拉底表现出来而已。"①对苏格拉底案件的社会政治意义应作具体的历史分析。至伯罗奔尼撒战争及之后,整个希腊的城邦奴隶制不论采取民主政制或贵族寡头政制,都在经历危机,趋于衰落。雅典由于穷兵黩武、财富兼并、两极分化,大量自由民急剧贫困化,又不再有城邦供给的优裕特权,他们徒有"民主"权利,已变成一贫如洗的穷光蛋。民主政制已失落社会基础,自身也蜕变了。当时所谓的"人民领袖"大多是一些政治投机家、蛊惑家,惯于利用公众的情绪进行煽动,谋取个人私利。民主政制和贵族政制都不能挽救希腊城邦奴隶制的内在危机。只根据苏格拉底倾向于当时哪种政制来判定他的政治态度进步或保守、反动,并非历史主义的观点。他无疑对当时雅典蜕变的民主制有批评,因为他痛感它不能产生有智慧的坚强领导来振兴城邦,这种批评正是表现了他作为哲学先知有敏锐的政治洞察力。而且,他并未全盘否定、更没有蓄意要推翻这种政制,只是希望以贤人政制原则改革它,后来柏拉图则将这种原则发展成为系统的政治哲学和政制理论。苏格拉

---

① ［德］黑格尔:《哲学史讲演录》第 2 卷,贺麟、王太庆译,北京:商务印书馆 1960 年版,第 44 页。

底的良苦用心不能为雅典公民所理解,雅典公民已被战争、政变和政客争权弄得晕头转向、意乱神迷,不能体察"牛虻"的使命和善意,也无力解救自己了。苏格拉底被他所苦苦眷爱的城邦处死,不仅是他个人的悲剧,也是雅典的悲剧,是城邦奴隶制趋衰时代的悲剧。

苏格拉底没有著作,如何辨识体现他的思想的有关记述史料,就是所谓"苏格拉底问题"。古希腊留下的有关苏格拉底的主要史料有四种:(1)阿里斯托芬的喜剧《云》,它上演时苏格拉底才45岁,据说演出时他还站起来亮相致意。此剧将苏格拉底描绘成一个装腔作势狡辩骗钱的智者,极尽讽刺挖苦之能事,将玩弄诡辩的智者、有无神论倾向的自然哲学家和禁欲主义道德家这三种形象都捏合在苏格拉底身上,这当然是笑谑之作,但对于了解苏格拉底早期接受伊奥尼亚自然哲学思想有参考价值。(2)弟子色诺芬的著作《回忆录》、《苏格拉底在法官前的申辩》、《经济论、雅典的收入》(苏格拉底和伊肖玛霍关于管理农庄经济的对话)和《会饮篇》,记述了苏格拉底关于哲学、政治、军事、经济、教育、审美乃至技术、养生等各种问题的言行或对话。其中不少内容是柏拉图对话篇中所没有的。它们虽然文采不足,却是平直的实录,有独特的史料价值。(3)柏拉图的早期对话篇与少数中期对话篇。这些对话以苏格拉底为主角。柏拉图有卓越出众的文学才华,他写的对话特别是早期对话,不仅是深邃恢宏的哲理篇章,也是西方古代文学史上少见的瑰丽灿烂的精品杰作,人物形象栩栩如生,情词并茂富有魅力,处处散溢才子气息,也只有这样的才笔才能再现苏格拉底的丰富多彩的形象和珠玑倾泻的思想。关于如何看待柏拉图对话篇中记述苏格拉底的历史真实性及其和柏拉图本人思想的关系,西方学者有不同见解。① 我

---

① 主要争议两个具体问题:一是如何看待柏拉图对话篇中记述苏格拉底的内容的历史真实性。一种观点是基本否定的,认为全部对话是柏拉图"借夫子义自道";另一种观点是肯定全部对话都表述苏格拉底的思想。详参阅姚介厚:《古代希腊语罗马哲学》(《多卷本西方哲学史》第2卷),南京:江苏人民出版社2005年版,第467—470页。

们根据亚里士多德的有关论断①和多数学者对柏拉图早、中、晚期对话
的区分,认为可作为苏格拉底思想主要史料的柏拉图的对话,有 11 种
早期对话:《申辩篇》、《克里托篇》、《拉凯斯篇》、《吕西斯篇》、《卡尔米
德篇》、《欧绪弗洛篇》、《大希庇亚篇》、《小希庇亚篇》、《普罗泰戈拉
篇》、《高尔吉亚篇》、《伊安篇》;另有 3 篇中期对话:《欧绪德谟篇》、
《美涅克塞努篇》和《克拉底鲁篇》。(4)亚里士多德著作中的有关论
述。主要见诸他的《形而上学》、《尼各马可伦理学》、《政治学》、《诗
学》、《修辞学》。他虽然没有和苏格拉底直接接触过,但他在柏拉图学
园中生活了 20 年,当然会得到许多有关苏格拉底的知识,也会读到当
时苏格拉底的其他弟子色诺芬、安提司泰尼、埃斯基涅以及其他人的有
关著述。他是一位严谨的学者,对苏格拉底的记述应是相当可信的。
亚里士多德以后至罗马时代的哲学家和编纂史家记述苏格拉底的内容

---

① 亚里士多德在柏拉图学园中学习 20 年,当然熟悉老师和师祖的思想关系,他
又有非凡的学识鉴别力,他的两段论断给我们提供了对话中苏格拉底和柏拉
图的思想分水岭:(1)他在《形而上学》第一卷中说:"苏格拉底忙于研究伦
理问题而忽视了作为整体的自然世界,只在伦理方面寻求普遍的东西,开始
专心致志寻求定义","柏拉图接受他的教导,但是认为不能将它应用在感性
事物上,只能应用于另一类东西;理由是可感觉的事物总是永远在变动中的,
所以共同普遍的定义不能是有关感性事物的定义;这另一类东西他就叫作
'理念'"。(987a32—b10)(2)他在《形而上学》第十三卷第四章谈到理念论
产生的历史时说:"有两件事可以公正地归于苏格拉底,即归纳的论证和普
遍的定义,这二者都是知识的出发点;但是苏格拉底并没有将这个普遍的东
西或定义看作是分离存在的东西,而他们[那些肯定'理念'的人]却将它们
看作是分离存在的东西,这就是他们称为'理念'的那种东西。"(1078b27—
32)根据这两条论断,可在对话篇中区分开苏格拉底和柏拉图二人的哲学思
想:苏格拉底主要忙于研究伦理问题,未展开对自然世界整体的研究;柏拉图
则以全部存在作为研究对象,建立了理念论、知识论、宇宙论和社会伦理学、政
治哲学等互相贯通的哲学体系。苏格拉底在探求伦理问题时提出的普遍性定
义是柏拉图的"理念"的来源,但苏格拉底并没有将普遍性定义看作和感性事
物截然割裂、分离存在的东西,而柏拉图则将"理念"看作是在感性事物以外、
分离存在的东西。根据这个"分水岭",将柏拉图的早期和个别中期对话篇,看
作也体现苏格拉底思想的重要史料,有确切的历史根据,可用以深化、丰富苏
格拉底研究。

也不少。①

近现代西方学者研究苏格拉底的著作很多。除策勒、冈珀茨、耶格尔、格思里等人的希腊哲学史著作中都有苏格拉底的专卷或专编研究外，其他可参考的专著有：泰勒（A.E.Taylor）的《苏格拉底其人及其思想》（1952 年）和《柏拉图，其人及其著作》（1961 年）；桑塔斯（G.X.Santas）：《苏格拉底，柏拉图早期对话中的哲学》（1982 年）。还有一本美国著名希腊哲学史学者伏拉斯托斯（G.Vlastos）编的研究论文集《苏格拉底的哲学，批判论文集》（1980 年）。我国叶秀山的专著《苏格拉底及其哲学思想》（1986 年），最早对苏格拉底作出深入研究；汪子嵩等的《希腊哲学史》第 2 卷（1993 年）也列有专编，对苏格拉底作了较详致的展开研究。

2. 哲学变革

希腊哲学的重心从研究自然到研究人和社会的转折，由智者运动开启，但他们的研究立足于感觉论相对主义，在理论与实践上都有不确定性与消极后果。苏格拉底则将这种转折建立于理性主义的哲学基础上，真正完成从自然到人的哲学变革。他深入反思人主体自身的本性与理性思维，发掘人的理智能力，不仅将他自己注重研究的伦理确立在理性的坚实基石上，而且为希腊古典哲学开辟了新的研究领域与发展方向，使它得以根据理性主义的哲学原则，深入考察自然和社会存在的整体和各部分，进入体系化的全盛阶段。他的哲学变革有着多重内涵，主要表现在以下三方面：

第一，以理性精神实现哲学重心从自然到人的转变。

罗马时代的西塞罗（Cicero）形象地描述：苏格拉底"以前的古代哲学

---

① 弗格逊（J.Fergerson）编的《苏格拉底史料》一书除节选上述四种主要史料外，还汇集了其他历史记述、残篇以及后晚期希腊和罗马的资料，可参考。见 J.Ferguson, *Socrates—A Source Book*, London, The Open University Press, 1970.（J.弗格逊编辑并部分英译：《苏格拉底史料》，伦敦：开放大学出版社 1970 年版。）

研究数和运动,研究万物产生和复归的本原;这些早期思想家热衷于探究星辰和一切天体的大小、间距和轨程。是苏格拉底第一个将哲学从天空召唤下来,使它立足于城邦并将它引入家庭之中,促使它研究生活、伦理、善和恶。"①

苏格拉底的这种转变实现在审察人的灵魂、开发理性与智慧之中。在《申辩篇》中,他说到阿里斯托芬的喜剧和公众舆论都说他曾研究自然事物,"必然是一个无神论者";他郑重声明:他并非"不尊重这种自然知识","然而,雅典人啊,事实俱在,我现在已经对这类自然知识没有兴趣了。"他转向研究人的智慧。他叙述了凯勒丰去德尔斐大庙求神谕、他"自知无知"的故事,批评政治家、诗人和工匠等种种人自以为有知、其实无知,目的是揭露公众还缺乏真正有价值的智慧,还不懂得知识和美德的本质,还没有反思人的理智本身。他认为追求智慧应该是人的本性,决意探索人的"爱智"之道,考察和发掘人的理智能力和道德本性,这就是他的哲学主题转向的首要根本点。这种转向并不只是他个人哲学兴趣的转移,更重要的是出于社会现实的需要,体现了反思当时希腊思想文化的时代精神。他陈述他的哲学事业是引导人们"关注灵魂和道德的改善",给人们"实在的幸福",人生的价值就在于通过审察人的生活而趋向至善,他的一句名言就是:"没有经过这种审察的生活是没有价值的。"②他要审察人,将人从当时流行的、也是智者们所肯定的物质利益和肉体欲望中解脱出来,去追求灵魂的善。他将智慧和知识引进道德领域,认为它是判断是非和善恶的标准。这就是由苏格拉底大力开创的理性主义精神。

在柏拉图的《斐多篇》(*Phaedus*)中,苏格拉底同他的学生和朋友讨论灵魂不朽的问题,自述了他早年研习自然哲学遇到困难,后来他听说阿

① 西塞罗:《在图库兰姆的谈话》,转引自 J.Ferguson, *Socrates—A Source Book*, London, The Open University Press, 1970, p.193.(J.弗格逊编集并部分英译:《苏格拉底史料》,伦敦:开放大学出版社 1970 年版,第 193 页。)

② 柏拉图:《申辩篇》19B—C、36D—E、38A。

那克萨戈拉写的一本书主张是努斯安排并且造成万物,觉得用努斯说明万物有序的原因与必然性,应是很有一番道理的。赶紧找得此书读完,但美妙的期望很快落空:"读着读着我发现他并不用努斯,不用任何真正的原因来安排事物,只是提出气、以太、水以及其他一些莫名其妙的东西当作原因。"他举例说种种自然事物的机栝,都不能解释苏格拉底被审判后留在监狱服刑是正当的,也不能说明自然存在全体的神圣原因。① 实际上,苏格拉底是批判早先的自然哲学虽也触及以理智认识自然,甚至笼统地用宇宙理性说明自然的动因,但都没有运用理性来探究人,来反思人的理智本性,来洞悉世界存在全体有善的本性,合乎"善的目的"。早期希腊自然哲学的薄弱环节是缺少对人的研究和对人的理性认识、理智能力的反思。苏格拉底的哲学变革的意图,是要建立一种开发理性的人的哲学。

第二,新哲学的宣言:"认识你自己"。

苏格拉底的哲学变革突出了对作为认知与道德主体的人的研究,力图创立一种融贯知识论和道德哲学为一体、融合分析理性和人文精神的人的哲学。他将德尔斐神庙墙上铭刻的"认识你自己"这句箴言,②用作新哲学的宣言。所谓"认识你自己",也就是苏格拉底最重视的、作为人的本性的一种美德"自制",即明智、有自知之明,能实现自己的智慧本性。苏格拉底讨论"自制"美德中探索建立"认识你自己"

---

① 柏拉图:《斐多篇》96D—99D。

② 德尔斐(Delphi)是科林斯湾北岸的福基斯的一个小镇,依山傍水,风景秀美;公元前6世纪初首次在这里举行纪念阿波罗神的泛希腊匹西阿节后,它就成为全希腊的名胜地。这里有著名的德尔斐神庙,庙里有一批祭司,还有专门传达阿波罗神谕的女祭司叫匹西亚,她们定期接受朝拜者求问,以一些暧昧不明的语言预言未来的事情乃至预言国家大事。神庙墙上刻有一些铭文,有为各城邦记事记功的,也有一些人生箴言。柏拉图的《普罗泰戈拉篇》中苏格拉底历数泰勒斯、梭伦等古代"七贤",说他们有同样高的智慧;他们的语言简洁易记;说"他们在德尔斐神庙聚会,向阿波罗奉献他们首要的智慧之果,刻下了至今脍炙人口的铭言:'认识你自己'和'不要过分'。"(343A—B)。

的学问,一种人的哲学,集中表现在柏拉图的早期对话《卡尔米德篇》(*Charmedes*)中。

"自制"的希腊文 sophrosyne 过去一般英译为 temperance,中文也随着译为"节制",其实不确切,没有完整表达这个术语的意义。sophrosyne 一词包含三重意义:一是指理智健全、明智稳健,同理智失衡、愚妄偏见、无自知之明相反的意思;二是指人道,仁慈、谦和(类似孔子的"仁");三是指对欲望的自我约束与控制,也只有在这重意义上才可译为节制。① 所以,全面、准确的中译应是"自制"。苏格拉底和柏拉图都很注重这种表现人的理智本性与人性的美德,认为它和勇敢、友爱等不同,是贯通人与社会全局整体的德性。② 对话中苏格拉底驳难了卡尔米德给"自制"下的三个定义,即自制是沉着有序行事,是谦逊,是做各人自己的事情,接着就在和克里底亚讨论中引出德尔斐神庙题刻的铭言"认识你自己",启发后者说"'认识你自己'和'要自制'的意义是一样的"。它是关于"自我认识"的知识,就是关于人自身的一门学问。苏格拉底实质上主张探索、建立关于人自身的哲学。任何一门学问或知识都有它自己的对象,如医学以健康和疾病为对象,建筑术以造房为对象,这些对象和认识主体是不同的东西。可是人的哲学即自我知识(自制)的对象却是认知主体自己,要分辨他是真知还是无知,判断人是否自以为知、实为无知。这样一种知识既是关于人的知识自身的知识,又是关于其他知识的知识,同时又是关于缺乏知识的知识,即它是以知识与无知为对象。苏格拉底认为建立这样一门学问虽有难度,但很有必要,也很值得。建立这门学问就是要考察人的认知活动和能力等问题,确立一门关于知识的知识即自我知识。③ "认识你自己",是人的哲学的纲领性宣言。泰勒认为这实质上涉及理智

---

① A.E.Taylor,*Plato,the Man and His Work*,London,Methuen,1927,pp.50—51.([英]泰勒:《柏拉图其人及其著作》,伦敦:梅苏恩出版公司 1927 年版,第 50—51 页。)

② 柏拉图在《国家篇》432A—B 中就强调自制就是在个人和国家中都表现出来的自知之明与和谐一致性。

③ 柏拉图:《卡尔米德篇》164D—165A、167A—C。

活动能否成为自身的对象,能否考察人的认知本身,"如果有'认识论'这门科学,其对象就是'知识如何可能的条件'问题。"①

苏格拉底认为人的哲学研究的最高、最普遍的知识,是关于世界存在合理安排的"善"的知识,它既是一种关于存在本性的知识,也是分辨善恶(好坏)的道德知识,它是和其他各种具体知识结合一起的;如果将它和其他知识分开,医学就不能给我们治好病,舵工和将领就不能在海上和战争中给我们提供安全;如果没有分辨善恶的知识,任何别的具体知识都不能给我们提供好处。所以,"既然它是知识的知识,支配其他一切知识,就该掌握这门关于善的知识,该对我们大有裨益。"②可见,他要创建的人的哲学中,不只是一些道德教义,而是有开阔的内涵,是由存在论、认识论和伦理学三者结为一体的。

第三,开展对智者的批判。

苏格拉底的哲学变革有双重理论任务。他不仅论评早期希腊的自然哲学,使哲学重心从自然转向人和社会,而且,更注重批判当时盛行全希腊的智者思潮,以创建自身的哲学。智者运动虽已开启了哲学的人文转向,但它立足于感觉论相对主义,后来的政治、道德等学说更是乖变。它的强权政治论为霸权主义张目,它的论辩术变成政客蛊惑民众、谋获权势的工具,它的个人欲望至上的情感道德论侵蚀青年一代,滋长享乐奢靡风气,使世风日下。智者变得声名狼藉,日益招致人们怨恨。老年普罗泰戈拉曾说:一些智者害怕招怨,都伪装成为体育家、音乐家等等,用其他技艺为屏障,不敢承认自己是智者。③ 苏格拉底认为智者思想是使希腊的社会政治与思想文化陷入混乱的理论根源。他要确立一种奠立在坚实的理性主义基地上的人的哲学,匡正陷于混乱、崩析的道德价值体系,就必须在理论上拨乱反正,大力批判智者。他首先发起批判智者,它一直由柏拉

① [英]泰勒:《柏拉图其人及其著作》,伦敦:梅苏恩出版公司1927年版,第55页。
② 柏拉图:《卡尔米德篇》174B—E。
③ 柏拉图:《普罗泰戈拉篇》316D—317B。

图和亚里士多德持续完成。没有这个否定性环节，就没有希腊古典哲学进向全盛。从柏拉图的一系列早期对话篇和色诺芬的《回忆录》中可见，苏格拉底对于智者的基本哲学观念到社会政治、道德、宗教、审美乃至逻辑和语言等思想，展开了全面系统的批判。这种总体的批判鲜明地表现在柏拉图的《高尔吉亚篇》。①

这篇对话描述了约公元前 427 年名噪一时的高尔吉亚任林地尼特使到达雅典，苏格拉底和他及其门徒波卢斯与卡利克勒（均为年轻的后期智者）的一场精彩辩论。论辩与批判主要围绕三个问题展开：（1）智者的修辞术的本质和价值。高尔吉亚炫称他的修辞术是一种"说服人的技艺"，能"用逻各斯使法庭中的法官、议事会的议员、公民大会或其他公民集会中的民众产生信服的能力"，能使他人"成为你的奴隶"。苏格拉底区别两种不同的"说服人"：一是根据学得的知识，分辨正确和错误来说服人；另一种是智者只根据似是而非的论辩使人们产生某种信念，以貌似有理实无真理的论辩使人相信某种意见，并不能在法庭和公众集会上教给人们知识和真理，区别正确和错误。围绕修辞术的辩论，实际上是对智者的知识观的批判。苏格拉底抨击智者认为知识来自主观的感知经验，并以人的主观经验评判一切，他们的修辞术就有随意性，没有确定的真理标准和真正的"道德原则"，而"任何非理性的东西都不是技艺。"②他主张知识是靠理性求得的真理，有客观的真理标准，能引导人从善，合乎正义。（2）道德原则和道德信念。波卢斯主张情感道德论、享乐主义的道德原则"幸福就是快乐"，认为苏格拉底主张的"知识即善"的理性主义道德原则倒是悖逆情理的，还用当时马

---

① 对《高尔吉亚篇》的成书年代，西方学者中还有不同意见，主要分歧在于它是在公元前 387 年柏拉图第一次访问西西里以前还是以后写的。多数学者认为它属于柏拉图早期对话中较晚的作品，后于《申辩篇》和《卡尔米德篇》等，大约和《普罗泰戈拉篇》相近。参看格思里：《希腊哲学史》第 4 卷，剑桥：剑桥大学出版社 1971 年版，第 284 页。

② 柏拉图：《高尔吉亚篇》452D—E、465A。

其顿王阿凯劳斯以阴谋手段篡夺王位成为最快乐幸福之人的事例,证明犯过错也可获幸福。苏格拉底驳斥智者的这种道德原则曲意为犯过错者辩护,宣扬作恶得福,说这种行径于国于民无益无用,而且使城邦社会的政治和伦理生活陷入混乱,造成邪恶横行。他强调:知识与无知是幸福和不幸的根源;非正义与不自制作为灵魂的恶最可耻,比疾病、贫困更令人痛苦;只有通过给灵魂治病,摆脱最不幸的灵魂的恶,才能得到真正的利益、快乐和幸福。① (3)社会政治原则。卡利克勒主张"自然"论的强权政治,认为强者战胜并统治弱者、弱肉强食是人的自然权利、自然正义与自然法则。苏格拉底从道德哲学高度批驳这种强权政治论调,指出:智者所谓的能力强是指有能力最大限度地满足自己的欲望,这是将人的灵魂视为一只永远注不满欲望的破罐,人的合理行为应明察事物的本性和原因,达到善,善才是人生与城邦政治的最高目的;治理城邦的首要任务是改善公民的灵魂,过追求善的理性生活,伯里克利等政治家不注意使公民的灵魂从善,生活正直,富有价值,却热衷于建造船舰、军港、卫城等设施,使雅典人变得骄惰、贪婪、粗野了,因此他们对雅典的不幸与危机负有责任,而智者的强权政治信条助长一些政治家穷兵黩武,不择手段追求权势,追求错误的城邦目的,毒化人们的灵魂,也对此负有很大的责任。②

　　苏格拉底对智者的批判,表现了希腊人文启蒙进程中两种对立的哲学观:(1)两种人的哲学。智者所说的"人"是只有自由意志的"自我"个体,只凭个人的感知经验、欲望和利益评判存在,活动行事,没有确定合理的价值标准。苏格拉底所说的"人"是理性的人,以智慧和道德为其本性。黑格尔指出:"智者们说人是万物的尺度,这是不确定的","人要把自己当作目的"就要有"特殊的规定","在苏格拉底那里我们也发现人是尺度,不过这是作为思维的人,如果将这一点以客观的方式来表达,它就

① 柏拉图:《高尔吉亚篇》477C—D。
② 柏拉图:《高尔吉亚篇》481D—484A、493A—B、500D、516B—517C、519A。

是真,就是善"①。(2)两种道德观。智者以追求现实利益作为人生目的,以满足个人欲望和利益作为道德的自然法则,不承认超越个人功利的价值追求,也不承认有社会整体的道德原则。苏格拉底主张人生的最高目的是追求正义和真理,统一知识观与道德观,探求人的道德本性,建立理性主义的道德哲学,确立和谐有序的社会道德价值体系。(3)两种政治观。智者强调神人分离,主张社会政治是人的事务,这对希腊城邦摆脱贵族统治和神权政治、建立民主制度起过积极作用,但他们没有为巩固与发展民主政制提供坚实的政治理论,后来宣扬弱肉强食的"自然法则",更迎合了政治野心家的强权政治和霸权主义。苏格拉底则主张一种以知识与道德为本的政治论,强调政治并非权术,而是一种知识即技艺,根植于道德,政治统治应着眼于尊重知识,弘扬道德,使公民灵魂向善。在西方思想史上他首先提出政治学应当是同知识论、道德论相互贯通的一门专门学科,是哲学的有机构成部分,为以后柏拉图和亚里士多德建立政治哲学作了思想准备。

3. 理性主义的哲学原理与对话辩证法

苏格拉底建立人的哲学,并不只是宣述道德教义,而是确立了一种理性主义的哲学原理与方法,有深刻的存在论、知识论和方法论的意义。它既是一种道德形而上的探本,也贯穿在他的多重的哲学思想与活动中。主要有四方面内容。

(1)普遍性定义和"理念"的雏形。

苏格拉底的对话往往讨论为一些概念正名,如什么是勇敢、友爱、自制、虔诚、正义、美德、美等等,可以概括为一个公式:"X 是什么?"这就是概念的定义。在希腊哲学中,他首次通过考察普遍性定义,规范人的理性

---

① [德]黑格尔:《哲学史讲演录》第 2 卷,贺麟、王太庆译,北京:商务印书馆 1960 年版,第 62 页。

知识,探讨存在的本质,蕴涵着深刻的哲学意义。亚里士多德在《形而上学》中称赞探讨普遍性定义是苏格拉底的一大贡献,也是柏拉图理念论的直接思想来源。①

普遍性定义指概念的定义有普遍性、确定性和规范性。苏格拉底寻求普遍性定义,也是直接针对智者的相对主义而发的。智者认为概念皆人为约定俗成,可以"公说公有理,婆说婆有理",没有确定意义。苏格拉底用逻辑方法对事物作出从现象到本质的分析,揭示一类事物的共同的本质属性,澄明概念的确定意义。他在概念定义中探求的"普遍性",不是一类事物的表面的共同性、相似性,而是一类事物的"本质特性"、事物的"本性",它是一类事物成其所是的原因,对事物的存在具有因果必然性。他的普遍性定义并不限于道德概念的定义,而是有哲学本体论的意义,那就是以理性去把握一切存在事物的普遍本质即原因。亚里士多德高度肯定苏格拉底的普遍性定义的重大科学价值。他指出:"苏格拉底专注于研究美德,与此相连地成为第一个提出普遍性定义的人。在自然学者中只有德谟克利特曾触及这个问题。他追随时尚定义了热和冷;在此以前毕泰戈拉学派曾为少数东西如机遇、正义和婚姻下过定义,将它们和数联系起来。苏格拉底自然要研究本质,因为他正在探究演绎,而'事物是什么'正是演绎的出发点。""有两件事可以公正地归于苏格拉底,即归纳的论证和普遍性定义,这二者都是知识的出发点"。② 归纳论证所获得的定义与公理,是一切知识的原初基本前提,是构建全部科学知识特别是证明的科学知识的出发点,所以普遍性定义也有普遍的方法论意义。亚里士多德又说:苏格拉底忙于研究伦理问题,在伦理方面寻求普遍的定义,"柏拉图接受他的教导,但是认为不能将它应用在感性事物上,只能应用于另一类东西;理由是可感觉的事物总是永远在变动中的,所以共同的普遍的定义不能是有关感性事物的定义;这另一类东西他就叫作'理

---

① 亚里士多德:《形而上学》1078b27—32。
② 亚里士多德:《形而上学》1078b10—25。

念'。""但是苏格拉底并没有将这个普遍的东西或定义看作是分离存在的东西,而他们［那些肯定'理念'的人］却将它们看作是分离存在的东西,这就是他们称为'理念'的那种东西。"①

关于苏格拉底的普遍性定义和柏拉图的理念,亚里士多德已准确指明了两者的内在联系与区别。其必然联系不仅在于普遍性定义为柏拉图形成理念论提供了逻辑手段,更在于普遍性定义中所阐明的存在事物的普遍本质直接激发理念论的产生。亚里士多德指出:"如我们以前所说的,苏格拉底以他的定义激发了这种理论［理念论］,但是他没有将这些普遍的东西同个别事物分离开来;他不将它们分离开,是一种正确的思想。"②两者的主要区别在于,苏格拉底的普遍性定义探求存在事物的普遍本质,虽和流动变易的现象有所不同,但他还没有将它和感性事物分离开来,成为另一种独立自存的本体。然而,苏格拉底的普遍性定义已是理念论的雏形。格思里说:苏格拉底的普遍性定义"在通向('理念'的)完全实体化的道路上已经构成一个重要阶段。"③说它还没有完全实体化,是因为这种雏形还蕴存于特殊事物之中,没有成为独立的实体从而使世界二重化。但在普遍性定义中,理念已经呼之欲出了,苏格拉底自己也已开始用"理念"、"型"(Idea,eidos)指称他的定义中探究的那种普遍本质,如柏拉图的早期对话《欧绪弗洛篇》,描述苏格拉底将赴法庭受审时同一位执意要控告自己父亲犯谋杀罪的宗教狂热分子欧绪弗洛讨论虔敬的定义问题,苏格拉底说:"好,记着我并不是要你告诉我在许多虔敬行为中的一两个事例,我是要你告诉我使一切虔敬的行为成为虔敬的那个虔敬的'型'(eidos)。我相信你会承认有一个'理念'(idea),由于它,一切不虔敬的事情成为不虔敬,而一切虔敬的事情成为虔敬。"④

---

① 亚里士多德:《形而上学》987a32—b10、1078b10—25。
② 亚里士多德:《形而上学》1086b2—7。
③ ［英］格思里:《希腊哲学史》第3卷,剑桥:剑桥大学出版社1969年版,第441页。
④ 柏拉图:《欧绪弗洛篇》5C—D。

（2）善与理性神。

苏格拉底从寻求普遍性定义出发，探求世界存在的最普遍的原因，提出"善"是世界万物最高、最普遍的本质，是一切事物的最好的范型，是它们追求的目的。他说的善，不仅是伦理范畴，也是本体论范畴，适用于一切存在，它既有目的性，也有功能性，是世界的终极原因。他将要建立的人的哲学，最终归结为关于善的知识，在讨论各种美德的定义时，最终也都说是善决定了自制等美德。善不仅是伦理道德意义上的实践理性，也是安排世界万物合理有序的宇宙理性，宇宙万物的终极目的因。这实际上就是他引进的新神——理性神。

他认为善就是宇宙普遍秩序的最好、最合理的可能安排。在《高尔吉亚篇》中，他就说：任何事物"都不是只凭任意偶然性而能最好地得到的。任何事物的优良品性都是一种有规则有秩序的安排，所以正是这种适合于该事物的秩序的出现才能使任何事物成为善的。"他又说："天和地、神和人都是由友谊和友爱、秩序、自制和正义联结在一起的，所以智慧的人称事物的全体为科斯摩斯（kosmos）——有秩序的宇宙。"他所说的智慧的人就是毕泰戈拉学派，他们认为这秩序也就是"具有数学意义的完善性的'善'"，因此要懂得"几何学上的对称性在神和人中都有极为重要的意义。"①他的善是宇宙最好的普遍秩序思想，吸收、综合了毕泰戈拉学派的宇宙和谐结构论和阿那克萨戈拉的努斯安排宇宙有序的思想，不同的是他的善融入了目的论思想与伦理内涵，并在希腊哲学中最先通过解释善的哲学含义，而将善归结为一种理性神。

他认为全智全能的神是宇宙万物中普遍体现的最高理智，就像人身体中的努斯能随意指挥身体一样，"充满宇宙的理性也可以随意指挥宇宙间的一切"，"宇宙服从神比思想还快，而且毫无失误"。他使宇宙万物合理地安排有序，自身并无可见的形象，人只能通过理性思维，从宇宙万

① 柏拉图：《高尔吉亚篇》506C—E、507E。

物的合目的设计中去体察这种理性神。苏格拉底又说:善即理性神为了人类,合目的地设计和创造了宇宙万物,他是最关怀人类的"聪明仁爱的创造者",不仅创造了人,还为了各种有益目的计划造出人的各种器官,使人能生存和繁衍,而且给人安置了灵魂,使人能追求知识,比其他动物都高明。人是万物之灵,神最为关怀和眷顾人,人是神设计安排宇宙万物的中心目的,他的一切设计和作为"都是为了人类的缘故而发生的"。神更赋予人以同各种事物相适应的感官,使人能享受各种美好的东西;又在人心里培植语言的表达和推理能力,使人能知道和利用美好的东西,并且能"制订法律,管理国家"。① 苏格拉底最早提出了一种宇宙设计论,和西方近代的理神论(deism)相似。

苏格拉底将本体论意义的善等同于这种唯一的理性新神,和最早萌发理性一神思想的爱利亚学派同样否定、批判希腊传统的拟人化多神教。在《欧绪弗洛篇》中,讨论到希腊传统宗教的神话故事,如宙斯神因为他的父亲克洛诺斯(时间)吞噬另一男子,将父亲铐锁起来,而克洛诺斯也以相似的理由阉割他的父亲乌剌诺斯(天),苏格拉底说"每当人们告诉我这类神的故事,我总认为这是不善良不恰当的,看来正是因此他们指控我有罪"。他反问:难道真能相信诸神中会发生战争、仇恶、争斗等种种可怕的事情吗? 在他看来这些不过是诗人和艺术家虚构出来的故事。②

然而,和爱利亚学派相比,他的理性神思想更为哲理化,有较浓重的哲学内涵与人性色彩。他肯定神赋予人追求知识、实现理智本性的主动性,用"认识你自己"的原则代替神谕,突出了人在生活中的自主权,大大缩小了传统宗教的诸神支配和干预人生活的地盘和作用。他说,如果人自己"可以通过计算、测量、权衡弄清楚的事情还要去求问神,就是犯了不虔敬的罪"。他强调人凭借自身的理智可以自决主要的人世事务,达

① 色诺芬:《回忆录》,见色诺芬:《回忆苏格拉底》,吴永泉译,北京:商务印书馆 2001 年版,第 28—32 页。
② 柏拉图:《欧绪弗洛篇》5D—6C。

到善,这才符合理性神赋予人的主动精神和自我认识。他将"求助于占卜的人称为疯子",他自己则"依照心中的思想说话,因为他说神是他的指示者"。这种人、神的理智沟通,就是他说的"灵机"(daimon)。① 黑格尔说在他那里,"内心的认识方式采取了灵机的形式",灵机就是人"自己独自决定什么是正义的,什么是善的……人对于他自己应当做的特殊事物是独立的决定者,自己迫使自己作出决定的主体",这是"以个人精神的证明代替神谕"。② 苏格拉底将理性一神同一于本体与伦理意义的善,推进、深化了哲学化的理性神思想,深刻地影响了柏拉图、亚里士多德以至斯多亚派、新柏拉图主义的理性神思想,使后来希腊哲学和希伯来文化的犹太一神教得以会合,并最终使希腊哲学和高度伦理化的基督教融合。

(3)理性与知识。

倡导理性和凭借理性获得的知识,是苏格拉底的人的哲学包括伦理道德学说的鲜明特征。他认为"认识你自己"应该是认识你的灵魂,理性则是灵魂的本质与主导所在,通过理性人能获得确定的知识。形成新的"知识"范畴,是他对发展希腊古典哲学的卓杰贡献。策勒指出:"概而言之,知识观念的形成,是苏格拉底哲学的一个中心。"③ 对知识的本原、内涵与价值的探讨,之后也一直是希腊古典哲学的中心课题,表现了希腊哲学的科学理性与人文精神的深化与升华。

早期希腊自然哲学家考察人的认识能力还比较粗浅,较多地探讨人的感知能力及其生理基础,对人的理性思维的自觉反思则较为薄弱;爱利亚学派的巴门尼德将思想和感觉、真理和意见区别开来,开始将理性思维提到首要的地位。但他们都还没有深入、全面地考究"知识"(包括自然

---

① 色诺芬:《回忆录》,见色诺芬:《回忆苏格拉底》,吴永泉译,北京:商务印书馆 2001 年版,第 2—3 页。
② [德]黑格尔:《哲学史讲演录》第 2 卷,贺麟、王太庆译,北京:商务印书馆 1960 年版,第 86、89 页。
③ [德]策勒:《苏格拉底和苏格拉底学派》,伦敦:朗格曼斯·格林出版公司 1885 年版,第 89 页。

知识与人文社会知识)的本性与功用问题。在强调理性思维和区别真理与意见方面,苏格拉底继承和发展巴门尼德的思想。但他是在批判智者的知识观这新背景中考究知识问题的。当时的智者以教授知识自诩,但是他们的相对主义感觉论不可能形成确定的知识,相反,却造成了知识的混乱。苏格拉底明确提出:感觉只能认识流动变化现象,不能得到有确定性的知识,只有凭借理性才能得到常住的绝对的认识,这才是有确定性的、真正的知识。

这种新知识观念,在《克拉底鲁篇》(副题是"论名字的正确性")中有论证。对话篇中的苏格拉底考究了和知识密切关联的一些希腊词的词源意义,就是 phronesis,synesis,gnome,episteme,它们都有智慧、思想、理智、理性、知识的意思,英文译本中常将它们译成 practical wisdom,intelligence,understanding,thought,judgement,knowledge。他认为当时的许多哲学家(包括一些自然哲学家和智者)都认为知识、智慧是流动变易的,而正确的命名与真正的知识不能从流变不定的印象得来,而应来自确定的事物本性。他说:"如果万物都在变动,没有确定不变的东西,那便根本不能有任何知识(gnome);因为只有知识本身没有改变它才能是知识;如果作为知识的'型'(eidos)变化了,它就不再是知识。"他并不否定事物流动变易的现象,但认为知识应把握事物恒定的普遍本质,应是有确定性的,有常住不变的"知识的型"①。

苏格拉底开始形成了一种新的"知识"范畴。它是灵魂的理性,凭借寻求普遍性定义而得来,表现事物的恒定的普遍本质,具有确定性。这种知识观和智者的感觉论相对主义的知识观、和某些自然哲学家(如自称属于赫拉克利特学派的克拉底鲁)主张事物与知识都绝对变易而无确定性,都是对立的。苏格拉底已进展到反思人的理性思维本身,深刻指出知识必当探求事物的本性、本质和原因,这为人类知识的长足发展和哲学系

---

① 柏拉图:《克拉底鲁篇》440A。

统化提供新的方法论。苏格拉底说的事物的实在、本质与知识都得自他的普遍性定义,因而他否定它们自身也是可变化、演进的,这有其偏颇。但他强调知识的客观实在性与确定性,这有逻辑上的合理性,在当时对他确立理性主义的哲学、对希腊科学知识的进步,都有重要的积极意义。新的知识范畴,是他的理性主义哲学的轴心。

(4)对话辩证法。

苏格拉底自认为他的哲学方法就是通过谈话问答寻求普遍性定义、探究真理的方法。他在问答中不断揭露对方的矛盾,使对方承认并不断修正错误、从而引导逐步认识真理,他喻称这是他的"助产术"。这是希腊原初意义的辩证法,但注入了辩证理性(思想矛盾运动)和分析理性(逻辑分析精神)相结合的新含义。

希腊文"辩证法"(dialektikos)的原初意义是"通过说话、谈话"。① 《克拉底鲁篇》中说:"凡是知道如何提出和回答问题的人便可以称为辩证法家(dialektikon)"。② 亚里士多德同样将辩证法看作探究知识与真理的方法,③他看出苏格拉底的辩证法既涉及对相反(矛盾)事物的思考,也具有逻辑分析的精神。他说:苏格拉底专心致志于美德(arete),首先提出普遍的定义问题,"苏格拉底寻求的是本质,因为他是探讨推理(三段论证,syllogize),而'事物是什么'正是三段论证的出发点;如果还没有能使人得到本质知识的辩证能力,就不能去思考相反的东西,也不能研究是否有同一门学问是研究相反的东西的"。④

早期希腊自然哲学家特别是赫拉克利特,认为万物包含对立、永恒运动变化,这是素朴的辩证法思想,但在古代希腊并没有人就此称赫拉克利

---

① "dialektikos"这个词的前缀词 dia 是"通过"的意思,lek 的词根 lego 就是"说话"的意思。
② 柏拉图:《克拉底鲁篇》390C。
③ 亚里士多德:《论题篇》101a20—101b4。亚里士多德赋予辩证法更新的含义,在《论题篇》中,他的辩证法实为一种语义分析的逻辑。
④ 亚里士多德:《形而上学》1078b23—27。

特等是辩证法家。亚里士多德认为辩证法的创始人是芝诺，[①]因为芝诺
在悖论的论证中揭示了思想自身的矛盾，而思考相反的东西是辩证法的
一个主要特征。但在芝诺那里，主观的辩证意识和分析理性是分裂、对立
的，他的悖论是一种消极、否定的主观辩证法；而苏格拉底则将揭示思想
矛盾的辩证理性和合逻辑的分析理性统一起来了，确立一种更有知识价
值的积极的辩证法。

　　苏格拉底在对话中总是通过逻辑分析的论证，不断揭露对方的矛盾，
从而逼使他们承认错误，也通过富有分析力度的论证，来探究确定的定义
性知识。他和自以为无所不知的智者欧绪德谟讨论治理城邦问题，先指
出：能正确治理城邦的人必须是正义的人，能分辨什么是正义和非正义，
他和欧绪德谟约定将正义的事情和非正义的事情分别归在"d"（dikaios，
正义）与"a"（adikos，非正义）两个相反项下。他运用严密的逻辑分析，剖
析对正义与非正义的相反的原则，揭露了欧绪德谟的自相矛盾，推翻他的
一系列错误的论点，在这种思想的矛盾运动中达到批判智者的结论：正义
是一种严整的知识；无知，特别是对于美、善、正义这类问题无知的人只能
当奴隶，不能成为自己的主人。他最后说到他运用的这种辩证法："必须
这样才能成为最高尚最幸福和最有辩证能力的人"；"dialegesthai（辩证推
理）这个词就是人们聚在一起共同讨论，按照事物的本性进行 alegantas
（选择）而得来的。"[②]苏格拉底的对话辩证法作为"助产术"，实质上是用
严谨的逻辑分析来揭示思想的矛盾，来透析、贯穿思想的矛盾运动，来探
究事物的本性即普遍的定义性知识。这是一种和分析理性紧密结合的辩
证的思想矛盾运动。在他那里，后来康德的知性和理性的分野还不存在。
当时逻辑学虽还未创立，但他的对话辩证法中实际上已运用了大量、复
杂、多样的逻辑论证方法，积累了远胜过先前哲学家、科学家的逻辑思想。

---

① 第欧根尼·拉尔修：《著名哲学家的生平和学说》第 8 卷第 57 节。
② 色诺芬：《回忆录》，见色诺芬：《回忆苏格拉底》，吴永泉译，北京：商务印书馆 2001
　年版，第 173 页。

就辩证法思想的历史看,苏格拉底的对话辩证法有独特的意义与地位。赫拉克利特第一个认为对立统一是事物的运动变化的普遍"逻各斯",发展出一种深刻的客观辩证法,从后来黑格尔意义的辩证法而言,他确实是辩证法的奠基人。但他的一些论断只是根据对事物现象的直观,还缺乏有逻辑内涵的论证。芝诺的悖论则是一种消极、否定性的主观辩证法,在逻辑分析的推论中却否定了客观存在的矛盾,否定了多和运动,其中分析理性和辩证理性是分裂的,不能成为一种探究知识的普遍方法论。智者如普罗泰戈拉与高尔吉亚认为对于任一正题的论证都可以提出一个反题的论证(逻各斯),即矛盾的"双重论证",这涉及一种粗朴的二律背反;但他们主张这种矛盾的逻各斯无真假之分,"公说公有理,婆说婆有理",也割裂了分析理性和辩证理性,就否定了知识的确定性。苏格拉底的对话辩证法则有机地结合分析理性与辩证理性,是一种探究确定知识的积极的辩证法。他以逻辑分析的力量转动对话的思想矛盾运动,是为了让对方从中认识自己的错误,跟他一道去寻求普遍真理。所以他自称他的方法是一种助产术,是帮助对方生产思想的孩子——真正的知识。叶秀山对早期希腊哲学、苏格拉底至近代康德、黑格尔的"辩证的和分析的方法",作了详致、深入的历史和理论的考察,指出:"在苏格拉底的心目中,'辩证法'是掌握真理的武器。一方面保留了'二律背反'的辩证法的必然性,另一方面又强调科学知识的可靠性、确定性。"①这正是苏格拉底的辩证法的历史特点与贡献。

4. 道德哲学与政治理想

道德哲学是苏格拉底哲学的重心所在。体现上述基本哲学原理与方法,他在古代希腊首次建立一种较严整的理性主义道德哲学,着眼于探究人的道德本性,通过探究美德的普遍性定义(道德正名),改造传统道德,

---

①　叶秀山:《苏格拉底及其哲学思想》,北京:人民出版社 1986 年版,第 153—180 页。

给它注入理性与知识的新含义。他突出伦理问题,是为了从精神方面建立一种整体性的新道德价值体系,以消除智者造成的社会道德混乱的思想根源,矫正败坏中的社会风气,通过改善公民道德来革新政治,挽救雅典城邦的没落,实现道德振邦。他的道德哲学后由柏拉图和亚里士多德所继承与发展,被发展成为改革城邦社会体制的体制伦理与政治哲学。苏格拉底的道德哲学与政治理想有三方面要义。

(1)美德即知识。

这是苏格拉底的道德哲学的一个基本命题。它表明人的理智本性和道德本性是同一的。希腊文 arete 的原意泛指任何事物的优点、长处和美好的本性,后来指人在生活行为中表现的优良品质,有正义、智慧、勇敢、节制等四传统美德。arete 英译 virtue。苏格拉底扩展了美德的范围,更用理性(智慧)与知识改造原本无确定规范的传统美德的含义。色诺芬记载:"苏格拉底说,正义和其他一切美德都是智慧。因为正义的事和一切道德的行为都是美好的;凡认识这些的人决不会愿意选择别的事情;凡不认识这些的人也决不可能将它们付诸实践……很显然正义和其他一切美德便都是智慧。"①"美德即知识"这个主旋律贯穿他的全部道德对话活动,他同人讨论种种美德的定义,经过往复辩驳,最终都归结到这个命题。这里他说的"知识"主要是指认识人自己的本性,人有美德即有"认识你自己"的自我知识,这样立身行事、和他人交往,就会不做无知之事,不犯错误,能"获得幸福,避免祸患",并使城邦"繁荣昌盛";反之,无知与缺乏美德,就会"陷于祸患"。②

苏格拉底提出美德即知识,明确肯定理性知识在人的道德行为中的决定性作用,赋予道德价值以客观性、确定性和普遍规范性,用以批判智者的道德相对主义及其实践上造成的个人利己主义、享乐主义和强权道德。他

---

① 色诺芬:《回忆录》,见色诺芬:《回忆苏格拉底》,吴永泉译,北京:商务印书馆 2001 年版,第 117 页。
② 同上书,第 149—150 页。

在探讨美德的定义中用他的辩证法,将无确定规范的传统道德与伦理常识,转变、升华为一种有深刻哲学意义的道德理论。这同他的改善人的灵魂的哲学使命是一致的。这种探求美德的定义性知识,表现在一系列"苏格拉底式的对话"中。如《拉凯斯篇》探讨"勇敢"的定义,认为"勇敢不仅是关于畏惧和希望的知识。而且是关于任何时间的善和恶的知识。"①苏格拉底这里强调勇敢是一种有关善和恶的知识,有其特殊含义:区别事实知识和道德价值知识,前者对形成人的行为美德是必要的,但必须进而有关于善和恶的价值知识规范事实行为,才能真正形成美德;智慧、知识和善的普遍本性使各种美德成为有内在联系的有机整体,只有在规定美德的整体性中才能揭示勇敢这种美德的本性。又如《吕西斯篇》中苏格拉底和少年们探讨"友爱"的定义,批评"同类相聚"或"异类相聚"和欲望是友爱的原因等说法,指出它们必然导致善恶不分,将善和恶的价值看成是等同的,深入浅出地说明了友爱这种美德同知识与善紧密相连,有确定的价值标准。②

　　"善"是苏格拉底的最高哲学范畴。善的希腊文 agathon 这个词原来有好、优越、合理、有益、有用等含义,在他的哲学中善既有存在论意义,也有道德意义,两者在知识意义上一致。就道德意义而言,他认为最高的美德、美德的全体就是善。善是人生追求的最高目的,也是全部社会生活和治理城邦的目的。他的"善"蕴涵有益、有用的功利性意义,没有将善和有益、功用对立起来,他也将关于善的知识称为"一种关于人的利益的学问"。③ 西方有些学者却据此将苏格拉底的道德论解释成为一种实用色彩浓重的功利主义。如菲立普生(Coloman Phillipson)认为苏格拉底的道德哲学的指导性思想是"有用性原则"、"一切机构、法律和学说的真正价值都用一种齐一的、一贯的标准来检验,那就是有用性"。④ 这是一种倒因为果的误解。

　　① 柏拉图:《拉凯斯篇》198B—199D。

　　② 柏拉图:《吕西斯篇》221A—D。

　　③ 柏拉图:《卡尔米德篇》174B—D。

　　④ C.Phillipson,*The trial of Socrates*.London,Stevens & sons,limited,1928,pp.104-105.(菲立普生:《苏格拉底的审判》,伦敦:斯蒂芬斯出版公司1928年版,第104—105页。)

在苏格拉底看来,善是使事物成为有益和有用的原因,并不是事物的有益和有用成为善的原因。他主张义、利结合。但他反对只为满足个人的情感和欲望需要的功利观,认为个人的最高利益应当是满足灵魂的需要而不是身体的情欲,善和知识、真理、美相一致,这是真善美相统一的功利观。

他又认为善原本是人先天固有的禀性,提出一个重要的原则:无人自愿为恶,趋善避恶是人的本性。他说:"没有人会自愿趋向恶或他认为是恶的事情,趋恶避善不是人的自然天性。"①人之作恶是后天影响污染人性造成的,就像中国的《三字经》所说:"人之初,性本善,性相近,习相远。"既然人皆根植有趋善避恶的天性,通过道德教育启迪、改善人的品性,进而改善城邦,也是现实可行的。因此,他十分重视道德教育,认为道德教育是树人治国之本,他一生孜孜不倦论辩诲人就是在从事道德教育。他的道德哲学不只是思辨性的,而且有实践性的特色。

(2)美德可教和美德的整体性。

苏格拉底认为善是人的共同本性,善将所有的美德统摄为一个整体,因而美德是可教的,道德教育应培植整体性的美德,树立人的完整的道德人格。这集中表现在描述壮年时期的苏格拉底同智者大师普罗泰戈拉讨论道德问题的《普罗泰戈拉篇》中。② 这篇对话可以说是苏格拉底的道德哲学的一个总结,它已不限于讨论某一种美德的定义或某个道德问题,而是从总体上探讨美德是否可教入手,展开论述美德的整体性,表现了他的

---

① 柏拉图:《普罗泰戈拉篇》358C—D。

② 柏拉图:《普罗泰戈拉篇》358C—D。这篇对话的时间设定在伯罗奔尼撒战争以前,对话在著名的雅典青年富翁、常鼎力资助智者活动者卡利亚家中进行,卡利亚在雅典一直有重要的社会地位,后来在公元前371年还率雅典军队赴科林斯作战,签订"卡利亚和约"。当时苏格拉底年约40岁,普罗泰戈拉则已年近花甲,自称是在场人们的父辈,在场的还有普罗狄科、希庇亚、斐德罗等著名智者和很多雅典的青年俊才,可以说是伯里克利时代末期希腊知识界的一次群英会。这篇对话和《美诺篇》是姊妹篇,都从美德是否可教展开讨论,但后者着重论述柏拉图前期的理念论与回忆说,已是主要体现柏拉图形成自己的思想。柏拉图:《卡尔米德篇》174B—D。C.Phillipson,*The trial of Socrates*.London,Stevens & sons,limited,1928,pp.104-105.(菲立普生:《苏格拉底的审判》,伦敦:斯蒂芬斯出版公司1928年版,第104—105页。)

理性主义的道德哲学和智者的情感道德论的对立。

　　苏格拉底和普罗泰戈拉都主张美德可教,但两人立论的根据根本不同。普罗泰戈拉认为美德不是自然天生的本性,也不是自发产生的,而是人为约定的相对的规则,智者就可以随不同处境、根据道德与法的差异性而施教。苏格拉底的理论根据完全相反,他认为美德与善出自人共有的理智本性,同一的人性本善决定道德心可以互相沟通;美德又是一种知识,知识必然是可教的;在善统摄全体美德、美德是知识这个共同性上,全部美德结成一种可交流、可教学的整体,使完整的道德人格的教化与培植成为可能。正义、自制、勇敢、友爱、虔敬等美德是各自单一、彼此割裂的,还是有机结合、有本质同一性的整体? 普罗泰戈拉主张道德相对主义,认为各种美德就像脸上的嘴、鼻那样的部分,各有功能,彼此不同,相互割裂;对立的道德可以共存一体,道德价值不确定,不能构成确定完整的道德人格。苏格拉底针锋相对地认为各种美德虽有差异,但它们像不同的小金块,本性上都是同质的金子,蕴涵有机联系的同一性,正义而不自制、不虔敬,勇敢而不明智,既愚蠢又自制,既善又恶,都是不可能的,一切美德都源于共同的理智本性,和智慧、自制内在关联,总是在善之中,有共同的使人获益从善的功用价值。这种本质上的同一性,使各种美德内在联结、不能孤立存在,这就是美德的整体性。① 这是他的理性主义道德体系的轴心。

　　这场围绕美德问题的争辩,有更深层的基本道德理论的对立,就是苏格拉底的知识道德论和以普罗泰戈拉为代表的情感道德论的对立。苏格拉底从多方面批判了后者主张情感统制理智的道德论,论证的基调就是"美德即知识"。他批判智者的相对主义情感道德论实属必要,但将道德的本性只归结为理智,忽视、否定了情感在道德生活中也有重要作用,也有偏颇。亚里士多德对此有两点批评:一是将美德只归结为理论性知识,

---

① 　柏拉图:《普罗泰戈拉篇》329A—E、332A—333D。

抹杀了伦理学的经验性内容。"高年的苏格拉底以关于美德的知识为目标","他只探究美德是什么,而不探究美德是如何或从哪里产生的"。①伦理学不是纯理论知识的学问,是和生活行为经验紧密结合的实践知识,美德在人的生活行为中产生和实现的。二是否定情感在道德中的作用。苏格拉底"惯于使美德成为知识","所有知识都涉及理性,而理性只是灵魂中的理智部分","他遗弃了灵魂的非理性部分,因而也就遗弃了情感和性格。所以他研究美德在这方面并不成功"。②后来柏拉图将灵魂分为理性部分和非理性部分,并赋予各自相应合适的美德,他这样做是对的。柏拉图将个人的灵魂区分所谓理性、激情和欲望,它们在形成德性中各自起有作用。亚里士多德指出苏格拉底和柏拉图在伦理思想上的区别,为我们提供了辨识两人的伦理思想的一个指针。

(3)道德振邦与贤人政制。

苏格拉底面对雅典民主制与希腊城邦的衰落,建立理性主义的道德哲学,希冀匡正道德、振邦救国,期盼智德兼备的政治专家来治国平天下。色诺芬的《回忆录》记述他的政治主张:①道德是政治的基础,道德沦丧是城邦政治危机的根源,匡正道德是振邦救国的根本。社会道德秩序的稳定是城邦兴盛的基础,政治家的首要任务是改善人们的灵魂,培植好公民。他的哲学使命就是要使政治家和公民都懂得改善灵魂、培植美德,才能建立稳定的社会政治秩序,才能挽亡图存、振邦兴国。②政治是知识,政治家应当是智德兼备的专门家。他指出:治理城邦是"最伟大的工作","最美妙的本领和最伟大的技艺",政治技艺不是轻易天成的"自然禀赋",也不可能通过和那些自称知识渊博的智者交往而获得。政治家应培养精确深厚的知识和道德素养,不仅有引导灵魂从善的哲学修养,而且有丰厚博大的从政知识。政治家从政前首先要从学,要娴悉国防军事、税务财政、农业经济等多方面知识,会理家才能治国,他们应是"知识最

---

① 亚里士多德:《欧德谟伦理学》1216b1—23。
② 亚里士多德:《大伦理学》1182a15—26。

广博的人"。让那些不懂治国之道的吹牛政客来治理城邦很危险,就像"一个没有必要知识的人却被任命去驾驶一条船或带领一支军队,他只会给那些他所不愿毁灭的人带来毁灭,同时使他自己蒙受羞辱和痛苦"。① ③法是普遍正义,应严格以法治邦,"守法就是正义"。所谓法就是"城邦的律法",即"公民们一致制定的协议,规定他们应该做什么和不应该做什么"。法也以道德规范为基础,所以法也包括公认的传统道德即"不成文法",如敬畏神明,不得撒谎、盗窃、杀人,要孝敬父母,不许乱伦,要以德报德,不忘恩负义,等等。他认为法作为普遍正义,是指导城邦政治生活的最高原则,是城邦赖以存在的根基,它有严肃性与至为重要的价值,只有遵守法律才能使人民同心协力,使城邦强大幸福。②

苏格拉底按照是否依法治邦作为选任官吏的根据,大体界定了古希腊城邦的一些主要政制:君王政制,僭主政制,富豪(即寡头)政制,民主政制。③ 这和后来柏拉图在《国家篇》第8卷中的政制划分④基本一致。他对伯里克利时代末期以来的雅典民主制政体的蜕变、对以拈阄方式任用官吏,有尖锐批评。但是,他并不反对民主制,倒是强调遵守并至死躬奉民主制制定的一切法律。他明确反对僭主制政体,对由斯巴达势力支配的雅典三十僭主专政十分厌恶。对于斯巴达的贵族寡头统治的政制,他只是对它早先曾有严格法制有赞美之词,并没有主张雅典照搬这种政制。希腊本土当时无君王制。他主张实行的是改善民主制的贤人政制即

① 色诺芬:《回忆录》,载于色诺芬:《回忆苏格拉底》,吴永泉译,北京:商务印书馆2001年版,第141—144、105—109、39页。
② 色诺芬:《回忆录》,载于色诺芬:《回忆苏格拉底》,吴永泉译,北京:商务印书馆2001年版,第164、165—169页。
③ 色诺芬:《回忆录》,载于色诺芬:《回忆苏格拉底》,吴永泉译,北京:商务印书馆2001年版,第181页。"征得人民同意并按照城邦法律治理城邦,他认为是君王制;违反人民意志且不按照法律,而只是根据统治者的意愿治理城邦的是僭主制。凡是官吏是从合乎法律规定的人们中间选出来的,他认为是贤人政制;凡是根据财产价值指派官吏的,是富豪(即寡头)政制;凡是所有的人都有资格被选为官吏的是民主制"。
④ 柏拉图:《国家篇》544C—D。

Aristocracy。此词过去被译为"贵族政制"是不确切的,因望文生义,将苏格拉底与柏拉图都说成是"维护反动的奴隶主贵族统治的代表",更是不对的。贤人政制是指智德兼备的贤人执掌权力,以法治邦。苏格拉底主张的贤人政制还只是改善民主制的一种方式,还没有和民主制分离;柏拉图在《国家篇》中主张的贤人政制,才是一种和民主制分离的、独特的政制。

苏格拉底对雅典民主制兴盛时代的怀恋,主张在民主制中纳入贤人政制,这鲜明地表现在柏拉图的中期偏早的对话《美涅克塞努篇》中。①苏格拉底伪托他从伯里克利的情妇阿丝帕希娅那里听来她所写的一篇情文并茂、慷慨激昂的在阵亡将士葬礼上的演说词,在爱国激情和文体形式方面类似伯里克利的同名演说。它追溯雅典胞族的由来,赞颂了雅典城邦从希波战争以来抗击外侮的英雄业绩,寄托了他对复兴母邦的政治理想。苏格拉底充分肯定伯罗奔尼撒战争之前的雅典民主政制,怀恋盛世,寄托理想政制。他说:政府体现人的本性,雅典人本质上是善的,历经善(好)的政府熏陶。雅典政制是民主政制,实质上都是经多数人赞同建立的最好的政制即贤人政制(aristocracy),实行民选,权力主要在人民手中,经多数公众选出贤能的统治者,他们又将各级权力委托给那些胜任的智贤人士。这种政制的根据在于雅典公民是生而平等的,这种自然的平等使人们寻求法律上的平等,认识到公民之间只有智慧与美德上的差异,别无任何优劣和主奴之分。而其他一些城邦认定人天生不平等,因而他们

---

① 19世纪一些西方学者曾经怀疑或否定它是柏拉图写的,主要理由是演说内容中有时代错误:它述评雅典历史竟一直写到公元前395年爆发直到前387年才结束的科林斯战争,而苏格拉底早在公元前399年已被处死。但是现代西方学者一般都肯定这篇对话是柏拉图的真作,因为亚里士多德在《修辞学》中有两处提到在这篇葬礼演说中苏格拉底所说的"在雅典公众面前颂扬雅典人是并不困难的"。(1367b8,1415b30)笔者认为,这篇演说内容严肃,对雅典历史的叙述准确,柏拉图写这篇对话是在科林斯战役以后,他要总述雅典人英勇抗击外侮的史迹,就将科林斯战役也包括进去了。这篇对话是了解苏格拉底的政治思想的重要文献。

的政府也是不平等的,故有僭主政制和寡头政制,其中各党派集团有主奴之分。① 这里,苏格拉底对雅典的民主制热烈赞颂,并且明确揭示民主政治的基本原则:人人天生平等,因而可以寻求法律规范的平等。他又认为人们在智慧和美德上有差异,因此只必须遴选出有智慧和美德的贤人来执政,才能真正达到善。苏格拉底的政治理想就是将民主制和贤人政制结为一体。

都处于轴心时代的苏格拉底和中国的孔子(公元前551—前479年)有相似的伦理与政治思想:(1)两人的伦理核心范畴"善"与"仁",都体现了人道主义的伦理原则,都是体现人性的各种德性的共同本质,并将它们统摄为整体,使德性具有整体性和普遍确定性,将它们整合成一种健全的道德人格,以建立一种新型的坚实、客观的道德价值体系,来克服当时道德价值的纷乱。(2)两位贤哲都主张理性是灵魂或心灵的本质,人们必须通过学习中运用智慧即理性思维,认知德性的普遍本质,并在实践德性中提升人的道德修养。他们的教义闪射着融会理性与道德的光辉。(3)两位贤哲都倡导道德是政治之本,贤人或君子根据伦理原则以德治政,教化民众,才能建立造福人民、和谐安康的社会。由于历史与文化背景不同,孔子和苏格拉底的伦理学说有差异,表现了中西伦理文化传统的区别:(1)两种伦理学说都主张社群本位,却是两种根本不同的社群本位。孔子的学说强调家族本位,注重宗法等级秩序和家庭血缘关系;深受儒家影响的中国传统伦理有整体主义和家国群体价值本位的特色,它基于血缘关系、家族性和宗法体系中的差等关系。而在苏格拉底生活的时代,古希腊的氏族关系已脆弱,雅典民主生活活跃,所以,苏格拉底注重城邦的公共伦理,是一种城邦社群本位的德性伦理。(2)两种不同内涵的辩证理性。孔子建构伦理学说的方法,是运用理智的洞察力或直觉,结合《易经》中已蕴涵的辩证理性,解释范畴和一些古典文本的意义,这是中

_____

① 柏拉图:《美涅克塞努篇》238B—239A。

国的一种古典解释学方法。后来,这也成为中国传统思维方式的一个特征。虽然孔子之后的墨家与名辩学派曾建立中国的逻辑学说,印度的因明学在唐朝被引入中国,它们对中国传统思维方式的影响是有限的。苏格拉底运用其"辩证法"探讨德性的定义和其他课题含有浓重的逻辑分析思想,这种辩证理性渗透分析理性。亚里士多德发展先哲们包括苏格拉底所积累的逻辑思想,缔建成系统的逻辑学说,它是奠定西方分析理性传统的关键环节。

此外,从柏拉图的早期与中期偏早的对话篇和色诺芬的回忆著述看,苏格拉底学识开阔,对审美问题有深入研讨,有丰富的逻辑思想积累,并在《克拉底鲁篇》中已有最早的深刻的语言哲学思想。① 这些,对柏拉图与亚里士多德发展有关的理论,都有启导作用。

三、小苏格拉底学派

对苏格拉底哲学的主要继承与发展者,无疑是他的弟子柏拉图和再传弟子亚里士多德这两位构建了博大精深的哲学体系的大师。然而,苏格拉底生前会聚众多门生,他们致力于传扬苏格拉底学说,建立多个学派,其中,对希腊哲学演进有一定影响的是三个学派:麦加拉学派(Megara School)、昔尼克学派(Cynic School)和居勒尼(Cyrene School)学派,史称小苏格拉底学派。苏格拉底的哲学变革原本具有拓创性和探索性,内容丰富却尚未形成十分严密和确定的哲学体系,各小苏格拉底学派得以撷取其不同的片面内容而自作发挥。它们各具鲜明特色,且有代代传人,影响持久。延伸入希腊化时代,是从苏格拉底思想到晚期希腊哲学转变的中间环节,从中可以观察到希腊城邦社会衰落时期知识界中千姿百态的精神状态。第欧根尼·拉尔修在《著名哲学家的生平和学说》中对这三

---

① 详参阅姚介厚:《古代希腊与罗马哲学》(多卷本《西方哲学史》第 2 卷),南京:江苏人民出版社 2005 年版,第 517—532 页。

个学派的哲学家及其著作名称有所记述,可惜这些著作都已经佚失。研究小苏格拉底学派所能根据的资料大多出自第欧根尼·拉尔修的记载以及亚里士多德等古代哲学家的片段论述。

1. 麦加拉学派

麦加拉学派糅合苏格拉底的哲学和爱利亚学派的哲学,将苏格拉底的"善"理解为存在的普遍本质,规定为不动变的"一",否定动变和多,形而上学地发挥苏格拉底的善的学说。这个学派的哲学中道德理论与实践的内容比较薄弱,形而上学的思辨色彩浓重,并且发展芝诺式的论辩,提出了一系列著名的悖论。后期的麦加拉学派研究模态命题和假言命题,在逻辑思想方面尤有贡献。

这个学派的创始者是麦加拉人欧克莱德(Eucleides)。欧克莱德主张最高的善是"一",虽然也用许多名字称呼它,有时称智慧,有时称神,有时又称努斯,等等。他总是否定一切同善相对立的东西,宣称它们是非存在。[①] 欧克莱德主张最高的善是"一",是根据爱利亚学派的哲学原理从本体论上修正地阐发苏格拉底的"善"。这实质上是片面、绝对地强调自身同一的普遍共性或共相才是真实的存在,否定一切同这种善相对立的东西,也就是将人所感知到的一切流动变化的现象都说成是无真实性可言的非存在,是无知和恶的渊薮,没有认识价值和道德价值。因而,后来麦加拉学派也就有将共相和殊相绝对割裂、对立的种种论辩乃至诡辩。

米利都人欧布里德(Eubulides)和亚里士多德是同时代人,属于欧克莱德学派,以提出种种悖论著称。[②] 其中较突出的是四个:(1)"为说谎者论辩":如果有一个人承认他是在说谎,那么他是说谎呢还是说真话?[③]无论怎样回答都会陷入自相矛盾:如果说他是说真话,就是肯定他承认自

---

① 第欧根尼·拉尔修:《著名哲学家的生平和学说》,第 2 卷第 106 节。
② 同上书,第 2 卷第 108—109 节。
③ 同上书,第 7 卷第 197 节。

己在说谎;如果说他是在说谎,就是否定他承认了自己在说谎,他倒是在说真话了。这是一个典型的逻辑上的悖论,即一个陈述句自身包含着真和假的自相矛盾。现代哲学家罗素研究悖论也以这个说谎者论辩为范例,提出他的著名的类型论来解开这类逻辑悖论。①（2）"为蒙面人论辩":"你说你认识你的父亲,但是刚才进来的那个头上蒙着布的人是你的父亲,你却不认得他。"②这个论辩使人的思维陷入一种自相矛盾的悖论:你不认识你所认识的人。这个悖论并非语言游戏,表现了认识中如割裂一般与个别,就会发生思维的自相矛盾。（3）"谷堆论辩"和"秃头论辩"。前者为:一粒谷能否造成一堆? 不能。再加一粒呢? 还是不能。再加一粒……最后加上一粒成为一堆。开始时否定一粒谷能造成一堆,最后却肯定一粒谷造成一堆。③ 后者为:你说一个人如果只有一根头发是秃头吗? 是的。如果有两根头发是秃头吗? 是的。……那么你在何处划秃头和不是秃头的界限呢?④ 开始否定一根头发能使秃头发生质的变化,最后肯定加上一根头发就改变了秃头。这种悖论实质上只是消极地揭露了从量变到质变的辩证法所表现的思维矛盾。（4）"有角的人":"如果你没有丢失某样东西,你便仍旧有它;而你没有丢失角,所以你是有角的人。"⑤这种诡辩表明一种逻辑意义:要是对一般的前提缺乏限定,抽象

---

① 罗素在《数学原理》中解开这类逻辑悖论的基本原则是:任何涉及一个集合的所有分子的东西,必须不是这个集合的分子。这就是说,关于一个集合的所有分子的那个陈述句,属于不同于此集合的另一种逻辑类型,应在另一个逻辑层次判断其正确性。

② 琉善:《出售哲学》第 23 节,见《琉善哲学文选》,罗念生译,北京:商务印书馆 1980 年版,第 75 页。

③ 西塞罗:《论学园派》第 4 章第 29 节,见 Cicero. *CiceroVolume XIX*, Translated by H. Rackham, The Loeb Classical Library, Cambridge Mass. Harvard University Press, 1971.（西塞罗:《西塞罗文集》第 19 卷,H.拉克汉姆英译,洛布古典丛书,美国马萨诸塞州剑桥:哈佛大学出版社 1971 年版。）

④ 西塞罗:《论学园派》第 2 章第 49 节,见西塞罗:《西塞罗文集》第 19 卷,H.拉克汉姆英译,洛布古典丛书,美国马萨诸塞州剑桥:哈佛大学出版社 1971 年版。

⑤ 第欧根尼·拉尔修:《著名哲学家的生平和学说》,第 7 卷第 187 节。第欧根尼·拉尔修在这里将这个论辩归于克律西普,但他也指出有人认为这是欧布里德的论辩。

地从一般推论个别,就会得出荒唐的结论。欧布里德提出上述论辩是为了论证麦加拉学派的基本主张:只有普遍一般的东西才是绝对真实的存在,而涉及个别、特殊的现象和经验,便会使人的思维陷入难以确定的自相矛盾。然而他的论辩揭示的各种悖论,在逻辑思想史上是有意义的。

后期麦加拉学派已延伸入希腊化时代,在逻辑理论较有贡献,提出了一些有别于亚里士多德逻辑学的论说。狄奥多罗(Diodorus)和他的学生菲罗(Philo)都生活在公元前4世纪末托勒密执政时期至公元前285年左右,都深入研究了模态理论和假言命题。模态逻辑研究有模态算子(可能、不可能、必然、不必然等模态词)构成的模态命题及其推理。亚里士多德的三段论学说是一种主谓逻辑,对含有模态谓词的模态命题和模态三段论推理作了细致的研究,并有其哲学含义。狄奥多罗、菲罗则开了后来斯多亚学派建立命题逻辑之先声,以命题为单元别具一格地探究模态理论。他们还开启了关于假言命题(条件句)性质及假言推理的著名争论,后来许多斯多亚学派的逻辑学家也卷入这场争论。他们对假言命题真假值的规定,可以说是最早提出了现代逻辑所指的实质蕴涵。[①] 麦加拉学派关于假言命题的讨论在逻辑史上很有价值,他们超越亚里士多德的主谓逻辑,直接影响了斯多亚学派在假言命题和假言推理方面的命题逻辑理论的重大发展。

2. 昔尼克学派

苏格拉底的学生安提司泰尼常在雅典郊外"白犬之地"(Cynosarge)运动场同人谈话教学,他所创立的学派就被称为"昔尼克学派"(Cynic School),中文意译为"犬儒学派"。这个命名象征一种道德警觉性,以猎犬似的吠叫提醒人们节制禁欲,宣扬和践行一种最简单粗鄙的生活方式。此学派将苏格拉底的善和美德解释为顺应自然、将个人欲望抑制到最低

---

① 实质蕴涵,即除了"前件真后件假则假言命题为假"的情况外,在其他三种前件、后件取真假值的不同情况(包括前件假、后件真)下,假言命题皆为真。

限度,摒绝一切感性的快乐和享受,后来更演变成为一种放浪形骸的处世
态度和奇形怪状的生活方式,表现了希腊古典文明衰落时期文人们愤世
嫉俗、鄙弃社会现实生活的没落心理。他们的顺应自然论和禁欲主义对
后来的早期斯多亚学派哲学有一定影响。

安提司泰尼(Antisthenes,约公元前446年—前366年)起初跟随高
尔吉亚学习修辞学,所写对话也颇有雄辩风格;后来他带着自己的门徒一
起跟从苏格拉底学习,他住在拜里厄斯港,每天长途步行到雅典去听苏格
拉底讲学,修炼得性格刚毅、漠视情感,开启了犬儒派的生活方式,他自己
也获得"纯种狗"的佳美绰号。他是一位多产作家,第欧根尼·拉尔修记
载了他写的10卷书共61篇著作的全部篇名,并且认为他启发了后来的
第欧根尼和克拉底等昔尼克学派重要传人的思想,斯多亚学派的哲学也
渊源于他。① 作为昔尼克学派的创始人,还表现出有高尚的教养,有较为
严谨的哲学思想,较接近苏格拉底的教义;但在普遍性定义和道德哲学方
面,已明显表现出片面性和绝对化倾向。

安提司泰尼说逻各斯(陈述)就是指出事物是什么,②似乎认为逻各
斯是定义事物,但他将陈述事物普遍本质简单化、绝对化,实质上否定了
定义的可能。他和麦加拉学派相似地主张事物的普遍本质绝对自身同
一,A是A,不能用任何其他属性去陈述A。苏格拉底的普遍性定义虽是
揭示事物的普遍本质,但他并不否认事物有其他固有特性甚或偶性,通过
对话辩证法作普遍性定义过程中也有必要陈述它们。安提司泰尼则认为
事物只绝对同一于它自身的本质,其他属性都是虚幻不真实的,所以对一
事物只能有一个陈述。亚里士多德批评他"过于简单地声称,事物只能
由一个关于它自身的陈述来指谓——一件事物只能有一个对应的陈述;
根据这种观点就不能有矛盾,也几乎不能有错误的陈述了"。他又批评
安提司泰尼学派"认为一事物是什么是不能定义的,因为所谓定义是一

---

① 第欧根尼·拉尔修:《著名哲学家的生平和学说》,第6卷第1、2、13、14、15—18节。
② 同上书,第6卷第3节。

种长的陈述,只可能说明一事物像什么;例如银,我们不能定义它是什么,只能说它像铅。"①

安提司泰尼同苏格拉底一样崇尚理智,将智慧、善和美德视为一体。苏格拉底论述道德的善时对一味以感性快乐作为人生目的有所批判;安提司泰尼对此作片面发挥,认为善和美德只是抑制生活中的享受和快乐,满足于俭约和自律自足的生活。苏格拉底不否定善能给人利益与快乐,安提司泰尼却片面地否定善的功用价值,他说:"我宁可成为一个疯子也不追求感官的快乐。"他及其追随者蔑视财富、荣誉和高贵门第,奉行一箪食、一瓢饮的俭朴生活。当安提司泰尼翻开他的外衣的破烂部分给人看时,苏格拉底看出他的朴素生活是矫情做作、沽名钓誉,便说:"透过你外衣的破洞,我看到你的好名之心。"②

第欧根尼(Diogenes,公元前404—前323年)是昔尼克学派中最典型、最有影响的代表。他本出生于小亚细亚黑海边的辛诺普,其父是当地的理财官员,因在制币中掺假(或说这是第欧根尼本人干的事)全家被流放而到雅典;他在雅典执意师从安提司泰尼。他曾在航海中被海盗俘虏作为奴隶被叫卖,却被卖为富家之子的家庭教师。"犬"本是希腊人的姓氏之一,第欧根尼被人戏称为"犬",因为他建立了一种落拓不羁,最粗陋潦倒的生活方式,成为最著名的犬儒。一根橄榄树枝、一件褴褛外衣、一个讨饭袋、一床夜里当睡窝的被子和一只水杯,就是他的全部家当。他在雅典到处游荡,住在神庙、市场乃至木桶里,并且说"雅典人给我造了华丽的住所"。③ 他认为这种极少需求、极为简单的生活方式就是顺应自然

---

① 亚里士多德:《形而上学》1024b32—34、1043b23—28。

② 据说安提司泰尼起初拒绝收他为门生,要用手杖赶走他,他直伸脑袋让打、坚决不走,终于被纳为门徒。他在赴伊齐纳的航程中被海盗俘虏并被带到克里特作为奴隶叫卖,人们问他能做什么,他说能"治理人们";他要叫卖者喊"谁愿意买一个主人",真有一富人买了他做儿子的家庭教师。见第欧根尼·拉尔修:《著名哲学家的生平和学说》,第6卷第20—22节。

③ 第欧根尼·拉尔修:《著名哲学家的生平和学说》,第6卷第29—30节。

和个人自由,可以抵御文明和欲望对个人自由的损坏。他活得很长,直到亚历山大大帝时期还以其典型的犬儒生活方式和机智、辛辣的诙论与辩驳吸引了许多追随者。晚期希腊和罗马的著作家记录了他的大量轶事。但他仍是一位学者,写的 14 篇哲理对话和 7 部悲剧,仅留存篇名,①原作均已佚失。他的一些基本哲学观点则保存在一些史料中。

第欧根尼早在卢梭之先,就认为社会文明造就腐败与罪恶。他将"自然"(physis)和"人为规范"(nomos)绝对对立,认为人为规范造就的城邦及其一切立法和机构虽曾有价值,但文明已造成人的堕落和罪恶,所以要改造生活,使它返璞归真,回复自然。他反对普罗泰戈拉等智者主张的素朴社会进化论,认为人类结合群居于城邦以免于外部敌人的侵扰,在兴建这些城邦中犯有可怕的罪恶,神话中宙斯因普罗米修斯盗火给人类而惩罚他,就是因为这是造成文明与奢侈堕落生活的根本原因。普罗泰戈拉认为人的身体柔弱,不像其他动物有皮毛羽翼保护,难以生存,所以需要文明。第欧根尼反对说:青蛙皮、肉柔软也能生存,原始人没有火、衣服、皮革、盔甲等也同样能生存。一切文明和技术进步实际上已都用于邪恶。人类只将理智用来追求快乐,而不是用以改善道德和正义。普罗米修斯是文明和堕落的肇始人,应该被挂在山岩上让鹰啄食他的肝。② 他并不是全盘否定历史上的城邦文明,认为"社会不可能没有法律而存在;没有城邦就没有文明带来的利益"。他既承认城邦文明和法等是一种历史的存在,又指责它们造成邪恶和堕落,认为"高贵的门第、声誉和一切显赫的东西是浮夸的罪恶装饰品",金钱是一切罪恶的渊薮。③ 他的社会理想是人类应返归自然,同自然结成一体,而唯一真实的国家应像世界一

---

① 第欧根尼·拉尔修:《著名哲学家的生平和学说》,第 6 卷第 80 节。
② 公元 1 世纪的昔尼克派学者克律索斯托姆(Chrysostomus)在《狄奥·克律索斯托姆》第 6 章第 205、207 节中的记载,转引自 H.D.Rankin, *Sophists, Socrates and Cynics*, London, Croom Heim Press, 1983, p.231.(H.D. 兰肯:《智者、苏格拉底派和昔尼克派》,伦敦:克罗姆·汉姆出版社 1983 年版,第 231 页。)
③ 第欧根尼·拉尔修:《著名哲学家的生平和学说》,第 6 卷第 63、72 节。

样广阔,他称自己是"世界公民"。他在伊壁鸠鲁学派、斯多亚学派以前就提出"世界主义"。他还认为在自然中男女是平等的,甚至号召建立一种妇女不从属于男人,不同她所不赞成的男人结婚的"妇女社会",并且主张儿童由社会公有。① 这种思想直接影响了早期斯多亚学派代表芝诺(Zeno)与克律西普(Chrysippus)的政治主张。

第欧根尼发挥安提司泰尼的教义,主张"善"就是遵从自然,抑制一切人为的欲望追求,又更极端地主张人应返归自然,以粗陋俭鄙的生活刻苦磨砺自己,才能有个人的心灵自由,实践美德以达到道德的完善。他认为人有灵魂的和肉体的磨砺,而后者是更本质的,能保证个人自由和美德行为,恰如体育锻炼能通向美德。生活处事应摒弃一切使人劳烦而无用的东西,才能活得幸福,否则只会给人带来疯狂和不幸。摒绝快乐本身是最快乐的,追求快乐反倒会走向快乐的反面。人生只应取用自然之物,研习音乐、几何、天文等学科都是无用、不必要的,应满足于最原始粗朴的生活。他在一部悲剧《堤厄斯特》中甚至认为,从庙堂里偷取任何东西或生吃任何动物的肉都并非不当,以至吃人肉也并非不虔敬,在异族人中就有这种习俗。他利用阿那克萨戈拉的种子论中关于"一切包含一切"的见解论证吃人肉也并不违背自然。② (后来早期斯多亚派的克律西普也接受并阐释此吃人肉说)这当然是一种惊世骇俗的诡辩,表明昔尼克学派解释任一自然事物都有人所需要的一切,人对自然不必有选择、有作为。第欧根尼鼓吹并践履一种不羁形骸的禁欲主义生活方式,其放任无为达到自暴自弃的畸形程度。

第欧根尼的一些生活轶事,表明他摒弃一切生活享受和快乐,目中无人,自甘贫穷,显示所谓精神自由,满足于阿 Q 式精神胜利。有一次亚历山大大帝面对他说:"我是亚历山大,伟大的皇帝。"他回应:"我是第欧根尼,昔尼克派。"亚历山大问他为何被人称为狗? 他说:"我向那些给我东

---

① 第欧根尼·拉尔修:《著名哲学家的生平和学说》,第 6 卷第 70—71、73 节。
② 同上书,第 6 卷第 72—73 节。

西的人摇尾乞怜,向不给我东西的人张牙舞爪。"有一次他在晒太阳,亚历山大大帝对他说:"你可以向我请求你所要的任何恩赐。"他说:"走开,别挡住我的阳光。"①

第欧根尼以后希腊化时代的昔尼克派在哲理上已很少新意,犬儒生活方式则越演越烈,甚至放浪形骸、自暴自弃又矫情做作、表里不一,但也表现了某种对现实社会的不满和可怜的反抗,并提出一种犬儒式的乌托邦作为他们的社会理想。这股犬儒末流一直延伸到罗马帝国时代,逐渐同斯多亚派、怀疑论派合流。犬儒末流人物中较突出的是第欧根尼的弟子克拉底(Crates,鼎盛年为公元前 326 年),他以诗描述了一个犬儒式的理想城邦"帕拉"(即犬儒的行囊):"一座叫帕拉的城邦坐落在暗沉沉的薄雾之中,美丽富饶而没有财宝。到达此岸便没有愚蠢、马屁精、豪夺、奴隶和性刺激,它盛产麝香草、葱头、无花果和面包;人们不用为食物而相互争夺,也不为争夺金钱和名誉而建立军队。"②他主张在帕拉城中的人从婴孩起就应有严格的磨炼,青年要接受军事训练,过严格的禁欲生活,才能实现美德。③他是芝诺的老师,其间可见昔尼克学派和早期斯多亚学派思想联系。至于其他犬儒末流人物,希腊化时代有:呈现怀疑论倾向的莫尼摩(Monimus),否认诸神存在的皮翁(Bion),政治家兼哲人的凯尔基达(Cercidas)。④ 罗

---

① 第欧根尼·拉尔修:《著名哲学家的生平和学说》,第 6 卷第 60、38 节。

② 同上书,第 6 卷第 85 节。

③ 转引自兰肯:《智者、苏格拉底派和昔尼克派》,伦敦:克罗姆·汉姆出版社 1983 年版,第 236 页。

④ 他是公元前 3 世纪后半叶阿卡狄亚地区美伽洛波利城邦的政治家兼昔尼克派哲人,这表明犬儒思想也影响到上层政治统治者。他曾率领军队同斯巴达作战,失败后本邦沦陷逃亡他地;本邦恢复自由后他被任命为立法官,制定新宪法,后来又成为娴熟谈判事务的外交官。他尊称第欧根尼是"宙斯之子,一条天堂之犬"。(第欧根尼·拉尔修:《著名哲学家的生平和学说》第 6 卷第 77 节。)他以诗歌形式宣扬昔尼克派的哲学,1906 年发现了他的诗篇的纸草残篇,1911 年公开发表。他在诗中诅咒脏猪般的金钱财富使人堕落,责怪诸神瞎了眼,漠视人的利益,使人间没有正义,要求人们切断一切追求财富的欲望。(洪特(A.S.Hunt):《Oxyrhynch 纸草 vm 1073—1165》,见兰肯:《智者、苏格拉底派和昔尼克派》,伦敦:克罗姆·汉姆出版社 1983 年版,第 244—245 页。)

马帝制时代有两位著名的从政犬儒:和塞涅卡(Seneca)同时代的德米特里乌(Demetrius)因反对尼禄皇帝、图谋恢复共和制而被流放,他用昔尼克派的"自由"口号反君王专制,毫无成效。另一位公元 1 世纪的雄辩"金嘴"、罗马王朝处理希腊事务顾问科凯伊阿努(Coceianus)留存 80 篇"苏格拉底式"的讲演,内容大多宣扬昔尼克派关于崇尚自然、禁欲和美德的教义,鼓吹帝王应有调和臣民之道,实质上成为斯多亚派的思想附庸,但也保存了自安提司泰尼起辗转流传、变迁的昔尼克派思想,有史料价值。①

3. 居勒尼学派

居勒尼学派因其创始人阿里斯提波出生于地中海南岸北非洲的希腊城邦居勒尼(今属利比亚)而得名。同昔尼克学派将善规定为节制、禁欲相对立,此派将善规定为个体的快乐,快乐以感觉为根据,主张寻求愉快的感受是人的本性和最高的善。苏格拉底的"善"中包含着功利性的"快乐"效果,居勒尼学派将它片面扩展与发挥,主张求得快乐是人的本性与最高的善。初期居勒尼学派有享乐主义倾向,但不能简单地将他们的"善即快乐"原则全都归结为一种满足感官需要的享乐主义。此学派的演变越益倾向寻求理智的快乐,即能避免痛苦和恶的不动心的宁静,后来对伊壁鸠鲁学派与怀疑论的哲学分别有所影响。

阿里斯提波(Aristippus,约公元前 435—前 350 年)因受苏格拉底的名声吸引来到雅典时,已是一位有教养的演说家,他师从苏格拉底很久,但不拘守老师的教义,有独立思想。他为人洒脱,"对各种场合、时间和人都能应付裕如",同柏拉图一样,他也曾去西西里的叙拉古,在狄奥尼修的宫廷中却能比别人更受宠幸。有一次第欧根尼在洗菜时看见阿里斯提波走过,就对他喊:"要是你学会做你的饭菜,你就用不着向国王献殷

---

① 兰肯:《智者、苏格拉底派和昔尼克派》,伦敦:克罗姆·汉姆出版社 1983 年版,第246—247 页。

勤了。"阿里斯提波回嘴:"要是你懂得怎样同人交结,你就用不着洗菜了。"他同犬儒派各持对立的生活原则。他写过一部三卷本的利比亚历史,是献给狄奥尼修的,还写了一部包含 25 篇对话的著作,仅存全部篇名,都没有保留下来。①

阿里斯提波与居勒尼学派的哲学是一种感觉论。它并非论述认知意义的感觉,而是诉诸情感意义的内在感受与体验。普卢塔克指出:居勒尼派"主张他们在自身中体验想象和情感,他们并不认为这些体验提供关于外在世界是现实的可信证明。他们将自己闭锁在他们自己的情感中,仿佛处在围场之中一样,又断言'它看起来是',并不进一步证明'它是什么'。"②他们的感觉论不同于智者的感觉论。智者注重个人相对的感知,居勒尼学派注重个体情感性的内在体验,伊壁鸠鲁学派则将这二者统摄起来。阿里斯提波等只研究伦理生活的体验,不研究对现实存在事物的认识,他认为研究外界事物的学问如数学与技术知识没有价值。

阿里斯提波的伦理原则是:快乐是善,痛苦是恶。他认为感觉是人的身体和灵魂内在体验的两种运动状态:"有快乐和痛苦两种状态,前者是一种和谐平畅的状态,后者是一种粗糙难受的状态。""快乐状态令人惬意,痛苦状态令所有的人反感。"快乐和痛苦都是内心体验。他认为有身体的与灵魂的快乐和痛苦,而后者是从身体的相应部分来的,所以身体的快乐是生活的目的。人的本性就是要追求个人的特殊的快乐。人生的幸福就是以达到这种特殊的快乐为目的。③

阿里斯提波提出不同于昔尼克派以苦修达善的理想个人,推崇凭借

① 以上有关阿里斯提波的生平与著作的史料,见第欧根尼·拉尔修:《著名哲学家的生平和学说》,第 2 卷第 65—68 节。

② 普卢塔克:《反科罗多》第 1 章第 120 节。载于 Plutarch,*Moralia*,vol.14,translated by F.C.Babbitt and others,The Loeb Classical Library,Cambridge Mass.Harvard University Press,1956.(普卢塔克:《道德论集》第 14 卷,F.C.巴比特等英译,洛布古典丛书,美国马萨诸塞州剑桥:哈佛大学出版社 1956 年版。)

③ 第欧根尼·拉尔修:《著名哲学家的生平和学说》,第 2 卷第 87、88 节。

智慧求得快乐的"贤人"。他认为现实生活复杂乖变,痛苦也不可避免,个人只要求得特殊快乐,不必注重行为动机,而要重效果,只要能求得快乐就是美德。贤人虽也感受痛苦和恐惧等自然情感,但总是努力避免嫉妒、虚情、迷信等空虚的意见,设法摆脱恐惧和痛苦,预见惩罚而不去做错事恶事。他认为这种凭借智慧实现快乐的贤人人格,可以通过研习哲学和正确处理事务而达到。① 这种理想贤人已不是苏格拉底所说以道德振邦、以智慧治政的贤人,而是追求现实快乐、避免痛苦与社会责任以获得安逸式自由的个人。

他表示:"我并不是一个拥护奴隶制的人,但我以为有一条我愿意走的中庸大道,这条道路既不是通过统治也不是通过奴役,而是通过自由,这是一条通往幸福的光明大道。"②他并不是批判奴隶制度,主张对懒惰的家奴应鞭挞而使他们服从;当时奴隶制内在矛盾激化以至给多数公民带来许多痛苦和羁束,他并不意图改善这种社会制度,只是幻想独乐其身以求个人安逸的中庸式"自由",表现了一种回避社会矛盾的心态。

居勒尼学派延续入希腊化时代,其传人各有特色、自立支派。安尼凯里(Anniceris)曾花钱援救过在西西里被掠为奴隶的柏拉图,其伦理思想有乐观祥和的精神,比较接近苏格拉底的思想。他也主张快乐是最大的善,但认为快乐来自善行,人应该根据善的原则追求快乐;善不是空泛、不可企及的,而是表现为友谊、对父母的孝敬和感恩等种种现实的美德,强调幸福在于培植美德,这不能只靠语言,更要靠行为实践。他的道德论较少理论思辨成分,有较多通俗性的道德教诲,他的道德学说对西塞罗的伦理思想有影响。第奥多罗(Diodorus)否认诸神存在而先后被逐出居勒尼和雅典,有反传统的无神论倾向,认为神不过是人为约定的名字。他称智慧和正义是善,它们的反面是恶,快乐和痛苦则居于善与恶之间,主张一种理智主义的快乐论。生活在希腊化大世界中,他也主张一种世界主义,

---

① 第欧根尼·拉尔修:《著名哲学家的生平和学说》第2卷第91、93节。
② 色诺芬:《回忆录》第2卷第1章第8—11节。

"他说世界是他的国家",认为智慧的人不冒险去狭隘捍卫本国是合理的,因为不应该为造福不智慧的人而抛弃智慧。① 他的思想对伊壁鸠鲁的哲学有影响。赫格西亚(Hegesias)则已染上相对主义怀疑论色彩。他的支派认为:感觉不可靠,不能给人确实的真理,所以快乐和痛苦都不可避免;没有自然、确定的快乐和痛苦,对同一对象,有些人感到快乐而另一些人感到痛苦;一切所谓美德均无价值,都只是个人利益动机所支配的行为后果。他们主张智贤之人的处世态度是只满足于自己要求的利益,对其他一切都"漠不动心",以"没有身体和灵魂的痛苦,无忧无虑地生活作为自己的目的。"他们更认为"幸福不可能实现",因为身体与灵魂被种种痛苦所侵扰、受折磨,人生不过是"轮次置身于生和死之间"。② 赫格西亚的悲观主义"漠不动心"论,对希腊化时期怀疑论的伦理思想有影响。

小　结

本章主要论述智者运动和苏格拉底哲学,展示希腊古典哲学开启之时的生动画面。从中可见,和早期希腊哲学不同,新哲学研究的重心已转向人和社会,人自身成为哲学反思的中心对象。虽有智者派的相对主义感觉论的偏斜,苏格拉底奏响的理性主义却是希腊古典哲学的主旋律。他在完成哲学变革中,发扬科学理性与人文精神,探讨希腊古典文明由盛趋衰时期城邦社会的时代性课题,研究人文与社会领域的多方面哲学问题,积累了丰实的哲学知识。他是希腊古典哲学的正宗开路人,在西方哲学史上的贡献与地位不应低估或曲解。正是在他的哲学的启导下,他的两代传人柏拉图和亚里士多德,将希腊古典哲学全面推向体系化的高峰。而他的哲学还有另一支嬗变的传脉即各有特色的三个小苏格拉底学派,又是联结希腊古典哲学和晚期希腊与罗马哲学的环节之一。

---

① 第欧根尼·拉尔修:《著名哲学家的生平和学说》,第 2 卷第 98—100 节。
② 同上书,第 2 卷第 95 节。

拓 展 阅 读

一、必读书目

1. C.B.柯费尔德:《智者运动》,刘开会、徐明驹译,兰州:兰州大学出版社 1996 年版。

2. 色诺芬:《回忆苏格拉底》,吴永泉译,北京:商务印书馆 2001 年版。

3. 汪子嵩等《希腊哲学史》第 2 卷(第　、二编),北京:人民出版社 1993 年版。

4. A. E. Taylor, *Socrates, the Man and His Work*, New York, Doubleday & Company, Inc,.1952.

二、参考书目

1. 叶秀山:《苏格拉底及其哲学思想》,北京:人民出版社 1986 年版。

2. E.Philostratus, *The Lives of the Sophists*, The Loeb Classical Library, Cambridge Mass.Harvard University Press,1921.

3. M. Untersteiner, *The Sophists*, translated by K. Freeman, Oxford, Blackwell,1954.

4. J. Ferguson, *Socrates——A Source Book*, London, The Open University Press,1970.

5. *Plato's Dialogues*: *Apology*; *Crito*; *Charmides*; *Laches*; *Lisis*; *Euthyphro*; *Gorgias*; *Protagoras*.See Plato, *The Collected Dialogues of Plato, Including the Letters*, edited by H.Hamilton & H.Cairns, Princeton, Princeton University Press, 1973.

6. G.X.Santas, *Socrates, Philosophy in Plato's Early Dialogues*, London, Routledge Press, 1982.

7. G.Vlastos, *Socrates, Ironist and Moral Philosopher*, Ithaca, Cornell University Press, 1991.

8. H.D.Rankin, *Sophists, Socrates and Cynics*, London, Croom Heim Press, 1983.

6

柏 拉 图 哲 学

林 美 茂

哲学是死亡的练习。

——柏拉图《斐多篇》61d

探索也好、学习也罢,实际上总体说来就是回忆。

——柏拉图《美诺篇》81d

在不知道事物的人当中,不管其所不知道的是什么,而他对于自己所不知道的那个事物,都会有正确的臆见内在其中的。

——柏拉图《美诺篇》85c

从事哲学的人的灵魂……就应该使避开情感暴风雨的平静成为自己的东西,按照纯粹思维的引导并恒常在其中驻留,观照真实的东西、神圣的东西、仅凭臆想无法领会的东西而受到其养育,在有生之年,就必须坚持这种生存方式。

——柏拉图《斐多篇》84a—b

只要哲人们不在各国成为王者实行统治，或者，现在被称
为王的统治者们，不在事实上并且充分地从事哲学，即政治权
力与哲学精神不融为一体，许多人的素质，如现在这样，各自
朝着两种方向的某一种方向前进而不做强制性禁止，亲爱的
格劳孔哦，我想对于各国，不幸消失的时候是没有的，而对于
人类来说也是如此。

　　——柏拉图《理想国》473c。（《书信集》(326a—b) 的
　　"第七封书信"中也有相似的内容）

柏拉图哲学中所阐述的哲学问题，都是为了构筑他心中的理想政治
社会而存在。对于柏拉图走上哲学探索之路，其导师苏格拉底的存在与
从容伏刑起到了决定性的作用。因此，一般认为，柏拉图哲学是从苏格拉
底哲学发展而来的。正如所知，苏格拉底一生述而不作，我们所了解的苏
格拉底哲学基本上都是来自于柏拉图哲学中的内容，这就使我们研究柏
拉图哲学遇到了必须面对的难题。也就是说，分辨哪些内容是属于苏格
拉底哲学，哪些问题是属于柏拉图自己的哲学，成为研究柏拉图哲学时必
然要遇到的问题。基于这个原因，本章关于柏拉图哲学将从柏拉图的生
平及其与苏格拉底的关系说起，并沿着这个理路，阐述从苏格拉底到柏拉
图的哲学发展与演变。

柏拉图哲学以苏格拉底哲学为出发点，继承了苏格拉底以"对话"形
式进行哲学探索的特点，流传后世的柏拉图的全部著作，除了《申辩篇》
之外，采用的都是"对话"的写作方法。柏拉图最初的对话篇因其主要目
的在于再现苏格拉底生前所探索的问题，所以被学界称为"苏格拉底式
对话篇"。然而，此中究竟哪些问题是属于苏格拉底的探索却是不明确
的，由此引发了 20 世纪上半叶关于"苏格拉底问题"的学界论争。本章

将沿着从苏格拉底到柏拉图的哲学发展脉络,分析论争中各种观点存在的偏颇,阐明柏拉图哲学吸收了前苏格拉底哲学的核心思想,通过梳理、阐释、发展苏格拉底哲学而建构起古希腊哲学的第一座高峰。在这个认识的基础上,本章通过阐析"苏格拉底的探索"、"目的论世界观"、"善生的追求"等问题,以此勾勒出柏拉图哲学中哲人苏格拉底关于人的诸德性的哲学探索特点,以及作为哲人,为了追求真理视死如归的核心精神来源与实践"善生"的人生目标,论述分析柏拉图哲学中所完成确立的,关于"真正哲学家"应该是怎样的一种人的形象特征。

通过上述分析,本章进入柏拉图哲学的核心问题探讨,着重梳理从苏格拉底到柏拉图的哲学问题的发展线索,呈现柏拉图如何在完善苏格拉底哲学问题的基础上形成自己哲学思想的建构历程。在这里分为如下四个问题群展开阐述:一、"灵魂与四元德",二、"回忆说与善的理型论",三、"哲人与观照",四、"理想政治与高贵谎言"。这些问题,基本体现了柏拉图哲学最核心的思想。

第一,在柏拉图哲学中,苏格拉底的灵魂观是不明确的,柏拉图发展完善了灵魂思想。柏拉图认为人的存在是灵魂与肉体的结合状态,灵魂是一种永恒不死的存在,在进入人的肉体之后被分为"理智"、"激情"、"欲望"三个部分。各个部分有着不同的德性,理智部分以"智慧"、激情部分以"勇敢"、欲望部分以"节制"为德性。三个部分各司其职,形成有序的统治与被统治的和谐关系,灵魂中"正义"的德性才能产生。因此,"灵魂三分说"与智慧、勇敢、节制、正义之四种德性("四元德")密切相关,而正义的人一定是内在的灵魂处于和谐状态的人。就这样,柏拉图通过明确的灵魂观的确立,让苏格拉底孜孜以求的人的诸德性问题得到了较为完整的关系性理论阐述。

第二,柏拉图的"回忆说"从苏格拉底的"自知其无知"与"助产说"发展而来。在苏格拉底的"自知其无知"中,人只是一种"无知"的存在,人的唯一智慧只是对于自己"无知的自觉"。那么,作为"无知"存在的人，为什么会探索？又怎样探索"真知"呢？柏拉图通过"回忆说"回答了这个问题。在"回忆说"中柏拉图指出，灵魂在与肉体结合而成为人之前已经拥有知识，所以人的这种"无知"只是处于一种"忘却"的认识状态，学习与探索都是对于曾经拥有知识的"回忆"。这种认识，显然是对于苏格拉底的教育"助产术"思想的发展与完善。在柏拉图哲学中，对于苏格拉底的探索对象进行了"理型论"的建构。"理型论"中包括"idea"与"eidos"等概念，"idea"可以译成"理型"而"eidos"则常用"形相"来翻译，这些都是使现象世界的感觉事物的存在得以存在的依据，是超越于现象界而独立存在的"本真存在"或"真实存在"。在超越于现象界的本真界，由于"本真存在"都是各类不同的感觉事物、事情的"范型"，所以，统一本真界的还有一个至高无上的终极存在"善的理型"，为此，"善"在柏拉图哲学中既是伦理学概念，又是存在论概念。这就是苏格拉底的探索以"善美"为终极对象，以"善生"为人生最高目标的原因所在。

第三，哲人究竟是怎样的一种人，又是如何探索追求"真知"的呢？柏拉图哲学中分析指出，哲人是"热爱真实"的人，或者说是"热爱真理"的人。哲人通过"哲学问答法"孜孜不倦探索"本真存在"。"本真存在"是一种始终保持恒常不变的状态且不生不灭的存在，所以，只有以这种存在为对象进行探索把握，才能获得"真知"，而以感觉事物、事情为对象的认识，由于这种对象变幻不定、生成消灭，所以只能停留在"臆见"的状态。哲人对于本真存在的认识与把握，其最高境界是进入"观照"本真的状态。然而，由于人的灵魂被囚禁在肉体之中，只能对"逻各斯"层面上浮现出来的"本真"似像，即倒影般的存在进行间接的"观照本真"，所以，即使触及"本真存在"也不能完全把握本真。因此，哲人永远只是一个"爱智者"而不可能成为"有智者"。

第四，柏拉图通过"理想国"的宏大构想展开了其哲学思想与政治理想的全面阐述。柏拉图认为，政治的灵魂是"正义"，其目标就是实现全社会构成人员每一个人都能"幸福"。而要达到这一点,只有让哲学与政治结合,实行"优秀者支配制"或"贤者统治",即"哲人王"统治制度。全社会构成人员划分为三个阶层与两个阶级。理智的为领导者、激情的为护卫者、而欲望的则为生产劳动者,领导者与护卫者是国家的统治阶级,生产劳动者为被统治阶级,三个阶层各司其职,努力做好本职工作,两个阶级和谐一体,那么理想的统治,正义的国家就能得以实现。可是,由于作为领导者的"哲人王"也不具备关于"善"的真知,为了理想国家中三个阶层划分的需要,除了通过教育现场的个人素质倾向辨别之外,在幼年时代初等教育阶段对孩子们进行统一价值观的教育不可或缺。教育内容必须是在国家监督之下创作的有益神话,这种虚构的神话即使属于一种"高贵的谎言",但为了理想国家建设的需要也是必须采取的手段。正是由于"理想国"中"高贵谎言"的采用,成为柏拉图的政治思想中人们诟病的根源。

柏拉图与苏格拉底;目的论与善生追求;灵魂与四元德;回忆说与理型论;哲人与观照;理想政治与高贵谎言

一、柏拉图的生平与著作

柏拉图(Plato,B.C.427—B.C.347),出身于古希腊雅典的名门望族。根据记载,他诞生于第 88 回奥林匹亚节(Olympia)的塔尔格里恩月(Thargelion,按照现在的历法是 5—6 月)的第七天,后世的人们由此推算,他的生日应该是公元前 427 年(或 428 年)5 月 7 日,公元前 347 年 80

岁的时候,他在朋友家的婚宴上平静地离开了人世。①

柏拉图的父亲阿里斯通(Ariston),母亲珀莉克提俄涅(Poriktione)都是雅典屈指可数的名门后裔,父亲的祖先可以追溯到雅典最后的国王科德鲁斯(Kodros),母亲的祖先属于雅典民主制的奠基者梭伦(Solon)的家系。他有两个哥哥,一个妹妹(或姐姐),两个哥哥阿底曼图斯(Adimantos)和格劳孔(Glaukon)是其《理想国》中苏格拉底的主要对话者,妹妹珀托妮(Potone)就是阿卡德美亚学园第二代掌门人斯潘西普斯(Speusippus)的母亲。

从柏拉图的出生时间与家庭背景看,我们不难想象他的成长经历中存在着某些似乎决定性的因素,那就是他与政治存在着不可脱离的关系,从而决定了他的哲学思考除了后期的宇宙论外,从根本上说都伴随着他的政治思考而展开的。不能仅仅只从他所生活的城邦社会,作为城邦公民都拥有参与城邦政治的意识来看他与政治的关系,更为重要的应是他所生活的时代与家庭背景以及老师苏格拉底的存在对他的决定性的影响。

柏拉图的一生,一般可以分为四个时期:青少年时期(B.C.427—B.C.399),游历时期(B.C.399—B.C.387),学园主持时期(B.C.387—B.C.367),晚年时期(B.C.367—B.C.347)。

1. 青少年时期与苏格拉底之死

从上述时间看,柏拉图诞生于雅典与斯巴达之间长达28年的伯罗奔

---

① 传说"柏拉图"的名字属于柏拉图的体育老师对其取的绰号,他的本名是继承了祖父的名字为"阿里斯多克勒斯"。日本学者田中美知太郎认为,传说中绰号的可信度值得怀疑。那是因为在《申辩篇》(34a)中柏拉图自我介绍时明确说自己是"阿里斯通之子、阿底曼图斯的兄弟柏拉图",在审判法庭这种具有法律意义的公共场所,一般情况下是需要使用本名的,这时候绰号是没有任何法律意义的。而同书(38b)中柏拉图申请作为苏格拉底罚款30穆拉的担保人,愿意作为苏格拉底承担法律责任的存在,此时也是使用柏拉图这个名字。这些都说明第欧根尼·拉尔修所记载的"柏拉图"这个名字属于绰号的说法是值得怀疑的。

尼撒战争（B.C.431—B.C404）爆发后的第四年，这是雅典社会由盛转衰的最混乱时期。显然，柏拉图的童年、少年与进入青年时代都是在雅典政治最动荡的时期度过的。

自从希腊人第二次反波斯入侵的希波战争（B.C.492—B.C.479）取得巨大胜利之后，雅典城邦的民主制进入了全盛时期，为了防止波斯的再次入侵，希腊诸城邦成立了特洛斯同盟，而雅典成为希腊城邦世界名副其实的盟主。可是，拥有强大军事力量的斯巴达不甘处于雅典之下，联合一些城邦脱离特洛斯同盟，成立了伯罗奔尼撒同盟与雅典的霸权相对抗，这就逐渐酿成了爆发于公元前431年的伯罗奔尼撒战争。战争初年，雅典尚处于优势，但到了第二年，雅典发生了大瘟疫，多数市民在瘟疫中丧生，而让雅典受到最大打击的莫过于著名将军伯里克利被这场瘟疫夺去了性命。伯里克利是雅典民主制最著名的领导者，他领导下的雅典城邦是雅典民主制最辉煌、最鼎盛的时期，他的去世使雅典的民主政治失去了向心力，失去了理智的领导核心，从此陷入所谓"众愚政治"的混乱状态。瘟疫和伯里克利去世的双重打击，使雅典的市民由曾经的自信转向悲观，加上战场上屡屡失去优势，从而动摇了雅典民主制的基础。反对民主制的势力不断扩大，终于在公元前411年，亲斯巴达的反民主制的保守势力推翻了雅典民主政体，成立了"四百人会"的寡头制政权。四百人会并没有给雅典带来和平的希望，因此，到了第二年民主制又夺回了政权。然而，无论哪种政权，都无法改变已经陷入政治混乱的雅典衰败的命运，公元前404年，终于以雅典的失败结束了这场战争，以斯巴达扶持的新政权"三十人会"取代了民主制政体。这个新成立的三十人会以柏拉图的舅舅克里提亚为核心（柏拉图的另一个舅舅卡尔米德也是三十人会的成员），由于三十人会上台后实行暴政，大肆捕杀自己的政敌，持续不到一年就被逃亡境外卷土重来的民主制势力推翻，克里提亚在内战中战死。最终，就是这个重新夺取政权的民主制政府，在四年后的公元前399年，把苏格拉底推上法庭，审判并处死了那个时代最清醒的人。

按照当时社会的趋势,柏拉图与当时的其他雅典青年人一样,也希望自己长大之后能够进入城邦的政治社会有所作为,可现实政治风云的变幻使他保持谨慎的态度,最初只是静观,在自己静观的过程中慢慢地由原来的怀疑、失望而最终走向了绝望,其中起决定性作用的就是苏格拉底的审判与处刑。苏格拉底之死成了柏拉图远离雅典现实政治,献身哲学的决定性契机。对于这段心路历程,我们可以从他的《书信集》中的"第七封书信"得到确认:"三十人成了决策一切事务的领导者。在这三十人中,由于有我的亲戚和熟人,他们马上劝我一起参加(城邦的政治事务),(由于自己当时还年轻,所以)当时我想,他们一定能够改变非正义的人们,引导他们采取符合正义的生活态度,从而把这个国家治理好。因此,我对于他们如何运营城邦的治理事务十分关注。可是,没有想到在很短的时期内,就使我感到这之前的国家制度属于黄金时代……这使我感到十分痛苦,从而让自己远离了各种邪恶事件。"

很显然,柏拉图对于有自己亲属参与的"三十人会"寡头制政权,最初抱着积极的态度有所期待,但这个政权很快就让他失望了。"三十人会"政权上台后实行暴政,以非正义的手段捕杀自己的政敌。其中有一个事件是命令苏格拉底等五人前往萨拉米斯逮捕富有的市民勒温,以捏造的罪名处刑后剥夺他的财产。苏格拉底意识到这是一种非正义的行为,没有服从"三十人会"的命令而径自回家了。因此,如果"三十人会"不是很快被推翻的话,恐怕苏格拉底也会在劫难逃。① 但是,柏拉图此时的失望,只是停留在对于"三十人会"所推行的政治的失望,还不是对所有政治的绝望,所以他才会说"这之前的国家制度属于黄金时代"。"三十人会"上台之前的雅典推行的是民主制,所以当"三十人会"被推翻,民主制政治重新掌握政权时,由于推行较为温和的政治而让柏拉图再次看到希望,慢慢又恢复了参政的念头②。然而,让他万万没有想到的是,就

① 《申辩篇》32c—e。
② 《书信集》325a—b。

是这个原以为较为温和的民主制政权,竟然以违反事实、肆意捏造的罪名审判并处死了苏格拉底。在柏拉图眼里,苏格拉底是最热爱自己的城邦、最正直无私、在任何情况下都捍卫正义的人(这种认识我们可以通过柏拉图的哲学得到确认),可是,以正义为灵魂的政治,对于如此追求正义的市民却以最不正义的手段进行审判,这样的政权政体是绝对不可能推行利国利民的政治的。如果参与这样的政治,不但不能实现自己的政治抱负,甚至还会有生命危险。在《申辩篇》(32e—33a)中,柏拉图虽然是通过苏格拉底之口表达了这样的看法,但无疑也体现了柏拉图对于参与现实政治的认识。

就这样,苏格拉底之死使柏拉图对雅典的现实政治彻底绝望,使他深刻地认识到在现实的政治生活中,想坚持正义的行为准则不但不可能,甚至还会有生命危险。面对这种政治现实,柏拉图在深感绝望的同时,从另一种意义上却增强了他对政治更为强烈的关注,这种关注就是在自己的思想里开始冷静反思理想的政治究竟应该是怎样的政治的问题。具体地说就是,作为雅典城邦名门望族、政治世家出身的柏拉图,虽然由于现实城邦的政治混乱以及苏格拉底之死使他从此与现实政治保持距离,不直接参与雅典的现实政治,但在心中绝不是对现实政治背过脸去熟视无睹,相反地,他酝酿着、思索着一种拯救现实政治的可能途径。他从苏格拉底之死中认识到,仅凭个人的力量根本无法改变现实政治,同时也让他痛感到培养出一批拥有共同政治理想的志同道合者的紧迫性和必要性,这也就是他后来创办阿卡德美亚(Academeia)学园的根本契机。阿卡德美亚学园是一所培养政治家的学校。这个学园的许多毕业生被派往希腊各个城邦,为城邦起草法律,从事协助城邦治理的政治事务等,这些事实我们可以从柏拉图的《书信集》里得到确认。因此,阿卡德美亚学园绝对不仅仅只是纯粹学术研究的学究式学校,可以说它是柏拉图把老师苏格拉底的政治思想与自己的政治抱负、参与方式相结合的产物。

2. 游历时期与初期对话篇

苏格拉底被处刑之后,柏拉图跟其他几位苏格拉底弟子一起离开了雅典,开始了长达十二年的游历时期(B.C.399—B.C.387)。在柏拉图思想的形成过程中,以苏格拉底之死为界,他进入了新的成长期。如果说从少年到青年时期的柏拉图主要是耳濡目染苏格拉底的哲学探索的言论与活动,从而对哲学拥有了根本的理解并打下了进行哲学探索的坚实基础的话,那么受到苏格拉底之死的冲击以及此后的游历生涯这一阶段则是柏拉图理解、梳理、消化、发展、升华苏格拉底哲学,从而形成、奠定自己哲学思想不可或缺的时期。

我们从初期对话篇中不难感到,柏拉图对于苏格拉底的哲学探索以及对现实政治的批判精神,表现出会心的体认与强烈的共鸣。然而,在苏格拉底被处死的时候,柏拉图还很年轻,对于苏格拉底探索中所存在的诸多缺少逻辑自洽性的问题,由于苏格拉底没有提供相应的依据,当然也没有为进一步展开论述提供明确的答案,所以,此时的柏拉图还无法完全理解与消化。因而,柏拉图生涯中的游历时期,当然就成了他对于苏格拉底思想与追求的理解、消化并在理论上寻找依据、完善其逻辑自洽性进行阐述的阶段。

在柏拉图初期对话篇中至少存在着以下三个方面的问题是缺少逻辑自洽性的。一是苏格拉底坚持认为自己是"自知其无知"的人,在"自知其无知"的问题中,其所追求的"真知"只有神才有资格拥有,当然这也是他对古希腊先贤古训的继承。那么,既然人无法达到真知,为什么还要孜孜以求?虽然他认为对于"善与美"真知的探索与把握,是人获得"善生(eu zen)"即幸福的保障。既然人唯一称得上智慧的举动只有认识到自己的无知,那么,达不到把握"善与美"真知的人,还有可能获得幸福吗?二是苏格拉底把正义的人生追求作为人的"善生"的根本条件,他的这种追求,在柏拉图的《申辩篇》和《克里托篇》等初期对话篇中得到显著的体现。在《申辩篇》中，他宁可采用激怒陪审员的量刑申告而最终导致死刑的判决也要坚持自己不妥协的立场，而《克里托篇》中，他宁可等待伏刑也不愿越狱逃跑求生等，这些行为的选择，更是他坚持正义行为、拒绝实行非正义的具体表现。这种行为选择当然符合他的一贯立场，即苏格拉底所告诉我们："如果人必须在实行不正义与被不正义所伤害两者之间做出一种选择的话，那我与其行不正义，不如选择遭受不正义（的伤害）"①。然而，如果把这种价值观与他的另一些观点结合起来比较，就会发现其中的不自洽。比如，苏格拉底还认为，每一个人的行为都是因为觉得对于自己是好的、有益的才会去做。那么，苏格拉底宁可选择被不正义伤害也绝不行不正义的事情，这对于他也应该是有益的，好的才说得通。然而，现实中这种益处不但看不到，相反，苏格拉底正因为这种坚持断送了性命。按照一般的理解，人们总是把死亡看成最大的坏事而不是有益的事情。虽然我们在《申辩篇》中可以看到苏格拉底对于死亡表现得从容而淡定，但他对于死后的报偿却没有给予充分的论证，灵魂的存在与否只是关于死亡的几种可能中的一种可能而已。本来在此，他必须对于人死之后灵魂的不死性提供鲜明的立场，只有这样才能对他的观点提供理论基础，才能让人接受他的上述价值观。正如英国著名古典学者厄尔因（Terence.Irwin）指出的那样：苏格拉底"对不死性的信仰和死后的回报的信仰，以此对他那接受正义，使其拥有正当的理由，并没有给予论述"②。

三是苏格拉底通过"问答法"（dialogos）进行哲学探索，对于"X 是什么"进行不懈追求，即后世所谓的普遍定义的追求，这种追求中所寻求的客观存在必须是一种永恒不变的存在。那么，在"X 是什么"中的探索对象究竟是怎样的一种存在？它与现实、现象世界究竟存在怎样的关系？这种存在究竟如何得以确认，具体探索与把握的可能方法是什么？等等，苏格

---

① 《高尔吉亚篇》468b—c。
② テレンス・アーウイン《西洋古典思想——古代ギリシア・ローマの哲学思想》，川田親之訳，东京：东海大学出版会 2000 年版，第 112 页。

拉底只是停留在伦理探索之中,并没有进一步对此以整个存在论与认识论为基础进行探索与揭示。按照亚里士多德的记述,即:"苏格拉底热心地研究人的诸伦理问题,不关心自然世界,只是在伦理世界中探索普遍定义的问题,他是对于定义最初探索的人。柏拉图接受了苏格拉底的教诲,然而进一步认识到,这种定义的追求在感觉事物中是无法实现的,那应该是属于别的种类的存在。"①以上三个问题,是苏格拉底留给柏拉图,或者说,是柏拉图哲学为我们所揭示的苏格拉底探索所存在的问题,也是柏拉图必须面对与进一步探索的问题。

柏拉图的初期对话篇,一般被称为"苏格拉底式对话篇",可以说这些对话篇是柏拉图对于苏格拉底哲学探索的再现。柏拉图通过这些对话篇,为后世的西方哲学史揭示了作为伟大哲学家的苏格拉底之历史性的存在。而这些初期对话篇,正是柏拉图在十二年游历时期完成的,是他对于导师哲学探索的梳理、理解、消化、揭示的结晶。为此,也可以说,苏格拉底死后的柏拉图游历生涯,是他对于苏格拉底哲学探索中存在的问题寻找答案的过程。这种寻找表现在两个方面:其一,从苏格拉底的哲学探索的自身里寻找。那就是他通过再现苏格拉底的哲学对话,即初期对话篇的写作,梳理、理解、消化苏格拉底哲学探索的根本之所在。其二,在苏格拉底以外的哲学思想中寻找苏格拉底探索所欠缺的依据。为此,可以说柏拉图的游历包含着现实的和心灵的(或者思想的)两个方面内容。正是这个游历过程,使柏拉图完成了对苏格拉底哲学的历史性揭示与拓展性继承,与此同时,他也从此脱颖而出,初步形成了属于自己的、具有前苏格拉底自然哲学集大成意义的柏拉图哲学思想。

对于苏格拉底死后,柏拉图离开雅典的原因在学界尚无定论,有两种看法各执一端。一种认为,是柏拉图等遵循苏格拉底的遗言而游历希腊各地,为接触各种优秀思想的需要而出行。在《斐多篇》(78a)中,苏格拉

---

① 亚里士多德:《形而上学》987a34—b12。

底临刑前劝说在场的弟子们在他死后到希腊世界各地,甚至希腊世界之外寻求卓越的人学习,还需要相互之间多探讨。这个记载成为这个观点坚持者的一种依据所在。另一种认为,柏拉图等是为了避免遭受迫害,担心被苏格拉底牵连而出逃的。持这种观点者的理由出自第欧根尼·拉尔修的《著名哲学家生平与著作》(D.L.ii 106)中的记载,柏拉图此行是对于"独裁者们的残酷迫害感到恐惧,因此与苏格拉底的其他弟子一起逃到了麦加拉投奔欧几里得。"不过,学界大多数人认为这个观点站不住脚,因为处死苏格拉底的是民主派政权,并非此前的"三十人会",对于民主派政权,柏拉图认为他们推行的是较为温和的政治,并没有说他们是"独裁者"。即使可以设想在处死苏格拉底之后,柏拉图从原来对民主派"较为温和"的印象变成了"独裁者"形象,以此认定第欧根尼·拉尔修的记载符合历史事实,然而接下来的问题仍然无法解释,那就是柏拉图出行的路线图问题。同样根据第欧根尼·拉尔修的记载,柏拉图的出行路线为麦加拉—居勒尼—南意大利—埃及,这个游历路线可以说是在希腊世界绕了一圈,还到了北非。如果仅仅为了逃亡,柏拉图应该选择麦加拉—提贝—爱利斯等地,这些城邦都属于雅典近邻,也是苏格拉底临刑前在场的其他弟子斐多、西米亚斯、克贝斯等人的祖国,特别是在《克里托篇》中弟子们为苏格拉底设计的越狱逃亡路线也是与这相似的一些地方。为此,认为柏拉图纯粹为了逃亡而离开雅典显然是站不住脚的。

然而,即使这样分析似乎合于情理,也不能完全消除柏拉图离开雅典的原因与避免受到牵连迫害有关的问题。其实,当时苏格拉底基本是作为异己分子,具有动摇雅典的现实政治的危险存在而被处刑的,虽然表面上是因为其哲学探索得罪了别人所致。为了安定政局,消灭异己存在,消除现实政治的危险因素是一切政治实行统治的通用手段。在当时的雅典,这种现象时有发生。更何况柏拉图除了作为苏格拉底的弟子之外,更为重要的,他还是此前"三十人会"政权的核心人物的亲属,其家族基本属于保守势力的阵营,容易受到牵连是可以想象的。为此,对于这个问题比较合理的看法应该是,上述两种观点综合起来,柏拉图的出走最初应该是避免受到牵连、是为了逃避迫害而成行的。他在这期间开始撰写初期对话篇再现苏格拉底的探索,由于逐渐感到苏格拉底的思想需要更多新的理论才能得以阐释,就开始遵循苏格拉底的遗言,到希腊世界以及之外的地方寻求智慧,这才有了第欧根尼·拉尔修所记载的游历路线图(也有学者提供了不同的路线顺序,但所到之地基本一致)。

　　除了上述柏拉图游历原因存在争议之外,对于这十二年游历中柏拉图是否都在国外,何时回到雅典等问题也是不明确的。根据记载柏拉图曾经三次从军,参加过塔纳格拉战役、科林多斯远征、德里恩战役,而雅典的科林多斯远征发生在公元前394年。如果事实如此,柏拉图在公元前394年一定回过雅典。还有,根据柏拉图《书信集》中的"第七封书信"记载,在公元前387年他初次前往南意大利,并计划外地去了西西里岛上的叙拉古,即柏拉图的第一次西西里之行。根据一些学者的研究,柏拉图这次去南意大利是从雅典去的。这些资料都表明,所谓的十二年游历时期,并不是指柏拉图一直都在希腊以及世界各地漂泊,在这期间他应该也回到过雅典居住,初期对话篇,应该就是在这期间完成并在社会上流传开来的。而柏拉图完成第一次南意大利——西西里之行,历经艰辛回到雅典后,创办了历史上著名的阿卡德美亚学园,这成了他的游历时期结束的标志。从此,柏拉图进入了人生的阿卡德美亚学园主持时期。

3. 阿卡德美亚学园与第一次西西里之行

　　在柏拉图一生中有过三次西西里之行,并且每一次都让柏拉图经历九死一生的磨难才回到雅典。正因此,大凡介绍柏拉图的生平资料都会涉及他的三次西西里之行,这对于理解柏拉图哲学,特别是其政治思想的形成是一种不可或缺的内容。而柏拉图创立阿卡德美亚学园与他第一次南意大利——西西里之行之间有着一定的关系。

　　根据柏拉图的"第七封书信"①,他初次到南意大利和西西里的叙拉古是在公元前 387 年,那时他关于"哲人王"的政治理想已经有了思想的雏形。由于对雅典的现实政治感到晕眩,柏拉图深感要改革现实政治的恶弊,除了让哲学与政治结合之外没有其他出路,因此,他出发前往南意大利游历,而后来却计划外地去了西西里的叙拉古。根据普鲁塔尔克斯《英雄传》中的"狄恩传"记载,在叙拉古的柏拉图,由于在僭主面前谈论德性问题时得罪了僭主狄奥尼修斯一世,引起僭主的强烈不满,在狄恩的劝说与帮助下虽然死罪获免,然而活罪难逃,结果把他交给了与雅典交恶的斯巴达船队带走。这个船队在途中把柏拉图送到埃基拉岛上的奴隶市场当作奴隶出售,恰好被曾在居勒尼结识的朋友安尼克里斯遇到,他就把柏拉图买下送回了雅典②。

　　对于柏拉图第一次的西西里之行,学界围绕着这样几个问题展开了争论:柏拉图此行的契机或者说动机是什么? 柏拉图的理想政治制度蓝图是否受到毕泰戈拉学派的影响?

　　关于此行的动机说主要有三种观点。一说柏拉图是为了去看西西里岛上的爱多拉火山的喷火口而从南意大利顺路去的,到了西西里之后,被叙拉古的僭主强行邀请去了叙拉古朝廷觐见狄奥尼修斯一世。另有一说认为是柏拉图在南意大利认识了狄奥尼修斯一世王妃的弟弟狄恩,狄恩对柏拉图的思想产生了强烈的共鸣,为此邀请柏拉图去他的城邦,希望协助改革弊政。不过,这两种观点都缺少充足的依据。更为重要的是柏拉图在"第七封书信"中未有一字提及受到狄恩邀请的事实,只是说自己计划外地走访了叙拉古,而当时的狄恩也只是一个二十多岁的年轻人③。还有一种研究资料表明,柏拉图是为了寻求消失在西西里岛上的菲罗劳斯(Philolaos)的毕泰戈拉学派教说的三卷秘籍而去的。上述的三种观点

---

① 参照《书信集》324a,326b。

② 参照第欧根尼·拉尔修:《著名哲学家生平与著作》iii.20。

③ 参照《书信集》326d。

各持己见,莫衷一是。

而谈到柏拉图的理想政治制度蓝图是否受到毕泰戈拉学派的影响,则不得不对背景稍作介绍。西西里是毕泰戈拉学派活跃的地方,根据记载,当时这个学派的主要代表是阿尔基塔斯(Archytas),他是塔拉斯(Taras)城邦的领导者,也是当地著名的有德之士。英国古典学者格思里认为,阿尔基塔斯所推行的温和民主政治以及他的政绩,对柏拉图在《理想国》中提倡政治与哲学相结合的"哲人王"统治思想产生了影响。也就是说,"哲人王"可能是以阿尔基塔斯(Archytas)为原型的产物。但这个观点与上述"第七封书信"中柏拉图的自述内容,即他出行之前就已经有了"哲人王"政治理想蓝图的内容有冲突,在学界并不被多数人认同。然而,南意大利之行过程中,柏拉图所接触的毕泰戈拉学派的教团组织形式,对于他回到雅典后创立阿卡德美亚学园,其影响是不可否定的。甚至有一些学者认为,柏拉图在出发前已经有了创办学园的构想,他迫切地要到南意大利去,就是为了深入了解毕泰戈拉教团的运营与组织情况,为自己此后创办学园取经。总之,柏拉图的南意大利之行,对此后柏拉图的生活与思想都具有重要的意义,而其中计划外地走访了西西里岛上的叙拉古,更是为柏拉图后半生的生活状态埋下了伏笔。

需要注意的是,第一次南意大利之行,柏拉图与阿尔基塔斯结下了深厚的友谊,而阿尔基塔斯领导下的塔拉斯与西西里岛上的叙拉古之间拥有友好的关系。那么,我们可以推断,柏拉图第一次到南意大利时,很可能从阿尔基塔斯那里了解到叙拉古这个城邦的一些情况,而且传闻狄奥尼修斯一世对于学问非常热衷,再加上风闻西西里岛上有毕泰戈拉学派的秘籍存在,那么,柏拉图所谓"计划外"地产生了走访这个地方的想法实际上应该是很自然的事情。总之,无论什么原因,此行对于柏拉图以后的人生产生了巨大的影响,从而成为研究柏拉图生平与思想不可或缺的内容。

传说经过九死一生的游历而回到雅典之后,柏拉图的友人们立即筹集了资金托人送还安尼克里斯,不过安尼克里斯没有接受这笔钱。柏拉图就以这笔资金在雅典西北郊外阿卡德摩斯圣域内的体育场附近购买了一个小庭园,建立了历史上著名的学园,取名阿卡德美亚。

阿卡德美亚学园创立于公元前 387 年前后,一直到公元 529 年被罗马皇帝尤斯忒尼亚斯勒令关闭为止,前后持续了 900 多年,成为欧洲乃至当今世界学院派学问传统形成与确立的原型和典范,对于该学园的这种历史评价已成学界共识,后世所谓"学院派"性质的学问,其单词 academy 即起源于此。阿卡德摩斯建在阿卡德摩斯圣域,据说这里供祀着雅典娜、赫拉克勒斯、普罗米修斯等诸神。相关研究认为,学校选址在这个地方,与当时申请创办这样学校的性质规定有关。当时的雅典除了宗教结社之外,其他任何形式的结社都不被允许,因而阿卡德美亚最初是以宗教团体的形式开始的。柏拉图在学园内供祀缪斯女神们,每月还要举行共同的礼拜与宴会等貌似祭祀的活动。不过,后世的研究者们一般认为,这些只是形式上采用了宗教结社的方式,而学园在实际内容上,可以说它是人类历史最初的真正意义上的学校。

关于柏拉图创办阿卡德美亚学园的目的,一般认为与他的政治理想密切相关。如前所述,柏拉图以苏格拉底之死为契机,从此远离了雅典的现实政治,但他对于政治的关心却更为强烈,理想的政治应该是怎样的制度与形态,这是他一直思考的问题。他从苏格拉底之死中认识到,仅凭个人的力量无法改变城邦的政治现实,那么,培养一批志同道合者共同参与政治制度改革是必不可少的。而要培养这些志同道合者,创办学校将是最好的途径,伊索克拉底修辞学校就是其先例。柏拉图年轻时所目睹的是苏格拉底在雅典市街、广场、剧院、竞技场门口等公共场所到处找人问答,促使人们认识自己的无知,从而使人的灵魂得以转向的宣教、布道式教育实践活动。苏格拉底死后经过十多年的游历时期,此时的柏拉图意识到,如果把苏格拉底的教育思想、问答式的探索方法,以学校的组织形式进行持续性的人才培养,一定会取得更为显著的效果。这应该是柏拉图决定创办阿卡德美亚学园的根本动机与目的所在。而事实正如柏拉图的预期,阿卡德美亚学园创办之后,除了哲学人才的教育培养之外,更为重要的是为希腊的城邦国家培养了一批又一批政治人才。我们从柏拉图的《书信集》可以确认,当时的学园应各个城邦的要求,把学员派往各地协助政治事务。正因为如此,阿卡德美亚学园并非纯粹学究式的教育机构,更为重要的,它是一所培养政治家的学校。

4. 晚年时期与第二次、第三次西西里之行

柏拉图担任阿卡德美亚学园的主持(相当于校长),是从公元前387年前后该学园的创立开始,一直到公元前347年去世为止。也就是说,柏拉图从40岁开始到80岁辞世的后半生,一直都是阿卡德美亚学园的教育者、领导者。由于柏拉图的思想在这四十年的前后并不完全一样,所以这段时期可以分为前半期与后半期。前半期为创办学园后的前二十年,这一期间柏拉图专心致力于学园的建设与教育,以及中期对话篇的写作,在此期间苏格拉底的哲学得到了发展,柏拉图也确立起了自己的哲学思想。一般认为,《斐多篇》、《理想国》、《斐德罗篇》、《泰阿泰德篇》、《巴门尼德篇》等完成于这个时期。特别是《理想国》的完成,使他的理想政治制度有了完整的理论。所以,这段时期一般作为前述的学园主持时期。而后二十年则以公元前367年的第二次西西里之行为界,属于柏拉图的晚年时期。在这个时期,柏拉图除了继续他的学园管理、教育与哲学著述之外,更为显著的特征是寻求实现理想政治的实践活动,第二次与第三次的西西里之行就是这种实践的具体表现。综上所述,便将柏拉图的一生进行了前述的四个分期,把后半生的四十年划分为学园主持期与晚年期。

其实,作为学园主持的柏拉图,在学园中起到了怎样的作用以及采用了怎样的教育方法,由于相关资料匮乏而极不明确,对于这些问题学界只能根据零星的历史资料推测。现在学界比较一般的看法是,阿卡德美亚学园并非采用系统的讲义式的教育,而是根据苏格拉底曾经采用的一问

一答的问答形式,作为教育者的柏拉图只对学员学习做助言、论点批评、研究问题设定等辅助性指导。学员中分为年少学员与年长研究生,柏拉图为这些学生设定相关的研究问题。年少学生相互之间探讨,如果找不到答案,便让他们继续从头开始探讨,这一点我们可以根据当时描写柏拉图的喜剧作品资料做出如此推断。而对于年长研究生,则根据个人的学术倾向让其从事个别问题的专门研究。比如,在《理想国》(528b—c)中所谈到的,关于在研究者们之上还需要研究指导监督者存在的观点,在部分出土的与学园相关的资料残片中也谈到,在学员的学习过程中,柏拉图是"作为起栋梁作用的人"、是"问题的设定者"等,这些与《理想国》中的观点也基本相符。学者们正是通过具体著作和相关资料的研究、梳理辨析勾勒出作为教育者的柏拉图所采用的上述教育法。

当然,学园的运营经费从何而来也是人们关注的问题。根据相关资料显示,对于进入阿卡德美亚学园学习的学员,应该是不收任何学费的,只有这样,才能符合柏拉图对于向学生收取学费的智者学派所展开批判的立场。另一方面,一般认为,经历了伯罗奔尼撒战争的柏拉图家族逐渐走向衰败,已经没有财产可供柏拉图经营学园而从事学问研究。那么,经费从何而来?据说当时学园的土地种植了一些果树,相关的体力劳动由柏拉图家中的奴隶进行,果园收入可能是柏拉图的主要生活来源。另外,学园还可能得到来自叙拉古方面的经费资助。其实,第一次西西里—叙拉古之行,柏拉图虽然历经磨难才回到雅典,但他仍然收获巨大,最主要的就是遇到了狄恩。

有一种说法,狄恩对于柏拉图,犹如当年柏拉图对于苏格拉底一样,对其政治思想产生了强烈的共鸣。而柏拉图也从狄恩身上看到了年轻人超群的素质以及对于实现理想城邦的希望。两人很快成了忘年之交。如前所述,狄恩是狄奥尼修斯一世的妻弟,后来又成了僭主的女婿,这样与狄奥尼修斯一世就亲上加亲了。狄恩拥有理解柏拉图哲学,特别是政治理想的良好素质,而柏拉图也在他的身上看到了实现政治理想的媒介。

由于狄恩对当时的叙拉古宫廷的糜烂生活深感不满,对于自己城邦的未来充满忧患,所以,他对于柏拉图的哲学与政治思想非常倾心,两人从认识开始就结下了深厚的友谊。然而,狄恩是一个心高气傲、绝不妥协的人,对于自己祖国的道德重建怀抱着比较激进的思想。这与柏拉图的气质很不一样,柏拉图的政治理想并非激进的思想。狄恩希望国家制度能从现实的种种弊端中解救出来,为此对柏拉图提出的"哲人王"统治理想产生共鸣。而这个理想在柏拉图看来,只是对于现实国家制度进行一次"小小变革",即让哲人为王,或者现有的统治者进行哲学探索,把政治与哲学结合起来即可。也就是说,柏拉图的变革思想是通过改良,而不是暴力革命的方式。为此,柏拉图曾经劝诫过狄恩,变革不能采取激进的方式①。然而,由于狄恩的激进气质无法改变,为柏拉图的后半生,特别是晚年期的磨难埋下了种子,柏拉图的第二次、第三次西西里之行都与狄恩有关。

柏拉图第二次西西里之行发生于公元前 367 年,也就是阿卡德美亚创立二十年之后。在过去的二十年时间里,柏拉图一方面专心致志于学园的建设、管理、教育工作,一方面潜心于中期对话篇的写作。如前所述,此时的柏拉图已经完成了《理想国》这部巨著。一般认为,柏拉图的《理想国》完成于公元前 377 年至前 367 年之间,这也就意味着此时他的理想国家制度与应该如何得以实现的构想等问题已经思考成熟。那么,接下来就是寻找地方进行实践验证的问题。正在这个时候,他收到了来自于叙拉古的狄恩的邀请。

在柏拉图潜心学园进行教育与著作活动的二十年里,叙拉古的政治形势发生了很大的变化。狄恩成了狄奥尼修斯一世的女婿之后,在宫廷中的权力与地位得到了巩固。然而,到了公元前 367 年,僭主得病去世,其子作为后继者成了狄奥尼修斯二世。这个二世在性格上缺少坚定性,

---

① 参照《书信集》321b—c,331d。

更不具备良好的学识与教养。僭主一世去世,即位的狄奥尼修斯二世只听信谗言、沉溺于糜烂的宫廷生活。对此,位居权力中枢的狄恩当然竭力谏言(这也促使了那些只会讨好僭主的反对派开始挑拨离间的蓄谋)。为了让新僭主获得民心,需要新僭主积极向善,努力引领国民寻求幸福,把闻名希腊世界的大哲学家柏拉图从雅典请来,对年轻的僭主进行哲学教育,并且利用柏拉图的声望也可以提高国民对年轻僭主的信赖,此举可谓一箭双雕。所以,邀请柏拉图来访成为狄恩稳定政局的当务之急。狄恩派使者到雅典,说服柏拉图前往叙拉古教育年轻的僭主。柏拉图最初虽然有些踌躇,但考虑到狄恩的友情(其中可能也包含着狄恩对于柏拉图的阿卡德美亚运营中的资助因素,实际情况不详),特别是狄恩的劝说来信让他消除了其余顾虑。在信中谈道:"当今正是你所希望的同样一个人成为哲学家与(作为)大国的统治者(的理想政治)可以实现的时候吧!"①狄恩这种直逼"哲人王"理想的劝诱让柏拉图意识到:"如果有人曾经企图实现自己已经思考过的法律与国家制度,当今正是必须尝试的时候……为什么呢? 因为仅仅只要说服了一个人,我就可以实现所有的善事。"为此,柏拉图决定应邀前往叙拉古。当然,在这里有必要附带说明一句:正是这一年,恰好 17 岁的亚里士多德从马其顿来到雅典,进入阿卡德美亚学习。

　　柏拉图的到来受到年轻僭主的盛大欢迎,宫廷的风气也一反往常,从原来的整日宴饮歌舞,一下变成了人人探讨哲学、热衷几何学。传说为画出几何图形,把沙子撒在地面上,以致宫廷中尘土飞扬。这种极端变化多少有些奇妙,但也说明年轻僭主的性格中存在着两种极端的倾向,在柏拉图抵达叙拉古四个月后,这种性格的极端性质就得到了印证。由于担心年轻僭主的转变,狄恩的对立派拥立可与狄恩相抗衡的人选,并对狄恩展开了造谣、诽谤、陷害等攻击活动。在这种阴谋的攻势下,年轻僭主从最

---

① 　参照《书信集》327e—328a。

初的信赖转向对狄恩的怀疑,最终以敌对国卡尔达格的书信事件为契机,不给狄恩有任何辩解的余地,将他驱逐出国。然而,对狄恩的这种处置引起了国民的不满,为了安抚国民,一方面以狄恩暂时到国外旅行来搪塞,另一方面挽留柏拉图以使丑行不传到国外,并能够对狄恩所谓出国旅行的搪塞自圆其说。为此,柏拉图被安排搬到了城邦的卫城(Acroporis)之上居住,并派数名士兵守卫。事实上,柏拉图几近处于软禁状态。而此时,年轻僭主对柏拉图表现出热恋般的爱戴,热心倾听柏拉图的哲学教导,对柏拉图的热爱程度甚至超过了狄恩。这让柏拉图一时看到了希望,便暂时安心滞留下来。公元前366年秋天,叙拉古与卡尔塔格、路加尼亚之间爆发了战争,柏拉图说服了年轻僭主让自己回国。临别时,柏拉图与僭主之间达成了一些与狄恩有关的私下协议。就是为了让狄奥尼修斯二世履行协议内容,促成了之后柏拉图的第三次西西里之行。

柏拉图的第三次西西里之行在公元前362至前361年,当时,柏拉图已经65岁高龄了。第二次西西里之行归国后,一般认为柏拉图继续生活在阿卡德美亚潜心于教育与著述,具体情况不详。不过,这期间有一件事情比较明确,那就是不久之后被叙拉古驱逐出境的狄恩来到了雅典,进入阿卡德美亚学习,并与柏拉图外甥斯潘西普斯(Speusippus)成为好友。一般认为,与斯潘西普斯的交游是柏拉图的有意安排。但从狄恩与斯潘西普斯两人之间教养与学识、趣味上相近来看,物以类聚应该是自然而然的事情,与柏拉图有意安排不一定有直接关系。

之所以会有柏拉图的安排之说,是因为此时柏拉图必须稳住狄恩,不让他在流亡期间轻举妄动。这也是柏拉图与年轻僭主之间的约定之一:柏拉图获准离开叙拉古时,僭主答应他的请求,即在战争结束后马上解除对狄恩的驱逐令,让狄恩回国;狄恩在国外流亡期间,从他的领地中所获得的收入都寄给狄恩,让他在国外的生活有所保障。与此约定的交换条件是柏拉图要让狄恩在国外不轻举妄动,同时对其所见闻的僭主的不义行为保证不在希腊世界中散布流传。狄恩到了雅典之后,由于他的良好德性与涵养,很快交往了许多著名市民并得到许多人的仰慕与尊敬。此事传到叙拉古之后,年轻僭主既羡慕又嫉妒,为此不再继续为狄恩寄钱。柏拉图为了回应这种违约的行为,就在哲学家之间谈论僭主的丑行。年轻僭主由于学识有限,虽然也发动一批博识之士与此论争,仍然无济于事,终于又产生了再度邀请柏拉图来朝,让自己继续拜师学习的想法。因此,战争一结束他马上派使者来请柏拉图。尽管传闻僭主此时更加热心于哲学研究,但柏拉图担心这又是僭主一时冲动所致,便以自己年迈和僭主违约为由拒绝了邀请。僭主决不罢休,在请南意大利的阿尔基塔斯等毕泰戈拉学派的柏拉图朋友们说情仍然遭到拒绝的情况下,最后竟派出军舰让柏拉图的朋友前来雅典迎接。礼节都到了这个份上,加上也想为狄恩与僭主之间的矛盾调解,敦促僭主履行曾经的约定,最终柏拉图接受了邀请。柏拉图带着斯潘西普斯一同上路,第三次踏上了前往西西里的旅途。

柏拉图到达叙拉古之后,不仅得到僭主的热烈欢迎,就连叙拉古市民们也欢欣鼓舞,大家都希望柏拉图的到来,能够击败以皮里斯多斯为代表的反狄恩势力。年轻僭主为了讨好柏拉图,送其大量金钱财物,当然,柏拉图并没有接受。柏拉图此行目的是要敦促僭主履行协约,并且激发他对于哲学的真正热爱。然而,结果同样让柏拉图失望。年轻僭主只是想通过与著名哲学家柏拉图结交提高自己的知名度,只是为了自己的名誉而利用柏拉图的名声而已。甚而,不但不履行协约,还把狄恩的财产私自处理,强行把狄恩的妻子改嫁他人。对此,柏拉图愤怒至极,决定立马回国。僭主表面上仍然尊重柏拉图,而实际上却命令不许让任何船只出航。此时,恰好爆发了佣兵骚乱,由于柏拉图为骚乱主谋者说情,僭主索性就让柏拉图搬到城外住到佣兵营中去。然而,这对于柏拉图来说存在着生命危险:柏拉图一直劝说年轻僭主要过上不需要士兵护卫的生活,这意味着让僭主削减佣兵,有一些佣兵将面临失业,这些佣兵憎恨柏拉图。在这种情况下,柏拉图给阿尔基塔斯去信求救,在阿尔基塔斯的斡旋与帮助下,柏拉图终于得以从叙拉古脱身离去。

　　柏拉图从西西里乘船先到塔拉斯停留,恰逢奥林匹亚庆典就顺路经由奥林匹亚,狄恩也来此会合。狄恩听了柏拉图的遭遇之后怒火中烧,决定举兵复仇。柏拉图以自己已经年迈而婉拒共谋,但阿卡德美亚学员中有多人参加,其中也有斯潘西普斯。狄恩举兵革命很快取得成功,他马上着手城邦弊政的改革。然而,改革总是要触及一些顽固势力的切身利益,为此,仅过四年狄恩就被人暗杀了,一场为实现理想政治的改革实践就此落下帷幕。从此,柏拉图拒绝与现实政治之间的一切关系,平静地潜心学园的教育与埋头著述,传说中柏拉图没有形成文字的不成文教说之一《关于善》的一次讲义,就是在这个时期。而后期著述的对话篇中除了《蒂迈欧篇》之外,他所思考的仍然都是与政治相关的问题,比如《政治家篇》、《智者篇》等,最后未完成的大著《法律篇》,更能说明柏拉图哲学的关心之所在。可以说,柏拉图的哲学思想,基本都是围绕着他的理想政治思考而展开的阐述。公元前347年,80岁高龄的柏拉图在朋友家的婚宴上平静地离世,那应该是一种无疾而终的幸福谢幕。

5. 柏拉图的著作

　　柏拉图的著作,除了《申辩篇》和《书信集》之外,其他的都是以对话的形式写成的。所以往往称之为“柏拉图对话篇”。传至今日有35个对话篇加上由十三封书信编成的一部《书信集》。除了其中部分著作仍存在真伪问题争论之外,有28个对话篇基本确定为出自柏拉图。这些对话篇大多数以出场主角的人名为篇名,只有一部分取自对话中所探讨的问题,如《理想国》、《政治家篇》、《法律篇》等,当然也有极个别的以对话发生的场景为题,如《会饮篇》。这些作品在罗马时代,由托拉叙罗斯整理、分类,编纂成九个四部作品集。近代以来,学者们首先对各个对话篇的真伪进行鉴别,接着是对于每一个对话篇的写作年代的断定展开研究。现在基本上采用的是以文体特征为基准进行写作时期的断定,对柏拉图的全部著作,进行了初期、中期、后期的写作时期区分,各个时期的主要著作大致如下。

初期著作(一般认为,这些对话篇基本上完成于游历时期):《申辩篇》、《欧叙弗洛篇》、《克里托篇》、《卡尔米德篇》、《拉凯斯篇》、《普罗泰戈拉篇》、《小希庇亚斯篇》、《吕西斯篇》、《高尔吉尔篇》、《美诺篇》、《克拉底鲁篇》等。

中期著作(完成于学园主持前期):《会饮篇》、《大希庇亚斯篇》、《斐多篇》、《理想国》、《斐德罗篇》、《泰阿泰德篇》、《巴门尼德篇》等。

后期著作(学园主持后期+晚年时期):《智者篇》、《政治家篇》、《蒂迈欧篇》、《克里提亚篇》、《斐勒布篇》、《法律篇》等。

上述各个对话篇的分期,并非完全的定论,特别是中期的《巴门尼德篇》、《斐德罗篇》、《泰阿泰德篇》和后期的《蒂迈欧篇》写作时期仍然存在着争论。而后期对话篇中除了《斐勒布篇》、《法律篇》等可以确定之外,其他的与中期存在着各种关联。有一种观点认为,中期对话篇还应该再分为前半期与后半期,两个时期之间的时间跨度很大。为此,中期的《巴门尼德篇》、《泰阿泰德篇》与后期的《智者篇》、《政治家篇》、《蒂迈欧篇》等,这些有可能都属于中期后半期的著作,或者可以归入晚年时期,都属于后期著作才比较合理。所以,有些学者坚持认为,柏拉图的后期对话篇,应该是从《巴门尼德篇》之对于"理型论"的批判以及《泰阿泰德篇》对于"知识是什么"问题进行彻底的再探讨开始的。

从上述的区分可以看出,初期对话篇是他梳理、再现、理解、消化苏格拉底哲学探索的时期,这是柏拉图哲学思索的出发点所在。苏格拉底"自知其无知"的求知精神,对于"善美之知"的执着探究,苏格拉底的人格魅力以及追求"善生"的伦理精神本质等,都是柏拉图必须面对和重温的问题。而到了中期对话篇就显然有所不同,柏拉图已经从苏格拉底哲学中脱颖而出,正朝着确立自己哲学的方向上升,灵魂观的确立、理型论的建构、回忆说的完成、理想政治制度思考的成型等,都在这个时期达到了顶峰。不过,来自外界的对于"理型论"的批判也应该是在这个时期开始出现的:吸收批判者的建设性意见,同时为了对这种批判做出积极的回应,属于中期的后半期或者后期的著作《巴门尼德篇》,可以代表此时柏拉图的自我批判与反思的姿态。而在经历了第二次、第三次西西里之行的挫折以及狄恩的政治变革的失败,使柏拉图认识到,在现实中要实现自己的理想政治还存在着巨大困难,这体现在其后期代表性巨著《法律篇》所表现出米的对于《理想国》中的政治思想的修正。

以上这些内容,充分体现了柏拉图哲学思想一直处在发展的过程。从苏格拉底所探索的问题出发,逐渐形成自己的哲学思想,接着开始对自己的思想展开批判和修正。这种过程,恰好符合由苏格拉底—柏拉图所界定与确立的"哲学",即"爱智慧(Philosophia)"这门学问的精神本质特征,更显示了作为"哲学家"永远只是"爱智者",并非"有智者"的存在特征。就这样,柏拉图作为哲学家,即"爱智者"的一生,当然永远都处在探索的路上。

二、柏拉图哲学中的苏格拉底

在上节谈柏拉图的生平时,说到苏格拉底的存在影响改变了柏拉图人生道路的选择。然而,历史上的苏格拉底的存在却是极其不明确的。苏格拉底,这个作为西方哲学思想史划时代的人物,在学术史上一般认为他是把哲学从天上呼唤到地上的人①。关于他的各种传说很多,而对于他的真实情况却无法给予正确的把握。除了公元前399年,在他70岁时被雅典民主制政权审判处刑,饮鸩而死,以及他一生述而不作,没有留下一行文字之外,其他的史实都无法确认。历史上有关他的生活和思想记载,主要是从阿里斯托芬(Aristophanes B.C.427—B.C.388)、色诺芬(Xen-

---

① 参照西塞罗:《在图斯科拉努穆山庄的论稿》第五卷第四章第十节(Lobe 古典丛书)。

ophon B.C.？—B.C.355?）、柏拉图的著作里获得的相关资料。而这三种资料所描绘的苏格拉底却不尽相同。我们不难看出，阿里斯托芬的喜剧中的文学形象，反映了当时社会对于苏格拉底的误解和评价，色诺芬记录了作为常人的苏格拉底，只有柏拉图是苏格拉底思想的真正理解者，虽然他对苏格拉底有美化、理想化的一面，但仍然是为历史记载了哲人的苏格拉底。为此，关于苏格拉底的哲学思想，一般是凭借柏拉图著作中所提供的相关内容得以把握的。正如人们所熟知，柏拉图的著作中，除了最后的《法律篇》和《书信集》之外，其他的全部都是以苏格拉底为对话主人公而展开阐述的。要了解哲人苏格拉底，柏拉图哲学著作是其他任何史料都无法替代的。当然，还有亚里士多德哲学中谈到的苏格拉底，因他与苏格拉底已经是隔代的人，并且没有亲历苏格拉底生前的哲学活动，所以，他的资料一般也只是作为确认苏格拉底的历史性存在才具有价值。总之，要了解柏拉图哲学，当然首先遇到的就是关于苏格拉底的问题。具体地说就是，必须首先了解苏格拉底存在的历史性问题，把握柏拉图所揭示的苏格拉底是一个怎样的哲学家，以及应该如何理解柏拉图哲学与苏格拉底关系等问题。

1. 苏格拉底问题

关于苏格拉底的存在问题，在 20 世纪出现过两个极端的最具代表性的相互对立学说，即著名的伯奈特—泰勒学说和吉贡学说。前者把哲学史上苏格拉底的存在提到了前所未有的醒目地位，而后者与之相反，认为历史上的苏格拉底是一种"不可知的东西"。①

在西方哲学史上，一般都认为"理型论"的创始人是柏拉图。然而，

---

① 关于这个问题，日本东京大学教授齐藤忍随在其《几度都是苏格拉底的名字》一文中做了详细的梳理与阐述，由于缺少吉贡的文献，下面内容一部分借用了齐藤论文内容的简单概述，详细请参照齐藤著作《幾度もソクラテスの名を》（みすず書房1986 年版）。而更为具体内容请参考伯奈特、泰勒和吉贡的相关论著。

到了20世纪上半叶,英国的两位著名古典学者伯奈特(J.Burnet)和泰勒(A.E.Taylor)的研究认为,"理型论"属于苏格拉底的哲学思想,这无异于具有改写哲学史的意义。他们的研究表明:(1)柏拉图的《申辩篇》只是再现了历史上的苏格拉底审判事件,柏拉图只是记录了苏格拉底这个哲人在法庭上的从容形象。(2)苏格拉底刑死之前的最后一次问答场景的《斐多篇》中,灵魂不死的思想以及与"理型论"相关的阐述都是苏格拉底的学说。(3)《会饮篇》中的恋爱论思想也只是柏拉图转述苏格拉底从女巫处听来的一篇关于对"美的理型"恋爱的讲述。(4)在"理型论"中阐述的追求观照"善的理型"的哲人,同时必须是国家统治者的《理想国》中"哲人王"构想等,这些柏拉图哲学中从初期到中期的几个重大问题,都是柏拉图对于公元前5世纪哲学家苏格拉底思想的再现性描述,并非柏拉图的思想。

根据伯奈特的《柏拉图主义》(1928年)一书中的看法,公元前5世纪的雅典属于伯里克利时代,但我们对于这个伟大时代的历史,特别是思想史所知甚少。诞生于伊奥里亚与南意大利的自然哲学思想在这个时代出现了大融合,苏格拉底就是这个融合的代表。然而,苏格拉底没有留下任何著作,只有柏拉图为我们记载了这个时代的知识奇观。如前所述,在苏格拉底死后不久,柏拉图接二连三地发表了有关苏格拉底的对话篇,其目的并不是阐述自己的观点,而是忠实地再现老师苏格拉底的思想。而在阿卡德美亚创立之后的对话篇,其目的与之前青年时代的著作完全不同,那是由于他在再现苏格拉底的对话篇写作过程中遇到了诸多问题,也产生了一些自己感兴趣的问题,所以写出来与弟子们共同探讨。因此,《法律篇》除外,其他的对话篇中虽然也出现苏格拉底,但其论题可以归属于苏格拉底的只有《泰阿泰德篇》和《斐勒布篇》,其余的对话篇中苏格拉底已经不再是对话的主人公,都是柏拉图已经拥有了自己的哲学问题与思想而展开的哲学论述。因而,伯奈特认为柏拉图哲学中其实有两个柏拉图存在,一个是最初作为剧作家描绘苏格拉底的年轻柏拉图,一个是作为学园主持需要向学生们传授哲学思想的老年柏拉图。年轻的柏拉图只是再现了苏格拉底的哲学，而阿卡德美亚学园创立之后的老年柏拉图（这个时期对应的是前述柏拉图作为学园主持的后期，即生平中的晚年时期）才开始拥有自己的哲学。与此观点相呼应，泰勒出版了《苏格拉底》（1932 年）一书，其观点与伯奈特基本相同。他认为苏格拉底驾驭着独特的对话技巧，以锐利的理性把握能力论驳对手所坚持的通俗的、固有的观念与偏见，让对方自发地产生"对灵魂操心"的觉醒。可以说，苏格拉底是一个出色的否定议论高手，同时积极地建构了超越于人们感觉的"理型"世界，从而成为欧洲最初的、真正意义上的形而上学者。

上述两位学者的这些观点，在 20 世纪的西方学术界引起了巨大反响，他们的观点打破了欧洲两千多年来哲学史的定论，让人们感到否定传统的快感，从而使苏格拉底的存在显得异常醒目，他们的学说一般被统称为"伯奈特—泰勒学说"。然而，事情往往物极必反。也许是受到这种异常学说的刺激，瑞士古典学者奥洛夫·吉贡（Olofu.Gigon）也出版了《苏格拉底》（1947 年）一书，相反地，他对苏格拉底的存在展开了史实性质疑。

吉贡的学说，当然也是属于一种大胆的否定传统的学说。不过，他是反过来对苏格拉底这个人存在的历史真实性问题进行质疑。他通过各种史料的分析研究，提出了苏格拉底的存在是一种"不可知的东西"的观点。比如，他指出一般在记载历史人物时，最不允许具有虚构性内容的就是对象的家族背景、家庭关系等问题。可是，在柏拉图的《斐多篇》里提到临刑前的苏格拉底有三个孩子，其妻是有名的克珊提蓓（Xanthippe）。而在亚里士多德的著作《残篇——论门第》（Rose[3] 93）中，苏格拉底却有两个妻子，原配是克珊提蓓，后来又娶了密尔朵（Myeto）。[密尔朵是雅典著名政治家、以清廉闻名的阿里斯泰德斯（Aristaides）将军的女儿。将军由于清廉而家道日衰，甚至传说连自己葬礼的费用都没有。由于无法为女儿置办嫁妆使女儿嫁不出去，而苏格拉底迎娶了没有嫁妆的密尔朵，他认为如此有作为的父亲生下来的才是真正高贵的孩子。]因此,苏格拉底的三个孩子中,长子普诺克勒斯为克珊提蓓所生,而另外两个儿子索普诺尼斯克斯和麦勒克塞诺斯都是与密尔朵之间生的孩子。以上这种记载的不一致性,是吉贡怀疑苏格拉底存在的出发点。他认为,单纯的家庭关系的记载都如此不一致,那么构成历史上苏格拉底存在的所有史料都是值得怀疑的。

首先,作为苏格拉底存在的最重要史实就是公元前399年的审判事件,记载这个事件的文献有色诺芬与柏拉图两人的同名著作《申辩篇》(原文都是"苏格拉底的申辩"),吉贡认为,这两个著作中的苏格拉底作为其真实存在的史料站不住脚。色诺芬不是苏格拉底审判的目击者,当时他在普鲁士远征的途中,他的著作只是间接资料的产物。而柏拉图的《申辩篇》同样存在问题,其作为苏格拉底被处死之后不久的著作缺少足够的理由。如果对苏格拉底的这场审判存在,当时的人们应该对审判内容记忆犹新,那么柏拉图所记载的一切都应该是史实,而如果这样,那就不可能再出现一个不同版本的色诺芬的《申辩篇》。

那么,历史上为什么会在这一时期出现一个苏格拉底呢?根据吉贡的研究显示,公元前399年智者学派的波吕克拉特斯写了一本弹劾、批判爱智者苏格拉底的宣传小册子,由此刺激了柏拉图决定描写"苏格拉底的申辩"来反驳。同时,通过这个宣传小册子的残篇可以发现,当时似乎存在着复数的苏格拉底之徒(Socratikers)。由此推论,柏拉图的《申辩篇》是针对上述的言论而刻画出一个真正的哲人应该是怎样的人之苏格拉底,这才是《申辩篇》写作的动机。可以说,这是柏拉图通过苏格拉底之死的问题向当时社会发出的哲学宣言书。然而,历史上人们所关心的不在于柏拉图这一著作的本意是什么,从而忽略了这种研究。

其次,吉贡认为,以苏格拉底为主人公的所谓"苏格拉底式对话篇"同样存在史料性问题。因为这些对话篇不只局限于柏拉图、色诺芬,还有麦加拉学派的创始人欧克莱德(Eucleides,B.C.450—B.C.380),犬儒学派创始人安提司泰尼（Antisthenes，B.C.446—B.C.366），居勒尼学派的阿里斯提波（Aristippos，生卒年不详）等所谓苏格拉底之徒们所写的关于苏格拉底的对话篇。然而，他们的著作在后世都已经散失，留下的残篇相当匮乏。这些人在年龄上一般都比柏拉图年长，但从流传下来的残篇中可以看出，他们所写的对话篇结构都比较简单，并且喜欢极端的悖论式内容。从这些现象判断，吉贡认为，与其说先有柏拉图的对话篇问世，再有苏格拉底之徒们模仿柏拉图的著作，写出了一批简单、朴素的关于苏格拉底的对话篇，不如说是拥有卓越的哲学家、诗人天赋的柏拉图，面对已经存在的那些低层次的苏格拉底文献，决定要写出与之相区别的、具有高度哲学内涵的对话篇，去抗衡智者们对于哲人的弹劾与批判。这样考虑应该更加符合历史事实。

再次，退一步说，假如我们承认苏格拉底存在的历史事实，那么为什么在柏拉图、色诺芬以及苏格拉底之徒的对话篇中无法抽取出一个共通的苏格拉底呢？比如，提倡"对灵魂操心"是苏格拉底学说中极其重要的问题，但是从他们的不同文献中，同样的问题抽取出来比较，苏格拉底所"操心"的内容却不尽相同，那就很难想象究竟哪一种学说属于苏格拉底。这就说明，现实中存在着苏格拉底这个人的真实性值得怀疑，只有文学形象才有可能。

从上述这些现象来看，吉贡分析推断认为，苏格拉底的问题，很可能是到了柏拉图才得以完成的所谓苏格拉底文学的原始形态，苏格拉底很可能属于一种贤者故事作品中存在的人物。比如，"认识你自己"、"凡事不可过度"等教诲，首先存在于民间故事里，是劝导人们做人要谨慎的古训。根据这些古训、民间故事进行文学加工，就出现了以富帅与权力骄子阿尔斯比亚德斯与穷丑、落魄市民的苏格拉底，或者以见多识广、高傲的智者与自知其无知的苏格拉底这样一些具有鲜明对比性的文学形象，从而诞生了作为哲人的主人公苏格拉底。

当然，我们必须认识到吉贡的这些指涉，其真正目的也许并不是为了达到抹杀苏格拉底的历史存在。由于伯奈特—泰勒学说的出现,让苏格拉底的存在显得过于醒目,从而具有改写哲学史上从苏格拉底到柏拉图的哲学发展的辉煌一页,吉贡的学说只是对此倾向敲响了警钟,告诉人们其实苏格拉底的存在本身就是值得商榷的,是"不可知的东西"。从吉贡的学说出现之后,西方学术界关于苏格拉底的史实论争的文章和著作就很少出现了。而柏拉图哲学研究界以及西方哲学史界,一般也不太采用这两种极端的观点。

学界之所以不采用上述两种极端的观点,是因为无论伯奈特—泰勒学说,还是吉贡的学说,各自都存在着难以自洽的诸多问题,也就是并不具有绝对的说服力。首先,如果把初期到中期的柏拉图哲学思想都归入苏格拉底,就会出现与伯奈特—泰勒学说中所指出的存在两个柏拉图同样的现象,即我们也可以看到两个苏格拉底存在。因为在柏拉图的初期到中期对话篇中,明显存在着两种不同的哲学思维。比如,从初期对话篇中存在的二分法逻辑,到接近中期著作里见到的关于事物"中间"存在的指涉,出现了三分法思维;关于灵魂存在的认识从初期不确定到中期的确信;而"理型论"同样也出现从简单到复杂,从模糊到明晰的变化等。即使可以把这些看成是苏格拉底思想的发展所致,而初期所呈现的苏格拉底政治理想,显然是一种自下而上的路径,通过每一个人的灵魂觉醒达到城邦道德重建的目的。而中期对话篇《理想国》中提倡的却是自上而下的制度改革实践。把这两者不同作为同一个人思想的发展所造成的结果来理解显然是缺少说服力的。其次,如果反过来把苏格拉底的存在作为一种文学形象,从而消除苏格拉底作为真实存在的史实性意义,那么,在柏拉图哲学中作为对话主人公的苏格拉底,其所起的作用在初期、中期、后期对话篇中出现的明显变化就很难得以理解。而更为棘手的问题是,亚里士多德哲学之《形而上学》中关于哲学史上苏格拉底存在的证言根本无法解释。因为苏格拉底死后仅过三十年,亚里士多德就从马其顿来到雅典,进入阿卡德美亚学园学习。如果苏格拉底只是属于一种被人们塑造的文学形象,亚里士多德的《形而上学》就不可能把苏格拉底与此前的自然哲学家们放在一起,作为真实存在过的哲人,对其在哲学史上的贡献给予了相关的评价,这不符合坚持"吾爱吾师,吾更爱真理"信念的亚里士多德的学术性格。

问题还远不止以上这些方面,所以学者们仍然采用哲学史上已有的定论,苏格拉底当然属于历史上实在的人物,而柏拉图的哲学是从苏格拉底哲学中发展而来的。关于历史上的苏格拉底的哲学思想,主要是从柏拉图哲学中才能得以把握。那么,我们要理解柏拉图的哲学,当然需要从柏拉图哲学中的苏格拉底问题说起。

其实,我们还需要进一步认识到,伯奈特—泰勒学说和吉贡学说所涉及的问题,正是20世纪柏拉图哲学研究界都不能回避的问题。两种学说对立,除了让我们重新认识、思考苏格拉底的存在,苏格拉底对于柏拉图究竟意味着什么,如何阅读、理解柏拉图哲学等提供了不可或缺的内容之外,还可以让我们注意到研究柏拉图哲学一些崭新的问题。比如,对话篇的所属写作时期的问题,中期以后柏拉图对于"理型论"的态度为何不同的问题等。把"理型论"作为苏格拉底哲学的伯奈特—泰勒学说认为,到了中期为止的柏拉图哲学与后期之间存在明显区别,那是因为柏拉图已经意识到自己必须从苏格拉底哲学的教诲中转向,而这个转向的标志性著作就是《巴门尼德篇》。这个对话篇中关于"理型论"的质疑内容,可以看成是"理型论"原型之苏格拉底的形而上学受到批判。而这种批判,当然也是柏拉图思想转向的一种反映。所以,从这个对话篇开始的后期著作中,"理型论"的影子已经消失了,虽然例外地在《蒂迈欧篇》中重新出现,但那只是作为毕泰戈拉斯之徒蒂迈欧的学说被提出来,而不是柏拉图的学说。与此相对,如果根据吉贡的观点,把历史上的苏格拉底真实存在抹杀了,那样"理型论"当然属于柏拉图的思想。那么,初期、中期、后期的柏拉图思想处于一个动态的发展过程。初期、中期属于"理型论"的形成时期,到了后期开始自我反省、批判,这样理解《巴门尼德篇》中批判

"理型论"的内容是同样讲得通的。比如,莱尔(Gilbert.Ryle)在《柏拉图的发展》(1966年)一书中就是这样,他认为柏拉图最初是高举"理型论"大旗出海的,中途降下了那面旗帜,而是作为逻辑学者继续前进。也就是说,两种对立观点的出现,自然引发了学界关于后期柏拉图哲学中"理型论"是否放弃的论争,如果放弃了,如何看待这种转变等问题就成了柏拉图哲学研究崭新的增长点。而针对后期对话篇《蒂迈欧篇》中仍然出现"理型论"内容,有的学者采用与伯奈特—泰勒学说不同的处理方式,就索性把《蒂迈欧篇》的位置,即写作时期移到中期①,以消除后期放弃论的障碍。凡此等等,柏拉图哲学与苏格拉底的存在与否有着不可分割的关系是显而易见的。然而这个问题基本成为无解的问题,我们只能从柏拉图的哲学中把握作为哲人的苏格拉底究竟是怎样的存在,他所探索的都是哪些问题,其基本观点是什么等。而柏拉图的哲学,恰恰是通过苏格拉底的存在而得以呈现,如前所述,除了《书信集》和《法律篇》,其他所有传世的柏拉图哲学著作中,对话主人公都是苏格拉底。为此,虽然前一章内容是苏格拉底哲学,而这一章内容则是关于柏拉图的哲学,但我们仍然需要从柏拉图哲学中所揭示的苏格拉底哲学的基本特点与核心内容谈起,也就是说,必须把柏拉图的哲学放在从苏格拉底向柏拉图发展的脉络里进行把握。

2. 苏格拉底的探索

可以说,柏拉图哲学中苏格拉底的出现与当时活跃在雅典的一批"智者"存在着密切关系。虽然智者学派的出现,在西方思想史上具有"人文主义"的启蒙意义,然而,以"尺度说"作为理论基础的智者学派的思想,蕴含着对于主观性、人为性极端强调的倾向,这就不可避免地走向

---

① 参照 G.E.L.Owen,The Plato of the *TIMAEUS* in Plato's Dialogues,*The Classical Quarterly*3,1953.Translated by permission of Oxford University Press.(repr,in *Studies in Plato's Metaphysics*,ed.R.E.Allen,1965,Routledge & Kegan Paul)。

人们在价值判断上的主观性的追求。这种倾向,显然无法给社会带来客观的行为标准的确立。这样的人文主义思想造成了相对主义思潮的流行,其结果必然产生价值的无政府状态以及道德混乱。因此,从表面上看,苏格拉底似乎与智者学派一样,同样以人的"德性"为主要探讨对象,但是,他认为价值标准必须从人的价值肆意性中解放出来,追求客观的、普遍的道德理性。善恶、真伪、正邪等不仅仅只是一种人的价值判断,其自身必然有一种不变的本质(physis),这种本质是超越于人的主观的(nomos)多元性,拥有客观而普遍的存在价值。而对于这种存在的把握必须通过逻辑必然性的探索,在严密的"逻各斯"里寻找逼近真理的普遍定义。为此,他提出了"德性是知识"的客观道德论问题,并进行了他关于人的道德行为和价值体系客观标准的不懈追求。他把"善生"作为人和社会存在的最高目标,指出了"无知"是个人和社会的错误和不幸的根源。他从"目的论"的世界观出发,强调了人的无知之自觉,以及追求真正意义之"善"的认识才是获得幸福的根本所在,从而在理论和实践上,为西方伦理学的诞生奠定了坚实的基础。

在柏拉图的哲学里,智者是最主要的批判对象。正如大家所熟知,历史上赋予"智者"以恶名最初就是从柏拉图开始的。苏格拉底最主要的论战对象是普罗泰戈拉、高尔吉亚、希比亚斯及其追随者们。智者们的思想立足于相对主义的价值观,代表这种价值观的是普罗泰戈拉的"尺度说"。普罗泰戈拉认为:"万物的尺度是人,是存在者存在的尺度,也是不存在者不存在的尺度"①。这个命题的含义是,每一个人在自己的感觉里捕捉到的东西,对于他来说是怎样的存在就是怎样的存在。也就是说,离开了人的感觉和臆见的真理自身,由于其超越了人的存在,究竟是有还是没有我们无法把握,人只有承认可感与可判断的事物。即使各人的主观感觉存在着不同,而对于各人毕竟是那样地显现着,那么,对于那人来说

---

① 残篇1。

那就是真实的存在。很显然,这种思想是把真理放在人的臆见里寻求,从而否定了真理的客观标准。如果仅仅只是对于外界事物的认识,这种思想不会有太大的问题。而对于现实的国家社会生活,人的道德伦理规范,这种思想就拥有极大的危害性。因为这种思想意味着国家或个人只要自己认为是正确的,那就必须予以肯定。而即使自己也觉得是不正确的,只要能够让别人感到自己是正确的,别人能够这么想,就可以把自己的思想或行为正当化。虽然普罗泰戈拉的"尺度说"是以人的正常的,良好的理性自觉为前提的一种学说,可是,随着其相对主义价值观的发展,必然会出现高尔吉亚式的抛弃事实内涵,只求利己结果的极端价值倾向。智者们声称自己是"德性的教师",但他们所认定的人之"德性",即"优秀性"、"卓越性",主要是通过"辩论术"来实现的。而对"辩论术"的操纵者来说,自己所论述的对象是否属于真正的知识并不重要,只要能够顺从大众的好恶,以巧妙的言词取悦于人们,让对方或听众信服,就可以达到被别人承认其有能力的目的。

在《理想国》里,柏拉图用"驯兽术"作比喻①,揭露这种技术的本质特征。这样的价值观意味着自己的意图和欲望可以通过巧妙的说服手段得到现实化,特别是在实行民主制度的国家里,以及处于动荡多变的时代,其危害性是不可低估的。"强者正义论"就是这种价值观的极端例子②。正义与节制等德性,本来属于人的固有本性的一部分,根据这种价值观必将使这种本性隶属于人的自由意志的肆意性之下,个人或国家只要有权力或有能力使国民大众屈服或接受,强者就可以使自己的意志和行为正当化、合法化。那么,人们自然就会形成对于自己行为的本质善恶与否的轻视,一心追求利己主义结果的价值观,从而不可避免地促使反道德论社会思潮的流行。就这样,以反对自然主义为出发点,追求人之存在固有特性(德性)的人本主义而出现的智者们,却把最能体现人之卓越性

----

① 参照《理想国》493a—b。
② 参照《理想国》338c。

的善恶、正邪的价值判断能力,在其相对主义的价值体系里受到了否定。

面对这种思潮,苏格拉底痛感建立客观价值标准的必要性。人的优秀性、卓越性,即人的"德性"的意义,不能是智者们所追求的那样,只是取决于个人的自由意志与社会的评价标准,而应该是超越于这种现象的外在机制,寻找内在的、本质的挖掘与确立。那么,人的本质是什么? 简单地说那就是人所具有的区别于其他动物的灵魂机制。人的灵魂拥有生命和理性的两种机制。灵魂的生命原理不具有人的独特性,因为所有的生物都同样拥有这种机制。而只有理性原理才体现人的固有性。因此,要使人的固有能力得到充分的发挥,体现人之所以为人的卓越性即德性,就必须关心人的灵魂。苏格拉底一生劝说、呼吁着人们"对灵魂操心"①,就是源于这种认识。人"对灵魂操心"的具体表现,就在于采取具有理性的行动,遵照理性的原则而生活。这就意味着人的生活必须努力追求正确行为的可能性,以及道德原则的必然性的根据。这就充分体现了苏格拉底关于人的"德性"理解与智者们的根本不同。很显然,苏格拉底是通过关于人的本质的重新界定以及价值客观性的追求,使在智者们的相对主义价值观里丧失的道德标准和善恶尺度重新得到根本的关注。

苏格拉底对于价值标准的追求,突出体现在他关于德性定义的探索里。亚里士多德指出了苏格拉底对西方哲学的两大贡献,那就是对普遍定义的追求与归纳推理的运用。普遍定义是一种本质定义,归纳推理就是透过所探讨问题的各种现象形态,通过"哲学问答法"(dialectice)而探索、寻求本质定义的逻辑推演过程。柏拉图的初期对话篇里有关苏格拉底对于人的诸"德性"探索过程都是在这个前提和方法中进行的。比如《美诺篇》里,从"德性是否可教"的议论开始,逐渐引入了"德性是什么"的探索。因为如果不知道"德性是什么",那么"德性是否可教"的问题根本无法探讨。这种"是什么"(ti estin)的探索就是寻求对德性的本质把

---

① 参照《申辩篇》29e,30b,《斐多篇》107c,《克拉底鲁篇》440c,《卡尔米德篇》157a,《拉凯斯篇》185e—186a。

握。对于苏格拉底的这种提问，一般的人往往不解其意，都是按照"是怎么样的"(ho poion ti)形式回答，或者说也只能给出"是怎么样的"答案。"是什么"要求回答的是本质内容，"是怎么样的"只是这种本质的诸种现象形态，而人的现实认识所能把握的往往只有本质所表现出来的种种现象。因此，接受过智者教育的美诺在回答苏格拉底"德性是什么"的提问时，就列举了男人的德、女人的德，并指出老人有老人的德，小孩有小孩的德，自由人也有自由人的德[①]。毋庸置疑，美诺所说的这些与性别、年龄、身份不同的人相对应的行为规范，以此作为人的德性的说明在我们现实生活中是被人们普遍认同的，从某种意义来说也可以看成是人们思考"德性是什么"这个问题的一种答案。但是，这种回答却不是苏格拉底提出的关于"德性是什么"这个问题所要求的答案。现实中种种人的德性的表现，那只是反映德性"是怎么样的"外在显现(现象)，不是德性的本质。苏格拉底所寻求的是人的各种有关德性的不同现象(事例)里所共有的一种不变的本质形态，即"一切的德性，因此而成为德性的一种共有的形相(eidos)"[②]。正因为如此，苏格拉底的"是什么"探索，在柏拉图哲学中发展成为"理型论"之形而上学。而就苏格拉底的哲学而言，他的这种追求，对于习惯于生活在传统的行为规范里，对于自己的行为不做必然性根据思考的人来说无疑是一种道德自觉的启蒙，而对于信奉智者们强调的相对主义价值观的人来说，这种探索拥有建立一种客观道德原理的挑战性意义。

基于这种对于德性普遍定义的追求，苏格拉底提出了"德性是知识"的根本命题。人的德性的具体表现形式有很多，苏格拉底所探讨的主要问题是关于人的智慧、节制、正义、虔敬、勇敢等问题。这些人的行为都体现着人之卓越性的某种具体现象形态，而对于其内在的、共有本质的把握，就是关于德性之知识的把握。那么，人在现实生活中所表现出的这些

---

① 　参照《美诺篇》71e—72d。
② 　《美诺篇》72e。

构成德性诸因素的共有本质是什么呢？简单地说就是人的行为中对于
"善与美"的追求。因此，关于"善与美"的知识成了德性知识的根本所
在，从这种认识出发，苏格拉底提出了"没有人是故意作恶的"著名道德
命题。人的一切行为都是立足于对自己有利，觉得对自己是好的才去做。
而现实中的人之所以会作恶，那是由于其"无知"所致。没有关于德性的
知识，人才会把坏事当作好事，从而产生作恶的结果。那么，可以给人的
行为带来"善"的结果的德性当然应该是一种知识，并指导着人们采取体
现人之卓越性的行为。因此，"德性是知识"的思想成为了苏格拉底道德
论、知识论的根本。

3. 目的论的世界观

苏格拉底寻求德性的普遍定义，通过"德性是什么"问题的探索，企
图确立人的道德行为的客观标准。这种探索，是建立在对终极存在认识
之上的一种追求。把他的这种探索放在自然哲学家们的探索背景来看，
明显地带有"目的论"思想的倾向。

亚里士多德总结了人的探索必然围绕着四个原因来进行。所谓"四
因"，就是"素材（质料）因"、"形相（形式）因"、"始动（动力）因"、"目的
因"。前苏格拉底自然哲学家们的探索主要注重于对构成世界的"素材
（质料）因"或者"形相（形式）因"的把握之上。而对于"始动（动力）因"
问题，诗人们把世界的起源理解为神的力量，而自然哲学家则认为那是由
于物质存在的"自动性"，或者自然秩序的"必然性"原则所致。苏格拉底
则不同，他从"目的因"的角度来把握这个世界之所以如此存在的原因。

世界上一种事物的出现，一般来自于素材（质料）与形相（形式）的结
合。换句话说，素材（质料）与形相（形式）的结合是事物产生的必备条
件。但是，人的探索不会只停留在寻找素材（质料）因（是什么?）与形相
（形式）因（是怎么样?）的阶段，始动（动力）因（是谁?）与目的因（为了什
么?）的问题也会追问到底。这种倾向是人之所以成为人的一种表征。

当然,上述的四种原因并不是以个别形式呈现的,而是内在于事物之中起到相辅相成的作用。只有人们对事物进行具体分析时,才会发现这四种原因不可缺少。比如说要建造一座房子,木料、石料等素材是必不可少的,这是房子的"素材(质料)因",即用什么材料来建造的问题。但是,这些材料要成为房子的材料,成为房子的素材(质料)因,房子的形状,建筑工、设计师,建造房子的动机是不可或缺的。只有这些因素结合起来,才能使木材、石料成为房子的材料。不然,木材只是木材,石料只是石料。它们也有其他的使用方式,不一定就是用来造房子的素材,只有在为了建造某种形状的房子而被使用时,才能成为房子的素材。进而,还需要根据图纸进行房子的建设,由建筑工人把材料与形态(图纸)结合成一座现实的房子。再者,建房子总得有目的,没有这个目的(为什么要建房),前三种的原因就不会成为现实。就这样,四种原因必须形成一体,事物(房子)才能产生。

苏格拉底以前的自然哲学家们的探索,只停留在对素材(质料)因和形相(形式)因的寻求之中。他们先寻求世界的本原(arche)是什么物质,然后以此为根本来解释世界的秩序和变化,在这个前提下进行世界的内在结构和生成原因的分析,后人把这种理解世界的方式称作"机械论的世界观"。也就是说,它仅仅是以物质及其运动为前提条件,说明一切自然现象的一种把握世界的思考方式。当然,自然哲学家们坚持"机械论的世界观"有其内在的理由。那是由于他们对于自然世界的生成变化运动进行合理性的解释时,认为如果进一步进行其他原因的探索,就必然要承认超自然力量的存在,那么,就会陷入神秘主义。因为"始动(动力)因"和"目的因"在自然物质内部无法找到,那么,只有承认物质的运动变化来自于人的肉眼看不到的,别的超自然存在的意志支配,也就是说,只有设想在这世界之外神的意志的存在才能得到合理的说明。后来的自然科学排除外在的目的,努力对物质进行内在法则和自身运动与力量的探讨与还原,就是为了避免对世界进行合理解释时陷入神秘主义的困境。

但是,对于探讨人的行为的目的何在,人的一切行为的基础和出发点是什么的苏格拉底来说,通过这种解释方式是无法找到答案的。苏格拉底想知道的是,世界为什么会是这种秩序井然的状态;应该是这样状态的形成原理是什么:是以什么作为生成运动的目的。也就是说,形成这样世界的和谐秩序的目的是什么才是苏格拉底关心的焦点。比如说,苏格拉底"坐着",按照自然哲学的说明方式,那就是从构成身体的各个部分的骨、肉、肌腱等结构出发,进行能够"坐着"的理由和原因的探讨。而苏格拉底的视点不同,我为什么"坐着"? 为什么要在这里"坐着"? 这对人来说可以想到的理由很多,因为累了想休息,是为了恢复体力。因为站着累,坐着舒适。更进一步,可以说是为了追求身体的和谐与完美等。这就说明人或者世界在保持某种状态时都是源于某种目的。因此,苏格拉底的思考被称为"目的论的世界观",他关于世界及其人的行为的探索,就是立足于对其"目的"的探讨之中。他认为一切的存在都是在追求其至善性、完美性,以"善"为目标是其存在的根本理由。例如,宇宙天体都以圆形保持着,那是因为这种形状最合理、最和谐,是天体追求完美的结果。那么,雅典公民判处苏格拉底死刑是因为他们认为苏格拉底对城邦有害,除掉苏格拉底对城邦有利,虽然事实恰恰相反,但他们认为这是一件有益于城邦的好事才会那么做。而苏格拉底拒绝好友克里托的劝说,不愿意越狱逃亡国外(虽然实际上可以做到),那是他认为等待伏刑是自己作为雅典城邦市民必须服从的市民道德,是为了履行城邦市民的一种最佳伦理行为选择,等等。如果对这些"目的"进行归纳,那就是关于存在的"最佳"状态,是人生的"善"之行为的追求。就这样,苏格拉底的"目的论世界观",成了一种对"善与美"知识的终极关怀。

从上述的"目的论世界观"出发,苏格拉底呼吁雅典公民:"真正重要的是,不仅仅只是活着,而是要活得好(eu zen)"①。这里所说的"好"指

---

① 《克里托篇》48b。

的是"美好"、"正当",与"善"是相通的。也就是说,人要追求"善"而活着,这就是苏格拉底著名的"善生"(eu zen),即"幸福"的理想。苏格拉底认为,对于每一个人来说,如何做到使自己达到"善生"是人生最高的追求。而他的这种"善生"理想,是建立在以"善"为根本的幸福观之上的。"幸福"的希腊语是"eudaimonia",这是名词,形容词为"eudaimon",是与"eu prattein"(即"善行")相关,拥有同样的意义。很显然,人的幸福离不开人的行为之"善"。正因为如此,苏格拉底认为,人之所以希望拥有"善",那是为了能够"幸福"的缘故①,而这种"善"必须通过现实中的"善行"来获得。所以,他强调"幸福"与人的"德性"密切相关②。他那"善人是幸福的,恶人是不幸的"③道德命题正是源于这种思想。如果人的"幸福"与人的从善行为息息相关,那么,人要从善,就需要关于"善"的知识,不然怎样的行为是"善"? 如何"从善"也就不得而知。但是,从苏格拉底的知识标准来看,这种"善"的知识并不是相对意义的关于"善"之现象的认识,而必须是绝对意义的,即具有"普遍客观性"的关于"善"之本质的把握。这种知识观决定了苏格拉底清醒地认识到自己并不拥有关于真正意义上的"善"的知识,而通过"问答法"进行广泛的调查后使他发现,现实中所谓的有智者(区别于智者学派的"智者"概念)们跟自己一样,同样也没有这样的知识。问题是现实中的那些所谓有智者却不认为或者没有意识到自己是"无知"的,只是生活在"臆见"(doxa = 想当然)之中。只有苏格拉底对自己的这种"无知"拥有冷静的自觉,就是这种自觉,使他得到了"德尔斐"神殿的神谕所肯定。"神谕"指出只有苏格拉底是唯一聪明的人(注意,这里所说的"唯一聪明",绝对不是说"最聪明"的意思,这里不存在比较。理解为"最聪明"是对柏拉图哲学的误解),这就

---

① 参照《会饮篇》204e—205a。
② 《卡尔米德篇》172a,174c,176a。
③ 《高尔吉亚篇》470e,507c。

是所谓苏格拉底的"自知其无知"的问题①。苏格拉底在"自知其无知"
的反省过程中,认识到"无知之自觉"是人的唯一可以称之为"智慧"的东
西,而人只有拥有这种自觉之后才会追求关于"善"的真正意义的知识,
才有可能踏上通向"幸福"的道路。后来的人们往往把刻在"德尔斐"神
殿里的一句古希腊圣贤的著名箴言"认识你自己",当成是苏格拉底说的
话,其原因就在于此。因此,可以说真正赋予这句箴言以深刻且富有哲学
意义与内涵的人是苏格拉底。而苏格拉底关于"自知其无知"的认识,正
是柏拉图哲学的出发点。

4.善生的追求

苏格拉底在理论上提倡"善生"的同时,在自己的行动上也进行着身
体力行的实践。前面已经说过,苏格拉底认为,没有一个人是故意作恶
的,人之所以作恶,是由于自己的"无知"而致。因此,对于人来说,虽然
对于作为人的诸德性之根本——"善"之真知还不能完全具备,还不知道
那该是什么,但人却不能因为觉得其不知道而放弃追求,因为探索是人之
所以为人的根本标志,是人获得真正幸福的保证。人正是在其探索过程
中,由于对"善"之真知的执着与信念,才会使自己避恶趋善,即使不知道
"正义"是什么,也可以在行动中通过不行显然是"不正义"的事情而达到
使自己逐渐趋近"正义",朝着"正义"的方向活着,从追求"真知"与不行
"不正义"的行动中获得尽可能达到的"善生"。因此,苏格拉底说:"如果
人必须在实行不正义与被不正义所伤害两者之间做出一种选择的话,那
我与其行不正义,不如选择遭受不正义(的伤害)"。他就是从这种道德
理想出发而从容伏刑,努力做到一生"言行一致",以自己对于生的放弃
完成了自己"善生"理想的确立。

具体地说,在现实生活中,苏格拉底的"善生"追求体现在两个方面:一

---

① 《申辩篇》21a。

方面,他不顾贫穷与误解,把自己生活的全部用来探索人的"德性"的知识。德尔斐的"神谕事件"①促成了苏格拉底"自知其无知"思想的确立,但是,苏格拉底的认识却并没有就此停留。他认为,神不仅仅只是指出了"自知其无知"是人的唯一有价值的智慧,同时,神选择了他意味着神要赋予他以天职,那就是让别人也要达到与他一样对自己的"无知"能够拥有清醒的自觉。这是一种对自己卓越存在的神圣命令,如果不服从的话,就意味着也是一种恶②。因此,他每天出没在雅典的广场、市场、竞技场、剧场门前等人员集中的地方,以问答的方式与任何愿意和他探讨的人对话,讨论人的各种德性问题。那些最初觉得对苏格拉底所提的问题自己知道、认为很好回答的人,最终都被苏格拉底问得无话可答,陷入回答的困境或难题(aporia)。因而,有良知的人由此开始重新思考本来认为自己已经懂得了的事情;而另外一些人,特别是那些平时被人们看成是能人、有智慧的人却觉得苏格拉底吹毛求疵,故意让人当众出丑,由此怀恨在心。这种情况,苏格拉底并非不知道,但他觉得自己不能违背神意而停止探索,仍然像一只令人讨厌的牛虻一样,整天叮咬着雅典这匹被养得又肥又壮的血统高贵的惰马③,从而最终酿成了对他的控告和审判。苏格拉底宣称:"每天探讨德性以及相关的问题,对于人来说是一种至高之善,没有经受这种考察的人生是没有价值的人生"④。所以他宁可放弃生命也绝不放弃这种追求。他承认自己与他人一样,对于自己所探索的对象是"无知"的,但同时也认为,知识深藏于人的灵魂之中,是人与生俱来的东西,只要通过反复问答、探讨,就会使人的这种灵魂婴儿(知识)得以诞生,重新得到掌握。每一个人的灵魂里都怀有知识的"婴儿",提问者就是教育者,其存在犹如"接生婆",而被教育者就是"孕妇",这就是苏格拉底有名的教育"助产说"。

———————

① 参照《申辩篇》21a。
② 参照《申辩篇》29b。
③ 参照《申辩篇》30e—31a。
④ 《申辩篇》38a。

另一方面,苏格拉底在努力探索人的客观价值标准的同时,又把自己在言论上所宣扬的道德理念落实到具体的个人行为中。他宣称自己无论在什么情况下都不做不正义之事,并具体体现在对人与对己的关系中。从对人来说,他一生只有两次参加雅典的现实政治事务,但这两次都由于感到现实的政治行为存在着不正义,而冒着被牵连的危险拒绝实行①。在这两次事件中,虽然凭他个人的力量无法改变事态的恶性结果,但是,他维护了自己坚持正义的公民道德立场。而对于自己,苏格拉底除了在保卫祖国的战场上表现出冷静、沉着、英勇、无私、无畏的战士气概②之外,更重要的是他在面对被"众愚政治"所支配的雅典法庭和城邦社会强加给他的罪名时,为了不行"不正义"而视死如归。具体地说就是,在审判他的法庭上,他仍然不忘宣扬自己的哲学理念。当通过投票被宣告有罪时,本来可以为自己开脱申辩,但他没有那么做,结果导致了对他的死刑判决。当然,最能体现苏格拉底绝对不行"不正义"这一生存理念的是,他在法庭上对"量刑申告"的抉择和后来在狱中对友人"越狱逃亡"计划的拒绝。在量刑申告时,苏格拉底面临着"两难"的选择。如果他认真地申告对自己的刑罚,就意味着他承认自己有罪。可他不但认为自己无罪,相反地觉得自己对雅典城邦有功。因此,他不能申告一切对自己的刑罚。然而,如果他不申告,就意味着要违反雅典的法律,那样也是在行"不正义"。也就是说,无论申告还是拒绝申告对自己都是不利的。面对两难的处境,苏格拉底采取了两全的办法,既按法律的程序提出了自己的申告,又使自己的申告与刑罚无关,并间接地宣言了自己是有功的人,从而维护了自己的一贯立场。这个申告就是关于在国立迎宾馆里赐给苏格拉底一顿"国宴"的著名申告③。当然,苏格拉底也因此触怒了众陪审员,结果让告发者们如愿以偿,他被判处了死刑。色诺芬在回忆苏格拉底时

① 参照《申辩篇》32b—e。
② 《会饮篇》220d—221b。
③ 参照《申辩篇》36d。

感慨万千地说:"我不止一次地感到奇怪的是,苏格拉底的原告们究竟使用怎样的语言说服了雅典的市民,使他们认为苏格拉底对城邦犯了死罪。"①其实,根本不足为怪,是苏格拉底自己"说服了"雅典市民,因为他的申告决定了他将面对死刑的命运。

如果说在法庭上苏格拉底放弃了一次逃生的可能性,那么,在处刑之前的狱中弥留期间,他却再次放弃了逃生的机会。当时,苏格拉底的友人和弟子们不服雅典法庭的不正义判决,为苏格拉底制订了国外逃亡的计划。他们买通狱卒,并派克里托进入狱中劝说苏格拉底,希望他能够越狱出逃国外②。苏格拉底拒绝实行计划,并以国法与市民个人的关系,阐述了他的公民道德的思想。他认为,他作为雅典城邦的市民,几十年来在城邦成家立业、接受教育、过着安定的生活,这就说明自己承认了城邦对自己的保护,同时也就意味着自己对城邦的法律没有异议。而此次对自己的审判是以城邦法律的名义进行的,那么,自己必须接受城邦法庭对自己的判决。这是市民的权利与义务的关系问题。城邦市民有权利选择自己的城邦,既然选择了接受这个城邦法律的保护,就必须履行城邦所赋予市民维护城邦法律的义务。如果自己不服从城邦对自己的判决而逃往国外,就会造成对城邦法律的否定和损害,城邦的基础就会由于自己的贪生而动摇。每一个市民如果都这样,那么城邦的法律以及城邦全体就无法得以确立③。此其一。其二是,即使法律被恶用,一部分人借用法律的名义对自己实行了不正义的审判和判决,但如果自己越狱逃亡,同样是不正义的,是以不正义的手段对付别人不正义的行为,这种"复仇"行为将违背追求正义的人的行为准则④。(当然,

---

① クセノポン:《ソークラテスの思い出》,佐佐木理译,东京:岩波书店 1994 年版,第 21 页。

② 《克里托篇》44e—45c。

③ 参照《克里托篇》50a—54d。

④ 参照《克里托篇》49b—e。苏格拉底的这种"复仇禁止"的价值观,显然与希腊人传统的对"复仇赞美"——比如,在《荷马史诗》里可以看到希腊人对英雄阿基琉斯为好友复仇的赞美——的价值观不同,拥有崭新的道德伦理意义。

这里存在着一个重要的问题，那就是苏格拉底的信念中是否存在着双重的正义标准的问题。因为法庭上所坚持的"法律正义"与苏格拉底孜孜以求的"灵魂正义"显然不具有同样层面的内涵，这是值得思考的问题。)因此，苏格拉底以自己等待伏刑作为城邦公民应有的道德选择，这也是他道德理想的必然选择。他提醒克里托，作为有道德理性的人，不应该只是追求活着，更重要的是要努力做到最好地活着①，那就是追求"善生"。就这样，苏格拉底以生的放弃，完成了他所提倡和追求的关于城邦公民所应有的道德理想的确立。

苏格拉底的这种道德理想，明显地体现出他作为城邦市民的特点。在希腊城邦时代，个人与国家的关系是不可分割的。个人离开城邦这个共同体就失去了依存的母体，城邦的存亡与个人是一体的。城邦的市民没有独立的个人意识，个人是缩小的城邦，城邦就是扩大的个人。因此，个人的行为准则，就是城邦全体的行为准则；个人的道德伦理，就是城邦的道德伦理。一般认为，作为城邦市民的个人与城邦之间的这种关系特点，是由城邦形成的历史与城邦作为血缘共同体的内在机制所致。苏格拉底把自己的德性探索，植根于他那为城邦追求最大的善的理解之上。他的"善生"的理想，不仅仅只是他作为个人的理想，是在追求城邦全体的"和谐（善）状态"的前提下所进行的。这为柏拉图在后来构建政治与哲学相结合的"理想国"蓝图提供了思想的雏形。而苏格拉底的道德原则（德性原则）与人格理想在面对生死的抉择时，更加体现了个人与城邦之间属于一身同体的关系。个人服从于城邦而存在，所以，他选择了城邦而不是个人。

以上就是柏拉图为我们揭示的作为哲人的苏格拉底：在知识论上是一个自知其无知的人，这也是他所体现的作为哲人的思想本质之所在。而在道德论上则是一个"善生"的追求者，为了追求正义，探索真理视死

---

① 参照：《克里托篇》48b。

如归。或者可以说,柏拉图通过对苏格拉底的言行的再现,为人类历史揭示了一个真正哲人的本质,树立了哲人之为哲人的典范。

三、从苏格拉底到柏拉图

苏格拉底被处刑之后,他的追求与人格在当时产生了巨大的影响。因此,他的信奉者们以他为理想,从各个不同的侧面学习和发展他的思想。由于他们所理解的苏格拉底只是主观的、片面的、外在的,而没有深入到苏格拉底哲学思想的内部加以全面地把握和继承,这些人所形成的学派,一般笼统地被称为"小苏格拉底学派"。其共同的特点主要体现在对苏格拉底所追求的"善"的解释方面。由于各自的理解不同,所以,他们对自身解释"善"的思想阐发和生活的追求也就各显其趣。这些学派中最具代表性的是:"麦加拉(Megara)学派"、"犬儒(Kynikos,昔尼克)学派"、"居勒尼(Kyrene,昔兰尼)学派"。"麦加拉学派"继承了苏格拉底的批判精神,他们从逻辑的形而上角度发展了"善"的存在意义。犬儒学派以自足性为生活理想,实行彻底的禁欲生活,追求尽可能做到不依赖自身以外的东西,达到精神的强韧与自由,他们把苏格拉底节制的生活发展到极致。居勒尼学派信奉苏格拉底对困难与挫折不屈服的强韧精神,提倡人在快乐的时候要从心底快乐。因此,他们发展了苏格拉底思想快乐的一面①。所以,一般认为,真正地从思想上理解苏格拉底,并以其卓越的文学修养和诗人天赋把苏格拉底思想学术化、体系化、著作化的只有柏拉图。

柏拉图是苏格拉底最伟大的弟子,他的哲学使起源于古希腊的西方哲学思想达到第一个高峰。20世纪英国哲学家怀特海甚至认为,两千多年来的西方哲学都是对柏拉图哲学的注释②。苏格拉底述而不作,他的思想主要是通过柏拉图哲学才得以传世。柏拉图在自己的哲学对话篇

---

① 参照《会饮篇》220a。
② A.N.Whitehead:*Process and Reality*,Cambridge,1929,p.53。

里,把苏格拉底的道德追求概括为"智慧"、"勇敢"、"节制"、"正义"四种德性,被称为"四元德"。柏拉图把"四元德"放在他的存在论与认识论的高度进行阐述和把握,从而确立了苏格拉底的哲学追求在哲学特别是伦理学史上的奠基性意义。苏格拉底提倡的在人的道德行为中"对灵魂操心"的问题,在柏拉图哲学里发展成为比较明确的"灵魂论"。他从灵魂先在于肉体而存在的观点出发,提出了著名的"回忆说"思想,从而解决了苏格拉底探索中存在的逻辑困惑,开辟了对终极存在探索的可能道路。同时,也为自己构筑的"理型论"奠定了理论基础。而对于柏拉图来说,通过苏格拉底可以揭示哲人之为哲人的本质,苏格拉底作为哲人的典范,让柏拉图在哲学中充分阐述了哲学是一种怎样的学问,同时通过苏格拉底的探索,进一步揭示了哲人的探索与真知的关系。

　　哲人通过"观照"而触及本真存在,那么,哲人究竟是否抵达真正意义的本真把握? 从苏格拉底自知其无知的立场出发,柏拉图的哲学坚守着哲人只是"爱智者",而不是"有智者"的知识论前提。所以,哲人的"观照"并不能完全抵达真知的把握。而正因为哲人不具备真知,坚信真知存在并坚持不懈探索德性真知的苏格拉底,最终却不被政治社会所接受,其遭受那些信奉"臆见"的人们抹杀是必然的归结。然而,哲人苏格拉底之死对柏拉图的冲击是巨大的,它促使柏拉图不得不思考如何在现实政治中实现正义的正确道路。那就是,探索如何使一个社会中最清醒的人,始终坚持正义的人即哲人在现实生活中得到肯定和保护,并使其智慧和品德获得认可、推广和发挥,从而让哲人引导全社会探索真正意义的幸福的途径。柏拉图从"四元德"与灵魂的诸性能相对应的思考出发,描绘了一幅全体国民根据灵魂的素质进行社会分工,自觉而自愿地接受"哲人王"①统治之理想国家的政治蓝图。

---

①　国内把"哲人王"翻译成"哲学王",本人觉得这种译法不妥。柏拉图说得很明确,哲人为王或者政治家从事哲学,在这里为王的是"哲人"而不是哲学。因此,笔者采用"哲人王"的译法。以下同。

1. 灵魂与四元德

柏拉图的哲学思想，首先必须从他对苏格拉底的伦理思想揭示中来把握。可以说，柏拉图的哲学是他针对苏格拉底哲学中所探索的有关人的诸"德性"问题，进行理论性阐述的结果。如前所述，他的著作共有 35 部对话篇和 13 封书信传世，学术界一般把其分为初期、中期、后期三个部分，其中初期对话篇被称为"苏格拉底对话篇"。在初期对话篇中，苏格拉底着重探索"虔敬"、"友爱"、"节制"、"勇敢"、"思虑"、"正义"等与人的行为相关的诸种德性。但是，这些探索都有一个共同的特点，那就是探索的最后都以没有答案而告终。前面已经说过，苏格拉底追求"德性"的普遍定义，那是带有普遍意义的客观知识的探索。苏格拉底的知识标准是，人如果知道某一件事，那么一定能够对其所知道的事物给予充分的理论阐明①。这里所说的"理论阐明"，必须是无论何时何地，在任何情况下都是驳不倒的绝对真理，而不是相对的理论。要使知识达到这种纯粹的把握，就必须对探索对象究竟"是什么"有所认识，只有在认识了"是什么"之后，才能做到绝对客观的阐明。可是，苏格拉底认为自己不具备这种关于被定义项"X"究竟"是什么"的绝对知识，而别人的回答也都不符合这个标准，这就决定了他的探索是找不到答案的。由于苏格拉底坚信这种知识存在，或者他认为这种知识必须存在，而他自己又不能给出答案，这就必然引起人们的批判。一部分人认为他是"弱论强辩"的诡辩家②，而另一部分人则认为，他可以指出别人的错误而自己却总说不知道③，这是一种对别人装疯卖傻式的嘲讽。那么，更进一步，人们必然会提出疑问，如果自己不知道，从逻辑上来看是无法进行探索的。也就是说，人如果不知道某一种

---

① 参照《斐多篇》76b，《拉凯斯篇》190c。
② 参照《申辩篇》19b—c。
③ 参照《理想国》506b。

事物,根本就不会去探索①,就像小孩如果从来没有见过或听说过有游戏机存在,就不会向父母吵着要游戏机一样。只有知道了有这种东西存在而自己又没有,才会产生想要的欲望。然而,如果不知道那种存在是什么,即使在探索过程中遇到了其探索对象也无从辨认,就像不认识的人即使与自己相遇却不能相识一样。比如,初期(接近中期)的《美诺篇》,就是围绕这种批判而展开论述的一个典型对话篇。

苏格拉底的探索之所以存在上述的问题,主要是因为:一是苏格拉底并没有对其探索对象进行理论性的界定。虽然苏格拉底已经指出众多的"德性"现象中有一个共同的"形相"(eidos),而有时也称之为"实体"(ousia)存在,但是,他并没有明确地对这种存在,以及这种存在与现象诸形态的关系作出理论性的阐明。二是苏格拉底习惯于对事物进行正反、对立的二元区分,缺少对第三种现象的存在拥有足够的认识。比如,美与丑、善与恶、正与邪等等。可是,在这些对立的现象之间,还有既此也非彼的第三种现象存在。那就是,既不美也不丑,既不善也不恶,既不正也不邪的现象在现实中是存在的。虽然这个问题在初期对话篇的《吕西斯篇》中已经开始被提起,但几乎不能看作是苏格拉底的思想,而应该属于柏拉图的阐释的结果。因此,虽然我们认为柏拉图的初期对话篇属于"苏格拉底式对话篇",但是,那也只是经过柏拉图消化过的苏格拉底,带有柏拉图自己的理解和初期思想的萌芽②。正因为这个原因,我们了解柏拉图哲学必须从苏格拉底哲学说起。三是苏格拉底对灵魂认识的不彻底性。虽然苏格拉底呼吁人们"对灵魂操心",也因此有的学者称苏格拉底是"灵魂的发现者"③。但是,苏格拉底对灵魂究竟是怎样的存在其理

---

① 参照《美诺篇》80d。
② 正因为如此,前述的 20 世纪 30 年代曾风靡一时的"伯奈特—泰勒说"中所提出的初期乃至中期的柏拉图对话篇都是忠实地记录了历史上的苏格拉底的哲学的观点,在学术界已经不被采用。
③ 参照 F.M.コーンフォード:《宗教から哲学へ——ヨーロッパ的思惟的起源的研究》,广川洋一译,东京:东海大学出版社 1987 年版,第 50 页。

解是不明确的,特别是对灵魂不死的认识也是有所保留的,并没有形成坚实的灵魂观。这一点在《申辩篇》的苏格拉底最后"演说"里得到了充分的体现。苏格拉底认为死亡无非就是两种可能,一种是灵魂的迁居,另一种是永远的睡眠①。很明显,苏格拉底对灵魂不死的认识还没有以足够的信念来坚持。当然,这种现象的存在,主要由于希腊人传统的灵魂观所致。换一句话说,苏格拉底虽然似乎已经接受了外来的崭新的灵魂不死的观念,但他并没有完全脱离希腊人传统的灵魂观即对现世的肯定,对来世的不确定或者否定。

其实,上述的问题最重要的是关于对灵魂的存在如何把握的问题。因为苏格拉底认为人的灵魂里已经拥有了知识,并且呼吁人们"对灵魂操心",那么,灵魂应该是怎样的一种存在,如果不进行理论性把握,那些与知识有关的"形相"问题,还有为什么要关心灵魂的问题等就找不到答案。因此,柏拉图在苏格拉底死后离开雅典出游,其游历的最后阶段前往南意大利,最重要的目的就是要走访"毕泰戈拉斯学派"。苏格拉底死后,对柏拉图影响最大的就是"毕泰戈拉斯学派"的灵魂观和数论思想。

希腊人的传统思想,是对现世生活持肯定态度占支配地位的思想。也就是说,对于灵魂与肉体的结合状态,即人活着的时候给予积极的肯定,因为这种状态人是可以体验和感觉到的。而灵魂离开了肉体,即人死后的灵魂,由于无处可依,就如一阵烟雾随风飘散,根本上不知道将被风刮到何处,是一种不安定的灵魂状态。因此,在希腊人的思想里没有灵魂单独存在的认识。这种倾向在《荷马史诗》里表现得较为明显。比如,在特洛伊战场上战死的勇将阿基琉斯的灵魂在黄泉下遇到奥德修斯的脱体之灵时说:"奥德修斯呀,千万别想到死,即使在黄泉的国度(haides)当上死人们的王,也不如活着做一个既没有充饥的粮食也没有存在耕耘的土地的农奴"②。这段话高度体现了希腊人传统思想中肯定现世的世界观。

_____

① 参照《申辩篇》40c—d。
② 参照荷马:《伊利昂纪》第23卷。

在传统的希腊人看来,死后的灵魂是漂泊不定的亡灵,如影子无处依附,死的世界是一片凄凉的世界。又比如,战死后的英雄帕多罗克洛斯的亡灵来到了战友阿基琉斯的枕边,阿基琉斯要他靠近自己一点,并向他伸出依恋之手,可是,帕多罗克洛斯的亡灵却如一阵烟雾消失进地下,发出幽微的喊声①。《荷马史诗》里的这些描写,充分反映了传统的希腊人对死后世界的理解与消极的态度。

但是,到了公元前 6 世纪前后,在希腊出现了"复苏",即"再生"(anabiosis)思想和信仰。这种思想最初在北土耳其一带流行,是以土著农民为草木复苏的信仰而举行的祭祀酒神狄奥尼索斯的形式开始的。犹如草木枯萎后春天再复苏一样,参加这种信仰的人们相信人也会死而复生。最初,这种信仰是一种很野蛮的狂信的节日,信者们在漆黑的夜里,男女(主要是女性)在山上喝着牺牲的鲜血,挥舞着燃烧的火炬狂舞,以让自己达到"神圣的狂乱"(hieromania)的状态,从而神志迷茫进入"忘我"境地。"忘我"的希腊语是"ecstaisis",是"让出场所","出窍"的意思。对人来说指的是达到一种神灵附体的状态之后,灵魂离开肉体与神浑然同体。人达到"忘我"状态之后就意味着灵魂与肉体分开,而与神能够同体的只是灵魂。在这个"复苏"的信仰里,已经衰败的东西,如草木,其外观的肉体腐烂消失,其内在的灵魂却会死而复生,产生新生命。因此,对于人来说,肉体固然腐败消失,而灵魂会脱离肉体寻找新的肉体再生。那么,根据这种信仰,人在活着的时候掌握主导权的并不是肉体,而是肉体中的灵魂。也就是说,灵魂成了生命运动的根本原理。奥尔菲教吸收了这个信仰,抛弃了其原有的野蛮性,把其改造成洗练而文明的教义,在公元前 6 世纪前后传入希腊。毕泰戈拉斯学派(教团)继承了这种"再生"思想,将其作为教团的核心信仰。随着毕泰戈拉斯学派影响的扩大,这种思想就在希腊世界传播开来,到了赫西斯多拉斯时代,已基本被雅典人所

① 参照荷马:《奥德赛》第 11 卷。

接受。

　　灵魂"再生"思想的传入,使希腊人的灵魂观发生了根本的转变。灵魂再生意味着灵魂不死,那么,人与其肯定现世不如肯定来世,从而使人们产生了对那个看不到的彼岸世界的关注。毕泰戈拉斯学派认为,肉体是灵魂的坟墓,由于肉体玷污了灵魂,使灵魂失去了原有的纯粹性。而人在认识世界时如果使用肉体的感觉器官,就无法达到对世界的真正把握。因此,人在现实生活中需要对灵魂进行"净化"的信仰,以寻求使灵魂在人死后能够脱离"轮回"回归永生世界。柏拉图接受了毕泰戈拉斯学派的这种灵魂观,正是由于对这种思想的吸收,从而为自己找到了把苏格拉底的探索进行理论化的途径。英国古典学者康福德认为,由于柏拉图接受了毕泰戈拉斯学派的灵魂观,使他从另一个向度对苏格拉底产生了共鸣,那就是认识到苏格拉底所追求的"形相"、"本质",并不是非实体性的,如亡灵般的东西,而是具有实体的、一种集团的本性,是那内在于其中的灵魂①。

　　柏拉图吸收了毕泰戈拉斯学派的灵魂观之后,对此进行了新的阐释,这主要体现在他对灵魂本质的理解之上。如前所述,他认为,纯粹以理性为本质的灵魂进入人的肉体之后,就成为肉体的囚徒,经常被激情特别是欲望所左右,因此,被分割成理智、激情、欲望的三个部分。欲望是一种对生殖、营养、占有的冲动,其支配着肉体腰部以下的部分。激情是名誉与权力的冲动,由于对理智的命令比较服从,地位高于欲望,占有人的胸部。只有理智才拥有追求智慧与思虑、观照真理的能力,所以,坐镇人的头部。人的德性是来自灵魂的作用,灵魂的理智部分的德性就是以"智慧"为目标,激情部分的德性要求是"勇敢",欲望部分的德性要求是"节制"。为了使灵魂各个部分的德性得到正常的发挥,这些德性就必须有统治与被统治的关系存在。由于理智追求智慧,认识真理,所以必须统治激情和

---

　　①　参照 F.M.コーンフォード:《宗教から哲学へ——ヨーロッパ的思惟の起源の研究》,广川洋一译,东京:东海大学出版社 1987 年版,第 288—289 页。

欲望。激情部分听从理智的领导,以免走向极端把勇敢变成鲁莽与狂妄。欲望部分更应该服从理智的命令节制而克己。三个部分服从理智的指导,各自发挥自身的德性优势,使灵魂全体和谐一致,这时的灵魂就拥有了"正义"的德性。当然,这样的人就是一个使正义的德性得到发挥的人。为此,柏拉图把苏格拉底关于人的德性的探索,归纳成"智慧"、"勇敢"、"节制"、"正义"这四种最基本的德性,后人称之为"四元德"。就这样,柏拉图通过对毕达戈拉斯学派灵魂思想的吸收和发展,从而得到了对苏格拉底所追求的人的德性进行了合理的理论阐释。

2. 回忆说与善的理型论

有了明确的灵魂观之后,柏拉图为苏格拉底探索所必然面临的逻辑困难找到了出路。苏格拉底总是强调自己是"无知"的。然而,"无知"的苏格拉底又如何能够进行探索呢? 这是《美诺篇》中美诺提出的一个诘难[1]。这个诘难当然也反映了当时的人们对苏格拉底批判的一种态度。对于这个问题,柏拉图更进一步认识到,从逻辑上说,不仅仅是不知道的事物无法探索,就是知道的事物也不存在探索,因为如果人们对探索的对象已经知道的话,那也就不需要再探索了[2]。这就构成了人在探索时一种"两难"的境地,也就是逻辑学上典型的"两难论法"(dilemma)的结构。一般认为,知识是通过探索(学习)而获得的,也就是说,对不知道的事物(事情)通过探索而达到知道的状态。但是,这种看法如果进一步追究下去就会出现不合理的状况。从逻辑上说,如果对某种存在不知道的话,对于认识者来说与不存在是一样的,那么,想要通过探索、学习获得关于有关它的知识也是不可能的。可是,在现实中人们对于学习的看法一般都认为,是因为不知道才探索,这显然不合理。然而,反过来说,如果已经知道了某种事物,也就不需要再进行探索了。总之,无论知还是不知都不可

---

① 参照《美诺篇》80d。
② 参照《美诺篇》80e。

能探索。其实,这反映了当时社会存在着一种否定探索的论调,因此才会有人批判苏格拉底尽在探索"天上、地下"不着边际的东西①。从上述"两难"论调来看,如果不理解苏格拉底探索的真正意义,这些批判并不是没有道理的。按照对事物进行相对或相反"二分法"的思考方式,确实对这种论调找不到反驳的论据。但是,柏拉图却在其中找到了破坏"两难"论调的中间性存在,那就是在人的"知"与"不知"之间,存在着"忘却"的第三种认识状态。人之所以探索,并且可以探索,就在于人的认知领域中存在着"忘却"的认识状态。那么,人的学习、探索,并不是以完全不知道、不认识的东西为对象,而是以曾经知道而现在已经忘却的东西为对象。因此,柏拉图说:"探索或者学习,其实从总体来看,那只是一种回忆。"②这就是他著名的"回忆说"(anamnesis)命题。

事实上,"回忆说"的内涵,与苏格拉底的"助产术"并没有太大的区别,倒不如说两者异曲同工。只是"助产术"对于人的灵魂里所拥有的"知识"是从何而来,怎么来的问题没有做更多的深入阐释,其主要原因就在于苏格拉底的灵魂观不明确的缘故。而在"回忆说"里,灵魂不死的思想是使其得以成立的根本。柏拉图的"回忆说"明确指出,灵魂是永恒不死的,人的灵魂里被忘却的知识,是灵魂进入肉体之前作为自身纯粹的存在时获得的。由于进入肉体后,灵魂被肉体所玷污而失去纯粹性的同时,那曾经知道的东西也就随之忘却了。很显然,柏拉图由于接受了毕达戈拉斯学派的灵魂思想,从而把苏格拉底的"助产术"进行了理论化建构,成为他完整的"回忆说"。由此可见,"回忆说"从表现上看直接是为了克服上述关于探索中存在的"两难"论调提出来的,而其内涵却是植根于对苏格拉底的关于"是什么"的本质探索的理解,以及对于"助产术"的阐发与完善。

在《美诺篇》里,苏格拉底关于"德性是什么"的探索,是一种关于"德

---

① 参照《申辩篇》19b。
② 《美诺篇》81d。

性本质"的探索。这种本质,是美诺所列举的众多德性现象里一种共通的东西(koinonia),是一种单一的形相(eidos),只有把握到这个"形相",才能对现实中呈现的各种本质的属性,即现象(德性的事例)达到真正的认识。可是,在现实中,人们能够体验到却只是美诺所列举的种种德性的事例,其共有的"形相"是无法把握的。所以,人们将与美诺一样,一旦被苏格拉底指出其所知道的只是事例,属于本质的部分属性而不是本质时,都会陷入理解和回答的困境之中。而苏格拉底自己也同样,无法提供一个标准答案。那么,如果这个"困境"无法超越,也就是说,如果苏格拉底的探索不能以某种理论来阐述:(1)这种共有的"形相"是存在的,(2)它是怎样的一种存在,(3)并且证明人们可能通过某种方式进行把握,那么,既无法说服像美诺一样的质疑者,也不能体现苏格拉底探索的真正意义。柏拉图的"回忆说"就是为了解决、回答这些问题而进行的理论尝试。

根据"回忆说"的观点,正如人们在认知某种事物的同时,想起与其有关的或者别的事物一样,人们在面对不同的事物时却能够用一种共同的直觉进行共性的认知,这种认知就是对于内在于现象里共通的东西,即共有的"形相"的回忆。如鲜花有各种不同的种类和形态,然而,人们却用同样的语言"鲜花"来认知。而鲜花、少女、风景,虽然其所呈现的形式各不相同,但人们却同样地直觉其美,用一种感受"美"来把握它们。这里所说的"鲜花"和"美",并不是现实中各种个别的可感觉事物,而是超越于这些现象而自身独立存在的一种"形相"。但是,这种"形相"却是我们作为人而活着时从来没有经验过的存在。那么,人们只有相信这种存在是独立于人之外而存在着的,并且肯定人在出生之前曾经认识了这种存在。而人的这种经验事实,恰恰可以用来证明,人的灵魂在进入肉体之前必然独立存在过,并且对于一切的真实存在已经拥有了知识。

既然人拥有这种"回忆"的能力,也同样可以通过现象世界的感觉事物作为"回忆"的媒介,努力通过相互探索(柏拉图提出只有通过"哲学问答法")达到对这种现象背后、超越于现象而存在的、所共有的本真,即"理型"的认识与把握。就这样,柏拉图通过"回忆说"理论,达到了对于苏格拉底所追求的万物共有的"形相"之存在的确认,同时也指出了对其进行探索的可能途径。如果这样,上述(1)和(3)的问题就可以解决。但是,很显然,"回忆说"却没有办法提供关于(2)的答案。即"它是怎样的一种存在"的问题,这个问题在"回忆说"里得不到明确的阐述。为了解决这个问题,柏拉图在其哲学中把苏格拉底"是什么"的探索,发展成了他的最重要哲学思想:"理型论"的建构。

在柏拉图哲学中,与"理想国"政治思想并列的就是他的"理型论"问题。"理型论"在柏拉图的对话篇里,从初期到后期都可以看到不同形式的述及。

"理型"的希腊语是"idea",与此同义的是"eidos",被译作"形相"。现在学术界流行把这两个单词分别译作"相"和"形相"(也有的译成"相"和"型"),或者"理念"和"形相"。其实应该把"idea"翻译成"理型"更为合理,因为"idea"来自动词"horao"的不定式"idein"所创造的名词。"horao"的自动词是"往……看",它与盲目相反,指的是"看得见"、"有视力"。而其动词则为"看"、"看到",引申出"探求"、"谛悟"的意思。"eidos"是由动词"eido"派生出来的名词,"eido"的意思也是"看"。为此,作为名词的"idea"、"eidos"其原意本来都是看得到的形状、形态。而在柏拉图哲学中却把"idea"、"eidos"作为一种去掉了感觉要素的形状、形态,即不带有质料(hyle)的形状、形态的意义来使用。可以说,是柏拉图赋予了这两个单词以全新的形而上学含义。因而,这种存在应该是一种不能用肉眼看,只能用心眼,即理性来把握的形态、形状。关于"eidos",学界已经有了比较定性的译语"形相"。与此相对,"idea"却存在多种译法。为了避免"理念"的含义属于思考内存在容易产生误解,以及"相"作为佛教用语属于现象界的存在,从而产生概念的含义混淆,应该说把"idea"翻译成"理型"或者"理式",特别是"理型"将更为准确、合适。由于柏拉图哲学中没有一个对话篇单独阐述"理型论"问题,只是在探讨其他问题时涉及关于"理型"的存在,并且在论述"理型"的问题时,往往把"idea"、"eidos"两个单词交替使用,所以,很难对两者作出区别,也因此,一般都只能笼统地归入他的"理型论"来说明。

在柏拉图哲学里,"理型"是超越于我们可以感觉的、变化着的现象世界的一种永恒不变的存在。在《斐多篇》(78d)里,可以看到关于"理型"定义般的叙述。柏拉图说:"其自身只有一种形态,同样的形态,同样的状态永远保持。无论什么场合,无论从哪一点来说,无论在怎样的状况下都是不会变化的。"因此,"理型"也被称作"本真存在"(ontos on,真实存在),或者"存在自身"(auto kathauto)。它超越于人的思维、臆见和想象而存在,又在众多的现象世界里可以捕捉到其之所以存在的显现,出现在事物的本质里(但是本质与理型属于不同的存在),只有人的理性才能企及。比如,柏拉图经常提到"美的理型",那是一种真正的美,不是现象世界里可见可感的那些"美的事物",而是"美本身"。它是众多"美的事物",如鲜花、少女、风景等现象里所拥有的一种共同的本质一样的存在。然而"美的理型"与美的本质又不同,因为"本质"存在于事物内部,而"理型"超越于事物而存在。事物的本质是"模仿"(mimneisthai),或者是"分有"(metechein)了"理型"才拥有与此相似的事物存在。因此,"理型"就是事物存在的根据,是现象世界的理想,柏拉图称"理型"为现象世界的"范型"(paradeigma)。苏格拉底探索中所追问的"X 是什么",虽然在苏格拉底式对话篇的初期阶段还没有明确区分本质与本真的不同,但到了柏拉图的中期哲学,明显地揭示了这种探索对象必须是"理型",是要求对于这种"理型"的把握。人要想获得真正意义的"知识"(episteme),就必须以"理型"为对象,达到完全把握"理型"的认识状态,否则,一切认识都只是变幻不定的种种"臆见"(doxa)而已。

柏拉图关于"理型"的思想,除了这种源于苏格拉底"是什么"的探索之外,其思想的核心来源还与前苏格拉底的普罗泰戈拉的"尺度说"、赫拉克利特的"万物流变说"以及巴门尼德的"存在"之不生不灭"一者"的思想有关,是在吸收了这些先贤思想基础上而抵达了哲学高峰。正如所知,柏拉图把人的认识对象划分为感觉事物(pralagmata)与本真存在(ontos on),感觉事物存在的特征是"有且非有"(to einai te kai me einai),而本真存在则是一种"即自性的存在"(auto kath'hauto),也就是保持自身同一性,恒常不变的存在(to on)。正因为这样,以前者为对象的认识只能属于"臆见"(doxa),而以后者为对象的认识才能抵达"知识"(episteme)。"idea"、"eidos"就是这样一种"本真存在",它是知识的对象。在《理想国》第六卷中,柏拉图用了一个著名的"线喻"阐述现象与本真两种存在的不同。感觉事物是感觉器官可以捕捉的存在,存在于可视界(ho-laton),而 idea、eidos 则存在于可知界(noeton),是最高思维的对象,是与真知相对应的对象,只能通过"哲学问答法"的探索,通过"回忆"的努力才能逐渐接近与把握的存在。因此,idea、eidos 是超越于人的思维和推测,是一种恒常不变的本真存在,并且是真实存在(aletheia)(也正因为这样,不能译成属于思考内存在的"理念")。而这种存在,显然与巴门尼德所揭示的"不生不灭"之"一者"的存在特征是一致的。

综上所述,柏拉图哲学中关于"理型"思想的来源显然与三者有关。首先,把感觉事物作为感觉事物的存在进行认识,必须具有"尺度说"的意义才能得以成立。其次,因为他进一步接受了赫拉克利特等先贤们关于万物流变的思想,从而意识到在这些流变的事物中找不到真正的知识。然而,他又坚信真正的知识是存在的,或者说是必须存在的,并且这种知识对象应该是非感觉性的存在,必须是一种恒常不变的状态,①那么最终,他必然需要进一步吸取先贤爱利亚学派的关于"存在"(to on)之"不生不灭"的思想,只有这样才能抵达他所要探索的知识对象:"理型"或"形相"。

---

① 对于这个问题,亚里士多德在《形而上学》中有所指涉,不过,他对于柏拉图把这种存在作为超越于事物,以"离在"的形式而存在的观点持批判态度。

不过,虽然柏拉图哲学中这种形而上学的思考与上述几种来源有关,而他与先贤们的区别也是不可忽视的。首先,他与"尺度说"所具有的把感觉事物的显现作为真实存在的把握之间所存在的不同是毋庸置疑的,更主要的问题是我们必须注意他与赫拉克利特和巴门尼德之间的区别。柏拉图承认现象界事物的非恒常性,所以不能作为知识的对象。然而,这种认识也仅仅局限于他对于感觉事物的存在形态的把握,他同时相信感觉事物背后拥有根本不变的存在,那种存在(idea、eidos)是恒常保持自身同一性的状态。而在赫拉克利特的自然观里,现象世界与作为本原的"四元"却都是瞬息流变的,时刻都在进行着生与死的相互转化运动。那么,这两者的不同也是显而易见的。与此相同,我们即使承认柏拉图哲学中把"idea"或"eidos"这样存在作为获得知识的唯一对象,其存在的特征与巴门尼德的"存在(on)"的内涵是相通的,但是,他们之间的区别也是不可混淆的。巴门尼德在对于存在的存在性把握中,作为不生不灭的这种"存在"与现象世界没有关系,现象世界是没有意义的。而柏拉图哲学中,这种"存在"却与现象世界有关,是现象世界之所以得以存在的根据,是生成与消灭的事物之所以存在的原因。柏拉图一方面承认感觉事物变幻不定,生成消灭;另一方面又肯定现象世界对于"idea"、"eidos"的存在性提醒是有意义的。

具体地说,希腊语的"on"是动词"eimi"中性单数对格,从而成为一种名词化的概念。"eimi"在中文中包含两方面的意义:一种为"是",还有一种为"有"。指称某种事物存在的时候它是一种系词"是",在句子中起到了连接主宾的谓语作用。在这种情况下,它既可指称本真存在的存在,也可以指称现象界的一切事物、事情。而在其作为把握一种永恒不变的、独立于现象界而存在的本真时,其意义是"有"(to on),与"无"(me on,非有)相对,在回答"是什么"的提问时,可以是"正是……的什么",或者"……自身"(auto to...),这样一种普遍定义式的回答。作为对应于感觉世界事物的"非有",它是一种本真世界中的真实存在(aletheia),所以是一种恒常的"有"。柏拉图把这两种含义结合起来界定"idea"、"eidos"这个概念。正是因为如此,他才会在提出了与现象界不同的"理型界",或者与感觉界不同的本真界存在的同时,又肯定现象界与本真界之间的内在联系。对此,柏拉图以本真存在之在感觉事物中"临在(parousia)"的方式来把握,这与巴门尼德完全否定现象界、感觉界的存在性把握是根本不同的。

就这样,在柏拉图哲学中,知识的对象是 idea、eidos,而现象界的万事万物只是臆见的对象,这两种对象在存在的层次与价值上有着本质的区别。不过,尽管这样,感觉事物对于人们认识与探索 idea、eidos,让各种"臆见"通过探索(回忆)上升到"知识"的高度是具有其存在意义的。其一,感觉界对于 idea、eidos 的存在具有提醒的意义。也就是说,因为感觉事物中拥有 idea 的某种性状、特征,是作为 idea、eidos 的某种性状、特征而显现的,这对于人们认识 idea、eidos 的存在具有提醒作用,是产生"回忆"idea、eidos 存在的契机。其二,感觉事物的表象、现象形式为 idea、eidos 的存在提供了依据,因为任何事物的本质显现都与 idea、eidos 有关。因此,感觉界的存在并非毫无意义。

但是,这里必须注意,如果每一种同类事物、事件、事态都有一种共同的"理型"(或者说"形相")存在,那么也只是把现象世界"无限的多",转化成理型世界"有限的多"而已,"理型论"如果仅仅停留在这个阶段的认识,仍然无法达到对于现象世界完全的统一的说明。对于这个问题,柏拉图是明确的。所以,他进一步指出:所有的"理型"并不是同等的存在,在"理型世界"里,有一种"理型"是特殊的存在,那就是"善的理型"。如果说"理型"是现象世界存在的原因、依据,那么,"善的理型"就是理型世界存在的根据。因此,"善的理型"被当为"理型之理型",是理型世界最高的存在而君临于一切理型之上。柏拉图在《理想国》(507a—509b)里以"日喻"对"善的理型"作了形象的说明。犹如自然界由于太阳的照射,使自然万物成为可视的状态。那是因为,阳光使眼睛拥有视力的同时也让被视物得以显现。而更进一步,太阳不但赋予万物以光而且以热,从而促使万物成长,成为万物生成的原因。"善的理型"在理型世界的作用也与太阳一样,首先,它赋予思维存在之"理型"各种真理性与被认识的可能。其次,又赋予这些被思维的存在之所以存在的依据。就这样,"善的理型"成为这两种因素得以成立的理由,也就是成为各种"理型"的存在与被认识的原因。换一种说法,万物之所以要分有"理型"而存在,以"理型"为目标运动,都是为了追求完美,要追求完美就必须"模仿"典型。而众多的典型(理型)之所以成为典型,因为它是现象存在之最佳存在,是一种自我同一性的恒常状态。而"理型"的这种最佳状态完全来自于"善"之赋予,"善"即最佳或者典范的终极。那么,很显然这里所说的"善"已经超越了伦理学的意义,是一切存在的最高理想与存在根本。事实上,柏拉图这种以"善的理型"作为最高存在,也是对前述的苏格拉底"目的论"世界观的一种存在论的阐释。

综上所述,苏格拉底的"助产术"在柏拉图哲学中发展成为完整的"回忆说",而苏格拉底一生坚持的"是什么"的探索,在柏拉图哲学里发展成为对"理型"存在的把握。苏格拉底所追求的"德性"的普遍定义,就是为了达到对万事万物"理型"的认识。柏拉图认为,现象世界的万事万物以"理型"为范型而存在,而众多"理型"又都是由于"善的理型"的存在而获得其存在的可能和被现象世界模仿的原因。因此,"善"的理型作为最高的存在,成为一切存在的终极目标。从伦理学的意义说,这种存在可以看作是"神",是一种无制约者,是一切正义、美、善的原因。那么,人的现实社会的一切追求当然必须以"善"为目的,凡事都要以追求"善"为根本,"四元德"的本质就在于以获得"善"为旨归,苏格拉底所追求的关于"善生"的根本意义也就在这里。而从存在论意义来看,当"善"从伦理学的意义中超越出来,成为一切存在的终极存在,理型世界自然成为一个统一而有序的本真世界,一切的探索和认识都将以把握这种至高之"善"的存在而拥有了明确的朝向。就这样,柏拉图一生孜孜不倦思考的理想政治,也由此获得了最根本的精神基础。

四、哲人与观照

要理解柏拉图的政治思想,我们首先必须把握柏拉图哲学中关于"哲人"的界定。在西方哲学史上,如果说由于苏格拉底而使哲学这门学问得以身体力行的实践并得以真正的确立。那么,我们进一步可以说,就是苏格拉底让柏拉图理解了哲人应该是怎样的人。或者说,柏拉图通过苏格拉底来揭示哲人应该是怎样的一种人。

1. 关于哲人的界定

正如大家所熟知,"哲学"的希腊语是"philosophia",这是一个合成词,原意是"爱智慧"。把这个单词翻译成汉字"哲学"的是日本明治初期启蒙思想家西周。其实"philosophia"在希腊语中有两种含义的用法,一种就是我们一般意义上所说的"好学"、"求知欲",从这个意义上所爱之"智慧",指的是作为人一般所能达到的"智慧"。在希罗多德、修昔底德的历史著作中可以找到这种用词法,前苏格拉底自然哲学家中赫拉克利特也有类似的表现。另一种哲学意义上的"爱智慧"与此根本不同,在这里所说的"智慧"是遥不可及的本真之知,是人作为人而活着的时候不可抵达的对于终极存在的把握。所以,除了神之外,人不可能成为"有智者(sophos)",其最高存在只是"爱智者(philosophos)",即作为"哲人"而存在。这种认识源于古希腊先贤们的古训,从毕泰戈拉斯的"奥林匹亚比喻"开始,出现了关于 philosophos 这个单词在哲学意义上的用法,而柏拉图哲学中的苏格拉底,就是第一个真正通过自己的言行实践了这种"智慧"之爱的内涵,并为之献身的人。为此,如前所说,柏拉图的《申辩篇》是一部哲学宣言书,其中阐述或者阐明了苏格拉底哲学探索的历程(论驳之旅),哲学探索的前提(自知其无知),包括对于人的存在的意义(只有探索的人生才称得上人的人生),以及作为哲人苏格拉底面对生死抉择时的价值取向(为了真理视死如归)等。虽然说柏拉图只是通过苏格拉底揭示了一个真正意义的哲人的典型,但也可以说,柏拉图所理解的哲人就应该是这样一个"爱智慧"胜于爱生命的人。

如果说《申辩篇》只是通过苏格拉底的审判事件揭示一个真正哲人的形象或本质,那么,在《理想国》中,柏拉图则明确地对于哲人之为哲人的素质、性质进行了明确的阐述①。首先,柏拉图对于哲人提出了四点素质的要求。(1)热爱学习,没有学科偏好。(2)热爱对于本真存在的观照。(3)气宇怀宏,端正无欲,不奴性,不懦弱。(4)记忆力和理解力都是超群的,容易引导其对于每一事物本真的认识。对于这四点进行详细阐述之后,柏拉图最后进行了这样的归纳:"哲学是对于如果不是天赋具有良好的记性,敏于理解,豁达大度,温文尔雅,爱好和亲近真理、正义、勇敢、节制的人,就不能很好从事的工作。"②从这个归纳性阐述中不难看出,在柏拉图看来,哲学并非人人可为,只有那些具备从事哲学素质的人才能进行的一种工作。在这里明显地把哲人与一般人的素质区别开来。这种对于人的素质的高低不同的差等性认识,也是他后来构筑理想国家中社会阶层与阶级分工的理论基础。

其实,从上述四点关于哲人素质的要求中不难看出,一切素质都是为了(2)的素质所必备的条件。也就是说,都是为了"热爱与观照本真存在"而提出来的。具体地说,(1)的好学与学科不偏爱与(4)的理解力好,记忆力强的素质,是为了(2)的素质得到发挥所必备的前提条件,而(3)的素质表面上看属于道德性的要求,实际上也是为了"热爱与观照本真存在"不可或缺的性格和心理基础。正因为这样,在阐述了哲人所应该具备素质的详细内容之后,柏拉图最终做了这样总结:"可以说认识本真

---

① 《理想国》474c—504c。
② 《理想国》487a。

存在,这是他们所具有的积极而过人之处,正是这一点是最关键的。"①也就是说"认识本真存在"是"热爱对本真存在观照"的哲人的终极追求。所以,柏拉图在哲人的性质界定中最后强调:"成为那种人(具有哲人素质的人)的引导者的只有'真实'。他对于任何存在以所有办法而应该追求的只有真实。如果不是那样,只是在吹牛,那是不可能从事真正的哲学。"②也就是说,"热爱对本真存在观照"是哲人之为哲人的绝对条件。正是建立在这种认识的基础上,柏拉图关于哲人的规定是:"所谓真正的哲人,……应该是热爱……观照真实的人们。"③

如果热爱"观照"本真是哲人存在的绝对条件,那么"观照"的问题当然就成为柏拉图所建构的哲学这门学问,以及其哲学思想最核心的问题所在。

2. 关于观照

在柏拉图哲学的中期对话篇,即从苏格拉底哲学中脱颖而出从而形成自己的哲学中,可以说"观照"的问题是与"回忆说"相匹敌,甚至比"回忆说"更为重要的问题。虽然柏拉图在其哲学中对于这个问题没有像"回忆说"那样进行过大篇幅的集中论述和论证,但是,在柏拉图的哲学里,则更进一步于一般的哲学探索中,"观照"问题的重要性是不言而喻的。柏拉图在"观照"问题的叙述中所表现出来的,关于人的哲学探索所能达到的认识状态的理解,是其存在论和认识论的重要基础和根本立场。然而,也许正是由于柏拉图对于这个问题缺少集中的论述,近代以来的柏拉图研究界,很少有学者对于这个问题给予应有的关注。在一些学者的论文或著作中,即使涉及这个问题也只是轻描淡写地一笔带过,或者浅尝辄止,不做深究。可是,这个问题如果不进行深入的研究,不能准确地把

---

① 《理想国》484d。
② 《理想国》490a。
③ 《理想国》475e。

握柏拉图对于这个问题的立场和观点,我们就不能到达柏拉图哲学的根本立足点和归结点。因为,在"观照"的问题中,包含着柏拉图关于哲学问题的根本立场。

"观照(theoria,thea,theorein)",也被翻译为"观想"或"观得",也就是"看(观)"的意思。其动词除了"theoreo"之外,也有"theaomai"的用例。这个单词与以肉眼捕捉事物的"看(horao)"①相对应,成为只用心灵来把握存在的意思。

在柏拉图的诸多对话篇中关于"观照"问题的论述方式尽管不同,而其中所揭示的"观照"问题的本质特征却是一致的。那就是:柏拉图把"观照"作为人类理性活动所能到达的最高的,也是最纯粹的认识境界。并且在这种认识状态中所把握到的东西,也就是"观照"的对象必定是"本真存在"。当然,在这里自然地会产生这样的疑问:如果"观照"的对象是"本真存在",那么达到"观照"境界的人(哲人)当然就抵达了真知,成为"有智者"而存在。因为,在柏拉图哲学中,明确阐明了人的认识只有达到把握本真存在,才拥有知识(Episteme)的意义,只有这样的人才能称得上"有智者"。只有那些"自知其无知"者才会孜孜不倦地求知,才会真正爱智。因此,如果这样,我们应该怎样理解隐藏在"观照"这一哲人的认识状态中的柏拉图的哲学思想呢?

从结论来说,确实柏拉图在中期对话篇中多次谈到哲人的探索最终将抵达、触及本真存在,而"观照"正是指抵达这种认识状态所使用的概念。然而,只要我们详细梳理分析柏拉图的哲学文本就会发现,在"观照"问题中,柏拉图阐述了根本不同的两种"观照主体"与"观照方法",正因为这种不同,各自的"观照对象"也存在着根本的区别,从而导致了"观照"的结果迥异。其中一种是"获得式观照",另一种是"接近式观照"。

---

① 在介绍"理型论"时候已经涉及,在希腊语里,horao 一般情况下指的是通过感觉器官肉眼捕捉事物,即"看"、"视"、"见"的意思。但是,有时也用来表现以"心灵之眼"捕捉存在之"观"的动词。

而人类的"观照"其结果只是属于接近式的,所以,虽然抵达并触及本真存在,但也不可能达到直接把握认识对象,从而达到"真知"的认识境界。

3. 观照的主体与方法

首先,作为"观照主体",柏拉图提供了纯粹灵魂和人类这两种存在。在这里需要注意的是,作为这其中一种的观照主体之"人类",并不是指人的灵魂与肉体相结合的状态,而是指"内在于人类肉体中的灵魂",并且必须只是优秀的灵魂的单独作用。也就是说,那是指人类的"理性的思维作用"。关于这一点柏拉图的观点十分明确,人类探索到达"观照本真存在"的必要条件,必须是人类作为观照主体,不依赖肉体的帮助,只运用纯粹的思维来把握其认识的对象,而这种"用纯粹的思维来把握其认识的对象"的这种认知活动的主体,必须是灵魂的单独作用才有可能做到。对人类来说,要触及"本真存在"只能通过人的内在的"灵魂"作用。而这种通过"灵魂"的作用触及"本真存在"的方法就是"观照"。由此可见,人类由于其认识对象的特殊性质,决定了其必须采用符合这种对象的认识方法,那就是要求其只有通过灵魂的作用之"观照",即要求使用"心灵之眼",才能够把握其认识对象之"本真存在"。

问题出在"观照"的叙述中,柏拉图针对两种主体却只是采用一种表现方式:"灵魂只是纯粹的自己自身"(*he psyche aute kath'hauten*),而正是这种不做区别的表现,让"观照"问题中潜在的两种认识"观照主体",一直没有得到学界的应有辨析与准确把握。其实根据讨论的场景和内容不同,"灵魂只是纯粹的自己自身"这句话具有两种不同的含义:(1)完全断绝与肉体的一切关联,只是灵魂自身独立存在的状态,即灵魂进入肉体之前或人死之后的灵魂脱离肉体状态。在《斐德罗篇》和《斐多篇》中所揭示的"观照"时所要求的"灵魂只是纯粹的自己自身"这一状态,就是灵魂完全断绝与人的肉体关联的状态。处于这种状态下的灵魂之"观照",其结果必然达到"获得真知"的认识状态。或者说,这种"观照",一般都意味着可以"获得真知"。但是,在这里出现了一个新的问题:这样一种完全与人类肉体断绝关联,即灵魂进入人类的肉体之前,或者在人死之后,完全从肉体中解放出来的灵魂"观照本真",这种"观照"还能算是"人类的观照"吗? 换句话说就是,完全脱离了肉体的灵魂之"本真存在"的"观照",那只是"灵魂的观照",而不是"人类的观照"。由于柏拉图在论及"观照"问题时,其重点更在于人类的探索之中,从而使人们往往忽略了这种脱离肉身之纯粹灵魂"观照"的存在。然而,这种"观照"在柏拉图哲学中却不可置疑地存在着,这是需要我们认识与把握的。(2)灵魂作为人类存在时,即使灵魂与肉体处于结合状态,但灵魂可以不依赖肉体,在肉体内部仍然保持着自身的独立性。这种状态的"观照",才属于灵魂客居肉体状态下的"观照",即"人类的观照"。柏拉图认为灵魂客居在人的肉体之时,并不是集结在一起,而是分散在肉体的各个部分。在《泰阿泰德篇》中柏拉图把灵魂划分为神性部分和人性部分进行论述①,而《理想国》中我们可以看到关于"理智"、"气概"、"欲望"之著名的"灵魂三分说"②等,这些就是这种认识的典型例子。当然,此时"观照"本真存在,属于灵魂的"理智部分"的作用③,因为灵魂的这个部分仍然保持着把"智慧"作为其"德性"追求的倾向。但是,由于客居肉体中的灵魂,经常处于如何把握好"气概"之激情、控制好"欲望"之快乐与痛苦的骚扰状态④,所以为了"观照"本真存在,就必须把分散在肉体中各个部分的力量集聚到"理智"(即所谓"纯粹灵魂自己自身")的部分⑤,各部分也需要努力协助"理智",让灵魂恒常保持在"观照"的状态。

柏拉图提出"观照"问题的根本动机,就是以人类的"观照"为核心问题。必须把"观照本真"作为人生追求的最高目标,这是柏拉图哲学中对

---

① 《泰阿泰德篇》69c—70a。

② 《理想国》第四卷、第九卷。

③ 《理想国》532c。

④ 《理想国》571e—572a,586c—d。

⑤ 《斐多篇》67a。

于人类存在的终极呼吁。所以，如前所述，他把哲学家定义为一群热爱"观照本真"的人①。当然，这种客居于人的肉体之内的灵魂，以纯粹的灵魂自身所进行的本真"观照"，与上述（1）的完全断绝与肉体的关系而保持纯粹状态中的灵魂的"观照"，柏拉图针对这种不同，论述中提供了两种不同的特征。完全断绝与肉体关系状态中的纯粹灵魂的"观照"，是以"获得真知"为前提而展开阐述的②。与此相对，在围绕人类灵魂"观照"的论述中，柏拉图矢口不提"获得"（ktaomai）这一问题，只是强调"恒常地停留于其中，观照真实存在……只要拥有生命，就必须保持这种生存方式"③。也就是说，其特征是要求人类的灵魂必须把"观照"作为唯一的生存方式，并要求"恒常"地保持着这种生存方式。这种"恒常地停留"于"观照"状态，即属于一种对于真知的"接近"（engytato）式观照④。而在论述"观照"时存在着这样两种不同的叙述内容，其本身也意味着在柏拉图哲学中存在着两个不同的"观照"主体：纯粹的灵魂和人类肉体中的灵魂。

其次，关于"观照方法"的问题，柏拉图在哲学中论述了"直接的"和"间接的"两种不同的方法。以下这段较长的神话性阐述，体现了柏拉图的这种认识。

灵魂们观照天球之外的世界。……看到了本真存在而愉悦无比……观照了各种真正的存在，受到其养育，倍感幸福。……人类的灵魂，无论是哪个灵魂天生就观看过（tetheatai）本真存在。如果没有观看过（本真），那它就不会来到人类这种生物之中吧。但是，……要说充分拥有其记忆的灵魂却只有极少数。这些灵魂，看到

---

① 《理想国》475e，etc。

② 《斐多篇》66b，66e—67a。

③ 《斐多篇》84a—b。

④ 《斐多篇》67a.

一些与那个世界中存在的东西相似的东西的时候,就会吃惊而忘我,从而不能冷静地保持自我。但是因为他们不能充分地认识那个东西,所以并不知道在自己身上发生了什么事情。……不过,只有少数的一些人,通过模糊的器官,好不容易才能到达呈现那些存在的似像,只不过是通过这个似像来观照那个从那里被模仿的原像而已(epi tas eikonos iontes theontai to tou eikasthentos genos)。①

这段话揭示了两种观照:其一,从"人类的灵魂,无论是哪个灵魂天生就观看过本真存在"的这一叙述中不难看出,人在出生以前,灵魂"看过"本真存在,亦即说明了灵魂在完全断绝与肉体关联的时候,就有一种"观照"存在着。在这一叙述中所揭示的"观照"特征是:纯粹的灵魂直接地观照"本真存在"本身,而不是它的似像。笔者把这样的"观照"称为"第一观照"。其二,在这个叙述中详细论述了处于肉体中的灵魂的"观照"。而在这里着重说明的是人类的灵魂在"观照"的时候处于一种怎样的状况,并进一步谈到了是如何触及"本真存在"的问题。也就是人类在见到"本真存在"以及与其相似的存在时,会陷入忘我的、失去冷静的状态,不能够充分地认知它,并且不知道在自己身上发生了什么事;只有极少数的一些人,"通过模糊的器官,好不容易才能到达呈现那些存在的似像"并且"通过这个似像来观照那个从那里被模仿的原像"。笔者把这样的"观照"称为"第二观照"。在这里所描述的"第二观照"的特征是:通过"本真存在"的"似像"来观照"原像"。

这两个观照之间的区别可谓一目了然:其一,从两者与"本真存在"的关系来看,一方("第二观照")是通过"本真存在"的"似像"来触及"本真存在"本身,是间接性的。与此相对,另一方("第一观照")是直接观照"本真存在"本身,是直接性的。其二,从接触"本真存在"时的情景来看,

———————————
① 《斐德罗篇》247b—250b。

一方是由于吃惊而忘我,从而不能充分地认知"本真存在",而另一方则是充满喜悦,一边观看"本真存在",一边沉浸在幸福之中。上述区别究其不同的原因就是:"第二观照"的认识主体是进入人类肉体的灵魂,而"第一观照"的认识主体则是处于完全断绝与肉体关系状态下的纯粹灵魂。可以说,正是由于这样两种完全不同的灵魂状态,从而产生了上述两种不同的"观照"方法。

这段阐述与前文的内容进行对应,很明显"第二观照"是"接近性"的,属于"观照"的最初阶段。而"第一观照"却是"获得性"的,属于"观照"的最高阶段。我们进一步根据其他地方相关阐述还可以认识到,柏拉图所提供的属于人的观照之"第二观照",对于人来说所起到的是"净化"(katharsis)灵魂本性的作用[1]。而当灵魂离开肉体进入"第一观照"阶段,那些作为人而存在时曾被"观照"净化了的灵魂,因为这种"第一观照"而摄取了神圣的营养,其纯粹的神性受到了"养育"(trephomene),从而可以不再坠入肉体中重新轮回[2]。

因此,关于柏拉图哲学的"观照"问题的论述,显然是基于不同阶段的"观照",其主体所处的状态和所采用的方法不同这一思想而展开的。人类的"观照"当然是上述的"第二观照",也就是停留在"观照"的最初阶段。在柏拉图哲学中所谈到的人类通过探索,最终能够达到观照"本真存在"状态,指的就是这个阶段的"观照"状态。而人类不能获得"真

---

[1]　《斐多篇》69c,80e,etc.

[2]　参照《斐德罗篇》248b—d。本文所说的灵魂的"第一观照",按照日本学者岩崎勉的观点,那是意味着对灵魂具有"拯救"的意义(『プラトンにおける「見真」について』,《西洋古典学研究》XIV,第16—18页,1966年)。从人类肉体中解放出来的灵魂,成为纯粹存在之后的"观照",即本文中的"第一观照",确实具有"拯救"的内涵。但是,"第一观照"状态中的灵魂,不仅仅只有从肉体解放出来的灵魂,还有从来没有堕入肉体的纯粹灵魂,那么对于这种灵魂来说,就不具备"拯救"的意义,只是"养育"其神圣本性的意义。根据柏拉图的哲学,无论对于从肉体中解放出来的灵魂,还是一直保持作为纯粹存在的灵魂,都需要"养育"其本性。那么,这就说明如果把这种"观照"仅仅理解为"拯救"是不够准确的。

知"的理由,也正是因为这种"观照"只是处于"第二观照"阶段的认识结果。

4. 哲人看到什么

柏拉图一直坚信哲学家能够达到"本真存在的观照",是基于以下两种依据的认识:其一,柏拉图认为"人类的灵魂"比其他任何生物的灵魂都来得优秀,因为那是一些曾经"观照"过"本真存在"的灵魂。其二,柏拉图认为,灵魂即使和肉体在一起,依然比肉体占优势而主宰着肉体的行为。那么,只要灵魂对肉体掌握着主导权,它就能够根据自己的本性需求来"观照"本真存在。当然,这也只有在哲学家所拥有的一种不可动摇的求真"志向"中才可以找到。把自己置身于严格的哲学训练之中,并且孜孜不倦地探索"真知"的人们才拥有这种可能。把分散在肉体各部分的灵魂集中凝聚到"理智部分",让灵魂从肉体的束缚中解放出来,由纯粹的理性来引导,灵魂只凭借自己的力量,以人类所被允许的方式"观照"本真存在,这并不是谁都能够做到的。就是说,并不是谁都能够进入哲学的探索状态的,那只是极少数的优秀灵魂的拥有者天生所拥有的,犹如特权一般的存在(这里体现了柏拉图的精英主义的思考倾向)①。但是,在人类当中,即使仅仅只有一个人能够达到那样的状态("观照"),人类能够"观照"本真存在的结论就可以得以成立。

那么,既然柏拉图坚信哲人只要孜孜不倦地探索,就有可能达到"观照本真"的状态,却又为什么要否定人之获得其探索对象的完全知识,即获得"真知"的可能性呢? 根据上述分析,其实结论已经显而易见,即正是因为人类所采用的观照属于"第二观照"的方法所致。

在"第二观照"的叙述中,柏拉图指出那种"观照"只是到达"本真存在"的"似像",而"通过这个似像来观照所被模仿的原像那种存在"。这

① 参照《理想国》476c,《斐德罗篇》250a。

是作为人类而存在，能够做到观照本真存在时的唯一方法（哲学的方法）。而通过这个"本真存在"的"似像"间接地触及其"原像"的这一"观照"自身意味着什么呢？从《斐多篇》（99d—100a）的下面这段话中，我们可以把握到柏拉图思想的内涵。

> 人如果不把太阳映照到水面或者其他与此类似的东西之上，间接地观看的话，就会损害眼睛。我所考虑的也和这一样，也就是说，如果用肉眼直接看事物（pragmata），或者用各种各样的感觉直接捕捉事物的话，就会担心精神会变得完全盲目。因此，我认为必须通过诉诸理论的研究这一手段，把事物的真相放在理论之中进行考察（hedokse de moi xhrenai eis tous logous kataphygonta en ekeinos skopein ton onton ten aletheian）。或许在某种意义上我的这个比喻未必正确。为什么呢？因为我从不承认在理论中考察事物的人会比在感觉的事实中考察事物的人，会更接近于是在看事物的影子一些。

这个比喻之所以得以成立，那是因为通过感觉器官无法把握的存在，必须把对其观察与认识移入某种"媒介物"上才能得以进行。柏拉图认为：人类要把握其认识对象，"媒介物"是必不可少的。

如前所述，柏拉图把"善的理型"作为最高的"本真存在"，因此把这种存在比喻成太阳。要达到"观照"它的境界，需要付出非同寻常的探索努力以及在"观照"的生活达到了极其熟练的程度才行。关于这一点《理想国》的"洞喻"中作了形象的阐述。[1] 在那里明确地谈到了要想做到直接地"观看"洞外的各种"真实事物（本真存在）"，首先要进行适应性的训练，那就是先看映照在水中的"真实事物"的"倒影"，等到眼睛逐渐适应之后，才开始直接观看各种"真实事物"本身。由于人类的感觉器官所

---

① 参照《理想国》515c—516b。

能捕捉到的所有东西,其自身都只不过是"本真存在"的某种"显现"、"似像"而已,因此人在观察"事物"的时候,其认识的对象不应该是现实中的具体"事物(pragmata)",而应该是其内在的"事物的真相(ton onton he aletheia)"。这就是这个比喻中谈到的必须在逻各斯(logos)中探索事物,而不是直接以感觉世界的具体"事物"为对象的原因所在。在逻各斯中所被探索的事物就是"事物的真相"。所谓"事物的真相",那就是"事物"(似像)所努力模仿的那种事物的"本真存在"(原像)。它是在复杂而多样的各种感觉事物当中能够捕捉到而以感觉器官却把握不到的"单一的(相同的)相(eidos)"。这种"单一的相"只有在理论研究中,即逻各斯的世界中才会"浮现出来"。也就是说,通过逻各斯的媒介使其存在得到呈现,从而对其进行探索与把握。理论的研究从来都不会是以感觉性事物为对象,而是以在理论上浮现出来的内在于事物之中的"单一的相"为对象的。正因为以上的理由,柏拉图否定这样的探索会比直接以"事物"为对象的探索"更接近于看事物的影子一些"。

在柏拉图哲学中,正因为"本真存在",即"理型"或"形相",超越了人类的生存之维,所以它被作为只有神才能达到并获得的认识对象,这在理论上就把"本真存在"从人类存在的层次中分离出来。但是,柏拉图同时认为,人类通过"逻各斯"这一媒介,能够把本来与人类存在不同维度的"本真存在"转换成同一个维度上进行认识和把握,他在哲学中采用了"观察日食的比喻"体现的就是这一思想。正因为如此,与具体事物的存在处于不同层次的"事物的真相",可以通过人的"逻各斯"这一媒介得以转换而成为人的探索、研究对象。当然,关于如何把"事物的真相"转换(映照)到逻各斯中的这一问题,柏拉图并没有忘记对此进行论述和论证。前文谈到的柏拉图哲学中的"回忆说"问题,可以说就是有关这里所说的"映照"这一认识过程的具体说明。人类通过各种个别感觉事物,根据思考的作用,对众多事物中所呈现的"单一的东西"进行统括的过程就是"回忆"的过程。正因为通过"回忆",人们才可以让众多的事物,把"事物的真相"在"逻各斯"这一媒介中得到映现,并将其作为研究探索的对象。而在人的"观照"("第二观照")中,就是以通过"回忆"捕捉到的"本真存在"而作为其认识的对象。就这样,人类的灵魂被囚禁在肉体期间,由于不能飞翔到那个世界(本真世界)"直接观照"本真存在,只能以这个世界的诸多事物作为激发"回忆"的契机性对象,充分发挥思考和理性能力,依靠模糊的记忆不断进行探索性回忆,就像把太阳倒映在水中观察一样,把遥远的过去(灵魂来到肉体之前)所见到的"本真存在"映现到"逻各斯"中来进行观照性把握。并且在这个观照过程中,人类为了更加切实可靠地把握"本真存在",孜孜不倦地通过"哲学问答法"来努力向真知靠近。

其实,在这里所说的把"逻各斯"中显现的事物之"单一的相"与"本真存在"之间属于怎样的关系是一个必须深入探索的问题。正如大家所熟知,柏拉图把存在分为感觉的与超感觉的两种。感觉存在是可死的,而超感觉的存在却是不死的。与感觉的世界时刻处于变化之中不同,超感觉的世界却是恒常不变的绝对世界。这种被称为"两世界论"的存在论,正是在中期对话篇中以"理型论"的形式被逻辑性地展开论述。在"理型论"中上述的两个世界以"离在(khorismos)"和"分有(methexis, me-tekhein)"的方式相联结。那就是,"理型"从感觉事物中独立出来的"离在"使其作为存在与感觉事物分开而得以独立存在;而感觉事物则从"理型"中"分有"了"理型"从而拥有了"理型"形似性质而得以存在。就这样,绝对世界的存在成为感觉的相对世界得以存在的原因,是感觉世界存在的根据。柏拉图的认识论就是以这样的存在论为基础的。但是,柏拉图的"分有说"中包含了许多不明确的因素,在《巴门尼德篇》(129c—130b)中被质疑的问题成为学术界争论的焦点。即:感觉事物对于"理型"的分有,究竟是分有了理型的"部分",还是"全体"。如果只分有"部分",那么感觉事物以理型的名称来称呼,在逻辑上就缺少自恰性。而如果是分有"全部",其他的同类事物就不可能得以存在。那么,那种分有就不是"分有",而成了"内在"关系。就这样,究竟感觉事物"分有"了什么的问题一直成为"分有说"被质疑的基本所在。其实,柏拉图"分有说"的基本观点是:"本真存在"即"理型",属于与感觉世界不同的世界,现实的感觉世界所有的感觉事物,总以某种形式"分有"了"理型"而拥有了与"理型"相似的性质。也就是作为感觉世界的根据之理型的世界,通过"分有"而与感觉事物发生关系。然而,无论感觉事物如何"分有"理型,都不可能与"理型"属于相同的存在。正因为如此,人所"观照"的"事物真相",只能处于这种"间接的"把握那些"映照"在"逻各斯"中"本真存在"似像的状态,而不是观照"本真存在"本身,这就决定了人无法完全达到把握"真知"的认识境界。

不过,在此还必须明确"回忆"与"第二观照"之间存在的区别。所谓"回忆",如前所述,通过"众多的个别感觉事物",在"思考的作用"下,注意到沉寂在记忆深处的曾经见过的"本真存在"的存在,从而促使人们开始"理论研究"。也就是说,"回忆"起到了把"本真存在"显现在"理论探索"领域的作用。一句话,就是赋予人类探索与认识的契机。为此,人在"第二观照"的整个过程中,"回忆"不可缺少,从"第二观照"的最初阶段到最高阶段,没有"回忆"的作用"观照"是不可能进行的。而与此"回忆"的作用不同,"第二观照"却不直接接触具体的"感觉性事物",是只以在"回忆"的探索中捕捉到的内在于"感觉性事物"中的"单一的东西(本真存在)"为对象,努力争取更为准确地把握那种存在("本真存在")所展开的认识过程。两者的作用在"哲学问答法"中,就像接力赛一样,使哲人的探索不断深化。当然,作为"第二观照"对象之"单一的东西",虽然是属于"本真存在",但是那也只不过是在逻各斯中显现出来的"本真存在"而已,不是"本真存在"本身。就这样,由于人的观照("第二观照")只能在逻各斯中探索"本真存在",所以通过这种"观照"所认知的"本真存在",就不是直接的,只能是间接的。根据柏拉图哲学的"两世界论"(感觉界与理型界)存在结构来看,可以说只要人的灵魂还没有从肉体中完全脱离出来(指死亡),那就不可能做到"直接观照"本真存在。

因此,可以说人的"观照"不能达到"获得真知"的理由,就是因为"第二观照"的方法所致。确实柏拉图认为,人类在探索过程中,如果能够不断积累"第二观照"追求过程,就必然会逐渐地靠近(engytato)"本真存在",人的认识就能逐渐接近"真知"。但是,只要不能"直接观照"本真存在,也就是说,只要"第二观照"不能向"第一观照"实现本质性飞跃,那么,人的探索还是不能完全达到对于"本真存在"的把握,人是无法"获得真知"的。

总之,柏拉图哲学中所阐述的哲人对于本真存在的"观照方法",既是人的"观照"得以确立的原因,同时也是人类不可能到达"获得真知"境界的根本理由所在。具体地说,在有关"观照方法"的各种叙述中,与前文中谈到的"纯粹的灵魂"和"人的灵魂"这两种"观照主体"相对应,"观照方法"也同样有"直接的"和"间接的"两种类型存在。并且,"人的观照"始终只是一种"间接的观照"。也就是说,人所"观照"的对象只是"逻各斯"中所显现出来的"本真存在"。人类的灵魂在进入肉体之前就已经见到过"本真存在"以及即使灵魂被肉体所困困,依然掌握着肉体的统治权,如果说这些因素是作为"人的观照"必要的内因,那么"间接的观照"方法可以说是使"人的观照"得以实现的绝对不可或缺的外因。因为,只要是人类无论是谁,都具备上述之内因,那是与生俱来的。然而拥有上述观照之外因的却只有哲人,因为只有哲人才会孜孜不倦地在逻各斯中探索不已,才具备间接观照的必要条件。但是,即使哲人可以达到"第二观照"的境界,也不能"获得真知",其原因就在于"第二观照"的方法上。因为"获得真知"的前提条件是需要"直接地"观照、把握"本真存在",而"第二观照"只是作为人类所被允许的可能到达的观照境界,即把"本真存在"映照在逻各斯中进行把握,在这种"观照"中,只不过是"间接地"把握到"本真存在"而已。"逻各斯"显现出来的"本真存在",不管如何严密地模写了"本真存在",但"模写"终究是"模仿",不是"本真存在"本身。① "间接观照"只是处于与纯粹自身存在不同状态下的灵魂,根据其处境的具体状况所能采取的最佳的"观照"方法。

通过与肉体保持关系而逐渐适应了感觉世界而存在的灵魂,本来的固有能力就会减弱,"本真存在"即使出现在眼前,也是无法直接把握的。正因为如此,就必须把"观照"行为放在不同的"认识阶段"上来展开。作为人而存在时的"第二观照",应该就是为了在灵魂成为纯粹灵魂时的"第一观照"所要进行的准备和训练。也就是说,两种不同类型的"观照",决不是相互之间毫无关系的认识状态,相反,两者之间存在着紧密的关联。可以说,这是柏拉图哲学中所提出的"观照"问题的最大特征。上述的两种"观照"分别处于认识中的两个不同阶段。那就是,"接近式观照"是灵魂客居人类肉体的时候所能"触及"本真存在的最高认知状态,是为了人死之后灵魂获得"真知"必不可少的前期准备阶段。而人类的灵魂通过"接近式观照",就可以不携带肉体的任何一种东西(秽恶),在洁净的状态中脱离肉体②,从而进入下一步"获得式观照"。换句话说,正因为有了"接近式观照",才可能有"获得式观照"。而与"接近式观照"不同,到了"获得式观照"阶段,那是完全脱离肉体的灵魂,为了不会再次坠入肉体轮回,"观照本真"汲取神性营养,让这种营养成为自己的东西,保持其纯粹性和神性,从而获得了永远与神同在的神圣生活③。因此,显然柏拉图哲学中著名的关于"哲学是死亡的练习"的观点,在其认识基础上与这种思考是密切相关的。

---

① 在《斐多篇》100d1—3 中,苏格拉底(柏拉图)提出的"在逻各斯中(logoi)"把握事物,与在感觉事物中直接考察相比,不会更接近真实的影子的观点。D.Bostock 认为:在这里可以理解为以"逻各斯中"映现的是真实的映象为前提的思考。(*Plato's Phaedo*, 1986, Oxford, p.158.)而 R.Hackforth 也持相似的观点。(cf. *Plato's Phaedo*, 1955, Cambridge, pp.137–138.)

② 参照《斐多篇》80e。

③ 参照《斐德罗篇》248c。

综上所述，我们已经不难理解，在柏拉图哲学中为什么他如此阐述哲人与观照关系："从事哲学的人的灵魂……就应该使避开情感暴风雨的平静成为自己的东西，按照纯粹思维的引导并恒常在其中驻留，观照（theoreo）真实的东西、神圣的东西、仅凭臆想无法领会的东西而受到其养育（trephomene），在有生之年，就必须坚持这种生存方式。"①学习柏拉图哲学，如果不能正确把握他所阐述的哲人与观照的关系，就不能说真正进入到了柏拉图哲学的世界。正是哲人具有上述这样的存在性质，即"观照"性生存追求，具备这样的求知求真的逻各斯精神，为柏拉图的理想政治蓝图找到根本的依据。

五、理想政治与高贵谎言

在前文反复谈到，柏拉图哲学的一切问题的探讨，其实最终都是围绕着他的政治思考，都是为了探讨理想政治的统治形态而产生的。关于柏拉图的政治思想，无一例外地首先想到的是他的代表作《理想国》，除此之外也会涉及《高尔吉亚篇》、《普罗泰戈拉篇》、《政治家篇》、《法律篇》等。但无论怎么说，《理想国》不仅是柏拉图的主要政治思想，也可以说是他的整个哲学思想的集大成。也因此，政治学、制度学、教育学、伦理学，甚至文艺学、美学等，都把《理想国》作为本领域不朽的经典。然而，不管学界怎样对其归类，首先把《理想国》作为一部政治论著是不会有问题的。柏拉图《理想国》的诞生，与他此前的人生经历、自己所处时代的政治语境以及苏格拉底哲学探索与死之间存在着或直接或间接的关系，这也就是前文需要较大篇幅介绍柏拉图的生平与经历的原因所在。

其实，在传统的政治意识里，政治属于人与人之间的一种统治与被统治的紧张关系，而这种统治权的获得往往需要建立在暴力的基础之上。

---

① 《斐多篇》84a—b。

政治世界中的这种紧张关系,如同人的社会性生存的宿命,自古以来就存在。纵观希腊文明,这种政治意识早在神话的思考中就已经存在。比如,赫西奥德《神谱》中关于宙斯王朝的确立过程的神话故事,宙斯之所以最终战胜父亲取得胜利,就是由于获得了"克拉托斯(Kratos)"与"比亚(Bia)"两神助力的结果。在希腊语中"Kratos"就是"统治"或者"支配"的意思,而"Bia"的本义则为"暴力"。"统治"当然意味着某种"权力"的获得、占有、运营,这种"权力"与"暴力"之间孪生般的关系,到了苏格拉底与柏拉图的时代,仍然根深蒂固地存在于人们的思想意识中。比如,在《高尔吉亚篇》中出现的卡里克勒斯认为:"强者通过暴力夺取弱者的财物"、"优者统治劣者"、"高贵者多得而下贱者少得"等都是天经地义的"自然的正义(to kata physin dikaion)"①。《理想国》中,色拉叙马霍斯宣扬的"正义除了强者的利益之外没有别的"之著名的"强者正义论"思想等②,就是当时的人们关于政治认识的反映。其实,即使到了今天所谓的民主社会,这样思考政治本质依然大有人在。也就是说,人的暴力倾向属于人的与生俱来的自然本性,而赋予这种原始性的自然以秩序的就是政治的统治形态。为此,可以说政治似乎属于人与人之间通过某种法律而得以正当化(所谓的正义)保障的一种暴力装置。

政治的灵魂应该是如何实现"正义"的问题,所以,大凡政治思想的探讨都会涉及如何认识"正义"的本质。柏拉图的《理想国》表面上是在探讨理想的政治制度,而其内在的本质却是一部"正义论"的著作。也正是因此,开篇就是探讨如何看待"正义"的问题,而最后更是通过一个正义的士兵死而复活的故事,描述了正义者的死后报偿,以此与开头相呼应。而在《理想国》中,柏拉图企图扭转人们关于政治问题的片面性理解,或者说为了矫正人们对于政治的传统认识上的误区,他尝试着论述政治的本质及其实现理想政治的途径,并为人们描绘了一幅理想社会的蓝

---

① 参照《高尔吉亚篇》488b。
② 参照《理想国》338c。

图。仅从《理想国》来看,柏拉图至少表现出三种思想倾向。第一,政治的灵魂是正义,正义绝不是为了某个阶层的利益,而是社会全体构成员的共同利益。第二,政治需要一种专门知识才能得以有效运营,而不是所有人都适合从事政治。第三,理想的政治社会一定是真正懂得政治的人掌握统治权,并且能为全体社会构成员谋求幸福的"优秀者支配制",或者说是一种"贤者统治"形态。关于这三种倾向以及由此派生的问题,我们需要从以下六个方面进行考察与具体阐述。

(1)根据"强者正义论"者色拉叙马霍斯的观点,事实上国家统治者对于被统治者的态度,与人对于自己豢养的牛羊等家畜所采取的态度是一致的。正如没有人为了牛羊的利益考虑那样,统治者不分昼夜,处心积虑思考的都是如何获取自己的利益,而从像牛羊那样被统治的弱者立场来看,只能考虑如何服从比自己强大的存在即统治者的利益,从而损害了自己的利益,这就是"正义"的本来面目。所以,通过欺骗或者强制、暴力的手段损害他人,特别是损害被统治者的利益,只要不是以小骗子或者小偷小摸的形式,而是诉诸足够强大的暴力手段,那么即使"非正义"的行为也会变成"正义"而受到人们,特别是那些服从者的拥护,从而使强者获得最大利益,抵达通往统治者自身"幸福"的道路。① 《理想国》中最初出现的这些看似极端的言论,可以说已经超出了公元前5世纪前后的古希腊政治现状的描述,贯穿了古今社会人们关于政治本质的某种认识倾向。这些观点在《理想国》的最初就被提出来探讨,显然揭示了柏拉图关于这个对话篇的写作,就是要探讨如何克服这种极端的权力主义政治观,为社会构建一种理想的、能使真正的正义得以实现的政治蓝图。

在《理想国》中柏拉图所描绘的能够实现"正义"的理想政治社会蓝图,那就是全社会构成员进行两个阶级三个阶层的划分,各个阶层各司其职,做好自己的本职工作,整个社会就能和谐一致,国家的正义就能得以

① 参照《理想国》343a—344c。

实现。这三个阶层的形成源于对全体社会构成员进行三种类型的选别，各种类型各自形成一个阶层。① 第一种类型属于以金钱、财富的获得为快乐的人们，这些人在社会中应该是占有绝大多数的存在。那么，根据他们的素质天性让他们从事与物质生产、经济活动有关的工作，这些人当然属于社会的农工商阶层，他们为社会创造物质、经济基础与生产出人们的生活必需品等，以此营生贡献自己的力量。他们也通过自己的劳动获得金钱与财富的报偿，过上幸福的生活。当然，这样自然会出现社会贫富的不平衡，所以，这个阶层需要以"节制"作为其德性追求，这就需要统治者对此进行调节。虽然在《理想国》中柏拉图阐述得不是很明确，但显然这个阶层的个人财产得到认可，拥有自己的土地，并且被允许有家庭生活。不过，政治的运营他们是不参与的，那是别的阶层的本职工作。第二种类型属于以荣誉追求为快乐的人们，这些人以军人为职业，担负起保卫国家的重任。但是，为了强化他们作为护卫者的职业精神，这些人不允许拥有私人财产，同时也不能有自己的家庭，他们过着共产式的集体生活，当然就连妻儿也是共有的。也就是说，他们不追求属于自己的私生活，只以保卫城邦为己任，作为战士，通过自己的英勇作战获得城邦赋予的荣誉，这种荣誉就足以满足自己的欲望而快乐。所以，激情是这种类型的人们的德性体现，而勇敢是他们的德性追求。这种阶层与生产者阶层还有一个根本不同，那就是他们参与城邦政治，不过他们的职责只是协助领导者阶层实行统治，其对于城邦政治的参与只是属于辅助性的存在。第三种类型是城邦的最高存在，当然也是人数极其稀少的。这种类型的人都是经过严密的德性考验与知性选拔，是有能力接受最高知识训练的精英。这种人具有不竭的求知欲，以寻求知识与智慧为快乐。柏拉图认为，只有这种人才适合作为国家的领导者委以治理城邦的重责大任。② 关键的是柏拉图对于领导者阶层进一步做出规定，那就是这个阶层除了自己的身体

① 参照《理想国》433a，434c—d，441e—442b。
② 参照《理想国》376c．412c．etc.

之外,不允许拥有包括家庭在内的私有财产,他们热爱真实,不倦探索着善与美的真知,以全社会构成员的共同幸福为己任,只有这样才符合他们的天性,满足其天性中的快乐。显然,以上的三个阶层可以分为两个阶级,那就是统治阶级与被统治阶级,领导者阶层与军人阶层属于统治阶级,而生产劳动者阶层则属于被统治阶级。需要注意的是,以上的统治者与被统治者的阶级与阶层的形成是通过个人天性的严格选拔而产生,并非通常的统治都是通过诉诸暴力手段所带来的结果。在这样的社会里,统治者与被统治者的利益是一致的,没有某个特定阶层个别的利益诉求。在《理想国》中,柏拉图反复强调,理想的统治绝对不是为了某个阶级与阶层的利益,而是整个国家的每一个人都能实现自己的幸福①。这是他思考政治的大原则,也是理想政治的根本追求。

正如所知,柏拉图关于理想社会三个阶层划分的理论依据源于他的"灵魂三分说"②。如前所述,柏拉图认为灵魂在人的肉体中分为"理智、激情、欲望"三个部分,个人所表现出来的或理智或激情或欲望的强弱倾向不同,这就是个人天性的差异体现。那么,与人的正义的德性产生于人的灵魂的三个部分各司其职,和谐一体同样,国家的正义也是三个阶层各自做好自己的本职工作,相互协调,整个国家和谐如一个人一般的存在才能得以实现③。正因为如此,柏拉图的理想国也往往被称为是一种"灵魂的国度"。

综上所述,显然柏拉图所理解的"正义"绝不是属于强者或者弱者的哪一方的利益,而是全社会构成员共同的利益④。被统治阶级之生产劳动阶层为统治阶级军人与领导阶层创造生存所必需的物质基础,而统治阶级中的军人阶层为国家提供安全保障,领导阶层则为全社会成员的安

---

① 参照《理想国》419b,etc.
② 参照《理想国》440e—441e,444a,etc.
③ 参照《理想国》462c。
④ 参照《理想国》420b—c。

宁与幸福殚精竭虑,鞠躬尽瘁。不过,这里需要注意的是,柏拉图对于"幸福"的理解与平常我们所说的幸福不尽相同。前面已经说过,苏格拉底一生追求"善生",坚持认为只有"善生"才能抵达"幸福"之境。因为"幸福(eudaimonia)"与"善行(eu prattein)"相关,人的幸福离不开人的行为之"善"。而在《理想国》中,柏拉图进一步明确指出,社会成员的各个阶层,按照自己的天性从事相应的工作,每个人做好自己的本职工作,这就是各自的幸福所在,也是国家全体共同的利益。所以他说:"只有国家全体健康成长达到治理好的状态,才能根据各自自然天性分成各个阶层,并按其天性赋予各阶层相应的幸福"①。

（2）如果说国家社会构成员可以根据灵魂的素质即天性自然（physis）的不同进行阶层区分,那么这种天性的辨别标准是什么当然需要考虑,柏拉图在《理想国》中阐述了教育的作用。让孩子们与成人父母分开,由国家统一培养教育②,这些孩子被放在教育的现场进行灵魂素质的辨别、塑造与体魄的训练,在童年、少年、青年、中年等各个阶段赋予不同的教育内容,在接受教育过程中观察每一个孩子的天性,辨别各自的灵魂素质倾向,以此决定各自成人后所归属的阶层③。正因为如此,《理想国》也往往被作为一部论述教育的经典。那么,如果每个人都要根据其天性不同而从事不同的适合自己的工作,从而构成一个社会,形成一个国家的不同阶层与阶级身份,这种思考显然意味着从事政治的工作并非人人都适合,有的人适合从政,而有的人就不适合把政治作为自己的职业。柏拉图用视力做比喻,揭示了这种观点。他认为作为守护者,必须选择视力好的人而不是盲人④。而走路时的向导也一样,必须是对于道路熟悉的人。但是,这种极其浅显的道理,在政治思考中往往被人们忽略,可以

① 《理想国》421b。
② 参照《理想国》540d—541a。
③ 参照《理想国》498b,537a—540b。
④ 参照《理想国》484c。

说,所谓的民主制就是忽略了这种前提而诞生的一种政治制度。

　　"民主制"的希腊语是"demokuratia",它是"demos(民众)"与"kratos(权力)"合成的名词,其意思是民众掌握权力的民主政体。正如所知,希腊雅典最辉煌的民主制时代是伯里克利统治时期。根据修昔底德的《历史》中记载,伯里克利在一篇为战殁者的演说中赞美雅典是一个"自由的国度",雅典市民"爱美而不失朴素,不与软弱同流合污而热爱智慧"。这里所说的"自由",一方面指的是雅典从来没有受到外敌的奴役的自由,另一方面更为重要的是指雅典推行的"民主制",真正做到"统治权掌握在最大多数者手中",除了奴隶之外,每一个市民都有权利成为城邦的统治者之政治上的自由。雅典市民除了自己家业之外还要参加体育竞赛以及国家政治事务,也就是同样一个人拥有多方面的活动能力。"自由"的希腊语"eleutheria",是一个与奴隶存在进行对比来理解的概念。其形容词"eleutheos"指的是"不受束缚的"、"非奴隶的自由之身","不被支配的"、"自由人的"等意思,也就是说拥有不受束缚自由活动可能的存在。那么,雅典人的爱美、爱智、习武、从政等多彩的活动,确如伯里克利所赞美的那样,这是一个可称之为"自由的国度"。然而,正如"eleutheria"概念的含义那样,除了"自由"之外,还有"肆意"的内涵。在伯里克利那样卓越的政治家领导的时代当然没有问题,而当国家失去了高瞻远瞩的领导者,民主政治一旦落入那些既缺少远见又不具备自律的"民众"手中肆意运营,最可怕的"众愚政治"的出现就不可避免。伯里克利死后的雅典政治混乱与最终导致雅典的战败就是一个典型的事例。前面已经说过,柏拉图就是出生和成长在这样一个"众愚政治"乱政的时代,所以,他对于民主制之人人皆可从事政治的合理性抱着怀疑的态度应该是很自然的事情。这种怀疑,可以从他的初期对话篇《普罗泰戈拉篇》中,针对普罗泰戈拉讲述的关于人的诞生的神话故事所展开的论驳中得到确认。

　　在这个神话故事中,人与世界其他动物一样都是神的创造物。在为这些被创造物装备能力的时候,由于普罗米修斯与厄皮米修斯兄弟的工作失误,造成了人只是半成品缺少其他动物所具备的生存能力。为了弥补这种过失,普罗米修斯只好为人类盗来了火和制造工具的技术智慧。然而,由于人类仍然缺少自卫与攻击的能力,即使结群生存,组成社会仍然由于自相残杀而面临灭亡的命运,为此,宙斯只好命令使者赫耳墨斯为人类送去普罗米修斯曾也无法盗取的"羞耻心(aidos)"与"惩戒(dike)"这两种"政治的德性(politike arete)"。并叮嘱赫耳墨斯必须为每一个人都配备这种能力。人有了"羞耻心"就会懂得敬畏从而尊重别人,而"惩戒"就能让人有所畏惧而相互之间克服不义,从而使社会产生"正义"、"友爱"等,这是人类集体生存形成社会,运营政治不可缺少的智慧。当然,人类也因此获得生存的条件而摆脱灭亡的命运。

从这个神话故事中可以看出智者普罗泰戈拉提供了两种不同的知识内容,一种属于人类先天带来的具备与火的使用相关的技术性知识,另一种则是人类后天被赋予的政治性知识。然而,本来属于人的先天具有的技术性知识在现实中却并非每一个人都具备,需要各种职业性专家而成为专门知识,关于政治的德性在神话中本来仅仅属于人的后天获得的知识,却作为每一个人都具备的能力而被强调。也就是说,这个神话的内容揭示的是谁都可以成为政治家而具备掌握运营政治的知识,这显然是矛盾的。当然,普罗泰戈拉的这种观点也许与他作为职业教师,从事教育活动有关,后天的知识自然是通过教育而获得的,为了强调其教育的意义而忽视了这种认识上存在的不自洽,从某种意义上这是可以理解的。但是,从他那"人是万物的尺度"之著名的"尺度说"命题来看,这种忽视似乎属于一种认识上的故意所致。按照"尺度说"的命题,作为人无论谁的认识与判断都应该予以尊重与认可、都可以成为判断辨别事物的一种基准,这显然与人人皆可参与、从事政治之民主制的思想是相通的。针对这种充满矛盾的观点,柏拉图在这个对话篇中通过苏格拉底的论驳提出了自己的质疑。

在柏拉图看来,政治的德性、运营能力也如同制鞋、建筑、航海等各种技术,同样属于一种技术之知。那么,正如各行各业都需要专家、匠人才能做好那样,政治的运营也需要具备专门知识的人才能从事的职业。①显然,不是说谁都可能成为政治家,正如不可能谁都可以成为鞋匠、工匠、商人、船长那样。如果让那些不具备政治德性、政治知识的人们参与国家事务而凭着自己的"臆见"干政,那是一种不可思议的现象,其后果也不堪设想。除此,柏拉图还进一步指出,政治的德性虽然也是一种技术之知,但这种知识绝非可以通过教育而获得。不仅仅"政治的德性",人的一切德性都是不可教的,那是个人的经验与学问积累的结果②。如果政治之知可以通过教育获得,那些政治家们就可以让自己的子女都成为具有政治德性之人,而事实上在现实中并非如此。德性是否可教的问题在《美诺篇》中柏拉图进行了深入的探讨,从而引出了他那著名的"回忆说"理论,在本章的前面部分对此已经有过阐述。"回忆说"源于柏拉图对于苏格拉底的教育"助产术"思想的理论阐发。根据苏格拉底对于教育的理解,教育并非教育者首先拥有知识,然后把这种知识通过教育传授给被教育者,而是被教育者灵魂中本来就孕育着知识的孩子,教育者只是为这种知识的分娩起到帮助的作用。然而,即使"回忆说"理论可以为德性教育开辟出一条可能的道路,那也不是每一个人都能顺利达到的途径。必须是首先通过苏格拉底所采用的否定性"论驳法(elenchos)"的考验,成为"自知其无知"的人,才有可能出现灵魂的"转向(periagoge)",即从原来满足于"臆见"转向追求"真知",然后通过自己内在的、源于自发性的探索与发现,努力接近对于政治知识的把握。可是,现实中能够接受"自知其无知"的人,除了具备哲人素质的极少数的一部分人之外,其他人是做不到的。所以,在柏拉图看来,只有具备政治的德性,能够运营政治的人才能把政治搞好,并非民主制社会那样,人人都可以参与政治,这样的政治最终无法避免走向"众愚政治"的不幸结局。

---

① 参照《理想国》374b—e,etc。
② 参照《普罗泰戈拉篇》319c—d。

正是基于上述的政治认识,柏拉图提出了著名的"哲人王"统治理想。他说:"只要哲人们不在各国成为王者实行统治,或者,现在被称为王的统治者们,不在事实上并且充分地从事哲学,即政治权力与哲学的精神不融为一体,许多人的素质,如现在这样,各自朝着两种方向的某一种方向前进而不做强制性禁止的话,亲爱的格劳孔哦,我想对于各国不幸消失的时候是没有的,而对于人类来说也是如此"①。哲人为王,或者王者追求哲学的政治理想是一种"优秀者支配制"(aristokratia),即所谓"贤人统治"的国家制度。因为在柏拉图看来,只有哲人才会真正地为全社会的全体构成员谋求共同的利益,让国家统治真正做到不是为了某个阶层的幸福,而是实现全社会的幸福。这与哲人"热爱真实"有关,一方面"热爱真实"的人在德性上犹如河流,朝着一个方向流淌,不会被现实的种种诱惑所左右,在道德上是最具有德行的人②。另一方面,由于"热爱真实",使哲人孜孜不倦寻求真知,如果现实中有人具备政治运营所需要的知识,只有哲人最有可能拥有政治的德性,最适合作为国家指导者。

(3)然而,在这里有一个极其重要的问题需要澄清,那就是长期以来柏拉图研究者们错误地认为,柏拉图提出的"哲人王"政治理想,是由于他认为只有哲人才拥有关于运营政治所需要的知识,特别是关于"善"的真知。确实,在《理想国》(506a—b)中,柏拉图反复强调必须让知道什么是正确的、美的,在哪一点上是善的人作为守护者,对国家进行监督的时候,国家的完美秩序才会得到保障。然而,"必须知道"与"已经知道"属于两个不同的问题。前者是理想,而后者才是现实。事实上,我们经历的许多事情在理想与现实中都是不一致。只要细读柏拉图的哲学文本不难

---

① 《理想国》473c。另外,在《书信集》的"第七封书信"中也有与此相似的内容(326a—b)。由此可见,柏拉图在构想《理想国》之前就有了这样的思考。而"第七封书信"写于柏拉图第一次西西里的叙拉古之行前,属于初期对话篇写作时期。这就说明,从初期对话篇的写作开始,柏拉图的哲学思考一直都与他的政治思考有关。另外与这种思想相关的还可参照《理想国》484b—d,499b—d,501e,503b。

② 参照《理想国》485d—e,500b。

发现,哲人并没有真正达到把握"真知"的认识状态。也只有这样才能符合他的继承苏格拉底"自知其无知"的一贯立场,始终坚持认为哲人的存在充其量只是一个"爱智者"而不是"有智者"。

确实,柏拉图在提到哲人的探索时坚信哲人通过不懈的探索可以达到对"本真存在"的观照状态①。但是,柏拉图只提供两点关于这种可能性的理由。①由于哲人对"本真存在"的存在坚信不疑,所以,直到触及(happtesthai)这种存在为止探索不已②。②哲人可以看出(dynamenos kathoran),即不会混淆"本真存在"与"分有了这种存在的事物"③之间的不同之所在。要理解这两个理由的关键在于,如何看待"触及到"和"不会混淆"的问题。对于理由①所涉及的哲人"触及到"本真为止探索不已这个问题,必须从两个方面来考虑。首先,虽然哲人探索不已,但是并不能肯定其必定"触及到"其探求的对象。其次,即使哲人的探索"触及到"本真存在,但那种"触及"是否就意味着获得"真知"的问题仍然必须考虑。如果从柏拉图一直强调的哲人通过探索可以达到"观照本真"状态的观点来看④,他确实相信哲人是"触及到"了其探求的对象。而哲人对本真的"触及",当然就是以"观照(theoria)"的方式进行的。

关于"观照"问题,前文已经谈到,柏拉图为我们提供了两种不同的"观照"方式。一种为"直接观照",另一种是"间接观照"。"直接观照"是直接以"本真"为对象的观照,只有这种观照才能获得"真知"。至于"间接观照",那只是以在理论的探讨中浮现出来的"本真"为对象,犹如把太阳倒影在水中进行观察一样,把"本真"倒映在理论(logos)这个媒介物里进行"观照"。这种观照虽然是人到达"真知"的唯一途径,但是,这种间接的方式虽然也属于"触及"本真的方式,但只能不断地接近"真知"

---

① 参照《理想国》476b,484b—d,490a—b。
② 参照《理想国》490b。
③ 参照《理想国》476c—d。
④ 参照《理想国》476b,484b—d,490a—b,etc.

而并不能达到完全获得"真知"的境界。而其对人来说之所以是唯一的方法，那是因为人活着的时候，灵魂无法脱离肉体的缘故。那么哲人首先是人，只要是人谁也无法超越这种局限。因此，哲人达到了"观照"状态，"触及到"了其最高的探索对象，即"本真"，并不意味着获得了"真知"。所以，上述的理由①中提到的哲人"触及到"探求对象"本真存在"，并不意味着哲人获得了真知。而理由②的关于哲人对"本真"与"分有本真的事物"能做到"不会混淆"的问题，在《理想国》第五卷的后半部分以及第六卷的前半部分被多次论及。那是为了说明热爱"观看真实"的人与其他事物的爱好者们之根本性区别的决定性因素而提出的论据之一。但是，在这里柏拉图对于哲人为什么可以做到"不会混淆"的问题却不再做详细论证。为此，长期以来研究者们就主观地认为柏拉图已经站在哲人拥有"真知"的前提下才会产生这样的叙述。也就是说，人们认为只有以"真知"为前提才能够做到"不会混淆"。特别是为了强调哲人与非哲人的不同，柏拉图进一步把哲人探索时"不会混淆"的认识状态说成是"知识（gnome）"①，并把可以"观照本真"的人称为"有知之人（ho gignos-kon"）②等，这些表述就成了人们曲解柏拉图的重要依据，从而把这里所说的哲人"不会混淆"，理解为那是以哲人拥有"真知"为前提的认识。

如果我们仅仅从柏拉图表述的字面断章取义，从上述的表明确实可以得出柏拉图在《理想国》里已把哲人作为"有智者"来认识的结论。可是，只要我们详细分析那些阐述的话语背景，就不难发现柏拉图在这里所说的"知识"和"有知之人"，实际上只是为了与那些非哲人们的"臆见（doxa）"和"臆见之人（ho doxazon）"相比较时而提出来的。也就是说，柏拉图为了说明以"本真存在"为探索对象的认识是"知识"，而以"感觉事物"为对象的认识只能是"臆见"。那么，自然就有了"有知之人"和"臆见之人"的区别存在。因此，这里所说的"知识"和"有知之人"，那只是相

---

① 参照《理想国》476d。
② 参照《理想国》479e。

对于一般比较意义上的叙述,不能作为柏拉图哲学所追求的根本意义上的"真知"和"有智者"来理解。

其实,我们不能忽视柏拉图哲学中有关界定"真知"的基本前提。柏拉图在论述到人的"真知"有无时,从来不做人与人之间的比较,总是把人与神来比较①,他所揭示的人是无知的存在这个问题,就是建立在这种比较的前提之上。然而,他在《理想国》的这些地方所说的"知识",却是建立在人与人比较的基础之上。虽然我们不知道柏拉图在这里对于"知识"一词不用"episteme"而使用"gnome"来表达是否拥有区别的意图,但是,我们必须认识到,这里所说的"知识",要与哲人所追求的真正意义上的知识,即所谓的"真知"严格区别开来。只要人不拥有"真知"就不可能是"有智者"。那么,这里所说的"有知之人"当然也不能作为已经获得"真知"的有知之人来理解。

柏拉图哲学中关于"哲人"的界定无须赘言,哲人是"爱智者"而不是"有智者"。在《会饮篇》②和《吕西斯篇》③等对话篇里,柏拉图明确指出,有智者不会热爱智慧,那是因为已经拥有了智慧。无知的无自觉者也同样不会追求智慧,那是因为他们认为自己已经拥有了智慧,活在"臆见"之中。只有"无知的自觉者",即"自知其无知者"才会热爱"智慧"。那么,作为"爱智者"的哲人,很显然还不拥有"真知",也就是说,正因为没有"真知"才孜孜不倦地追求"真知",才是"爱智者=哲人"。如果《理想国》里所说的哲人"不会混淆"是以拥有"真知"为前提,那样的"哲人"就已经是关于本真存在的"有智者",就不可能再是"爱智者"了。然而,在这里柏拉图仍然把哲人作为热爱"观看真实"的人,即"爱智者"展开论述。因此,关于上述"不会混淆"的理由②也不能作为哲人拥有"真知"的表明来理解。

---

① 参照《大希比亚斯》289b,《申辩篇》23a,《巴门尼德篇》134c,《法律篇》716c。

② 参照《会饮篇》204a。

③ 参照《吕西斯篇》218a—b。

(4)当然,这样将会产生一个新的疑问,那就是如果哲人没有"真知",究竟如何分辨其所探索的对象属于"本真存在"与否,从而做到"不会混淆"呢? 换句话说,人如果对于"本真存在"缺少真知,还有区分"本真存在"与否的可能吗? 关于这个问题,柏拉图哲学的文本中为我们提供了以下这些答案。

前文反复提及,柏拉图在其哲学中把哲人作为"自知其无知者"即"无知的自觉者"。所谓"无知的自觉",那是对于被认为是"知"的状态而事实上却并非如此的话,就不会把"不知"当作"知"来对待的一种自觉。所以,哲人即使不知道"本真"为何物,也不会把"非本真"当作"本真"而混为一谈①。那是因为,柏拉图认为"本真存在"必须是一种满足"无论何时何地什么场合都保持恒常不变状态"条件的一种存在②。那么,哲人在现实的探索过程中,不符合这个标准的存在就不会把其当作"本真存在"。当然,这种探索和识别是在"哲学问答法(dialectice)"中严格进行的。因此,从"自知其无知"意义上来看,哲人即使还没有关于"本真存在"的知识,也不会混淆"本真"与"非本真";而对于别人的认识是否合理,是否属于"真知"同样也可以以此为尺度得到辨别。在初期对话篇中是这样的,到了中期对话篇的《理想国》里,我们还可以找到体现柏拉图这种认识的相关论述。比如,在《理想国》(506b)中柏拉图通过苏格拉底的对话者阿德曼多斯说了这样的一段话:"能够谈论别人的各种意见(考虑)却不能说出自己的想法,我觉得不对吧! 苏格拉底呀,特别是像你这样一位长期以来从事这些问题研究的人来说。"可以说,阿德曼多斯对于苏格拉底的这种反驳,反映了当时的社会舆论对于苏格拉底的批判,同时也蕴含着哲人探索的凭借之所在的质疑。苏格拉底对自己的想法无

① 戸塚七郎:《ソクラテスの弁明・饗宴》,旺文社文库昭和四十四年(1969)版,第248页。
② 参照《理想国》479e,484b,etc.

法说的理由,就是因为他自觉自己不具有对于自己所探讨的事物的真知所致①。但是,不具有"真知"的苏格拉底却可以做到辨别他人的认识是否属于"真知",并一直总是把别人的自以为是(doxa)论驳得无路可走。

其实,通观柏拉图哲学从初期到中期我们不难发现,自己不具有"真知"却能够辨别"真知"与"非真知",不知道"本真存在"却能够区别"本真存在"和"非本真存在"而不混淆,其理由之一都是来自于哲人拥有"自知其无知"的冷静自觉得以确立。除此之外,还有一个很重要的原因,那就是哲人的"所想"(haoietai,hos oiomenon)起到的作用②。柏拉图在叙述哲人(苏格拉底)探讨"真知"时,都是立足于"所想"而展开论述的③。比如,《理想国》中对于"善的理型"究竟应该是怎样的一种存在的叙述时所采用的"日喻"是这样的④。而对于"正义"和"节制"等进行阐述时也是这样的⑤。"如果只是把自己所想的事情(haoietai),原原本本按照自己所想的那样(hos oimenon)说出的话,当然你是愿意的并应该说出来吧!(Rep.506c)"这段话是接着上面的批判之后,阿德曼多斯向苏格拉底提出继续谈论的要求。而苏格拉底却对此进行了一些反驳来推诿不说。为此,另一个对话者格劳孔开始接过话题继续恳求苏格拉底说出"善的理型"究竟应该属于怎样的一种存在的理解,并且附加条件是只要他按照自己的"所想"的那种方法说出来就行了。"你如果像曾经讲述'正义'、'节制'以及其他的问题所使用的同样方法那样对'善'作出说明的话,那样总满意吧?(Rep.506d)"在这里所说的按照"'正义'、'节制'以及其他的问题所使用的同样方法",指的就是采用"所想"的方法,

---

① 参照《理想国》506c。
② "自知其无知"与"所想"这两种因素缺一不可。如果只是"所想"而没有"自知其无知",就容易陷入想当然。而如果只是"自知其无知"而没有"所想",探索就无法开始,更无从做到对于对象的辨别。
③ 参照《理想国》506c,506d,etc.
④ 参照《理想国》506c。
⑤ 参照《理想国》368a—471d。

这种方法在《理想国》的第二卷（368a）到第五卷（471d）中所展开的关于"正义"、"节制"等问题的论述中就可以得以确认，那是苏格拉底根据"自己所想"的正义和节制究竟应该属于怎样的存在而作的阐述。那时，苏格拉底作了如下两点说明：①"那个时候，我就把所想到的自己的考虑（hoper emoi edoxen）这样说了一番。"（368c）②"我们讨论到现在，对于正义本身是什么，假如绝对正义的人存在的话，应该是怎么样的人作了探讨。那是从寻求典范的意义上来说的"。（472c）说明①已明确体现了苏格拉底谈论"正义"等问题时，只是"把所想到的自己的考虑"作出的叙述。说明②中进一步明确了苏格拉底只是"从寻求典范的意义上"阐述了"正义本身"应该是怎样的一种存在。也就是说，他的说明只是一种建立在理论意义上的设想而已。因此，也是属于"所想"的范畴。如果需要进一步补充的话，细读《理想国》都会发现，在第二卷至第五卷前半描述理论意义上的"理想国"时，最重要的关于"理型"的问题没有任何提及。那么，这在某种意义上也说明了苏格拉底所讲述的"理想国"并不是建立在拥有"真知"的基础之上，而仅仅只是"从寻求典范的意义上"把自己的"所想"而做的阐述。就这样，很明显格劳孔的请求与阿德曼多斯一样，都是属于对苏格拉底谈论自己"所想"的请求。而在讲述"善的理型"时苏格拉底首先声明：自己对于"善"，"连仅仅所想那是什么"都无法做到①，这句话可以作为我们上述理解的最好佐证。

根据上述这些文本中的内容可以说明这样一个问题，柏拉图承认哲人对于"自己不知道的事情"，同样可以拥有"那究竟应该是怎样的"这种理论意义上的"所想"。而这种"所想"，恰恰反映了哲人探索过程中所拥有的一个重要的可能性因素。那就是哲人即使不知道"本真存在"究竟"是什么"，然而，可以设想只要是"本真存在"，就"必须是怎么样"的一种存在。只要是人，都具备这种"设想"的能力。当然，这种"设想"属于

---

① 参照《理想国》506e。

一种条件的建立,也仅仅只是一种人的"臆见(doxa)"。但是,这样一种对于树立某种"典范"的条件假设,就是苏格拉底能够做到辨别人的认识达到了"真知"的状态与否,做到不混淆"本真存在"与"非本真存在"的可能之所在。其实,在柏拉图哲学中经常使用神话故事或者比喻,可以说正是建立在自己"所想"的基础之上的产物。

(5)那么,在柏拉图看来,哲人究竟是靠什么支撑着自己的"所想",而哲人的"所想"与一般人的"臆见"又有何不同呢,这是上述结论中引申出来必须回答的关键问题。

我们可以从《理想国》的以下两段话中了解到支撑哲人"所想"的是什么。①"我想象你们揭示的已经不再是我们所说的那种存在的似像,而是真实的形姿。但是,虽然说是真实的形姿,那也只是局限于向我所显现的那种真实形姿。不过,我不想强烈主张我所见到的就一定是本真存在,但是,那样的一种存在我们必须看见,这一点我想极力强调(hoti men deitoiouton ti idein,iskhyristeon)。(533a)"②"如果我们不知道它(善的理型),那么别的事情知道得再多,正如你所知,那些对我们来说都是没有用的。这正如拥有很多别的东西却不拥有其善者,没有任何益处一样(ouden hemin ophelos)。(505a—b)"

这里的①和②虽然表述的方式不同,但是,其内涵是一致的。那就是哲人对于"本真存在"或者"善的理型"的存在,是建立在一种认为其对人来说是不可缺少的信念之上的。无论是"我不想强烈主张我所见到的就一定是本真存在,但是,那样的一种存在我们必须看见,这一点我想极力强调",还是"如果我们不知道它(善的理型),那么别的事情知道得再多"也没有益处的观点,都在说明这样一个道理,即一种"确信"的建立,而对于哲人来说"本真"这种存在也只能依赖于自己的信念才能得到把握。因为,对于人来说,柏拉图所说的"本真存在"是人自出生之后从来没有见过的存在,这样的存在,要主张其一定是存在的只有靠信念来确立。正因为如此,《理想国》在论述哲人的素质时反复强调,哲人与一般人之不同就在于哲人相信(nomizo)"本真存在"的存在而一般人不相信①。我们不能小看这种不同,正是由于他们"相信(承认)"的对象不同,这种信念体系就决定了他们所爱好的本质根本不同。这个不同对于两者来说,在其探索的过程中起到了决定性的作用。以"感觉存在"为认识对象的人,由于对象的不完美性,从而决定了其认识能力的有限性,无法使其精神产生对完美智慧的追求②。之所以这么说,是因为对于人来说,感觉性的存在是人的感觉器官可以直接捕捉和把握的,即使其不完美而人们一般都相信自己感觉信息的确切性,并在此基础上经营自己的生活,因此,不需要进一步进行关于完美认识的追求。而以"本真存在"为对象的认识,由于对象的完美性而必须寻求认识的完美尺度,其探索就会由于追求完美而拥有坚持不懈的精神③。为此,即使哲人的"确信"也只是人的"臆见",而其"确信"的对象为"本真存在"决定了其永恒上升的倾向。这是因为对于人来说,"本真存在"超越了人的感觉,不,应该说超越了人的生存世界属于完美的存在,这就决定了人的价值尺度的完美性。在此,我们还必须进一步认识到,由于以"本真存在"为对象的探索,必然使哲人的探索产生怀疑精神。也就是说,哲人在探索过程中所达到的各种逻各斯,必须不断地对其进行绝对合理性的质疑与论证。而这种质疑正是人类的探索得以不断向前发展的根本动力。

由于上述原因,柏拉图认为,那些以感觉存在为认识对象的人,总是一直徘徊在(planomenoi)各种各样流转变化的事物中无所适从④,而探索本真存在的人,坚定不移地直到把握到其认识对象为止探索不已。所以,一方的探索只是满足于"臆见"层次,而另一方的探索却在直逼"真知"。对于两者的区别,柏拉图以"活在梦中的人(to onar zen)"与"活在清醒中

---

① 参照《国家篇》476c—d,479a,485b,490a—b,500c,etc.
② 《理想国》504c。
③ 《理想国》490a—b,504c。
④ 《理想国》479d,484b,586a。

的人(to hypar zen)"作了形象的比喻。而这种区别,意味着其灵魂是否拥有"知性"的根本所在。"灵魂只有沉浸在朝向被本真或者存在所照耀的存在时,知性清醒并认识那种存在,这时的灵魂才拥有知性。但是,当灵魂朝向昏暗迷离的事物,即生成消灭的存在时,灵魂只有臆见,被各种各样的臆见或上或下地迷转着,只迷迷糊糊知道一点,这时的灵魂与没有知性一样。"①

就这样,哲人与一般的人由于所"确信"的对象不同,其认识时灵魂的朝向也就不同,从而造成灵魂的状态迥异。一方的灵魂知性清醒,另一方灵魂的知性盲目。人之所以为人,就在于与其他动物不同拥有清醒的知性。而一般人由于没有让知性应有的作用得到充分发挥,那种能力始终处于沉睡的状态,这就与没有知性的存在无异,也就失去了真正作为人而存在的意义。为此,哲人以"认识本真"作为目标的探索意义,从表面上看来只是与其他技艺的爱好者、感觉事物的爱好者存在着所追求的认识对象不同,而其根本上却决定了灵魂是否清醒地活着,是否像人一样活着,这样一种与人类本质相关的重要内涵。

那么显然,哲人如果没有对"本真存在"怀有坚定不移的信念,就不可能不懈地坚持通过"哲学问答法"而探讨真理的艰难旅程。因此,可以说哲人即使对于"本真存在"不拥有"真知",只要对于那种存在拥有坚定的"信念",就可以做到对于那种存在"应该是怎样的存在"进行标准的设定,以那种标准为尺度,就可以辨别"本真存在"与非本真存在而做到不混淆。

当然,哲人的那种"确信"的建立,必然经历这样的一个过程,也就是:哲人在"逻各斯"中孜孜不倦地探讨人的"善生",即"幸福"之可能的原因,在这个过程中逐渐获得对于"善的理型"必然存在的信念。具体地说就是,对于获得"幸福"的条件设定中,"善"的知识必不可少,而通过探

---

① 《理想国》508d。

索,对"善"之存在的信念逐渐增强。换一种说法,那就是根据"所想"的前提条件,如果是"真正的善"究竟应该是怎样的存在,按照这种条件进行不懈的探索,从而逐渐使"善"的应有的本性得以显现,通过这种显现确立了对于那种存在必然存在的坚定信念。这种过程正如柏拉图所举的例子那样,被海藻以及贝壳所遮蔽的半人半鱼的海神格老乌克斯的像,只要从其身上一个一个清除遮蔽物,就可以使其原来的形象得以显现①。就这样,柏拉图认为哲人"不会混淆"本真与非本真的理由,并不是由于哲人拥有"真知",而是建立在哲人不可动摇的对于"本真存在"之存在的坚定信念之上。

根据以上分析我们就可以得出这样的结论:哲人即使不具备关于"本真存在"的知识,即"真知",但只要他"确信"这种存在的存在,就可以拥有关于"这种存在应该是怎样的"典范标准的条件设定。而以此为基准,就可以做到对"非本真存在"与"本真存在"的区别。这种区别的过程,恰恰就是哲人不断探索的过程。因此,柏拉图所说的哲人可以不混淆自己的探索对象,并不是以哲人拥有真知为前提,仅仅只是由于哲人拥有了对那种终极存在坚信不疑的信念所致。也因此,我们在理解《理想国》中"哲人王"拥立的问题时,不能从因为哲人"拥有真知"这个角度寻找理由。虽然为了实现全民的"幸福"而拥立"哲人王"的政治理想,哲人拥有"善的真知"的条件不可缺少,但是,柏拉图只是认为哲人通过探索可以观照"本真"而最有可能达到真知,却并没有说到哲人已经获得了真知。哲人只是"爱智者"而不是"有智者",这是柏拉图哲学最基本的原则。

(6)有了以上的认识,最后再来看看柏拉图哲学的政治思想中,"高贵的谎言"为什么会产生? 究竟应该如何理解的问题。

"高贵的谎言"一直是研究柏拉图政治思想中必然会涉及的问题,这也是柏拉图在 20 世纪受到各种批判的缘由所在。这个问题的出处在

---

① 参照《理想国》611c—e。

《理想国》的第二卷到第三卷,与前文所述的理想国家中社会构成员三个阶层划分的问题直接相关。

前述柏拉图关于理想国家的建设,需要让孩童与父母分开由国家统一教育培养,这些教育最初分为肉体上体育训练与灵魂塑造的音乐与文艺教育。而这些初等教育中与其说体育不如说首先要考虑通过神话故事的形式从"语言上的教育"开始。因为这是一种塑造灵魂的教育,所以教育的内容必须在国家的监督下进行虚构性创作(pseudos)。对于这些灵魂与思虑尚未定型的孩子,教育的内容与其追求真实,不如优先考虑对于国家如何有益才是最重要,并且只能在极少数的人当中进行,这些教育内容一定要考虑到对培养孩子德性有益的高贵的神话故事才行①。这就是所谓的"高贵的谎言"的问题。而这个神话内容正如人们所熟知,那就是关于人的诞生来自于泥土与不同材料,即金银铜铁不同混合而成的故事。具体地说,人都是由神创造的,人在诞生之初,神用泥土创造人的形态,并在这些泥土中给有的人灵魂混合了"金"的元素,而有的人则混合"银",更多的人的灵魂混合了"铜或者铁",以此创造了人的原型。进行了这些创造之后,就把人放在"母亲的大地"上自立生存。因此,所有的人都各自带着这种不同的自然天性来到这个世界上。由于这种素质不同,各自适合从事不同职业。带着金的元素诞生的人因为最优秀适合成为统治者,银的元素的人次之,所以必须以战士为业以守卫国家为己任,而铜和铁的元素的持有者当然适合从事农工商业活动。不过,这里必须注意的是,上述带着不同混合元素诞生的人,按照现在的话说,最初的素质不能作为基因遗传给子孙后代。由于人都是来自于"母亲的大地"最终还是要回归大地。每个世代新诞生的子孙,即使金的种族也会诞生出银或者铜铁的孩子,相反,原来银或者铜铁的种族也会诞生金的元素的后代。所以,原来的所属阶层与阶级是不能继承的,要根据孩子的灵魂素质重新决

---

① 参照《理想国》376e—378e。

定在国家中所要从属的阶层与从事的职业。也就是说,在这个神话故事中世袭制度从最初就是被否定的存在(415a—c)。为了理想国家的建设需要在国家监督下被创作的这个神话,很自然地让我们想到赫西俄德的《工作与时日》中关于"金、银、铜、英雄、铁"五个时代发展的神话历史内容(109—201行)。所以,当相关的内容在《理想国》第七卷(546e—547a)中再次被提及的时候,柏拉图明确地提到了赫西俄德的这个神话文献。

在《理想国》中,以上的神话内容是柏拉图在阐述理想国家中三个阶层两个阶级划分时谈到的一种教育上的需要而创作的。显然,这是为了孩子们从小培养出一种统一的价值观的需要所致。虽然柏拉图承认在第一代的孩子中可能不会有人相信,但他认为这是让此后的子孙逐渐相信的一种有效的教育措施[①]。那么,柏拉图在构筑"哲人王"统治的理想国家里,为什么需要这种"虚构"的内容进行孩子们初等教育的强制规定呢? 这是我们需要明确的问题。

前文已经做了详细的分析,柏拉图关于"哲人王"的理想中,哲人并非源于拥有"真知"而获得作为城邦领导者而被拥立的,那也仅仅只是因为哲人与一般人不同,具有"热爱本真"的素质与不懈的追求所致。而哲人关于"本真存在"的追求,只是建立在一种对于这种存在坚定不移的信念之上,关于实现全民"幸福"所需要的"善的真知",也只是一种"确信"而并非拥有"真知"。为此,作为理想城邦统治者的哲人,尽管在理论上似乎知道理想的政治应该是怎样的政治,那也只是从"建立典范的意义上"即"确立理想的意义上"的一种"臆见",最多只是一种"正确的臆见"。然而,"正确的臆见"只是在结果上偶然是正确的,而究竟为什么那是"正确的"缺少可以成为"知识"的理论作为保障。这样的统治者要实行统治,让全民信服显然是难以做到的。从理论上说,每个人的天性素质

---

① 参照《理想国》415d。

不同,根据这种不同赋予不同的职业,各个职业的人各司其职,全民同心协力和谐一体,安定的国家秩序,理想的国家统治就可以达成,然而,各个阶层与不同阶级的划分仅凭理论是无法实现的。人的天性具有暴力倾向,任何一个社会,无论是谁都想成为统治者,谁也不愿意被别人所统治。特别是军人阶层,最容易诉诸暴力夺取领导权。那么,要使这样的人的天性与社会各阶层的构成,根据理想的政治理论实行有效的统治,首先就是要对社会构成员进行相应价值观形成的教育,所谓"高贵的谎言"就是这种统一价值观培养必不可少的有效措施之一。也就是让每一个人从孩童时代开始在教育的现场进行灵魂素质的考验与判别,教育现场犹如一个竞技场,每一个人通过这种能力竞赛获得各自的自我素质确认,在这个基础上赋予其天性来源的故事教育,从而让每一个人从思想意识上承认自己的素质定性,特别在那神话思维与信仰仍然盛行的城邦时代,这应该是一种最有效的教育措施。从某种意义上说,"优秀者支配制"之"哲人王"的理想统治,"高贵的谎言"初等教育是社会各个阶层划分过程中不可缺少的一个前期基础教育环节。当然,仅仅依靠这种属于"语言上的教育"还不够,还需要进一步各种法律规定并采取有效的措施配合完善,只有这样才能稳定形成社会秩序,让各阶层都能各司其职实现政治的理想运营。在各种法律中最为重要的是规定统治阶层不能拥有包括家庭在内的私有财产,从而从私的生活中彻底解放出来,只有这样才能全心全意履行自己的职责,真正做到为全社会构成员的共同利益服务。那么,在这样的国家社会中,显然统治阶级的存在是为了被统治阶级的利益,反过来被统治阶级也是为了统治阶级而存在。在政治上统治阶级是被统治阶级的统治者,而在经济上被统治阶级却成为统治阶级的统治者。这种相互的统治与被统治,就是由于对政治上的统治阶级取消了私有财产才得以实现的双赢统治形态。正是源于这样的一种双赢结构关系,柏拉图认为只有这样的政治才是理想的政治,只有这样的社会才能消灭不幸,实现全社会构成员都能活得"幸福",都得以抵达"善生"的理想。

然而,柏拉图的这种理想政治思考,如果不对其整个哲学思想进行深入的研究,只是表面上截取某个问题断章取义加以解释,或者从自己的某种政治立场与理念出发想当然地理解与发挥,成为这种人攻击的目标确实在所难免。特别是在 20 世纪的第二次世界大战之后的欧洲,柏拉图的《理想国》受到了前所未有的批判。这种批判,与 20 世纪的政治世界中法西斯主义的抬头与无产者寻求翻身解放的共产主义运动直接相关。这种批判从英国的汤姆逊开始,他认为柏拉图的《理想国》所构建的共产主义理想,犹如保守的斯巴达土地所有者那样,是一种依存于被征服民劳动的"寄生共产主义"。这是柏拉图为了巩固富有的贵族阶级地位,通过一个空想的教育组织,以老谋深算的"贵族性谎言"毒害民众,让贵族阶层获得自己的利益。与此相呼应,波普在《开放的社会》一书中认为,柏拉图对于通常人们所关心的"正义"是不关心的,他对于"正义"的定义,是以极权主义者的阶级统治的需要与实现为基准的。柏拉图认为哲人是热爱真理的人,但他对于自己的发言是不相信的,不如说他在政治思想中把驱使欺骗与谎言的手段作为主权者的特权加以理论化。正是在这种认识的前提下,波普猛烈攻击柏拉图是"出卖苏格拉底的犹大",他的《理想国》就是法西斯主义者希特勒的政治狂想。受到这种观点影响的著名哲学家罗素在其《哲学与政治》中指出柏拉图的乌托邦的主要特征是受到斯巴达制度影响的结果,由于柏拉图充分发挥了其创造性的艺术手法,就连自由主义者们也没有发现他的反动倾向,只是通过他的弟子列宁和希特勒,他的思想才得以付诸实践,从而暴露了他的思想反动真相。在柏拉图的国家中掌握统治权的寡头政治家小集团,宣扬在上层阶级与下层阶级之间存在着生物学的差异,为了达到说服民众的目的,设置了一套"巧妙的谎言"。汤姆逊与波普、罗素的政治立场是不同甚至对立的,从对立立场的不同阵营同时批判柏拉图的政治思想,这可谓一种极其奇妙的现象。当然,这种现象从某种意义上说,也说明柏拉图政治思想包含了多种解释的可能性。然而,只要我们不带着某种政治立场倾向或者不采取断章取义的肆意性对待柏拉图的政治思想,以本章至此所分析的柏拉图的哲学为参照,上述的这些批判的偏激与曲解是一目了然的。

从上述的批判中不难看出,这些批判的集中炮火,都是对准柏拉图的所谓"高贵的谎言"而来的。"高贵的谎言"的希腊语是"gennaion pseudos",在《理想国》(414b)的这个地方采用的是分词结构形式"gennaion ti psendomenous"来表现。这里翻译成"高贵的谎言"当然没有问题。但是,"gennaios"除了"高贵的"之外,还有"真实的"意思,而"pseudos"除了"谎言"、"虚伪"、"欺骗"的意思之外,其动词"pseudo"的第一种含义同样既有"对某人与事的欺骗",也有"对期待的违背"等意思。那么,如果把这两个单词结合起来理解,就是"违背真实"的意思。而从这里的内容属于神话故事来看,当然这些内容是"违背真实"的,因为神话是一种"虚构"。正因为如此,对于"高贵的谎言",柏拉图的研究者中许多人采用从"虚构"的意义来理解。比如有些学者指出,希腊语的"pseudos"本来就包含严密意义上的"虚伪"与文学意义上的"虚构"两种意思。因此,可以说柏拉图在这里采用的是"虚构"的意义来阐述他的关于人的诞生神话的内容。也就是说,柏拉图认为,现实中的人存在着不同的类型,那么各种类型的人所表现出来的素质是不同的,对于这些不同,柏拉图采用了神话故事进行人的诞生的虚构,因为是关乎理想国家建设的需要,并且是关乎人类的内容,所以称之为"高贵的谎言",即一种关于"真实的虚构"。而借用人们熟悉的赫西俄德的神话内容进行改造创作,这样可以收到最好的教育效果。当然,由于这种"虚构"之非真实的内容,无论从国家建设来说多么重要,对于提倡热爱真理的哲人来说,这也是不被允许的。这就是为什么上述的批判者指出,柏拉图是背叛一生追求真理的苏格拉底之"出卖苏格拉底的犹大"的缘由所在。可是,如果只是抓住这个问题而忽略了柏拉图在理想国家的建设中其他的关于对统治阶层的种种立法上的规定,特别是对其持有"私有财产"的限制与"世袭制"在理论上不成立等内容,当然这些批判并非无的放矢。然而,柏拉图的《理想国》中正是通过废除统治阶层的"私有财产"与否定"世袭制",特别是指出哲人作为领导者并非自愿,而是作为社会构成员不得不接受与履行的一种社会职责,从而克服了那些通过暴力等手段追求某个阶层或者个人利益的"极权主义"政治的出现。而马克思主义者与资产阶级民主主义者的两个阵营之所以都同时批判柏拉图的理想国政治思想,还有一个很大原因应该是源于"哲人王"统治的"精英主义"倾向,因为这两种政治立场都是反对"精英主义"的。确实"精英主义"政治很容易走向专制独裁主义。可是,柏拉图明确指出哲人只是"爱智者"而不是"有智者",探索、追求、热爱本真是其天性中的本质所在,哲人的这种优秀素质决定其不会走向自以为是的独断论,那么,独裁者也不可能在这种具备良知的"无知的自觉者"中产生。然而长期以来学界对于柏拉图"哲人王"的拥立前提,基本上都认为是由于哲人拥有了"真知"所致。如果哲人抵达"真知",成为"有智者"的哲人,其走向独裁者只是早晚的事情。人一旦认为自己是"真理"的化身,独裁主义当然应运而生。20世纪的独裁者们就是在这种狂妄者中产生的。为此,对于柏拉图政治理想中关于"哲人王"拥立前提的这种不应有误解如果得不到纠正,上述20世纪出现的由于误解而产生的批判还会死灰复燃。

柏拉图的上述政治思想,从否定人人都可以参与运营政治这一点看,表面上似乎反对自由民主制,但是其本质上却是更为广义的、真正意义的实质性民主制。国家的领导者、统治者不能拥有私人财产,其领导职务不能世袭,其统治目的要做到追求最大多数民众的利益,以实现全社会真正的"正义"与每一个市民的"幸福"为己任,特别是"哲人王"作为领导者完全来自于众望所归的"强制",并非自己主动地、积极地甚至不择手段地获取等,这些内容都应该是真正意义的民主制的灵魂所在,而不是那种以人数的多寡决定胜负,其本质已经形骸化了的、以献媚民众获得选票而谋取统治权的、表面上的所谓的自由民主制。在柏拉图看来,人人参与的民主制,其本质是通过操纵最大多数没有政治经验的民众而实行的集体专制主义,苏格拉底的审判就是这种政治制度为柏拉图提供了反省与警惕的最佳事例。

拓 展 阅 读

一、必读书目

1. *Platonis opera*,oxford classical texts。

2. *Plato*:*Phédon*,*Ménon*,Budé 版。

3. プラトン全集,日译岩波版。

二、参考文献

1. Julia Annas,*Platonic Ethics*,Old and New,Cornell University Press,1999.

2. Richard. Kraut, *The Cambridge Companion to Plato*, Cambridge University Press,1992.

3. Hugh H. Benson, *Essays on The Philosophy of Socrates*, Oxford University Press,1992.

4. Hugh H.Benson,*Socratic Wisdom*,Oxford University Press,2000.

5. Gall.Fine,*Plato1 Metaphysics an Epistemology*,Oxford University Press,1999.

6. Terence.Irwin,*Plato's Ethics*,Oxford University Press,1995.

7. Gregory.Vlastos,*Socrates*,*Ironist and Moral Philosopher*,Cambridge University Press,1991.

8. Charles H. Kahn, *Plato and The Socratic Dialogue*, Cambridge University Press,1996.

9. G.E.L.Owen,"The Plato of the *TIMAEUS* in Plato's Dialogues",*The Classical Quarterly* 3, 1953. Translated by permission of Oxford University Press. (repr, in *Studies in Plato's Metaphysics*,ed.R.E.Allen,1965,Routledge & Kegan Paul)

10. Gregory.Vlastos,"The Socratic Elenchos",*Oxford Studies in Ancient Philosophy1*,1983.

11. Gregory.Vlastos,"The Third Man Argument in the *PARMENIDES*",*The Philosophy Review* 63,1954.

12. Myles Frederick Burnyeat,"Socrates and the Jury",*The Aristotelian Society*

*Supplementary Volume*54，1980.

13. Y.Kanayama，"The Methodology of the Second Voyage and the Prood of the Soul's Indestructibility in Plato's Phaedo"，*Oxford Studies in Anci-ent Philosophy 18*. 2000.

14. ハンス・ヨアヒム・クレーマー著《プラトンの形而上学》(上・下巻)、岩野秀明訳、世界書院、2001 年。

15. バーネット著《プラトン哲学》、出隆、宮崎幸三訳、学芸社版、昭和十年。

16. テイー著《ソクラテス》、林竹二訳、桜井書店、昭和二十一年。

17. W.D.ロス著《プラトンのイデア論》、田島孝、新海邦治訳、暫書房、1996 年。

18. 廣川洋一著《プラトンの学園アカデメイア》、岩波書店、1980 年。

19. 田中美知太郎著《プラトンⅠ・生涯と著作》、岩波書店、1970 年。

20. 藤沢令夫著《藤沢令夫著作集Ⅱ・イデアと世界》、岩波書店、2000 年。

21. 松永雄二著《知と不知—プラトン哲学研究序説》、東京大学出版会、1993 年。

22. 加藤信郎著《初期プラトン哲学》、東京大学出版、1988 年。

23. 納富信留著《ソフィストと哲学者の間》、名古屋大学出版会、2002 年。

24. 佐々木毅著《プラトンと政治》、東京大学出版会、1984 年。

25. 戸塚七郎著《「パルメニデス」の分有説をめぐって》、東京都立大学『人文学報』第七九号論文、1971 年。

26. 伊集院利明著《*Tithenai Eide*(イデアを立てること)》、昭和堂出版『西洋哲学史の再構築に向けて』に掲載論文、2001 年。

7

亚里士多德哲学

余 纪 元

所有其他科学都比哲学必要,但没有一门比它更高贵。

——亚里士多德:《形而上学》983a10—11

人出于本性而欲求知。

——亚里士多德:《形而上学》980a22

无论是现在还是过去,始终被提起并始终令人困惑的问题是"什么是是[on,或译存在或有]"? 也即是"什么是本是[ousia,或译本体或实体]"。

——亚里士多德:《形而上学》1028b3—5

对真理的寻求在一种意义上很难,在另一种意义上较容易。证据之一是以下的事实,即没有个单个的人能适当地获得真理;可另一方面,也没有人完全失败。每个人都对事物的本性说一点真实的东西。或许作为个人,每个人对真理的贡献很小,甚至可忽略不计;可是把大家的贡献加在一起,则有了可观的成果。……我们不仅应感谢那些我们接受其观点的人,而且也应感谢那些只是表达了很粗浅的观点的人。因为后者也作了一点贡献。正是由于他们的初步工作,他们促成了我们的理智经验。

　　　　　　　　——亚里士多德:《形而上学》993b1—3

　　我们现在的研究与其他研究不同,不是思辨的,而是有一种实践的目的(因为我们不是为了解德性,而且让人变成好人,否则这种研究就毫无用处)。

　　　　　　——亚里士多德:《尼各马可伦理学》,1103b28—32

　　不要理会有人说,人就要想人的事,有死者就要想有死者的事。应当努力追求不朽的东西,过一种与我们身上最好的部分相适合的生活。

　　　　　　　——亚里士多德:《尼各马可伦理学》1177b31—34

　　城邦显然是自然的产物,人自然地是一种政治动物。

　　　　　　　　——亚里士多德:《政治学》1252b28—1253a4

—————————— ∽◦∾ ——————————

　　亚里士多德把知识分成三大类,即理论科学、实践科学与创制科学。这三类科学划分的主要依据之一是它们的目的。理论科学追求的是理解实在世界的各个方面及各种现象;实践科学着眼于行为;而创制科学是为了作品或产品。亚里士多德在他所划分的大多数科学领域中都留下了奠基性的著作,这些著作在历史上的影响却是巨大且深远的。《形而上学》仍是形而上学领域最重要的著作。我们很难想象研究政治哲学的人能绕过亚里士多德的《政治学》,或者研究西方文论与美学的人敢轻视他的

《诗学》,《论灵魂》是心灵哲学的经典。20 世纪下半叶西方哲学中最令人瞩目的发展是德性伦理学的复兴,而亚里士多德的《尼各马可伦理学》依然被认为是德性伦理学最重要的著作。怀特海说,西方哲学是一串柏拉图的足迹,他这话应当加上亚里士多德才会比较完整。在历史上相当长的一段时间(从 8 世纪至 15 世纪),亚里士多德常常被直接称作"哲学家"。这一章将分析与考察亚里士多德对以后的西方哲学发展影响最大的概念、学说及论证,主要包括:(1)论哲学的起源,性质与方法,(2)关于"是"(存在)的科学,(3)对第一实在的探索,(4)对运动变化的解释(包括他的灵魂概念),(5)德性伦理学,(6)德性政治学。我们亦将适当介绍关于亚里士多德学说的一些重大当代学术争论。

(1)应着重于亚里士多德的概念的本来意义,他的问题的起源,他在提出各个论点时的主要论证。我们将特别注意他在各领域中所应用的共同概念构架及哲学学科间的联系。

(2)亚里士多德的解释者们对如何把握亚里士多德思想全貌一直是有争议的。大致来说,主要有三种立场,即"统一论"、"发展论"及"分析论"。"统一论"强调亚里士多德思想各方面的统一性,力图把他解释成一个系统性思想家;"发展论"认为亚里士多德的思想是有不同阶段的,其著作中的不一致及矛盾乃是不同阶段的产物;"分析论"是受 20 世纪分析哲学发展的影响而产生的,认为没有必要构建亚里士多德的体系,他的哲学活动的核心是陈述一个个疑难问题,并尝试对这些问题提出一种解答,或者从不同角度探索它们。研究亚里士多德,重要的不是其学说内容,而是其讨论问题的角度及论证逻辑。我们力图采用上述每一种解释的长处,而不是固执地死守某一种特殊解释方式。亚里士多德的思想是有系统性的,但这一系统性不是指他有几条普遍原则,可以用来解释一切,而是指他往往有意识地确立各学科之间的联系,在一个领域中所发展的方法与观点往往在其他领域获得应用,对一个领域的探讨往往预设了在其他地方已经确立的学说。简言之,他力图使他对知识的探索相互联系,相互启发。亚里士多德的思想也是有发展的,但这一发展不是说他的整个思想有截然不同的阶段,而是指他对某些根本问题的探讨在不同著述中出现,可在一些著述中显然比另一些地方要深入,详尽或者更合理。简言之,发展是指对某一哲学问题探索的深化。最后,亚里士多德的思想无疑是"分析性的",他在每一领域往往通过对前贤的讨论列出所要探讨的根本问题,并力图解释它们。他不但讨论问题,而且往往有意识地解释他为什么要这样讨论。

(3)注意柏拉图与亚里士多德的联系。人们一般认为柏拉图与亚里士多德是对立的,柏拉图的理想主义与亚里士多德的经验主义被认为是构成了西方哲学与科学中最具影响的两大思潮,类似于中国文化中的儒学与道家。但必须注意到,虽然亚里士多德对柏拉图诸多批评,他所研究的诸多问题,尤其是哲学方面的问题,是由柏拉图发轫的,我们不能由于他们间学说的不同而忽略他们间的问题的连续性。

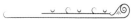

亚里士多德;形而上学;德性伦理学;是(存在);本是(本体;实体);恒是(本质);灵魂;智慧;范畴;形式;质料;复合体;潜能;现实;变化;主体;原因;目的论;不动的动者;幸福;德性;思辨;实践智慧;城邦

亚里士多德于公元前384年生于希腊北部马其顿的斯塔吉拉,他在公元前367年来到雅典,成为柏拉图学园的一名学生,后来又成为学园的一名教师,他在学园中一直待到公元前347年柏拉图去世时才离开。亚里士多德和柏拉图的关系很复杂,在柏拉图去世的时候,他将自己的学园交给了他的侄子斯潘西普斯(Speusippus),而非亚里士多德。这其中是否有私人因素,现在已很难考证。在学术方面,亚里士多德自己非常清楚地表明了他对柏拉图的态度:"或许我们最好考察普遍的善,搞搞清楚当人们讲它时到底意味着什么。毫无疑问,我们对这类研究并不自在,因为引入形式[即通常所译的"理念"]的是我们的朋友。尽管如此,如果这样做有助于保持真理的话,我们比较好的做法或许还是毁坏那亲近于我们的东西;实际上也只有这样才是对的。作为爱智慧者,我们尤其必须这样做。因为尽管我们既爱真理又爱朋友,虔敬要求我们首先要尊重真理"。① 这段话后来就被罗马人凝结成"吾爱吾师,吾犹爱真理"。

人们一般认为柏拉图与亚里士多德是对立的,在拉斐尔那幅著名的《雅典学园》中,柏拉图的手指向天空,而亚里士多德的手则指向地面。柏拉图的理想主义与亚里士多德的经验主义被认为是构成了西方哲学与科学中最具影响的两大思潮,类似于中国文化中的儒学与道家。但必须注意到,虽然亚里士多德对柏拉图诸多批评,他所研究的诸多问题,尤其是哲学方面的问题,是由柏拉图发轫的。我们不能由于他们之间学说的不同而忽略他们之间的问题的连续性。怀特海说,西方哲学是一串柏拉图的足迹,他这话应当加上亚里士多德才会比较完整。在历史上相当长的一段时间(从 8 世纪至 15 世纪),亚里士多德常常被直接称作"哲学家"。

在公元前 347 年离开雅典柏拉图学园后,亚里士多德到了小亚细亚海岸。其父尼各马可是马其顿宫廷御医。多少是受到父亲的影响,亚里士多德花了大量时间研究生物与动物,写了大量生物学动物学的著作。如果对柏拉图来说,知识的范本是数学;那么对亚里士多德,知识的范本则是生物学。

公元前 343 年,马其顿国王腓力浦邀请他担任其儿子的教师,此子即是未来的亚历山大大帝。公元前 335 年,亚里士多德回到雅典,在雅典的

---

① 《尼各马可伦理学》1096a12—17。

吕克昂建立了自己的学校。据说是由于他常与学生们在吕克昂花园散步讨论问题之故,他的学派被称为漫步学派(Peripatetikoi)。公元前323年,亚历山大去世,雅典人掀起了反马其顿运动,由于他与亚历山大大帝的关系,亚里士多德受到了冲击,便离开雅典到了他母亲的老家,但他过了一年(即公元前322年)便与世长辞,享年62岁。

亚里士多德的自然生命不能说很长,可却写下了大量的著作。据第欧根尼·拉尔修《著名哲学家的生平和学说》(中文又译为《名哲言行录》)记载,亚里士多德著有550卷书稿。我们今天拥有大约三分之一,其余的都佚失了。他以纸莎草纸卷书写,一卷为一个书稿(book),其实等于现代意义上的"章"。他的著作涉及众多知识主题,远远不限于今日我们所理解的哲学领域。

古希腊文中 episteme 既可以译作"知识",又可以译作"科学"。古希腊思想到柏拉图为止(包括柏拉图自己)都没有对不同的知识和科学作系统的分类。哲学的原意是"爱智慧"。可所"爱"的"智慧"其实包括一切知识,这也是今天的"博士",不管是数学的还是物理的博士在英文中被叫作 Ph.D(doctor of Philosophy)的原因。

对各类知识进行分类,对哲学所爱的智慧进行界定,是由亚里士多德开始的。他把知识分成三大类,即理论科学、实践科学与创制科学。这三类科学划分的主要依据之一是它们的目的。理论科学追求的是理解(古希腊文中被今天译作"理论"的词汇是 theoria,原意是"观照"、"思辨"),旨在理解实在世界的各个方面及各种现象;实践科学着眼于行为;而创制科学是为了作品或产品。理论科学包括数学、物理学(也叫自然哲学)及神学(即形而上学)。物理学又包括众多专门科学,例如今日所理解的物理学、生物学、心理学、天文学等。实践哲学包括伦理学(关注个体)、家政学(关注家庭)、政治学(关注城邦)。创制科学包括"模仿性"的及"使用性"的艺术。前者包括诗学("创制"在古希腊文中为 poieō,英文中的"poem"即由此而来)、音乐、绘画;而"使用性"的艺术包括造船术、医学、农学等。

亚里士多德在他所划分的大多数科学领域中都留下了奠基性的著作。公元前1世纪,亚里士多德学派的首领安德罗尼柯正是按照理论科学、实践科学及创制科学的分类编辑了第一部《亚里士多德全集》。每类学科下亚里士多德的主要书目包括:

理论科学:《物理学》、《论天》、《论灵魂》、《论感觉及其对象》、《论记忆》、《论睡眠》、《论呼吸》、《动物志》、《动物的器官》、《动物的运动》、《动物的进程》、《动物的生成》、《论颜色》、《论声音》、《问题集》、《形而上学》。

实践科学:《尼各马可伦理学》、《大伦理学》、《欧德谟伦理学》、《论善与恶》、《政治学》、《家政学》。

创制科学:《修辞学》、《诗学》。

除了这些现存的各学科的主要著作外,他还有六部重要的方法与推理著作,研究为一切科学所使用而又不归属于它们中某一部门。后人把这些著作归在一起,总称为《工具论》,包括《范畴篇》、《解释篇》、《前分析篇》、《后分析篇》、《正位篇》、《驳诡辩》,其中《前分析篇》系统论述了三段论理论;《正位篇》是对古代辩证法的系统研究。《工具论》不仅仅是属于逻辑学的,《后分析篇》是亚里士多德的科学哲学;而《解释篇》则是他的语言哲学;《范畴篇》更是重要的形而上学著作。除此而外,在柏拉图学园时期,亚里士多德也仿效柏拉图写了不少对话。据西塞罗报告,这些对话文笔优美,但安德罗尼柯在编文集时,认为这些对话只是写给大众的普及性材料,不足以反映亚里士多德的真实思想,便没有收入。现在我们只有若干残篇留存。19世纪末在埃及发掘出一批文稿,经考证包含有早已佚失的亚里士多德的《雅典政制》。19世纪中期德国学者I.贝克尔(Bekker)系统编辑了亚里士多德的希腊文本,共计1462页。他把每页分成a与b两栏,每栏35行左右,此后学者们不管使用什么语言版本,在引用时都使用贝克尔标准页码,如《形而上学》1072b15,指的是标准页码

1072 页 b 栏 15 行。

必须指出的是,亚里士多德的著述并不是他自己准备出版的著作,它们大多是研究手稿,讲课稿或学生所作的听课笔记。当安德罗尼柯编辑亚里士多德著作集时,他不只是把成形的书稿排列成不同卷次,而是也把有关同一主题的各种纸莎草卷放在一起,编成一部今天意义上的书。如亚里士多德的《形而上学》,并不是亚里士多德自己计划安排的,而是由安德罗尼柯编成的,甚至连题目也是安德罗尼柯命名的。他将之列在关于物理学的著作之后,故谓 metaphysics(meta 是"在……之后"的意思)。

因为是手稿或笔记,亚里士多德的著作读起来便不如现代正式出版的著作通顺和连贯。读者必须明白自己只是在读一组讲稿,一本未经作者自己整理的笔记。尽管如此,这些著作在历史上的影响却是巨大且深远的。它们中有许多都为该领域的发展奠定了基础。如《形而上学》,其书名成为哲学中最核心领域的分支。该书稿尽管有种种内在的不一致性乃至矛盾,却仍是形而上学领域最重要的著作。同样,我们很难想象研究政治哲学的人能绕过亚里士多德的《政治学》,或者研究西方文论与美学的人敢轻视他的《诗学》、《论灵魂》是心灵哲学的经典。20 世纪下半叶西方哲学中最令人瞩目的发展是德性伦理学的复兴,而亚里士多德的《尼各马可伦理学》依然被认为是德性伦理学最重要的著作。

虽然可以在最一般的层次上把亚里士多德的思想分作理论科学、实践科学及创制科学三大块,可是由于我们并不知道其著作的年代与顺序,也不知道他授课的年代顺序,亚里士多德的解释者们对如何把握亚里士多德思想全貌一直是有争议的。大致来说,主要有三种立场,即"统一论"、"发展论"及"分析论"。

"统一论"强调亚里士多德思想各方面的统一性,力图把他解释成一个系统性思想家,虽然持这一观点的学者们对于这个系统是什么样的,以及如何调和亚里士多德论著中的不一致乃至矛盾之处,有种种不同看法。这一解释的最大代表当数中世纪哲学家托马斯·阿奎那。在当代仍不乏大批追随者,尤其是在西方的天主教大学与各种神学院中。

"发展论"认为亚里士多德的思想是有不同阶段的,其著作中的不一致及矛盾乃是不同阶段的产物。这一解释的最大代表当数瓦尔那·耶格尔(Werner Jaeger)。他在20世纪早期认为亚里士多德是从一名柏拉图主义者发展成一名经验主义者。这一解释亦有大批追随者,虽然学者们对于亚里士多德的发展历程及图景有大量不同的理论。

"分析论"是受20世纪分析哲学发展的影响而产生的,认为没有必要构建亚里士多德的体系。他的哲学活动的核心是陈述一个个疑难问题,并尝试对这些问题提出一种解答,或者从不同角度探索它们。研究亚里士多德,重要的不是其学说内容,而是其讨论问题的角度及论证逻辑。

在这一章对亚里士多德的简略介绍中,我们力图采用上述每一种解释的长处,而不是固执地死守某一种特殊解释方式。我们以为,亚里士多德的思想是有系统性的,但这一系统性不是指他有几条普遍原则,可以用来解释一切,而是指他往往有意识地确立各学科之间的联系。在一个领域中所发展的方法与观点往往在其他领域获得应用,对一个领域的探讨往往预设了在其他地方已经确立的学说。简言之,他力图使他对知识的探索相互联系,相互启发。亚里士多德的思想也是有发展的,但这一发展不是说他的整个思想有截然不同的阶段,而是指他对某些根本问题的探讨在不同著述中出现,可在一些著述中显然比另一些地方要深入,详尽或者更合理。简言之,发展是指对某一哲学问题探索的深化。最后,亚里士多德的思想无疑是"分析性的",他在每一领域往往通过对前贤的讨论列出所要探讨的根本问题,并力图解释它们。他不但讨论问题,而且往往有意识地解释他为什么要这样讨论。

限于篇幅,这一章将限于分析与考察亚里士多德对以后的西方哲学发展影响最大的概念、学说及论证,主要包括:(1)论哲学的起源、性质与方法,(2)关于"是"(存在)的科学,(3)对第一实在的探索,(4)对运动变化的解释(包括他的灵魂概念),(5)德性伦理学,(6)德性政治学。在对每一主题的提纲挈领的讨论中,我们将着重于亚里士多德的概念的本来意义,他的问题的起源,他在提出各个论点时的主要论证。我们将特别注意他在各领域中所应用的共同概念构架及哲学学科间的联系。如果他的学说有明显发展,则我们也力图展现其发展图景。我们亦将适当介绍关于亚里士多德学说的一些重大当代学术争论。

一、哲学的起源、性质与方法

哲学在古希腊之所以被称作是"爱智慧",而不是"智慧",乃是因为希腊人认为只有神才拥有智慧,而我们人类永远走在趋于智慧的道路上。亚里士多德在这方面与传统观点有所分歧,他没有对人与神作截然划分,而是认为"爱智慧"本身也是一种"智慧"。在《形而上学》第一卷开头,亚里士多德解释了人类为什么"爱智慧"以及爱什么样的"智慧"。他把"智慧"描述为"正在寻求的科学",这里的"智慧",是指他的"第一哲学",相当于我们今天专门意义上的"哲学"。所以他对"智慧"的说明即是对哲学性质的说明。

《形而上学》的第一句话是,"人出于本性而欲求知"。要理解这句话,我们首先要理解它所包含的"本性"、"欲求"和"知"这三个概念。"本性"(phusis,nature)也译作"自然"。亚里士多德关于这一概念的专门定义是指"事物自身的运动与静止原则"。"出于本性"是指由于事物自身内部作用而不是外部力量而引起的。"欲求"(orexis,desire)在亚里士多德哲学中,是一个"种",下面有三个"属",即"希望"、"欲望"及"情感"。希望是对被相信是好的对象的欲求,欲望是对被相信是快乐的对象的欲求,而情感则是对显得是好的而不仅仅是快乐的对象的欲求。在"人出于本性而欲求知"这句话中,欲求指的是"希望"。"知"在这里所使用的是动词的完成时态,只指一种知的状态,一种获得了理解的、澄明的状态。根据对这三个概念的理解,"人出于本性而欲求知"这句话的意思是说,在人的身上,内在地有一种欲求,一种希望,驱使我们达到一种"知"的状态,一种对"知"的自我意识。与"知"的状态相对立的是"无知"。人都发自内心地希望处于知的状态,而不是无知的状态。这并不是说我们希望"知"带来什么结果,而是追求"知"的状态本身,渴望处于澄明。在古希腊文中,"知"与"看"是同一个动词(eideō)。我们都希望看得清晰,不喜欢昏暗或盲目。这并不是说只是喜欢清晰视力所带来的后果,即使没有后果,我们照样喜欢"明",而非"盲"。

与人对"知"的自然欲求不可分离的是人所固有的感到惊奇与困惑的自然能力。人对自己无知的事物感到困惑,又对困惑感到不满足,产生了一种意识上的需要,力图获得一种解释来满足,来消除自己的困惑的状态,走出无知的洞穴。正是在这种意义上,亚里士多德才说,"哲学起源于惊异"。人类首先对一些明显的事情感到惊异,例如为什么打雷? 世界是怎么来的? 怎么会有四季更替? 等等。然后逐步对更抽象,更深层的事情感到困惑。

惊异的本能和自然的求知欲还需要加上一个必要条件,才能产生最高的智慧或哲学。人类首先得满足生存的需要,所以最初产生的知识是与生存必需物有关的。等到基本生存满足之后,人类又开始寻求快乐,所以第二类产生的知识是与快乐欢娱相关的,如绘画、音乐、舞蹈等。哲学或最高的智慧既不是有关生存必需品的知识,也不是获得快乐的知识。它的产生需要闲暇。只有当人类社会发展到一定阶段,某种文明允许一小部分人既不必从事物质生产又不必娱乐他人时,人类所内在的自然求知欲才能够发挥和实现。那种只是为了去除无知状态的知识,才能被追求。"闲暇"在希腊文中是 schola。这正是现代西方文字中"学校"(school)一字的来源。我们在学校中工作和学习的人正是享有"闲暇"的人。

正是哲学智慧不为实用性所束缚,亚里士多德认为,在所有科学中,哲学智慧是最自由的学科。正因为哲学只是要使人从无知状态中获得启蒙与解放,而不是为某种功利,"所有其他科学都比它必要,但没有一门比它更高贵"。①

那么,究竟什么是最高的"智慧"(sophia,wisdom)呢? 亚里士多德从两个方面来说明。一是从认知官能的层次,二是从日常的"智慧"概念。

我们的认知官能最低层的事是感官知觉,所有动物都有。比感官知觉高一层的是记忆,并非所有动物都有记忆力,而那些具有记忆能力的比那些没有的要聪明。记忆不断积累,就成了经验,具有经验的动物就更少了。如果从经验中得到的许多观念的基础对相同类事物形成了一个普遍判断时,技艺与科学知识便产生。在日常生活中,经验并不输于知识,而且总是更有用,更能成功。因为它直接相连于特殊物,而实际行为总是关于实践物的。尽管如此,理性知识高于经验。人们一般认为有知识的要比仅有经验的人更有"智慧",这是因为知识把握了"原因",能够提供解释,而仅有经验的话,那就只是了解事实,却说不出所以然。再者,知识可以教授,而经验则比较困难。亚里士多德由此下结论说,"智慧"的程度与对原因的把握和解释有关。他所寻求的智慧对象是"原因与原理"。

古希腊的"原因"概念不同于西方近现代哲学中的"原因"概念。在近现代的用法中,"原因"与"结果"相联系,是指引起或造成另一事件或条件发生的事件与条件。而古希腊文中的原因(aitia)在原意上与"负责任"相联系,是指一事物发生或生产的各种理由,各种"负责任"的因素。我们在后文中将会讨论,亚里士多德认为有四种基本原因,即形式因、质料因、动力因与目的因。它们解释事物的构成与发展的各种"为什么"。

"原理"(arche)意指"开端"、"首领"。进一步,智慧不仅仅是关于原因与原理。更确切的说,它研究的是第一的原因与原理。亚里士多德从日常语言中"智慧"概念来阐明这一论点。在日常生活中,人们所谓的"有智慧"的人大致有以下的特点:他们知识宽泛;知道难的事,一般人不

---

① 《形而上学》983a10—11。

易知的事;知道更确切的事物;更能教导别人;为知识自身而寻求知识,而不是为了它的结果;最后,有智慧的人命令他人,而不是被他人命令。以此为基础,亚里士多德说,他所寻求的智慧具有以下界定:(1)它是关于普遍的知识;(2)它是关于远离感官的最抽象的事物的知识;(3)它是关于最基本的原理的知识,因最基本的原理是最确切的;(4)它最能教人,因为它能提供最令人信服的理由;(5)它是最纯粹的知识,其他事物由于它所研究的对象而被了解;(6)它研究终极原因,是一切科学中最权威的。于是,第一哲学智慧便是关于最重要最普遍的原因的知识。

这样一种智慧是神圣的,因为第一原因与原理都是神圣的事,而神自身即属于第一原因与原理。人们通常认为这类知识只为神所具有,在诗人眼中,才子与红颜一样,皆遭神妒而薄命。可亚里士多德坚持认为,神是不嫉妒人的。显见,他的神与希腊神话中所描述奥林匹斯山上那些善妒好斗的神是不一样的。事实上,我们将在他的伦理学中看到,在哲学思辨中,人与神达到合一的境界。

那么,我们人类如何获得这种神圣的知识呢?亚里士多德著作中包含有大量的方法论的叙述。为大家所熟知的方法包括归纳与演绎。归纳是从特殊到普遍的理智进程,或者按亚里士多德自己的说法,是从“对我们所明显的东西进展到事物自身的明显”。演绎是从普遍到特殊。按照亚里士多德的科学模式,科学知识应当是演绎性的证明系统,一门科学,从一小组由直觉把握的公理通过演绎推进到许多定理。任何证明科学必须是关于一个种的,而不能跨越不同的种。这一科学模式是以当时的几何学为范本构建的,需要指出的是,尽管亚里士多德建立了这一模式,他自己的各门学科却都不是证明系统,其著作包括自然科学的著作,很少出现演绎,并经常缺少连贯性和一致性。为什么在亚里士多德的科学理论与他的科学实践之间存在着这样的反差?学者们提出了各种解释。一种论点以为,《前分析篇》中的三段论不是关于如何建立科学知识的,而是关于如何教授的。另一种解释以为,三段论只是把科学知识结论叙述成体系的方式。还有的说法以为,亚里士多德的《工具论》作于前期,他后来改变了想法。至于改变到什么程度,学者们又有不同意见。

亚里士多德使用最多的方法可称之"拯救现象的方法",虽然亚里士多德本人使用的是 tithenai(设定)而非 sozein(拯救)。在《尼各马可伦理学》第七卷第一节,他为我们提供了这一方法的概要说明:

> 讨论这个问题的恰当方式,和讨论其他问题时的一样,也是先摆出现象[*phainomena*],然后考察其中的困难[*aporiai*];然后,如果可能,就确定所有关于这些感情的意见[*endoxa*],如不可能,就确定大部分或最重要的意见。因为,如果困难可以解决,且受尊重的意见还站得住脚,我们就充分解决了问题。①

现象(*phenomena*)的字面意思是"出现的或明显的事物",出自意为"显露"的动词 *phainesthai*。"现象"在亚里士多德那里其主要意思是"人们共同都言说的"(*ta legomena*),如"共同信念",而非经验性的现象。现象也包括那些没有公认、但被一小群明智之人持有的甚至是被一个明智的人持有的观点。它在这一意义上可与 *endoxa*("受尊重的观点")互换。按照上述引用段落,这一方法包括三个步骤:(1)搜集有关某一问题的现象;(2)分析这些现象间的冲突及它们所引起的困难;(3)留存包含在现象之中的真理因素。

稍稍读几页亚里士多德的书就会看到,他在讨论一个问题时,总是首先列举他的前人或同辈有关该问题的观点。他自己对此作了明确阐述:

> 对真理的寻求在一种意义上很难,在另一种意义上较容易。证据之一是以下的事实,即没有个单个的人能适当地获得真理;可另一

---

① 《尼各马可伦理学》1145b1—7。

方面,也没有人完全失败。每个人都对事物的本性说一点真实的东西。或许作为个人,每个人对真理的贡献很小,甚至可忽略不计;可是把大家的贡献加在一起,则有了可观的成果。……我们不仅应感谢那些我们接受其观点的人,而且也应感谢那些只是表达了很粗浅的观点的人,因为后者也作了一点贡献。正是由于他们的初步工作,他们促成了我们的理智经验。①

柏拉图认为真理必须透过现象才能发现,观念掩盖住真知,故寻求真理是要暴露那被掩盖的东西(在希腊文中,真理是 aletheia,字面意义是"不被遮盖住的东西")。而亚里士多德则相信,真理就在现象中。我们必须从现象出发,现象是我们知道的(What is knowable to us)。由此我们进展去把握那自然可知的东西(what is knowable by nature)。

现象建立起来之后,下一步工作是揭示由这些现象间的不同与矛盾所造成的"难题"(aporia,原意是"无出路")。对每一问题有各种不同观点,每种观点皆有其自身理由,它们各不相让,便造成了"难题"。亚里士多德把这些难题看作是有待解开的结。"对于意欲澄清难题的人,有必要首先清楚地陈述难题;因为随后的思想的自由运作意味着要解决以前的难题。"这便要求仔细分析每一种现存观点及各种观点的联系,发现它们究竟在哪些方面冲突,以及冲突是如何形成的。

前两步对我们大多数人都是熟悉的,因搜集分析资料乃是任何研究的必要基础。可我们今天的研究绝大多数是为了驳斥别人的观点,而亚里士多德的第三步既揭露别人观点的局限,更着重于汲取其真理成分,然后把这些真理成分统一于更高的命题之中。"如果能说明现象在某一方面是对的,而在另一方面是错的,并保留现象中包含的真理",则研究便达到完满的结果。② 拯救现象法表明,亚里士多德这位最杰出的哲人恰

---

① 《形而上学》993b1—3。
② 《欧德谟伦理学》1235b 12—17。

恰是最尊重前人的劳动的,并且也最真诚地相信寻求真理是集体性活动。

二、关于是(存在)的科学

上一节提到,对于亚里士多德,"哲学起源于惊异"。人类首先对一些明显的事情感到惊奇和诧异,然后逐步对更抽象、更深层的事情感到困惑。而最令人困惑的问题在亚里士多德看来,是"什么是'是'(或'存在')"? "无论是现在还是过去,始终被提起并始终令人困惑的问题是'什么是是[on,或译存在或有]'"? 也即是"什么是本是[ousia,或译本体或实体]?"①

在我们中国学者理解西方哲学的历程中,始终被提起并始终争论不休的问题首先是如何翻译 on(英文 being)的问题。为避免阅读上的混乱,有必要先说明我们采用的翻译及其理由。on 是希腊文 einai(是)这一动词的分词现在时中性单数第一格与第四格。在希腊文中,分词、形容词、不定式带上冠词即可成名词形式。故系词的不定式 einai 与分词 on 带上冠词 to,就从系词或等同关系的作用上转变成形而上学意义了。但中文没有分词,从 20 世纪初开始,我国学者们不断争论 on(being)该译为"存在"、"有"还是"是"。我个人以为,以"有"译 on 是个错误,因亚里士多德的确区分过"is"(是)和"have"(有)的关系,前者表示二物间的种属关系,后者表示第一范畴与其他二流范畴间的关系,故有含义的差别。将 on 译为"存在",在意义上是正确的,但毕竟离系词这种语法形式相去太远,割裂了语言结构与形而上学问题的内在联系。这样,将 on 译为"是"就相对令人满意,因为它反映了西方语言中该词的系词特征。缺点是,中文"是"无动名词形式,不足以完全表现西方语言中该词的不同功能和表达方式。我常常使用"是'(存在)"这种混合形式来使中文表述易懂些,

① 《形而上学》1028b3—5。

同时又保持这一概念的原有意义。

选择以"是"来翻译 on 还有一个重要原因是，on 不是与其他概念相孤立的。它乃是一串概念的起点。亚里士多德在探索"是"的过程中使用了一串在词源上与 on 相关联的概念。在考虑 on 如何译时必须考虑到它的衍生概念。不然，任何翻译不论它本身如何有理，都不能认为是满意的。一种理想的译法应当反映出这些概念间的血缘关系，它可以帮助读者减少理解西方哲学的障碍。

on（"是"）出自语言中的系词，亚里士多德在探究范畴之是时，先是力图确定哪个范畴之"是"是第一的、原初的"是"，他的结论是 ousia。ousia 出自希腊文"是"的分词现在时阴性单数第一格。它与 on 的字根相同。可是在中文翻译中不管人们将 on 译成"存在"、"有"还是"是"，ousia 却总被译为"实体"或"本体"，毫不顾及它与 on 的字根联系。更为混乱的是 ontology 一词（"关于 on［是］的理论"），却又被译作"本体论"。在现在对 ousia 的翻译中，"本体"比"实体"好，"实体"与《形而上学》中 ousia 作为定义的对象是完全不合的，所以不再是翻译是否恰当，而是理解问题了。"本体"产生的问题是它与系词形式的血缘被割断。我的看法，ousia 是原初的、第一的"是"，可以译成"本是"。对每个范畴都可问它 ti esti（what-it-is，"是什么"）；只有理解了"本是"的是什么，才明白了事物本身。

进一步，"本是"划分成形式、质料及组合物。亚里士多德进一步追问，它们中哪一个是最根本的？即哪一个是"第一本是"。亚里士多德的结论是形式（eidos，form）。这与柏拉图的形相（Idea）或形式（eidos）是同一个词。形式与 to ti en einai（what-it-was-to-be）相等同，这个术语令人惊奇的首先是那个"en"，这是一个"to be"的过去式（imperfect），等于英文的"was"。故英文直译乃是"What the'to be'(of something)was"或"What it was(for something)to be"，中文直译为"一个事物的过去之'是'是什么"。学者们一直对亚里士多德为何要用过去式表示费解，名之曰"哲学过去式"（philosophical imperfect）。很少有人认为这一过去式对该术语的哲学含义有多少增加，在英译中该词一般都译为"essence（本质）"。在我看来，亚里士多德使用过去式是为表示事物中恒定性的东西，为反映它与"是"及"本是"的词义联系，我将此术语译为"恒是"。"To ti en einai"是第一本是（本体），因此是最终最真实的事物。亚里士多德从"是"到"本是"再到"恒是"的形而上学研究是他对实在世界真实性的不断深化的探索过程。

从最一般的层次看，对"是（存在）"这一问题的研究涉及亚里士多德形而上学的两个核心关注点：（a）实在的本原或基本要素问题；（b）世界的运动问题。这两个问题都源自于早期的自然哲学家的思考。早期的自然哲学家探索世界的最终构成物，虽然他们对事物的最终构成部分是单一还是众多这一问题上争论不休。不论他们关于宇宙万物的本原和元素持什么立场，他们都认定自然界是运动的，本原或基本要素通过聚合和稀疏构成万物。这两个问题到巴门尼德提出那里获得了新的理解。他把对世界的本原的研究转化成对什么是最真实最恒久的探索，并以 on（being，"是"或存在）这个概念来指谓这一最真实最恒久的对象。与此同时，他以强有力的理性论证否认了运动变化的可能性，向自然哲学提出了重大挑战，使后者必须为变化寻求根据。巴门尼德之后的自然哲学家们为应对这一挑战作了不少努力，但仅能说明事物各种性质的变化，而不是事物本身的变化，即本是（本体）上的变化。柏拉图将巴门尼德的"是"或存在详尽化为 Idea（形相，通译"理念"）or Form（形式）。他把形相与形式看作是真正的"是"，而特殊物则既"是"又"不是"。他的形式是理智世界的元素，这在对现实世界理智结构的探索大大地前进了一步。

可亚里士多德觉得柏拉图的理论有不少问题，亚里士多德在残篇《论形相》（*peri ideon*）中，在《形而上学》第 1 卷及第 13 卷都对柏拉图作了批判，批判的重心正是事物的真实性与变化这两个问题。柏拉图以"分有"与"模仿"来解释形式与特殊事物间的关系，可在亚里士多德看来,一个个体如苏格拉底必须同时"分有"诸多形式,如"人","高","美","关系"等,那么究竟哪个形式决定这个个体的实在性呢?柏拉图把这些形式都看作是"是",可他未能区分它们在"是"的性质上的区分与联系。所以亚里士多德说,"如果不区分'是'[存在]的多种意义,就无法找到事物的构成要素"。① 亚里士多德也指责柏拉图的理论无法解释运动或变化的问题:"《斐多篇》里这样说,形式是'是'和生成的原因。可是即使形式'是',除了有什么东西去推动它们,事物就不会生成;并且有许多其他的事物(如房屋和指环),虽然没有形式却也生成了。因此,明显地,那些被述说为有形式的东西,可以通过刚才提到的原因'是'和生成,但不是通过形式。"②

亚里士多德对"是"(或"存在")的研究就是要在前人基础上对世界的理智结构及其元素,以及对世界的运动变化作出自己的解释。他明确指出,形而上学或他正在寻求的最高智慧是关于 to on hei on(Being as Being,作为"是"的"是",或作为存在的存在)。"作为'是'的'是'"不是一个独立事物,该术语中的"作为"(*hei*,或者"qua")是指这门科学探究"是"(存在)的方式,数学把事物"作为"数来研究;物理学研究"作为"运动物的事物,形而上学研究"是"(存在),而且就把"是"(存在)作为"是"(存在)(being as being)来研究。

亚里士多德一再说"是有许多含义"或"是为许多方式所述说",可这句话本身即有许多含义。在最总括性的层次上,是有四类:偶性之是(存在),真假之是(存在),潜能/现实之是(存在)以及"范畴之是(存在)"(亦称"依凭自身之是")。③ 范畴之是(存在)的数目是十个,它们是:ousia(本是,本体)、量、质、联系、地点、时间、姿势、状态、主动、被动。

在这四类是(存在)中,亚里士多德在《形而上学》卷六章二—三里对

---

① 《形而上学》卷一章九,992b18—9。
② 《形而上学》卷八章五,1080a2—8。
③ 《形而上学》卷五章七。另参见《形而上学》1026a34—b2,卷十章九 1051a33—b2。

"偶性之是（存在）"做了简要的论述，并且宣称关于偶性之是（存在）没有必要进行研究，因为这类是并没有确定性，无法成为知识的对象。对"真假之是（存在）"，亚里士多德同样没有给予太多重视，他的理由是：真假之是（存在）依赖于思想的结合和分离而不是事物的结合和分离，因此它是依附性的。由此，关于"是"（存在）的科学主要关注范畴之是（存在）和潜能/现实之是（存在）。对这两类是（存在）的讨论占据了《形而上学》的核心卷次，卷七、卷八和卷九。

那么，这两类"是"（存在）之间又是什么关系呢？一方面，潜能/现实之是（存在）不能独立于范畴之是（存在），范畴之是（存在）的区分是对实在世界结构的区分；同时每个范畴之是（存在）都有潜能和现实两层意义。有现实的和潜在的"本是"（本体），现实和潜在的质，现实和潜在的量，如此等等。有多少类范畴之是（存在），就有多少类潜能/现实之是（存在）。① 另一方面，潜能/现实之是（存在）就其本性而言不同于范畴之是（存在）。首先，范畴之是通过种属主谓项关系（它的形式为"S 是 P"，其中 P 是 S 的种）被指谓。但是当谈论潜能/现实之是（存在）时，人们必须说"S 潜在地是 P"或者"P 潜在地是 S"，而这不是范畴命题的标准形式。故用于区分范畴之是（存在）的那类种属主谓项关系结构与潜能/现实之是（存在）没有关联。其次，范畴之是（存在）和定义有相互交织的关系。范畴之是（存在）与以种加属差的方式揭示事物"是什么"的定义具有形而上的对应性。与之相对照，亚里士多德宣称用定义把握潜能/现实之是（存在）是不可能的。他认为我们不应当寻求潜能和现实的定义，而是要"满足于类比"。例如，"现实就是事物不以我们所描绘的潜能的方式存在。"② 由于这些区别，这两类是属于不同的研究。在《形而上学》卷九章一亚里士多德说："我们已经讨论了那些首要的、其他的是（存在）范畴所依凭的范畴——即 ousia（本是。……因为是（存在）以一

① 《物理学》201a9—10。
② 《形而上学》1048a30—36。

种方式被区分为物体、质和量,而以另外的方式被区分为潜能、现实和功用,让我们来讨论潜能和它的实现。"(1045b28—35)这就是说,在《形而上学》中心卷中有两类不同的对"是"(存在)或"本是(本体)"的研究。

亚里士多德的思想法可以总结如下。本是(本体)、量、质等皆为是(存在),但它们既可以从范畴之是(存在)的角度去考量,也可以从潜能/现实之是(存在)的角度去考量。在把它们看作范畴之是(存在)时,我们是在探讨世界的基本构成或者最终要素,而这些构成要素是依照基本的主谓项关系来划分且定义的。不过,这种视野下的世界只是一个静态实体,尚且缺乏变化的层面。可是,每一个范畴之是都有动态的一面,它们或者以潜在,或者以现实的方式存在。正是在研究它们的潜能和现实的过程中,我们探讨了世界的变化。简言之,对范畴之是(存在)的研究是对世界的静态的理智结构的研究,旨在说明这个结构中各个成员及它们间的联系,以及什么是最真实的,对潜能/现实之是(存在)的研究主要探讨运动、过程和世界的功能。这两部分研究当然是相互关联的,不过每一部分都有不同的视角和进程。

在《形而上学》卷四章一的一开始,亚里士多德就宣称"有一门谈论是(存在)之为是(存在)的科学"。这门科学的实质核心就是"是"(存在)的"集中关联结构"(pros hen)。"在许多意义上一物可以被称为'是(存在)',但是它们都关联于一个中心点,一个明确的事物。"①是(存在)以许多方式被述说,然而却都 pros hen,即都"指向"或者"关联于"一个中心点,也就是本是(本体)。这些指向本是的成员既包括范畴,也包括过程、生成、坏灭、缺失等属于潜能/现实之是的内容。

我将在下面两节中分别考察亚里士多德对范畴之是(存在)和对潜能与现实的研究。

---

① 《形而上学》1003a33—34。

三、对第一实在的探究

探索范畴之是(存在)是要探讨世界的基本构成要素及其关系,发现在这个世界上什么才是最真实的,最根本的。

1. 范畴与"是"(存在)

亚里士多德对"是"(存在)的划分是通过对范畴的划分进行的,而他对范畴的划分则是通过对语言中句子结构的分析而进行的。根据亚里士多德的理解,句子是由非合成的单个词项合成的。这种非合成的单项表述有十个,即本是(本体)、量、质、联系等。而这十个非合成的单项表述同时又是"被述说的事物"。① "范畴"的原文是 kategorein(动词)或 kategoria(名词),原意是"指控"。亚里士多德将它用到逻辑文本中,常说"kategorein ti kata tinos",即 assert something of something(述说某物于某物)。这里仍有少许"指控"的痕迹,但已成为一个逻辑或语法的术语了,英词中把这词译作 category,但更多是译作 predicate(谓项)或 predication"是"(主谓句或谓述)。

《正位篇》卷一章九开头说明了范畴种类是如何区分的。亚里士多德说:"它们在数目上是十个:'是什么'[本是]、质、量、联系、地点、时间、姿势、状态、主动、被动。"他以如下方式刻画范畴列表的确立过程:

> 当一个人在表明是什么时,他有时是在表明本是(本体),有时是一种质,有时是另一类范畴。当一个人被置在他面前,他说那呈现的是人或动物,他便说明了该物的是什么,表明了它的"本是"(本体);当一种白色呈现于他,他说这所呈现的东西是白或者是一种颜

① 《范畴篇》1a16。

色,则他便说了该物的是什么,表明了它的质。同样,当一腕尺的长度呈现于他,他说呈现于他的乃是一腕尺的长度,他就是在描绘该物的是什么,表明它的量。其他情形也同样。①

不同的东西被摆在一个人面前,而这个人则被要求针对这不同东西回答以下问题:"它是什么?"当一个人在他面前时,他回答:"这是人"。问题会进一步深入:人是什么? 回答是:"人是动物"。以这种回答方式,他在指谓本是[本体]。当他面前出现的是白色时,他说这是白色。什么是白色? 白色是一种颜色。此时,他所指谓的就是性质。如此等等。

以这样的方式回答问题可以确立最终谓项的列表,乃是因为谓项的属种层级结构。如果某人最开始回答"这是苏格拉底","苏格拉底"可以被它的属"人"所断定或述谓。以此类推,这一谓项也可以成为主项从而被它的属即"动物"所述谓,由此我们便有了"人是动物"的说法。在此过程中,较低级别的主谓项关系中的谓项能够成为较高层级当中的主项,谓项的范围也就变得更加宽泛。这样的层级关系终止于最终谓项,因为后者不能落于任何其他谓项之下。如果这样的序列开始于特殊的人即"苏格拉底",那么最高谓项就是"本是"(本体);如果开始于"白",那么其最高谓项是"质";如此等等。说"本是"(本体)是什么是一种主谓项关系,说性质是什么则属另外的一种主谓项关系。从主谓项关系的不同层级结构中,我们可以获得最终谓项或者最终的种的列表。于是,每个谓项都"指谓'是什么'"。换言之,每一个种的观念都与世界里某个实在的特征和特性相对应。

显而易见,在主谓项关系的每一个层级当中,主项和谓项都在同样的种里面。在"苏格拉底是人"里,"苏格拉底"和"人"分享同样的种。在"白是颜色"中,"白"和"颜色"也同属一种。因此,每一个层级中都形成

---

① 《正位篇》103b22—36。

了一个特殊的属种结构。相反,"苏格拉底"和"白"就不在同样的种之内,因此它们无法形成种属关系,也不存在于主谓项关系的同一层级中。由此,它们归属于不同范畴。这就是 *kategoria* 为何同时意指"主谓项关系"和"谓项"的原因。

传统上,主项表达式和谓项表达式属于同一范畴的主谓项关系被称为"真正的"主谓项关系,因为其中的每一个谓项都是对其主项的本质性述谓,而此主项则存在于与谓项同样的范畴之中,并且在其种属层级结构里处于较低的位置。这就与范畴间的主谓项关系有所不同,后者被称为"偶然的"或者"非真的"主谓项关系。由此观之,每个范畴都是一种本质主谓项关系的最终谓项。范畴的各不相同是由于它们以不同的本质主谓项关系为基础。范畴的不同取决于它们所从出的主谓项关系的类型之不同。

由于最终谓项指谓世界的最终构成物,亚里士多德从主谓项关系的语言结构中展示出实在的各个最终构成部分(即通过询问"那是什么"获得的最终的种)。亚里士多德推论说:"依据自身的'是'(存在)正是那些由范畴类型所表明的东西;'是'(存在)的意义与这些范畴类型是一样多的。有些范畴表明了'是什么',有些表明质,有些表明量,有些表明联系,有些表明主动和被动,还有些表明地点、时间。相应于它们每一个,都有一种意义的'是'(存在)。"①相应于每一谓词即范畴,都有一个"是"(存在)。事物的终极谓项同时又成为事物的终极种类。在终极谓项与现实世界的终极划分之间有一种对应。亚里士多德从语言结构得出范畴分类,又从后者推出"是"(存在)的分类。由此我们可以看出,亚里士多德试图以主谓项关系的结构为基础来展示实在的基本要素。

维特根斯坦在《逻辑哲学论》3.323 指出,to be 有三重功能:作为联系词,作为等同,作为存在意义上的(existential)。这一论点现已成为一个

---

① 《形而上学》1017a23—27。

基本原理,成为分析哲学拒斥形而上学的一种主要武器。当代语言哲学家动辄说古人混淆了系词功能(copulative)与存在意义的功能。可是我们从上述分析中看出,亚里士多德不是在混淆,而是认定它们在根本上就是无从分开的。他认为系词不仅仅是系词,而且是谓词的一部分。"主词+是+分词"的句子等于"主词+动词"的句子,故他说:"the man is recovering"与"the man recovers"之间无差别;"the man is walking"与"the man walks"也无差别。进一步,按现代标准,如 to be 无表语,则它是 existential 意义上的;如有表语,则为系词。可是在希腊文中却常常不好区别,如"ho mousikos anthropos estin"一句既可译为"这个有教养的人是",也可以译为"这个有教养的是人。"同样,一个 esti(to be)既可读成系词,也可读成 existential 意义。所以抨击古人混淆"to be"一词的不同意义,对于我们理解他们并没有多少帮助。

必须强调的是,虽然"是"(存在)有着和范畴一样多的终极种类,亚里士多德不认为"是"(存在)本身是一个"种"。他的理由是:定义是种+属差构成的。种与属性是不同的东西。如果"是"(存在)自身是单一的"种",属差岂不也是吗?这样一来,属差与种无从区分,定义也就不能够把其他东西从被定义者中分离出去。十类范畴即是"是"的十类种,任何一种范畴都不能是任何其他范畴的属或一个成分。它们不能互相归结,也不能归结为一个共同的东西。范畴彼此间是异质的。①

2."是"(存在)的第一意义与其他意义

各范畴虽然都是"是"的类,可它们的地位并不是平等的。在《范畴篇》中亚里士多德使用"述说于"(said of)和"内居于"(being in)两条标准将实在世界分为四类:(1)第一"本是",既不述说于一个主体又不内居于一个主体之中,如个别的人和马;(2)第二"本是",述说于却不内居于

---

① 《形而上学》1024b15—16,1070a31—b9。

一个主体,如"人"、"动物";(3)其他范畴的一般,既述说于又内居于一个主体;(4)其他范畴的特殊,内居于但不述说于一个主体。

亚里士多德的这两条标准和四类划分,包含着对形而上学发展具有根本性影响的三种区分:

第一,一般与个别或普遍与特殊。任何一个范畴内都有普遍与特殊之分。所谓普遍,亚里士多德的经典定义是"述说许多主体的事物",而特殊则是"不述说许多主体的事物",①"普遍"的希腊文是 katholou,kath 为"归属",olou 是"全部"。古人区分普遍与特殊是从谓项着手的,普遍既能作主项又能作谓项,而特殊则只能作主项。虽然其他范畴亦有普遍与特殊之分,亚里士多德着重讨论本是(本体)范畴中的普遍与特殊。前者是第二"本是"(本体),后者是第一"本是"(本体)。后者如"苏格拉底",只能是一个主体,后者则包含特殊于自身的"属",以及包含"属"于自身的"种"。② 第二"本是"(本体)之所以是第二"本是"(本体),一个根本性的原因是:在所有谓项中,只有通过它们("属"和"种")才能揭示第一"本是"(本体)的根本规定性。

第二,自然谓项与偶然谓项。第二"本是"(本体)作谓项时,其名字和定义皆可述说主体,如"人"是第一"本是"(本体)之为苏格拉底的谓项。"人"的定义是"理性的动物"。我们不但可以用"人"述说苏格拉底("苏格拉底是人"),也可以用"人"的定义述说苏格拉底("苏格拉底是理性动物")。与此相对立,其他范畴作第一"本是"(本体)的谓项则只能用其名词的形容词,根本不能用其定义。如"白"的定义是"这样一种颜色",我们可以说"苏格拉底是白的",而不能用白的定义说"苏格拉底是这样一种颜色"。于是,第二"本是"(本体)即"种、属"作谓项时,构成本质谓项,而其他范畴述说"本是"(本体)则只是偶然谓项。本质谓项说明主体"是什么",而偶然谓项所表明的只是"主体有什么特性",换言之:

---

① 《解释篇》17a39—40。
② 《范畴篇》1a14—18。

本质谓项:X 是,

偶然谓项:X 有。

正是希腊哲学中这一"是"和"有"的区别才使我们认为以"有"来翻译"是"是不正确的。

第三,主体与属性。其他范畴必须"内居"于一主体,所谓"内居",按亚里士多德自己的解释是指不能离开或独立于所属的主体。① 而第一"本是"(本体)之所以是第一的,乃是因为它既不述说一个主体又不内居于一个主体;相反,其他事物或是内居于它之中(其他范畴)或是述说它[第二"本是"(本体)]。故"本是"(本体)即是主体或载体(hupokeimen "是","躺在下面"的意思)。第一"本是"(本体)是终极主体,第二"本是"(本体)在一定意义下亦是主体,我们说苏格拉底是白的,也可以说人是白的。进一步,越是主体便越是"本是"(本体),故"属"比"种"更是"本是"(本体),因为"属"可以作"种"的主体。

于是,各种"是"(存在)便不再平等了,其他范畴不能作"本是"(本体)的主体,"本是"(本体)则可以作它们的主体。于是有了两重划分。"本是"(本体)是现实世界的形而上学基础,而其他范畴则成为"本是"(本体)的属性,需要有某种"本是"(本体)作为属性的基础。亚里士多德明确地说:如果第一"本是"(本体)不"是"(存在),则其他事物皆不可能"是"(存在)。② 第一"本是"(本体)于是成为其他一切"是"(存在)成为"是"(存在)的必要条件。

在《形而上学》卷七章一,亚里士多德进一步说明"本是"(本体)作为"是"(存在)与其他范畴作为"是"(存在)之间的关系。"是"(存在)具有不同的含义,可是"是"(存在)的第一含义乃是事物的"本是"(本体):"一切其他事物被说成是'是'(存在),乃是因为它们有些是这第一义的'是'(存在)的量,有些是它的质,有些是它的状态,另一些是它的其

① 《范畴篇》1a22—23。
② 《范畴篇》2b5—6。

他规定。"①总之，"本是"（本体）自身不是其他范畴的属性，而二流范畴的"是"（存在）却必须是另一"是"（存在）的属性。这便决定了"本是"（本体）范畴的特殊地位。"本是"（本体）凭自身（per se）即是"是"（存在），是绝对的、无条件的（aplos）"是"（存在）；而其他范畴却是相对的、有限制的或部分意义的"是"（存在）。②

"本是"（本体）作为其他范畴的基础，不仅表现在形而上学方面，而且也表现在知识论方面。相对于其他范畴，"本是"（本体）有三种在先性：第一种在先是指除了"本是"（本体）以外，其他范畴都不能单独地"是"（存在）；第二种在先是定义在先；第三种在先是知识在先。亚里士多德是实在论者，只有"本是"（本体）在形而上学上在先，它才在定义和知识上在先。于是，亚里士多德说："很清楚，只是由于这一范畴，其他每一个范畴亦'是'（存在）。所以，那第一意义上的，即不是有限制的，而是绝对意义上的'是'（存在）必定是'本是'（本体）。"③

《范畴篇》虽然也确定了"本是"（本体）是其他范畴的主体，却不限于分析"本是"（本体）；在那里对量、联系、质都分章加以讨论。到《形而上学》第七卷（该书的核心），亚里士多德以三在先为基础，确立了对"是"（存在）的研究应当集中于对"本是"（本体）的研究，断定"什么是'是'（存在）"这一永恒问题其实乃是"什么是'本是'（本体）"这个问题。这就是问：什么是"本是"（本体）的"是"（存在）的问题。要明白"是"（存在）的含义，"则主要的、第一的，并且几乎是只要知道'本是'（本体）这种第一意义的'是'（存在）。"④由于《形而上学》卷七完全是对"本是"（本体）作分析，有人便将之名为 ousiology。如果"本是"译为"本体"，则 ousiology 才是"本体论"。ousiology 乃是 ontology 的一部分，是主要的一

---

① 《形而上学》1028a18—20。
② 《分析后篇》89b33。
③ 《形而上学》1028a28—30。
④ 《形而上学》1028b6—7。

部分,但并不是全部。

3. 本是(本体),形式,质料

研究"是"(存在)首先要研究"本是"(本体),"是"(存在)与"本是"(本体)在希腊文中皆出自"to be"。"是"(存在)是 to be 的现在式中性单数分词,而 to be 的阴性单数分词则是 ousa,"本是"(本体,ousia)是从这一分词变来的。由于英文没有阴性分词一说,也就出现了如何翻译 ousia 的问题。现有译法"substance"或"essence"皆来自拉丁文。拉丁文译者在译"本是"(本体)这个词时,力图反映它与"to be"的衍生关系,便根据拉丁文阴性分词发明了 essentia 一词。波埃修斯在评注亚里士多德逻辑著作时,根据"本是"(本体)的意义而不是词源["本是"(本体)在逻辑中意思为主项或主体、载体],以"substantia"(站在下面)一词译之。由于波埃修斯的逻辑注释在中世纪十分有影响,逐渐地,substantia 便成为"本是"(本体)一词的主要译法。

现代英译,主要是牛津标准本译本,一般采用 substance,但当 substance 实在别扭时[如"本是"(本体)作为定义的对象等]也采用 essence。这两种译法都有缺陷。substance 的缺陷在于:(1)这个词未能表达"是"(存在)与"本是"(本体)之间的直接联系;(2)在洛克以后,substance 本身词根意义一直未被忘却。Essence 的缺陷在于:(1)现代人已经习惯于将 essence 与 existence 对立,可是亚里士多德的"本是"(本体)根本没有这层意思;(2)Essence 又被广为用来译另一个主要概念"恒是"(to ti en einai),后者是第一"本是",但不是全部。

有的学者主张译成 Entity,这也成问题。亚里士多德的"本是"(本体)有两个用法:一是抽象意义上的谈论某物的"本是"(本体);一是具体意义上的,指具体事物。Entity 适合后一意义。可是说"某物的 entity",这在英文中是很不自然的。相当一部分学者认定,虽然与"to be"缺乏字根方面的联系,Reality 倒是最合适的词。它既反映了亚里士多德的两层用法,又反映了亚里士多德的中心意思,即"本是"是最真实、最根本的"being"。

我对以 substance 一词译"ousia",于《范畴篇》无异议,于《形而上学》便不敢苟同了。这是因为在《范畴篇》中,"本是"(本体)的主要规定是主体。亚里士多德说:"'本是'(本体),就该词的最真实的、第一的和确定的意义说,即是那既不述说一个主体,又不呈现于一个主体之中的事物。"他还说:"第一'本是'(本体)之所以最恰当地被这样称谓,乃是因为它们是其他一切的载体。"①在该著作中,亚里士多德的第一"本是"(本体)范畴只是指具体的可感事物,到了《形而上学》,"本是"(本体)范畴划分为质料、形式与复合体,"本是"(本体)的概念也就需要改变了。substance 一词所含有的"主体"或"载体"的含义虽然是亚里士多德在《范畴篇》中坚持的,但在《形而上学》中便不想再用。以"substance"的字根意义理解《形而上学》,会造成许多困惑和误解。

为什么"本是"(本体)被分作形式和质料?

亚里士多德对"本是"(本体)的划分来自于对生成,尤其是对《物理学》卷一中"本是"(本体)生成的要素的分析。他首先考虑在日常语言中我们如何说某物从另外的不同事物那里生成。例如,当我们说一个人从不文雅的成为文雅的时,有三种描述方式:(1)"这个人成为文雅的";(2)"不文雅的成为文雅的";(3)"不文雅的人成为文雅的"。这些表达中既有简单项,也有复合项。简单项有"人"、"文雅的"和"不文雅的"(后两者是一对相反物);复合项则包含"文雅的人"和"不文雅的人"。在这个变化涉及的简单项里,人贯穿始终,因为一个人从不文雅成为文雅的过程中,人始终持存于那里,但相反物中的其中一个,即"不文雅的"却没有存留下来。

此外,变化不能产生于偶然属性,而只能从相反物,尤其是恰当的相反物中产生。白色只能从非白、而不能从不文雅的当中生成,"并且它也

----

① 《范畴篇》2a11—12,2b37—38。

不能从任何非白,而只能从黑或者黑白之间的颜色里生成。同样,虽然文雅的生成于非文雅的,但是也不能从文雅的之外的任何东西生成,而只能从不文雅的或者是文雅的和不文雅的中间状态中生成"。① 亚里士多德接着总结说,所有的变化过程都包括三个要素:一对相反物和一个主体(*hupokeimen*,字面意义为"基底"),该主体在相反物中的一者取代另一者的过程中始终存在。主体是一个具体的特殊物,在《范畴篇》中,特殊本是可以指这匹马或这个人等诸如此类的东西,而相反物则是一对属性。主体在变化过程中是持存不变的,改变的只是它的特征。例如,同样的一个身体会持续存在,但有时患病有时健康。在这类变化中,主体自身不变,变化的只是它的性质。此时产生出的是"本是"(本体)与偶性结合成的新的复合体,或者说,是"本是"(本体)与新的偶性结合而来的复合体。

然而,目前为止我们分析的只是偶性的变化。持存的主体(在这个例子中是"人")是"本是"(本体),一对相反物("不文雅的"和"文雅的")是性质。那么,"本是"(本体)自身的变化又是怎样?

既然非本体性变化包含有一个主体和一对相反物,亚里士多德以此类推说,在"本是"(本体)的变化中也应当能找到一个主体和一对相反物。正如在偶性的变化中一定有某个基底一样,亚里士多德说本是(本体)也"从某个基底中生成"②。他接着列出了各种本体性变化,以此来说明它们当中都包含有某种基底:雕像从形状的变化中得来;事物通过增加而获得生长;赫耳墨斯通过对石头的削减而生成;房子通过组合而出现;事物通过质变——影响质料特性的变更——而得以生成。这些例子中既包含自然物也包含手工产品。亚里士多德用了一个专门术语"质料"(*hule*,在希腊语中,它的字面含义为"木头")来指主体或作为基底的自然。这里明显地借用了在制作手工产品(如木窗或木桌等)时使用的术语。有时亚里士多德也将"质料"作广义的使用,即用它去指那些持存

---

①　《物理学》188b1—3。
②　《物理学》190b1—2。

的东西。不过，从严格意义上讲，"质料"就是指在本体性变化中作为基底的那些材料或物质。亚里士多德的区分非常清楚："质料的最确切的含义，就是指承受生成或者消失的那种基底。不过，在特定情况下，变化的其余种类的基底也是质料，因为所有基底都能承担某种相反面。"①

不仅如此，亚里士多德还认为，正如非本体性变化中有一对相反物一样，本体的变化里也有相反者出现，即"形式的缺乏"和形式。亚里士多德常将 *eidos*（形式）和 *morphe*（形状）交替使用。"形式的缺乏"的专门称谓是"缺失"［steresis］。形式和缺失较上述一对相反物而言是更为普遍的概念。由此，非本是性变化处在两个相反物之间，而本是性的变化则是指质料接受特定形式（该形式是质料当有而未有的东西）的结果。在本是性变化中，质料和形式的崭新的复合体生成。主体没有持存下来，而是被取代，改变的不是持存物的特征，而是整个物自身。

通过对变化原则的探究，亚里士多德得出了如下结论：

所有生成的事物都是复合而成的，不论是生成的此物还是变成某物的此物。这某物又有两层意义，它或者是主体或者是相反物。我所谓的相反物是指不文雅的，主体则是人。同样，我将形状或者形式或者秩序的缺乏称为相反物，青铜、石头、黄金则为主体。②

以上的整段都是为了说明第一句话，即"所有生成的事物都是复合的"。这里的事物既包含偶性的复合体（本是［本体］加属性），也包括本是（本体）自身，不过最重要的还是"本是"（本体）是复合体这个结论。这在亚里士多德形而上学中是一个重要转折。我们知道，《范畴篇》曾做出了特殊本是（具体事物）和普遍本是（属和种）的区分。其中，作为第一本是的特殊本是是最终主体，无须进一步分析。然而，在《物理学》卷一中，作为一个生成物的特殊本是（本体）被拆解为部分，并且成为作为基底的主体和形式的复合体。于是我们不仅有偶性的复合体，还有本是

① 《论生灭》320a2—4。
② 《物理学》190b12—16。

（本体）的复合体。于是，本是（本体）范畴便不再具有内在的单一性，它可以被分作三个部分：形式、质料和复合体。

4. 本是（本体）与主体

在《形而上学》卷七章三开头，亚里士多德又重提《范畴篇》中的"本是"（本体）即主体的定义，即"不再述说一个主体，而其他事物皆以它为主体"。可是亚里士多德接着指出，以此为根据来决定在质料、形式及复合体三者中谁是第一的"本是"（本体）："我们不能仅仅指出这一点，这是不够的。这一说法本身是含混的；再者，根据这一观点，质料就成为'本是'（本体）。"①这里包含着对"本是"（本体）即主体这一观点的三层批评：

第一，"这是不够的"。换言之，主体这种规定性已经不足以说明什么是"本是"（本体）了。为什么不够？原因在于《范畴篇》中只是区分"本是"（本体）与属性，而现在"本是"（本体）自身分成为质料、形式及复合体三者。它们相对于属性，在直接或间接的意义上都是主体，但主体只是"本是"（本体）的充分条件，已经不再是必要条件。

第二，"含混的"。与将"本是"范畴分成形式、质料及复合体三者相平行，亚里士多德提出了一个二层主体论，即属性以具体事物为主体，而形式以质料为主体。② 由于主体具有不同的层次，有不同的指称对象，这个概念当然得小心区分。

第三，"导向将质料作（第一）'本是'（本体）"。具体事物是属性的主体，具体事物自身又由质料和形式构成，在这二者中质料又是形式的主体，依《范畴篇》的原则，事物越是主体便越是"本是"（本体），故"属"比"种"更是"本是"（本体）；据此推理，质料作为终极主体，便应当是第一的"本是"（本体）。然而，这不是亚里士多德想要达到的观点。在质料、形式及复合体这三者中，他的基本看法是："如果形式先于质料，并且更

---

① 《形而上学》1029a8—10。
② 《形而上学》1029a23—24，1038b4—6，1043a5—6，1049a34—36 等处。

加真实,则基于同样道理,它也先于由形式和质料构成的复合体。"①

为了排斥质料,抬举形式,亚里士多德便改变了"本是"(本体)即是主体的观念。尽管在《范畴篇》中主体乃是"本是"(本体)的"最主要的、第一的、最真实的"含义,在《形而上学》中他却说,"分离"与"这一个"应被认为是"本是"(本体)的主要标准或规定性。② 于是主体由这两个新标准来规定,根据它们,亚里士多德宣布:质料作为(第一)"本是"(本体)"是不可能的"。他的推理可列式如下:

　　如果"本是"是主体,则质料是第一"本是"(如果 A,则 B)

　　质料不可能是第一"本是"(非 B)

　　故"本是"不再主要是主体(非 A)

依照新的标准,亚里士多德说:"形式与形式和质料的复合体被认为是'本是'(本体),而不是质料";而在形式与复合体二者中,复合体"是在后的,其性质是明白的"③。于是卷七章三结尾时提出要研究形式。

我们知道亚里士多德在卷七章一中将"什么是'是'(存在)"的问题归结为"什么是'本是'(本体)"这一问题,到了卷七章三,"什么是'本是'(本体)"的问题又进一步被归结为"什么是形式"的问题。

5. 形式与恒是(本质)

在卷七章三的末尾,对"本是"(本体)的探索被归结为对形式的探索。我们便期待亚里士多德在接着的章节中展开对形式的讨论。可是卷七章四的开端却说:"我们开始时区分了'本是'(本体)的四种候选者,其

---

① 《形而上学》1029a5—6。
② 《形而上学》1029a28—29。
③ 《形而上学》1029a32。

中之一是'恒是'(to ti en einai),现在我们必须研究它。"①他没有作任何解释,就将对形式的讨论转移到对"恒是"的讨论。到卷七章七中他又宣布说:"所谓形式,我是指每一事物的'恒是'及其第一'本是'。"②于是,形式即是"恒是",对后者的讨论即是对前者的讨论。在大多数场合,亚里士多德交替使用这两个词,仿佛它们没有任何区别。他从来不觉得有必要去证明这二者等同的合理性。

形式(form)的原文是 eidos,出自动词"看"(eidein)。从"看"到"看到的对象(外形)",再到灵魂之眼所看到的内在形状,这是柏拉图类推出他的"型相"或"相"(又译"理念")的基本思路。他所使用的另一词 idea 也是从动词"看"的一种变位形式中得出的。所以柏拉图称作最终实在的"型相"与亚里士多德称作第一"本是"(本体)的"形式"乃是同一个词。换言之,他们师徒二人都认准了那最真实的"是"(存在)必是由eidos 所指称的东西。

to ti en einai 一词上文已有所论述。它的原意是" What it was (for something) to be"。英文一般译作 essence(本质),而我们从它与"是"(存在)及"本是"(本体)的关系着眼,译为"恒是"。"恒是"是什么呢? 亚里士多德认为就是一个事物的根本特征:"每物的'恒是'即是那被说成是该物自身的东西"。③ 你的"恒是"不是"白",也不是"有教养的",因为它们都不是你之所以是你的根本性质,"你,就你本性所属的'是'(存在),即是你的'恒是'"。

在亚里士多德著作中,"恒是"有时通过定义来解释,如"只有那些其公式即是定义的事物才有'恒是'"。据此,"恒是"乃是在定义中被给予的东西。有时定义又根据前者来解释,如"定义即是陈述'恒是'的公式";或者"定义即是表示'恒是'的术语"。亚里士多德并不为这种循环

---

① 《形而上学》1029b13—15。
② 《形而上学》1032b1—2。
③ 《形而上学》1029b13—14。

说明所困,他交替使用它们,对"恒是"的研究即是对定义的研究,反之亦然。我们或许可以由此明白《形而上学》,尤其是其中心各卷(第七、八、九卷)中有如此多的篇幅讨论定义。除了设定寻求第一"本是"(本体)即第一"恒是"的基本原则外,亚里士多德还给了一个具体例子即动物的第一"本是"。什么是一个动物的"恒是"或形式? 他回答说:是灵魂。①

　　总而言之,第一"本是"(本体)正是可以说明一个事物的真正的"是"(存在)的东西。要知道事物的根本的"是"(存在),就必须知道它的"恒是"(本质)。正是"恒是"(本质)决定了一物的特征和它的"是"(存在)的方式。它是事物中最持久的东西,是知识的对象。由此出发,亚里士多德在"恒是"(本质)这一术语中使用过去式,强调的是事物中恒久不变的东西,只有最恒久的才是最真实的。

6. 特殊形式与普遍形式

　　作为第一"本是"(本体)或第一意义上的"是"(存在),"恒是"等同于形式。亚里士多德所使用的"形式"(eidos)与柏拉图称作最终实在的"型相"(或"理念")乃是同一个词(即使是 idea,也与 eidos 出自同一动词)。对于柏拉图,eidos 是共性,是抽象的普遍,是独立于具体事物的东西。但"形式"在亚里士多德哲学中是极其复杂的概念。在《形而上学》卷七章三的结尾,亚里士多德坦率地说:"形式是最令人费解的"(aporo-tate)。

　　在《范畴篇》中,亚里士多德区分了第一本是(本体)与第二本是(本体)。第一本是(本体)是可感特殊物,第二本是(本体)是属和种。这里的"属"正是 eidos(如果我们严格要求一致性的话,亦应译作"形式")。《范畴篇》以具体事物作为第一本是(本体),带有强烈的反柏拉图的味道。由于《形而上学》形式(本质)比质料和复合体更是第一本体,于是,

---

① 　参见《形而上学》1035b14,1037a5,a28—29,1043b1—4 等。

人们在考虑到亚里士多德的《范畴篇》和《形而上学》的关系时,普遍持有这样一种观点,即《范畴篇》中作为第二本是(本体)的属(*eidos*)在《形而上学》中被提升至第一本体的地位。结果,在《形而上学》里,作为第一本是(本体)的形式成为普遍的,并且亚里士多德似乎也放弃了他在《范畴篇》中一直坚持的反柏拉图主义的立场。

可是事情远远没有这样简单。《形而上学》作为第一本是(本体)的形式究竟是不是普遍的,是一个极其争议的问题。在他的定义中,"普遍(*katholou*)可以述说多数主体,如人;特殊则不能这样,如卡利亚"①。特殊和普遍之间的区分也就成了可述谓性和不可述谓性的区分。此外,亚里士多德还说:"普遍是共同的,不为一物所独有。"②普遍属于许多事物。这便意味着特殊只属于一个事物,并且是不可重复的。在卷七章十中,我们也可以看到这样的论述:"但是诸如人、马以及那些可以应用于特殊物、本身却又是普遍的词项,它们不是本是(本体),而是由这个公式和这个质料构成的复合体被当作普遍事物来处理而已。"③从这段话看来,"人"这类普遍的属并不是本是(本体)。卷七章十三里一开始便径直指出:"似乎任何一个普遍词项都不能成为一个本体的名称。"这一观点在1038b35 的总结中被再次提及。对这样一种普遍本是(本体)的反驳,以如下方式进行。首先,个体的本是(本体)一定是为其自身所独有,不从属于其他;而普遍则为所有同种事物拥有,所以是共同的:"普遍是共同的。所谓普遍,在本性上依存于众多。"本是(本体)往往是某物的本是(本体)。如果普遍是本是(本体),那么它就成了一类事物的本是(本体)。例如,"人"对"苏格拉底"和"卡利亚"而言是普遍的。如果"人"是苏格拉底的本是(本体),那么它也是卡利亚的本体,此时苏格拉底与卡利亚便是相同的。但是,苏格拉底和卡利亚是不同的。于是,在这个论证

---

① 《解释篇》17a39—40。
② 《形而上学》1038b11—12。
③ 《形而上学》1035b27—30。

中,"共同"和"特有"的对比便建立起来。普遍是前者,本是(本体)是后者。第二,"本是(本体)不述谓主体,但普遍却总是述谓某一主体。"①在这里我们看到了第二组对照:"述谓某物"和"不述谓某物"。其中普遍属于前者,本是(本体)属于后者。按照这样一种解释思路,形式不是普遍,而是特殊。即是说,尽管每个事物和其他同属的事物分享一个属,但是它们还有各自独特的、为其他事物所不能分享的形式,正是这种形式将一物同其他事物区分开来。

这样,柏拉图与亚里士多德的形而上学的本质区分之一,就是当柏拉图宣称第一本是(本体)是普遍时,亚里士多德认为它应当是特殊。可是,亚里士多德也与柏拉图一样确定知识必须是普遍的。在《形而上学》卷七中,亚里士多德坚持认为第一本是(本体)是可知的,也必须是可定义的。一方面,本是(本体)是特殊的;另一方面,知识是普遍的,上述两种立场是有张力的。因为最实在的事物也应当是知识的真正对象,亚里士多德完全清楚这里所涉及的问题。《形而上学》卷三列出了哲人们需要考察的一些主要难题(*aporia*),而特殊本是(本体)与普遍知识间的矛盾正是这样的一个难题:

我们不但应当提出第一原理的问题,还要问原理到底是普遍的,还是如我们所说的那样,是特殊的。如果是普遍的,就不当是本是(本体);因为普遍的东西不是这一个(*tode ti*),而是"这一类"(*toionde*),但本体却是"这一个"(*tode ti*)……;如果原理不是普遍,而是特殊,那它们就是不可知的,因为任何知识都是普遍的。因此,假若有原理的知识,那么一定有其他原理先于这些原理并且为它们作普遍的说明。②

这一难题的结构是非常清晰的。它包含了如下两个方面:(1)如果第一原理是特殊的,它们将是不可知的;(2)如果第一原理是普遍的,它们就不是本是(本体)。在《形而上学》卷十三章十,亚里士多德力图对这

① 《形而上学》1038b15—17。
② 《形而上学》1003a5—16。

一难题提出一种解答。他希望通过区分潜在知识和现实知识实现某种突破。他说：

> 认为一切知识都是关于普遍的知识，从而事物的原理也必然是普遍的而非分离的本是（本体），事实上引发了我们上面提及的所有论点中的最大的难题。不过，虽然这一观点在某种意义上是错误的，但从另一个角度讲也是真实的。像"知道"这个词一样，"知识"也有两种含义，一是在潜能上，一是在现实上。潜能作为质料是普遍的和无规定的，涉及普遍和无规定的事物；现实则是确定的，相关于一个确定的对象，它作为"这一个"，相关于"这一个"的问题。①

这一观点明显与传统的知识理论相冲突。在传统认识论中，定义和知识必然是关于普遍的。不过，在上面这段话里，亚里士多德认为，只是在一种意义上，知识具有此项特性。潜在的知识是普遍的，而现实的知识则是特殊的；普遍知识针对普遍事物，特殊知识关涉特殊物。关于普遍的知识是含蓄的，而关于特殊的知识则更为清晰。如果我们知道苏格拉底的属，那么我们只能将其确定为人这一属中的成员。在这种情况下，我们关于苏格拉底的知识仍旧是普遍的和不确定的，因为我们无法将他和其他人区分开来。因此，要了解苏格拉底是谁，还需要进一步认清他的特殊形式，从而将其与他人相区分。于是，后面的一种知识使我们更确切地了解了谁是苏格拉底，所以也更具确定性。亚里士多德这一立场是否合理，一直是学者们争议的主题。

四、变化、原因与不动的动者

前文说过，关于是（存在）之为是（存在）的科学，其实质主题——即

---

① 《形而上学》1087a10—18。

是(存在)的核心结构——既包含范畴之是(存在),也包含潜能/现实之是(存在)。前者关于世界的结构,后者关于世界的变化。研究范畴的主要工作是确立本是在诸范畴中的首要地位,并在本是范畴中将形式、质料和复合体区分开来,并且确定谁更根本;遵从亚里士多德的逻辑,我们转而讨论潜能/现实之是(存在),也就是说,在与潜能/现实的关联中,考察质料/形式问题,这涉及潜能、现实、运动、自然、原因、目的论、不动的动者等概念与学说。

1. 潜能现实与运动变化

巴门尼德否认变化的论证如下。"是"(存在)要么从"是"(存在)中,要么从"非是"(非存在)中生成;但这都是不可能的。如果它从"是"(存在)中生成,它就不会生成因为它已经是"是"(存在)。如果它从"非是"(非存在)中生成,这就是不可能的和荒谬的,因为没有什么东西可以从"非是"(非存在)中生出。因此,无物生成,亦没有变化。要对变化做出令人满意的回答,人们首先就要面临这一挑战,尤其是解释"是"(存在)如何从"非是"(非存在)中生成。变化探讨的就是一物何以从非是(非存在)变为是(存在)的问题。

亚里士多德对缺失、形式和质料的划分亦是为了说明变化问题。不过这种划分目的在于揭示变化的要素的数量,是对变化的结构性讨论,而不是解释变化或者运动如何发生的问题。因此它很容易转为对本是(本体)的构成要素的讨论。亚里士多德对运动的标准解释是通过潜能和现实来作出的:"潜在者作为潜在者的实现就是运动。"[①]这意味着要理解运动,我们必须首先理解潜能、现实和它们的关系。形式质料关系必须与潜能现实关系相结合才能说明运动。

---

① 《物理学》,201a11—2。也可参见《物理学》201a29,201b5,202a7,251a9。

潜能的基本定义是"变化的起点,存在于他物中或作为自身中的他物"。① 当一位医生治愈一个病人时,他就在另一物中引起了某种变化。然而当医生医治自己时,他在自身中引起变化,但不是作为医生、而是作为病人的自身。"现实[energeia]在严格意义上指活动"。② 按照亚里士多德本人对它的词源学解释,"energeia 源于 ergon,并且指向 entelecheia。"③ergon 指作用、功用、功能。entelecheia 的字面意义是指"包含目的于自身",可被译为"现实化"、"完成"或者"实现"。亚里士多德常将 energeia 与 entelecheia 相等同。

正是由于潜能和现实的区分,亚里士多德有了对付巴门尼德对变化的否定性论证的概念工具。亚里士多德承认,无物可以从绝对的"非是"(非存在)中产生。可是,"是"(存在)和"非是"(非存在)都能以两种方式,即潜能的和现实的方式被述说。④ 正是潜能与现实之间的区分使我们可以说,"是"(存在)既可以从"是"(存在)中,亦可以从"非是"(非存在)中生成。一物可以从(潜在的)S 中生成,或者说从非现实的 S 中生成。一物不能是它所不是的东西,但它可以成为现在不是的那个东西。非是(非存在)在某时可以现实地是(存在)。正是因为过去潜在的东西现在可以成为现实的,变化才有可能。一个人可以从非人中生成,因为此非人可以是潜在的人。

对亚里士多德而言,每一个范畴或都有变化一面。然而,由于其他范畴都从属于本体,并且是本体的属性,所以所有变化都可以归为两种:偶性或属性的变化与本是(本体)的变化。事物以不同的方式被述说为生成。在一些情况下我们不说"生成"而说"变成如此"。只有本体才能无

---

① 《形而上学》1046a10—11。也可参见《形而上学》卷五章十二,1019a15—16。《形而上学》卷五章十二是亚里士多德针对潜能一词所作的哲学释义集汇。

② 《形而上学》1047a31—2。

③ 《形而上学》1050a22—23。

④ 《论生灭》317b15—8。

条件地生成。① 这也就是说,当我们描绘非本是(本体)范畴的变化时,会说"亚里士多德变得如此"。而对于本是(本体)性的变化,我们就可以简单地说"亚里士多德生成"。在《论生灭》中,亚里士多德将非本是(本体)性的变化称为"变动"(alteration),而将本体性变化称为"生成"(genesis)。

亚里士多德将运动定义为"潜在者作为潜在者的实现",并作了如此解释:"例如,能够质变的东西作为能够质变者的实现就是质变;能够增加的东西和它的对立面,即能够减少的东西(两者没有共同的名称)的实现就是增加和减少;能生成的和能灭亡的东西的实现就是生成和灭亡;能被移动的东西的实现就是移动。"②由此可以清楚地看到,潜能/现实的关系用于描绘运动,而这既适用于非本是(本体)性(偶性)的变化(质变,增加和减少、位移),也适用于本是(本体)性变化(生成和灭亡)。当然亚里士多德的研究重点是"本体"(本是)性变化。只有理解了本体性的变化,我们才能真正了解何谓非是(非存在),从而完满地应对巴门尼德的挑战。

2. 原因与目的论

自然是事物自身内部的运动原则,形式与质料都是自然。形式决定一事物之所以是那个事物,规定了事物发展的趋向。质料作为运动的内在原理所起的作用在无生命的自然物中比较明显。如果没有什么障碍的话,每一个质料性要素都有着各自的内在倾向,或者说是特定的运动方式。土一类的东西有向下运动的自然趋向,而火的运动则是朝上的。然而,在有生命物的生成过程中,形式比质料性要素更是本性。

要把握事物的自然(或本性),就要把握事物的原因。亚里士多德的

---

① 《物理学》190a32—33。
② 《物理学》201a11—14。

"原因"(*aitia*)概念不同于现代意义上的原因,现代的原因一词(源于英国经验主义)是指那些能够引发某种结果的先在事件,而希腊语中的 *aitia* 则与动词"负责"相关。不论一物以何种方式为他物负责,该物都可以被称作后者的 *aitia*。因此,亚里士多德讨论的 *aitia* 问题更应当被理解为一种解释问题。对亚里士多德而言,一个原因就是一种解释,因而也便是对"为什么"(*dia ti*)这一问题的回答。可以说,问题"为什么"的形式结构是原因解释的基础。在通常的语言中,我们通过"因为"的句型、通过解释来回答"为什么"的问题。关于"为什么"的问题和原因之间的内在关联,亚里士多德阐释得很清楚:"显然,原因存在着……这些原因的数目就等于在询问'为什么'这一问题时获得理解的事物的数目。"①亚里士多德相信,只有当我们明白了一物何以如此,我们才真正理解了这个事物,并且也正是这些原因让我们获得了"为什么"的问题。

这种 *aitia* 一共有四种:质料的("由之生成",也就是我们解释一物由何制造时所说的那种东西),形式的,动力的和目的的(或者说是"所为的东西")。在某种意义上,形式因、动力因和目的因是一样的:"我们寻求的是原因,或者抽象地说,是本质。这对某些东西来说,是指所为之物,例如对房屋和床来说就是如此。而对另外的东西来说,则是最初的动者,因为这也是原因。只不过,当涉及生成和坏灭问题时,追求的是动力因,而涉及是(存在)的问题时,所求的即为目的因。"②在许多情况下,形式因既可以是变化的源泉,也能够是目的。而当我们说形式和质料是实在的构成要素时,形式因、动力因和目的因就成为形式的不同方面。

那么这四种原因如何在一种自然本是(本体)的起源和发展中起作用,如何使一个事物从潜能变成现实呢?

亚里士多德以自然物,尤其是那被称作"最高等级的本是(本体)"的有生命物作为本体的范型。对有机体的生长的讨论可以启发我们对本是

---

① 《物理学》198a14—16。
② 《形而上学》1041a28—32。

(本体)生成中的潜能/现实关系的理解。有机体的本性起源于受精活动,精液承载着形式,即那种最终将发展成为某种有机体的潜能。在有机体的生长开始时,我们有精液和胚胎,此时灵魂(也就是形式,即那种使每一个有机体成为有机体的东西)已经存在,尽管只是以潜在的方式。从精液和胚胎阶段开始,潜在的灵魂经历了一系列发展,从营养灵魂发育为感觉灵魂。最后,潜在灵魂显示出它所从属的那个属的特征。正是在这里,它走到了发育的终点,最终成为现实,而其本性也完全显露出来:"目的是发育的最后完成,每一个个体的特有属性都是其生成的目的。"这里的"特有属性"(idion)是指生命已经获得了使其自身成为属的一员的本质特征。成熟的有机体就是生长过程"所为的那个东西。"①

这说明,当本是(本体)的潜在形式出现时,潜在本是(本体)也就出现了。有机体的生成变成了形式从潜能到现实的发展过程。从受精开始,灵魂自身便潜存着成熟灵魂的潜在运动,而那得到充分实现的形式也不过是灵魂的完全展现。因此,本是(本体)性生成就是一个确定的本是(本体)性潜能变为现实的过程。这现实并不是立刻和突然出现的。包含着确定潜能的原初状态是内在的动力因。一个有机体从潜能到现实的发展过程就是它的自然的发展过程。事实上自然(本性)的本义之一就是"生长"。自然生长所朝向的那个目的本就已经潜藏在种子之中了。

对亚里士多德而言,自然总是这个或那个事物的自然。描述一物的自然就是要援引其原因。用形式因去解释自然生长的过程,形式因就同时既是动力因也是目的因。形式之所以是动力因,就在于形式本身也是一种本性,运动的内在原理便蕴含其中。此时,形式便内在地驱动或推进着自然生长的过程,并且确定有机物的发展方向。与此同时,形式也是目的因。最终目的是对开始时还潜藏着的自然的完全实现,并且在此意义上,目的因也与自然相等同。作为形式因,形式决定着自然物的生成过

① 《论动物部分》736b2—4。

程;作为动力因,它促动着事物的内在发展;作为目的因,它又是有生命物成长的终点。当然,从目的论角度理解的"目的",并不是时间意义上的,也并不必然是活动周期的终结,"因为并不是每个终结都可以被称作目的,只有那最好的终结才是目的。"在另一处地方,目的也被看作是一种"完善"的状态①

在这种解释中,本是(本体)性的运动就被展示为形式自身的实现过程。正是形式使有机体的发展过程与其保持相互一致。潜能和现实都是同一个自然或者形式的不同阶段。从潜能发展为现实,从最初的潜在状态发展为最终的现实状态的那个东西就是形式。作为本是的形式一直持存于生成过程的始终。

那么质料在本是(本体)性生成中起着怎样的作用呢? 简而言之,是作为必要条件。亚里士多德认为有两种必然性:一种是绝对必然性,在这种情况下一物只能是其自身;一种是假定的必然性,这就是说,如果要实现某种结果,一些特定的条件就成为必要。质料是一个假定的必然性,即如果要生成某一本是(本体),就必然需要如此这般的质料。亚里士多德解释说:

> 在其他一切有目的事物中,也是这样:如果没有这些具有必然自然的东西,就不可能有物生成,但生成又不是因为这些东西(除了作为质料);它的出现是为了目的……因此,必然的东西是出于假定,但不是作为目的。必然的东西在质料中,而所为的东西则在原理中。②

亚里士多德相信,即便某些质料是必要的,有机物的自然或者特定的功能也不能归于质料。有生命物的最终完成永远不是这种必要性的结

---

① 《论动物生成》775a13。
② 《物理学》200a7—14。

果。他认为,质料因素并不足以解释一个有生命物的结构或秩序。质料本身并不能导致一个复杂有机物的形成。前苏格拉底哲学家在自然哲学方面面临的问题是,他们仅仅关注质料因素,并且将所有的解释都归为质料。总之,他们忽视了目的因,并且认为这个世界就是无方向的生成过程的必然结果。亚里士多德因此批判说,他们无法解释自然中的秩序、安排、美、善等这类东西。在很大程度上讲,正是早期自然哲学家在说明结构和规律方面的失败,才使得亚里士多德认为自然的机械论观点并不能提供充分解释。既然自然过程是具有目的指向的,那么我们就应当从它们所趋向的目的角度来进行理解。于是,目的论解释被引入,该理论认为,这些目的并不是被有意置入的,它们应当归结为自然对象内蕴的特定形式。在亚里士多德看来,这样一种目的论解释可以更好地回答人们针对自然物询问的"为什么"的问题,因为形式或目的"是质料的原因,反之不然"①。

在此基础上,亚里士多德说,尽管研习自然哲学的学生应当研究质料,但自然哲学的焦点问题还应该是形式或目的。"自然哲学的主要对象应当是复合体和作为本体的整体,而不是那离开了本体就无法存在的质料要素。"②目的论比机械论更重要,因为质料必须通过目的因或形式才能得到解释。

3. 灵魂与现实

在解释自然物的生成时,潜能和现实是变化的相互承继的阶段。此外,亚里士多德也以它们来解释有生命物同时具有的两个方面,解释有机物的功能。这种关系与本体性生成包含的完全不同。亚里士多德在《论灵魂》中对灵魂的论述较为清晰地解释这类不同的潜能/现实关系。

有生命物由身体和灵魂组成,其中身体是质料,灵魂是形式。灵魂

①　《物理学》200a32—33。
②　《论动物部分》645a34—b1。

(psuche) 通常被看作是动物生存的原理。① 对亚里士多德而言,灵魂自身并不能成为一个实体,它是存在于被称作"灵魂机能"的一系列典型"生命功能"之中的。这些机能或潜能包括"营养、欲望、感觉、在空间运动以及思想",它们形成了一个等级结构,在上的机能要以在下的为基础。某些有生命体拥有这全部的机能,另一些则有一部分,还有的只占有其中的一种。在亚里士多德看来,只要拥有一种机能,这个事物就是有灵魂或者生命的。当我们谈论灵魂时,其实就是在谈论一个有生命物针对生命的不同形式拥有的各种机能或潜能。也正是因此,亚里士多德认为,如果我们仅给灵魂以一个笼统的定义,却不去区分它的各种功能的话,就宛如给几何形状下定义却不说明什么是三角形、正方形一样。"任何灵魂都不能脱离上述列举的灵魂的形式单独存在。"②灵魂就是作为有生命物的身体所必须拥有的机能。

质料性的身体是潜能,作为形式的灵魂则是现实:"灵魂,作为潜在的具有生命的自然身体的形式,必然是本体。不过,由于本体是现实,所以灵魂就是具有上述这类特征的身体的现实。"并且,"灵魂就是潜在地具有生命的自然身体的第一现实性。"③当我们说灵魂是潜在存在的身体的现实时,"潜在"并不意味着某物可以从某种状态发展到一个新阶段,因为身体不能够发展为灵魂。在什么意义上灵魂是"第一现实性"或者"第一类现实性"呢? 亚里士多德借助知识来阐明这一观点:

> 现实性有两层意义,其一类似于知识,其二类似于反思。在这里,类似于知识这层意义非常明显;因为灵魂的存在是睡眠和清醒的前提,觉醒如同反思,而睡眠就如具有知识而不运用。对于一个人来说,拥有知识总是在先的。所以,灵魂就是潜在地拥有生命的自然身

---

① 《论灵魂》402a7 以下,403a27—28。
② 《论灵魂》414b22—23。
③ 《论灵魂》412a20—22,412a28—29。

体第一现实性。①

这里的两种现实性,其一是对知识的现实占有,其二则是对所拥有知识的运用。从运用角度理解的现实性意味着"从对感觉和语法知识的被动占有到对它们的主动运用的转换"。如果一个人占有一定知识,我们可以说他现实地拥有它。不过,如果这个人可以将他所有的知识付诸应用,那么我们就可以说他在更高的现实层次上拥有这一知识。第一现实性可以看作是第二种现实性的潜在状态。第二种现实性是已经显现但仍未得到发挥的那种机能的运用和展示。换句话说,第二现实性既没有替代第一种现实性(潜能),也不是从潜能中发展而来的,毋宁说,它是潜能的表现。以此看来,所谓灵魂是第一现实性,就是指一个有生命体在睡着和清醒的状态下都拥有的一种生存机能或功能。这就与被称作第二现实性的生存机能的现实应用形成了对照。

显然,在对灵魂的描述中,潜能和现实并不是相承继的两个阶段,潜能也并不先于现实。身体潜在地具有生命,而灵魂就是这类身体的现实。由于身体和灵魂是有生命物同时具有的两个不同方面,所以潜能和现实是同时出现的,并且它们之间也没有一个发展的过程。当亚里士多德说"一个潜在的具有生命的身体"时,他将其看作是"被组织起来身体",它已经是被赋予灵魂的。如果一身体失去灵魂,从而丧失功能,那么它也仅仅是名称上的身体而已。有生命物的身体是被灵魂形塑的,只有这类身体才能是活生生的。有机的身体本来就是被灵魂形塑的和活生生的身体。正是在这一基础上,亚里士多德认为潜能和现实是不可分的,柏拉图的灵魂不朽说是错误的。

这种潜能/现实关系就明显不同于我们在本是(本体)性生成中描述的那种关系。在本是(本体)性生成中,"潜在的"意味着一个事

---

① 《论灵魂》412a21—28。

物以其自身的内在原理到达一个崭新的和更高的阶段,但其自身却不是现实。"潜在的"和"现实的"可以是生成过程中的两个完全不同的阶段。本是(本体)性生成包含了从刚开始的潜能到最终的现实的发展过程。

4. 第一推动者

除了解释单一自然"本是"(本体)的运动,哲学也需要说明万物间运动的持续性和永恒性,以及宇宙中的秩序的源泉。"宇宙"一词的希腊语形式 kosmos,本身就意味着一个秩序良好的、有机的和动态的世界。希腊自然哲学家一直以来的主要任务之一就是理解宇宙的运动与秩序。阿那克萨哥拉试图用努斯(nous)来解释世界秩序的做法,得到了苏格拉底的认同。在《斐多篇》中苏格拉底说,相比于自然哲学家的机械论式的解释,阿那克萨哥拉的理论是一个非常大的进步,尽管令人失望的是,他并没有将其坚持到底。在《蒂迈欧篇》中,柏拉图将神话里的造物主作为世界秩序的组织者。现在,亚里士多德凭借其潜能/现实理论,提出了第一推动者理论,对第一推动者的研究乃是对"潜能/现实之是(存在)"的研究的延伸。每一特殊物有其身的自然,其运动与发展由形式因或目的因说明,而宇宙作为整体的运动与秩序由第一推动者说明。形式因和第一推动者是不同层次的原因,它们有着不同的解释力。

依照《形而上学》卷十二章六的观点,我们需要有第一的永恒的推动者,是因为运动的永恒性必须得到解释。如果所有"本是(本体)"都是可消亡的,那么所有事物也都是可消亡的。可是,运动却是永恒的,时间也不会生成和灭亡,因为没有时间也就没有"之前"和"后来"。运动和时间的永恒性是互为支持的,时间由运动来衡量,所以运动必须同时间一样是持续的。既然运动是本是(本体)的运动,而运动是永恒的,那么本是(本体)也必然是永恒的。运动的永恒性意味着本体的永恒性。

在亚里士多德看来,只有圆周运动是持续的和永不停息的。这种运动展现在宇宙最外层的神圣球体上,它是一个透明的、有许多星辰点缀其上的球体。这个球体进行匀速圆周运动,没有开始,也没有终结。最初的天是永恒的,但它还不是永恒运动的原因。事实上,它自身的永恒运动也是由另外的事物推动的,一定还有另外一个推动者。

最初的天是永恒的,此外还要有某种运动着它的东西。既然运动和被运动的东西都是居间者,那么就必须有某种不动的推动者,它是永恒的、现实的本体。这就需要有一个第一推动者,它推动万物可自身却不被推动,自身没有进一步的动因。

然而,如果第一推动者不是现实地运动着的,那么它又怎能推动他物呢? 对此亚里士多德的回答是:

> 有某种不动的推动者,它是永恒的、现实的本体。被欲望的东西和被思想的东西都以这种方式运动,它们是不动的动者。被欲望的东西和被思想的东西有着相同的基本对象。被欲求的东西只是表面的善,而被意愿的东西才是真善。①

那种不发生任何变化的神圣本体之所以造成运动,并不因为它本身是活动的,而在于它是"被欲望的东西和被思想的东西的对象"。第一推动者并不在物理学意义上起作用,而是"作为爱的对象而造成运动"。这是一种目的论的论断。

亚里士多德经常将第一推动者和神交替使用,并且他的神学理论是关于第一推动者的。但这第一推动者并不像圣经中的上帝,拥有神圣的创造力和神意,亚里士多德将第一推动者发挥作用的方式与欲望做类比。

当亚里士多德通过与欲望的类比来解释第一推动者的功能时,他模仿了对动物行动的解释方式。动物的行动源于某种欲望,而第一推动者

---

① 《形而上学》1072a25—29。

之所以能够造成整个世界的运动,也在于它是欲望的对象。如果单从字面理解,只有动物才拥有欲望,也只有人类才有理解和思想。因此,如果说第一推动者是因为被爱才拥有推动力的话,那么它只能够导致动物和人的运动。然而事实是,世间万物都是被第一推动者推动的,这包括无生命物和植物。很显然,亚里士多德在这里使用了比喻的方式,赋予整个世界以欲望的能力。

应该怎样理解万物由于欲求而受第一推动者推动呢?为什么所有事物都追求第一推动者呢?亚里士多德的答案是:永恒性或者说永恒的活动。每个物体都有生有灭,可都有延续自己的内存欲求,正是永恒性定义了第一推动者。除了因为要充分实现自身的形式而进行的运动外,万物同时也在追求永恒。正是在对这种永恒的追求中,所有事物与第一推动者联系起来。这种欲望是内蕴于宇宙万物之内的。对天球而言,它独特的运行方式是做匀速圆周运动。为什么?因为它想保持自身的永恒持续,而匀速圆周运动乃是最持续的运动方式。因此做这种运动乃是天体受不动的动者所影响的方式。同样,诸多要素循环往复的变化保证了地面上变化的持续性和多样性。不过,也正是由于对不灭的和永恒的欲求,要素的持续变化才能得到解释:"那些变化着的东西,如土和火,都在模仿着不变的东西"。① 通过这种模仿,物质要素防止自身走向灭亡。在动物和植物当中,第一动者的作用对通过物种自我繁殖的自然冲动得到展现:"假如生物是完满无缺的,并且其生长不是自动的,那么它们就会产生出另外一个和它们自身同样的生物来,从动物生出动物,从植物生出植物。正是以这种方式,它们希望尽量分享永恒和神圣。这其实也正是所有生物追求的目标,所有合乎自然而行动的生物都以此为目标来进行活动。"②繁殖是所有可朽生物努力分享神圣的方式。正是通过繁殖,它们才能获得永恒。个体成员对永恒的渴望,造成了物种的延

① 《形而上学》1050b28—30。
② 《论灵魂》415a27—b1。

续。像动物一样,人类也有繁殖后代的自然欲望。亚里士多德认为,男性和女性结合的原因也就在于此:"人们的结合并不是有意的选择,而是像其他动植物一样,出于这样一种本性,即欲望留下和自己相同的后代。"①正是出于上面这种自然欲望,人类种族得以延续。不过,与其他动物不同的是,繁殖并不是人类追求永恒的唯一方式。亚里士多德相信人类可以有更为高尚的追求形式,即通过思辨活动。这一点我们将在后文中讨论伦理学时继续。

这样,世间万物都包含有某种内在驱动力,即对永恒的追求,这证明了第一推动者是运动的永恒性的原因,为宇宙间的持续运动提供了理性说明。除此而外,作为目的因的第一推动者也帮助我们解释了宇宙有序性的原因。第一推动者不仅是永恒运动的原因,还应当为世界的秩序负责。亚里士多德说:

> 我们也必须考虑,宇宙的本性(*e tou holou phusis*)以何种方式保有其善或至善,是作为分离的某物,就其自身而存在,还是万物的秩序。也许两种方式都是。这就像一支军队,它的善必须同时展现在秩序和将领上,而更多地依于将领;因为不是将领依靠秩序,而是秩序依靠将领。②

在这段话中,至善以两种方式存在:(1)作为秩序;(2)作为秩序的原因。可秩序和秩序的原因并不是同一回事,第一推动者又怎能同兼二职呢?

宇宙万物以某种方式被组织到一起,这首先是因为它们有同样的目的,即追求永恒。正是因为万物都朝向永恒性的目标,第一推动者才被说成是像将领,因为其他所有东西都仿效和分有它。尽管每个事物都渴望

---

① 《政治学》1052a27—30。

② 《形而上学》1075a11—14。

永恒,并且都期望通过对自身形式的不断实现来最大限度地接近永恒之是(存在),但它们的追求方式并不相同;这是因为每种事物都有它独特的性质。天球做圆周运动,各种要素不断转换,动物进行繁殖,而人可以沉思。每种东西都竭力想接近目标,但这只限于在不违抗它们自然的范围内。第一推动者虽然可以解释世界上永不止息的实现活动,并且造成运动的持续性,却不能够说明事物为何以其独有的方式运动。只有每个事物自身的本性或形式才能决定它们以何种方式持续运动。既然万物都被安排于一个目的,并且每一物都依其本性行事,那么结果就是宇宙万物构成一个有序整体,而它们的位置则由各自的本性决定。正是在此意义上,我们说第一推动者既是秩序又是秩序的原因。

五、幸福与德性

亚里士多德全集包括了四部伦理学著作:《尼各马可伦理学》、《欧德谟伦理学》、《大伦理学》以及《论德性与恶》。在西方的伦理学历史中,《尼各马可伦理学》被视为亚里士多德伦理学的最权威文本,代表了亚里士多德对其所包含话题的最后以及最成熟的思考。"尼各马可"这个题目的得名缘由并不清楚。亚里士多德的父亲和儿子都名叫尼各马可,传统上一般把该书与亚里士多德的儿子尼各马可联系起来。但是,该关联到底是什么还是不清楚,要么是因为这本书是献给尼各马可的,要么是由他所编纂。《尼各马可伦理学》不是一本前后连贯一致的书籍,这从它包含有两种对快乐的处理方式(《尼各马可伦理学》,第七卷十一到十四节,以及第十卷一到五节)这一事实就可见一斑。不仅如此,各卷的划分并不总和主题的大致转换相对应。要决定《尼各马可伦理学》到底是讲稿或者是书籍草稿也是困难的。在 1095a2—3 说,"年轻人不是政治科学的合适'*akoratēs*'",如果我们把 *akoratēs* 理解为其字面意思,如"听众"或"听到的人",它看上去就像是一份讲义。但这一术语也能被理解为"学生"或"观众"。可在第二卷第七节的1107a32,亚里士多德显然在指教室内的一幅挂图。也存在这样的可能性,即某些章节是讲义,而另一些章节则是草稿。

可是《尼各马可伦理学》却包含着历史上最完整的德性伦理学系统。20世纪下半叶西方伦理学的最大成就是德性伦理学的复兴,而在这种复兴中亚里士多德伦理学被当作是主要范型。大多数当代的德性伦理讨论都返回到亚里士多德那儿寻求灵感。在亚里士多德伦理学思维与近代道德哲学之间的区别有以下几个方面:首先,近代伦理学主要关注道德行动,其中心问题是"我应该做什么?"而亚里士多德的伦理学关注的是主体的整个生命或主体的一生,其中心问题是"我应该做一个什么样的人?"其次,近代伦理学把伦理学的任务视为制定道德行动的规则和原则,而亚里士多德伦理学则把中心放在人必须具有、以使之能过幸福或完满生活的品格和德性上面。一个行动的价值只能通过其与主体品格的关系加以判断。亚里士多德明确指出,伦理知识只是基本为真而不是绝对必然的。伦理学无法为所有可能情况下如何明确地行动,提供一个或一些基本原则,人的处境和行为呈现出无穷的多样性,是很不确定的。行为的准则经常允许例外,而且不能够被机械地应用到所有特殊处境中。第三,近代伦理学把自身看作理论研究,而亚里士多德强调伦理学并不是一种纯粹的智力活动。伦理学作为一门实践的科学意味着具有可观的实践价值。他以这种方式描述了伦理学探究的目的:"我们现在的研究与其他研究不同,不是思辨的,而是有一种实践的目的(因为我们不是为了解德性,而且让人变成好人,否则这种研究就毫无用处)。"①一种好的伦理学也不仅只是提出严格论证与解释,而且应当能影响人的生活,使人成为更好的人。

---

① 《尼各马可伦理学》1103b28—32。

1. 幸福概念

亚里士多德在他的伦理学的开篇说：对人类整体生活而言，存在一个最高的目的，这个最高目的就是人类的善。目的或善在这一意义上是最高的，是由于它不寻求任何进一步的目的，而任何其他事物则欲求最高善。如果我们想过好我们的生活，对这一最高目的或最高善的理解就有核心重要性，而伦理学的任务也就是协助我们去理解它。

希腊人把这一最高的人生目的称为"eudaimonia"。该术语传统上英译为 happiness，即"幸福"。严格说来，这一译法或多或少带有误导性。在现代文中，"幸福"主要意味着一种愉悦感或满足感。但是，"eudaimonia"由 eu（好）及 daimon（神灵）构成，字面意义是"受好的神灵保佑"。自苏格拉底开始的古希腊伦理学中，"eudaimonia"是"做得好"或"过得好"的同义语，意味着"好生活"、"成就"或"兴旺"。研究"eudaimonia"就是要厘清什么样的生活可以算作是兴旺发达的。

几乎所有主要希腊伦理学理论，都从幸福是解释一个人生活目的的终极回答开始，而幸福也决定了任何行为的合理性。这构成了希腊幸福主义的公理。任何行为和任何事物都有其目的，但幸福是我们不为一个更远目的所追求的唯一一个目的，是人行为的最终理由。对每个行为我们总是能够询问它们的目的是为了什么，但幸福是一个例外。"没有必要进一步追问为什么要幸福"①。当亚里士多德认为人类生命存在最终目的并把这一目的说成幸福作为其《尼各马可伦理学》的开端时，他显然是在遵循着同一思路。然而，称幸福为最终目的只给了幸福一种形式化的含义。人们需要用一种实质的方式去阐明幸福的构成。用亚里士多德的话，"说最高善就是幸福似乎是老生常谈。我们还需要更清楚地说出它是什么"②。古希腊伦理学的历史就是部争论幸福

---

① 柏拉图：《会饮篇》205a2—3。
② 《尼各马可伦理学》1097b22—24。

是什么,以及怎样获得幸福的历史。不同的幸福论理论用各种不同的方式去定义和排列生活中的善,并对我们应该如何最终取得它给出了各种不同的回答。

2. 人的功能与德性

亚里士多德自己的幸福论是从人的"功能"(ergon)开始的,试图通过诉诸人的功能来确定幸福是什么。功能论证是其德性论与幸福论的基础。Ergon 在英文中一般译为"function"。可并不是对 ergon 的令人满意的英译,因为现代英语里的"功能"(function)很大程度上与工具或可被用为工具的某物联系在一起。但就原始含义而言,各个事物的 ergon 意思是"非它不能做,非它做不好的一种特有的能力"。亚里士多德把它看作是定义的对象,是事物的本质(恒是)与形式。

根据《尼各马可伦理学》第一卷第七节,功能论证的大体结构可概括如下:

  A 事物的善依赖于其功能,意味着一种善"X"=一种良好发展其功能的"X"。

  B 良好发展一种功能意味着功能通过适宜的德性表现出来。

  C 如果一个人拥有一种功能,一个好人就会良好地表现这种功能。

  D 人类拥有一种功能,即灵魂的体现理性的活动。

  E 结论:人类的善"就是灵魂的体现德性的活动"。

亚里士多德对于前提 C 的推理是一个类比,它用比喻的语调说出:

  我们能否认为,木匠、鞋匠有某种功能或活动,人却没有,并且生来就没有的一种功能? 或者,我们是否更应当认为,正如眼、手、足和身体的各个部分都有一种功能一样,人也同样有一种不同于这些特殊功能的功能?①

他对前提 D 的推理如下:人的功能是对人类而言的某种特殊的东西(idion),是一种特定的生活。我们必须把人类与其他有生命的东西区别开。生活的主要类型包括:生命营养、自我保存,以及理性的生活。营养的生活对我们不是特殊的,因为它在植物那里是共享的。自我保存的生活对我们也不是特殊的,因为它在动物那里是共享的。那么,人的功能必定就是理性活动。理性活动因其是把人类与其他动物区分开的基本特点而成为人的功能。

于是,功能论证得出结论认为,人的善或幸福"应该是灵魂体现德性的[理性]活动"。② 可以看到,虽然功能论证对亚里士多德的理论是至关重要的,可他呈现这一论证的过程却不具说服力,对于前提 C 的推理是一个类比,人体的各部分和各种匠人具有功能,从这个事实并不能推出人自身也有一个功能。对前提 D 的推理通过排除论进行,但没有对"为何理性对人是独特的"给出正面推理。

亚里士多德的功能概念也有一个动态方面。我们已经表明,功能是形式,也是目的。"每个有'功能'的事物都是为了它的功能而存在着。"③Ergon 在词源学上与现实(actuality,energeia)相关:"现实这个词就是由活动而来的,并且引申出实现"。④ 功能论证使亚里士多德的伦理学与他的目的论以及他的潜能和实现的理论关联在一起。亚里士多德的伦理学从人的功能开始,指向这一人的独有特点或人性的实现。

亚里士多德高度推崇理性,可是他并没说拥有理性自身就是幸福。

---

① 《尼各马可伦理学》1097b29—33。
② 《尼各马可伦理学》1098b17—18。
③ 《论天》286a8。
④ 《形而上学》1050a21。

理性能力既可用之于好的目的,也可用来做坏事,但功能论证的结论说,幸福是"灵魂的体现德性的[理性]活动"。"aretē"[英文,virtue,德性或美德]在希腊文中的原意是"优秀"(excellence),它与功能(ergon)相连,既是一个事物的功能的出色发挥,又是使功能得以出色发挥的品质。"人的德性就是既使得一个人好又使得他出色地完成他的活动的品质"①。人的幸福不仅仅是理性,而是理性遵从于德性的运用。

这样一来,对幸福的研究便转变成了对德性的研究。"既然幸福是灵魂体现德性的活动,我们就必须考察德性的本性。这样我们就能更清楚地了解幸福的本性"②。他的幸福主义也包括对德性活动及对外在善的研究,但德性是其中心议题。

人的德性既是灵魂的,也是肉体的。对于亚里士多德,在他伦理学中重要的是灵魂的德性。一个人是否是善的,不由健康、美貌或身体的强壮决定,而由其灵魂的品质决定。在《尼各马可伦理学》第一卷第十三节,他把灵魂分为自身有理性的部分及无理性的部分。无理性的部分进一步被分为植物性部分,以及那自身无理性但"在某种意义上分有理性"的部分(1102b13)。亚里士多德不认为植物性部分有任何伦理含义,但他强调伦理学必须考虑无理性但却参与理性的那个部分,即欲望的部分。欲望部分不能以其自身而发起认识,但它能给出反应,并接收建议和指令。灵魂中有理性的部分可进一步分为两部分:理论的或科学的理性,以及实践理性。理论理性关涉于永恒、必然事物,而实践理性则关涉伦理事务。

除植物性部分外,人的灵魂每一部分有其特有德性,即它的优秀状态。欲望部分的最佳状态是伦理德性或道德德性(ēthikē aretē),实践理性的最佳状态是以及实践智慧(phronesis),而理论理性的德性是理论智慧。

---

① 《尼各马可伦理学》1106a22—23。
② 《尼各马可伦理学》1102a5—7。

3. 伦理德性

伦理德性(ēthekē aretē)是基于 ethos(习惯、社会习俗)的，Ethos 指的是传统的社会与文化环境以及广为接受的行为方式。与它相连的希腊术语 ēthos 指性格；而 ēthos 又成为了"ethics"("伦理学"，字面意思是"属于品格的东西")的缘起①。这样的一个词源谱系揭示了亚里士多德伦理学中社会风俗的角色的重要性。什么样的行为是伦理的与被习惯接受的行为有着密切关联。

在《尼各马可伦理学》第二卷的开头，亚里士多德通过展现伦理德性如何获得来阐述其性质。学习成为有德性的人需要一个习惯化过程(ha-bituation, ethisoms)。习惯化涉及作为德性源头的社会价值的灌输或内化，伦理德性是与之对应行为的反复实践的结果。"我们通过做公正的事成为公正的人，通过节制成为节制的人，通过做事勇敢成为勇敢的人"。② 在习惯化的过程中，社会风俗里隐含的价值逐渐在学习者那里生根。习惯化既能是好的也能是坏的，取决于行为的性质。重复好的行为产生好的品格，而重复性的坏行为导致坏的品格。"从小养成这样的习惯还是那样的习惯决不是小事。正相反，它非常重要，或宁可说，它最重要。"③

伦理德性是从习惯化中形成的"状态"或"品质"(hexis)，一种稳固或不易更改的性质。作为一种稳固品质，德性构成了一个人的第二本性。"第二本性"与"第一本性"以及"生而有之"相对照。伦理德性有其第一本性的基础，但它必须得到习惯的培养。"自然赋予我们接受德性的能力，而这种能力通过习惯而完善"④。我们通过重复做正义举动而变得正

---

① 《尼各马可伦理学》1103a17—19。
② 《尼各马可伦理学》1103a34—b1。
③ 《尼各马可伦理学》1103b24—26。
④ 《尼各马可伦理学》1103a23—24。

义,通过重复做节制举动而变得节制。德性是习惯化的,一旦它成为习惯,它就很像是件自然的事情。光凭一个人做好事还不能断定他就是有德之人;进一步,他的选择必须是出于一种确定了的、稳定的习性。当一个行为者偶然或不情愿地做正确的事情时,善行并不反映主体自身的善。

按照亚里士多德,德性作为第二本性是一种"相对于我们的中庸",一种分别以过与不及为代表的两种恶之间的状态。虽然德性是种中庸,但没有存在于一个德性之内的中庸状态,同样,也没有存在于恶之内的中庸状态。虽然亚里士多德的中庸概念在传统上被理解为适度,但中庸不是适度;在做最好的和最正确事情时它就成了极端。"虽然从其本质[恒是]或定义来说德性是中庸,但从什么是最好的或什么是对的这一角度说,它是一个极端"①。亚里士多德既以中庸指称品格的内在状态,又以中庸指称德性于情感与行为中的外在表现。

中庸之点在亚里士多德那里经常等同于"正确"之点。"在正确的时间、正确的场合、对于正确的人、出于正确的原因、以正确的方式感受这些感情,就既是中庸的又是最好的。这也就是德性的特征"②。中庸亦与"需要被做的"、"最好的"、"善的"、"高尚的"等术语相连,甚至于就等同于它们。

德性涉及行为,也涉及情感(pathē)。我们经常做可相互替代翻译的"感受"、"情感"或"感情",在亚里士多德那里是其所使用的希腊术语pathos。pathos的最初意思是某个人遭遇到了什么,意味着在不幸中所经历或感受到的"痛苦",后来被用于指"体验"或"感动"等情感。德性不仅是正确行动的品质,且也是正确情感的品质。一个有德之人有着一种对高尚的爱好感和对卑贱的憎恶感,并以做有德之举为乐。良好行为必然牵涉到真实的感受或情感。一个有德之人是倾向于正确地感受和正确地行动的人。某人是否有优秀的品格,不仅依赖于他做什么,而且也在于

---

① 《尼各马可伦理学》1107a6—8。
② 《尼各马可伦理学》1106b21—23。

他喜欢做什么。学习变得有德性就是学会在做高尚事情时享受或具有快乐。这种愉悦感构成了一个人的伦理品味。做正确事情的愉悦感是身为有德之人的关键特点,它也是德性的一个标志。所以正确的道德教育不仅要使正确的社会价值内在化,而且要从小培养起对正确的事物的快乐感和对该痛苦的事物的痛苦感。

4. 实践智慧

伦理德性是把社会价值内在化了的习惯性状态,但习惯化不是机械性的过程,而是也涉及一个理智的向度。德性是一种关乎选择与决定的品质,而选择与慎思相关,与伦理德性密切相关的理性优秀状态即是实践智慧(phronesis)。实践智慧是实践理性的德性,是做出正确伦理决断的品质。

亚里士多德《尼各马可伦理学》第六卷中讨论实践智慧。他的基本策略是把它与其他一些理智德性——技艺(techne)、科学(episteme)、理论智慧(sophia)和直觉(nous,努斯)——做对比。在这些理智德性之中,理论智慧包括了科学(从普遍前提推断出结论)和努斯(从科学演绎开始悟出第一原则)。所以,主要的区别在于实践智慧和技艺之间,以及实践智慧和理论智慧之间。

实践智慧与技艺具有同一个理智性的结构,但它们有两个主要不同。首先,它们具有不同的范围。技艺是制作或生产的一种理性能力,而实践智慧是为着行动(praxis)的一种成熟理智品质。其次,制作有一个除自身之外的目的,而行动自身就有其目的,即善的行为自身。善的目的也把实践智慧从中立性实践能力那里分开。实践智慧不是一般意义上的"聪明",一个有实践智慧的人是一个伦理上令人钦佩之人。相反,一个聪明人既可能是值得称赞的,也可能是一个恶棍,取决于其目的的善性。

实践智慧怎样才能取得善的目的?亚里士多德认为这与基于习惯的伦理德性密切相关。善的目的来自在习惯化过程中被内在化的伦理信念和价值观,诸如"不要偷窃"、"要有节制"等。如果没有这些灌输的价值观,道德教育就变得徒劳。因为教导必须从它们开始,然后让学生明白它们为什么是正确的,不仅如此,学习者不只是开始知道每一特殊领域的情感和行为的价值,而且发展了什么是一种好生活的基本观点。这样一种观念暗含在学习者受到的众多的、重复性的伦理教导之中。在被灌输了各种各样的价值观之后,学习者逐渐开始建立这些价值观与它们的重要性的联系。在这样的基础上,他形成了生活的总体目的感,以及一种大略的关于如何生活的见解。

近代伦理学通过展开理性自律、寻求建立普遍和跨文化道德原则,把实践理性从传统价值观那里分隔开,而亚里士多德的伦理学则认为实践智慧是包含在传统之中的。伦理智慧的根源是历史性和文化性的,伦理智慧并不单通过个体自律的手段来决定它的目的。相反,一个人是在传统之内,发展一个好生活是什么的总体概念的。

实践智慧和理论智慧做的两个主要区分在于:首先,理论智慧是关于自然的永恒不变真理的,诸如宇宙构成部分这样的事物;而实践智慧关涉与人相关的事,人类事务允许多种多样的变化。其次,理论智慧有关普遍知识,而实践智慧强调的是特殊情况。

实践智慧包含关于实践问题的推论,也需要普遍的前提,因为有实践智慧的人思考时不只为特殊目的,而且也为了总体生活的目的①。社会历史和文化方面有实践性智慧者做判断,总结人类生活情况的经验,提供可靠和有价值的指引,他们也有助于理解那些特殊事例的突出特点。然而,亚里士多德不把普遍性作为最高权威,他对于为伦理行为提出无可怀疑的普遍指针持怀疑态度。

行为中不存在普遍可用的原则。实践性事务都具有情景性和不确定性,而普遍原则无法抓住特殊事例中所有的重要细节。伦理学不应寻求

---

① 《尼各马可伦理学》1140a25—31。

获得自然科学那样的精确性。行为发生在特殊的环境之中,随特殊场合而变化。所以,"人们需要自己因地制宜进行考虑"①。他们不能通过推论性的自然科学去做决定,而应该批判性地评估环境的显著特征,并决定需要做的是什么。这一论点亦与近代伦理学相对立,在近代伦理学中,焦点常集中在普遍一般上面。那些普遍原理自身即具有权威,而特殊事例只是普遍的实证或范例。推理模型关注的是,特殊例子是否满足了普遍的要求。事实只在它纳入到基本原理中时才有意义。

苏格拉底和柏拉图认为,理性和情感彼此相互冲突,都强调理性对感情的控制。亚里士多德的实践智慧理论不承认理性和感情的这种对立。对他而言,恰当的感情反应是好的慎思的一个重要部分。一个行为者的动机状态和他的认知状态不是完全可以相互区分的。实践智慧包含着一种选择,它抓住了一种实践真理,一种"遵循着正确欲求的真"。在选择中,思考与欲望合二为一,被赞同的与被追求的是一致的。理性并不单独于感情与欲望之外地决定善。相反,它们一同规定着该做什么。亚里士多德把实践智慧也叫做"欲求的努斯"或"理智的欲望"。有实践智慧的行为者倾向于做那些行动,且带着乐意和愉悦去做它们,他也不经验到任何理性与感情之间的严重矛盾。伦理学不是一件我们应受何种制约之事,而是一件我们如何能乐意并自然地遵循社会礼仪的事情。

以上我们分别讨论了实践智慧和伦理德性。伦理德性是灵魂的情欲部分的最佳状态,而实践智慧是实践理性的优秀状态。其实,它们是互不可分的,一个完整的伦理德性是由两种不同灵魂部分的组合品质构成的,"离开了实践智慧就没有严格意义的善,离开了伦理德性也不可能有实践智慧"②。在《尼各马可伦理学》的1105a32—b1,亚里士多德列出了三个行为者必须符合以使其行为有德的条件:(a)"他必须知道那种行为";(b)"他必须是经过选择而那样做,并且是因为那行为自身故而选择它

---

① 《尼各马可伦理学》1104a7—8。

② 《尼各马可伦理学》1144b31—32。

的";以及(c)"他必须是出于一种确定了的、稳定的品质而那样选择的。"这三个条件体现了伦理德性与实践智慧的结合。

5. 思辨与幸福

上面提到,理论智慧和实践智慧之间的不同在于,前者考虑永恒真理,后者考虑人类事务。理论智慧有关普遍知识,而实践智慧强调的是特殊情况。对于亚里士多德来说,理论智慧更高于实践智慧,因为宇宙中不变的事物有着比人类事务远具神性的本质。① 相反,实践理性有关于人类事务,可"人不是这个世界上最高等的存在物"。② 外在的自然对象产生必然的真理,而从人类事务那里我们只能取得大部分的真。理论智慧被说成是最准确的知识类型,等级所揭示的是不变对象对可变对象的优越性,以及外在知识对偶然真理的优越性。

《尼各马可伦理学》第十卷的六到八节研究了理论智慧这一德性的运用,即思辨活动。思辨(theoria)从动词 theorein(其最初意思是"看"或"了解")而来,并随后开始有"用心灵的眼睛去看"——亦即用理智审查、研究、学习——的意思。在《尼各马可伦理学》第十卷第七节的开始部分,亚里士多德重新回到了第一卷第七节的功能论证:"如果幸福在于合德性的活动,我们就可以说它体现最好的德性,即我们的最好部分的德性"。③ 幸福是灵魂体现德性的活动,所以应是表现最高德性的活动。我们身上最好的事物是理论理性(nous,努斯),而它的德性(即最高德性)是理论智慧(sophia)。结果,理论理性体现它自身德性的活动构成了完善的幸福,而"这一活动就是沉思。"④基于他对理论活动的这一看法,亚里士多德得出结论,认为首要的幸福是一种思辨的生活,而体现伦理德性

---

① 《尼各马可伦理学》1141a20—21,b1—4,1177a21。
② 《尼各马可伦理学》1141a21。
③ 《尼各马可伦理学》1177a12—18。
④ 《尼各马可伦理学》1177a23。

与实践智慧的生活是第二位的①。

这一结论在评论者们中引起了长期争论,即亚里士多德关于幸福的最终观点到底是什么。按照一种叫做涵盖论的解释,幸福对亚里士多德而言是人类各种德性(伦理的与理智的)与外在善的复合;而按照一种叫做理智论的理解,幸福在亚里士多德那里等于思辨。前一种解释合乎《尼各马可伦理学》中间各卷,而后一种解释更合乎于《尼各马可伦理学》第十卷第六至八节。其实,亚里士多德明确说,完全思辨的生活是高于人的,人所不能过的,所以他的关于幸福的等级应理解为是对理论智慧活动与实践智慧活动这两种德性活动的排名。从这一角度理解,幸福的等级乃是理论智慧高于实践智慧这一论点的结果。隐藏在幸福层级背后的,是亚里士多德对追求必然知识与不变事物的根深蒂固的热情。

虽然纯思辨生活高于人的生活,幸福的等级仍意味着我们应当让思辨活动成为生活中的中心追求。这有两个重大原因,第一,“努斯[理论理性]似乎就是人自身。因为它是人身上主宰的、较好的部分。所以,如果一个人不去过他自身的生活,而是去过别的某种生活,就是很荒唐的事……努斯最属于人之为人”。② 理性位于灵魂功能各层次的目的论顶点,在理性之中,理论理性比实践理性更高,是我们人类功能的最高部分。思辨之所以是首要幸福,不只因为它是寻求科学或形而上学问题解决的灵魂活动,而且也因为它是人的功能里最好部分的实现。努斯是思辨者的自我。思辨生活是真正的自我实现。

第二,亚里士多德也宣称:“不要理会有人说,人就要想人的事,有死者就要想有死者的事。应当努力追求不朽的东西,过一种与我们身上最好的部分相适合的生活”。③ 思辨追求永恒知识与真理,思辨活动使有限的人生同化于永恒真理而获得永恒,它使人超越自身而接近于神。

---

① 《尼各马可伦理学》1178a8—10。
② 《尼各马可伦理学》1178a1—8。
③ 《尼各马可伦理学》1177b31—34。

神是万物的第一动者。上文讲过,万物皆有内在的追求永恒的倾向,而神是永恒的象征,人的思辨与神有一种特殊关系。在《尼各马可伦理学》第十卷七节,神被说成是思辨理论的一个部分。亚里士多德的神不是雅典人信仰的奥林匹斯山上拟人化的众神,它也不是基督教概念中创造世界并无条件善的神。相反,对亚里士多德而言,神的生活由完全的思辨活动构成,其生活就是思辨活动。"神的实现活动,那最为优越的福祉,就是沉思"(1178b21—22)。神除了是纯粹理性活动之外什么也不是,甚至不拥有任何道德德性或邪恶(1178b16—17)。在亚里士多德的描述中,神的属性就是思辨的属性。这样一来,思辨成了神的永恒性的最好形式,于是,思辨的人亦最接近于神。简言之,最高的人之善与最高的神之善共享着相同的内容。运用思辨的活动把人推入一种与神共在的状态之中。

古希腊哲学开始于好奇。"不论现在,还是最初,人都是由于好奇而开始哲学思考"。① 最早的古希腊自然哲学家们思索宇宙如何生成、如何构成和改变。驱动对宇宙的探究的是理智上的好奇而非实践需要。对真理的寻觅不是为了实践结果或愉悦,而是为了消除无知。由于建立在人性的求知欲上,对基本原理和原因形而上学的探究是最神圣的。"一切科学都比它更为必要,但却没有一种科学比它更高尚"。② 亚里士多德的思辨理论在很大程度上是这一古希腊精神的最佳表达,它对理论探究有着很大的正面价值,他主张人类在追求思辨中才最完全地展现了我们的理性本质。对永恒真理的思辨——尽管具有实践智慧和社会道德之间的潜在紧张性——是最高的和最有价值的人类活动,以此活动为特点的生活是最好的。无须说,这样一种价值和精神在推进西方的理论科学与哲学方面起了重要作用。

---

① 《形而上学》982b13—14。
② 《形而上学》983a9—10。

六、德性政治学

在《尼各马可伦理学》最后一章(第十卷第九章),亚里士多德强调了他的计划仍是未完成的。伦理学研究必须由立法和政治组织的研究得以完成,并且在接近全书结尾的地方,我们读道:"以前的思想家们没有谈到过立法学的问题,我们最好自己研究它,考察一般性的政制问题,从而尽我们所能完成对人类本性的哲学研究。"①据此,《尼各马可伦理学》是"人类本性的哲学"(*ē peri ta anthrōpina philosophia*),字面意思是"人类事务的哲学"的一个部分,被命名为《政治学》(*Politics*)的著作是其伦理哲学的延伸。

1. 城邦与德性教育

亚里士多德的伦理学与他的政治学是不可分割的,因为城邦的目的就在于培育其公民的德性。伦理学的目的是使人变得善,为此目的,习惯化是关键性的。德性出于社会风俗而成。虽然亚里士多德把社会风俗作为伦理德性的必然基础,但这并不意味着一个人应该遵循一切风俗。亚里士多德断定道德教育应该成为法律(nomoi)考虑的对象。从词源上说,*nomos* 与 *nemein*("相信")有关,并因此与公众所相信的正确行为有关。总的说来,*nomoi* 不仅涵盖了成文法,而且也涵盖了为人们共享的社会风俗与基本行为规范。一个好的社会必须提供这样的良性法律,它规定什么是一个有德的行为,提供针对人们德性的规范,并为导向德性的实践设立标准。立法者应该考虑习惯的养成,一个政治系统的好或坏是依照它是否阻碍或忽略了德性的发展以及它是否在其公民中培育德性来判断的。《政治学》一书涵盖的许多话题与对德性

---

① 《尼各马可伦理学》1181b12—15。

的讨论有着密切关联。对于亚里士多德而言,为了培养善的品格,我们都必须具有理想的政治体系,它是一个依照德性并能最好地推进人性实现的政治体系。

由于伦理德性是通过习惯化获得,城邦也就应通过立法,来关怀其公民的社会与政治德性修养。"一个人不是在健全的法律下成长的,就很难使他接受正确的德性"。① 有两种法律。一种是通过对惩罚的恐惧来管制错误的行为,另一种则意在激发人性之善,并促使生活过得更好。亚里士多德相信立法者的目标应该是第二种的法律,亦即鼓励趋向德性、追求高尚。法律通过"要求一些行为和禁止一些行为"来规范一个有德性之行。它给实践设定了朝向德性的标准。城邦以这样的方式使自身转变为一个教育性机构。

道德教育的两个最重要的组织是家庭与城邦。家庭比城邦在某些方面有优势。首先,父母的命令更有效,"由于有亲缘关系,由于父亲对子女的善举,这种约束作用比法律的更大。因为,家庭成员自然的对他有感情并愿意服从他"。② 其次,它能对个体需求和各儿童的能力做出回应。尽管如此,政治的角色仍更为基本、远为重要。习惯化更是一件城邦的而非家庭的事情,城邦有着父母的教导所缺乏的强制力。法律可实行强制,且其强制力不受个人情感影响。不仅如此,法律还包含了人类之善的普遍知识。所以,家庭教育的个体化关注虽然也是必需的,"但是,那些希望掌握技艺或希望去沉思的人,似乎就应当走向总体"。作为结果,"最好是有一个共同的制度来正确地关心公民的成长"。家庭只有在城邦无法提供德性教育的首要责任时才能给予协助:"如果这种共同的制度受到忽略,每个人就似乎应当关心提高他自己的孩子与朋友的德性"。③

① 《尼各马可伦理学》1179b32—33。
② 《尼各马可伦理学》1180b5—7。
③ 《尼各马可伦理学》1180a28—31。

2. 人是政治的动物

更重要的是,人是政治动物,是城邦而非家庭才使我们能更好地完成我们作为政治动物的功能。家庭是城邦产生过程中的一个阶段,而城邦是我们社会本性实现的目的。家庭教育应服从与城邦教育,儿童应被抚养成长为好的公民。

在什么意义上说人是政治动物(*politikon zōon*, political animal)? 由于"政治的"(*politikon*)与*polis*(希腊的城市—城邦)有着词源关联,很容易想到,"政治动物"的意思是人类被认为天生适于生活在一个希腊*polis*里。然而,并不存在这样一种直接关联。人类并不是被称作"政治动物"的唯一物种,亚里士多德也用同样的名称去指蜜蜂、鹤、蚂蚁和其他群居动物。只要拥有着导向共同目的的协作活动,动物就是"政治的"。在此意义上,"政治"的意思不比"群体的"或"社会的"多一丝一毫。可亚里士多德也说过,一个人"和蜜蜂以及所有其他群居动物比较起来,更是一种政治动物"。① 是什么使一个人比其他群体生活的动物"更是一种政治动物"?

在《政治学》第一卷第二节,亚里士多德把对这一命题的解释与"城邦是自然的产物"这一论点相联系。人的社会化开始于家庭,通过村落而发展,并最终导向城邦的形成:

> 当多个村落为了满足生活需要,以及为了生活得美好结合成一个完全的共同体,大到足以自足或近于自足时,城邦就产生了。城邦的形成最早是为了生活的直接需要,并继续因为活得好的原因而存在。如果早期的共同体制度是自然的,那么城邦也是自然的。因为这就是它们的目的,事物的自然就是目的;每一个事物是什么,只有

① 《政治学》1253a8。

当其完全生成时,我们才能说出它们每一个的自然,比如人的、马的以及家庭的自然。终极因和目的是至善,自足便是目的和至善。由此可见,城邦显然是自然的产物,人自然地是一种政治动物。①

如何理解这一高度简约的文本是一个为人争议的话题。在我看来,解读这一段落的关键在于"自然"的概念。"自然"指每一事物自身具有的"运动和静止的本原",也是指朝向一件事情发展的目的。这两种意义是互不可分的,因为目的是存在于开端潜能的最终实现。形式因内在地导向并推动一个事物的实现,形式因也是目的因。作为内在运动原理的自然与作为目的的自然都被用于"政治动物"的论点。按照亚里士多德,"人类自然地拥有社会本能[instinct, *hormē*, 或冲动]"。② 这些冲动服务于人类形成各种各样社会的驱动力,他们推动人类加入他人之中以完成或完善,因此使城邦的创立成为不可避免的过程。

人类的内在自然冲动中有着许多社会性因素。第一个是拥有充足生活必需品的欲望。家庭最早为了生产后代而建立,但也为了获得生活必需品而组建。男人和女人的不同功能相互补足,并使原本属于各自可用的部分变得可以共享。进一步地,一些邻近的家庭有了组合在一起形成一个村落的动因,因为很明显,更大和更复杂的社群能使生存更为容易些。促使城邦形成的动因也是一样。城邦是最为自足的社群,它使其成员过上比单独的家庭和村落形态更为富有的生活成为可能。第二个内在因素是我们的言语天赋(*logos*)。其他一些动物也有可表达感情和传达信号的声音,但只有人类有能力使用词语和句子。这一言语天赋不仅是语言学意义上的能力。亚里士多德明确说道:"语言能表达利和弊以及诸如公正或不公正等"。③ 据此,语言天赋等同于使人类具有区别道德和

---

① 《政治学》1252b28—1253a4。
② 《政治学》1253a30。
③ 《政治学》1253a15—16。

不道德事物以及阐述我们所意指的智力内容的能力。实际上，logos 在希腊语里是"言语"或"语言"，但也是"理性"。第三个内在因素是我们的天然道德感。"和其他动物比较起来，人的独特之处就在于，他具有善与恶、公正与不公正以及诸如此类的感觉；家庭和城邦乃是这类生物的共同体"。①

所有这些在我们自然冲动中的社会因素被驱使着走向它们的实现。在《政治学》第一卷第二节，亚里士多德认为它们只能在一个城邦里得以实现。城邦是这些冲动所导向的最终的或恰当的阶段，是它们寻求实现的所在。由于自然即目的，而城邦是内在社会本能的实现，城邦也就成了自然的产物。为什么城邦成为这些社会冲动实现的最后舞台？城邦提供充足的生活必需品。但这是不够的。"城邦的形成最早是为了生活的直接需要，并继续因为活得好的原因而存在。""活得好"（living well, *eu zēn*）是 *eudaimonia*（幸福）的同义词。城邦的存在不仅为了人们的生存，而且也是为了活得好或者幸福。幸福是亚里士多德伦理学的最终目的。而上面这一议论表明城邦的存在也是为人们的幸福所必需的。为什么？

当亚里士多德宣称人类比其他群居动物更是政治性的时候，他做此言的直接原因乃是"人是唯一具有语言［*logos*］的动物"。他也声称只有人具有一种自然道德感"是人的一种独特之处"。动物和人类都需要生活必需物，所以，如果人比动物更是政治动物，就必定由于语言能力、道德感以及它们的实现。亚里士多德明确指出，人的实践理性和自然德性需要被改进与完善。"人若趋于完善就是最优良的动物，而一旦脱离了法律和公正就会变成最恶劣的动物。不公正被武装起来将会是莫大的祸害。人天生就具备武器，凭智谋和德性加以运用，有些人却极尽能事地朝相反的方面运用"。② 智谋和自然德性必须被法律和正义所完善。否则，

---

① 《政治学》1253a17—19。
② 《政治学》1253a30—36。

一个人会失去他的人性，并且"极其邪恶和残暴，就会无比地放荡和贪婪"。那么，我们从哪里找到法律和正义？答案在于城邦。正义和德性正是使一个政治社会聚合之物。为了使人生而有之的社会本性得以完善，一个人就必须成为一个政治社会的一员。在《尼各马可伦理学》第五卷第一节，他声称正义在其广义上意味着"合法的"（nomimon）。亚里士多德承认可能存在和已经存在过有缺陷、不公正的法律。尽管如此，他相信"所有的合法行为就在某种意义上是公正的。"①所有法律体系是"在某种意义上"（pōs）公正的，这是由于一个由法律规约的社群比一个没有法律的城邦更好，虽然一个社会需要有一套基于人类良善存在理解的法律以推动其公民的幸福。

总结一下，城邦以人类社会本性为根基并且是其实现，所以是一个自然的产物。相对应地，人从本性上说是政治动物，不仅因为他有着自然社会欲求，而且也因为一个政治社会对实现这些欲求是不可或缺的。亚里士多德把"政治动物"论与"作为自然产物的城邦"论联系在一起，是由于它们都建立在相同基础之上。所以，"政治动物"有着双重含义。在一种低层次意义上，一个人必须与其他人共同生活，以便保住生命安全，这一意义与其他群居动物共同享有。在一种高层意义上，一个人有着社会本性，它只能够在一个拥有法律和正义的社会群体里得以实现。

上述观点使亚里士多德和自由个人主义区别开来。在近代伦理学里，个人权利和义务是基础性概念，政治被认为有关于政权的界限、政治义务的基础，以及分配正义的原则。相反，亚里士多德而言，一个人生而是一个政治动物或关系性存在，不能独立于社会而生活、发展。国家不是为了保全个体自由和其他权利而发明的。相反，它的目的在于使个体能完成他的人性。一个人的社会本性只能在一个社群里得以实

---

① 《尼各马可伦理学》1129b13—14。

现。不同的伦理学和政治学构想导致了对伦理学和政治学关系的不同观点。

3. 理想政体

那么,什么样的政体(politeia)最适合于人的德性的发展?

在古希腊,城邦一般有三种形式:分别由"一人、少数人或者多人"统治。三种类型的统治各自有两种变化,正确的与变态的。区别在于,正确的政体致力于公共利益与正义,而变态的政体意在统治者的私人利益。三种正确政体的形式是:君王政体(由一个人统治)、贵族政体(由少数人统治)与共和政体(由多数人统治)。三种变态政体的形式是僭主政体、寡头政体和民主政体。① 虽然亚里士多德承认各政体都具有某种程度上的正义,但他不认为所有政体和法律所拥有的幸福观念是恰当的。《政治学》研究政体与法律的一项不可或缺任务是想确定出能最好推进人的社会本性实现的最好政体。正是为了找到最好的城邦,现存各种政治体系与它们的缺陷才被纳入讨论。

亚里士多德区分了"一个好人"和"一个好公民"。② 一个好公民的含义会随着社会规范、政治体制和政治制度的改变而改变。相反,对于一个人来说,只有一种单一的完美德性。因此,不存在对于公民而言的统一标准,却存在决定一个好人的单一德性。这一差异必须通过回想起功能论证来加以理解。按照功能论证,一个优秀之人是一个很好地实施其理性活动的人。我们能够通过他在实施人类理性,而不是通过一个给定政体去判断一个好人。虽然一个好人与一个好公民之间的差异在其他政体中存在,这样的差异却将在最佳政体那里消失。"在单纯意义上最优良的政体中,善良之人与善良的公民才是同一的,而在其他的政体中,所谓

---

① 《政治学》1279a32—b6。
② 《尼各马可伦理学》1130b28;《政治学》1276b34。

善良的公民只是相对于其各自的政体而言"。① 这是因为,最佳政体推进了公民们的德性,并实现了公民们的(亚里士多德理解中的)幸福。"显而易见,最优秀的政体必然是这样一种体制,遵从它,人们能够有最善良的行为和最快乐的生活"。② 换言之,在理想城邦里,每个人都能完全实施他的理性能力,并可以完成其理性本性,而所有成员也都将能够实现他们最高程度的完善。一个好人的德性与一个好公民的德性达成一致。最佳城邦之所以是最好的,恰是由于它实现了城邦的真正目的,亦即其属下公民的善生活或幸福。

那么,最好的政体是什么? 它不是民主政体。它在亚里士多德的分类中是一种变态的政体,也由于这样的原因,它被认为是种不服务于公共利益的政体形式。对于亚里士多德而言,民主政体有两大信条,一是权力属于大多数人,一是自由原则。大多数公民的意志在民主政体之中是最重要的,由于大多数的人恰好都是贫穷之人,民主政体是由那些缺乏财产的人控制的。在这一政体里,政治权威不考虑个人资质地分配给每一公民,每个人都是平等的。亚里士多德对两个原则都进行了批判。首先,他不认可大多数公民的意志就是最高的观念,他并不相信人们有着同等的政治智慧。许多官职需要知识、经验与德性,拥有这些职位的人也就不应当由众人选出。其次,亚里士多德也不认为人们应当随心所愿地生活。一个人的生活应该被政体所控制和引导,他也应实施自我约束和审慎,彻底自由使彻底败坏成为可能。没了正义和德性,一个具有理性意志的人就将会比一头野兽还要坏。秩序和稳定对于个人道德完善而言是重要的。作为一个社会性存在,我们必须把他人纳入我们行为的考虑之中。"人如果能够随心所欲,就无法对付植根于每一个人内心的鄙陋和丑恶"。部分由于《政治学》不是一个单一和连贯的文本,亚里士多德对最

---

① 《政治学》1293b6—8;1288a37—39。
② 《政治学》1324a22—24。

佳政体的描述并不总前后一致。在《政治学》第三卷里，由一人统治的君王制被说成是"第一的和最神圣的"。这一政体"的存在必定是凭借其君王的诸多优秀之处"。其统治者必定在德性上无比优于所有其他人，是"人群中的神"。如果有这么一个人，"他应具有最高的权力，人们心悦诚服奉其为主宰，不是在轮流当权的意义上，而是在单纯或无条件的意义上"。① 亚里士多德在《政治学》第七卷和第八卷也详细形容了一个理想的城邦，在那样的城邦里，公民整体都是完全具有德性的。此处，统治主体不是一个人或一个小集体，而是全体公民。公民们彼此间平等，他们因而轮流统治和被统治。这两处最佳城邦之间的关系一直是有争议性的话题。尽管如此，对所有最佳政体都共同的一点是由具有完全德性之人来统治。

很清楚，亚里士多德对民主政体的批判与他的观念——最好的政体是统治者具有最高伦理与理智德性的政体——相一致。在他支持德性统治背后的，是他坚信政治领导者需要政治智慧，以制定善法并继而应用到特殊情况中去。亚里士多德期望的既不是人治，也不是法治，而是"德性之治"。

小　结

亚里士多德的思想博大精深，在一章的篇幅中要全面呈现亚里士多德的哲学贡献是困难的。所以，我们在以上的分析与考察中，着重于亚里士多德对他以前哲学的总结发展，以及对他以后的西方哲学发展影响最大的概念、学说及论证，对亚里士多德的更深入细致的了解情况需要认真研读他的《形而上学》、《尼各马可伦理学》、《政治学》、《诗学》和《论灵魂》等。

---

① 《政治学》1288a—1289b。

拓 展 阅 读

一、必读书目

1. Ackrill, J.L.*Aristotle the Philosopher*, Oxford: Oxford University Press, 1981.

2. Barnes, J.ed.*The Complete Works of Aristotle*, the Revised Oxford Translation, 2 vols.Princeton: Princeton University Press, 1984.

3. Irwin, T. tr. *Aristotle: The Nichomachean Ethics*, Indianapolis: Hackett, 2nd ed.1999.

4. Owen, G. E. L. *Logic, Science and Dialectic, Logic, Science and Dialectic*, London: Duckworth, 1986.

5. Frede, M.*Essays in Ancient Philosophy*, Minneapolis: University of Minnesota Press, 1987.

二、参考书目

1. Barnes, J.ed.*The Cambridge Companion to Aristotle*, Cambridge: University of Cambridge Press, 1995.

2. Jeager, W.*Aristotle: Fundamentals of His Development*, first German edition, Berlin 1923, English translation, Oxford University Press, 1948.

3. Lear, J.*Aristotle: the Desire to Understand*, Cambridge: University of Cambridge Press, 1988.

4. Nussbaum, M.*The Fragility of Goodness*, Cambridge University Press, 1986.

5. Owens, J, *The Doctrine of Being in the Aristotelian Metaphysics*, 2nd, Toronto: Pontifical Institute of Medieval thought, 1963.

6. Patzig, G.*Aristotle's Theory of the Syllogism*, Dordrechet: Kluwer.1968.

7. Reeve, C. D. C. *Substantial Knowledge: Aristotle's Metaphysics*, Indianapolis: Hackett, 2000.

8. Rorty, A.O., ed.*Essays on Aristotle's Ethics*: Berkeley: University of California Press, 1980.

9. Simpson, P.*The Politics of Aristotle*, Chapel Hill: The University of North Carolina Press, 1997.

10. Yu, Jiyuan, *The Structure of Being in Aristotle's Metaphysics*, Dordrechet: Klu-

wer,2003.

11. 汪子嵩:《亚里士多德关于本体的学说》,北京:人民出版社 1981 年版。

12. 廖申白译注:《尼各马可伦理学》,北京:商务印书馆 2004 年版。

13. 聂敏里编译:《20 世纪亚里士多德研究文献》,上海:华东师范大学出版社 2010 年版。

8

希腊化罗马哲学

章雪富

　　我们必须一边欢笑着,一边从事哲学研究、管理家政并照看其他事务,而且还不断地宣传真正的哲学。

——伊壁鸠鲁

　　在所有人中,唯有那些把时间花在哲学上的人是闲适从容的,唯有他们才真正地活着;因为他们并不满足于做他们自己的有生之年的忠诚监护人。他们把所有的时代都合并到他们自己的生命中;所有在他们之前流逝的岁月都是他们储备的添加物。除非我们极端地不领情,否则所有那些人,那些神圣思想的光荣创造者,都是为我们而生;他们为我们准备了生活的方式。

——塞涅卡

　　我们肯定怀疑论的终极目的是对于意见之争保持灵魂的平静状态,面对不可避免的事情情绪平和。怀疑论做哲学研究,希望判定感觉印象中谁真谁假,希望通过解决这些问题获得安宁,可是却发现自己陷入了同等有效的矛盾命题中。他无法决定谁真谁假，只好悬搁判断。当陷入这种悬而不决状态之中后，面对意见之争的宁静却出现了。

——塞克斯都·恩披里柯

———————— ✦ ————————

本章主要在于介绍希腊化和罗马时期哲学的三大派：伊壁鸠鲁派、斯多亚派和怀疑派。这三大派深刻地影响了希腊化和罗马时期社会的精神形态，成为中世纪和近现代思想的一个主要来源。

本章分别介绍了这三大派的自然学说、认识论和伦理学。伊壁鸠鲁派延续了古典希腊德谟克利特的原子论，然而有某些新的重要发展，尤其是它从原子偏斜学说出发，论证个体的自由精神以及快乐伦理，构成缓解希腊化时代精神焦虑的重要慰藉。伊壁鸠鲁派的虚空和世界学说也与德谟克利特有重要的差别，它认为不存在宇宙的中心而有许多世界，它所谓的世界之间由虚空隔开的学说，也为其契约论和平等观提供了前提。

斯多亚派是希腊化时期最重要的哲学学派。它也从自然哲学出发，然而它主张生机论即宇宙乃是一个有机的整体，在自然哲学上与伊壁鸠鲁的机械论有根本的区别。斯多亚派主张要从知觉出发，确立把握性印象，以达到对于事物的准确认识，不与其他事物混淆，并确定自由意志的界限，从而达到全然的自由。

怀疑派尖锐地批评伊壁鸠鲁派和斯多亚派的独断论，认为人无法对任何事物作出肯定的判断，因为任何一个判断都可以找到另外一个与它有着同等强度的对立判断。怀疑派用所谓的"式"的学说，指出要对所有判断进行悬搁，使心灵免陷于争论，达到最终的宁静。

希腊化罗马时期哲学本质上是一种伦理学，它们追求心灵的宁静和自由，而自然哲学和知识论论证则是构成这条哲学之路的路径。

我们应注意如下三点：

第一,希腊化哲学三大派的共同哲学旨趣。虽然怀疑派、斯多亚派和伊壁鸠鲁派之间存在激烈的论辩,在许多具体的观点上各抒己见,然而他们与古典希腊哲学却有突出的区别。希腊化哲学的精神是个体的精神,区别于古典希腊以城邦共同体为基本意识。

第二,希腊化哲学三大派之间的差别。伊壁鸠鲁学派是注重直接感觉的,斯多亚学派则强调认识始自知觉,怀疑派则认为它们都依然是独断论者,强调悬搁判断。希腊化三大派对于认识的论证虽然都从主体出发,然而他们对主体的确定性属性有不同的认知,由此展开其伦理学、自然学说的不同理解。

第三,要注意希腊化哲学三大派与整个西方思想的关系。学者们以往对于希腊化哲学与整个西方思想史的关系的认识并不准确,以为近现代西方哲学应该直接溯源到古典希腊哲学,然而恰恰相反,近现代西方哲学的根源是希腊化哲学的个体主义精神以及经验论背景。只有准确理解希腊化哲学的总体精神特性,才能够确切地理解近现代西方哲学的发展脉络。

怀疑派;斯多亚派;伊壁鸠鲁派;宁静;悬搁式;合乎自然地生活;原子;虚空;世界公民;自然法;激情

一、希腊化哲学三大派的一般特征

公元前 323 年亚历山大大帝去世,同年亚里士多德逃离雅典并于次年在他母亲的故居优卑亚岛的卡尔西斯去世。至此,古典希腊哲学终结。希腊思想走出以苏格拉底、柏拉图和亚里士多德为主要形象的主流哲学,开始了希腊化哲学的时代。希腊化哲学并不如以往的学者如策勒和黑格尔之流所认为的,是希腊理性主义精神的衰落,它自成一体、自成一说、蔚为壮观。从智者时代和苏格拉底开始,希腊哲学已经经历了它的第一次转向即由自然哲学转向人的哲学,希腊化哲学则可以视为希腊哲学的第二次转向。有意思的是,这第二次转向从表现形式上看似乎是希腊哲学重回其"自然哲学"时代。当然,这是一种"假象",正如希腊早期自然哲学不只是自然哲学,而是另外一种人的哲学或者用尼采的话说是一种"充满悲剧意识的哲学",智者和苏格拉底只不过将这种以自然哲学形式表达的"悲剧的人"宣称为"城邦的人"并以此确立人的共同体的存在形态而已(即所谓"人是政治的动物"),希腊化哲学也不过是借了"自然哲学"之名,却建立一个"个体的人"的观念。这样,从希腊自然哲学、希腊哲学的主流时代(智者到亚里士多德)到希腊化哲学,希腊思想对"人"的思考经历了三种形式:"悲剧意识的人"、"城邦的(共同体)公民"和"宇宙论意义上的世界公民"。

确实,希腊化哲学形态的主流是自然哲学,希腊化哲学似乎也以复兴自然哲学的面貌出现。希腊自然哲学源远流长,它以自然的探究为哲学的最初形态,智者时代方把哲学的"主权"让出,即使如此,以德谟克利特为代表的原子论仍然坚守着哲学思考自然的空间。智者之后,以苏格拉底、柏拉图和亚里士多德为代表的新哲学成了主流。然而公元前 322 年之后,自然哲学重新兴起,希腊化哲学斯多亚学派(Stoics)、伊壁鸠鲁学派(Epicurean School)和怀疑论学派(Sceptics)这三大派中的两大派(斯多亚学派和伊壁鸠鲁学派)都是以讨论自然哲学见长的"名门大派"。这两大派分别复兴了古典希腊哲学的元素学说和原子学说,可以说在形式上全面复兴了希腊的自然哲学。然而"复兴"不是"重复"。"多重世界"和"原子偏斜运动"的观念是伊壁鸠鲁学派的原子学说的两大特征,这使它与古典原子论学派保持较大的差别。斯多亚学派的"元素学说"也有继承古典希腊自然哲学例如赫拉克利特哲学之处,然而创新之处更显突出,它的"生机论"和"宇宙循环论"显然有别于古典希腊哲学以"复合"和"分解"为主调的物理观念。

希腊化自然哲学的关注点与古典希腊自然哲学也存在根本差别。古典希腊的自然哲学家们主要是科学家,他们探究自然多出于科学认知的兴趣,从泰勒斯、恩培多克勒、留基伯到阿那克萨哥拉均是如此。然而,希腊化自然哲学本质上却是伦理学。斯多亚学派和伊壁鸠鲁学派是透过自然哲学去探讨伦理学,自然哲学是伦理学的"他者",而其伦理观念里面又深蕴着政治的观念。这在古典希腊哲学是很难想象的。以伊壁鸠鲁学派为例,它阐释了一个没有中心和无限时空的世界观念。伊壁鸠鲁说,我们不能称呼无限空间的"上"和"下",好像它有绝对的最高点和最低点似的。想象从我们所站立的任何地方向头上方划一条无限延伸的线条,任何一点都不可能对我们显得同时是"上"和"下"。① 伊壁鸠鲁学派对这种无限的、没有中心的宇宙观一脉相承,卢克莱修(Lucretius)也说,"不可能存在什么中心,(因为宇宙是)无限的。而且即使存在着那么一个中心,万物也根本不能静止地站在那里,而非(由于某种原因)被(驱散)到(远方)去。"②伊壁鸠鲁学派的"新"宇宙论上与德谟克利特的原子论存在重要区别,③重要的是它还是一种新的政治观念和人的新的存在方式:世界公民。

希腊化自然哲学的"复兴"应该看作是希腊哲学"人"的观念的"更新"。"世界公民"不是"城邦公民",城邦公民以城邦为本体考虑人的身份,突出显示人的理性向度,它又是以社群(城邦)为基本关系的人。"世界公民"的观念却把人放在更广的向度,而且很有意思的是,"人"的社群性关系反倒被削弱了。因为人不再透过可见的、有形的社群来建立自身

① 伊壁鸠鲁:"致希罗多德信"第5节,见于伊壁鸠鲁学派文集《自然与快乐》,北京:中国社会科学出版社2007年版,第12页。
② 卢克莱修:《万物本性论》"第一卷之宇宙无限",载于《自然与快乐》,第90页。
③ 参看黄颂杰、章雪富:《古希腊哲学》,北京:人民出版社2009年版,第518页。

的归属,而是直接向"命运"(必然)寻求生命和伦理的归属,这样"世界公民"反倒只是受"自然法则"节制的"个人"。怀疑派哲学把这种思想推展到极端。他们认为,既然我们不能信赖所谓的客观、普遍的知识,那么就只能按照生活的直观本身生活。怀疑派哲学透过反知识论论述个体的存在直观,关心的是个体的人,并从人的个体性出发要求建立一种"自然意义上的"社群形式。基于希腊化哲学重视的是关乎个体的人的伦理,它就进而引起人了对自然、自由、知识和真理的不同看法。

以斯多亚学派、伊壁鸠鲁学派和怀疑论学派为代表的希腊化哲学是一种"新"哲学。不仅它们的论述方式是新的,其研究对象也是新的,它们的精神诉求和思想出路更是新的。希腊化哲学面向一种自由个体的伦理,面向一种个体性的知识,寻求真理显示于个体心灵的存在之道。在希腊化时代向罗马帝国演变的历史过程中,这种自然伦理的探究向着更生活化的日常伦理和实践理性发展。罗马帝国时代的人们更渴望寻求基于生活意识的自我观念的塑造,更彻底地脱离希腊理智主义的主流,而以一种更彻底的自然理性的姿态面向生活形式的存在。希腊化罗马哲学绝不是策勒和黑格尔所以为的,是一种无论理智和精神上都处在衰落时期的古典希腊哲学的延伸。

希腊化哲学的"新"还有另外层面:就是"罗马问题"。希腊化哲学三大派为罗马精神形态提供了一种希腊的方式,存在一个由希腊向着罗马转化的嬗变过程。例如伊壁鸠鲁学派,存在着从伊壁鸠鲁向卢克莱修的微妙变化;同样,例如斯多亚学派,由早中期斯多亚主义的希腊知识论向着晚期斯多亚主义的治疗性学说的实践理性的转化,都表明"罗马问题"始终以某种隐晦的方式显示哲学的心理根源。然而很少有学者意识到"罗马问题"是希腊化哲学成为"新"哲学的根本问题。这种"新"哲学经常被称为折中主义而予以"智力"上的蔑视,实际上它应该是"智力"的另外一种形态,更确切的称呼应该是"综合主义",而形成"综合主义"的背后是"罗马问题"。

　　如果说早期希腊化哲学仍然延续了希腊哲学的某些探讨方式（例如保留了自然哲学、知识论的兴趣等等），然而希腊化哲学的晚期尤其是罗马帝国时期的斯多亚学派三大家即塞涅卡（Seneca）、爱比克泰德（Epictetus）和奥勒留（Aurelius）和伊壁鸠鲁学派（卢克莱修）等则都有其"罗马问题"，并且以"罗马问题"为展开的中心。哲学"综合主义"的代表人物西塞罗（Cicero）和犹太人斐洛（Philo）也是如此，他们的哲学关注自身的身份，在西塞罗他关心的是思想的"罗马"形态，在斐洛则是"犹太人"的"普世属性"，他们都把希腊哲学作为其各自民族思想重新定位其伦理形态的背景。西塞罗借希腊哲学的思考在罗马共和与帝制之间的生死周旋，是典型的罗马人的"罗马问题"。斐洛则用希腊哲学的语言向罗马帝国说明犹太人生活于罗马的"险境"和"理性主义"的排他性危险，批评罗马帝国作为世俗的国度迫害上帝的子民，这都是以"罗马问题"为核心的政治思考。卢克莱修改变了伊壁鸠鲁多重世界的学说，倾向于谈论"一个世界"的形式以及统一于原子的一致性，也是把罗马背景深深地置于生死问题的核心，仍然是以政治的"大公性"刻画面向生的宇宙形式。奥勒留也是如此。奥勒留常被误解为仅限于从事个体的反思，然而他提供的却是一种社群性的规劝，一种基于社群的个体诫命。① 以此种种，可以看出希腊化罗马哲学所开启的新的思想方式。

　　希腊化罗马哲学不仅面向新问题，而且塑造哲学的新方式。早期希腊化哲学（伊壁鸠鲁、早期斯多亚学派和怀疑论学派）的哲学思辨还都是论证式的，然而希腊化晚期和罗马帝国时期的哲学则是申辩式和劝喻式的。希腊哲学以理论理性为核心的知识论探究方式向着实践理性持续不断地转化。希腊化晚期和罗马帝国时期不再透过一种知识论的确证来显示生活的意义，也就是生命的逻各斯不需要理论的逻各斯的确认，这样的讨论不符合罗马的形式。对于生活和哲学的探讨不需要透过知识论的中

---

① 参看石敏敏、章雪富：《斯多亚主义》（第二卷），北京：中国社会科学出版社 2009 年版，第 329—341 页。

介,思想家直接在生活和哲学之间建立起了关联,这是对于哲学作为生活方式的最直截了当的论述。在斐洛和西塞罗的著作中,申辩式的论述最为明显,目的是确认身份、理性和政治之间的关系。由此希腊化晚期和罗马帝国时期哲学的罗马特质得到充分的显示。哲学只须呈现出其"精神"就已经充分,而无须透过知识呈现其"精神"。

希腊化和罗马帝国哲学的"新"规范是逐步建立起来的。希腊化哲学三大派初期已经显示出新的风格和新的精神形态,而在罗马政治力量影响下以及生活形式的塑造下,哲学与生活之间的关联则持续地呈现出有关自我问题最直接深邃的实践理性兴趣。希腊化哲学寻求的不再是知识的真理,理智主义不再是哲学的主要路线。在这一点上,黑格尔和策勒他们的判断是准确的,即理性主义在希腊化时期已经衰落。然而理解希腊化哲学不能够以古典希腊哲学为参照,希腊化哲学作为新的哲学,不仅是气质和问题上的,还在于他们扩大了对理性的理解。理性的目的性呈现不单纯依靠理论目的这种方式,还可以依赖于生活实践的目的。希腊化哲学扩大了理性思考的向度,并以这种实践理性所内含的自然属性为新的自我观念即个体性自我的基础。

斯多亚学派、伊壁鸠鲁学派和怀疑论学派并称为希腊化哲学三大派,是希腊化哲学的主流。此时虽然雅典还是学派林立,然而就影响力而言,却无出以上三大学派之右。柏拉图学园致力于把柏拉图对话的各种形式的教义系统化,主要关心宇宙论和知识论,在数学领域结出丰硕的果实,却似乎远离希腊化时代的精神状态,不能够与希腊化时代的精神状态互为呼应。由于亚里士多德逃离雅典,其著作被埋藏于地下,漫步学派在希腊化时代似乎失去了它的影响力。其他的学派例如犬儒主义和麦加拉学派虽然或者以某种特异的伦理生活或者以知识论的某个方面例如逻辑学派闻名当世,然而随着三大学派的兴起,它们的理论优势被希腊化三大派吸收,例如犬儒主义的生活态度和麦加拉学派的逻辑学都成了斯多亚学派的一部分,这就使得这些小学派逐渐也失去了存在的基础。

　　希腊化三大学派"齐名当世",其创始人也都年龄仿佛。皮罗(Phrrho,又译皮浪)最为年长(约公元前360年至公元前270年),他是雅典本地人,在雅典有很高的声望。其次是伊壁鸠鲁(约公元前342/前341年至公元前271/前270年),生于萨摩斯,祖籍雅典。再次是芝诺(Zeno公元前335年至前263年),他是基提翁人(Citium),因贩货落难而到雅典并游学于雅典。他们的学派持续时间都甚长。怀疑论学派从皮罗开始,中间经过了与学园派融合的联合体,公元前后和公元2世纪得到复兴,代表人物有安尼西德穆斯(Aenesidemus)、阿格里帕(Agrippa)和塞克斯都·恩披里柯(Sextus Empiricus)等;伊壁鸠鲁学派从公元前4世纪开始一直保持着很好的传统,公元前后又出现卢克莱修这样将学派发扬光大的思想家,公元2世纪伊壁鸠鲁学派仍然活跃于罗马帝国。斯多亚学派则逐渐成了罗马帝国思想的主流。芝诺开创学派之后,斯多亚学派代有人才,早中期的思想大家有克律西坡和潘奈提乌,晚期斯多亚主义则是帝国的主流意识形态,塞涅卡、爱比克泰德和奥勒留被称为晚期斯多亚学派三大家。

　　希腊化时期的这三大学派超越了城邦的视界去审视人类精神和人类生存的基础,着重于普世性的内涵,这与当时"世界"的观念大大地得到拓展有关,而三大派又以拓展了的思想态度回应了这种"世界观念"下的"精神形式"。这些学派的创始人和代表人物多不是雅典人,在思想上更是超越"地方性知识"(雅典城邦)。斯多亚学派的创始人是基提翁人芝诺,斯多亚学派的代表性思想家都来自于东地中海区域以及罗马。伊壁鸠鲁学派的创始人伊壁鸠鲁生于萨摩斯,其前半生主要在那里度过,看起来生活得比较狼狈,颇受雅典人的嘲笑。只有怀疑论学派的创始人皮罗是雅典本土人。这三大派都试图悬搁知识的"地方性"特征。斯多亚学派以"生机论"为特征的自然哲学、伊壁鸠鲁学派的具有"意志性"的原子学说以及皮罗要求悬搁判断的反认识论要求,都超越了古典希腊哲学的自然哲学和认识论,即悬搁了"雅典"之为"希腊"的哲学形式。这是三大学派所公具的"普世"特征。此外,这三大学派就其哲学关系来说还有一个突出的方面,即它们都具有"学派间性",具有相当明显的"跨学派"的形式。斯多亚学派吸收了学园派、犬儒主义和麦加拉学派、早期希腊自然哲学的某些要点,早期斯多亚学派的社群主义倾向于亚里士多德学说,中期则接近于某种形式的柏拉图学说。伊壁鸠鲁学派更接近于德谟克利特学派,然而它赋予原子以意志形式,使得它表现出一种不同形式的机械论,更多地肯定人作为存在者的主动形式,意味着其思想的东方有机主义的品质。怀疑论学派要求悬搁独断论知识,然而它的中后期与柏拉图的学园派关系密切。这些互为交织的情况,不仅使得这三大派的哲学主题存在普遍性,而且使其成为普遍性的哲学。它们不再如古典希腊哲学那样以知识论为中心,实践理性才是他们真正的关心。它们也多围绕实践理性来显示知识论的诉求。知识只是一种论证方式。三大学派之间则自由论战,斯多亚学派与伊壁鸠鲁学派在认识论、逻辑学和美好的生活之间颇多张力,怀疑论学派则干脆宣称斯多亚学派和伊壁鸠鲁学派是独断论,指出根本不存在所谓的"真理标准"。怀疑论学派以反知识论的形式肯定了个体的绝对性,是对于斯多亚学派和伊壁鸠鲁学派个体性思想的绝对化。这些都表现出希腊化三大派哲学的思想关系以及共同的精神品质。

二、斯多亚学派

若从大约公元前 300 年芝诺创立斯多亚学派算起,到今天知道的最后一位斯多亚主义者克利蒙特(Cleomedes,公元 2 世纪晚期为鼎盛期),斯多亚学派的变迁经历了希腊化、罗马共和国和帝国三个时期共 500 余年的历史,斯多亚学派本身的变化也经历了三个相应的历史时期。希腊化时期(公元前 2 世纪初期)是早期斯多亚学派。罗马共和国(公元前 2 世纪到罗马共和国末期帝国早期)属于中期斯多亚学派。罗马帝国(公元 1 世纪到公元 3 世纪)是晚期斯多亚学派。这种思想史与世界史之间的时间巧合,实则暗示出从希腊化到罗马帝国精神形态的变化,这个变化趋势可以看作是社会生活和自我指涉的伦理形态描述方式的变化。早期斯多亚学派受希腊遗风影响,以知识论为探讨伦理精神的基础,中晚期斯多亚主义则直接探讨伦理生活本身,伦理精神体现为个体的知识形态。从斯多亚学派的伦理形态的关联性来说,还有一个从与亚里士多德学说的继承关系向着柏拉图德性论的变化,最后斯多亚主义完全走向一种纯粹自我灵性操练的精神形态。由此可以看见,斯多亚主义的精神形态日渐脱离其他希腊哲学传统,而其宇宙论和知识论则是它的伦理的诠释方式。

1. 社群伦理与"世界公民"

斯多亚学派坚持的是社群伦理,它是现代社群主义的重要古典来源。就此而论,它与亚里士多德有着共同的旨趣。斯多亚学派肯定个体和社群是宇宙"整体"不可或缺并同时具有的两大要素,①与启蒙以来的理性主义在个体和社群之间制造张力不同,斯多亚学派认为个体的"自爱"正是社群之间"交互性"来源,即个体的自爱不可能不关乎"他者"。这就显示了斯多亚伦理的两个基本要素:一是它以个体为思考的基点;二是个体的自爱是一种"理性的"自爱。所谓"理性的""自爱",是说推理始终合乎目的性并按照"目的性"来计算。按照"目的性"计算与按照"工具性"计算是不同的。按照目的性计算的方式把自爱置于一个关乎"他者"的维度之中,这样的自爱始终具有"他者性",并且根据"他者性"自爱。举个例子来说,任何一个个体都明白要想在严酷的自然环境下继续生存(自爱),不可能单纯依靠他自身微薄的力量,而需要与其他人结成互助的群体关系。他的思考方式还可以进一步这样分析:必须透过使他人也

---

① 参看 D.L.VII.85;爱比克泰德:《哲学谈话录》,吴欲波等译,第一卷第 19 节,北京:中国社会科学出版社 2004 年版。

能够生存下去,才能够使自己得到生命的机会。因此"自爱"具有一种
"安排"的目的性,而不是把他人"安排"为"工具"。这样,"自爱"除了是
个体性之外,还具有一种超越性。斯多亚学派注意到,个体有一种向着社
群演进的目的。

　　这种类型的伦理学有其宇宙论的论证基础,斯多亚学派的宇宙论是
用来阐释伦理学的。斯多亚学派认为哲学分为三部分:物理学、逻辑学和
伦理学,并认为伦理学是整个哲学架构的核心,可见其宇宙论论证是用来
说明伦理学的。斯多亚学派的宇宙论甚至与以往希腊哲学的任何学派都
不同,它主张"生机论",认为宇宙是一个生命机体。这与伊壁鸠鲁学派
的机械论相对立,伊壁鸠鲁学派用机械论论证生命不过是原子的复合,死
亡不需恐惧,从而使人心获得安静。然而斯多亚学派则采用相反的论证,
以确保过一种宁静的生活。它认为宇宙是生命机体,各自然要素之间相
互渗透,一个个体之得以完成在于去明白机体的关联。一种基于他者的
个体清楚被显示出来,因为宇宙物理之间的关系内在渗透形成绵延又不
至于混淆,它是一个连续性的存在。① 斯多亚学派不同意伊壁鸠鲁学派
的观点,后者认为事物之间只是位置的并列。斯多亚学派也不同意如下
看法,即当要素和事物之间相互渗透的时候,事物会失去其个体的独立
性,这是亚里士多德的观点。斯多亚学派以烧红的铁为例,指出火与铁不
是单纯位置的并列关系。如果按照这种并列关系来理解铁与火,那么不
可能把火和铁分开。斯多亚学派认为万物的关系都类似于被烧红了的
"铁"所蕴含的"铁"与"火",一方面它们是完全地相互渗透的关系,另一
方面两者其实又是可以分开的。这就是说,不可以认为铁就是火,当铁冷
却后,火就消失了,铁是铁,火还是火,两者的个体性并没有丧失。② 这就
既维护了事物的整体性,又维护了事物的个体性。斯多亚学派的伦理学

　　① 　D.L.Ⅶ.51.
　　② 　Alexander,On Mixture 216,14-218,6(SVF 2.473),see in A.A.Long and D.N.Sedley
　　　　(eds.),*The Hellenistic Philosophers*,Vol.Ⅰ,48C.

与其宇宙论论证是内在为整体的。宇宙论证运用在伦理里面,则就是个体的独立性和存在属性不可以被混淆在社群观念里面,它也不因为社群的建立而不再是个体,即不存在现代伦理学如尼布尔所谓的个体是道德的,社会却是不道德的,同样也不存在所谓的社会的道德要高于个体的道德。群体和个体之间的自然理性是同等的。

根据这样的社群观念,斯多亚学派阐发出一种世界公民的观念,而不限于古典希腊哲学例如亚里士多德和柏拉图的城邦公民的观念。仔细分析斯多亚学派的宇宙论论证,就已经可以看见世界公民的蕴含。既然斯多亚学派认为任何存在物都是宇宙有机体的一部分,而这个作为一部分的有机体都是向着目的成长并提高的,那么诸个体在目的上就是一致的。宇宙只有一个目的,就是追求"善(好)"。宇宙不可能有两种或以上的"善(好)",就目的来说也不存在"善(好)"的程度的差别。既然所有个体的事物都追求"善(好)",而这些"善(好)"在程度上是同等的,那么在宇宙论层面这些个体就是同等的,因为它们追求的是同等程度的"善(好)"。就存在于这个宇宙中而言,它们就是在同等法律之下的同样的"公民"。人首先就是属于这样的"公民",这就是"世界公民"的观念,它蕴含着深刻的自然法思想。

从自然法和世界公民的观念出发,斯多亚学派深刻地批评了人间的城邦和国家观念。我人间的城邦和国家受后来养成的习俗观念的影响,逐渐地离开了理性本身即离开了自然理性,而离开自然理性的人就是被激情支配的人。它在认识论上的表现就是人不能够把握人的"所是",而把"所是"与"所不是"混淆起来。可见,斯多亚学派的认识论论证也是用于支持社群伦理与个体之间的"所是"的不相混淆的。

斯多亚学派认为人的认识开始于知觉。这既不同于柏拉图,也不同于伊壁鸠鲁学派。柏拉图认为知识不可能来自感知觉,它来自于心灵的回忆,是一种先验的知识。伊壁鸠鲁学派则认为认识从直接感受开始,开始于感觉,而不是知觉。斯多亚学派则认为认识开始于知觉,知觉与感觉不同,感觉只是某种直接的经验感受,而直接的感受性不可能呈现事物的"所是",能够呈现事物之"所是"的是知觉。知觉具有综合把握能力,例如它能够把红色、甜味、硬度、圆形综合为苹果的形象,并且使它保持印象的持续性。斯多亚学派并没有就此止步,因为这样的印象可能使我们把苹果与梨子区分开来,却还不能够使我们把具体的苹果区别开来。斯多亚学派的知觉印象能够把具体的苹果区别开来,即能够区别苹果的个别形态。达到了这一点,才算认识了苹果的"所是",这即是斯多亚学派所称的"把握性印象"。① 斯多亚学派认为,只有当人认识到一个事物的"所是",而不是柏拉图和亚里士多德所谓的认识到某个类的"所是"时,人才真正达到了对事物的认识。这就是斯多亚学派个体思想的观念,它认为真正的"所是"乃是一个事物之为该事物的"这个"(τι),这也是它的形而上学思想。② 当一个事物完全正确地把握了它自身并且不越出它自身的时候,这个事物就达到了它的"所是",而当一个事物达到"所是"的时候,那些原先"所不是"的就不与"所是"的混淆在一起。举个例子来说,人很容易把自己的"所是"与许多其他东西混淆起来,例如与人的地位、所住的房子、所拥有的财富、职业甚至容貌等等联系起来,斯多亚学派则认为这导致人失去了对自我之"所是"的把握。当人丧失了这种"把握性印象"所具有的"所是"时,人就不能够真正把握"善(好)",这样人与人之间的冲突就表现为"善(好)"的冲突,而实际情况则是大家都背弃了"善(好)"。这样我们就丧失了成为世界公民的目的,这也使得自然世界不合乎目的。

那么是什么遮蔽了"把握性印象",从而导致伦理的错觉的呢? 是"激情"。激情造成"所是"与"所不是"的混淆,把"所不是"的作为"所是"的。哲学以激情为研究对象,研究它如何发生在人的意愿里面以及

---

① Cicero, Academica 2.77-28(following 68O), see in A. A. Long and D. N. Sedley(eds.), *The Hellenistic Philosophers*, Vol. I, 40D1-2.

② A. A. Long and D. N. Sedley(eds.), *The Hellenistic Philosophers*, Vol. I, p. 164.

对人的意愿的支配方式,从而看清生活中的"恶",因为正是这"恶"使人失去"自由"。激情使人丧失了"个体"的精神即个体的目的性,破坏了社群的关联性本体。这样激情就不是单纯地限于对个体的支配,它还支配并破坏了社群的关系,使得社群的存在成为不可能。哲学的目的在于治疗"激情"。

2. 激情

任何类型的激情都是在做"加法"运算,无论愤怒、忧伤、贪婪还是吝啬。它们都是在做"加法"运算。愤怒的"加法"是把情绪的多余加在情绪的自然属性之上,忧伤则反之。贪婪是把财物的多余部分加在所应具有的事物范围内,吝啬则把多余的部分作为自我的向着将来的延伸。这些都把自我所不应具有的作为自我所应具有的,由此激情导致错误的判断。激情最致命之处在于使人失去正确的判断,就是不按照真正的"善(好)"即按照自然的"善(好)"来判断,使得"善(好)"本身失去了一致性,使得判断与判断之间形成冲突,致使自我失去一致性。自我丧失一致性有许多表证,例如人的语言和说话的逻辑出现问题,判断出现了问题,以及出现错误的印象,等等。逻辑、语言、印象和哲学的错误都是激情所致。这是斯多亚主义极精彩的洞察。斯多亚学派研究逻辑学,旨在分析错误印象和判断所形成的激情根源,斯多亚学派所研究的逻辑学不是亚里士多德的谓词逻辑,它研究的是命题逻辑。谓词逻辑研究的是范畴和谓词(是)的关系,斯多亚学派则认为要透过印象的形成即透过研究命题的本质或者说判断的图像形式来研究"是"(τι)。

要想始终掌握正确的判断,必须消除激情的支配,并拥有德性的生活。至于德性的生活,它既不是为了明晰知识论的范围也不是指拥有德性的知识,而在于为生活划界,明白什么是在自己所掌控的范围内,什么是不受自己掌控的。这样人就可以为自由意志的运用确定界限,而不是试图超出界限去使用自由意志。超出界限运用自由意志会造成人的痛苦,因为他总是在试图掌握他所不能掌握的东西。斯多亚学派认为当人能够确定自由意志的范围的时候,他也就确定了正确形成印象并且正确地运用印象的方式。在这种状态下,人不会被激情($\pi\alpha\theta o\varsigma$)支配,这种不受激情支配的生活即所谓的不动心($\alpha\pi\alpha\theta\epsilon\iota\alpha$),外部世界不再对这样的人构成诱惑,也不再能够支配他们的意愿。这样的人不会为外部事物所动,因为始终支配他的是内在的自我,他够始终按照理性行事,并合乎自然地生活。

三、伊壁鸠鲁学派

在哲学史上,伊壁鸠鲁学派颇受误解。它留给世人的印象仿佛只有两个方面:一是它的快乐主义(或译为享乐主义),二是以原子论为形态的机械论。伊壁鸠鲁的快乐主义原则早在历史上就"臭名昭著",遭到各思想学派的指责。这些指责者有斯多亚学派、西塞罗、基督教思想家例如奥利金和奥古斯丁等等。至于原子论,虽然机械论在近代得到复兴,然而随着对启蒙时代和近代理性精神的检讨,它似乎也已经是过时的思想方式。在历史上,敢于为伊壁鸠鲁学派正名的当数马克思,马克思确实对于伊壁鸠鲁学派的学说有某些深刻的洞见,然而这些都不足以使伊壁鸠鲁学派入于哲学史的主流。总之,伊壁鸠鲁学派给人的印象是:它只是历史上曾经发生过的某种知识论,是一种肤浅的学说,绝少与人类精神领域有深刻的关联。

这种历史的偏见不仅是对伊壁鸠鲁学派的极深误解,也是对人类精神的深度曲解。在现代思想史研究中,伊壁鸠鲁的哲学精神重新得到聆听,而重视伊壁鸠鲁学派的哲学本质,则与今天后现代生活有着内在的一致性。伊壁鸠鲁学派的哲学在于消解形而上学的虚妄、治疗人的疾病、达到人类精神的真正足以生成的品质。伊壁鸠鲁学派以一种反形而上学的方式宣称一种形而上学哲学的终结,又以自然哲学的方式达到指导人的生存和社会责任的任务。

1. 灵魂与死亡

要把握伊壁鸠鲁学派的"新"就是要洞悉其哲学治疗的用意。伊壁鸠鲁学派是希腊化哲学中最平民化的哲学,伊壁鸠鲁创办的花园学派过着某种形式的"共产主义"的生活,从乞丐、娼妓到知识精英都可以入住其间,以聆听伊壁鸠鲁的教导。一方面,这引起以哲学为精英的事业的雅典人的腹诽,另一方面伊壁鸠鲁学派却也是当时最兴盛的哲学学派。这至少给出了哲学之于精神的新的关联方式以及它所关联对象的更广的思想边界,用伊壁鸠鲁自己的话说,就是"人们所需要的不是假冒的从事哲学,而是真正的从事哲学,因为我们不需要良好健康的外表,而需要真正地享受健康。"①哲学的本质是为了让人们从疾病中恢复过来,能够享受健康。真正从事哲学的人,必使人得到治疗。这种哲学宗旨从伊壁鸠鲁到卢克莱修和公元 2 世纪的第欧根尼,就一直深深地得到持守。他们认为这才是真哲学,"麦密乌斯啊,当你的耳朵不受干扰并且心智敏锐无所牵挂时,你就应该真正去从事真正的哲学",②真哲学在于治疗人的灵魂,使疾病完全得到消除。2 世纪的伊壁鸠鲁学派成员第欧根尼鉴于罗马帝国的人得着太多的疾病,在一个十字路口立下碑文,上面记载伊壁鸠鲁学派的治疗性格言,他这样说,"我的朋友,[当我透过铭文向你致意时,我深信,许多人的灵魂将更加健康。]我何以如此认为? 什么是这个世界的[治疗]? 最亲爱的朋友们啊,[铭文]会给我们[我们自身]和[他人]提供帮助;为着我的同胞们我建立了这块铭文。"③

这种真哲学的核心是治疗人的疾病。伊壁鸠鲁学派倡导的是一种治

---

① 伊壁鸠鲁、卢克莱修:《自然与快乐》,包利民等译,"梵蒂冈格言集"第 54 条,北京:中国社会科学出版社 2007 年版。

② 同上书,"万物本性论"第一卷序诗。

③ Diogenes of Oinoanda, *The Epicurean Inscription*, Fr., 119, Edited with Introduction, Translation, and Notes by M.F.Smith, Napolis, 1993.

疗性哲学。正如斯多亚学派的知识论体系是基于生活和心灵的诉求,伊壁鸠鲁学派的原子论知识论体系也被用于心灵哲学的论证,其核心就是治疗人的疾病。在伊壁鸠鲁学派看来,人的最大的疾病也是其他疾病的来源就是对死亡的恐惧,真哲学的智慧在于克服死亡的恐惧,这使得伊壁鸠鲁主义具有终末论色彩,即透过建造一种对死亡的知识论(原子论)建构,解除死亡被晕染于恐惧的情绪之中。换言之,死亡的终末性在于建立知识的信念,即死亡只是死亡而已。在这个意义上,伊壁鸠鲁学派深刻地秉承了希腊的理性主义传统。

伊壁鸠鲁清晰地阐释了人的疾病、哲学的终末论和自然哲学的关系。"有几个原因产生了灵魂的最大烦扰,一个是既认为天体是幸福的和不朽的,又自相矛盾地认为天体有意愿、行动和动机。再一个是总是推想或猜测存在着什么永久的坏事,这或者是由于[地狱]神话,或者是由于害怕死后失去感觉,就好像死亡与我们有什么关系似的。……心灵的无烦扰就在于从这些惧怕中解脱出来,并始终不懈地牢记基本要道。"①自然哲学帮助人从感觉和直接的感受去把握上述认识之产生的原因,消解种种尤其是因死亡而产生的烦扰,"我们要关注直接的感受和感觉——无论是人类普遍具有的还是个人独特具有的,关注每一种认识方式(标准)的清晰明白呈现的证据。只要我们时时关注它们,当烦忧和惧怕产生时,我们就能正确地找出其原因并消除之,就能寻找天体现象和常常影响我们的别的现象的原因,这些事情在其他人那里引起了极大的恐惧。"②以治疗死亡以及由此引起的各种烦扰为目的这种真哲学的观念,一直延续到公元 2 世纪,可见它始终是伊壁鸠鲁学派的核心。2 世纪伊壁鸠鲁学派成员第奥根尼说,"什么是这些烦忧的情绪呢?[它们是]对诸神、死亡和疼痛的恐惧——除此之外,还有越出了自然所规定的欲望的界限。这

---

① 伊壁鸠鲁、卢克莱修:《自然与快乐》,"致希罗多德信(论自然纲要)"第 11 节。
② 同上。

些都是恶的根源,除非我们放弃它们,否则大量的恶就会在我们身上成长。"①如何才能根除恶的根源? 第欧根尼遵循的也是伊壁鸠鲁和卢克莱修的方案,"我宣称对死亡和诸神的徒劳的恐惧控制了我们,真正有价值的快乐不是来自于剧场、[……和]澡堂、[香料]和油膏,[我们]把这些都留给大众吧,[而是自然知识]。"②所谓自然知识就是有关原子和虚空的学说。自然知识研究世界的形成,太阳、月亮、星辰、昼夜的运动变化,解释风、云、雷、电、雨、雪不是神的意志而是自然本身的演化,③也解释灵魂、梦、人类文明、社会演化的种种形式,④透过这些解释,可以得出的确切的结论是,自然知识本质上就是为了回应生命的烦忧,"首先必须明白,无论是与其他学问一起,还是就这门学问本身,天文学除了带来心灵的无烦忧和坚定的信念之外,再无其他目的。这一点,也是其他学问的目的。"⑤

2. 原子论

由此,自然哲学(物理学)是有关心灵的知识论,尤其用于论证死亡之不足惧。伊壁鸠鲁的自然哲学有两个核心思想:原子论和虚空。原子和虚空是自然哲学的两大原理。伊壁鸠鲁学派始终坚持这两大原理,伊壁鸠鲁说,我们在考察自然世界的时候,一定要清楚首先没有任何事物可以从无中产生,这也是古典希腊自然哲学的基本原理,即无不能生有,有只能是从有中产生,有也不会归于无。这样,自然万物才会保持总量的不变。而这个不变的存在总量由两大原理构成,一是原子,二是虚空。原子是"有",虚空是"无"。伊壁鸠鲁的自然哲学提出了一个非常有意思的准

①　Diogenes of Oinoanda,*The Epicurean Inscription*,Fr.,33.

②　Ibid.,Fr.,2.

③　伊壁鸠鲁、卢克莱修:《自然与快乐》,"致皮索克勒信(天文学纲要)"。

④　同上书,"万物本性论"第三、四卷;Diogenes of Oinoanda,*The Epicurean Inscription*,Fr.,10,11,15−25.

⑤　同上书,"致皮索克勒信(天文学纲要)"第1节。

则，即"有"和"无"都不等于柏拉图的"存在"和"非存在"。伊壁鸠鲁学派的"有"和"无"都是柏拉图哲学意义上的"存在"，按照巴门尼德和柏拉图的哲学传统，"非存在"甚至连"非存在"之名都不能够有所提及。然而虚空真实存在，它是存在，只是它的存在不同于原子，它是类似于所谓的"处所"之类的东西。原子则是充实坚固的，所有的物体都是原子的组合物，万物分解后就又都复归于原子，这样生成和毁灭就都只是原子的组合和分解，这就是机械论的自然观了。原子的组合和分解都在虚空中运动而组成。这里，伊壁鸠鲁学派又提出一个非常有意思的看法：由于原子总量是无限的，那么世界的总量也是无限的。在无限的世界中，这些原子的运动没有起点，因为它是原子运动相撞并且导致原子的反弹最后又是原子的缠绕纠结而形成事物。在原子的相撞反弹缠绕的过程中，组合物不断出现，这就形成了事物，许多事物组成了世界。存在许多世界，有的世界和我们这个世界相同，有的则不同。由于存在着无限多的原子和原子的运动，也就存在着无限多的世界，而世界之间不是连续的，它们之间存在着空隙，这就是虚空。

　　原子是非精神性的，既没有感觉也没有精神形式。灵魂作为原子的组合物也是由非精神形式的原子构成。不过在这一点上，伊壁鸠鲁学派接受德谟克利特的古典原子论，也认为灵魂这样的原子具有特殊性，即灵魂是较身体更为精微的原子。① 然而伊壁鸠鲁学派也有不同意德谟克利特之处，它不认为存在所谓的由非精神性原子构成的某个精神性实体（灵魂），而是认为灵魂是弥散在整个有机体之中的，身体的感觉能力则由这些弥散在身体中的灵魂传递的。只要灵魂依然存在于身体中，那么即使身体的某个部分失去了，感觉能力就会依然存在。然而如果身体整个消失了，那么灵魂也就不存在了，因为它失去了存在的处所。如果灵魂消散了，灵魂的运动即感知觉能力就消散了，因此灵魂只不过是伴随身体

---

① 伊壁鸠鲁、卢克莱修：《自然与快乐》，"致希罗多德信（论自然纲要）"第6节。

共生的东西,它通过运动使自己的潜能变为现实,把能力传递给身体。①
既然灵魂只是身体的伴生物并且随着灵魂的消散而消散,而消散了的灵
魂复归于无精神状态的原子,且在消散之后感觉失去了传递能力也不存
在所谓的感觉能力,那么可以想见死后是不存在诸如所谓的感知觉这些
精神形态的。正是依据这种自然学说,伊壁鸠鲁指出,"我们只活一次,
我们不能再次降生;从永恒的角度讲,我们必将不再存在。谁也无法控制
明天⋯⋯"②以后卢克莱修解释说,"当我们不再存在时,当使我们成为一
体的身体和灵魂的结合已经分裂解散时,就根本没有什么事情能发生在
我们身上,因为我们已经不在人世了;也根本没有什么东西能够唤起我们
的感觉,即使是大地和海洋搅混在一起,海洋与天空融合为一团。"③"并
且,即使假定灵魂的本性和心灵的能力从我们身体散逸出去之后还具有
感知的能力,这也与我们丝毫无关了,因为我们是借助于身体和灵魂二者
的联姻与结合才得以成为一个活着的整体的。甚至假设在我们死后,时
间能将我们身体上的骨肉重新收集起来,并安排妥当成现在的样子,而且
假设生命之光能再次给予我们,就是所有这些事情都能做成,它将仍然不
能对我们产生丝毫影响,因为我们的一切记忆都随之碎裂消失了。现在,
我们再也不会在意以前的那个自我,也不会为以前的任何痛苦而受
折磨。"④

3. 古典社会契约论

　　然而伊壁鸠鲁学派的自然学说无疑会带来一个巨大的问题。按照这
种看法,作恶的人岂不是无所顾虑? 这样正义也就不再存在,那么幸福生
活又如何可能呢? 伊壁鸠鲁学派透过治疗性学说回应了这个政治哲学的

①　伊壁鸠鲁、卢克莱修:《自然与快乐》,"致希罗多德信(论自然纲要)"第6节。
②　同上书,"梵蒂冈格言集"第14条。
③　同上书,"万物本性论"第三卷第三章第1节(第148页)。
④　同上书,"万物本性论"第三卷第三章第1节(第149页)。

问题。伊壁鸠鲁学派认为即使不存在所谓的死后的意识及其惩罚问题，也不能够否定存在自然正义。也就是说，即使不存在死后的意识以及惩罚，然而仍然存在管治人的自然正义。什么是自然正义呢？"自然正义（φυσεως δικαιον）是人们就行为后果所作的一种相互承诺——不伤害别人，也不受别人伤害。"①自然正义的原理是彼此不相互伤害，这种不相互伤害原理只存在于人类和各民族之间，而不存在于其他动物之间。这是什么原因呢？因为自然正义是一种契约原理。"对那些无法就彼此互不伤害而相互订立契约的动物来说，无所谓正义与不正义（ην δικαιον ουδε αδικον）。同样，对于那些不能或不愿就彼此互不伤害订立契约（συνθηκας）的民族来说，情况也是如此。"②在人类之间存在着一种普适的诉求，就是要求自己不被伤害，由此当然也就存在一种不要去伤害别人的必然性。就此而言，自然正义（φυσεως δικαιον）不是自在正义（εαυτο δικαιοσθνη），即不是一种本身就存在的天命，而是依据人类的特殊诉求而建立的正义。当不同的人有不同的不被伤害的诉求时，自然也就有不同的契约形式。"没有自在的正义[绝对的正义]，有的只是在人们的相互交往中在某个地方、某个时候就互不侵犯而订立的协议。"③

伊壁鸠鲁学派所谓的自然正义，其实是某种古典的社会契约论。自然正义乃是在社会交往活动中基于人的自然诉求所形成的社会规范形式，它的基本属性是"有益"的要求。由于不同的群体，其"有益性"诉求

---

① 伊壁鸠鲁、卢克莱修：《自然与快乐》，"伊壁鸠鲁基本要道"第31条，北京：中国社会科学出版社2007年版；参看 Cyril Bailey（ed.），Epicurus：The Extant Remains，with Short critical apparatus，translation and notes by Cyril Bailey，"Principal Doctrines" XXXI，Hyperion Press，Inc.，1926.

② 同上书，"伊壁鸠鲁基本要道"第32条；参看 Cyril Bailey（ed.），Epicurus：The Extant Remains，with Short critical apparatus，translation and notes by Cyril Bailey，"Principal Doctrines" XXXII.

③ 同上书，"伊壁鸠鲁基本要道"第33条；参看 Cyril Bailey（ed.），Epicurus：The Extant Remains，with Short critical apparatus，translation and notes by Cyril Bailey，"Principal Doctrines" XXXIII.

是不同的。由此契约的自然性是不同的。即使有益性诉求有所不同,然而只要其是合乎社会交往各方要求的,它就是正义的。正义原则是从社会交往中的有益原理派生出来的,而不存在一个所谓的自然已经具有的绝对正义形式,"一个法律(νομισεντων)如果被证明有益于人们的相互间交往(προς αλληλους κοινομια),就是正义的法律,它具有正义的品格,无论它是否对于所有的人一样。相反,如果立了一个法,却不能证明有益于人们的相互交往(κοινομιας),那就不能说它具有正义的本性(δικαιου φυσιν)。如果法律带来的益处后来发生变化了,如果它只在一段时间里与正义概念相和谐,那么这个法律在当时还是正义的,只是在我们看待这些事情时不被空洞的名称所困惑,直面事情本身(πραγματα βλεπουσω)。"①

这涉及两个方面。第一方面,正义就其本身而言具有一种一般性,这对所有人都成立,无论希腊人、罗马人还是埃及人。这就是,一种法律必须带给所有人益处。就此而言,正义是一般性的。然而这种有益性原理又体现在具体使用中,它必须合乎特殊人群的诉求,这就是正义的处境性。"一般地说,正义(δικαιον)对于所有的人都是一样的,都是指在交往中彼此带来益处(συμφελον)。然而就其在某地某时的具体应用而言,同一件事是否正义(δικαιον),就因人而异了。"②正义的相对性和绝对性都在于这种有益性,正义不可能有第二个标准,由于这样的标准对于所有的人都必须是正义的,它符合了正义的最少数原理,正义必须是从最少数者来考虑,而不是首先考虑多数人的利益。由此正义必须从实施的结果来看,实施的结果必须符合最少数人原理。这就很有意思。看起来,

① 伊壁鸠鲁、卢克莱修:《自然与快乐》,"伊壁鸠鲁基本要道"第 37 条;参看 Cyril Bailey(ed.),Epicurus:The Extant Remains,with Short critical apparatus,translation and notes by Cyril Bailey,"Principal Doctrines"XXXVII。

② 同上书,"伊壁鸠鲁基本要道"第 36 条;参看 Cyril Bailey(ed.),Epicurus:The Extant Remains,with Short critical apparatus,translation and notes by Cyril Bailey,"Principal Doctrines"XXXVI。

这种所谓基于社会契约的自然正义是一种相对主义的观念,从而不可能获得正义的绝对性的权威,然而伊壁鸠鲁学派的正义论却将正义的绝对性建立在最少数者利益必须得到保障这个原理上,这样正义就不可能受到相对性的伤害。第二方面,由于正义必须体现所有人的益处并且保证所有人的益处,随着人群的变化和处境的变化,正义就表现出不同的自然性并要求能够呈现出不同的自然性。"如果环境变了,同样的法律不再能产生同样的正义后果了,那么,当它还有益于(συνεφερε)公民的相互交往时,它还是正义的;但是当它后来不再有益(συνεφερεν)时,就不是正义的了。"①这不是说正义是相对的,正义仍然是绝对的,它的绝对性如这节引文所表明的,它始终是一种有益于所有人的准则。然而它的相对性只是表现出正义也具有时间的属性。这与柏拉图是不同的。柏拉图和古典希腊哲学的正义观是基于一种静止的宇宙观,由此正义的形式也必是静止的,正义原理也必是完全静态的、不变的,它保持着相同的形式。然而伊壁鸠鲁学派的正义观是动态的,因为它的宇宙始终是在变化的。值得注意的还有,伊壁鸠鲁的宇宙观是多元的,因为他认为宇宙由无限多个小世界构成,世界与世界之间不是连续的。由此而论正义也必不是单一的呈现形式,这是伊壁鸠鲁学派哲学宇宙论和社会契约论相一致的地方。

不管如何,伊壁鸠鲁学派的正义是"弱"正义观。在这种"弱"正义观里面,实施正义的力量和驱动力是全体的人,然而它的前提是所有人都"讲道理",而实际情况并非如此。在后面这种情况下,不正义会较正义更容易获取主导权,不正义更容易主导社会或者社群。在这种情况下,又该如何解释正义始终处在主导地位呢? 正义还有可能处在合理的地位吗? 因为许多人根本不要去说最少数人的利益都可以得到保证,因为在

---

① 伊壁鸠鲁、卢克莱修:《自然与快乐》,"伊壁鸠鲁基本要道"第 38 条;参看 Cyril Bailey(ed.),Epicurus:The Extant Remains,with Short critical apparatus,translation and notes by Cyril Bailey,"Principal Doctrines"XXXVIII。

这种情况下,多数人的利益都甚至不能够得到保证。在这种情况下正义还可能得到保证吗?伊壁鸠鲁学派给出的论证是,"任何人都不能隐秘地破坏了互不相害的($\pi\rho o \varsigma\ \alpha\lambda\lambda\eta\lambda o v \varsigma$)社会契约($\sigma v v \epsilon\theta\epsilon v \tau o$)之后确信自己能够躲避惩罚,尽管他已经逃避了一千次。因为直到临终时都不能确定是否不会被人发觉。"[①]不正义的人生活在惊恐里面,因为这些人不能够确定自己的不正义行为是否已经被人发觉,这样人就陷入到担忧之中,"正义的人是心灵最为宁静的人;不正义的人心里充满了惊恐($O\ \delta\iota\kappa\alpha\iota o \varsigma\ \alpha\tau\alpha\rho\alpha\kappa\tau o \tau\alpha\tau o \varsigma, o\ \delta\ \alpha o\iota\kappa o v \varsigma\ \tau\alpha\rho\alpha\chi\eta\varsigma\ \gamma\epsilon\mu\omega v$)。"[②]伊壁鸠鲁仍然假设人对于正义具有畏惧之心是一种自然状态。这种假设当然需要相对于一个公民社会来说,或者说相对于一个有着民主传统的社会来说,而如果在一个把非正义看作是自然状态的社会里面,这种对于正义的恐惧就仍然不能够真正地起到有效的作用,伊壁鸠鲁学派的正义原则也就不能真正发挥作用。

当伊壁鸠鲁学派在希腊民主社会的形态中设定弱正义观的时候,就可以体会它的社会设计的治疗性哲学的价值取向。既然每个人都会畏惧弱的正义的设定是合理的,那么哲学就在于去治疗危及正义的要素,而这个要素只可能来自于个体的人的欲望。这样治疗性哲学就找到了它真正的切入点即治疗个体的欲望,人之所以不正义以及激起这种不正义都是由于人的欲望超出了它自然的限度。"我们决不能抵抗自然,而应当服从她。当我们满足必要的欲望和不会引起伤害的身体欲望的时候,当我们坚决地拒绝有害的欲望的时候,我们就是在满足自

---

① 伊壁鸠鲁、卢克莱修:《自然与快乐》,"伊壁鸠鲁基本要道"第 35 条;参看 Cyril Bailey(ed.), Epicurus: The Extant Remains, with Short critical apparatus, translation and notes by Cyril Bailey, "Principal Doctrines"XXXV。

② 同上书,"伊壁鸠鲁基本要道"第 17 条;参看 Cyril Bailey(ed.), Epicurus: The Extant Remains, with Short critical apparatus, translation and notes by Cyril Bailey, "Principal Doctrines"XVII。

然的欲望。"①必要的欲望需要得到满足,伊壁鸠鲁学派不是犬儒主义者,也不是假道学,也不是苦修主义者,"简单生活也有一个度。不注意这个度的人所犯的错误和陷入奢靡生活的人所犯的错误一样大。"②我们所需要做的不是消除欲望,而是每时每刻都要去反思欲望与自我的关系,明白欲望应具有的界限以及让欲望不成为自我构成的界限,"我们必须对我们的每个欲望都问这样的问题:如果我获得了欲望的对象,我会怎么样? 如果我没有获得的话,又会怎么样?"③唯有在解决了欲望的界限以及它与自我的关系后,自我才会有美好的生活,因为人的真正的快乐不是基于外在的表达,而欲望总是把人的存在引到外在的表达之中,而在于使灵魂始终处在有序的状态,"无论拥有多么巨大的财产,赢得多么广的名声,或是获得那些无限制的欲望所追求的东西,都无法解决灵魂的紊乱,也无法产生真正意义上的欢乐",④而"贤人醒时睡时都一个样子。"⑤

四、怀疑论学派

怀疑论学派与伊壁鸠鲁学派及斯多亚学派同时代,其创始人皮罗年长于伊壁鸠鲁和芝诺。怀疑论学派的历史较斯多亚学派和伊壁鸠鲁的学派更加复杂,影响力很强。第二代怀疑论学派与中期柏拉图学园有密切关系,中期学园为怀疑论派思想所左右。怀疑论学派著作的编纂者是塞克斯都·恩披里柯,今天留存下来的主要就是他的著作,主要包括三种《皮罗学说概要》、《反独断论者》和《批判学校教师》。这些著作完成于

---

① 伊壁鸠鲁、卢克莱修:《自然与快乐》,"梵蒂冈格言集"第21条。
② 同上书,"梵蒂冈格言集"第63条。
③ 同上书,"梵蒂冈格言集"第71条。
④ 同上书,"梵蒂冈格言集"第81条。
⑤ 同上书,"贤人论"第14条。

公元 2 世纪,此时斯多亚学派和伊壁鸠鲁学派都已经趋向末期,塞克斯都的著作既是对于三大学派甚至整个古典希腊哲学知识论传统的反思性回顾,也是对于怀疑论学派传统的系统总结。

1. 对真理标准的怀疑

怀疑论学派是从系统反思知识论传统显示它的反知识立场的。怀疑论学派始终把自己置于"元"哲学的位置,与希腊哲学传统显示出根本不同的进路,在这个意义上,它是"非"希腊的。怀疑论学派把希腊哲学传统概括为"独断论",并在独断论名义下细致地检查了他们的哲学预设,试图以进入其预设的"偏见"而否定独断论哲学的确定性或者说真理性。怀疑论哲学的核心正是"真理"问题。在这个意义上,怀疑论哲学看到了希腊哲学的根本,甚至可以说比古典希腊哲学和希腊化哲学的思想家们都更冷静地将希腊哲学的本质问题提了出来,即真理作为知识论的探讨以及知识论在真理问题上的呈现有多大程度是可能的?"独断论"(包括柏拉图、亚里士多德、伊壁鸠鲁学派和斯多亚学派)认为这是可能的,他们的学说都是通往真理的道路甚至就是真理。然而真的如此吗?怀疑论学派使得真理的问题以另外一种方式即反知识论的方式敞开了。

希腊哲学传统的设问方式是透过指出以往的问题而表述自身哲学的真理性。也就是说,希腊哲学家在依着某种问题思考哲学时,他不把对其自身的哲学知识论纳入哲学探讨对象。这样,真理就成了透过这位哲学家而被表达出来的话语。独断论之所以独断,就在于他们认为真理须透过某种特殊的话语而被呈现,除此之外都是谬误。怀疑论学派则说如果站在外部去看他们的争论,而不是如柏拉图那样去看智者和希腊自然哲学,不是如亚里士多德那样去批评柏拉图,如果把所有的学派都放在众多学派之一去探讨,那么可以发现我们其实是无法在这些人中间找到真理的标准的。因为在不具本体论承诺的前提下,我们不会像某个哲学家那样把自己设定为中心,每个都既然不是中心,那么标准就是可疑的。"关于这个真理标准,独断论者之间的争论是很激烈的,甚至可以说是无休止的。"①独断论者关于真理标准问题的争论,正表明真理的标准并不存在。怀疑论学派当然不会由此走向虚无主义和相对主义,它只是想表明真理呈现的不可能性,或者说真理的知识论呈现是不可能的,真理是无法透过知识呈现出来的。

怀疑论学派分析了真理标准的三个部分:主体、工具和"根据什么"。② 所谓真理标准的"主体",指的是真理"由于/透过谁"呈现;所谓"工具",指的是真理"透过什么"呈现;所谓"根据什么",主要检查的是真理能否根据"印象"呈现。怀疑论学派先检查"由于/透过谁"呈现的问题,它得到的结论是没有"谁"能够担当起真理的呈现者的身份。任何一个独断论者都会说自己是真理的呈现者,然而这是不可能的。一方面,不同的独断论者经常对真理有不同的宣称,我们不可能承认这些不同的甚至相互矛盾的陈述会是真理;另一方面,即使他们自以为真理的命题,我们仍然可以找出他们错误之处。以人的定义为例,德谟克利特说,"人是大家都知道的"。怀疑论者说,按他这种说法,我们也知道狗,那么狗就成了人啦。伊壁鸠鲁说,人是"具有生气的如此般的一个物体",那这意味着"人"必须被指出来才能被知晓,这是说人必须被指出来具有生气才能够被人认出是人,如果不被指出来,那么人就不是人了。斯多亚学派和漫步学派说,"人是有生有死的、理性的动物,能接受理智和科学",然而怀疑论者说他们已经证明没有动物是非理性的,动物都接受科学和理智,那么人岂不是与其他的动物就没有区别了,另外如果有些人还没有接受理智和科学,这样的人很多,那么他们岂不就不是人啦?③ 或许有些人会说真理应当由贤者来判断,真理是透

① 塞克斯都·恩披里柯:《悬搁判断与心灵宁静》,包利民等译,北京:中国社会科学出版社 2004 年版,第 64 页。
② 同上书,第 58 页。
③ 同上书,第 58—59 页。

过贤者呈现出来的。那么是谁的贤者呢？是伊壁鸠鲁学派的贤者还是斯多亚学派的贤者？[①] 还有人会说真理的标准应该是众人一致,这样的说法也毫无意义。因为真理经常掌握在少数人手中,一个人可以比大多数人聪明。此外,对于任何一个标准而言,反对的人数通常比赞同的人数还多。[②] 迄今为止所谓的真理标准都透过人进行,那么凭什么可以作这样的设定？真理标准为什么不可能透过其他的存在物呢？[③] 总之,真理透过人,透过某个具体的人或者学派的这种设定都是独断的,没有依据的。这个作为真理标准的标准本身就不可能是标准,它如何可能成为真理的标准呢？

在真理判断的工具方面也存在同样的问题。所谓真理判断的工具只有感觉和理智两者,不同的学派有不同的看法。就感觉而言,巴门尼德和柏拉图断言感觉是空洞的印象;伊壁鸠鲁认为感觉的全部印象都是真实的;亚里士多德和斯多亚学派则认为有些对象是真实的,有些对象不是真实的。人不可能透过感知来判断哪些感知的标准是准确的,也就不知道应当赞同谁的说法。[④] 感觉本身的一致性也值得怀疑,因为感觉本身以多种不同的方式受到外在对象的影响,因为同样的蜜,有时候尝起来是甜的,有时候尝起来是苦的;味道和颜色也是如此。[⑤] 那么真理是否透过理智来呈现呢？高尔吉亚否认存在物存在,也就否定了理智的存在;有些人例如柏拉图和亚里士多德则认为理智是真实的。[⑥] 此外即使我们假定存在一个没有任何人可以超越的理智,也不能赞同根据这样的理智来判断,以免他倚仗自己所具有的最敏锐的理

[①] 塞克斯都·恩披里柯:《悬搁判断与心灵宁静》,包利民等译,北京:中国社会科学出版社 2004 年版,第 62 页。
[②] 同上书,第 63 页。
[③] 同上书,第 61 页。
[④] 同上书,第 64 页。
[⑤] 同上书,第 65 页。
[⑥] 同上书,第 66 页。

智提出某个虚假的命题,并说服我们把该命题当作真理。这样,我们也不应当仅仅透过理智来判断对象。① 总之,在谈论真理由之判断的对象时,必须先对感觉和理智进行判断,而我们不可能透过感觉来判断感觉,也不可能透过理智来判断理智,也不可能使感觉和理智之间相互判断。人总是在这种循环倒退之中,所以透过什么这个方面的标准也不是真实存在的。②

在"根据什么"这个标准上,怀疑论学派主要拿斯多亚学派为例作为批驳对象。斯多亚学派根据"印象"来判断真理,印象又印在灵魂里面,灵魂是身体的主导部分,它由精微的气构成。怀疑论学派则透过论证指出人的主导部分灵魂是不可理解的,这样也就不能理解它的印象。即使印象可以被理解,然而也不能透过印象判断对象,因为理智是透过感觉接受印象的,但感觉所认识的不是外部对象而是自己的感受,因此印象只是自己的感知觉的东西,不是外部印象,可见理智根据印象来判断外部对象也是不可能的,因为它也认识的也只是感受。所谓的感受并不就是作为对象的事物本身,感受与对象只具有相似性,不可以根据相似性来认识对象和确认两者就是一致的。再退一步讲,即使是根据印象的相似性来认识,那么根据谁的印象呢? 不同人的印象不可能完全相同,如果引入另一个人的印象作为标准,势必就须引入更多的人的印象,陷入无限倒退之中。③ 也就是说,不存在根据什么来判断真理的标准。

2. 对真理是否存在悬疑

由于任何有关于真理的讨论必然与真理的显示联系在一起,如果真理没有可能透过主体、工具和对象显示出来,那么真理之被显示出来

---

① 塞克斯都·恩披里柯:《悬搁判断与心灵宁静》,包利民等译,北京:中国社会科学出版社 2004 年版,第 67 页。
② 同上书,第 68 页。
③ 同上书,第 69—70 页。

肯定值得怀疑。如果真理不可能透过诸如此类的途径显示出来，那么真理是否存在呢？或者说有没有真理呢？独断论者认为真理是存在的。然而真理的存在仍然值得怀疑，因为真理如果存在的话，要么它仍然必须透过各种 sign（标记）显示出来或者至少有所显示。存在两种显示方式：提示性的（suggestive）和指示性的（indicative）。提示性的显示关联的是"偶尔地不明白的东西"，指示性的显示关联的是"天然地不明白的东西"。① 怀疑论学派并不否定提示性的标记是可以信赖的，举例子来说，当人看见烟时，就标示出有火；当看见某个人身上有伤疤时，可以推断出他受过伤。怀疑论学派不认为他们在反对常识，相反他们是真正地从常识出发，使认识回归常识，"我们不仅不反对生活经验，而且我们甚至通过非独断地赞同它所依靠的东西来支持它。"②然而这与真理无关，因为希腊思想家坚持真理是隐藏的，是天然地不明白的东西，类似于我们所说的现象与本质的关系，真理是一种本质性的也就是说是一种实体性的或者说本体性的存在。那么是否存在一种指示性的标记，可以与真理联系起来呢？

怀疑论学派否定指示性标记的存在。它用它一贯的方法即所谓的"式"的方法，指出独断论在这个问题上也是自相矛盾的。斯多亚学派这样界定"标记"，它是"正确假言三段论当中的一个用于揭示后件结论的前件判断"，"判断"则是"进行宣称的、完全的表达式"。③ 这就是说，斯多亚学派认为"标记"是存在的，伊壁鸠鲁学派则认为不存在标记或者说表达式。④ 对于判断，独断论者也有类似的争论。即使退一步，我们承认标记的存在，然而只存在两种可能：要么标记是明显的，要么是不明显的。对于标记是明显的，则必然会陷入循环论证。这个论证如下：如果所有标

---

① 塞克斯都·恩披里柯：《悬搁判断与心灵宁静》，包利民等译，北京：中国社会科学出版社 2004 年版，第 76 页。
② 同上书，第 77 页。
③ 同上。
④ 同上书，第 78 页。

记是明显的,由于标记是相对的、与被标记的事物处在一定关系之中的,而相关的事物总是在一起时被理解的,那么明显的、被标记的那个事物也是明显。以右和左为例,当右和左一起被理解时,右并不比左更明显,左也不比右更明显。因此,当标记和被标记的事物一起理解时,标记不应当被标记的东西更明显。如果被标记的事物是更明显的,那么它不会被标记,因为它不要求什么事物来标记和揭示它。正如当右被取消时,左也就不存在一样;当被标记的事物取消时,也就不存在什么标记。因此,如果有人说征象是完全明显的,那么标记就是不真实的。① 同样的论证也适用于不明显的标记,正如独断论者所说的,不明显的事物不会自身变得明显,必须透过其他事物来理解。如果标记是不明显的,那么它需要另外的不明显的标记,这就又需要第三个标记如此以至无穷。但是掌握一个无限的序列标记序列是不可能的,对于标记来说,由于它本身是不明显的,而透过论证又不能够掌握,那么它就不能标记任何东西,这样它也就不能够成为标记了。②

这也不是说真理不存在,这类论证只能够得出下面的结论:需要对真理悬疑。我们无法知道真理是否存在,也不能够否定真理存在。进而言之,有关真理的知识论就都是需要悬疑的。知识论不是通达真理之途,相反知识论的争执是真理的迷途。柏拉图、亚里士多德、斯多亚学派和伊壁鸠鲁学派等众多的思想家都是在真理的迷途之中。我们要离开这种知识的迷途,怀疑论提供的是一种方法,而不是知识。怀疑论并不是另外一种独断论,因为它只是方法论意义上的怀疑论,它的全部目的只在于把我们从独断论的真理迷梦中拉出来。它也不是要告诉人们真理,它只是告诉我们"理智"同样是一种"激情"。如果说古典希腊哲学传统一直在用理智与激情搏斗,那么同样地,我们也需要与理智搏斗,因为希腊知识论传

---

① 塞克斯都·恩披里柯:《悬搁判断与心灵宁静》,包利民等译,北京:中国社会科学出版社 2004 年版,第 82 页。

② 同上。

统没有把理智和理性置于审查的视野之下,思想家们把理智和理性视为是当然的真理,希腊化哲学的两大派斯多亚学派和伊壁鸠鲁学派又在反对柏拉图和亚里士多德的背景下,把感知觉作为当然的真理,然而这只是五十步笑百步而已,它们都是基于独断而不是基于真正的理性作出判断。真正的理性是怀疑的理性,要捍卫真正的常识。怀疑论学派提出哲学不是以通往真理为路向,而是以回归真正的常识为目的,"坚持呈现,这就是我们按照通常的生活规则非独断地生活,因为我们无法完全不行动。这一生活的准则具体又可分为四种:一方面是自然的指导,一方面是情感的驱使,一方面是法律和习俗的传统,再一方面是技艺的教化。自然的指导使我们通过它们自然地能够感觉和思考;情感的驱使是诸如饥渴令人去饮食;习俗和法律的传统使我们据以认为生活中的虔敬是善,不虔敬是恶;技艺的教化是使我们不至于不懂技艺。但是我们并非独断地说这些话。"①

希腊化罗马哲学本质上是一种伦理学,追求心灵的宁静是其哲学的目的,个体的自由成为其哲学精神的内在旨趣。无论伊壁鸠鲁派、斯多亚派还是怀疑派,它们都从个体感知的直接呈现出发,把握事物的表象,确定个体认知和意愿活动的范围,达到不受外物役使的个体意识。它们所从事的自然哲学、逻辑学和认识论研究,其目的都在于建构这种自然自由的自我,达到合乎自然地生活的目的。

拓 展 阅 读

一、必读书目

1. 爱比克泰德:《哲学谈话录》,吴欲波等译,北京:中国社会科学出版社

---

① 塞克斯都·恩披里柯:《悬搁判断与心灵宁静》,包利民等译,北京:中国社会科学出版社 2004 年版,第 8 页。

2004 年版。

2. 马可·奥勒留:《沉思录》,何怀宏译,北京:中国社会科学出版社 1989 年版。

3. 塞涅卡:《强者的温柔》,包利民等译,北京:中国社会科学出版社 2004 年版。

4. 塞涅卡:《哲学的治疗》,包利民等译,北京:中国社会科学出版社 2008 年版。

5. 西塞罗:《论至善和至恶》,石敏敏译,北京:中国社会科学出版社 2005 年版。

6. 第欧根尼·拉尔修:《名哲言行录》,马永翔等译,长春:吉林人民出版社 2003 年版。

7. 塞克斯都·恩披里柯:《悬搁判断与心灵宁静》,包利民等译,北京:中国社会科学出版社 2004 年版。

8. A. A. Long and D. N. Sedly (eds.), *The Hellenistic Philosophers*, 2 Vols., Cambridge University Press, 1987.

9. *Hellenistic Philosophy and Introductory Readings*, Translated, with Introduction and Notes by Brad Inwood and L. P. Gerson, Hackett Publishing Company, 1988.

10. Diogenes Laertius, *Lives of Eliment Philosophers*, The Loeb Classical Library, 1938.

二、参考书目

1. 包利民:《生命与逻各斯》,北京:东方出版社 1996 年版。

2. 姚介厚:《古希腊罗马哲学》(上下卷),南京:江苏人民出版社 2005 年版。

3. 杨适:《爱比克泰德》,台北:台湾东大图书公司 2000 年版。

4. 章雪富:《斯多亚主义》(第一卷),北京:中国社会科学出版社 2007 年版。

5. 石敏敏、章雪富:《斯多亚主义》(第二卷),北京:中国社会科学出版社 2009 年版。

6. Algra, Keimpe, & Barnes, Jonathan, & Mansfeld, Jaap, & Schifield, Malcolm (eds.), *The Cambridge History of Hellenistic Philosophy*, Cambridge University Press, 1999.

7. Armstrong, A. H., *The Cambridge History of Later Greek and Early Medieval Philosophy*, CambridgeUniversity Press, 1980.

8. Dillon, John M. and Long(eds.), A.A., *The Questions of Eclecticism：Studies in Later Greek Philosophy*, University of California Press, 1988.

9. Kristeller, Paul Oskar, *Greek Philosophers of the Hellenistic Age*, ColumbiaUniversity Press, 1993.

10. Striker, Gisela, *Essays on Hellenistic Epistemology and Ethics*, Cambridge University Press, 1996.

9

中期柏拉图主义和新柏拉图主义

章 雪 富

　　每个灵魂都应该看看这伟大的灵魂,它本身是另一灵魂,绝不是渺小的;它已经不受假象束缚,远离其他灵魂所迷惑的事物,已经牢牢立足于宁静之中,所以值得每个灵魂凝视。它不仅让环绕它的躯体和躯体内的怒海波涛静如止水,而且能让它周围的一切宁静:让地球宁静,让大海和空气宁静,也让天宇宁静。

——普罗提诺

　　对于诸神来说,真理就是他们的母亲、养育者,就是他们的"是"和"粮"。他们所凝思的一切不是生成的一切,而是包含"真是"的一切,他们在其他事物中看见自己。因为那儿的一切都是透明的,没有任何黑暗或阴晦。每一事物相互之间都通体透彻,因为光之于光怎能不透明?

——普罗提诺

　　我们应当相信,爱是一个实在,是源于实体的实体。

——普罗提诺

新柏拉图主义是古代罗马哲学中非常重要的流派，它影响基督教的希腊和拉丁传统，进而影响整个中世纪的哲学形态。

在新柏拉图主义出现之前，从公元前 4 世纪到公元 1 世纪，经历了一个中期柏拉图主义阶段。这时期的柏拉图主义围绕柏拉图不同的对话作品展开阐释，建构一个所谓的柏拉图的哲学原理体系。同时，这时期的柏拉图主义还受到怀疑派、毕达哥拉斯学派的影响而有时代的变化。

新柏拉图主义虽然在学术的道统上似乎也遵循柏拉图的宗旨，其实却与中期柏拉图主义的旨趣相去甚远。它像是一种新的哲学，甚至与柏拉图本人的思想也有很大的差别。虽然在新柏拉图主义的著作中可以发现柏拉图的相关观念例如德性、时间、理念等，然而更多新的阐释。新柏拉图主义的创立者普罗提诺从三本体的观念出发，阐释了恶的根源、福祉的含义以及德性生活原则。在阐释这些观念时，新柏拉图主义以灵魂论为其核心，从而说明灵魂论是其哲学体系的核心。

本章提供有关柏拉图之后柏拉图主义传统的完整描述，包括中期柏拉图主义和新柏拉图主义。本章的重点在于新柏拉图主义。主要内容有如下三点：

第一，中期柏拉图主义的演变过程及其特质。中期柏拉图主义试图把各篇柏拉图的对话系统化，形成所谓的柏拉图的哲学体系。在这个过程中，中期柏拉图主义又深受怀疑派、毕达哥拉斯派的影响，其发展形态产生出各种变化。

第二，新柏拉图主义虽然也被称为柏拉图主义，但更应该被看成是新的哲学。新柏拉图主义的三本体思想，已经越出了柏拉图所谓的形式或者理念学说；它对于恶、灵魂、数和"是"等范畴的解释，都比柏拉图哲学更具综合性。

第三,灵魂论是新柏拉图主义的重点。虽然新柏拉图主义讨论太一和理智以及其他各种层次的存在,然而由于它认为灵魂是内在之人,而德性、恶和所有其他的要素都与这个内在之人发生关联,因此灵魂论是其整个哲学的重点。

灵魂;理智;太一;"是";同;异;德性;恶

在希腊化哲学诸流派中,柏拉图主义算不上是最流行的,却也一直在传承柏拉图哲学的传统,不断地从柏拉图对话中寻找理论建构的思想渊源。即使在它发展的某个时期,柏拉图主义为斯多亚学派和怀疑论学派的光辉所遮盖,然而它在精神气质上仍然传承着希腊的古典传统。在从公元前 4 世纪到公元 2 世纪的 600 年间,柏拉图学园变化曲折,显示出思想与时代的密切关联。总的来说,在这 600 年间,柏拉图的学园经历了与希腊化哲学其他学派类似的变化过程,学派形态经历了从机构性到非机构性的变化过程。就知识论形态来说,柏拉图主义则经历了从独断论、怀疑论学派和与新毕达哥拉斯学派结合的过程,它只是保持着某种形态的柏拉图形象,例如《智者篇》和《泰阿泰德篇》的柏拉图的思想等等。就"柏拉图"作为一个"教化者"的形象来说,他从雅典的思想事件演变为不同民族的思想诉求,并且透过不同民族的思想家对于柏拉图的运用,柏拉图在希腊化哲学的形象不是迷失了,而是更有力量。西塞罗和斐洛是罗马和犹太柏拉图思想的代表人物,他们把柏拉图的学说与罗马和犹太的实际生活与精神诉求结合起来,形成对于各自民族来说具有创造性的思想成就。经过这 600 年对柏拉图思想的重新消化和理解,公元 2 世纪最终形成新柏拉图主义,它被哲学史家们评价为希腊化罗马哲学最后一个伟大的哲学体系。

一、中期柏拉图主义

中期柏拉图主义的演变一般分为三个阶段:老学园时期(约公元前410年至约公元前270年)、学园派时期(约公元前270年至约公元前80年)和晚期学园。老学园的代表人物是斯虑西波(Speusippus,约公元前410年至公元前339年)、克诺塞拉底(Xenocrates 约公元前395年至公元前314年)和波勒谟,也被称为独断论时期。这个时期的柏拉图的继承者们把柏拉图思想的某个方面发展为一种体系性的知识框架。

柏拉图学园的第一任继任者是斯虑西波,他按照严格的数学形式建构本体论的知识体系,这是一种严格的等级制的体系。一方面,它保持着知识系统的一致性,即所有知识都具有一致性的形式;另一方面又是多元的,因为它是多层的。斯虑西波发展出一个很具创造性的看法,他认为第一原理是"空无"。这种纯粹的单纯性或者空无性是从《巴门尼德篇》引申出来的,因为《巴门尼德篇》认为被隔离的一是空无的。然而这种引申可能并非出于柏拉图的本意,而纯粹是斯虑西波个人的阐释。这种空无是不可知的,它启发了后来的"否定哲学",例如普罗提诺(Plotinus)就有这样的观点,普罗克洛(Proclus)在《柏拉图的神学》中发展出更复杂的阐释。这个作为第一原理的"空无"还传递出一个更基本的看法:太一与至善不是等同的。这样的看法也有别于柏拉图。柏拉图坚持认为至善和太一是相同的。斯虑西波放弃了柏拉图的理念论,他拒绝把"理念"的数与"数学"的数区别开来。在他而言,所谓的作为第一原理的数只是存在结构的秩序形式,它的本体性来自于结构,而非来自于内容。他还把第一原理作为逻辑原理,实体乃是一种逻辑上的普遍性。如果在这个空无的第一原理上增加一些东西,也就是说增加一些向度,就会产生出其他的原理,而它们则处在相关的层次之中。①

继斯虑西波之后,克诺塞拉底成为柏拉图学园的第二任领袖。克诺塞拉底不是具有原创性品质的思想家,他的兴趣是去创立一致性的知识体系。柏拉图著述的兴趣并不在此,虽然这不能够排斥他的思想具有一致性。然而,柏拉图的继承者们(包括亚里士多德)从斯虑西波开始则视此为他们自己的任务。克诺塞拉底的哲学表现出妥协的特性,他试图以综合的方式将有差别的思想放在一个统一的体系里面。这种倾向影响后世的许多思想家,例如斐洛和西塞罗这些柏拉图主义者就是这个类型的思想家。克诺塞拉底还提出了知识的分类和学科的规范,把知识划分为三个部分:物理学、伦理学和逻辑学,这种划分方法主导了希腊化哲学,是希腊化时期思想家所理解的基本哲学规范,斯多亚学派和伊壁鸠鲁学派都认为哲学由这三部分构成。可以看见透过这些传承者,柏拉图主义对希腊化哲学依然保持着重要影响。克诺塞拉底哲学比较有特色的部分是他的形而上学。依照综合主义的态度,他认为第一原理由统一性和不定型的二构成。依照斯虑西波的等级制的本体论层次,克诺塞拉底认为本体论的秩序分别是:理念、数、几何学对象、天体(宇宙灵魂)和可感的月下世界。② 克诺塞拉底一直在柏拉图和斯虑西波之间折中处理,但是他也加进了自己的理解。克诺塞拉底尤其热衷于增加一些本体层次,以显示本体要素之间的连续性。他的此种形而上学建构是中期柏拉图主义甚至是新柏拉图主义思想的基本来源。

希腊思想从来都是在相互争辩中获得进展的,自由的学术是希腊哲学的本质特征。在希腊化时期,即使如柏拉图学园,它还可以诉求于其他丰富的思想资源,不可能孤立地不受外界争论的影响。斯

---

① 参看 Karsten Friis Johansen, *A History of Ancient Philosophy*; *From the Beginnings to Augustine*, English translated by Henrik Rosenmeier, pp.262-263, London and New York: Routledge, 1998.

② 参看 Ibid., pp.263-264.

多亚学派和伊壁鸠鲁学派对于柏拉图及其学园有着尖锐的批评,然而对于学园影响最大的却是怀疑论。怀疑论学派以"非哲学体系"的批评构成了对"体系"深刻的影响,自阿尔刻西劳(Arcesilaus)之后,柏拉图学园就以怀疑论的形式出现。一般会把约公元前 270 年至约公元前 80 年这段深受怀疑论学说影响的柏拉图主义的发展时期专称为"学园派"时期。在这个时期两个主要的代表人物是阿尔刻西劳和拉里萨的斐洛(Philo of Larissa),2 世纪的柏拉图主义者安提库斯(Antiochus)认为正是他们造成了学园派的断裂,使学园派从"旧时代"进行到"新时代",而他们的立场又不能够真正反映柏拉图的学说。① 学者们对于阿尔刻西劳和卡尔尼亚德(Carneades)是否接受柏拉图的理念说没有确定的看法,然而都认为这两位学园派成员不接受斯多亚学派有关知识的确定性的宣称。斯多亚学派认为知识的确定性来自于感知觉的可靠性,然而阿尔刻西劳和卡尔尼亚德认为《泰阿泰德篇》否定了这样的看法,《泰阿泰德篇》表明柏拉图是一个怀疑论者,拉里萨的斐洛也持这样的看法。然而他们又有别于皮罗的怀疑论学派,后者认为既不存在真理的标准,也不存在知识的确定性。这就是说,学园派的"怀疑论者"只是相对的怀疑论,他们并没有走得更远也没有将怀疑推进到极端。②

拉里萨的斐洛之后,柏拉图的传统依然得到延续,直到公元 529 年学园被关闭。然而这个时期,柏拉图传统主要不是透过机构的方式得到维系。斐洛之前,通常都是透过师承关系来传递着学园的传统,然而可能是由于发生在公元前 89 年至公元前 84 年的米斯利达梯(Mithridatic)战争,雅典的大量图书被搬往罗马以及城市受到打击的原因,大量学者都迁往了罗马以及其他区域,例如亚历山大里亚。在这种情况下,柏拉图的学园

---

① J.Dillon,"Self-Definition in Later Platonism",see in J.Dillon, *The Golden Chain*: *Studies in the Development of Platonism and Christianity*, p.64, Variorum, 1990.

② Ibid., p.63.

也渐至于荒芜。西塞罗对此是有记载的,他大约在公元前45年前后经过雅典并造访学园时,说他与一些朋友到学园散步,"非常安静,鲜有人迹",还说,"我想起了柏拉图,我们所知道的第一位哲学家,就是常常在这里讨论哲学的。事业上,那边关闭的园子不仅使人回想起他,而且似乎把他这个真实的人带到了我的眼前。这原是斯虑西波、克诺塞拉底、克诺塞拉底的学生玻勒谟经常光临的地方,他们常常坐在我们看到的那边那个位置。"①可见现在盛况不再了。柏拉图主义传统在这之后主要是透过非学派的方式得到维持,例如普罗塔克(Plutarch)、普罗提诺的老师阿摩尼乌斯·萨卡斯以及公元2世纪的阿佩米亚的努美尼乌(Numenius of Apamea),他们都没有聚居在雅典。只是到公元4世纪的时候,雅典迎来了一次新的"智者运动",柏拉图的学园又得到了复兴。然而无论如何,在公元前1世纪至公元3世纪间,中期柏拉图运动的重心已经不在雅典。还可以引为例证的是,新柏拉图主义者普罗提诺及其学生都是先在罗马,后来有一部分回到雅典并在公元4世纪的时候,使得柏拉图的学园得到复兴。在公元前80年之后到公元3世纪,柏拉图主义渐渐摆脱怀疑论的阴影,也摆脱了安提库斯将柏拉图主义斯多亚化的倾向,更多地探究柏拉图的未成文学说。这个时期的柏拉图主义受到毕达哥拉斯学派更多的影响。

二、新柏拉图主义与普罗提诺

新柏拉图主义常被称为古代晚期最后一个伟大的希腊哲学学派,它的创始人普罗提诺则被誉为亚里士多德和奥古斯丁之间最伟大的哲学家。此时的西方已经处在罗马帝国时期,并且帝国开始由盛极转向衰落。基督教也已经在帝国兴起将近200年,基督教思想家以卓越的创造力将

① 西塞罗:《论至善和至恶》,石敏敏译,第五卷第1节,北京:中国社会科学出版社2005年版。

希腊思想融汇成为其信仰和神学表达的要素,理性的事业似乎反而改由基督教思想家来担当,虽然希腊理性主义的独立的思想传统也不绝于缕,然而似乎越来越只是个体的使命,而不再如古典希腊和希腊化时期那样是社会的共识。新柏拉图主义崛起于这样一个时期,它使得古典希腊以来的哲学事业重回一个高峰。在普罗提诺之后,他的学派分布于地中海世界各地,希腊哲学的薪火得以重新在地中海地区以学派的形式继续传承。

对于新柏拉图主义的思想来源,学者们仍然无法最终确认。新柏拉图主义和中期柏拉图主义之间是否有直接的传承关系,也仍然有待进一步考证。从思想气质上说,新柏拉图主义是一种"新"的哲学。它要解决的问题与中期柏拉图主义明显不同,它是以"发展"的方式重提柏拉图的著作,而中期柏拉图以概括化柏拉图主要思想形成独断论体系。这就显出了新柏拉图主义与中期柏拉图主义旨趣的不同:前者关心灵魂(心理)、本体与救赎的路径,救赎透过灵魂的理智性以及理智化是否可能的问题被集中进行讨论;后者则在于单纯知识论的兴趣,它的学科规范形式即是克诺塞拉底所提出的哲学分为物理学、逻辑学和伦理学。斯多亚学派就是在这种路径上继续着古典的哲学事业,伊壁鸠鲁学派基本上也是遵循这种"科学的"哲学观,新柏拉图主义则是在新的问题上将哲学扩展为一种意识和心理的主题。当然,新柏拉图主义仍然属于柏拉图的伟大传统,普罗提诺常从柏拉图的某句话或某篇对话开始阐释某个主题并且会引用柏拉图的观点来表述他的解释的柏拉图"性",普罗提诺的老师阿摩尼乌·萨卡斯应该是一个介于由中期柏拉图向新柏拉图转化过程的人,他可能仍然如使用中期柏拉图的概括性的知识体系进行教学,然而所思想的主题可能已经不再落实在知识论上。此外,新柏拉图主义似乎延续了中期柏拉图的学园派及晚期的某些形式,例如表现出对于各个学派思想的高度的综合和辨析。这在普罗提诺以及后来的普罗克洛和辛普里丘的著作中表现得很明显。即使柏拉图的思想仍然是普罗提诺著述的主要来源,却不能说是单一来源。普罗提诺的思想有斯多亚学派和亚里士多德思想的很深痕迹,例如"论数"讨论"范畴",参照的可能就是亚里士多德的范畴表。普罗提诺的心灵哲学与斯多亚学派也有契合之处,例如关于心灵平静的观念以及对感知觉的研究,甚至与伊壁鸠鲁学派都有重要的相关性。这种综合性的趋势尤其是亚里士多德哲学的影响,到了新柏拉图学派的晚期尤其是到辛普里丘的哲学中,已经染上了亚里士多德哲学的明显的色彩。就此而言,新柏拉图主义可能"本质上"是亚里士多德的。这也没有什么可奇怪之处。因为当亚里士多德创立其哲学时,他也自视为"柏拉图圈子"之中的人物,并不是如我们今天所认为的他把自己置于一个"独立的"、"成熟的"亚里士多德哲学框架之中。

　　鉴于新柏拉图主义的演变相当复杂,其晚期的发展更是庞杂无比,例如普罗克洛的学说有相当多的巫术和民间文化的要素,波菲利与基督教之间有过激烈的互辩,辛普里丘对亚里士多德著作作了浩繁卷帙的诠释,此外还有基督教传统中的新柏拉图主义等等,本节只以普罗提诺为核心,扼要描述新柏拉图主义的思想。

　　普罗提诺思想的每个层面都很重要,并且每个层面都蕴含着其他层面。《九章集》由五十四篇独立的论文组成,是普罗提诺后二十年的作品,而不是系统写作的结果。我们今天看到的《九章集》是经过他的学生波菲利精心编排过的,按照"伦理的或者人事的"(第一组)、"物理的或自然界的"(第二组和第三组)、"灵魂"(第四组)、"理智"(第五组)和"太一"(第六组)这个顺序,从人到天体、灵魂、理智,进展至太一,体现人的上升过程。每篇包含九篇文章,称为"九个一组"(enneas),这就是《九章集》的得名。波菲利的编纂是理解普罗提诺思想的一种方式,使普罗提诺的思想体系化了。这大致也没有错。不过普罗提诺的思想要更复杂些,今天学者们认为普罗提诺的写作是关联性的方式,即任何单独的一篇都关联于整部《九章集》所有的主题。普罗提诺是借着不同的主题从不同的侧面呈现出各个主题的不同侧面,从而形成思想的透视法。

谈论普罗提诺的思想,不可避免地就要谈到它的本体思想。其实《九章集》的任何篇章都有对本体思想的论述,任何一篇都与此有关。本节选择第五卷第一章为分析的对象,因为这篇是以谈论三本体为名的。普罗提诺认为存在着三个本体:太一、理智和灵魂。这三者的本性和关系比较复杂,并没有我们平常的谈论那样简单。这三者之间围绕一个问题展开:为什么太一这种至善的本体里面为什么会产生出灵魂,最后甚至产生出恶? 普罗提诺是一个一元论者,而不是当时流行的二元论者,这个问题是普罗提诺本体思想的核心。传统的看法以流溢说回应这三本体的关系,然而"流溢"这个词却不是《九章集》的关键词,它也不能够回答以上的由善到恶的问题。第五卷第一章对此其实有更精细的阐释。

谈论三本体时,普罗提诺遵循一个基本原理,即就本体层面来说,凡是完全的存在物,它必然会产生其他存在物。① 注意到这一点很重要。这是说在本体层面,有别于太一的两本体的产生不是基于匮乏,而是基于丰富性。用柏拉图的话说是基于丰饶的结果,而不是基于匮乏。我们在世界中的特性是追求匮乏以至于造成恶,追求匮乏必然造成恶,这是灵魂在下界的特征,然而它在上界却不是由于追求匮乏即仍然有产生即有运动,并且成为恶的来源,这是为什么? 柏拉图没有回答过这个问题,希腊的本体论思想也不会回答这个问题。提出这个问题并且尝试进行回答,是普罗提诺很重要的贡献。普罗提诺从他的基本原则出发,指出理智和灵魂这两本体的产生是由于太一是"完全"的。太一是永恒的完全者,它就永恒地生产。② 理智也是完全者,它产生灵魂。③ 谈到这里的时候,问题的复杂性就呈现出来了。普罗提诺说相比起太一来,它的产生者都比

---

① 普罗提诺:《九章集》下卷,石敏敏译,北京:中国社会科学出版社2009年版,第五卷第一章第6节。
② 同上。
③ 同上书,第五卷第一章第7节。

它不完全,例如理智较太一不完全。① 然而普罗提诺又说理智是完全者,这是什么意思呢? 难道完全者之间还存在区别吗?

　　这涉及太一和理智的关系及各自的特质。理智是太一的影像,太一是理智的原型。② 影像和原型完全相似,它们都是完全者。然而由于原型和影像的关系,它们之间又有区别。作为原型,太一没有目标。它没有目标,也就是说在它之上没有更高的原理。没有目标就没有追求,没有追求就永恒静止。然而理智是有目标的,有目标就意味着要追求,这就产生运动。③ 这为理智范畴引入了一个很重要的概念即“运动”。希腊哲学认为运动是一个“相异性”的范畴,谈论运动时就引入了“不定的二”,④正由于如此,一方面理智保持着自身的“是”和“同”,在这个层面上说它和太一都是完全者都是静止的;另一方面理智又具有“运动”,这就引入了“异”。普罗提诺说,对理智来说,“理智”、“是”、“同”和“异”是原初的范畴。⑤ 理智一形成就具有了这四大范畴,它们与理智同名。这个理智的“异”不是指理智与太一的相异性,而是指理智内部具有相异性,因为理智里面有着具体的存在物。这也很重要,理智里面包含着个体存在物,这就是“多”了。⑥ 然而这个“多”与“运动”与现象世界的“多”与“运动”不同。现象世界的“多”使得个体的存在物不能够保持“个体性”,结果“个体”就在追求匮乏中沦为恶了,然而在理智世界中的“多”尽管是运动的,它却保持着它始终的同一性,不会丧失其个体性,这就是理智和灵魂处在永恒运动的含义。

　　普罗提诺的“二”和“运动”到底是什么意思呢? 所谓“二”指的是

---

① 普罗提诺:《九章集》下卷,石敏敏译,北京:中国社会科学出版社 2009 年版,第五卷第一章第 6 节。
② 同上。
③ 同上。
④ 同上书,第五卷第一章第 5 节。
⑤ 同上书,第五卷第一章第 4 节。
⑥ 同上。

"推论活动"和"使推论活动成为可能"。理智的推论活动不以身体为工具，这是说理智的推论保持着它的纯粹性不与身体沾染，反而这种推论活动劝勉人们要使灵魂与身体分离开，使留存在身体里面的灵魂上升以达到至高者。使推论活动成为可能的这一部分则是灵魂的推论理性得以产生的源泉，它永恒正确，就是永恒的、不可分离为二且每一个存在者都能够接受的另外一个自我，也就是太一。① 这样就出现了"运动"，然而理智的运动仍然是永恒的运动，即它始终保持着它的"是"。由此可以看到，理智里面有两部分：一是它是思考的，或者说处在思考之中，这是推论活动；二是它永远保持着"是"，就是"使推论活动成为可能"的源头。一方面运动使思想成为可能，另一方面这一思想所思考的是最终的共同的"是"。这样，理智既处在运动之中，又是静止的。②

同样可以类推灵魂的产生。由于理智是完全者，而凡完全的必然生产出另一存在者，并且生产之后完全者不减损其完全性，理智也以这种方式产生出灵魂。然而普罗提诺没有明确说过灵魂是完全者，当然灵魂本体处在永恒之中，也不会有所匮乏。这个看法很有意思，意味着灵魂在产生下界的存在物时不是以一种完全者的身份，换言之，灵魂在产生下界的存在物时下界的存在物不再是完全者，而必然是透过追逐外部的事物使自身去实现目的。匮乏就由此而生，恶也由潜在的恶向着实现的恶转化。这在灵魂本体里面已经有所体现。灵魂虽然出自于太一并且完全属于本体的世界，然而灵魂也忘记了究竟自己是如何成为灵魂的，也就是说它忘记了太一。由于忘记了自己的高级的来源和身世，而这个源头本当在它自身内部，这意味着灵魂忘记了从内部去追求目标。按照前面的说法，只有太一没有目标，任何事物都有目标。理智会寻找内在的目标，而灵魂忘记了内在的目标，那么它就会去寻找外在的目标，这外在的目标就是外部

---

① 普罗提诺：《九章集》下卷，石敏敏译，北京：中国社会科学出版社 2009 年版，第五卷第一章第 11 节。
② 同上书，第五卷第一章第 4 节。

的世界和尘世的事物,它对尘世事物充满了好奇。当灵魂透过追求外在的事物或者说身外之物来满足自己时,这意味着灵魂在追求比它低级的事物。灵魂的追求之路越走越远越来越向着相反的方向前行,从而它创造自己的世界。这个世界就是宇宙万物的世界,它透过成为宇宙万物的创造主来满足自己的目标,这就是恶了。所以恶使灵魂变成这个样子,而这个恶具体地讲又是它与太一分离的冲动,就是"胆大妄为"。[①]

　　这就回到了恶的问题,也回到了恶的来源问题。恶的来源不是因为它有实体上的起源,即存在着一个可以被追溯回去的恶的本体,如摩尼教和诺斯底主义所谓的。恶乃是首先基于遗忘,是从遗忘中产生的。灵魂之"胆大妄为"正是在它遗忘了太一,失去了对于高贵事物的记忆。而任何一个存在物不可能处在遗忘中能够生活,它必须得寻找一个东西来替代这种遗忘。最初对于这种替代物的寻找不是"有意的"作"恶",恶之呈现为它的可接受性和可辩护性也正是来源于这种无"意"作恶甚至不是"作恶"的理解。灵魂在实现自身存在的这种记忆时并没有意识到它所尊重的事物多么的令人不齿,因此提供灵魂自身出生的高贵非常重要,使它的记忆时时回到这个高级世界。[②] 灵魂在使自己不陷入对于本体世界的遗忘时,也要提醒自己的创造物即宇宙灵魂和许多个体的灵魂不至于遗忘它自身,使宇宙的灵魂和个体的灵魂以理智和太一为目标。

　　《九章集》有许多灵魂的论述。基本上而言,灵魂可以分为灵魂本体(我们以灵魂称呼之)、宇宙灵魂和个体灵魂。灵魂原是可敬的,是表达出来的理智的思想,是理智的整体活动,是理智发出并确立起另一种实在的生命。灵魂则凝视理智,当它凝视理智时它便在自身里面拥有它在现实活动中所思的东西即它把理智视为自身的东西,这就是灵魂的活动。在理智和灵魂的关系上,简单地说,理智在秩序上居先,是形式,灵魂在秩

---

① 普罗提诺:《九章集》下卷,石敏敏译,北京:中国社会科学出版社 2009 年版,第五卷第一章第 1 节。

② 同上。

序上居后,是接受者。① 然而由于灵魂也有低级活动,这就是它因为遗忘它的出身包括太一和理智,灵魂渴望创造自己的统治区域,由于它并不像理智那样是一个可以产生灵魂的完全者,它只能够借助于其他事物来创造宇宙,这个其他东西就是质料。在未有灵魂之前,作为单纯质料的天宇不外乎是一具僵死的躯体,不过是土和水而已。正是由于灵魂进入到天宇之中,这个质料的世界从停滞无力的状态开始活跃起来,明亮起来,因为灵魂所到之处,都已经将自身充盈在整个天宇之中。而天宇在这个时候会敬仰灵魂,因为这样的天宇灵魂能够看到灵魂本身的洁净,因为灵魂还没有被质料所玷污。这样的灵魂不会被每个灵魂看为渺小,它也不受假象支配,它还像一个本体的灵魂那样牢牢地立足于宁静之中值得每个灵魂凝视。②

然而为什么我们的灵魂或者说个体灵魂会遗忘宇宙灵魂和灵魂本体,正如灵魂本体遗忘太一和理智那样呢?普罗提诺的解释是,灵魂的活动是一种理智活动,正如前面所讲的灵魂凝视理智就是灵魂活动,这意味着灵魂活动是对于理智的凝视形式,如果理智没有渗透到灵魂活动里面,那么灵魂就没有获得感知力和理解力,这意味着理智没有渗透整个灵魂,而能够使得个体的灵魂内转去凝视和聆听内在的声音。由此当理智没有渗透在整个灵魂活动过程的时候,灵魂就对那本体的世界充耳不闻。而一旦相反,当灵魂内转并凝视理智的活动时,当灵魂专注于内在的事物时,去捕捉那想听闻的本体的活动时,灵魂就保持其纯洁性而随时准备聆听高处的声音。③

《九章集》的整体讨论就围绕着灵魂的这种存在属性展开:一方面它可以透过恢复记忆回到理智和太一,另一方面它又创造自己的世界进入

---

① 普罗提诺:《九章集》下卷,石敏敏译,北京:中国社会科学出版社 2009 年版,第五卷第一章第 3 节。
② 同上书,第五卷第一章第 2 节。
③ 同上书,第五卷第一章第 12 节。

有形体的世界。灵魂堕入下界或者它是如何在下界行动的呢？它是如何存在于下界的呢？这是《九章集》中最关键的问题。而在这个问题里面，灵魂与身体（躯体）的关系又是核心的,因为灵魂对于这个问题的处理,涉及恶的来源。

在谈论灵魂与身体的关系前,先要分清灵魂的区别。这里讲的灵魂是大全的灵魂和具体的灵魂。大全的灵魂指的是宇宙的灵魂,它能够创造宇宙。然而具体的或者说个体的灵魂却不能够创造个体,具体的灵魂只是要么存在于这个躯体里面,要么存在于那个躯体里面,要么做这个,要么做那个,要么以这种方式受影响,要么以那种方式受影响或者同时以各种方式受影响。① 普罗提诺没有说明为什么具体的灵魂不能创造他自身的躯体,它只是说个体的灵魂已经有躯体存在于那里了。大全的灵魂是灵魂整体存在于大全里面,它没有使灵魂分出诸部分,也就是说灵魂作为整体披上了躯体,这个整体披上的东西就是理智,因此大全的灵魂披上整体的理智。大全的灵魂统治了宇宙之后,把灵魂的各部分也就是说把理智分成各部分给予具体灵魂,因此具体的理智更愿意朝向各自部分的理智。由于大全灵魂所朝向的是整体的理智,大全灵魂就已经得到成全。既然得到成全,它就不会趋向下界。然而具体的灵魂则不同,它的思想总是要趋向于低级的事物,因为它总是要走向具体的事物。②

当灵魂堕入或者说创造出它自己的世界时,灵魂就具有了它自身的躯体。普罗提诺肯定地指出,当灵魂进入下界时所有灵魂都具有它的躯体。他认为这是柏拉图的说法,《蒂迈欧篇》和《斐利布篇》都指出宇宙天体拥有灵魂,③意思是说,一方面所有的事物都拥有灵魂,没有灵魂的事

---

① 普罗提诺:《九章集》上卷,石敏敏译,北京:中国社会科学出版社 2009 年版,第四卷第三章第 6 节。
② 同上。
③ 同上书,第四卷第三章第 7 节。

物是不可想象的;另一方面宇宙天体的灵魂拥有宇宙天体这样的质料作为躯体。有关天体和事物的研究是灵魂论的研究,而在研究灵魂时,研究灵魂的躯体是很重要的。灵魂在进入下界的过程中,它有一个循序渐进的过程。灵魂先是进入宇宙,以宇宙为躯体;再是灵魂进入特殊的(具体的)事物,成为特殊躯体的灵魂;并且在这个特殊的区域,灵魂可能不只有一个躯体。灵魂可以由一个躯体进入另一个躯体,所以灵魂可能有许多躯体。这些躯体有着个体性质的差别,原因各种各样:或者是因为进入躯体的方式不同,或者是因为命运和成长过程不同,或者出自于它们自身的不同,或者是所有这些原因综合的结果。① 这些就构成了事物自身的个体性,它是命运、经历和来源交织的结果,除此之外它还得接受另外一种法则的生活,这法则是用各种理性原理、下界的原因、灵魂的运动以及各理智世界的法则编制而成的,它使灵魂的可理知气质保存下来并使其他事物根据它而循环,②这是灵魂支配宇宙的原因。

在这多重多层次的躯体中,最高级的躯体是大全灵魂的躯体,地上的躯体是最末的。躯体的"好"与"差"的区别在于它们接受光照的程度。对于大全或者宇宙来说,所有灵魂都是用最大的能力最先的部分来照亮它,对于次一级的躯体则用较次的能力和部分照亮它,对于下降得更低的就用更低的光。对于天体的躯体,这光是出于光圈和中心,是出自光的光;而次一级的躯体则不是出自光圈,而是有另外的来源,例如次一级的就出自高一级的光轮,这样每况如下。③ 普罗提诺论述中最奇怪的地方在于,灵魂甚至会吸收黑暗,而不只是吸收光。他说当灵魂用最大的光照亮的时候,光的最边缘处是黑暗。"灵魂看见这黑暗,就充盈它,因为它是作为形式的基底存在在那里的,何况处在灵魂边缘的东西如果不完全

---

① 普罗提诺:《九章集》上卷,石敏敏译,北京:中国社会科学出版社 2009 年版,第四卷第三章第 15 节。
② 同上。
③ 同上书,第四卷第三章第 17 节。

分有形成原理,那也是不符合自然规律的,只要它有能力接受,就应分有形成原理,有话形容这原理'朦胧地处在黑暗之中'。于是就形成了某种东西,如同一幢富丽堂皇的漂亮房子离不开建造者,但它并没有把自己的样式分给房子。"①在灵魂边缘的黑暗仍然有接受"光"的能力,也就是有接受"灵魂"的能力。由于这质料的黑暗还有接受光的能力,根据形成原理灵魂会去建造这座房子,然而它没有把自己的样式分给房子。这个建造是指灵魂主导着这所房子,居高临下地管理着这所房子,而不是灵魂被这房子拥有,这是所谓的它没有把自己的样式分给房子的意思。灵魂虽然在黑暗之中,却仍然保持着它的"好"。这是普罗提诺的一个根本思想,就是所谓的希腊理性主义的伦理精神。正是在这个地方,我们可以理解普罗提诺的一个基本想法。他认为灵魂在沉沦到最黑暗的地方的时候,它不会永远地停留在这最黑暗的深处,而是会自动地"触底反弹",向着太一回归。然而这些躯体的差别对于人的存在产生重大的影响。大全的躯体充分完全,完全没有受苦的危险,②它永远在高处而不会下堕。次一级的躯体就不是这样了,因为躯体会妨碍记忆。记忆因为添加了质料而产生遗忘,③它遗忘的是灵魂对于理智和太一的记忆,当灵魂遗忘这些超越的存在时,它就会使自己不断地处在动变的追求之中,也就是不断地处在向着匮乏的过程之中,因为所谓的动变,就是匮乏填补,那么什么东西是匮乏呢? 当然是质料,因为质料消费了就不再有了,需要用更多的东西来填补,这里的匮乏主要是指用更多的东西来填补的意思,这样匮乏是以几何比例的形式增加,而不是算术的比例。透过心理图像的造像能力,它就形成对于人的情绪的影响。造像能力是透过感知所得出的自己的结论。当感知不再存在时,先前所见的事物就存在于造像能力里面。如果

---

① 普罗提诺:《九章集》上卷,石敏敏译,北京:中国社会科学出版社 2009 年版,第四卷第三章第 9 节。
② 同上书,第四卷第三章第 17 节。
③ 同上书,第四卷第三章第 26 节。

那已经不在场的事物已经存在于造像能力里面,那么它会开始记忆,如果感知只存在过一小段时间,那么由造像能力所形成的记忆就会存在一小段时间,如果保留很长时间,那么记忆时间也会很长,就会有更好的记忆。① 情绪一开始就存在于这种造像能力之中,当躯体妨碍了灵魂对太一和理智的记忆,那么这种情绪支配下的对于事物的感知就会得到加强,这样造像能力也就带着情绪记住这些事物,②这带来无法排遣的痛苦,痛苦就是透过这样的感知形式植入在人的记忆里面的。但是优秀的人或者说贤者的记忆没有这样的情绪,因为他总是要摆脱躯体对于灵魂的记忆的干扰,整个灵魂追求的是高贵的灵魂,这样它就越能遗忘低级的灵魂,从而把多聚为一,抛弃不确定的东西,轻盈自如,独立自存。③

还有一个重要问题:灵魂是如何在躯体里面的? 对这个问题,希腊哲学有各种不同的看法,折射出思想家们对于人的解脱之道或者说救赎之道的不同看法,也反映出对人存在性质的不同看法。灵魂如何在躯体里面呢? 灵魂是否如同在一个空间或者说处所中那样在躯体里面呢? 不是。所谓处所是指某种包围的东西并且它包围躯体。每个分开的部分在哪里它就在哪里,所以整体作为整体不在任何处所。但是灵魂不是躯体,既不被包围也不包围,所以灵魂在躯体里面不像在处所里例如不像在容器里面,因为容器只拥有一定的量,如果它在这个容器里面也就意味着一定量的灵魂在容器里面,这样灵魂就被损失了。这样的看法是不对的。④ 普罗提诺的这个批评针对亚里士多德,批评的是亚里士多德的灵魂观。灵魂在躯体里面也不如同在基质里面,基质是所在事物的属性例如颜色和形状,这些东西是不可分的,然而灵魂是可

---

① 普罗提诺:《九章集》上卷,石敏敏译,北京:中国社会科学出版社 2009 年版,第四卷第三章第 29 节。
② 同上书,第四卷第三章第 32 节。
③ 同上。
④ 同上书,第四卷第三章第 20 节。

分的。它也不如同部分在整体里面,如果说灵魂是部分,躯体是质料,那是很荒谬的。也不如同形式在质料里面,因为质料中的形式是不可分离的,况且质料里面的形式还是灵魂创造的。[1] 它也不是如同舵手在船上,就舵手可以脱离船这一点与灵魂在躯体里面是相同的,然而舵手在船上如同部分在整体里面,而灵魂在躯体里面则是整体地渗透在躯体里面的。此外舵手在船上完全可能是偶然地出现在船上,而灵魂的存在不是偶然的存在。那么它的存在方式如同技能存在在工具里面呢?比如方向盘之于船的关系,也不是,因为方向盘还需要一个外在的力量才能够形成操作。[2] 普罗提诺的看法是,灵魂在躯体里面就如同火在空气里面。火与灵魂相似,在场又没有显现,渗透整体却没有与任何部分混合。空气流动的时候,它自身保持不动。当空气流到光所在的空间外面时,它就脱离光,不保留光的任何部分,而当在光之下时,就被照亮。这就是说空气在光里,而不是光在空气里。[3] 这种灵魂观坚持把内在的人和外在的人分开,强调内在的人或者说内在的自我的独立性。古典思想清晰地传达出这样一个理念,内在的自我是不与外在的自我混淆的,它即使在躯体里面也不与外在的自我混淆,之所以导致混淆是由于外在的自我的欲求方式主导了有生命物的存在形式,这才是人真正沉沦的原因。

普罗提诺的灵魂论还涉及部分灵魂和大全灵魂的关系。既然灵魂存在于具体的躯体里面时是可分的,是以部分形式存在的,那么具体的躯体里面所包含的就是部分的灵魂。然而我们的灵魂或者说在躯体里面的灵魂又是大全灵魂的一部分,我们所拥有的部分的灵魂都是我们作为部分从整体接受的个别灵魂,[4]这就产生了一个问题:个体灵魂的"部分"指的

---

[1] 普罗提诺:《九章集》上卷,石敏敏译,北京:中国社会科学出版社 2009 年版,第四卷第三章第 20 节。

[2] 同上书,第四卷第三章第 21 节。

[3] 同上书,第四卷第三章第 22 节。

[4] 同上书,第四卷第三章第 1 节。

是什么意思,我们是在什么意义上谈论"部分"。① 我们能不能把灵魂的功能和灵魂分开,例如我们这样说:灵魂的一个部分出现在眼睛里面,一个部分出现在耳朵里面,这样眼睛就能够看见,耳朵就能够听见。然而普罗提诺认为这样的说法不对,准确的说法应该是出现在耳朵和眼睛里面的是同一个灵魂,然而显示出不同的功能,例如当灵魂出现在眼睛里的时候,显现的是看的功能,出现在耳朵里面的时候,显现的是听的功能。总之,大全的灵魂就其是灵魂而言,它是整体地存在于具体的事物里面的,显现出来的却是部分。灵魂在任何地方都是同一的,即使在它的不同功能中也保持着同一性。②

　　所有灵魂都属于同一类,任何灵魂存在于任何一个具体的存在物中时都以整体的形式存在,总体灵魂的部分与总体的灵魂拥有同样的形式。③ 这是由于灵魂是理性的,如同说普遍灵魂是理性的一样,部分的灵魂在拥有理性上是相同的,部分灵魂不可能只拥有理性的一部分,它也拥有理性的全部。④ 所有灵魂就其本质而言是同一的,是一,这就意味着每个灵魂就是所有灵魂。⑤ 因为任何的本质都是因为它的整体的"是"而是本质,而不可能是因为它部分的"是"而是本质。这也适用于灵魂的表述。任何灵魂之为灵魂都因为出自于灵魂的"是",而不是出于"是"的"部分"。普罗提诺保持了古典希腊哲学的普遍理性观念,并且坚持这样的观念。对于普罗提诺来说,这个思想的重要性在于,当灵魂总是潜在地保持着它的"是"的时候,就意味着在灵魂内部有着可以触及"是"的可能性,即可以触及灵魂的"理智"来源。这样,在灵魂内部有一种"主体性"的阶梯,"主体性"是灵魂本身所具有的。当灵魂回归到这种主体

---

① 普罗提诺:《九章集》上卷,石敏敏译,北京:中国社会科学出版社 2009 年版,第四卷第三章第 3 节。
② 同上。
③ 同上书,第四卷第三章第 2 节。
④ 同上书,第四卷第三章第 3 节。
⑤ 同上书,第四卷第三章第 2 节。

性的时候,就会从下降之路回归到上升之路而免于堕落之沦陷。

　　普罗提诺有关灵魂以整体的形式呈现在具体的灵魂之中并且始终保持着它的同一性的这个思想,其真正的指向是他的人观。既然所有灵魂都是大全灵魂所呈现出来的,既然每一个灵魂就是所有灵魂,那么对福祉的追求就在于不去追求。这是最关键的,因为所有已经存在的都是同等程度的"是",而不在"是"的程度上有所缺失。灵魂的下降之路在于它去追求它所谓的自己的事物,它要在它外部从时间上说它是要从将来去实现它的所是。这是把"是"与"非是"混淆了起来,因为所谓的"真是",就是没有多和少、没有延展、是不可分的、没有时间的"当下这个",①当我们把"真是"与"时间"联结起来,"是"就成了一种"虚无"的东西,因为灵魂在"非是"中寻求自我实现。真正的"是"必须在永恒中去探求,而不是在"时间"中探求。这就与灵魂的"同一性"关联了。既然所有个体的灵魂都是灵魂整体,那么灵魂对于自身之所是的寻求就是从自我主体里面去寻求实现,而不是在另外一个灵魂或者甚至在灵魂外面去实现,这两者中的任何一者都会导致人陷入时间的囚笼里面。当灵魂明白现在就已经是"是"的时候,它已经让"时间"停顿了下来。当我们把福祉定位于现在的时候,我们就使得灵魂回到它的整体形式上去思考。这样,福祉就不是一种行为也不因为行为的增加而增多,普罗提诺相当极端地说,不活跃的人比活跃的人更能够更有福祉这是可能的,因为智慧而良善的人虽然在自己的行为中获得德性的益处,但他不是从他此刻或者那刻的行动中获得益处,他也不是从他行动的环境中获得益处,而是从他自己的本性中获得益处。② 这就是灵魂凝视它始终保有的同一性之处,这一凝思的活动始终在他自身内部发生,而这就是幸福的状态。

---

① 普罗提诺:《九章集》上卷,石敏敏译,北京:中国社会科学出版社 2009 年版,第一卷第五章第 6 节。
② 同上书,第一卷第五章第 10 节。

小　结

从中期柏拉图主义到新柏拉图主义,意味着柏拉图哲学传统的发展进入了新的阶段。所谓柏拉图的哲学,其实是柏拉图各篇对话的哲学思想,柏拉图不曾把他的思想系统化,各篇对话之间甚至互有差别。中期柏拉图主义则把柏拉图的对话系统化,试图以一种知识观念的形式把柏拉图各篇对话统一在某个框架之内,形成一种独断论的体系。严格地说来,新柏拉图主义也是尝试这种独断论的做法,形成论述的架构。在这个意义上,新柏拉图主义与中期柏拉图主义有相似之处。

然而也可以把新柏拉图主义看成是一种新哲学,因为它已经超出了古典时代柏拉图对于理性的思考方式,并形成了它新的洞见。新柏拉图主义的太一思想已经内蕴了否定哲学的观念,这与希腊的理性主义有根本的差别。它对于灵魂及其恶的起源的论述,展开了自由意愿的论域,而成为基督教思想的来源。

拓 展 阅 读

一、必读书目

1. 普罗提诺:《九章集》上、下卷,石敏敏译,北京:中国社会科学出版社 2009年版。

2. 普洛克罗:《柏拉图的神学》,石敏敏译,北京:中国社会科学出版社 2008年版。

3. *Plotinus*. Text with an English translation by A. H. Armstrong, Vols. 1-7, Loeb Classic Library, Cambridge, Mass. and London, 1966-1988.

二、参考书目

1. Hadot, Pierre, *Plotinus*, *or*, *Thesimplicityofvision*, Chicago: UniversityofChicago-

Press，1993.

2. Miles，Margaret Ruth，*Plotinusonbodyandbeauty*：*society*，*philosophy*，*andreligioninthird-century Rome*，Oxford，UK；Malden，Mass.：Blackwell，1999.

3. Ousager，Asger，*Plotinuson selfhood*，*freedom and politics*，Aarhus：Aarhus University Press，2004.

4. Schroeder，Frederic Maxwell，*Form and transformation*：*a study in the philosophy of Plotinus*，Montreal：Buffalo：McGill-Queen's University Press，1992.

5. Yhap，Jennifer，*Plotinuson the soul*：*a study in the metaphysics of knowledge*，Selinsgrove：Susquehanna University Press，2003.